張大可
韓兆琦 等 注譯

新譯資治通鑑

（十）

漢紀五十八—六十
魏紀一—六

三民書局

國家圖書館出版品預行編目資料

新譯資治通鑑(十)／張大可,韓兆琦等注譯.——初版三刷.——臺北市：三民，2024
冊；　公分.——(古籍今注新譯叢書)

ISBN 978-957-14-6239-4 （全套:精裝）
1.資治通鑑 2. 注釋

610.23　　105022920

古籍今注新譯叢書

新譯資治通鑑(十)

注譯者｜張大可　韓兆琦等
創辦人｜劉振強
發行人｜劉仲傑
出版者｜三民書局股份有限公司(成立於1953年)

三民網路書店
https://www.sanmin.com.tw

地址｜臺北市復興北路386號　(復北門市)　(02)2500-6600
臺北市重慶南路一段61號(重南門市)　(02)2361-7511

出版日期｜初版一刷 2017年1月
初版三刷 2024年5月

全套不分售
ISBN｜978-957-14-6239-4

新譯資治通鑑 目次

第十冊

卷第六十六

漢紀五十八

起屠維赤奮若（己丑　西元二〇九年），盡昭陽大荒落（癸巳　西元二一三年），凡五年。

【題解】本卷記事起西元二〇九年，迄西元二一三年，凡五年。當漢獻帝建安十四年至建安十八年。赤壁戰後，曹孫劉三家三分荊州。劉備入吳借得南郡，壯大了勢力，孫劉進入聯盟的蜜月期，南北勢均，三方又忙於內務，故五年間沒有大的戰役。孫權建立鞏固了江北防線，臣服了嶺南地區。曹操破關西馬超、韓遂，平息河北關中民變，鞏固了對北方的統治，加緊了代漢步伐。曹操加九錫，封魏公，增邑冀州，荀彧不滿，予以逼殺。劉備入蜀，從葭萌回軍攻取益州。

孝獻皇帝辛

建安十四年（己丑　西元二〇九年）

春，三月，曹操軍至譙❶。

孫權圍合肥❷，久不下，權率輕騎欲身往突敵，長史❸張紘諫曰：「夫兵❹者凶器，戰者危事也。今麾下❺恃盛壯之氣，忽強暴之虜，三軍之眾，莫不寒心。雖斬將搴旗❻，威震敵場，此乃偏將之任，非主將之宜也。願抑賁、育❼之勇，懷霸王之計。」權乃止。

曹操遣將軍張喜將兵解圍，久而未至。揚州別駕❽楚國蔣濟❾密白刺史，偽得喜書，云步騎四萬已到雩婁❿，遣主簿⓫迎喜。三部⓬使齎書語城中守將，一部得入城，二部為權兵所得。權信之，遽⓭燒圍走。

秋，七月，曹操引水軍自渦⓮入淮，出肥水⓯，軍合肥，開芍陂⓰屯田。

冬，十月，荊州地震。

十二月，操軍還譙。

廬江人陳蘭、梅成據灊⓱、六⓲叛，操遣盪寇將軍⓳張遼討斬之，因使遼與樂進、李典等將七千餘人屯合肥。

周瑜攻曹仁歲餘，所殺傷甚眾，仁委⓴城走。權以瑜領南郡太守，屯據江陵，程普領江夏太守，治沙羨㉑，呂範領彭澤㉒太守，呂蒙領尋陽㉓令。劉備表權行車騎將軍㉔，領徐州牧。會劉琦卒，權以備領荊州牧，周瑜分南岸地㉕以給備。備

立營於油口㉖，改名公安㉗。

權以妹妻㉘備。妹㉙才捷剛猛，有諸兄風，侍婢百餘人，皆執刀侍立。備每入，心常凜凜㉚。

曹操密遣九江蔣幹往說周瑜。幹以才辨獨步㉛於江、淮之間，乃布衣葛巾㉜，自託私行詣瑜。瑜出迎之，立謂幹曰：「子翼㉝良苦㉞，遠涉江湖，為曹氏作說客邪？」因延㉟幹，與周觀營中，行視倉庫、軍資、器仗訖，還飲宴，示之侍者、服飾、珍玩之物，因謂幹曰：「丈夫處世，遇知己之主，外㊱託君臣之義，內結骨肉之恩，言行計從，禍福共之，假使蘇、張㊲更生，能移其意乎！」幹但笑，終無所言。還白操，稱瑜雅量高致，非言辭所能間也。

丞相掾㊳和洽言於曹操曰：「天下之人，材德各殊，不可以一節㊴取也。儉素過中㊵，自以處身則可，以此格物㊶，所失或多。今朝廷之議，吏有著新衣、乘好車者，謂之不清；形容不飾、衣裘敝壞者，謂之廉潔。至令士大夫故汙辱其衣㊷，藏其輿服㊸；朝府大吏，或自挈㊹壺飧㊺以入官寺㊻。夫立教觀俗，貴處中庸㊼，為可繼也。今崇一概難堪之行以檢㊽殊塗，勉㊾而為之，必有疲瘁。古之大教，務在通人情而已，凡激詭㊿之行，則容隱偽矣。」操善之。

【章　旨】以上為第一段，寫赤壁戰後，孫權擴大戰果，北進合肥，未能取勝。孫劉聯盟進入蜜月，劉備招親孫氏。曹操派蔣幹遊說周瑜，未能得志。

【注　釋】❶至譙　指曹操從赤壁還至譙。譙，縣名，縣治在今安徽亳州。❷合肥　縣名，縣治在今安徽合肥。❸長史　官名，將軍之屬官，職責是總理將軍幕府事。❹兵　兵器；武器。❺麾下　對統帥的敬稱。❻斬將搴旗　斬殺敵將，拔取敵旗。❼賁育　孟賁、夏育，皆古代著名的勇士。❽別駕　官名，即別駕從事史，州牧刺史的主要佐吏，主領眾事。州牧刺史巡行各地時，別乘傳車從行，故名別駕。❾蔣濟　（？—西元二四九年）字子通，楚國平阿（今安徽懷遠西）人，初為郡吏、州別駕，後為曹操丞相主簿、西曹屬。魏文帝初，為東中郎將、散騎常侍。魏明帝時為護軍將軍，對時政之弊端有所諫言。齊王芳時，為領軍將軍、太尉。傳見《三國志》卷十四。❿雩婁　縣名，縣治在今河南商城東北。⓫主簿　官名，漢代中央及郡縣官署皆置主簿，以典領文書，辦理事務。⓬三部　三批。⓭遽　匆忙。⓮渦　水名，渦水古為蒗蕩渠支流，經今河南扶溝東，又東南流至今安徽懷遠入淮河。⓯肥水　源出今安徽合肥紫蓬山，北流二十里分為二，一東流入巢湖，一北流至壽縣入淮河。⓰芍陂　在今安徽壽縣南，因淠水經白芍亭東與附近諸水積而成湖，故名。春秋時楚相孫叔敖所創建，周圍一百多里，灌溉附近萬頃良田，以後歷代時常修治，為古代淮南著名水利工程。今安豐塘為殘存的部分。⓱灊　縣名，縣治在今安徽霍山縣東北。⓲六　縣名，縣治在今安徽六安北。⓳盪寇將軍　官名，東漢雜號將軍之一種。⓴委　放棄。㉑沙羨　縣名，縣治在今湖北武昌西。㉒彭澤　郡名，孫權所置，治所即彭澤縣，在今江西彭澤。㉓尋陽　縣名，縣治在今湖北黃梅西南。㉔車騎將軍　官名，位次於驃騎將軍，掌京師兵衛與邊防屯警。㉕南岸地　指荊江之南岸地區，即零陵、桂陽、武陵、長沙等四郡之地。㉖油口　又名油江口。古油水入長江之口，故名。在今湖北公安北。東漢末建安十四年（西元二〇九年），劉備領荊州牧，立營於此，時人稱為「左公」，因置縣改名公安。㉗公安　縣名，縣治在今湖北公安。㉘妻　以女嫁人。㉙妹　孫權女弟，史未載其名。民間傳說其名為孫尚香。嫁劉備後，史稱孫夫人。㉚凜凜　恐懼貌。㉛獨步　謂獨一無二，一時無雙。㉜葛巾　葛布製成的頭巾，尊卑皆用。㉝子翼　蔣幹字子翼。㉞良苦　真是辛苦。㉟延　引進；接待。㊱外　表面上，指對公。下文「內」，指對私。㊲蘇張　指戰國時的蘇秦、張儀，皆以遊說著稱，先後以合縱連横之術遊說各國君主。㊳丞相掾　官名，丞相府的屬官。㊴一節　一個規格；一個標準。㊵過中　過分；過度。㊶格物　要求人；衡量人。㊷汙辱其衣　將其衣服弄髒弄壞。㊸輿服　指好車麗服。㊹挈　提拿。㊺壺飧　壺盛的飯。㊻官寺　官府。㊼中庸　不偏不倚；中正適宜。

㊽檢　約束；限制。㊾勉　勉強。㊿激詭　謂矯情立異。

【語　譯】孝獻皇帝辛

建安十四年（己丑　西元二〇九年）

春，三月，曹操的軍隊到達譙縣。

孫權包圍合肥，長時間攻不下，孫權想親自率領輕騎兵突擊敵陣，長史張紘勸諫說：「兵器是凶器，戰爭是危險的事情，現今將軍您憑著一股盛壯的勇氣，忽視強暴的敵人，全軍將士，沒有不寒心的。將軍即使斬殺了敵將、奪取了敵方軍旗，威震敵軍，這只不過是偏將的任務，而不是主將應該做的。希望將軍能抑制自己像孟賁、夏育那樣的勇氣，而心懷霸王的大計。」孫權這才作罷。

曹操派將軍張喜領兵去解合肥之圍，過了很久仍未到達。楊州別駕楚國人蔣濟祕密地向刺史建議，假稱得到張喜的書信，說有步兵、騎兵四萬人已經到達雩婁縣，派出主簿去迎接張喜。又派了三批使者帶著這封書信去通知城中守將，只有一批人得以進城，另外兩批人被孫權的部下抓獲，孫權相信了這個假情報，匆忙燒毀了圍城的營寨，撤走了。

秋，七月，曹操率領水軍從渦水進入淮水，從肥水上岸，駐兵合肥，開墾芍陂，實行屯田。

冬，十月，荊州發生地震。

十二月，曹操率軍回到譙縣。

廬江人陳蘭、梅成佔據灊縣、六安叛亂，曹操派盪寇將軍張遼去討伐，斬殺了陳蘭等人。於是派張遼和樂進、李典等率領七千多人駐守合肥。

周瑜攻打曹仁一年多，殺傷很多曹軍，曹仁棄城逃走。孫權派周瑜兼任南郡太守，屯據江陵，程普兼任江夏太守，在沙羨設置郡府，呂範兼任彭澤太守，呂蒙兼任尋陽縣令。劉備上表推舉孫權代行車騎將軍事務，兼任徐州牧。這時趕上劉琦去世，孫權推舉劉備兼任荊州牧，周瑜把長江南岸的地方分給劉備。劉備在油口

紮營，改名為公安。

孫權把妹妹嫁給劉備。孫權的妹妹才思敏捷，性情剛猛，有兄長的風度，侍女奴婢一百多人，都帶刀侍立左右。劉備每入內室，常膽戰心驚。

曹操祕密派九江人蔣幹前往遊說周瑜。蔣幹以才辨在江淮一帶獨一無二。蔣幹身穿布衣，頭戴葛巾，自稱是個人行動去看望周瑜。周瑜出門迎接他，站著對蔣幹說：「子翼真是辛苦你了，遠涉江湖，是來為曹操做說客吧？」就把蔣幹迎入帳中，陪著蔣幹一起遍觀軍營，巡視倉庫、軍需物資、武器裝備，然後回帳設宴招待，向蔣幹展示侍者、服飾以及珍奇玩物，趁機對蔣幹說：「大丈夫立世，能遇上知己的君主，對外託名君臣關係，對內卻結骨肉之情，言聽計從，禍福同當，即使蘇秦、張儀再生，能說動他的心意嗎！」蔣幹只是笑，始終沒有說話。他返回向曹操報告，稱讚周瑜宏闊大度，志向高遠，不是言語所能離間的。

丞相掾和洽進言曹操說：「天下的人，才能和品德不同，不可用一個標準來取捨。簡樸過度，用來約束自身是可以的，但用此標準去衡量一切人，就會失去許多人才。如今朝廷的論議，官吏中有穿新衣、乘用好車的，就被認為是不清廉；外表不加修飾，穿著破衣爛衫的，就被認為是廉潔。以致使士大夫故意弄髒自己的衣服，藏起車馬、服飾；朝廷的高位大官，有的自己攜帶飲食到辦公的官署。說到興立教化察視民俗，最好採取中庸之道，這樣才可繼續實行。現在推崇統一讓人難以忍受的標準，並用這個標準來衡量各種不同的人，勉強地實施，最後必定使人疲憊不堪。古代教化的最高原則，務求通達人情罷了，凡是過激詭譎的言行，往往包藏隱密虛偽的東西。」曹操非常讚賞和洽的觀點。

十五年（庚寅　西元二一〇年）

春，下令曰：「孟公綽為趙、魏老則優，不可以為滕、薛大夫[1]。若必廉士

而後可用，則齊桓其何以霸世❷！二三子❸其佐我明揚仄陋❹，唯才是舉，吾得而用之。」

二月乙巳朔❺，日有食之。○冬，曹操作銅爵臺❻於鄴。

十二月己亥❼，操下令曰：「孤始舉孝廉❽，自以本非巖穴知名之士❾，恐為世人之所凡愚❿，欲好作政教以立名譽。故在濟南，除殘去穢⓫，平心選舉。以是為強豪所忿，恐致家禍，故以病還鄉里⓬。時年紀尚少，乃於譙東五十里築精舍⓭，欲秋夏讀書，冬春射獵，為二十年規，待天下清乃出仕耳。然不能得如意，徵為典軍校尉⓮，意遂更欲為國家討賊立功，使題墓道⓯言『漢故征西將軍曹侯之墓』，此其志也。而遭值董卓之難，興舉義兵⓰。後領兗州，破降黃巾三十萬眾⓱；又討擊袁術，使窮沮⓲而死；摧破袁紹，梟⓳其二子⓴；復定劉表，遂平天下。身為宰相，人臣之貴已極，意望已過矣。設使國家無有孤，不知當幾人稱帝，幾人稱王。或者人見孤強盛，又性不信天命，恐妄相忖度㉑，言有不遜㉒之志，每用耿耿㉓，故為諸君陳道此言，皆肝鬲㉔之要也。然欲孤便爾委捐㉕所典兵眾以還執事㉖，歸就武平侯國，實不可也。何者？誠恐己離兵為人所禍，既為子孫計，又己敗則國家傾危，是以不得慕虛名而處實禍也。然兼封[1]四縣，食戶三萬，何

德堪之！江湖未靜㉗，不可讓位。至於邑土，可得而辭。今上還陽夏㉘、柘㉙、苦㉚三縣，戶二萬，但食武平萬戶，且以分損㉛謗議，少減㉜孤之責也。」

【章旨】以上為第二段，寫曹操下「舉賢令」和「明志令」。

【注釋】❶孟公綽為趙魏老則優二句　這是孔子的話，見於《論語・憲問》。孟公綽是春秋魯國的大夫。趙、魏，是春秋晉國之卿。滕、薛，春秋二小國。大夫，是擔任國政者。老，是家臣之長。優，有餘。趙、魏二卿的家臣之長，望尊事簡，滕、薛雖小國，而大夫任重事繁。孟公綽大概是廉靜寡欲而短於才幹之人，所以做趙、魏元老則有餘，而做滕、薛大夫則不可。這是說人的德才各有長短，不可求全責備，而要人盡其才。❷齊桓其何以霸世　此指齊桓公任用管仲而稱霸諸侯。管仲少時貧困，與鮑叔牙合夥經商，及分財利，管仲欺鮑叔牙而多取。後管仲輔佐齊桓公成為霸主，管仲生活奢侈，富擬公室，故有不廉之名。❸二三子　曹操左右的人，此為曹操稱其僚屬，猶言諸位。❹明揚仄陋　語出《尚書・堯典》「明明揚仄陋」。上「明」謂明察，下「明」謂貴戚。揚，舉。仄，同「側」。仄陋，指微賤者。意謂悉舉貴戚及微賤隱匿者。而曹操此令所說的「明揚仄陋」，則強調明察薦舉出身微賤的人，省去了第二個「明」字。❺乙巳朔　二月初一日。❻銅爵臺　爵，通「雀」。故又寫作「銅雀臺」。臺高十丈，有屋一百間，在樓頂鑄有一丈五尺高的大銅雀。遺址在今河北臨漳西。❼己亥　十二月辛丑朔，無己亥日，疑記載有誤。❽孝廉　漢代舉用人才的主要科目。被舉之人名義上須孝順父母，行為清廉。❾巖穴知名之士　指隱居未做官，而已聞名於世的士人。❿恐為世人之所凡愚　恐怕自己被世人作為平凡愚拙之輩來看待。⓫除殘去穢　指曹操為濟南國相時，國內之縣令大多阿附貴戚，貪贓枉法，曹操遂奏免其大多數，於是違法亂紀之人都逃離了，境內大治。⓬以病還鄉里　稱病還鄉里。⓭精舍　書齋。⓮典軍校尉　官名，漢靈帝中平五年（西元一八八年）置西園八校尉，典軍校尉是其中之一。⓯墓道　墓前之神道。此指墓前的石碑。⓰興舉義兵　指中平六年底曹操起兵討董卓。⓱破降黃巾三十萬眾　初平三年（西元一九二年）青州黃巾眾百萬入兗州，刺史劉岱被殺，州吏萬潛等迎曹操領兗州牧，曹操遂破降黃巾三十餘萬。⓲窮沮　窮困敗亡。⓳梟　斬首示眾。此為斬殺之意。⓴二子　指袁譚、袁尚。㉑忖度　推測；揣度。㉒不遜　不恭順；不臣。指欲篡皇帝位。㉓耿耿　心憂不安。㉔肝鬲　同「肝膈」。猶言肺腑、內心。㉕委捐　放棄。㉖執事　指掌兵官。㉗江

湖未靜 指劉備、孫權的勢力尚存。㉘陽夏 縣名，縣治在今河南太康。㉙柘 縣名，縣治在今河南柘城北。㉚苦 縣名，縣治在今河南鹿邑東。㉛分損 分擔減輕。㉜少減 稍稍減輕。

【校記】①兼封 據章鈺校，甲十一行本、乙十一行本二字皆互乙。

【語譯】十五年（庚寅 西元二一〇年）

春，曹操下令說：「若讓孟公綽做晉國趙、魏兩家的家臣之長還是行有餘力的，但不可以擔任滕、薛兩個小國的大夫。如果一定要廉潔之士才能使用，那麼齊桓公憑什麼稱霸於世呢！諸位要幫助我發現推薦那些出身寒微的人才，只要有才能就可推舉，讓我能夠任用他們。」

二月初一日乙巳，發生日蝕。〇冬，曹操在鄴城建造銅雀臺。

十二月己亥日，曹操下令說：「我當初被舉薦為孝廉，自認為本不是隱居巖穴的知名人士，恐怕世人把我當成凡愚之輩對待，想好好地管理政務、推行教化來樹立自己的名譽。所以在濟南國，消除殘暴，罷免汙吏，公平地選舉人才。因此被豪強怨恨，怕給家人招來禍害，所以託病返回鄉里。當時年紀還輕，就在譙縣城東五十里修建書齋，想秋夏時讀書，冬春時打獵，制定了二十年的規劃，等待天下清平時再出來做官。但未能如願，被徵為典軍校尉，於是改變想法，要為國家討伐叛賊建立功勳，使人在我的墓碑上題寫『漢故征西將軍曹侯之墓』，這就是我當時的志向。但遭遇董卓之難，我就興舉義兵。後來任兗州刺史，打敗收降了三十萬黃巾軍；又討伐攻打袁術，使他窮困沮喪而死；摧敗袁紹，將他的兩個兒子斬殺；又平定了劉表，進而平定了天下。我身為宰相，作為人臣地位尊貴已達到極點，超過了我的願望。假使國家沒有我，不知將有幾人稱帝，幾人稱王。有的人看到我強盛，我又生性不信天命，恐怕被胡亂猜度，說我有不臣之心，我每每因此耿耿於懷，所以向諸位陳述這些話，都是我的肺腑之言。然而想要我隨便放棄所統領的軍隊，交還給有關部門，回到我的封地武平侯國，實在是不可行的。為什麼？我確實擔心放棄了兵權會遭人禍害，我這樣做既是為子孫著想，又擔心我失敗了會給國家帶來覆滅的危險，因此不能慕求虛名而身受實禍。但封給我的四個

縣，食邑三萬戶，我有什麼功德能配得上呢！現在天下還不太平，不可讓位。至於食邑封土，是可以辭讓的。現在我交還陽夏、柘、苦三個縣，兩萬戶，只食武平的一萬戶，姑且以此減輕對我的誹謗，稍微減少我的罪責。」

劉表故吏士多歸劉備，備以周瑜所給地少，不足以容其眾，乃自詣京❶見孫權，求都督荊州❷。瑜上疏於權曰：「劉備以梟雄❸之姿，而有關羽、張飛熊虎之將，必非久屈為人用者。愚謂大計，宜徙備置吳，盛為築宮室，多其美女玩好，以娛其耳目；分此二人各置一方，使如瑜者得挾與攻戰，大事可定也。今猥❹割土地以資業之❺，聚此三人俱在疆場❻，恐蛟龍得雲雨，終非池中物也。」呂範亦勸留之。權以曹操在北，方當廣攬❼英雄，不從。備還公安，久乃聞之，歎曰：「天下智謀之士，所見略同。時孔明諫孤莫行，其意亦慮此也。孤方危急，不得不往。此誠險塗，殆❽不免周瑜之手。」

周瑜詣京見權曰：「今曹操新敗，憂在腹心❾，未能與將軍連兵相事❿也。乞與奮威⓫俱進，取蜀而并張魯，因留奮威固守其地，與馬超結援，瑜還與將軍據襄陽以蹙⓬操，北方可圖也。」權許之。奮威者，孫堅弟子奮威將軍、丹陽太守瑜⓭也。

周瑜還江陵為行裝，於道病困⑭，與權牋曰：「脩短命矣，誠不足惜，但恨微志未展，不復奉教命耳。方今曹操在北，疆場未靜，劉備寄寓，有似養虎⑮，天下之事，未知終始⑯。此朝士旰食⑰之秋，至尊垂慮⑱之日也。魯肅忠烈，臨事不苟，可以代瑜。儻⑲所言可采，瑜死不朽矣！」卒於巴丘⑳。權聞之哀慟㉑，曰：「公瑾有王佐之資，今忽短命，孤何賴哉！」自迎其喪於蕪湖㉒。瑜有一女、二男，權為長子登㉓娶其女，以其男循㉔為騎都尉，妻以女，胤㉕為興業都尉，妻以宗女。

初，瑜見友於孫策，太夫人㉖又使權以兄奉之。是時權位為將軍，諸將、賓客為禮尚簡。而瑜獨先盡敬，便執臣節。程普頗以年長，數陵侮瑜，瑜折節㉗下之，終不與校㉘。普後自敬服而親重之，乃告人曰：「與周公瑾交，若飲醇醪㉙，不覺自醉。」

權以魯肅為奮武校尉㉚，代瑜領兵，令程普領南郡㉛太守。魯肅勸權以荊州借劉備，與共拒曹操，權從之。乃分豫章為番陽郡㉜，分長沙為漢昌郡㉝。復以程普領江夏㉞太守，魯肅為漢昌太守，屯陸口㉟。

初，權謂呂蒙曰：「卿今當塗㊱掌事，不可不學。」蒙辭以軍中多務。權曰：

「孤豈欲卿治經為博士㊲邪！但當涉獵㊳，見往事耳。卿言多務，孰若孤？孤常讀書，自以為大有所益。」蒙乃始就學。及魯肅過尋陽㊴，與蒙論議，大驚曰：「卿今者才略，非復吳下阿蒙！」蒙曰：「士別三日，即更刮目相待，大兄㊵何見事之晚乎！」肅遂拜蒙母，結友而別。

劉備以從事㊶龐統守㊷耒陽㊸令，在縣不治，免官。魯肅遺備書曰：「龐士元非百里才㊹也，使處治中㊺、別駕之任，始當展㊻其驥足㊼耳。」諸葛亮亦言之。備見統，與善譚㊽，大器㊾之，遂用統為治中，親待亞於諸葛亮，與亮並為軍師中郎將㊿。

【章旨】以上為第三段，寫劉備入吳借荊州南郡和周瑜之死。

【注釋】❶京　縣名，即京城，又稱京口城。建安十三年（西元二〇八年）孫權自吳（今江蘇蘇州）徙治所於丹徒，改稱京城，或京口城，在今江蘇鎮江市。❷都督荊州　即總督荊州，荊州共八郡，劉備已據江南四郡，現又欲據周瑜所控制的江、漢間四郡。❸梟雄　驍悍雄傑的人物。❹猥　多。❺資業之　謂以土地資助他的事業。❻疆埸　國界。❼擥　同「攬」。招引；拉攏。❽殆　幾乎。❾憂在腹心　憂患在內部。因曹操敗於赤壁，威望頓減，中原可能有人因此而變亂。❿相事　相交戰。⓫奮威　指孫瑜，當時為奮威將軍。⓬蹙　逼迫；威脅。⓭瑜　孫瑜（西元一七七—二一五年），字仲異，為孫堅之姪。建安九年（西元二〇四年）為丹陽太守，後又為奮威將軍。好讀書，雖在軍中，誦聲不絕。傳見《三國志》卷五十一。⓮病困　病危。⓯養虎　謂養虎遺患。⓰終始　結果；結局。⓱旰食　晚食。指事務繁忙不能按時進食。⓲垂慮　注意思考。⓳儻　通「倘」。倘若；或許。⓴巴丘　山名，在湘江右岸，今湖南岳陽境。㉑哀慟　悲哀痛哭。㉒蕪湖　縣名，縣治在今安徽蕪

湖市東。㉓登　孫登（西元二〇九—二四一年），字子高，孫權長子。魏黃初二年（西元二二一年）孫權為吳王，立登為太子。吳黃龍元年（西元二二九年）孫權稱帝，登為皇太子。有德行，善理事。後病卒，孫權甚為悲痛。傳見《三國志》卷五十九。㉔循　周循，周瑜長子，有父風，早卒。㉕胤　周胤，周瑜次子。初為興業都尉，後以罪徙於廬陵郡。數年後諸葛瑾等聯名上書為其說情，孫權已同意再起用，而胤病卒。傳附見《三國志》卷五十四〈周瑜傳〉。㉖太夫人　孫權母吳夫人。㉗折節　屈節謙下。㉘校　計較。㉙醇醪　味道濃厚的美酒。㉚奮武校尉　官名，校尉為統兵的中級武官，奮武為其名號。㉛南郡　治所在江陵，在今湖北江陵。㉜番陽郡　「番」又寫作「鄱」。治所鄱陽縣，在今江西鄱陽東。㉝漢昌郡　治所漢昌縣，在今湖南平江縣東。㉞江夏　郡名，東漢末江夏郡治所變遷多次，程普領江夏太守時，治所在沙羨，在今湖北武昌西南。㉟陸口　即今湖北蒲圻西北的陸溪口。㊱當塗　當仕路。指做官掌權。㊲博士　官名，自漢武帝置五經博士後，博士遂專掌經學傳授。㊳涉獵　廣泛涉及，謂讀書多而不專精。㊴尋陽　即潯陽。古江名，指長江流經今江西九江北一段。㊵大兄　對朋友的敬稱，猶今日之稱「老兄」。㊶從事　官名。東漢州牧刺史的佐史，有別駕從事史、治中從事史、兵曹從事史、部從事史等，均可簡稱從事。㊷守　試職稱守。㊸耒陽　縣名，縣治在今湖南耒陽。㊹百里才　謂治理一城、一縣的才能。㊺治中　官名，即治中從事史，州牧史的主要佐史，職責是居中治事，主眾曹文書。在諸從事史中，治中與別駕是州牧刺史的主要佐史，可稱之為諸佐吏之長，治中主管內，別駕主管外。㊻展　放開；施展。㊼驥足　比喻俊逸之才。㊽善譚　猶言暢談。譚，同「談」。㊾器　器重。㊿軍師中郎將　官名。當時由於軍事之需要，曹操已設置軍師祭酒，劉備又設置軍師中郎將，但軍師祭酒只參謀軍事，而軍師中郎將卻握兵權。

【語　譯】劉表原來的官吏、士人大多歸服劉備，劉備因為周瑜劃給他的地方太小，不足以容納自己的部眾，於是自行到京口拜見孫權，要求總管荊州。周瑜上奏疏給孫權說：「劉備憑著他梟雄的資質，而且有關羽、張飛等熊虎猛將，一定不是一個長期屈居人下被人所用的人。我認為從大局考慮，應當把劉備遷移安置到吳郡，為他修築豪華宮室，多送他美女、玩物，娛樂他的耳目；把關羽、張飛兩人各置一方，派出像我周瑜這樣的將領去挾持他們一起作戰，這樣大事就可以辦定了。如今把太多的土地資助他的事業，使這三人都聚集在邊境上，恐怕蛟龍得到雲雨，最終不會再作池中物了。」呂範也勸孫權留下劉備。孫權認為曹操雄據北方，正當廣招英雄，沒有聽從。劉備回到公安，過了很久才得知這些情況，歎息說：「天下的智謀之士，所見略

同。當時孔明勸我不要去，他也考慮到這一點。當時我正在危急關頭，不得不去。這確實是一條危險的途徑，幾乎落入周瑜之手。」

周瑜到京口拜見孫權，說：「現在曹操剛剛失敗，擔心內部的隱患，所以不能和將軍臨陣交鋒。我請求和奮威一同進軍，攻佔蜀地，吞併張魯，然後留下奮威堅守在那裡，與馬超結友互援，我回來和將軍據守襄陽，以威逼曹操，這樣，北方就可以圖謀了。」孫權同意了這一計畫。奮威是孫堅的姪兒孫瑜，任奮威將軍、丹陽太守。

周瑜返回江陵準備行裝，在路上病危，給孫權呈上一封信說：「壽命的長短是天命，實在不足以可惜，只遺憾我小小的志願還沒有實現，不能再聆聽您的教誨了。當今曹操在北方，邊界還不平靜，劉備寄居國中，如同養虎，天下大事，不知道結局如何。這正是當朝之士發憤忘食的時刻，也是至尊您思慮運籌之日。魯肅為人忠烈，處理事情一絲不苟，可以代替我周瑜。假如我的建議有可採之處，我雖死不朽！」周瑜在巴丘去世。孫權聽到這一消息非常悲痛，說：「公瑾有輔佐帝王的才幹，如今忽然短命而去，我將依靠誰！」孫權親自到蕪湖迎接周瑜的靈柩。周瑜有一個女兒、兩個兒子，孫權為長子孫登聘娶了他的女兒，任用周瑜長子周循為騎都尉，把自己的女兒嫁給周循，任用周瑜次子周胤為興業都尉，把同族的女兒嫁給周胤。

起初，周瑜被孫策視為好友，太夫人又讓孫權把周瑜當做兄長侍奉。這時孫權的職位只是將軍，各位將領、賓客對孫權禮數還很簡約。而只有周瑜最先對孫權畢恭畢敬，執行臣子的禮節。程普自以為年長，多次陵辱周瑜，周瑜對他屈節謙下，始終不和他計較。程普後來內心省悟敬佩親近周瑜，於是告訴他人說：「跟周公瑾交往，如飲美酒，不覺就自醉了。」

孫權任命魯肅為奮武校尉，代替周瑜統兵，任命程普兼任南郡太守。魯肅勸孫權把荊州借給劉備，與劉備共同對抗曹操，孫權聽從了。於是分出豫章郡的一部分設立番陽郡；分出長沙郡的一部分設立漢昌郡。又讓程普兼任江夏太守，魯肅任漢昌太守，駐兵陸口。

起初，孫權對呂蒙說：「你現在當權管事，不可不學習。」呂蒙以軍中事務繁忙為藉口，孫權說：「我

難道是要你去研究經典做博士嗎！只不過是應當瀏覽諸書，瞭解一些往事罷了。你說事務繁忙，難道比我還忙嗎？我常常讀書，自認為大有裨益。」呂蒙這才開始讀書學習。等到魯肅經過尋陽時，與呂蒙議論時事，大吃一驚，說：「你今天的才智謀略，不再是在吳郡時的那個阿蒙了！」呂蒙說：「士別三日，就當刮目相看，老兄你怎麼見事這麼遲晚呢！」魯肅於是拜見呂蒙的母親，和呂蒙結成朋友後告別。

劉備任命從事龐統試任耒陽縣令，龐統在縣令的職位上沒治理好，被免官。魯肅寫信給劉備說：「龐士元不是一個治理百里之縣的人才，把他放在治中、別駕的職位上，才可施展千里馬的才能。」諸葛亮也這麼說他。劉備召見龐統，與他暢談，便十分器重他。於是任用龐統為治中，對他的親近和禮遇僅次於諸葛亮，又讓他與諸葛亮一同任軍師中郎將。

初，蒼梧士燮❶為交趾太守。交州❷刺史朱符為夷賊所殺，州郡擾亂。燮表其弟壹領合浦❸太守，䵋領九真❹太守，武領南海❺太守。燮體器寬厚，中國士人多往依之。雄長一州，偏在萬里，威尊無上，出入儀衛甚盛，震服百蠻。朝廷遣南陽張津為交州刺史。津好鬼神事，常著絳帕頭❻，鼓琴燒香，讀道書，云可以助化❼，為其將區景所殺，劉表遣零陵賴恭代津為刺史。是時蒼梧太守史璜死，表又遣吳巨代之。朝廷賜燮璽書❽，以燮為綏南中郎將❾，董督❿七郡⓫，領交趾太守如故。後[1]巨與恭相失，巨舉兵逐恭，恭走還零陵⓬。孫權以番陽太守臨淮步騭⓭為交州刺史，士燮率兄弟奉承節度。吳巨外附內

違，驚誘而斬之，威聲大震。權加燮左將軍，燮遣子入質，由是嶺南⓮始服屬於權。

【章　旨】以上為第四段，寫嶺南服屬孫權。

【注　釋】❶士燮　字威彥，蒼梧廣信（今廣西梧州）人，漢末為交趾太守（治所龍編，在今越南河內東北），交趾得以安定，中原士人避亂者多往依附。其後孫權以步騭為交州刺史，燮遂歸附於孫氏，又為衛將軍，封龍編侯。傳見《三國志》卷四十九。❷交州　州名，建安八年（西元二〇三年）改交趾為交州，刺史治所廣信，在今廣西梧州。❸合浦　郡名，治所合浦縣，在今廣西合浦東北。❹九真　郡名，治所胥浦，在今越南清化西北。❺南海　郡名，治所番禺，在今廣東廣州。❻絳帕頭　深紅色男子束髮頭巾。❼化　謂羽化成仙。❽璽書　用皇帝印章封記的文書。❾綏南中郎將　官名，中郎將為位次於將軍的統兵將領，綏南為其稱號。❿董督　總督。⓫七郡　指交州的南海、蒼梧、鬱林、合浦、交趾、九真、日南七郡。⓬零陵　郡名，治所泉陵，在今湖南零陵。⓭步騭　（？—西元二四七年）字子山，臨淮淮陰（今江蘇淮陰）人，漢末避亂至江東，孫權召為主記，又為鄱陽太守、交州刺史。以威服南土，晉升為平戎將軍，封廣信侯。孫權稱帝後，為驃騎將軍，都督西陵，後為丞相。傳見《三國志》卷五十二。⓮嶺南　泛指五嶺以南地區。

【校　記】[1]後　原無此字。據章鈺校，甲十一行本、乙十一行本皆有此字，今據補。

【語　譯】起初，蒼梧人士燮任交趾太守。交州刺史朱符被夷人叛賊殺害，州郡騷亂。士燮上表推舉他的弟弟士壹兼任合浦太守，士䵋兼任九真太守，士武兼任南海太守。士燮性情寬厚，南來的中原士大夫多投靠他。士燮雄據一州，偏在萬里之外，威望尊嚴至高無上，出入時儀仗衛隊十分壯觀，威嚴使百蠻震服。

　　朝廷任南陽人張津為交州刺史。張津迷信鬼神，常纏著深紅色的頭巾，彈琴、燒香，讀道家的典籍，說這樣做可以助他羽化成仙，被他的將領區景殺死，劉表派零陵人賴恭接替張津為刺史。這時蒼梧太守史璜去世，劉表又派吳巨接替他。朝廷賜給士燮詔書，任士燮為綏南中郎將，總督七郡事務，依舊兼任交趾太守。

後來吳巨和賴恭失和，吳巨率兵驅逐賴恭，賴恭逃回零陵。

孫權任命番陽太守臨淮人步騭為交州刺史，士燮率領兄弟接受步騭的節度。吳巨陽奉陰違，步騭誘捕並殺死他，聲威大震。孫權為士燮加銜左將軍，士燮送兒子給孫權作人質，從此嶺南一帶開始歸屬孫權。

十六年（辛卯　西元二一一年）

春，正月，以曹操世子❶丕為五官中郎將❷，置官屬，為丞相副。

三月，操遣司隸校尉鍾繇討張魯，使征西護軍❸夏侯淵❹等將兵出河東❺，與繇會。倉曹屬❻高柔諫曰：「大兵西出，韓遂、馬超疑為襲己，必相扇動。宜先招集三輔❼，三輔苟平，漢中❽可傳檄而定也。」操不從。

關中諸將果疑之，馬超、韓遂、侯選、程銀、楊秋、李堪、張橫、梁興、成宜、馬玩等十部皆反，其眾十萬，屯據潼關❾。操遣安西將軍❿曹仁督諸將拒之，敕令堅壁勿與戰。命五官將丕留守鄴，以奮武將軍⓫程昱參丕軍事，門下督廣陵徐宣⓬為左護軍，留統諸軍，樂安國淵⓭為居府長史⓮，統留事。秋，七月，操自將擊超等。議者多言：「關西兵習長矛，非精選前鋒，不可當也。」操曰：「戰在我，非在賊也。賊雖習長矛，將使不得以刺，諸君但觀之。」

八月，操至潼關，與超等夾關而軍。操急持⓯之，而潛遣徐晃、朱靈以步騎

四千人渡蒲阪津⑯，據河西為營。閏月，操自潼關北渡河。兵眾先渡，操獨與虎士⑰百餘人留南岸斷後。馬超將步騎萬餘人攻之，矢下如雨，操猶據胡牀⑱不動。許褚扶操上船，船工中流矢死，褚左手舉馬鞍以蔽操，右手刺船。校尉丁斐放牛馬以餌⑲賊，賊亂，取牛馬，操乃得渡。遂自蒲阪渡西河⑳，循河為甬道㉑而南。超等退拒渭口㉒，操乃多設疑兵，潛以舟載兵入渭，為浮橋，夜，分兵結營於渭南。超等夜攻營，伏兵擊破之。超等屯渭南，遣使[1]求割河以西請和，操不許。九月，操進軍，悉渡渭。超等數挑戰，又不許。固請割地，求送任子㉓，賈詡㉔以為可偽許之。操復問計策，詡曰：「離之而已。」操曰：「解㉕。」

韓遂請與操相見。操與遂有舊，於是交馬語移時，不及軍事，但說京都舊故，拊㉖手歡笑。時秦、胡㉗觀者，前後重沓㉘。操笑謂之曰：「爾欲觀曹公邪？亦猶人也，非有四目兩口，但多智耳！」既罷，超等問遂：「公何言？」遂曰：「無所言也。」超等疑之。他日，操又與遂書㉙，多所點竄㉚，如遂改定者，超等愈疑遂。操乃與克日㉛會戰，先以輕兵挑之，戰良久，乃縱虎騎㉜夾擊，大破之，斬成宜、李堪等。遂、超奔涼州㉝，楊秋奔安定㉞。

諸將問操曰：「初，賊守潼關，渭北道缺㉟，不從河東擊馮翊㊱而反守潼關，

引日(37)而後北渡，何也？」操曰：「賊守潼關，若吾入河東，賊必引守諸津，則西河未可渡。吾故盛兵(38)向潼關，賊悉眾南守，西河之備虛，故二將得擅取西河，然後引軍北渡。賊不能與吾爭西河者，以二將(39)之軍也。連車樹柵(40)，為甬道而南，既為不可勝(41)，且以示弱。渡渭為堅壘，虜至不出，所以驕之(42)也，故賊不為營壘而求割地。吾順言許之，所以從其意，使自安而不為備，因畜士卒之力，一旦擊之，所謂疾雷不及掩耳(43)。兵之變化，固非一道也。」

始，關中諸將每一部到，操輒有喜色，諸將問其故，操曰：「關中長遠，若賊各依險阻，征之，不一二年不可定也。今皆來集，其眾雖多，莫相歸服，軍無適主(44)，一舉可滅，為功差易(45)，吾是以喜。」

冬，十月，操自長安(46)北征楊秋，圍安定。秋降，復其爵位，使留撫其民。

十二月，操自安定還，留夏侯淵屯長安。以議郎張既為京兆尹(47)。既招懷流民，興復縣邑，百姓懷之。

遂、超之叛也，弘農(48)、馮翊縣邑多應之，河東民獨無異心。操與超等夾渭為軍，軍食一仰(49)河東。及超等破，餘畜(50)尚二十餘萬斛(51)，操乃增河東太守杜畿秩(52)中二千石(53)。

【章　旨】以上為第五段，寫曹操西征馬超、韓遂，平定關中。

【注　釋】❶世子　諸王嫡長子為世子，即王位繼承人。❷五官中郎將　官名，漢代於光祿勳下置五官、左、右三署中郎將，統領皇帝侍衛軍，但不置官屬。今曹丕為五官中郎將，卻置官屬，並為丞相之副，顯然提高了政治地位。❸征西護軍　官名，護為督統之意。曹操將征西先驅之重任交與夏侯淵，而淵之資序尚不能為征西將軍，故改稱護軍。❹夏侯淵　（？—西元二一九年）字妙才，沛國譙縣（今安徽亳州）人，初隨曹操起兵，為別部司馬、騎都尉，又為陳留、潁川太守。從曹操征討袁紹、韓遂等，以勇著稱。後為護軍將軍，封博昌亭侯。又為征西將軍，守漢中，為劉備部將黃忠所殺。傳見《三國志》卷九。❺河東　郡名，治所安邑，在今山西夏縣西北。❻倉曹屬　官名，此指丞相倉曹屬，丞相府之屬官，主管倉穀事。❼三輔　地區名，漢代稱京兆尹、左馮翊、右扶風為三輔。相當於以今西安為中心的陝西中部地區。❽漢中　郡名，治所南鄭，在今陝西漢中。時為張魯所據。❾潼關　關名，在今陝西潼關縣北。古為桃林塞地，東漢設潼關，地當黃河之曲，秦、晉、豫三省之要衝。關城又雄踞山腰，下臨黃河，甚為險要。❿安西將軍　官名，東漢的雜號將軍。⓫奮武將軍　官名，漢代的雜號將軍。⓬徐宣　（？—西元二三六年）字寶堅，廣陵海西（今江蘇東海縣南）人，曹操召為司空掾屬、門下督（門下之督將），又為丞相東曹掾、魏郡太守。魏文帝初，為御史中丞、司隸校尉，又為尚書。魏明帝時，為尚書左僕射，封津陽亭侯。傳見《三國志》卷二十二。⓭國淵　字子尼。樂安益縣（今山東壽光東）人，曹操召為司空掾屬，主管屯田事。又為魏郡太守，入朝為太僕。傳見《三國志》卷十一。⓮居府長史　官名，總管留府諸事。⓯持　抓住。此謂拖住馬超等，使之不能擺脫。⓰蒲阪津　渡口名，蒲阪縣西黃河渡口。蒲阪縣治所在今山西永濟西蒲州鎮。⓱虎士　警衛勇士。⓲胡牀　坐具，從少數民族中傳來，故名。隋以後稱為交床或交椅。⓳餌　引誘。⓴西河　指今山西與陝西間自北向南流的一段黃河。㉑甬道　兩邊築牆或用車、樹為屏障的通道。㉒渭口　渭水入黃河之處。㉓任子　這裡義同「質子」，即以兒子為抵押。㉔賈詡　字文和，武威姑臧（今甘肅武威）人。有智計。賈詡是一位典型的戰國策士式的人物，朝三暮四，他初從董卓，後從李傕、段煨，又從張繡，後隨張魯歸曹操。㉕解　理解；明白。㉖拊　拍手。㉗秦胡　指秦地（即關中）的土著漢族和少數族人。㉘重沓　意謂人多擁擠，裡三層，外三層。㉙書　信。㉚點竄　謂塗改字句。㉛克日　限定日期。㉜虎騎　比喻勇猛如虎的騎兵。㉝涼州　州名，東漢時治所在隴縣（今甘肅張家川），三國魏移治姑臧（今甘肅武威）。轄境相當於今甘肅、寧夏和青海湟水流域、內蒙古部分地區。㉞安定　郡名，治所在高平（今寧夏固原）。東漢移治臨涇（今甘肅鎮原東南）。㉟缺　謂缺而不備。㊱馮

翊　即左馮翊，漢代三輔之一。馮翊的治所原在高陵縣，在今陝西高陵西南。漢獻帝建安初，詔分馮翊西數縣為左內史郡，治所高陵，以東數縣為馮翊，治所臨晉，在今陝西大荔。㊲引日　拖延時日。㊳盛兵　加大兵力。㊴二將　指徐晃、朱靈。㊵樹柵　立木為柵欄。㊶為不可勝　意謂創造不可戰勝的條件。《孫子・形》說：「先為不可勝，以待敵之可勝。」㊷驕之　謂使敵人驕傲無備。㊸疾雷不及掩耳　謂事發極速，使人來不及預防。《淮南子・兵略》說：「疾雷不及塞耳，疾霆不暇掩目。」㊹適主　專主，謂統一的主帥。㊺差易　比較容易。㊻長安　縣名，縣治在今陝西西安西北。㊼京兆尹　官名，京兆尹的長官。相當於郡太守。京兆尹本政區名，為漢代三輔之一，治所長安。而京兆尹的長官亦稱京兆尹，官名與政區名相同。㊽弘農　郡名，治所弘農縣，在今河南靈寶北。㊾仰　依賴。㊿畜　同「蓄」。積蓄。(51)斛　古代量器名，漢代以十斗為一斛。(52)秩　俸祿。(53)中二千石　漢代九卿之秩為中二千石，郡太守之秩一般為二千石。此特嘉獎杜畿，故為其增秩。

【校　記】[1]使　據章鈺校，甲十一行本、乙十一行本皆作「信」。

【語　譯】十六年（辛卯　西元二一一年）

春，正月，任命曹操世子曹丕為五官中郎將，設置官屬，為副丞相。

三月，曹操派司隸校尉鍾繇討伐張魯，派征西護軍夏侯淵等率軍從河東出發，與鍾繇會師。倉曹屬高柔勸諫說：「大軍西進，韓遂、馬超會懷疑是來襲擊自己，一定會相互煽惑鼓動。應當先安撫三輔地區，如果平定了三輔，漢中只要一紙檄文就可平定了。」曹操沒有聽從。

關中各位將領果然懷疑，馬超、韓遂、侯選、程銀、楊秋、李堪、張橫、梁興、成宜、馬玩等十部全都反叛，他們的部眾有十萬，駐守潼關。曹操派安西將軍曹仁統領眾將抵抗，嚴令他們堅守壁壘不與敵交戰。命令五官將曹丕留守鄴城，任用奮武將軍程昱參與曹丕的軍事，以門下督廣陵人徐宣為左護軍，統領留守各軍，任命樂安人國淵為居府長史，統攝留守事務。秋，七月，曹操親自領兵攻打馬超等。參與謀議的人大都認為：「關西兵擅用長矛，如果沒有精銳的前鋒，抵擋不住。」曹操說：「戰爭的主動權握在我手裡，不在叛賊那裡。叛賊雖然擅用長矛，我將讓它不能刺擊，諸位只管看好吧。」

八月，曹操到達潼關，與馬超等隔潼關對峙。曹操緊緊拖住馬超，卻暗中派徐晃、朱靈率領步兵、騎兵

四千人從蒲阪津渡過黃河，在河西紮營。閏八月，曹操從潼關北渡黃河。讓部眾先渡，曹操獨自和虎賁武士一百多人留在南岸斷後。馬超率領步兵、騎兵一萬多人來攻，箭如雨下，曹操仍坐在胡床上不為所動。許褚扶著曹操上船，船工被流箭射中而死，許褚左手舉著馬鞍來遮蔽曹操，右手撐船。校尉丁裴放出牛馬去引誘叛賊，叛賊陣容混亂，爭奪牛馬，曹操才得以渡河。於是從蒲阪渡過西河，沿河修建甬道向南進軍。馬超等退守渭口，於是曹操多處設置疑兵，悄悄用船運兵進入渭水，搭建浮橋，夜裡，分出一支部隊在渭水南岸紮營。馬超等乘夜攻營，被伏兵擊敗。馬超等駐守渭南，派出使者請求割讓黃河以西的地區求和，曹操不允許。九月，曹操進軍，全部渡過渭水。馬超等多次挑戰，曹操又不許諸將應戰。馬超等堅請割地，並送兒子作為人質，賈詡認為可以假意答應。曹操又問賈詡下一步的計策，賈詡說：「只是離間敵人罷了。」曹操說：「明白了。」

韓遂請求與曹操相見。曹操跟韓遂是老交情，於是兩人馬頭相交，交談了一個多時辰，不談軍事，只說京都的舊事，拍手歡笑。當時關中的秦人、胡人來圍觀的，前後裡三層外三層。曹操笑著對他們說：「你們想看看曹公長什麼樣嗎？他也和別人一樣，並沒有四隻眼睛兩張嘴，只是多點智謀罷了！」會晤結束後，馬超等問韓遂：「曹公說了些什麼？」韓遂說：「也沒說什麼。」馬超等人起了疑心。過了幾天，曹操又給韓遂寫了封信，信中有多處塗改字句，像是韓遂改定的，馬超等人更加懷疑韓遂。曹操這才跟馬超等約定日期會戰，先派輕兵挑戰，戰鬥了很久，才放出驍勇的騎兵夾擊，大敗馬超等，殺了成宜、李堪等。韓遂、馬超逃奔涼州，楊秋逃奔安定。

眾將領問曹操：「當初，叛賊守衛潼關，渭河以北地區防備空虛，您不從河東進擊馮翊，卻反而堅守潼關，延遲了好幾天，然後從潼關北渡黃河，是為什麼？」曹操說：「叛賊守潼關，如果我進入河東，叛賊必然派兵守住各個渡口，那麼就不能從西河渡過了。我所以加大兵力指向潼關，叛賊全力在南面防守潼關，西河的防備空虛，所以徐晃、朱靈二位將軍得以輕取西河，然後我率軍北渡黃河。叛賊不能與我爭奪西河的原因，就是由於兩位將軍駐軍在那裡啊。我軍連結車輛，樹起柵欄，修建甬道向南推進，創造出不可戰勝的條

件，並且故意顯示我方的薄弱。渡過渭水築起堅固的壁壘，叛賊來後，不出去迎戰，以此使敵人驕傲起來，所以叛賊不建營壘而只請求割地。我順水推舟答應下來，順從他們心意，讓他們自感安全而不加防備，我趁機讓士卒養精蓄銳，一旦向叛賊發動進攻，猶如迅雷不及掩耳。用兵的變化，本來就不只一種途徑。」開始時，關中眾將領每一部分到來，曹操總是流露出高興的神色，部下的將領們詢問他其中緣故，曹操說：「關中地域遼闊深遠，如果叛賊各自憑險而守，征討他們，沒有一兩年是不能平定的。如今全來會聚，他們人數雖多，彼此互不服從，軍隊沒有統一的主帥，可一舉殲滅，這比較容易成功，我所以高興。」

冬，十月，曹操從長安向北征討楊秋，包圍了安定。楊秋投降，恢復了他的爵位，讓他留下安撫所屬的民眾。

十二月，曹操從安定回師，留下夏侯淵守衛長安。任命議郎張既為京兆尹。張既招撫流亡的難民，重新恢復了過去的縣城集鎮，百姓都順服他。

韓遂、馬超叛亂時，弘農、馮翊所屬各縣大都響應，只有河東的民眾毫無二心。曹操與馬超等隔渭水對峙，軍糧全部依賴河東。等到馬超等失敗時，儲糧還餘有二十多萬斛，曹操為河東太守杜畿增秩為中二千石。

扶風法正❶為劉璋軍議校尉❷，璋不能用，又為其州里俱僑客❸者所鄙，正邑邑❹不得志。益州別駕張松與正善，自負其才，忖❺璋不足與有為，常竊歎息。松勸璋結劉備。璋曰：「誰可使者？」松乃舉正。璋使正往，正辭謝，佯❻為不得已而行。還，為松說備有雄略，密謀奉戴以為州主。

會曹操遣鍾繇向漢中，璋聞之，內懷恐懼。松因說璋曰：「曹公兵無敵於天

下，若因張魯之資以取蜀土，誰能禦之！劉豫州，使君之宗室而曹公之深讎也，善用兵，若使之討魯，魯必破矣。魯破，則益州強，曹公雖來，無能為也。今州中[1]諸將龐羲、李異等皆恃功驕豪⑦，欲有外意⑧。不得豫州，則敵攻其外，民攻其內，必敗之道也。」璋然之，遣法正將四千人迎備。主簿巴西黃權⑨諫曰：「劉左將軍⑩有驍⑪名，今請到，欲以部曲⑫遇之，則不滿其心；欲以賓客禮待，則一國不容二君。若客有泰山之安，則主有累卵之危，不若閉境以待時清。」璋不聽，出權為廣漢⑬長。從事廣漢王累自倒懸於州門以諫，璋一無所納。

法正至荊州，陰獻策於劉備曰：「以明將軍之英才，乘劉牧之懦弱，張松，州之股肱⑭，響應於內，以取益州，猶反掌也。」備疑未決。龐統言於備曰：「荊州荒殘，人物殫盡⑮，東有孫車騎⑯，北有曹操，難以得志。今益州戶口百萬，土沃財富，誠得以為資，大業可成也。」備曰：「今指與吾為水火⑰者，曹操也。操以急，吾以寬；操以暴，吾以仁；操以譎⑱，吾以忠；每與操反，事乃可成耳。今以小利而失信義於天下，奈何？」統曰：「亂離之時，固非一道所能定也。且兼弱攻昧⑲，逆取順守⑳，古人所貴。若事定之後，封以大國，何負於信！今日不取，終為人利耳。」備以為然。乃留諸葛亮、關羽等守荊州，以趙雲領留營司

馬㉑，備將步卒數萬人入益州。

孫權聞備西上，遣舟船迎妹。而夫人欲將備子禪還吳，張飛、趙雲勒兵截江，乃得禪還。

劉璋敕在所供奉備，備入境如歸，前後贈遺㉒以巨億㉓計。備至巴郡㉔，巴郡太守嚴顏拊心歎曰：「此所謂『獨坐窮山，放虎自衛』者也。」備自江州北由墊江水㉕詣涪㉖，璋率步騎三萬餘人，車乘帳幔㉗，精光耀日，往會之。張松令法正白備，便於會襲璋。備曰：「此事不可倉猝㉘[2]！」龐統曰：「今因會執之，則將軍無用兵之勞而坐定一州也。」備曰：「初入他國，恩信未著，此不可也。」璋推備行㉙大司馬㉚，領㉛司隸校尉㉜；備亦推璋行鎮西大將軍㉝，領益州牧。所將將[3]士，更相之適㉞，歡飲百餘日。璋增備兵，厚加資給，使擊張魯；又令督白水㉟軍。備并軍三萬餘人，車甲、器械、資貨甚盛。璋還成都，備北到葭萌㊱，未即討魯，厚樹恩德，以收眾心。

【章旨】以上為第六段，寫益州牧劉璋請劉備入蜀以拒張魯。

【注釋】❶法正（西元一七六—二二〇年）字孝直，右扶風郿縣（今陝西眉縣）人，初入蜀依劉璋，為新都令，又為軍議校尉。後奉命邀劉備入蜀，因向劉備獻取蜀之計。劉備得益州後，任命法正為蜀郡太守、揚武將軍。後又為尚書令、護軍

將軍。傳見《三國志》卷三十七。❷軍議校尉　校尉為次於將軍的武職。軍議或作軍謀，參議軍事。❸僑客　謂他州寄居於益州者。❹邑邑　通「悒悒」。憂鬱。❺忖　度量；考慮。❻佯　假裝。❼恃功驕豪　依仗功勞而驕傲強橫。龐羲曾保護劉璋諸子免於危難，李異曾殺反叛劉璋的趙韙，故二人有功於劉璋。❽外意　謂附外之意。❾黃權　（？—西元二三九年）字公衡，巴西閬中（今四川閬中）人，初為劉璋主簿、廣漢長。劉璋降劉備後，始歸降劉備，為偏將軍。劉備稱漢中王、領益州牧後，又為治中從事史。劉備稱帝伐吳，以權為鎮北將軍，督鎮江北以防魏軍。劉備敗退後，道路斷絕，權被迫降魏。在魏官至車騎將軍。傳見《三國志》卷四十三。❿劉左將軍　即劉備。曹操曾表薦劉備為左將軍。⓫驍　勇健。⓬部曲　此指部屬、部下。⓭廣漢　縣名，縣治在今四川射洪南。⓮股肱　大腿和胳膊，用以比喻輔佐之臣。因張松為州別駕，為州牧的主要佐吏，故法正有此喻。⓯殫盡　窮盡。⓰孫車騎　即孫權。劉備曾表薦孫權為車騎將軍。⓱水火　言水火之不相容。⓲譎欺詐。⓳兼弱攻昧　此語見《左傳》宣公十二年，又偽古文《尚書》以為仲虺之言。意謂兼併弱小者，攻取愚昧者。⓴逆取順守　此為西漢初陸賈之言，見《史記・酈生陸賈列傳》。以武力奪取天下為逆取，修文教以治天下為順守。㉑留營司馬　官名，掌留營之軍事。㉒贈遺　贈送財物。㉓巨億　同「巨萬」、「萬萬」。㉔巴郡　治所江州，在今重慶市南岸區。㉕墊江水即涪水，亦稱涪內水。源出今四川松潘東北，東南流經平武、綿陽、射洪，至合川（漢之墊江縣）與嘉陵江合。㉖涪　縣名，縣治在今四川綿陽東。㉗帳幔　帷幕。㉘倉猝　匆忙。㉙行　代理。㉚大司馬　官名，漢武帝置大司馬代替太尉，東漢光武帝又廢大司馬置太尉。漢靈帝末年又並置大司馬與太尉。㉛領　兼任。㉜司隸校尉　官名，掌糾察京都百官違法者，並治所轄各郡，相當於州刺史。按，劉備與劉璋之此種推任，純係空銜。㉝鎮西大將軍　官名，鎮西將軍為雜號將軍，加上「大」字，地位又比雜號將軍高。㉞更相之適　互相來往。㉟白水　指白水關。關在白水縣，縣治在今四川青川縣東北。白水軍即楊懷、高沛所統之軍。㊱葭萌　縣名，縣治在今四川廣元西南。

【校　記】 1中　原無此字。據章鈺校，甲十一行本、乙十一行本、孔天胤本皆有此字，張敦仁《通鑑刊本識誤》同，今據補。2猝　原作「卒」。據章鈺校，甲十一行本、乙十一行本皆作「猝」，今從改。按，二字通。3將　原作「吏」。據章鈺校，甲十一行本、乙十一行本皆作「將」，今據改。

【語　譯】 扶風人法正任劉璋的軍議校尉，劉璋不加信用。法正又受到與他一起僑居益州同州郡老鄉的鄙視，鬱鬱不得志。益州別駕張松與法正友善，自負有才，料想追隨劉璋不可能有什麼作為。常常私下歎息。張松

勸劉璋結交劉備。劉璋說：「誰可以擔任使者？」張松就推薦法正。劉璋派法正前往，法正推辭謝絕，裝出一副迫不得已才出行的樣子。法正出使回來，對張松說劉備有雄才大略，密謀擁戴劉備為益州之主。

恰逢曹操派鍾繇向漢中進軍，劉璋得到消息，內心感到恐懼。張松乘機勸劉璋說：「曹公的軍隊天下無敵，如果利用張魯打下的基礎來攻佔蜀地，誰能抵擋得住！劉備是您的同宗也是曹公的死對頭，他善於用兵，如果讓他討伐張魯，張魯一定被打敗。張魯被擊敗，益州就強盛起來，曹公雖然來了，也不能有所作為。如今益州眾將龐羲、李異等都恃功驕橫，企圖依附外部勢力。如得不到劉備的援救，那麼敵人在外面攻擊，老百姓攻其內部，是必定要失敗的。」劉璋認為有道理，就派法正率領四千人迎接劉備。主簿巴西人黃權勸阻說：「劉備驍勇有名，如今請來，若要把他當做部屬對待，他就會心生不滿，打算把他當做賓客禮遇，那麼一國就容不下兩個君主。如果客人有泰山般的安穩，主人就會有累卵般的危險，不如關閉邊境來等待天下清明。」劉璋不聽，把黃權外任為廣漢縣長。益州從事廣漢人王累把自己倒掛在州城門上來諫阻，劉璋一概不加理睬。

法正到了荊州，祕密向劉備獻計說：「憑藉將軍您的英明才能，可利用劉璋的懦怯，張松是益州的得力官員，在內響應，以此攻取益州，易如反掌。」劉備遲疑未決。龐統向劉備進言說：「荊州荒廢殘破，人才和物資耗盡，東面有孫權，北面有曹操，難有作為。如今益州戶口百萬，土地肥沃，資財豐足，如果得到益州做基地，大功可以告成。」劉備說：「當今與我如同水火的是曹操。曹操嚴急，我就寬厚；曹操殘暴，我就仁慈；曹操詭詐，我就忠信，每事與曹操相反，事業才能成功。現在因小利而失信義於天下，怎麼行呢？」龐統說：「亂離時代，本來就不是一種辦法能平定的。況且吞併弱小，攻取愚昧，先用武力的方式攻佔，再用教化的方式保守它，這是古人也推重的。如果事業成功之後，封給劉璋一個大國，哪裡違背信義呢！今天不去奪取，終將會成為他人的利益。」劉備認為有理。於是留下諸葛亮、關羽等守衛荊州，任命趙雲為留營司馬。劉備率領數萬步兵進入益州。

孫權得知劉備西上，派船來迎接妹妹。夫人想把劉備的兒子劉禪帶回吳郡，張飛、趙雲率兵在長江上攔

截，才使劉禪得以回蜀。

劉璋命令劉備經過的地方，都要給他提供軍需，劉備進入益州境內如同回家一樣，前後贈送的物資數以億計。劉備到達巴郡，巴郡太守嚴顏搥心歎息說：「這就是所謂『獨自坐在窮山溝，放出老虎來自衛』吧。」劉備從江州以北沿墊江水到達涪縣，劉璋率領步騎兵三萬多人，車輛上掛著帳幕，光彩映日，前往會見劉備。張松讓法正稟報劉備，就在會見時襲擊劉璋，劉備說：「這事不可倉猝！」龐統說：「現在趁會見時抓獲劉璋，將軍您不勞動用武力就坐著平定一州。」劉備說：「剛剛進入別人的地盤，我的恩德信義還未顯示，這樣做不行。」劉璋推薦劉備代理大司馬，兼任司隸校尉；劉備也推薦劉璋代理鎮西大將軍，兼任益州牧。雙方所統領的將士相互往來，一起歡飲了一百多天。劉璋給劉備增加兵力，資助大量物資，讓他去攻擊張魯；還讓劉備督領白水的駐軍。劉備合併後的兵眾有三萬多人，車輛、甲冑、器械、各種物資很多。劉璋回到成都，劉備向北進軍到葭萌縣，沒有馬上去征討張魯，而是廣施恩德，以此來收取人心。

十七年（壬辰　西元二一二年）

春，正月，曹操還鄴。詔操贊拜❶不名❷，入朝不趨❸，劍履上殿❹，如蕭何❺故事。

操之西征也，河間❻民田銀、蘇伯反，扇動幽、冀。五官將丕欲自討之，功曹❼常林❽曰：「北方吏民，樂安厭亂，服化已久，守善者多，銀、伯犬羊相聚❾，不能為害。方今大軍在遠，外有強敵，將軍為天下之鎮❿，輕動遠舉，雖克不武⓫。」乃遣將軍賈信討之，應時克滅。餘賊千餘人請降，議者皆曰：「公有舊法，圍而

後降者不赦。」程昱曰：「此乃擾攘[12]之際，權時之宜[13]。今天下略定[14]，不可誅之；縱誅之，宜先啓聞。」議者皆曰：「軍事有專無請。」昱曰：「凡專命者，謂有臨時之急耳。今此賊制在賈信之手，故老臣不願將軍行之也。」丕曰：「善！」即白操，操果不誅。既而聞昱之謀，甚悅，曰：「君非徒[15]明於軍計，又善處人父子之間。」

故事[16]，破賊文書，以一為十。國淵上首級，皆如其實數。操問其故，淵曰：「夫征討外寇，多其斬獲之數者，欲以大武功，聳民聽也。河間在封域之內，銀等叛逆，雖克捷有功，淵竊恥之。」操大悅。

夏，五月癸未[17]，誅衛尉馬騰，夷三族。

六月庚寅晦[18]，日有食之。

秋，七月，螟。○馬超等餘眾屯藍田[19]，夏侯淵擊平之。

鄜[20]賊梁興寇略馮翊[21]，諸縣恐懼，皆寄治郡下[22]，議者以為當移就險阻。左馮翊[23]鄭渾[24]曰：「興等破散，藏竄山谷，雖有隨者，率脅從耳。今當廣開降路，宣諭威信。而保險自守，此示弱也。」乃聚吏民，治城郭，為守備，募民逐賊，得其財物婦女，十以七賞。民大悅，皆願捕賊。賊之失妻子者皆還，求降。渾責

其得他婦女，然後還之。於是轉相寇盜，黨與離散。又遣吏民有恩信者分布山谷告諭之，出者相繼。乃使諸縣長吏㉕各還本治㉖，以安集之。興等懼，將餘眾聚鄜城。操使夏侯淵助渾討之，遂斬興，餘黨悉平。渾，泰之弟也。

九月庚戌㉗，立皇子熙為濟陰王，懿為山陽王，邈為濟北王，敦為東海王。

【章　旨】以上為第七段，寫曹操安定內部，平定河北關中民變。

【注　釋】❶贊拜　古時臣下朝拜君王時，司儀者在旁宣唱行禮的儀式，並直呼朝拜者的姓名。❷不名　不直呼姓名，只稱官銜。❸趨　此指小步快走，表示恭敬。❹劍履上殿　帶劍穿鞋上殿。古時臣下不能穿鞋帶兵器上殿。❺蕭何　西漢大臣。秦末助漢高祖劉邦定天下，功第一，劉邦為皇帝後，賜與劍履上殿、入朝不趨的待遇。傳見《史記》卷五十三、《漢書》卷三十九。❻河間　郡名，治所樂成，在今河北獻縣東南。❼功曹　官名，此為五官中郎將功曹，即曹丕的屬吏。❽常林　字伯槐，河內溫縣（今屬河南）人，曹魏大臣，歷仕曹操、文帝、明帝三朝，位列九卿，封高陽鄉侯。死後葬如公禮。傳見《三國志》卷二十三。❾犬羊相聚　猶言烏合之眾。❿天下之鎮　鎮守天下的人。⓫不武　算不上威武。⓬擾攘　混亂；紛亂。⓭權時之宜　衡量當時的情況，採取合適的措施。⓮略定　大體已定。⓯徒　僅；只。⓰故事　先例；以往的成規。⓱癸未　五月壬辰朔，無癸未。⓲庚寅晦　六月二十九日。⓳藍田　縣名，縣治在今陝西藍田西。⓴鄜　縣名，縣治在今陝西洛川縣東南。㉑馮翊　政區名，左馮翊之省稱，為漢代三輔之一，東漢末治所臨晉在今陝西大荔。㉒寄治郡下　謂將縣公署遷到郡城。㉓左馮翊　官名，左馮翊的長官，相當於郡太守。左馮翊的官名與政區名相同。㉔鄭渾　字文公，河南開封（今河南開封南）人，曹操初召為掾，又為下蔡長、邵陵令，皆有治績。後為左馮翊、京兆尹，亦有治績。魏文帝時，又為陽平、沛、山陽、魏等郡太守，所在興水利，開農田，種果木，治績卓著。後為將作大匠。傳見《三國志》卷十六。㉕長吏　指縣令、長。㉖本治　原來的治所。㉗庚戌　九月二十一日。

【語　譯】十七年（壬辰　西元二一二年）

春，正月，曹操返回鄴城。詔令曹操參拜皇帝時不用唱名，入朝時不用小步趨行，可以佩劍穿鞋上殿，依照蕭何的先例。

曹操西征時，河間人田銀、蘇伯反叛，煽動幽、冀兩州的民眾。五官將曹丕想親自征討，他的功曹常林說：「北方的官民，樂於平安憎惡戰亂，受朝廷教化已經很久，安分守法的多，田銀、蘇伯如烏合之眾，不能造成危害。當今大軍在遠方，外面有強大的敵人，將軍是鎮守天下的人，如果輕率出動遠征，即使取勝也算不上威武。」於是派將軍賈信去征討，隨即平定了叛亂。殘餘的一千多名叛賊請求歸降，參與謀議的人都說：「曹公以前有令，凡是被圍困後才投降的人，不予赦免。」程昱說：「這是在混亂時期的權宜措施。如今天下大體穩定，不可以誅殺；即使要誅殺，也應先向曹公請示。」參與謀議的人都說：「戰時處理事情可以專斷，不必請示。」程昱說：「凡是要作專斷的，指的是臨時有緊急的情況發生。現今這些叛賊控制在賈信的手中，因此老臣我不希望將軍這樣做。」曹丕說：「很好！」立刻上報曹操，曹操果然不同意誅殺。不久聽說這是程昱的主意，很高興，說：「程昱不只是明察軍事謀略，還善於處理別人父子之間的關係。」

按照慣例，戰勝敵人的報捷公文中，以一報十。國淵上報的首級數，都是實際數目。曹操詢問其中的緣故，國淵說：「討伐境外的敵寇，多報斬殺俘獲的數目，是想以此張大武功，聳人聽聞。河間在封疆之內，田銀等是叛逆賊人，雖然戰勝有功，但我卻感到羞恥。」曹操大為高興。

夏，五月癸未日，誅殺衛尉馬騰，滅了三族。

六月最後一天二十九日庚寅，發生日蝕。

秋，七月，發生蝗災。○馬超等人的餘部盤據藍田縣，夏侯淵進擊，平定了他們。

鄜縣叛賊梁興侵擾馮翊，引起各縣恐慌，都把縣治遷到郡城，參與謀議的人認為應遷移到險要的地方。左馮翊鄭渾說：「梁興等已經敗散，竄藏山谷，雖然有跟隨者，大多是脅從。現在應當廣開歸降之路，宣告朝廷的威嚴與誠信。如果據險自守，這是示弱行為。」於是聚集官民，修治城牆，整飭守備，招募民眾驅逐叛賊，凡是獲得叛賊的財物和婦女，十分之七用來獎賞。民眾非常高興，都願意抓捕叛賊。叛賊中失去妻子

兒女的都回來，請求歸降。鄭渾責令他們去把其他賊人的婦女弄來，然後還給他們自己的妻子兒女。於是叛賊們相互搶劫盜取，黨羽離散。鄭渾又派官民中有恩德威信的人，分別到山谷裡去宣傳朝廷的旨意，叛賊相繼出山投降。於是令各縣的令長各自還回本治，以便安集百姓。梁興等懼怕，把餘下的部眾集中到鄜城。曹操派夏侯淵幫助鄭渾討伐，殺死梁興，餘黨全被平定。鄭渾，是鄭泰的弟弟。

九月二十一日庚戌，冊立皇子劉熙為濟陰王，劉懿為山陽王，劉邈為濟北王，劉敦為東海王。

初，張紘以秣陵❶山川形勝，勸孫權以為治所。及劉備東過秣陵，亦勸權居之。權於是作石頭城❷，徙治秣陵，改秣陵為建業。

呂蒙聞曹操欲東兵❸，說孫權夾濡須水口❹立塢❺。諸將皆曰：「上岸擊賊，洗足入船，何用塢為！」蒙曰：「兵有利鈍，戰無百勝。如有邂逅❻，敵步騎蹙❼人，不暇及水，其得入船乎？」權曰：「善！」遂作濡須塢。

冬，十月，曹操東擊孫權。董昭言於曹操曰：「自古以來，人臣匡世❽，未有今日之功；有今日之功，未有久處人臣之勢者也。今明公恥有慙德❾，樂保名節；然處大臣之勢，使人以大事❿疑己，誠不可不重慮也。」乃與列侯諸將議，以丞相宜進爵國公，九錫⓫備物，以彰殊勳。荀彧以為：「曹公本興義兵以匡朝寧國，秉忠貞之誠，守退讓之實，君子愛人以德⓬，不宜如此。」操由是不悅。

及擊孫權，表請彧勞軍于譙，因輒⑬留彧，以侍中⑭、光祿大夫⑮、持節⑯，參丞相軍事。操軍向濡須，彧以疾留壽春⑰，飲藥而卒。彧行義脩整而有智謀，好推賢進士，故時人皆惜之。

臣光曰⑱：「孔子之言仁也重矣，自子路、冉求、公西赤門人之高第⑲，令尹子文⑳、陳文子㉑諸侯之賢大夫，皆不足以當之㉒，而獨稱管仲之仁㉓，豈非以其輔佐齊桓，大濟生民乎！齊桓之行若狗彘，管仲不羞而相之，其志蓋以非桓公則生民不可得而濟也。漢末大亂，羣生塗炭，自非高世之才不能濟也，然則荀彧捨魏武㉔將誰事哉！

「齊桓之時，周室雖衰，未若建安之初也。建安之初，四海蕩覆，尺土一民，皆非漢有。荀彧佐魏武而興之，舉賢用能，訓卒厲兵，決機發策，征伐四克，遂能以弱為強，化亂為治，十分天下而有其八，其功豈在管仲之後乎！管仲不死子糾㉕而荀彧死漢室，其仁復居管仲之先矣。

「而杜牧乃以為『彧之勸魏武取兗州㉖則比之高、光㉗，官渡不令還許㉘則比之楚、漢㉙。及事就功畢，乃欲邀名於漢代，譬之教盜穴牆㉚發匱而不與同挈，得不為盜乎！』臣以為孔子稱『文勝質則史㉛』，凡為史者記人之言，必有以文

之。然則比魏武於高、光、楚、漢者，史氏之文也，豈皆彧口所言邪！用是貶彧，非其罪矣。且使魏武為帝，則彧為佐命元功，與蕭何同賞矣。彧不利此而利於殺身以邀名，豈人情乎！」

【章旨】以上為第八段，寫曹操加九錫，荀彧不贊同而被逼殺。司馬光認為，荀彧佐曹操取天下，為了濟世安民不得已而為之，功比管仲，而德過之。

【注釋】❶秣陵　縣名，縣治在今江蘇南京南。❷石頭城　在秣陵之西，春秋時楚滅越，置金陵邑於此，孫權加以重建，依其山勢築城，改名石頭城，用以儲藏軍糧器械。❸東兵　向東進軍。❹濡須水口　濡須水在今安徽境內，源出巢湖，東南流，經無為縣，東入長江。入長江處稱為濡須口。❺塢　土堡；小城。孫權夾濡須口立塢以拒曹軍，稱濡須塢，又因其形如偃月，又稱偃月塢，故址在今安徽無為東北。❻邂逅　偶然碰上。❼蹙　逼迫。❽匡世　救世。❾恥有慙德　不願德行虧損而慚恥。此指曹操不願處高位，董昭諂媚之言。❿大事　指篡位奪權。⓫九錫　古代帝王尊禮大臣所賜予的九種器物與待遇。《漢書・武帝紀》注引應劭說，九種器物與待遇為：一車馬，二衣服，三樂器，四朱戶，五納陛，六虎賁百人，七鈇鉞，八弓矢，九秬鬯。⓬君子愛人以德　此為曾子之言。《禮記・檀弓》載，曾子曰：「君子之愛人也以德，細人之愛人也以姑息。」⓭因輒　趁此就。謂曹操趁荀彧至譙勞軍而留彧在軍中。⓮侍中　官名，職在侍從皇帝，應對顧問。⓯光祿大夫　官名，屬光祿勳，掌顧問應對。⓰持節　持符節。象徵特別權力的憑信。⓱壽春　縣名，縣治在今安徽壽縣。⓲臣光曰　本書之「臣光曰」，皆司馬光之評論。⓳高第　高材生。⓴令尹子文　春秋時楚國大臣。楚成王時為令尹，曾率軍滅弦國，攻隨國。㉑陳文子　即陳須無，齊國大夫，卒謚文子。㉒皆不足以當之　謂皆不足以稱為有仁德。《論語・公冶長》載：孟武伯問孔子：「子路仁乎？」孔子答：「由（子路名仲由）也，千乘之國，可使治其賦也，不知其仁也。」又問：「求也何如？」答：「求也，千室之邑，百乘之家，可使為之宰也，不知其仁也。」又問：「赤也何如？」答：「赤也，束帶立於朝，可使與賓客言也，不知其仁也。」子張又問，楚國的令尹子文與齊國大夫陳文子可以算得上有仁德嗎？孔子皆回答說：「焉得仁（怎麼能算得上仁德呢）？」㉓獨稱管仲之仁　《論語・憲問》載子路問孔子說：「桓公殺公子糾，召忽死之，管仲不死。」又問：「未

仁乎？」孔子回答說：「桓公九合諸侯，不以兵車，管仲之力也。如其仁，如其仁。」㉔魏武　曹操去世後，曹丕篡漢，諡曹操為魏武帝。㉕管仲不死子糾　齊桓公和公子糾皆齊襄公之弟。齊襄公無道，二人均畏懼而逃。桓公由鮑叔牙侍奉逃入莒國，公子糾由管仲和召忽侍奉逃往魯國。襄公被殺後，桓公先入齊國立為君，遂興兵伐魯，逼迫魯國殺公子糾，召忽因而自殺以殉，而管仲不但不死，還做了桓公之相。參見《左傳》莊公八年、九年。㉖彧之勸魏武取兗州　指荀彧勸曹操奪取兗州以為基地，進而統一全國。事見《三國志・荀彧傳》。㉗比之高光　比擬於漢高祖劉邦與漢光武帝劉秀。秦亡後，項羽封劉邦為漢王，劉邦不滿，欲攻項羽，蕭何力勸劉邦以漢中為根據地，積蓄力量，進而定三秦，統一全國。事見《漢書・蕭何傳》。西漢末年，軍閥混戰，光武帝劉秀經營河北，以河北為基地，進而戰勝諸敵，平定全國。事見《後漢書・光武帝紀上》。㉘官渡不令還許　指曹操與袁紹在官渡相峙時，曹操軍糧已盡，欲退還許都，荀彧極力勸阻，並用奇兵戰勝袁紹。事見《三國志・荀彧傳》。㉙楚漢　具體指項羽與劉邦楚漢相爭時之關鍵一戰成皋之役。劉邦和項羽在成皋對峙，項羽伏兵射中劉邦，劉邦臥病不起，張良「強請漢王起行勞軍，以安士卒」，以此為轉折點，一步步擊敗楚軍。事見《漢書・高帝紀上》。㉚穴牆　挖牆。

㉛文勝質則史　此語見《論語・雍也》。意謂文采多於樸實，則未免虛浮。

【語　譯】起初，張紘認為秣陵山川的地理形勢很好，勸孫權把秣陵作為治所。等到劉備向東經過秣陵，也勸孫權移居於此。孫權於是在這裡建築石頭城，把治所遷到秣陵，改秣陵為建業。

呂蒙聽說曹操想向東進軍，就勸說孫權在濡須水口的兩岸建立塢壁。眾將領都說：「上岸攻打敵人，洗了腳就上船，哪裡用得著塢壁！」呂蒙說：「戰爭有勝利也有挫敗，打仗沒有永遠取勝的。如果偶然碰上敵人步兵、騎兵逼近，來不及到水邊，還能上船嗎？」孫權說：「說得好！」於是修建濡須塢。

冬，十月，曹操東征攻打孫權。董昭向曹操進言說：「自古以來，人臣救世，從沒有建立像今天這樣的功績；有了今天這樣的功績，沒有長久處於人臣地位的。如今明公您恥於德行上有缺陷，樂於保持自己的名節；然而身居大臣之位，卻因為這等大事讓自己被人懷疑，實在是不能不慎重考慮的。」董昭就與列侯及眾將領商議，認為丞相應該進爵為國公，賜予九錫的待遇及相應的物什，用以表彰他的特殊功勳。荀彧認為：「曹公興舉義兵本來是為了拯救朝廷，安定國家，秉持忠貞的誠心，恪守退讓的真情，君子以德愛人，不應

這樣。」曹操因此很不高興。等到征討孫權時，上表請求荀彧到譙縣慰問軍隊，曹操趁機把荀彧留在軍中，以侍中、光祿大夫的身分，持符節、參議丞相軍事。曹操向濡須進軍，荀彧因病留在壽春，服毒而死。荀彧行為正直，品德端正，富有智謀，喜歡推薦賢人，進舉良士，因此當時的人都為之痛惜。

司馬光說：「孔子論述仁德時，非常重視仁德，即使是子路、冉求、公西赤這些門徒中的高材生，令尹子文、陳文子這些諸侯的賢能大夫，都不具備仁德的資格，卻單單稱頌管仲的仁德，難道不就是因為他輔佐齊桓公，極力救濟生民嗎！齊桓公的品行像豬狗一樣，管仲不以為羞恥而輔助他，大概管仲的心中認為，若不輔佐齊桓公，生民就得不到救濟。漢末天下大亂，生靈塗炭，如果不具有超凡出眾的才能，是不能拯救生靈的，那麼荀彧捨棄曹操去侍奉誰呢！

「齊桓公的時代，周室雖然衰敗，但還不像建安初年那樣。建安初年，四海動亂，一尺疆土，一個百姓，都不為漢朝擁有。荀彧輔佐曹操而使漢朝振興，推舉任用賢能的人才，訓練士卒，磨礪兵器，決定機務，發布政令，討伐四方，處處獲勝，於是能夠變弱為強，化亂為治，十分天下，佔有了八分，荀彧的功勳難道在管仲之下嗎！管仲不為子糾殉身，但荀彧卻為漢室而死，荀彧的仁德又在管仲之上了。

「可是杜牧居然認為『荀彧勸曹操攻取兗州，比作蕭何勸高祖劉邦稱王漢中、光武帝劉秀佔據河北，官渡之戰不讓曹操撤回許都，則比為楚漢相爭時張良力勸高祖勞軍。等到事成功就，才想在漢代留下美名，這就好比教唆小偷穿牆開櫃而不與小偷一起拿走贓物一樣，能不算作小偷嗎！』臣認為孔子說過『文采多於樸實，未免虛浮』，大凡作史的人，記錄人物的言語，必然會加以文飾。那麼荀彧把曹操和高祖、光武、楚漢相爭類比，是史家的文飾，怎麼都當成是荀彧親口說的原話呢！用這些來貶低荀彧，那不是荀彧的罪過。假如曹操作了皇帝，那麼荀彧就是輔佐帝業的元勳，會得到與蕭何相同的獎賞。荀彧不貪求這些，卻追求殺身成就忠於漢室的美名，難道是人之常情嗎！」

十二月，有星孛于五諸侯❶。

劉備在葭萌❷，龐統言於備曰：「今陰選精兵，晝夜兼道，徑襲成都。劉璋既不武，又素無豫備❸，大軍卒至，一舉便定，此上計也。楊懷、高沛，璋之名將，各杖強兵，據守關頭❹。聞數有牋諫璋，使發遣將軍還荊州。將軍遣與相聞，說荊州有急，欲還救之，並使裝束，外作歸形。此二子既服將軍英名，又喜將軍之去，計必乘輕騎來見將軍。因此執之，進取其兵，乃向成都，此中計也。退還白帝❺，連引荊州，徐還圖之，此下計也。若沈吟❻不去，將致大困，不可久矣。」備然其中計。

及曹操攻孫權，權呼備自救。備貽❼璋書曰：「孫氏與孤本為脣齒，而關羽兵弱，今不往救，則曹操必取荊州，轉侵州界❽，其憂甚於張魯。魯自守之賊，不足慮也。」因求益萬兵及資糧。璋但許兵四千，其餘皆給半。備因激怒其眾曰：「吾為益州征強敵，師❾徒❿勤瘁，而積財吝賞，何以使士大夫⓫死戰乎！」張松書與備及法正曰：「今大事垂立⓬，如何釋此去乎！」松兄廣漢⓭太守肅恐禍及己，因發其謀。於是璋收斬松，敕關戍⓮諸將文書皆勿復得與備關通⓯。備大怒，召璋白水軍督楊懷、高沛，責以無禮，斬之，勒兵徑至關頭，并其兵，進據涪城。

【章　旨】以上為第九段，寫劉備從葭萌回師攻劉璋。

【注　釋】❶五諸侯　星名，屬井宿，在東井北，由帝師、帝友、三公、博士、太史等五星組成。❷葭萌　縣名，縣治在今四川廣元西南。❸豫備　事先防備。豫，通「預」。❹關頭　指白水關頭。❺白帝　即白帝城。本漢之魚復縣，公孫述據蜀，改名白帝城，在今重慶市奉節東。❻沈吟　猶豫不決。❼貽　留下；送。❽州界　謂益州州界。❾師　軍隊。❿徒　徒然；白白地。⓫士大夫　本來指官僚階層，此處特指部隊的官兵。⓬垂立　即將成功。⓭廣漢　郡名，治所雒縣，在今四川廣漢北。⓮關戍　關口與防守地。⓯關通　稟報；通報。

【語　譯】十二月，有孛星出現在五諸侯星區。

劉備駐軍葭萌，龐統向劉備建議說：「現在祕密挑選精兵，晝夜兼程，逕直偷襲成都。劉璋既不懂軍事，又一向沒有預防設施，大軍突至，一舉便可平定，這是上策。楊懷、高沛，是劉璋的名將，各自依仗強兵，據守白水關頭。聽說他們多次上書勸說劉璋，要打發將軍您回荊州。將軍您派人去通知他們，說荊州有緊急情況，想回師救援，並讓部隊的裝備，表面上看是回師的模樣。這兩位既敬佩將軍的英名，又為將軍的離去而高興，估計他們一定會乘輕騎來見將軍。乘此機會捉拿他們，進而奪取他們的兵眾，就向成都進發，這是中策。退回白帝城，和荊州連為一體，慢慢再來謀劃攻取益州，這是下策。如果遲疑不決，又不離去，將陷入危險的困境，不能支持多久了。」劉備贊同龐統的中策。

等到曹操攻打孫權，孫權呼籲劉備自救荊州。劉備在給劉璋的信中說：「孫權與我本是脣齒相依，而關羽兵力薄弱，現今不前去營救，那麼曹操一定會攻取荊州，轉而侵佔益州邊界，這個憂患甚於張魯。張魯是個只求自保的賊寇，不值得憂慮。」劉備趁機要求增加一萬兵馬以及糧食和物資。劉璋只答應給四千兵馬，其餘的軍需品都只給一半。劉備藉機激怒他的部下，說：「我為益州討伐強敵，兵士辛苦疲憊，可是劉璋積聚了那麼多財物，賞賜如此吝嗇，怎麼能鼓勵官兵為他拼命呢！」張松寫信給劉備和法正說：「如今大事即將成功，怎麼能放棄這裡離去呢！」張松的哥哥廣漢太守張肅害怕禍難殃及自己，就揭發了張松的陰謀。於是劉璋逮捕殺死張松，命令鎮守關口與各戍地的眾將領，各種公文都不許再向劉備通報。劉備大怒，召見劉

璋的白水軍督楊懷、高沛，責備他們無禮，殺掉他們。率兵直逼白水關頭，吞併了他們的部眾，進軍佔領涪城。

十八年（癸巳　西元二一三年）

春，正月，曹操進軍濡須口，號步騎四十萬，攻破孫權江西營❶，獲其都督❷公孫陽。權率眾七萬禦之，相守月餘。操見其舟船器仗軍伍整肅，歎曰：「生子當如孫仲謀❸。如劉景升❹兒子，豚❺犬耳！」權為牋❻與操說：「春水方生，公宜速去。」別紙言：「足下不死，孤不得安。」操語諸將曰：「孫權不欺孤。」乃徹軍還。

庚寅❼，詔并十四州❽，復為九州❾。

夏，四月，曹操至鄴。

初，曹操在譙，恐濱❿江郡縣為孫權所略，欲徙令近內，以問揚州別駕蔣濟曰：「昔孤與袁本初對軍官渡，徙燕⓫、白馬⓬民，民不得走⓭，賊亦不敢鈔。今欲徙淮南民，何如？」對曰：「是時兵弱賊強，不徙必失之。自破袁紹以來，明公威震天下，民無他志。人情懷土，實不樂徙，懼必不安。」操不從。既而民轉

相驚，自廬江⑭、九江⑮、蘄春⑯、廣陵⑰戶十餘萬皆東渡江，江西遂虛，合肥以南，惟有皖城⑱。濟後奉使詣鄴，操迎見，大笑曰：「本但欲使避賊，乃更驅盡之！」拜濟丹陽⑲太守。

五月丙申⑳，以冀州十郡㉑封曹操為魏公㉒，以丞相領冀州牧如故。又加九錫：大輅㉓、戎輅㉔各一，玄牡㉕二駟㉖；袞冕㉗之服，赤舄㉘副㉙焉；軒縣之樂㉚，六佾㉛之舞；朱戶㉜以居；納陛㉝以登；虎賁㉞之士三百人；鈇㉟、鉞㊱各一；彤弓㊲一，彤矢百，玈弓㊳十，玈矢千；秬鬯㊴一卣㊵，珪㊶瓚㊷副焉。○大雨水。

【章　旨】以上為第十段，寫建安十八年（西元二一三年）孫曹江西濡須之戰，雙方不分勝負。江西之民懼徙反投奔江東。曹操進爵魏公。

【注　釋】❶江西營　指孫權駐軍江西進攻合肥的基地，其營地以濡須塢為大本營。長江在安徽境內偏斜東北流，故古代稱濡須口所在的一邊為江西，建業所在的一邊為江東。❷都督　東漢末軍事長官或領兵將帥之官名，領兵多少和職權大小沒有一定。❸孫仲謀　孫權字仲謀。❹劉景升　劉表字景升。❺豚　小豬。❻牋　書信。❼庚寅　正月初三日。❽十四州　指司隸、豫、冀、兗、徐、青、荊、揚、益、涼、雍、并、幽、交等共十四個州。❾復為九州　是以幽州、并州及司隸校尉之河東、河內、馮翊、扶風等郡併入冀州，以涼州及司隸校尉之京兆尹併入雍州，以司隸校尉之弘農、河南併入豫州，以交州併入荊州、益州。於是只有兗、豫、青、徐、荊、揚、冀、益、雍等九個州。此次省併，擴大冀州地區，曹操為冀州牧，大大增強了他的勢力。❿濱　臨近。⓫燕　縣名，縣治在今河南延津北，在當時的黃河南岸。⓬白馬　縣名，縣治在今河南滑縣東，亦在當時的黃河南岸。⓭走　逃走。⓮廬江　郡名，治所本在舒縣，在今安徽廬江縣西南。建安四年（西元一九九年）劉勳移治所於皖縣，在今安徽潛山縣。⓯九江　郡名，東漢末治所在壽春，在今安徽壽縣。⓰蘄春　郡名，治所蘄春縣，在

今湖北蘄春西北。按，建安十八年（西元二一三年）蘄春仍為縣，以後吳、魏二國方置蘄春郡，史書以後來的區劃書之。⑰廣陵　郡名，治所廣陵縣，在今江蘇揚州。⑱皖城　即皖縣城。⑲丹陽　郡名，治所宛陵，在今安徽宣城。按，當時丹陽郡為孫權所據，蔣濟不得至郡。⑳丙申　五月初十。㉑十郡　指冀州的河東、河內、魏、趙、中山、常山、鉅鹿、安平、甘陵、平原十郡。㉒魏公　曹操破袁尚得冀後，居於鄴。鄴為魏郡治所，曹操進封為公，故以魏為名，後進爵為魏王。㉓大輅　大車。㉔戎輅　兵車。㉕玄牡　黑色公馬。㉖駟　四馬駕一車稱駟。㉗袞冕　天子、上公所穿繡龍的禮服為袞，禮帽為冕。㉘舄　複底鞋。㉙副　相配。㉚軒縣之樂　縣，「懸」本字。古代陳列樂器的制度，天子宮懸，諸侯軒懸。宮懸為四面懸掛，軒懸少去一面，即三面懸掛。㉛佾　舞的行列。古代的舞佾制度，天子八佾，即縱橫皆八人，八八六十四人。諸侯六佾，六八四十八人。㉜朱戶　紅門。古時天子之居用紅門。㉝納陛　陛，帝王宮殿的臺階。古代帝王宮殿臺階不欲敞露，建臺階時便將臺階納入簷內，稱為納陛。㉞虎賁　警衛勇士。㉟鈇　斧。㊱鉞　大斧。㊲彤弓　朱紅色弓。㊳玈弓　黑弓。㊴秬鬯　黑黍釀成的香酒，用以祭祀。㊵卣　盛酒器。㊶珪　上圓下方的玉器。此指玉製的柄。㊷瓚　古禮器，盛灌鬯酒的玉杓。以珪為柄的稱珪瓚。

【語譯】十八年（癸巳　西元二一三年）

春，正月，曹操進軍到濡須口，號稱步兵、騎兵四十萬，攻破孫權在長江西岸的營壘，俘獲吳軍都督公孫陽。孫權率兵七萬抵禦曹操，對峙一個多月。曹操看到孫權的戰船、裝備、軍容整飭嚴備，感歎說：「生兒子應當如同孫仲謀。像劉景升的兒子，只不過是豬狗罷了！」孫權寫信給曹操說：「春水就要爆發，您應該快速離開。」在另一張紙上附言說：「你不死去，我不得安寧。」曹操對眾將領說：「孫權沒有欺騙我。」於是撤軍而回。

正月初三日庚寅，獻帝下詔，將全國行政區十四個州裁減合併，重新劃分為九個州。

夏，四月，曹操到達鄴城。

起初，曹操在譙縣時，擔心靠近長江的郡縣被孫權搶掠，想把百姓遷近內地，以此詢問揚州別駕蔣濟說：「先前我與袁本初在官渡兩軍對峙，遷移燕縣、白馬的民眾，民眾沒能逃走，敵人也不敢來搶掠。如今打算

遷移淮南的民眾，怎麼樣？」蔣濟回答說：「那時我弱敵強，不遷走民眾一定會失去他們。自從戰勝袁紹以來，明公您威震天下，民眾毫無二心。人情都懷戀故土，實在不樂意遷徙，我擔心一定不得安寧。」曹操沒有聽從。不久民眾輾轉相告，驚懼不安，廬江、九江、蘄春、廣陵十多萬戶都向東渡過長江，長江西岸成為空虛之地，合淝以南，只剩下皖城。蔣濟後來奉旨出使到鄴城，曹操迎見他，大笑說：「原本只想讓民眾躲避敵人，卻反而把他們都趕到敵人那邊去了！」任命蔣濟為丹陽太守。

五月初十日丙申，冊封曹操為魏公，把冀州的十郡作為曹操的封邑。曹操依舊擔任丞相兼領冀州牧。又加九錫：天子的大車、兵車各一輛，各配黑色的雄馬四匹；袞衣和冕冠，配以紅色禮鞋；諸侯王使用的軒懸樂器，六佾樂舞；住宅使用朱紅門；登宮殿的臺階修在殿簷下；虎賁衛士三百人；鈇、鉞各一柄；朱紅色的弓一把，朱紅色的箭一百支，黑色的弓十把，黑色的箭一千支；祭祀用的黑黍酒一罐，配以珪玉作柄的勺子。

○許都下了大雨。

益州從事廣漢鄭度聞劉備舉兵，謂劉璋曰：「左將軍縣軍❶襲我，兵不滿萬，士眾未附，軍無輜重❷，野穀是資，其計莫若盡驅巴西❸、梓潼❹民內❺、涪水❻以西，其倉廩野穀，一皆燒除，高壘深溝，靜以待之。彼至，請戰，勿許。久無所資，不過百日，必將自走。走而擊之，此必禽耳。」劉備聞而惡❼之，以問法正。正曰：「璋終不能用，無憂也。」璋果謂其羣下曰：「吾聞拒敵以安民，未聞動民以避敵也。」不用度計。

璋遣其將劉璝、冷苞、張任、鄧賢、吳懿❽等拒備，皆敗，退保緜竹❾。懿

詣軍降。璋復遣護軍⑩南陽李嚴⑪、江夏費觀⑫督緜竹諸軍，嚴、觀亦率其眾降於備。備軍益強，分遣諸將平下屬縣。劉璝、張任與璋子循退守雒城⑬，備進軍圍之。任勒兵出戰於鴈橋⑭，軍敗，任死。

秋，七月，魏始建社稷⑮、宗廟。○魏公⑯操納⑰三女⑱為貴人⑲。

初，魏公操追馬超至安定，聞田銀、蘇伯反，引軍還。參涼州軍事楊阜⑳言於操曰：「超有信、布㉑之勇，甚得羌、胡心。若大軍還，不設備，隴上諸郡㉒非國家之有也。」操還，超果率羌、胡擊隴上諸郡縣，郡縣皆應之，惟冀城㉓奉州郡以固守。

超盡兼隴右㉔之眾，張魯復遣大將楊昂助之，凡萬餘人，攻冀城，自正月至八月，救兵不至。刺史韋康遣別駕閻溫㉕出，告急於夏侯淵㉖。外圍數重，溫夜從水中潛出。明日，超兵見其迹，遣追獲之。超載溫詣城下，使告城中云：「東方㉗無救。」溫向城大呼曰：「大軍不過三日至，勉之！」城中皆泣，稱萬歲。超雖怒，猶以攻城久不下，徐徐更誘溫，冀㉘其改意。溫曰：「事君有死無二，而卿乃欲令長者出不義之言乎！」超遂殺之。

已而外救不至，韋康及太守欲降。楊阜號哭諫曰：「阜等率父兄子弟以義相

勵，有死無二，以為使君守此城，今柰何棄垂成之功，陷不義之名乎！」刺史、太守不聽，開城門迎超。超入，遂殺刺史、太守，自稱征西將軍、領并州牧、督涼州軍事。

魏公操使夏侯淵救冀，未到而冀敗。淵去冀二百餘里，超來逆㉙戰，淵軍不利。氐王千萬㉚反應超，屯興國㉛，淵引軍還。

會楊阜喪妻，就超求假㉜以葬之。阜外兄天水姜敘為撫夷將軍㉝，擁兵屯歷城㉞。阜見敘及其母，歔欷㉟悲甚。敘曰：「何為乃爾㊱？」阜曰：「守城不能完，君亡不能死，亦何面目以視息㊲於天下！馬超背父叛君，虐殺州將㊳，豈獨阜之憂責，一州士大夫皆蒙其恥。君擁兵專制，而無討賊心，此趙盾所以書弒君㊴也。超強而無義，多釁㊵，易圖耳。」敘母慨然曰：「咄㊶！伯奕㊷，韋使君㊸遇難，亦汝之負㊹，豈獨義山哉！人誰不死，死於忠義，得其所也。但當速發，勿復顧我，我自為汝當之，不以餘年累汝也。」敘乃與同郡趙昂、尹奉、武都李俊等合謀討超，又使人至冀，結安定梁寬、南安趙衢，使為內應。超取趙昂子月為質，昂謂妻異曰：「吾謀如是，事必萬全，當柰月何？」異厲聲應曰：「雪君父之大恥，喪元㊺不足為重，況一子哉！」

九月，阜與敘進兵，入鹵城㊻，昂、奉據祁山㊼，以討超。超聞之，大怒。趙衢因譎㊽說超，使自出擊之。超出，衢與梁寬閉冀城門，盡殺超妻子。超進退失據，乃襲歷城，得敘母。敘母罵之曰：「汝背父㊾之逆子，殺君㊿之桀賊(51)，天地豈久容汝，而不早死，敢以面目視人乎！」超殺之，又殺趙昂之子月。楊阜與超戰，身被五創(52)。超兵敗，遂南奔張魯。魯以超為都講祭酒(53)，欲妻(54)之以女，或謂魯曰：「有人若此，不愛其親，焉能愛人！」魯乃止。操封討超之功，侯者十一人，賜楊阜爵關內侯(55)。

【章旨】以上為第十一段，寫西部戰事，劉備攻蜀，馬超丟失關中入漢中。

【注釋】❶懸軍　謂遠來的孤軍。❷輜重　糧草器械等軍用物資。❸巴西　郡名，治所閬中，在今四川閬中。❹梓潼　縣名，縣治在今四川梓潼。❺內　水名，又稱內江。涪江納入梓潼水後稱內江。❻涪水　即今涪江。源出四川松潘東北，東南流，經平武、綿陽、射洪，至合川與嘉陵江合。❼惡　憎恨；討厭。❽吳懿　字子遠。劉璋時為中郎將。後為蜀漢車騎將軍、雍州刺史，封濟陽侯。傳見《三國志》卷四十五。❾緜竹　縣名，縣治在今四川德陽北黃許鎮。❿護軍　官名，負責監護協調各將領的關係。⓫李嚴　字正方，南陽（治所在今河南南陽）人，初在荊州為郡吏，後入蜀，劉璋以為成都令，又為護軍。降劉備後，為犍為太守、興業將軍。劉備稱帝後，為尚書令。劉備臨終前，與諸葛亮並受遺詔輔劉禪。劉禪即位後，為前將軍，又為驃騎將軍。後被廢為平民。傳見《三國志》卷四十。⓬費觀　字賓伯，江夏鄳縣（今河南羅山縣西南）人，劉璋母之族姪。劉備入蜀後，與李嚴俱降劉備。後為蜀漢之巴郡太守、江州刺史、振威將軍，封都亭侯。傳見《三國志》卷四十五。⓭雒城　縣名，縣治在今四川廣漢北。⓮鴈橋　在當時雒縣南。⓯社稷　社，土神。稷，穀神。古代天子、諸侯必立社稷祭祀。⓰魏公　史書自此以後稱曹操不再姓名連稱，只稱其封爵與名。⓱納　獻納；貢獻。⓲三女　指曹憲、曹節、曹華。曹

節後立為皇后。⑲貴人　妃嬪之稱號。漢光武帝始置，位次於皇后。⑳楊阜　字義山，漢陽冀縣（今甘肅甘谷縣東南）人，初為涼州別駕，以抗擊馬超有功，曹操封之為關內侯。又為武都太守，有治績。魏明帝時為將作大匠、少府，對時政之弊多有諫議。傳見《三國志》卷二十五。㉑信布　韓信、黥布。㉒隴上諸郡　指隴西、南安、漢陽、永陽等郡。㉓冀城　即冀縣，時為漢陽郡和涼州的治所。㉔隴右　地區名，指隴山以西地區，約相當於今甘肅六盤山以西、黃河以東一帶。㉕閻溫　字伯儉，漢陽西縣（今甘肅天水市西南）人。傳見《三國志》卷十八。㉖告急於夏侯淵　當時夏侯淵屯駐長安。㉗東方　隴右在西方，曹操之軍在其東，故言東方。㉘冀　希望。㉙逆　迎。㉚千萬　姓楊名千萬，仇池氏人之首領，後歸服曹魏，被封為百頃氏王。㉛興國　聚邑名，在今甘肅秦安東北。㉜假　假期。㉝撫夷將軍　官名，屬雜號將軍。㉞歷城　聚邑名，在當時的西縣。西縣在今甘肅天水市西南。㉟歔欷　悲哀抽泣聲。㊱何為乃爾　為何如此。㊲視息　謂生活、生存。視，看。息，呼吸。㊳州將　州刺史。㊴趙盾所以書弒君　趙盾，即趙宣子，春秋時晉國執政之卿。晉靈公即位後，殘忍無道，趙宣子多次諫阻，靈公不滿，欲殺宣子，宣子懼而出奔。尚未出境，其族人趙穿殺死靈公，宣子遂回國。而太史卻記載：「趙盾弒其君。」並公布於朝廷。宣子說：「不然。」太史說：「子為正卿（執政），亡不越境，反（返）不討賊，非子而誰！」事見《左傳》宣公二年。㊵釁　瑕隙。㊶咄　表示指責、呵叱。㊷伯奕　姜敘字伯奕。㊸韋使君　指州刺史韋康。㊹負　罪負；罪過。㊺元　首；頭。㊻鹵城　「鹵」字為「西」字之訛。古「西」字寫作「卤」，由「卤」又訛作「鹵」。《三國志》中的〈楊阜傳〉與〈夏侯淵傳〉已如此，非《通鑑》獨訛。㊼祁山　山名，山上有城，極為嚴固。在今甘肅禮縣東南。㊽譎　欺騙。㊾背父　指馬超不顧其父馬騰在鄴而反，致使馬騰被殺。㊿殺君　指馬超殺刺史韋康。(51)桀賊　像夏桀一樣的兇暴之賊。(52)創　創傷。(53)都講祭酒　張魯在漢中傳五斗米道，創立政教合一的政權，其政權中最高統治者稱師君，以下稱祭酒。張魯令入道者都學《老子》，設置都講祭酒。(54)妻　以女嫁人。(55)關內侯　漢代封爵之一，次於列侯，只有俸祿而無封地。

【語　譯】益州從事廣漢人鄭度得知劉備興兵，就對劉璋說：「劉備孤軍深入來襲擊我們，士兵不滿一萬，益州部眾尚未歸附，軍隊沒有輜重，只能依靠田野的穀物為食糧。對付劉備的辦法，沒有比把巴西、梓潼的民眾全部驅趕到內水、涪水以西更好的了，把倉庫和田野裡的穀物，全部燒毀，高築壁壘，深挖壕溝，靜靜等待劉備。劉備來了，挑戰，不加理睬。時間長了，他沒有了糧草，不出一百天，必然會自動撤走。待他撤走時我們出擊，這樣一定能擒獲劉備。」劉備聽到後，十分憎惡鄭度，向法正詢問對策。法正說：「劉璋最終

不會採納，不必擔心。」劉璋果然對部下說：「我聽說抗拒敵人來安撫民眾，沒有聽說過擾動民眾去躲避敵人的。」沒有採用鄭度的計謀。

劉璋派部將劉璝、冷苞、張任、鄧賢、吳懿等抵抗劉備，都被打敗，退保緜竹。吳懿前往劉備軍前投降。劉璋又派護軍南陽人李嚴、江夏人費觀統率緜竹各軍，李嚴、費觀也帶領他們的部隊投降了劉備。劉備的軍力更加強大，分別派遣眾將領平定廣漢郡下屬各縣。劉璝、張任和劉璋的兒子劉循退守雒城，劉備進軍包圍雒城。張任領兵出城在鴈橋與劉備交戰，兵敗，張任戰死。

秋，七月，魏國始建社稷和宗廟。○魏公曹操把三個女兒獻給獻帝封為貴人。

起初，曹操追擊馬超到達安定，得知田銀、蘇伯反叛，率軍返回。參涼州軍事楊阜向曹操進言說：「馬超有韓信、黥布的勇猛，頗得羌、胡人心。如果大軍撤退，不加防備，隴西各郡縣就不再是國家所有了。」曹操回軍後，馬超果然率領羌人、胡人進擊隴西各郡縣，各郡縣都響應馬超，只有冀城人擁戴州郡官員堅守。

馬超兼併了隴西的所有部眾，張魯又派大將軍楊昂助陣，共一萬多人，圍攻冀城，從正月到八月，救兵未來。刺史韋康派別駕閻溫出城，向夏侯淵告急。城外數重包圍，閻溫夜裡從水下潛出重圍。第二天，馬超的士兵發現了閻溫的渡水痕跡，派人追趕抓住了他。馬超把閻溫綑載到城下，派人告訴城中說：「東方沒有救兵。」閻溫向城中大聲喊道：「大軍不過三天就到，努力堅守吧！」城中人都哭泣流淚，高呼萬歲。馬超雖然忿怒，但因為久久不能攻陷城池，便改而緩緩地勸誘閻溫，希望他能改變主意。閻溫說：「侍奉君主只有一死，毫無二心，而你竟然想讓長者說出不義的話嗎！」於是馬超殺死了他。

又過了些時候，外部的救兵仍沒有來，韋康和太守想投降，楊阜嚎啕大哭，勸阻說：「我們率領父兄子弟用道義相互鼓勵，誓死沒有二心，來為使君守住這座城，現在怎麼能放棄這即將成就的功業，陷進不義的名聲之中呢！」刺史、太守不聽從，打開城門迎接馬超。馬超進城，就殺了刺史、太守，自稱征西將軍，兼任并州牧，總督涼州軍事。

曹操派夏侯淵救援冀城，沒有趕到而冀城失守。夏侯淵距冀城二百多里，馬超前來迎擊，夏侯淵的軍隊

失利。氐王千萬反叛，響應馬超，駐守在興國，夏侯淵率軍返回駐地。

適逢楊阜的妻子去世，到馬超那裡請假去安葬妻子。楊阜的表兄天水人姜敘任撫夷將軍，領兵駐守在歷城。楊阜拜見姜敘和姜敘的母親，唏噓落淚，非常悲痛。姜敘說：「為什麼這樣？」楊阜說：「守城沒能保住城池，主亡又不能殉死，又有什麼臉面活在世上！馬超背叛父親、君主，虐待殺害州刺史，難道只應是我楊阜一個人憂忿自責嗎，全州的士大夫都蒙受了這一恥辱。你擁兵專斷一方，卻沒有征伐叛賊的心意，這正和趙盾被史書稱為弒君一樣。馬超強大但不講道義，破綻很多，容易對付。」姜敘的母親感歎說：「咄！姜伯奕，韋使君遇難，也有你的罪責，哪裡只是楊義山一個人的責任呢！人誰能不死呢，為忠義而死，死得其所。但應當馬上行動，不要再顧及我，我自會替你擔當一切，不會讓我的風燭殘年來牽累你。」姜敘於是跟同郡人趙昂、尹奉、武都人李俊等共同謀劃討伐馬超，又派人到冀城，聯絡安定人梁寬、南安人趙衢，讓他們作為內應，馬超索取趙昂的兒子趙月作為人質，趙昂對妻子士異說：「我們密謀如此，此事一定萬無一失，但趙月該怎麼辦呢？」士異嚴厲地回答說：「為君父洗雪恥辱，掉腦袋都不足惜，何況一個兒子呢！」

九月，楊阜和姜敘進軍，進入鹵城，趙昂、尹奉佔據祁山，來討伐馬超。馬超聽到消息，大怒。趙衢乘機誑騙馬超，要他親自率兵攻擊楊阜等。馬超出城，趙衢和梁寬關閉了冀城城門，把馬超的妻子兒女全部殺死。馬超進退失去依靠，於是襲擊歷城，抓獲姜敘的母親。姜母大罵馬超：「你是一個背叛父親的逆子，殺死主人的虐賊，天地怎能長久地容你，你還不早點死，還敢厚著臉皮見人！」馬超殺了她，又殺了趙昂的兒子趙月。楊阜與馬超交戰，身受五處創傷。馬超軍隊失敗，於是向南投靠張魯。張魯任命馬超為都講祭酒，打算把女兒嫁給馬超，有人對張魯說：「像他這樣的人，連自己的父母都不愛，怎能愛別人！」張魯才作罷。曹操封賞討伐馬超有功的人員，被封侯的有十一人，賜給楊阜關內侯的爵位。

冬，十一月，魏初置尚書❶、侍中❷、六卿❸。以荀攸為尚書令❹，涼茂為僕

射[5]，毛玠、崔琰、常林、徐奕[6]、何夔為尚書，王粲、杜襲、衛覬、和洽為侍中，鍾繇為大理[7]，王脩為大司農[8]，袁渙為郎中令[9]，行[10]御史大夫[11]事，陳羣為御史中丞[12]。

袁渙得賞賜，皆散之，家無所儲，乏則取之於人，不為皦察之行[13]，然時人皆服其清。時有傳劉備死者，羣臣皆賀，惟渙獨否[14]。

魏公操欲復肉刑[15]，令曰：「昔陳鴻臚[16]以為死刑有可加於仁恩者，御史中丞能申其父之論乎？」陳羣對曰：「臣父紀以為漢除肉刑而增加於笞[17]，本興仁惻而死者更眾[18]，所謂名輕而實重者也。名輕則易犯，實重則傷民。且殺人償死，合於古制。至於傷人，或殘毀其體，而裁翦毛髮，非其理也。若用古刑，使淫者[19]下蠶室[20]，盜者刖[21]其足，則永無淫放[22]穿踰[23]之姦矣。夫三千之屬[24]，雖未可悉復，若斯數者，時之所患，宜先施用。漢律所殺殊死[25]之罪，仁所不及也。其餘逮[26]死者，可易以肉刑。如此，則所刑之與所生足以相貿[27]矣。今以笞死之法易[28]不殺之刑，是重人支體而輕人軀命也。」當時議者，唯鍾繇與羣議同，餘皆以為未可行。操以軍事未罷，顧[29]眾議而止。

【章　旨】以上為第十二段，寫魏置百官為代漢做準備。曹操欲復肉刑，迫於物議而止。

【注　釋】❶尚書　官名，東漢時，置六曹尚書，協助皇帝處理政務。魏國所置尚書為五曹，即吏部、左民、客曹、五兵、度支。❷侍中　官名，職在侍從皇帝，應對顧問。漢代侍中無定員，而魏國卻定員為四人。❸六卿　卿為漢代三公之下的最高行政長官，共設九卿，而魏國卻置六卿，即太常、郎中令、衛尉、太僕、大鴻臚、大司農。❹尚書令　官名，尚書臺的長官。❺僕射　官名，即尚書僕射，尚書令之副手。❻徐奕　字秀才，東莞（治所在今山東沂水縣南）人，初為曹操司空掾屬，又為雍州刺史。魏國建立後，為尚書、尚書令，又為中尉、諫議大夫。傳見《三國志》卷十二。❼大理　官名，即漢代廷尉之職，掌司法刑獄。❽大司農　官名，魏六卿之一，掌租稅錢穀及財政收支，東漢末及魏國還掌屯田。❾郎中令　官名，即東漢之光祿勳，魏六卿之一，魏文帝時又改稱光祿勳，掌領宿衛侍從之官。❿行　代理。⓫御史大夫　官名，西漢初，御史大夫為丞相之副，丞相缺時，往往以御史大夫遞補。其主要職務為監察、執法，兼掌重要文書圖籍。與丞相、太尉合稱三公。東漢時改稱司空。曹操罷三公官，又復置御史大夫。⓬御史中丞　官名，東漢御史臺（又稱憲臺）之長官，掌律令圖書，督察諸州刺史與郡國長吏，考察四方文書計簿，劾按公卿奏章。⓭不為皦察之行　不故作清白高尚之行。⓮渙獨否　劉備為豫州刺史時，曾舉袁渙為茂才，故袁渙不賀。⓯肉刑　古代殘害人體的刑罰，如劓（割鼻）、刖（斷足）、趾（去腳指）等。⓰陳鴻臚　陳羣父陳紀，曾為大鴻臚。⓱漢除肉刑而增加於笞　笞，用竹板或荊棍打。秦、漢初年尚行肉刑，漢文帝十三年（西元前一六七年）將其廢除而代以笞刑。⓲死者更眾　漢文帝用笞刑代替肉刑後，被笞者往往致死。⓳淫者　犯姦淫罪的人。淫，姦淫。⓴下蠶室　指宮刑，即破壞人的生殖機能的酷刑。㉑刖　砍去雙腳的酷刑。㉒淫放　姦淫放蕩。㉓穿踰　穿謂穿穴，踰謂越牆，故穿踰即謂盜竊。㉔三千之屬　周穆王時作《呂刑》，有墨（黥面）、劓（割鼻）、剕（刖足）、宮、大辟（死刑），五刑之屬凡三千。㉕殊死　斬刑。㉖逮　及。㉗相貿　相互交易，即謂相互抵消。㉘易　替換。㉙顧　顧及；照顧。

【語　譯】冬，十一月，魏國開始設立尚書、侍中、六卿。任命荀攸為尚書令，涼茂為僕射，毛玠、崔琰、常林、徐奕、何夔為尚書，王粲、杜襲、衛覬、和洽為侍中，鍾繇為大理，王脩為大司農，袁渙為郎中令，代理御史大夫事務，陳羣為御史中丞。

袁渙得到賞賜，都散給他人，家中沒有積蓄，缺乏時就向人求取，不故作清白之行，可是當時的人都敬

佩他的清白。這時流傳劉備已死的謠言，大臣們都為此向曹操祝賀，只有袁渙不賀。

魏公曹操想恢復肉刑，下令說：「從前陳紀認為對有的死刑犯可以施加仁愛、恩德，御史中丞陳羣能闡述你父親的論點嗎？」陳羣回答說：「我父親陳紀認為漢代廢除肉刑而加重了笞刑，本想倡導仁道惻隱之心，但被笞刑而死的人更多，這正是所謂名義上輕而實際上重。名義上輕就容易使人犯罪，實質上重就傷害民眾。況且殺人償命，符合古代法制。至於那些傷害了人的人，有的被傷者造成身體殘廢，而對傷人者的懲罰卻只是剪掉毛髮，很不合情理。如果用古代刑法，犯淫亂罪的施加宮刑，犯偷盜罪的砍去他的雙腳，也就永遠不會有淫亂放蕩、穿洞越牆的奸行了。古刑三千條，雖然不能全部恢復，像這幾條，正是現時社會所憂慮的問題，應該首先實行。漢代法律關於斬首的罪行，就不能顧及仁愛了。其餘達到死刑的，可改為肉刑。這樣，那些受肉刑的和保全性命的，兩者足以相互抵消。如今用笞刑打死的刑法代替不殺人命的刑法，是看重人的肢體而輕視人的生命。」當時參與評議的人，只有鍾繇和陳羣的意見一致，其餘的人都認為不可行。曹操因為戰爭沒有結束，顧及眾人的不同意見而作罷。

【研　析】本卷研析曹操「明志令」和荀彧之死。本卷記事對於曹操來說，已是他的政治晚年。赤壁戰後，曹操北還，從西元二一〇到二二〇年，這最後十年是曹操的政治晚期，儘管他仍在鞍馬征勞，但已失去了併吞天下的銳氣。建安十七年（西元二一二年）征隴右班師，已無後顧之憂，決定用兵淮南。次年，曹操領兵四十萬，再次大舉南征，發動濡須之戰，但未能取勝而回軍。後來，曹操又進兵漢中而不敢入蜀，秦嶺、長江鎖住了英雄的腳步，使得曹操無所用武。一方面是孫權、劉備已經壯大，地形地利又起了作用，這是客觀條件的限制。另一方面，曹操的主要精力用在逼宮和營建曹氏政權的內政上，他無暇顧及統一天下，只好含恨做周文王，這是主觀條件的限制。本卷記載曹操在建安十五年十二月所下〈明志令〉，以及在建安十八年逼死荀彧這兩件事就是鮮明的例證。由此可以看到曹操「名為漢相，實為漢賊」的奸詐嘴臉和權謀藝術，留給人們深深的思考。分述如次。

載據此。是令發布於建安十五年十二月二十五日己亥，史稱「己亥令」，近人按該令內容稱為曹操的〈明志令〉。曹操「明志令」。曹操〈明志令〉載於《魏武故事》，見《三國志·武帝紀》裴松之注引，《資治通鑑》摘

曹操發布此令向天下世人表明他對漢室的忠心，字面確實如此，但實質上卻是一紙逼宮的宣言。「設使國家無有孤，不知當幾人稱帝，幾人稱王」，非人臣所宜言。曹操言此，已無人臣之心。用通俗話來說，這叫火力偵察。曹操自稱〈明志令〉是效周公〈金縢〉之作。但周公〈金縢〉只是誓諸鬼神，而曹操卻要宣誓於天下，「此地無銀三百兩」。曹操讓還三縣，隨後是封三子為侯，裁併行政區設置擴大自己所領的冀州地區。曹操不但不「委捐所典兵眾」，還要擴大外援為萬安計。怎樣擴大外援呢？除了封三子為侯，擴大冀州領屬地，不久就在建安十六年春正月任命世子曹丕為五官中郎將，設置官屬，為副丞相。建安十七年冬，諷諭董昭建言尊立自己為「魏公」，加九錫，步步緊逼帝宮。荀彧表示不滿，曹操毫不手軟害死荀彧。此後由魏公晉爵魏王，設置百官，車輿服飾用天子排場，至於對待漢獻帝，各種粗暴態度，無所不用其極。這一切都暴露了曹操的「不遜之志」，豈是別人「妄相忖度」！拋開正統觀念，如果曹操稱帝，如同曹丕代漢，司馬懿代魏，爾後宋齊梁陳的禪代，豈曰不仁！但曹操沒有這樣做，他要躲在漢獻帝的背後來完成篡漢的大業，這就不能辭其為偽為奸了。看來「名為漢相，實為漢賊」，這個帽子是曹操自己做成，怨不得人了。

再說荀彧之死。荀彧替曹操出謀獻策，共事二十餘年，親密無間，兩人成了兒女親家，曹操女安陽公主是荀彧長子荀惲的妻子。但是荀彧與曹操思想意趣有很大差異。荀彧出身世族，他佐曹操征伐，是希望這位曹丞相興復漢室。曹操則是蓄謀異志。隨著曹操逼宮步驟的加緊，兩人逐漸產生了裂痕，甚至矛盾公開化。建安十七年，曹操諷諭董昭等建言進爵為魏公，加九錫。荀彧表示了不同意見，他認為曹操「本興義兵以匡朝寧國，秉忠貞之誠，守退讓之實；君子愛人以德，不宜如此」。曹操很不滿意。正好曹操出征，打破荀彧留守京師的慣例，這次特地要荀彧出京勞軍。荀彧覺得十分意外，感到了曹操對他的不信任。荀彧懷著不安的心情出京，到了壽春，曹操又不讓他到前線濡須去勞軍。荀彧恐慌，不知所措，憂愁而死，一說荀彧是被逼迫仰藥而死。荀彧死後不久，曹操就進爵為魏公。荀彧之死，沒有改變曹操進逼漢室的野心。但是，荀彧不

同於孔融。孔融旗幟鮮明地反對曹操；而荀彧卻是曹操的首席謀士，因此荀彧之死給曹操代漢帶來很大的心理影響。所以曹操只好做周文王，而讓其子曹丕來登基了。

卷第六十七

漢紀五十九

起閼逢敦牂（甲午　西元二一四年），盡柔兆涒灘（丙申　西元二一六年），凡三年。

【題解】本卷記事起西元二一四年，迄西元二一六年，凡三年。當漢獻帝建安十九年到二十一年。此三年，曹孫劉三方勢力繼續發展，三國鼎立的局面基本形成。曹操一方，進兵漢中，掃蕩了關中割據勢力的殘餘，滅了韓遂，馬超退走。曹操的主要精力用在政治上，緊逼皇帝寶座，完成了進爵魏王，建置魏國百官，禪代的條件業已完成，只是在等待禪代的時機罷了。劉備的勢力得到大發展，完成了跨有荊益。由於龐統之死，諸葛亮入蜀，削弱了荊州守備力量。孫權進兵合肥受挫，掉頭爭荊州，孫劉同盟破裂。由於曹操緊逼，過早入漢中，劉孫中分荊州而和解，但嫌隙已構，為劉孫的夷陵之戰埋下了禍根。

孝獻皇帝壬

建安十九年（甲午　西元二一四年）

春，馬超從張魯求兵，北取涼州❶，魯遣超還圍祁山❷。姜敘等[1]告急於夏侯

淵，諸將議欲須魏公操節度❸。淵曰：「公在鄴，反覆四千里，比報，敘等必敗，非救急也。」遂行，使張郃督步騎五千為前軍，超敗走。

韓遂在顯親❹，淵欲襲取之，遂走。淵追至略陽❺城，去遂三十餘里，諸將欲攻之。或言當攻興國❻氐，淵以為：「遂兵精，興國城固，攻不可卒❼拔，不如擊長離❽諸羌。長離諸羌多在遂軍，必歸救其家。若捨羌獨守則孤❾，救長離則官兵得與野戰，必可虜也。」淵乃留督將守輜重，自將輕兵到長離，攻燒羌屯，遂果救長離。諸將見遂兵眾，欲結營作塹乃與戰。淵曰：「我轉鬬千里，今復作營塹，則士眾罷敝❿，不可復用。賊雖眾，易與⓫耳。」乃鼓之，大破遂軍，進圍興國。氐王千萬奔馬超，餘眾悉降。轉擊高平⓬、屠各⓭，皆破之。

三月，詔魏公操位在諸侯王上，改授金璽、赤紱、遠遊冠⓮。

夏，四月，旱。〇五月，雨水。

初，魏公操遣廬江太守朱光屯皖⓯，大開稻田。呂蒙言於孫權曰：「皖田肥美，若一收孰⓰，彼眾必增⓱，宜早除之。」閏月，權親攻皖城。諸將欲作土山，添攻具，呂蒙曰：「治攻具及土山，必歷日乃成。城備既脩，外救必至，不可圖也。且吾乘雨水以入，若留經日，水必向盡⓲，還道艱難，蒙竊危之。今觀此城，

不能甚固，以三軍銳氣，四面並攻，不移時⑲可拔，及水⑳以歸，全勝之道也。」權從之。蒙薦甘寧為升城督㉑。寧手持練㉒，身緣城，為士卒先。蒙以精銳繼之，手執枹㉓鼓，士卒皆騰踊。侵晨㉔進攻，食時㉕破之，獲朱光及男女數萬口。既而張遼至夾石㉖，聞城已拔，乃退。權拜呂蒙為廬江太守，還屯尋陽㉗。

【章　旨】以上為第一段，寫夏侯淵在關中敗馬超、韓遂；孫權在江西攻破皖城。

【注　釋】❶涼州　州名，漢獻帝時治所在冀縣，在今甘肅甘谷縣東南。❷祁山　山名，山上有城，極為嚴固。在今甘肅禮縣東南。❸節度　指揮調度。此指上報軍事活動，須得曹操批示。❹顯親　東漢時為侯國，後改為縣，縣治在今甘肅秦安西北。❺略陽　縣名，縣治在今甘肅秦安東北。❻興國　聚邑名，在今甘肅秦安東北。興國氐之首領名阿貴，後被夏侯淵所攻滅。❼卒　同「猝」。很快。❽長離　水名，在今甘肅秦安東北。❾捨羌獨守則孤　謂韓遂拋棄羌族而不救，只獨守顯親，其勢力必孤弱。❿罷敝　疲敝；疲困。罷，通「疲」。⓫易與　容易對付。⓬高平　縣名，縣治在今寧夏固原。⓭屠各　匈奴族之一種。⓮金璽赤紱遠游冠　這些物品乃是東漢諸王所佩用，此時曹操雖未為王，但已享受王之待遇。璽，帝王的印章。紱，印綬，繫印的絲繩。⓯皖　縣名，縣治在今安徽潛山縣。⓰收孰　謂稻成熟而收穫。孰，同「熟」。⓱眾必增　謂有糧後人必增多。⓲水必向盡　謂上漲的江水必將退盡，不利船行。⓳不移時　謂不超出一個時辰，言其時間短促。⓴及水　謂趁上高水位利於行船。㉑升城督　登城的督將。㉒練　白絲繩。㉓枹　擊鼓槌。㉔侵晨　天剛亮。㉕食時　早飯時辰，相當於今七至九時。㉖夾石　鎮戍名，在今安徽桐城北。㉗尋陽　縣名，縣治在今湖北黃梅北。

【校　記】[1]等　原無此字。據章鈺校，甲十一行本、乙十一行本、孔天胤本皆有此字，今據補。按，下文云「敘等必敗」，上下文應一致，當有「等」字。

【語　譯】孝獻皇帝壬

建安十九年（甲午　西元二一四年）

春，馬超向張魯借兵，北上攻取涼州，張魯派馬超回師包圍祁山。姜敘等向夏侯淵告急，各位將領商議想要等待魏公曹操的指揮。夏侯淵說：「魏公在鄴城，往返四千里，等到指令到達，姜敘等必定已敗，這不是救急的辦法。」於是發兵，派張郃率領步騎兵五千作為前鋒，馬超戰敗逃走。

韓遂駐軍顯親，夏侯淵打算襲擊攻取顯親，韓遂撤走。夏侯淵追到略陽城，距韓遂三十多里，各位將領想進攻韓遂。有人說應當攻打興國的氐人，夏侯淵認為：「韓遂的軍隊精銳，興國城池堅固，進攻不可能馬上拿下，不如攻擊長離的各羌族部落。長離的各部落羌人大多在韓遂的軍中，一定回救他們的家鄉。韓遂如果捨棄羌人，就成為獨自守城的孤軍，如果韓遂救援長離，官兵就可與他在野外作戰，一定能俘獲他。」夏侯淵於是留下督將守護輜重，親自率領輕裝部隊到長離，攻打燒毀羌人的聚落，韓遂果然去救援長離。各位將領看到韓遂兵多，準備紮營挖壕再與韓遂交戰。夏侯淵說：「我軍轉戰千里，如今又要安營紮寨，挖掘壕溝，士兵就會疲乏，無法再戰，叛賊人數雖多，容易對付。」於是擊鼓出戰，大敗韓遂軍隊，進軍包圍興國。氐王千萬投奔馬超，餘部全部投降。轉而攻擊高平和匈奴的屠各部落，敵人全都被擊敗。

三月，漢獻帝下詔，尊禮魏公曹操位在諸侯王之上，改授金印、紅色綬帶、遠遊冠。

夏，四月，大旱。〇五月，下雨不停。

起初，魏公曹操派廬江太守朱光駐守皖城，大規模開墾稻田。呂蒙進言孫權說：「皖城土地肥美，如果有一季豐收，他們的部眾一定增加，應當趁早消滅。」閏五月，孫權親自攻打皖城。各位將領準備堆土山，添加攻城器具，呂蒙說：「添加攻城器具，堆造土山，一定要歷經許多天才能建成。這樣敵方的城防設施已經修好，外援必定來到，我軍就不可能攻打皖城了。況且我軍可趁著雨多水位高乘船而進，如果停留多日，水位已經下降，回去的航道就很艱難，我認為那樣做很危險。現在來看這座城，不算十分牢固，憑著我軍高漲的士氣，四面同時攻擊，不到一個時辰就能攻下，再趁著高水位回去，這是全勝的策略。」孫權接受了。呂蒙推薦甘寧為升城督。甘寧手持白絹，親自攀上城牆，衝在士兵前面。呂蒙率領精銳部隊跟隨其後，並親自擊鼓，士兵都奮勇跳躍。破曉時進攻，早飯時攻下，俘獲朱光及其男女數萬人。不久張遼來到夾石，得知

皖城已被攻陷，就撤退了。孫權任呂蒙為廬江太守，回軍駐守尋陽。

諸葛亮留關羽守荊州，與張飛、趙雲將兵泝❶流克巴東❷。至江州❸，破巴郡太守嚴顏❹，生獲之，飛呵❺顏曰：「大軍既至，何以不降，而敢拒戰！」顏曰：「卿等無狀❻，侵奪我州。我州但有斷頭將軍，無降將軍也！」飛怒，令左右牽去斫頭。顏容止不變，曰：「斫頭便斫頭，何為怒邪！」飛壯而釋之，引為賓客。分遣趙雲從外水❼定江陽❽、犍為❾，飛定巴西❿、德陽⓫。

劉備圍雒⓬城且一年，龐統為流矢所中，卒。法正牋與劉璋，為陳形勢強弱，且曰：「左將軍從舉兵以來，舊心⓭依依⓮，實無薄意⓯。愚以為可圖變化，以保尊門⓰。」璋不答。雒城潰，備進圍成都，諸葛亮、張飛、趙雲引兵來會。

馬超知張魯不足與計事，又魯將楊昂等數害其能，超內懷於邑⓱。備使建寧⓲督郵⓳李恢⓴往說之，超遂從武都㉑逃入氐中，密書請降於備。備使人止超，而潛以兵資之。超到，令引軍屯城北㉒，城中震怖。

備圍城數十日，使從事中郎㉓涿郡簡雍㉔入說劉璋。時城中尚有精兵三萬人，穀帛支一年，吏民咸欲死戰。璋言：「父子在州二十餘年㉕，無恩德以加百姓。

百姓攻戰三年，肌膏草野者，以璋故也，何心能安！」遂開城，與簡雍同輿出降，羣下莫不流涕。備遷璋于公安㉖，盡歸其財物，佩振威將軍㉗印綬。

備入成都，置酒，大饗㉘士卒，取蜀城中金銀㉙，分賜將士，還其穀帛㉚。備領益州牧，以軍師中郎將諸葛亮為軍師將軍㉛，益州太守南郡董和㉜為掌軍中郎將，並署左將軍府事㉝，偏將軍馬超為平西將軍㉞，軍議校尉㉟法正為蜀郡太守、揚武將軍，裨將軍南陽黃忠為討虜將軍，從事中郎麋竺㊱[1]為安漢將軍㊲，簡雍為昭德將軍，北海孫乾㊳為秉忠將軍，廣漢長㊴黃權㊵為偏將軍，汝南許靖㊶為左將軍長史㊷，龐羲㊸為司馬㊹，李嚴㊺為犍為太守，費觀㊻為巴郡太守，山陽伊籍㊼為從事中郎，零陵劉巴㊽為西曹掾㊾，廣漢彭羕㊿為益州治中從事。

【章旨】以上為第二段，寫諸葛亮率領荊州之兵入援，劉備奪取了益州。

【注釋】❶泝 同「溯」。逆流而上。❷巴東 郡名，治所魚復，在今重慶市奉節的白帝城。❸江州 縣名，縣治在今重慶市南岸區。❹嚴顏 劉璋部將，任巴東太守。張飛入蜀，俘獲嚴顏，嚴顏投降，張飛待為上賓。❺呵 怒責。❻無狀 無禮；沒有道理。❼外水 水名，又稱蜀外水，即今重慶市西南的長江上游。❽江陽 郡名，建安中劉璋分犍為郡置，治所江陽縣，在今四川瀘州。❾犍為 郡名，治所武陽，在今四川彭山縣東北。❿巴西 郡名，治所閬中，在今四川閬中。⓫德陽 縣名，縣治在今四川遂寧東南龍鳳場。⓬雒 縣名，縣治在今四川廣漢北。⓭舊心 謂原有對劉璋的深情。⓮依依 戀戀不忘。⓯薄意 謂對劉璋刻薄之意。⓰尊門 指劉璋家族。⓱於邑 即鬱悒，鬱悶。⓲建寧 郡名，蜀漢後主建興初，改益州郡為建寧郡，此時尚稱益州。建寧（益州）郡治所滇池，在雲南晉寧東。⓳督郵 官名，漢代郡太守的重要屬吏，職責是代

表太守督察各縣，宣傳教令，兼司獄訟捕亡等事。郡有分為二部、四部或五部者，每部各有一督郵。⑳李恢　（？—西元二三一年）字德昂，建寧俞元（今雲南澄江縣境）人，初為郡督郵，後投歸劉備。劉備得成都為益州牧後，恢為主簿、別駕從事。後又為庲降都督兼交州刺史。劉備死後，南中地區叛亂，恢助諸葛亮平定，以功封漢興亭侯，為安漢將軍。傳見《三國志》卷四十三。㉑武都　郡名，治所下辨，在今甘肅成縣西。㉒城北　指成都城北。㉓從事中郎　官名，將軍之屬官，職責是參謀議論。㉔簡雍　字憲和，涿郡（治所在今河北涿州）人，與劉備同鄉，有舊交。劉備至荊州後，為從事中郎，隨劉備入益州後，劉璋對他甚愛慕。故劉備圍成都，遣雍入城勸說劉璋，劉璋因而出降。以功為昭德將軍。傳見《三國志》卷三十八。㉕二十餘年　自中平五年（西元一八八年）劉焉入蜀為益州牧，至此共二十七年。㉖公安　縣名，劉備在荊州改南郡的油江口為公安，在今湖北公安東北。㉗振威將軍　官名，屬東漢的雜號將軍，曹操定漢中後，加劉璋振威將軍銜，故此時劉備仍以振威將軍的印綬給劉璋。㉘饗　設宴犒賞。㉙城中金銀　指成都城中公私所有的金銀。㉚還其穀帛　謂將穀帛各還其主。㉛軍師將軍　官名。劉備所創置，官階高於軍師中郎將，仍握兵權。㉜董和　字幼宰，南郡枝江（今湖北枝江縣東）人，初為劉璋之江原長、成都令，又為益州太守。劉備定成都後，以和為掌軍中郎將（劉備所置），與諸葛亮總領劉備之軍府事。辦事殷勤，深得諸葛亮之稱許。傳見《三國志》卷三十九。㉝署左將軍府事　署為總領之意。即總領左將軍府事。劉備為左將軍。㉞平西將軍　官名，與以下的揚武將軍、討虜將軍、偏將軍，皆屬雜號將軍。㉟軍議校尉　亦稱軍謀校尉。校尉為次於將軍之武職，軍議校尉職在參議軍事。㊱糜竺　字子仲，東海朐縣（今江蘇連雲港市南）人，家富實。初為徐州牧陶謙別駕，奉命迎劉備。劉備被呂布襲擊後，竺嫁妹與劉備為夫人，並資助財物、奴客，劉備賴以重振。劉備得益州後，任命他為安漢將軍。傳見《三國志》卷三十八。㊲安漢將軍　官名，與以上討虜將軍，以下昭德將軍、秉忠將軍，皆劉備所創置的雜號將軍。㊳孫乾　字公祐，北海（治所在今山東昌樂西）人，劉備在徐州時，即召他為從事。劉備得益州後又任命他為秉忠將軍。傳見《三國志》卷三十八。㊴廣漢長　即廣漢縣長。漢制，大縣為令，小縣為長。㊵黃權　字公衡，巴西閬中（今屬四川）人，少為郡吏，劉璋任州牧，歷官主簿、廣漢長。劉備領州牧，以權為治中從事。劉備伐吳，以權為鎮北將軍，督江北軍以防曹魏。劉備兵敗，黃權降魏，官至車騎將軍，儀同三司。傳見《三國志》卷四十三。㊶許靖　字文休，汝南平輿（今河南平輿西北）人，蜀漢大臣，官至太傅、司徒。傳見《三國志》卷三十八。㊷左將軍長史　官名，職責是總理左將軍軍府事。㊸龐羲　河南（今河南洛陽）人，初事劉焉任議郎，後事劉璋任巴西太守。羲嫁女劉璋長子劉循為妻，為璋所親。劉備定成都，任羲為左將軍司馬。㊹司馬　官名，此左將軍司馬，亦總理左將軍軍府事，並參與軍事謀劃。㊺李嚴　一名平，字

方正，南陽（今河南南陽）人，初為劉璋成都令，以護軍之職率軍拒劉備於緜竹，兵敗降，劉備任為裨將軍，歷官犍為太守、興業將軍、輔漢將軍、尚書令。與諸葛亮同受先主遺詔輔後主，為諸葛亮之副。後諸葛亮北伐，李嚴任前將軍，曾運糧餉不力，被罷官，流放梓潼而病死。傳見《三國志》卷四十。㊻費觀　字賓伯，江夏鄳縣（今河南羅山縣西）人，劉璋母為觀之族姑，璋又以女妻觀。為李嚴參軍拒劉備於緜竹，隨李嚴降劉備，拜為裨將軍。後為巴郡太守、江州都督。事後主封都亭侯，加振威將軍。年三十七卒。㊼伊籍　字機伯，山陽（治所在今山東金鄉東北）人，初依劉表，劉備至荊州後，又歸劉備。劉備得益州任命他為左將軍從事中郎，參議軍事。後為昭文將軍，與諸葛亮、法正等共造《蜀科》。傳見《三國志》卷三十八。㊽劉巴　（？—西元二二二年）字子初，零陵烝陽（今湖南衡陽西）人，初依曹操，後從交阯入蜀，會劉備入益州，被迫歸劉備。劉備稱漢中王，巴為尚書，又為尚書令。傳見《三國志》卷三十九。㊾西曹掾　官名，此為左將軍西曹掾，左將軍的屬官。㊿彭羕　字永年，廣漢（治所在今四川廣漢）人，為人驕傲自大，輕視旁人，曾為益州書佐，為眾人所謗，遂被罰為徒隸。劉備入蜀後，投歸劉備，為治中從事、江陽太守。因不滿而欲勸馬超一起反叛，下獄誅死。傳見《三國志》卷四十。

【校　記】①麋竺　原作「糜竺」。今據嚴衍《通鑑補》改作「麋竺」。

【語　譯】諸葛亮留下關羽駐守荊州，和張飛、趙雲領兵逆江而上攻佔巴東。張飛到達江州，打敗巴郡太守嚴顏，活捉了他，張飛斥責嚴顏說：「大軍到達之後，為什麼不投降，還敢反抗！」嚴顏說：「你們不講道理，侵奪我益州。我益州只有斷頭將軍，沒有投降的將軍！」張飛大怒，命令左右人拉出去砍頭。嚴顏面不改色，從容地說：「砍頭就砍頭，發什麼火呢！」張飛欽佩他的膽量，就釋放了他，請他做自己的賓客。諸葛亮分派趙雲從外水平定江陽、犍為，張飛平定巴西、德陽。

劉備包圍雒城將近一年，龐統被流箭射中而死。法正寫信給劉璋，為他分析形勢強弱，並說：「左將軍自從舉兵以來，對你舊情依戀，實無鄙薄之意。我認為你可考慮變化一下自己的想法，來保住你的家族。」劉璋不做回答。雒城潰敗，劉備進軍包圍成都，諸葛亮、張飛、趙雲領兵前來會合。

馬超知道張魯不足以共謀大事，加上張魯部將楊昂等屢屢嫉恨他的才能，馬超心中憂鬱不樂。劉備派建寧督郵李恢前往勸說，馬超於是從武都逃入氐人部落中，祕密寫信向劉備請降。劉備派人來勸阻馬超，而暗

中卻派兵幫助他。馬超到達，劉備命他領兵駐紮在成都城北，成都城內極為驚恐。

劉備圍攻成都數十天，派從事中郎涿郡人簡雍入城勸說劉璋。當時城中還有精兵三萬人，穀糧布帛可支持一年，官民都想拼命死戰。劉璋說：「我父子在益州二十多年，對百姓沒有什麼恩德。百姓奮戰了三年，棄屍荒野，都是因我的緣故，我怎能心安！」於是打開城門，與簡雍同乘一輛車出城投降，部下無不流淚哭泣。劉備把劉璋遷移到公安，歸還他的全部財物，讓他佩帶振威將軍的印綬。

劉備進入成都，大擺酒宴，盛情款待將士，取出蜀城中的金銀，分別賞賜給將士們，穀糧布帛歸還百姓。劉備兼任益州牧，任軍師中郎將諸葛亮為軍師將軍，益州太守南郡人董和為掌軍中郎將，共同總理左將軍軍府事務，偏將軍馬超為平西將軍，軍議校尉法正為蜀郡太守、揚武將軍，裨將軍南陽人黃忠為討虜將軍，從事中郎麋竺為安漢將軍，簡雍為昭德將軍，北海人孫乾為秉忠將軍，廣漢縣長黃權為偏將軍，汝南人許靖為左將軍長史，龐羲為司馬，李嚴為犍為太守，費觀為巴郡太守，山陽人伊籍為從事中郎，零陵人劉巴為西曹掾，廣漢人彭羕為益州治中從事。

初，董和在郡，清儉公直，為民夷❶所愛信，蜀中推為循吏❷，故備舉而用之。備之自新野奔江南也，荊、楚羣士從之如雲，而劉巴獨北[1]詣魏公操。操辟為掾，遣招納長沙、零陵、桂陽。會備略有三郡，巴事不成，欲由交州道還京師。時諸葛亮在臨蒸❸，以書招之，巴不從，備深以為恨。巴遂自交趾入蜀依劉璋。及璋迎備，巴諫曰：「備，雄人也，入必為害。」既入，巴復諫曰：「若使備討張魯，是放虎於山林也。」璋不聽，巴閉門稱疾。備攻成都，令軍中曰：「有害

巴者，誅及三族。」及得巴，甚喜。是時益州郡縣皆望風景❹附，獨黃權閉城堅守，須璋稽服❺，乃降。於是董和、黃權、李嚴等，本璋之所授用也，吳懿、費觀等，璋之婚親❻也，彭羕，璋之所擯棄也，劉巴，宿昔之所忌恨也，備皆處之顯任，盡其器能❼。有志之士，無不競勸❽，益州之民，是以大和。

初，劉璋以許靖為蜀郡太守。成都將潰，靖謀踰城降備，備以此薄靖不用也。法正曰：「天下有獲虛譽而無其實者，許靖是也。然今主公❾始創大業，天下之人，不可戶說❿，宜加敬重，以慰遠近之望。」備乃禮而用之。

成都之圍也，備與士眾約：「若事定，府庫百物，孤無預焉。」及拔成都，士眾皆捨干戈赴諸藏，競取寶物。軍用不足，備甚憂之。劉巴曰：「此易耳。但當鑄直百錢⓫，平諸物價，令吏為官市。」備從之。數月之間，府庫充實。

時議者欲以成都名田宅⓬分賜諸將，趙雲曰：「霍去病⓭以匈奴未滅，無用家為。今國賊非但匈奴，未可求安也。須天下都定，各反桑梓⓮，歸耕本土，乃其宜耳。益州人民，初罹⓯兵革⓰，田宅皆可歸還，今安居復業，然後可役調⓱，得其歡心，不宜奪之，以私所愛也。」備從之。

備之襲劉璋也，留中郎將南郡霍峻⓲守葭萌⓳城。張魯遣楊昂誘峻求共守城，

峻曰：「小人頭可得，城不可得！」昂乃退。後璋將扶禁、向存等帥萬餘人由閬水[20]上，攻圍峻，且一年[21]。峻城中兵纔數百人，伺其怠隙[22]，選精銳出擊，大破之，斬存。備既定蜀，乃分廣漢為梓潼郡[23]，以峻為梓潼太守。

法正外統都畿[24]，內為謀主，一餐之德，睚眦之怨[25]，無不報復，擅殺毀傷己者數人。或謂諸葛亮曰：「法正太縱橫[26]，將軍宜啟主公，抑其威福。」亮曰：「主公之在公安也，北畏曹操之強，東憚孫權之逼，近則懼孫夫人生變於肘腋。法孝直[27]為之輔翼，令翻然翱翔[28]，不可復制。如何禁止孝直，使不得少行其意邪？」

諸葛亮佐備治蜀，頗尚嚴峻，人多怨歎者。法正謂亮曰：「昔高祖入關，約法三章[29]，秦民知德。今君假借威力，跨據一州，初有其國，未垂惠撫。且客主之義，宜相降下，願緩刑弛禁，以慰其望。」亮曰：「君知其一，未知其二。秦以無道，政苛民怨，匹夫大呼，天下土崩。高祖因之，可以弘濟[30]。劉璋暗弱，自焉以來，有累世之恩，文法羈縻[31]，互相承奉，德政不舉，威刑不肅。蜀土人士，專權自恣，君臣之道，漸以陵替[32]。寵之以位，位極則賤；順之以恩，恩竭則慢。所以致敝，實由於此。吾今威之以法，法行則知恩；限之以爵，爵加則知

榮。榮恩並濟㉝，上下有節，為治之要，於斯而著矣。」

劉備以零陵蔣琬㉞為廣都㉟長。備嘗因游觀，奄至廣都，見琬眾事不治，時又沈醉，備大怒，將加罪戮。諸葛亮請曰：「蔣琬社稷之器㊱，非百里之才㊲也。其為政以安民為本，不以脩飾為先，願主公重加察之。」備雅敬亮，乃不加罪，倉卒但免官而已。

【章　旨】以上為第三段，寫劉備入成都，人事安排，兼顧新舊人物，團結了各方勢力。諸葛亮治蜀，以嚴法濟寬。

【注　釋】❶民夷　漢族和少數民族的民眾。❷循吏　奉職守法的官吏。❸臨蒸　縣名，縣治在今湖南衡陽。❹景　「影」本字。❺稽服　稽首（磕頭）服從，亦即降服。❻婚親　劉璋兄劉瑁娶吳懿妹為妻。劉璋母為費觀的族姑。❼器能　才幹；才能。❽勸　勉勵。❾主公　對劉備的尊稱。此種稱呼始於東漢，將對方尊為自己之主。❿戶說　向每家每戶解釋。⓫直百錢　面值一百的錢。⓬名田宅　私人名下的田地房屋。⓭霍去病　漢武帝時之名將，多次出擊匈奴，打開了通往西域的道路。漢武帝曾為他建造府第，他拒絕說：「匈奴不滅，無以家為也。」事見《史記》卷一百十一、《漢書》卷五十五霍去病本傳。⓮桑梓　家鄉。古代住宅周圍常種桑樹和梓樹，因以喻稱家鄉。⓯罹　遭遇。⓰兵革　戰爭。⓱役調　服勞役，繳賦稅。⓲霍峻　字仲邈，南郡枝江（今湖北枝江縣東）人，初受劉表之命統領家鄉的部曲武裝，劉表死後，率眾歸劉備，劉備任他為中郎將。劉備定蜀後，又任他為梓潼太守。傳見《三國志》卷四十一。⓳葭萌　縣名，縣治在今四川廣元西南。⓴閬水　水名，又名西漢水，即今嘉陵江。㉑且一年　將近一年。㉒怠隙　謂因懈怠而有隙可乘。㉓梓潼郡　治所梓潼縣，在今四川梓潼。㉔都畿　京都及其周圍地區。劉備以成都為都，以蜀郡為畿。㉕睚眥之怨　發怒時瞪眼而視稱為睚眥，喻指極小的仇怨。㉖縱橫　謂恣意橫行，無所忌憚。㉗法孝直　法正字孝直。㉘翻然翱翔　高高地飛翔。指法正迎劉備入益州，使劉備得以據其地，如鳥之展翅高飛。㉙約法三章　秦末，劉邦率兵入關，「與父老約法三章：殺人者死，傷人及盜抵罪。」事見《史記・卷八・

高祖本紀》、《漢書》卷一〈高帝紀〉。㉚弘濟　以寬弘成就大業。㉛羈縻　束縛之意。㉜陵替　謂紀綱廢弛，上下失序。㉝濟用。㉞蔣琬　（？—西元二四六年）字公琰，零陵湘鄉（今湖南湘鄉）人，初隨劉備入蜀，為廣都長、什邡令。後為諸葛亮所重，任丞相府東曹掾、參軍。諸葛亮北伐時，常統留府事，足食足兵以相供給，加撫軍將軍。諸葛亮死後，蔣琬繼諸葛亮執政，為大將軍、大司馬，錄尚書事。傳見《三國志》卷四十四。㉟廣都　縣名，縣治在今四川雙流東南。㊱社稷之器　謂具有國家大臣之才具。㊲百里之才　謂治理一縣一邑之才能。

【校　記】 1北　原作「比」，顯係誤字。《三國志》卷三十九〈劉巴傳〉作「北」，當是，今據以校正。

【語　譯】 當初，董和在郡裡任職，清廉公正，受到漢人和夷民的愛戴信任，在蜀地被推崇為克己奉公的官吏，所以劉備任用他。劉備從新野逃奔江南時，荊楚士人追隨他影從如雲，而只有劉巴北投魏公曹操。曹操聘用劉巴為掾屬，派他去招撫長沙、零陵和桂陽。適逢劉備佔領了這三郡，劉巴的差事無法完成，想轉道交州回京師。此時諸葛亮在臨蒸，寫信招喚他，劉巴不聽從，劉備為此深感遺憾。劉巴就從交趾入蜀依附劉璋。等到劉璋準備迎接劉備入蜀，劉巴勸阻說：「劉備是一代英雄，進入益州一定會成為禍患。」劉備入蜀後，劉巴再次勸諫劉璋說：「若派劉備討伐張魯，好比是把老虎放回山林。」劉璋不聽，於是劉巴閉門稱病。劉備攻打成都，命令軍中將士說：「誰殺害劉巴，誅滅他的三族。」等到獲得劉巴，劉備十分高興。這時益州各郡縣都望風歸附，只有黃權關閉城門，堅守不降，等到劉璋歸服時，才投降。於是，劉璋任用的董和、黃權、李嚴等，劉璋的姻親吳懿、費觀等，被劉璋摒棄的彭羕，劉備往日忌恨的劉巴，都被劉備安排為顯要職位，充分發揮了他們的才能，有志之士，無不爭相勉勵，益州的百姓，因此過上極為和諧的生活。

起初，劉璋任許靖為蜀郡太守。成都將破時，許靖密謀越城投降劉備，劉備因此看不起許靖，不任用他。法正說：「天下有獲得虛名但無其實，許靖就是這樣的人。然而主公您才開始創立大業，天下的人不可能挨家挨戶地去向他們解釋，許靖這樣的人，還是應當加以敬重，以此來撫慰遠近的民心。」劉備這才對許靖以禮相待，加以任用。

圍攻成都時，劉備與部眾相約說：「如果事情成功，城中官府庫藏的各種財物，我一分也不要。」等到

攻下成都，部眾都拋下武器奔赴各個倉庫，爭搶財物，導致軍用物資不足，劉備為此十分憂慮。劉巴說：「這很容易辦，只要鑄造面值一百的大錢，平抑物價，派吏員經營官市。」劉備聽從了這個意見。幾個月的時間，府庫就充實了。

當時參加謀議的人想把成都私人名下的田地和住宅分別賜予眾將領，趙雲說：「霍去病認為匈奴沒有殲滅，不要考慮家庭，如今國賊不僅僅只是匈奴，不可以貪求安逸。等天下都平定了，各自返回故里，在自己的土地上耕種，才是合適的。益州的百姓，剛剛遭受戰禍，田地房屋都可以還給他們，讓他們安居恢復舊業，然後才可以徵調徭役稅收，這樣才能獲得他們的歡心，不應奪去他們的財產來偏私自己所愛的將士。」劉備聽從了。

劉備襲擊劉璋時，留下中郎將南郡人霍峻守衛葭萌城。張魯派楊昂引誘霍峻，要求一起守城，霍峻說：「我的頭你可得到，我守的城你得不到！」楊昂只好退走。後來劉璋部將扶禁、向存等統率一萬多人從閬水逆流而上，圍攻霍峻將近一年。霍峻城中的士兵才幾百人，抓住敵人懈怠的機會，挑選精銳出城攻擊，大敗敵軍，殺了向存。劉備平定蜀地後，就分出廣漢的一部分置為梓潼郡，任命霍峻為梓潼太守。

法正在外統轄都畿成都地區，在內作為主要的謀士，一餐飯的恩德，一瞪眼的怨恨，法正無不加以報復，擅自殺了好幾個傷害毀謗過自己的人。有人對諸葛亮說：「法正太專横，將軍應當上告主公，抑制他作威作福。」諸葛亮說：「主公在公安的時候，北面畏懼曹操強大，東面忌憚孫權逼迫，家裡惟恐孫夫人在身邊生變。法孝直成為主公的羽翼，才使得主公淩空翱翔，他人不可能再加控制。如何能制止法孝直，不讓他稍微放縱一下自己的意願呢？」

諸葛亮輔佐劉備治理蜀地，側重嚴刑峻法，引起很多人抱怨。法正對諸葛亮說：「從前高祖入關時，約法三章，秦地的百姓感恩戴德。如今您借助漢室的威力，佔領一州，剛剛擁有這個國家，還沒有實施恩惠。再說按照客主的禮數，客人對主人應謙恭些，希望能寬鬆刑罰，解除禁令，用來滿足本地人的期望。」諸葛亮說：「您只知其一，不知其二。秦朝無道，政令苛刻，百姓怨恨，一個平頭百姓大呼一聲，秦朝的天下就

土崩瓦解了。高祖利用這種形勢，實行寬鬆政策，完成大業。劉璋昏闇柔弱，從劉焉以來，積下幾代的恩德，但是政令法律受到束縛，相互因循，德政不施，刑法不嚴。蜀地的人士，專權自肆，君臣之間的道義，逐漸衰落。用官位來施行寵愛，官位加到極限，就會被輕賤；用恩惠來籠絡，恩惠到了盡頭，就會心生怠慢。因此導致政事衰敗，實在是這個原因。我現在用法令來樹立威嚴，法令推行，他們就知道這是恩德；授爵加以限制，得到爵位，就知道榮寵。榮寵和恩惠相輔而行，這樣上下才有序。治理政事的關鍵，在這裡就會顯示出來了。」

劉備任零陵人蔣琬為廣都縣長。劉備曾經因事巡視，突然到達廣都，發現蔣琬諸事荒廢，當時又大醉不醒。劉備大怒，要把蔣琬治罪處死。諸葛亮為蔣琬求情，說：「蔣琬有國家大臣的才具，沒有治理百里之縣的才能。他治理政事以安民為本，不把修飾細節放在首位，希望主公再加考察。」劉備一向敬重諸葛亮，便不加罪蔣琬，倉促處理，只免去了他的官職。

秋，七月，魏公操擊孫權，留少子臨菑侯植❶守鄴。操為諸子高選官屬，以邢顒❷為植家丞❸。顒防閑❹以禮，無所屈撓❺，由是不合。庶子❻劉楨❼美文辭，植親愛之。楨以書諫植曰：「君侯采庶子之春華，忘家丞之秋實，為上招謗，其罪不小，愚實懼焉。」

魏尚書令荀攸卒。攸深密有智防❽，自從魏公操攻討，常謀謨❾帷幄，時人及子弟莫知其所言。操嘗稱：「荀文若❿之進善，不進不休；荀公達⓫之去惡，不去不止。」又稱：「二荀令⓬之論人，久而益信，吾沒世不忘。」

初，枹罕⑬宋建因涼州亂，自號河首⑭平漢王，改元，置百官，三十餘年。冬，十月，魏公操使夏侯淵自興國討建，圍枹罕，拔之，斬建。淵別遣張郃等渡河，入小湟中⑮，河西⑯諸羌皆降，隴右⑰平。

帝自都許以來，守位而已，左右侍衛莫非曹氏之人者。議郎趙彥嘗為帝陳言時策，魏公操惡⑱而殺之。操後以事入見殿中，帝不任⑲其懼，因曰：「君若能相輔，則厚；不爾，幸垂恩相捨。」操失色，俛仰⑳求出。舊儀，三公領兵，朝見，令虎賁㉑執刃挾之。操出，顧㉒左右，汗流浹背㉓，自後不復朝請。

董承女為貴人㉔，操誅承㉕，求貴人殺之。帝以貴人有妊，累為請，不能得。伏皇后由是懷懼，乃與父完書，言曹操殘逼㉖之狀，令密圖之，完不敢發。至是，事乃泄，操大怒。十一月，使御史大夫郗慮持節策㉗收皇后璽綬，以尚書令華歆為副，勒兵㉘入宮收后。后閉戶，藏壁中。歆壞戶發壁，就牽后出。時帝在外殿，引慮於坐。后被髮㉙、徒跣㉚、行泣過㉛，訣㉜曰：「不能復相活邪？」帝曰：「我亦不知命在何時！」顧謂慮曰：「郗公㉝，天下寧㉞有是邪！」遂將后下暴室㉟，以幽死。所生二皇子，皆酖㊱殺之，兄弟及宗族死者百餘人。

十二月，魏公操至孟津㊲。

操以尚書郎高柔為理曹掾㊳。舊法，軍征士亡，考竟㊴其妻子，而亡者猶不息。操欲更重其刑，并及父母、兄弟。柔啓曰：「士卒亡軍㊵，誠在可疾㊶，然竊聞其中時有悔者。愚謂乃宜貸㊷其妻子，一可使誘其還心。正如前科㊸，固已絕其意望，而猥㊹復重之，柔恐自今在軍之士，見一人亡逃，誅將及己，亦且㊺相隨而走㊻，不可復得殺也。此重刑非所以止亡，乃所以益走耳。」操曰：「善！」即止不殺。

【章旨】以上為第四段，寫曹操誅董承，罪及有孕貴人，殘忍之極。高柔主刑獄，依法辦案，受到曹操稱讚。

【注釋】❶植　曹植（西元一九二—二三二年），字子建，曹操的第四子。建安十六年（西元二一一年）封平原侯，十九年徙封臨淄侯。曹操曾欲立他為太子，後未遂。曹丕為帝後，深被猜忌，黃初三年（西元二二二年）封為鄄城王，魏明帝時封為東阿王，最後封陳王，死後諡為思，故史稱陳思王。曹植很有政治抱負，但未得施展。擅長文學，凡散文、辭賦、詩歌，皆為當時之冠，有《曹子建集》傳世。傳見《三國志》卷十九。❷邢顒　字子昂，河間鄚縣（今河北任丘東北）人，曹魏大臣。歷官丞相門下督、左馮翊、司隸校尉、太常。傳見《三國志》卷十二。❸家丞　官名。漢制，列侯食邑千戶以上者，置家丞、庶子各一人，職責是侍奉列侯及治理列侯家事。❹防閑　防備和阻止。❺屈橈　退縮；屈服。❻庶子　官名，又稱太子庶子，為太子屬官，四百石，第五品，職如三署郎。❼劉楨　字公幹，東平（今山東東平）人，東漢末名士，建安七子之一。與曹丕友善。傳見《三國志》卷二十一。❽智防　有才智謀略，善於自保。❾謀謨　謀劃。❿荀文若　荀彧字文若。⓫荀公達　荀攸字公達。⓬二荀令　荀彧為漢尚書令，荀攸為魏尚書令。⓭枹罕　縣名，在今甘肅臨夏東北。⓮河首　宋建自以為居黃河上游，故稱河首。⓯小湟中　地區名，今青海東北部湟水流域兩岸地區，古時稱為湟中。其間有湟中城，在今西寧、

張掖之間，漢時為小月氏所居，稱為小湟中。⑯河西　地區名，指今甘肅、青海兩省黃河以西之地，即河西走廊與湟水流域一帶。⑰隴右　地區名，指隴山以西地區，約相當於今甘肅六盤山以西、黃河以東一帶。⑱惡　憎恨。⑲不任　猶言不勝。⑳俛仰　同「俯仰」。此指頻頻鞠躬行禮之狀。㉑虎賁　禁衛勇士。㉒顧　回視。㉓汗流浹背　謂出汗很多，溼透了脊背。㉔貴人　妃嬪的稱號。漢光武帝始置，位次於皇后。㉕誅承　曹操誅殺董承在建安五年（西元二〇〇年）正月。㉖殘逼　殘害逼迫。㉗節策　符節與詔策。㉘勒兵　統率軍隊。㉙被髮　散髮。被，通「披」。㉚徒跣　光著腳。㉛行泣過　邊走邊哭走過。㉜訣　告別。㉝郗公　郗慮為御史大夫，乃三公之一，故稱郗公。㉞寧　竟然；居然。㉟暴室　漢官署名，屬掖庭令，主織作染練。宮中婦女有病者至此室治療，而皇后、貴人有罪，亦下此室，故又稱暴室獄。㊱酖　以毒酒毒人。㊲孟津　關名，在今河南孟州南。㊳理曹掾　官名，漢代公府無理曹，此為曹操所置，為丞相府之屬官。㊴考竟　拷打追究。㊵亡軍　逃離軍隊。㊶疾　痛恨。㊷貸　寬免。㊸科　法令；律條。㊹猥　多；濫。㊺且　將。㊻走　逃走。

【語譯】秋，七月，魏公曹操進攻孫權，讓小兒子臨淄侯曹植留守鄴城。曹操為自己的兒子高標準選擇官屬，任邢顒為曹植的家丞。邢顒常用禮法管束曹植，毫不屈服，因此與曹植不和。庶子劉楨文辭華美，曹植很喜歡他。劉楨寫信勸諫曹植說：「君侯只摘取庶子我的春天之花，卻忘了邢顒家丞的秋季碩果，以致為您招致毀謗，罪過不小，我確實心感恐懼。」

魏國的尚書令荀攸去世。荀攸深沉嚴謹，有才智謀略，善於自保，自從追隨魏公曹操征伐，常常運籌帷幄，當時的人們以及他的子弟，沒有人知曉他說了些什麼。曹操曾經稱讚說：「荀文若進獻善策時，不被用不罷休；荀公達摒除惡行時，不達目的不罷休。」又稱讚說道：「兩個荀姓尚書令品評人物，時間越久，越使人信服，我終身不忘。」

當初，枹罕人宋建乘涼州混亂，自稱河首平漢王，改年號，設置百官，延續了三十多年。冬，十月，魏公曹操派夏侯淵從興國討伐宋建，包圍並攻克枹罕，殺死宋建。夏侯淵另外派張郃等渡過黃河，進入小湟中，河西的羌族各部全部投降，隴右平定。

獻帝自從建都許縣以來，僅僅保有皇帝之位罷了，左右的侍衛無不是曹操的人。議郎趙彥經常向獻帝陳

述對付當時形勢的策略，魏公曹操很憎恨他，把他殺了。曹操後來因事進殿拜見獻帝，獻帝控制不住自己的恐懼情緒，因而說：「你如果能輔佐我，就仁厚些；不然的話，希望施恩把我扔在一邊。」曹操大驚失色，頻頻鞠躬行禮，請求退出。舊的禮儀規定，領兵的三公朝見時，讓虎賁衛士持刀挾持。曹操出來，顧盼左右，汗流浹背，從此以後不再朝見。

董承的女兒是獻帝的貴人，曹操殺死董承，要求把貴人也殺死。獻帝因貴人有身孕，多次向曹操求情，沒有得到同意。伏皇后因此心懷恐懼，就寫信給父親伏完，訴說曹操殘害威逼的情況，讓他密謀除掉曹操，伏完不敢發難。至此，事情洩露，曹操大怒。十一月，派御史大夫郗慮持符節詔策收繳皇后璽綬，任命尚書令華歆為郗慮的副手，率兵入宮，收捕皇后。皇后閉門，藏在夾壁中，華歆破門拆壁，把皇后拉了出來。當時獻帝在外殿，請郗慮就座。皇后披頭散髮，光著腳，邊走邊哭，路過獻帝身邊時，訣別說：「不能再救我活命嗎？」獻帝說：「我自己也不知能活到什麼時候！」回頭對郗慮說：「郗公，天底下居然有這樣的事！」於是把伏皇后關進暴室，幽禁而死。皇后所生的兩個皇子都被毒酒害死，她的兄弟及其宗族被誅殺的有一百多人。

十二月，魏公曹操到達孟津。

曹操任命尚書郎高柔為理曹掾。原來的法令規定，從征的士兵逃走，要拷問追究他們的妻子兒女，但逃走的仍然不斷。曹操想再加重這種刑罰，株連及父母、兄弟。高柔啟奏說：「士兵逃離軍隊，實可痛恨，可是我聽說逃跑的人中不時有後悔的。我認為應當寬免他們的妻子兒女，或許可誘使他們回心轉意。按照以前的律條，本來就斷絕了他們回來的想法，現在還要濫加重罰，我擔心現今軍中的士兵，見到一人逃跑，害怕株連遭殺，也將跟著逃走，就不可能再殺他了。加重刑法非但不能制止逃亡，反而會助長逃亡罷了。」曹操說：「好！」立即作罷，不再追究殺人。

二十年（乙未　西元二一五年）

春，正月甲子❶，立貴人曹氏為皇后，魏公操之女[1]也。

三月，魏公操自將擊張魯，將自武都❷入氐。氐人塞道，遣張郃、朱靈等攻破之。夏，四月，操自陳倉❸出散關❹至河池❺，氐王竇茂眾萬餘人，恃險不服。五月，攻屠之。○西平❻、金城❼諸將麴演、蔣石等共斬送韓遂首。

初，劉備在荊州，周瑜、甘寧等數勸孫權取蜀。權遣使謂備曰：「劉璋不武❽，不能自守，若使曹操得蜀，則荊州危矣。今欲先攻取璋，次取張魯，一統南方，雖有十操，無所憂也。」備報曰：「益州民富地險，劉璋雖弱，足以自守。今暴師❾於蜀、漢❿，轉運於萬里，欲使戰克攻取，舉不失利，此孫、吳⓫所難也。議者見曹操失利於赤壁，謂其力屈，無復遠念。今操三分天下已有其二，將欲飲馬於滄海⓬，觀兵⓭於吳、會⓮，何肯守此坐須老乎！而同盟⓯無故自相攻伐，借樞⓰於操，使敵乘其隙，非長計也。且備與璋託⓱為宗室，冀憑威[2]靈以匡漢朝。今璋得罪於左右⓲，備獨悚懼⓳，非所敢聞，願加寬貸。」權不聽，遣孫瑜率水軍住夏口⓴。備不聽軍過，謂瑜曰：「汝欲取蜀，吾當被髮入山㉑，不失信於天下也。」使關羽屯江陵㉒，張飛屯秭歸㉓，諸葛亮據南郡㉔，備自住孱陵㉕，權不得

已召瑜還。及備西攻劉璋，權曰：「猾虜，乃敢挾詐如此！」備留關羽守江陵，魯肅與羽鄰界，羽數生疑貳，肅常以歡好撫之。

及備已得益州，權令中司馬㉖諸葛瑾㉗從備求荊州諸郡，備不許，曰：「吾方圖涼州，涼州定，乃盡以荊州相與耳。」權曰：「此假㉘而不反，乃欲以虛辭引歲㉙也。」遂置長沙㉚、零陵㉛、桂陽㉜三郡長吏，關羽盡逐之。權大怒，遣呂蒙督兵二萬以取三郡。

蒙移書長沙、桂陽，皆望風歸服，惟零陵太守郝普㉝城守不降。劉備聞之，自蜀親至公安，遣關羽爭三郡。孫權進住陸口㉞，為諸軍節度。使魯肅將萬人屯益陽㉟以拒羽，飛書㊱召呂蒙，使捨零陵急還助肅。蒙得書，祕之，夜召諸將授以方略。晨當攻零陵，顧謂郝普故人南陽鄧玄之曰：「郝子太聞世間有忠義事，亦欲為之，而不知時也。今左將軍㊲在漢中為夏侯淵所圍，關羽在南郡，至尊㊳身自臨之。彼方首尾倒縣㊴，救死不給，豈有餘力復營此哉！今吾計力度慮㊵而以攻此，曾不移日㊶而城必破，城破之後，身死何益於事，而令百歲老母戴白㊷受誅，豈不痛哉！度此家㊸不得外問㊹，謂援可恃，故至於此耳。君可見之，為陳禍福。」玄之見普，具宣蒙意，普懼而出降。蒙迎，執其手與俱下船，語畢，

出書示之，因拊手[45]大笑。普見書，知備在公安而羽在益陽，慙恨入地[46]。蒙留孫河[47]，委以後事，即日引軍赴益陽。

魯肅欲與關羽會語，諸將疑恐有變，議不可往。肅曰：「今日之事，宜相開譬[48]。劉備負國[49]，是非未決，羽亦何敢重欲干命[50]！」乃邀羽相見，各駐兵馬百步上，但[51]諸將軍單刀俱會[52]。肅因責數[53]羽以不返[54]三郡，羽曰：「烏林之役[55]，左將軍身在行間[56]，戮力破敵，豈得徒勞，無一塊土，而足下來欲收地邪！」肅曰：「不然。始與豫州[57]覲[58]於長阪[59]，豫州之眾不當一校[60]，計窮慮極，志勢摧弱，圖欲遠竄[61]，望不及此。主上矜愍豫州之身無有處所，不愛土地士民之力，使有所庇蔭[62]，以濟其患。而豫州私獨飾情[63]，愆德隳好[64]。今已藉手[65]於西州[66]矣，又欲翦并荊州之土，斯蓋凡夫所不忍行，而況整領人物之主[67]乎！」羽無以答。會聞魏公操將攻漢中，劉備懼失益州，使使求和於權。權令諸葛瑾報命，更尋盟好。遂分荊州，以湘水[68]為界，長沙、江夏[69]、桂陽以東屬權，南郡、零陵、武陵[70]以西屬備。諸葛瑾每奉使至蜀，與其弟亮但公會相見，退無私面。

【章旨】以上為第五段，寫孫劉爭荊州江南三郡，同盟破裂，雖復修好，而嫌隙已構，遺下後患。

【注釋】❶甲子　正月十八日。❷武都　縣名，治所在今甘肅西和西南。❸陳倉　縣名，縣治在今陝西寶雞東。❹散關　亦名大散關，在今陝西寶雞西南的大散嶺上，形勢險要，古為軍事重地。❺河池　縣名，縣治在今甘肅徽縣西。❻西平　郡名，漢獻帝建安中，分金城郡置西平郡，又分臨羌縣置西都縣，為西平郡治所。西都縣治在今青海西寧。❼金城　郡名，治所允吾，在今甘肅永靖北。❽不武　不剛強；沒有威勢。❾暴師　指軍隊在外，蒙受風霜雨露。❿蜀漢　蜀郡與漢中郡。此處概指益州。⓫孫吳　孫武與吳起，春秋戰國時期的著名軍事家。⓬飲馬於滄海　在大海給馬喝水。意謂出兵到大海邊。⓭觀兵　檢閱軍隊以兵威示人。⓮吳會　吳郡與會稽郡，概指孫權所據之地。⓯同盟　指劉璋與孫權的同盟。⓰樞　門戶的轉軸。此處指事物的關鍵。⓱託　依托；相依。⓲左右　指孫權。古人言談或書信中不直稱對方，而稱其左右之人，表示尊敬對方。⓳悚懼　恐懼。⓴夏口　地名，即今湖北漢口，為漢水入長江處。古代漢水自襄陽以下又稱夏水，故入長江處稱夏口。㉑被髮入山　意謂宗室被攻而不能救，無面目立於世間，只有披髮入山與你周旋。㉒江陵　縣名，縣治在今湖北江陵。㉓秭歸　縣名，縣治在今湖北秭歸。㉔南郡　郡名，此指江南之南郡。南郡治所本在江陵，赤壁之戰後，周瑜分南郡之江南地與劉備，劉備遂改油江口為公安，成為荊州牧及江南南郡的治所。公安縣縣治在今湖北公安東北。㉕孱陵　縣名，縣治在今湖北公安西南。㉖中司馬　官名，建安十四年（西元二〇九年）劉備表孫權為車騎將軍，此中司馬即車騎將軍之中司馬，車騎將軍之屬官，總理車騎將軍府事，並參與軍事謀劃。㉗諸葛瑾　（西元一七四—二四一年）字子瑜，諸葛亮兄。東漢末移居江南，受到孫權禮遇，遂為孫權長史、中司馬，後為南郡太守。孫權稱帝後，官至大將軍。傳見《三國志》卷五十二。㉘假　借。㉙引歲　拖延歲月。㉚長沙　郡名，治所臨湘，在今湖南長沙。㉛零陵　郡名，治所泉陵，在今湖南零陵。㉜桂陽　郡名，治所郴縣，在今湖南郴州。㉝郝普　字子太，劉備由荊州入蜀，任命他為零陵太守。後被呂蒙騙降，在吳官至廷尉。傳見《三國志》卷四十五。㉞陸口　地名，在今湖北蒲圻西北之陸溪口。㉟益陽　縣名，縣治在今湖南益陽。㊱飛書　飛快傳遞的文書。㊲左將軍　指劉備。㊳至尊　指孫權。至尊本指至高無上的尊位，古代用以稱帝王。而此時孫權並未為帝王，蓋為後來吳人追述所記，史書因襲未改。㊴首尾倒縣　比喻處境極端困難危急。㊵度慮　考慮。㊶曾不移日　曾，語辭，無義。不移日，不超出一日。㊷戴白　滿頭白髮，形容人老。㊸此家　指郝普。㊹問　音訊；消息。㊺拊手　拍手。㊻慙恨入地　慚愧悔恨想鑽入地下。㊼孫河　此時孫河已死，據《三國志・吳書・孫皎傳》，此「孫河」當為「孫皎」。㊽開譬　開導勸說。㊾負國　謂有負於孫權。㊿重欲干命　謂再想干犯孫氏政權。(51)但　只；僅。(52)單刀俱會　只帶刀相會。(53)責數　責備；指責。(54)返　歸還。(55)烏林之役　指赤壁之戰。烏林與赤壁隔江相對，赤壁在南岸，烏林在北岸。(56)行間　行伍之間，亦即軍中。

57豫州　指劉備。58覲　會見。59長阪　地名，在今湖北當陽境東北綠林山區西部的天柱山。60一校　校為古代軍隊編制單位，漢武帝設八校，一校兵數在七百至一千二百之間。61遠竄　指劉備欲往交州投吳巨。62庇蔭　庇護。63私獨飾情　私獨，極端自私。飾情，虛偽。64愆德墮好　喪失道德，破壞友誼。墮，通「隳」。毀壞。65藉手　謂有所憑藉。66西州　指益州。67整領人物之主　統領眾人之主。68湘水　水名，即今湖南的湘江。69江夏　郡名，東漢末江夏郡治所變遷多次，此時治所在沙羨，在今湖北武昌西南。70武陵　郡名，治所臨沅，在今湖南常德。

【校　記】1女　張敦仁《通鑑刊本識誤》認為「女」上脫「中」字。《後漢書》卷十下〈皇后紀〉、《三國志》卷一〈武帝紀〉並言曹皇后係曹操中女。曹操有三女，依次為憲、節、華，節即為曹皇后。2威　據章鈺校，甲十一行本、乙十一行本皆作「英」。

【語　譯】二十年（乙未　西元二一五年）

春，正月十八日甲子，冊立貴人曹氏為皇后。皇后曹氏，是魏公曹操的女兒。

三月，魏公曹操親自領兵攻打張魯，準備從武都進入氐人部落。氐人堵塞道路，派張郃、朱靈等打敗氐人。夏，四月，曹操從陳倉出散關到達河池，氐王竇茂擁有部眾一萬多人，憑仗險要不肯歸服。五月，攻入氐人部落大肆屠殺。〇西平、金城的各位將領麴演、蔣石等一起殺死韓遂，送來了他的首級。

起初，劉備在荊州，周瑜、甘寧等多次勸說孫權攻取蜀地。孫權派使者對劉備說：「劉璋沒有威勢，不能自守，如果讓曹操得到蜀地，荊州就危險了。如今想先攻劉璋，其次再攻張魯，統一南方，即使有十個曹操，也沒有什麼憂慮的。」劉備回答說：「益州民眾富裕，地勢險要，劉璋雖然軟弱，完全可以自守。現今如果出師蜀、漢，轉運萬里，要想戰則勝攻則取，用兵不失利，這一點孫武、吳起也難以辦到。發議論的人只看到曹操在赤壁失敗，認為他的力量已經窮盡，不會再有遠大抱負了。事實是如今曹操已佔有天下的三分之二，還想到滄海去飲馬，到吳郡、會稽去檢閱士兵，哪裡肯守著他的地盤坐等老死呢！而同盟者之間無故相互攻擊，等於把關鍵要害之處轉借給曹操，讓敵人有隙可乘，這不是善策。況且我劉備與劉璋同為劉氏宗室，希望憑藉祖宗的威靈來匡扶漢朝。如今劉璋得罪了您，我本人都感到害怕，我不敢向您請求，希望您能

加以寬恕。」孫權不聽，派孫瑜率水軍駐守夏口，劉備不許水軍通過，對孫瑜說：「你要攻取蜀地，我將披髮入山與你周旋，不能在天下人面前失信。」劉備派出關羽駐守江陵，張飛駐守秭歸，諸葛亮駐守南郡，劉備自己前往孱陵，孫權不得已召孫瑜回師。等到劉備西進攻打劉璋，孫權說：「狡猾的強盜，竟敢如此心懷奸詐！」劉備留下關羽守江陵，魯肅與關羽鄰界，關羽屢屢猜疑魯肅，魯肅常常以友好的態度安撫他。

等到劉備已經得到益州，孫權命中司馬諸葛瑾向劉備索討荊州各郡，劉備不答應，說：「我正在謀取涼州，等平定了涼州，便把荊州全部給你。」孫權說：「這是借而不還，只是想用空話拖延時日。」孫權於是設置長沙、零陵、桂陽三郡的地方長官，關羽把他們全部趕走。孫權大怒，派呂蒙統兵二萬來攻取三郡。

呂蒙向長沙、桂陽發布公文，二郡都望風歸服，只有零陵太守郝普守城不降。劉備得知，從蜀郡親自趕到公安，派關羽爭奪三郡。孫權進駐陸口，作為各軍的指揮。派魯肅領兵一萬人駐守益陽來抵抗關羽，火速傳令召回呂蒙，讓他放棄零陵急速趕回援助魯肅。呂蒙得到召還文書，把它密藏起來，連夜召集眾將領布置作戰方案。清晨正要攻擊零陵，呂蒙回頭對郝普的舊友南陽人鄧玄之說：「郝子太只知道世上有忠義之事，也想這樣做，卻不識時務。現在劉備在漢中被夏侯淵圍困，關羽在南郡，我們的至尊親自去對付，關羽已是顧頭顧不了尾，他自救都來不及，哪裡還有餘力再經營這塊地方呢！如今我計算了自己的力量，並考慮了所採取的策略，只要發動攻擊，不過一天的時間就一定能攻破城池，城破之後，他送了性命也於事無補，卻讓滿頭白髮的百歲老母遭到誅殺，豈不痛惜！我估計郝子太得不到城外的消息，認為可以依靠外援，所以才這樣死守。你可去見見他，為他陳述禍福得失。」鄧玄之見到郝普，詳盡地轉達了呂蒙的意思，郝普很是恐懼，出城投降。呂蒙迎接，握著郝普的手一起下船。交談完畢，呂蒙拿出急召他的文書給郝普看，因而拍手大笑。郝普看到文書，知道劉備在公安、關羽在益陽，羞愧悔恨得恨不得鑽入地下。呂蒙留下孫河，把後事委託給他，當天率軍奔赴益陽。

魯肅想與關羽會談，眾將領疑慮，擔心有變故發生，議定不能去。魯肅說：「今日之事，應當彼此說清楚。劉備有負於我國，是非還沒有最後定奪，關羽怎麼敢再來冒犯我國！」於是邀請關羽相見。各自將兵馬

停在百步之外，只有各位將領佩刀相會。魯肅藉機責備關羽不歸還三郡，關羽說：「烏林之役，左將軍親自上陣，全力擊敗敵人，怎麼能白白地辛苦一場，得不到一塊土地，而你來是想收取土地吧！」魯肅說：「不是這樣。起初與劉豫州在長阪相會時，劉豫州的部隊還不足一校人馬，智竭計窮，志氣衰退，勢力單薄，想逃往遠處，當時他沒想望這一切。我主上憐憫劉豫州沒有安身之地，不吝惜土地和民力，使劉豫州有個庇護之所，來幫助他度過難關。而劉豫州極端自私虛偽，喪失道德，破壞盟好。如今得到益州，有了依托，又想吞併荊州的地盤，這大概是凡夫俗子也不忍心去做的，更何況是統領眾人的領袖人物呢！」關羽無言以對。適逢得知魏公曹操將要攻打漢中，劉備害怕丟失益州，派使者向孫權求和。孫權派諸葛瑾回覆，重新訂立盟約，於是分割荊州，以湘水為界，長沙、江夏、桂陽三郡以東歸屬孫權，南郡、零陵、武陵三郡以西歸屬劉備。諸葛瑾每次奉使至蜀，與他的弟弟諸葛亮只在公開場合見面，退場後不私下見面。

秋，七月，魏公操至陽平❶。張魯欲舉漢中降，其弟衛不肯，率眾數萬人拒關堅守，橫山築城十餘里。初，操承涼州從事及武都降人之辭，說「張魯易攻，陽平城下南北山相遠，不可守也」，信以為然。及往臨履❷，不如所聞，乃歎曰：「他人商度❸，少如人意。」攻陽平山上諸屯，山峻難登，既不時拔，士卒傷夷❹者多，軍食且盡。操意沮❺，便欲拔軍截山❻而還，遣大將軍夏侯惇❼、將軍許褚呼山上兵還。會前軍夜迷惑，誤入張衛別營，營中大驚退散。侍中辛毗、主簿劉曄等在兵後，語惇、褚，言官兵已據得賊要屯，賊已散走，猶不信之。惇前自見，

乃還白操。進兵攻衛，衛等夜遁。

張魯聞陽平已陷，欲降。閻圃曰：「今以迫往，功必輕。不如依杜濩赴朴胡⑧，與相拒，然後委質⑨，功必多。」乃奔南山⑩，入巴中⑪。左右欲悉燒寶貨倉庫，魯曰：「本欲歸命⑫國家，而意未得達。今之走避銳鋒，非有惡意。寶貨倉庫，國家之有。」遂封藏而去。操入南鄭⑬，甚嘉之。又以魯本有善意，遣人慰喻之。

丞相主簿⑭司馬懿言於操曰：「劉備以詐力虜劉璋，蜀人未附，而遠爭江陵，此機不可失也。今克漢中，益州震動，進兵臨之，勢必瓦解。聖人不能違時，亦不可失時也。」操曰：「人苦無足，既得隴，復望蜀邪⑮！」劉曄曰：「劉備，人傑也，有度而遲⑯，得蜀日淺，蜀人未恃也。今破漢中，蜀人震恐，其勢自傾。以公之神明，因其傾而壓之，無不克也。若少緩之，諸葛亮明於治國而為相，關羽、張飛勇冠三軍而為將，蜀民既定，據險守要，則不可犯矣。今不取，必為後憂。」操不從。居⑰七日，蜀降者說「蜀中一日數十驚，守將雖斬之而不能安也。」操問曄曰：「今尚可擊不？」曄曰：「今已小定，未可擊也。」乃還。以夏侯淵為都護將軍⑱，督張郃、徐晃等守漢中，以丞相長史杜襲為駙馬都尉⑲，留督漢中事。襲綏懷⑳開導，百姓自樂出徙洛、鄴㉑者八萬餘口。

【章　旨】以上為第六段，寫曹操平定漢中。

【注　釋】❶陽平　關名，在今陝西勉縣西北白馬城。今寧強縣亦有陽平關，乃後代移置，非古陽平關。❷臨履　謂親自察看。❸商度　商議推測。❹傷夷　傷亡。❺沮　沮喪。❻截山　謂用兵把守歸回的山路，以防敵方尾隨追擊。❼大將軍夏侯惇　此時夏侯惇為伏波將軍，未為大將軍。夏侯惇為大將軍在曹丕即王位之後。❽杜濩赴朴胡　杜濩、朴胡，兩人名。漢代居於今四川東北部嘉陵江與渠江流域的少數民族，當時稱為巴夷，又稱為板楯蠻或賨人，杜濩、朴胡即為其首領。❾委質　委身稱臣。❿南山　在今陝西勉縣南，四川南江縣北。⓫巴中　地名，在當時巴郡宕渠縣之北界。宕渠縣縣治在今四川渠縣東北。⓬歸命　歸順。⓭南鄭　縣名，為漢中郡治所，縣治在今陝西漢中。⓮丞相主簿　官名，丞相府的屬官。曹操為丞相時置主簿四人，職責是錄省眾事。⓯既得隴二句　《後漢書‧岑彭傳》載漢光武帝劉秀與岑彭敕書說：「人苦不知足，既平隴，復望蜀。」曹操援引此語，說明不想再進兵取蜀。⓰有度而遲　謂雖有計謀而決斷遲緩。⓱居　停留。⓲都護將軍　官名，職責是監護所在諸將，東漢初已置。⓳駙馬都尉　官名，近侍官的一種，掌副車之馬。魏晉以後，皇帝女婿照例加此號，簡稱駙馬，而非實職。⓴綏懷　安撫；安輯懷柔。㉑洛鄴　洛陽與鄴城。

【語　譯】秋，七月，魏公曹操到達陽平。張魯想獻出漢中投降，他的弟弟張衛不肯，率領幾萬部眾據關堅守，在山上橫向築起一道十幾里的城牆。起初，曹操聽到涼州從事和武都投降之人的話，說「張魯容易被攻取，陽平城下的南北山相距遙遠，無法防守」，便信以為真。等到他親自察看，並不像聽到的那樣，於是感歎說：「別人的推測，很少令人滿意。」攻打陽平山上的各個營壘，山勢險峻，難以攀登，一時不能攻下，士兵死傷的很多，軍糧也快用盡。曹操情緒沮喪，便想截斷山路收兵撤退，派大將軍夏侯惇、將軍許褚呼喚山上的士兵後撤。適逢前鋒部隊夜裡迷路，誤入張衛另一軍營，營中的士兵大驚，敗退逃散。侍中辛毗、主簿劉曄等跟在士兵後面，告訴夏侯惇、許褚說官軍已佔據敵賊的重要屯守地，敵賊已逃散，夏侯惇、許褚還不相信。夏侯惇親自上前察看，回來報告曹操。進兵攻打張衛，張衛等連夜逃走。

張魯得知陽平已經陷落，打算投降。閻圃說：「現在被逼投降，身價一定很輕。不如依靠杜濩投奔朴胡，與曹操對抗，然後再委身稱臣，身價一定重些。」於是逃進南山，進入巴中。張魯身邊的人想燒毀全部的寶

物、錢財和倉庫，張魯說：「本來就想歸順國家，只是這一意願還沒有傳達給對方。現在逃離是為了避開鋒芒，並無惡意。寶物、錢財和倉庫，原本就是歸國家所有。」於是把府庫封存好而離去。曹操進入南鄭，對張魯的行為大加讚賞，又因為張魯原本就想歸降，就派人去安慰勸導他。

丞相主簿司馬懿向曹操進言說：「劉備利用詐術和暴力降服了劉璋，蜀人沒有歸附，卻又遠去爭奪江陵，不能失去這個機會。現在攻下漢中，益州震動，進兵攻打，敵人勢必土崩瓦解。聖人不能違反天時，也不可錯過時機。」曹操說：「人就是苦於不知足，得到了隴地，又企望蜀地！」劉曄說：「劉備是人中英傑，雖然有計謀但決斷遲緩，他得到蜀地不久，蜀人尚未依恃他。如今攻破漢中，蜀人震驚恐懼，在這種形勢下必然自行瓦解。憑著主公的神明，利用土崩瓦解的形勢再施加壓力，就會攻無不克。如果稍有遲緩，諸葛亮善於治國而為宰相，關羽、張飛勇冠三軍而為將軍，蜀民安定之後，據險守要，就不可侵犯了。現在不去攻取，一定會成為後患。」曹操不聽。停留了七天，從蜀地來投降的人說「蜀中每天發生數十次驚恐，守衛的將領雖加誅殺也沒法安定下來。」曹操問劉曄道：「現在還能進擊嗎？」劉曄說：「現在蜀地已稍稍安定，不能進擊了。」曹操於是返回。任命夏侯淵為都護將軍，統領張郃、徐晃等留守漢中，任命丞相長史杜襲為駙馬都尉，留下統領漢中事務。杜襲安撫開導，百姓自己樂意遷徙到洛陽、鄴城的有八萬多人。

八月，孫權率眾十萬圍合肥❶。時張遼、李典、樂進將七千餘人屯合肥。魏公操之征張魯也，為教❷與合肥護軍❸薛悌，署函邊曰：「賊至，乃發。」及權至，發教，教曰：「若孫權至者，張、李將軍出戰，樂將軍守，護軍勿得與戰。」諸將以眾寡不敵，疑之。張遼曰：「公遠征在外，比❹救至，彼破我必矣。是以

教指❺及其未合❻逆擊❼之，折其盛勢，以安眾心，然後可守也。」進等莫對，遼怒曰：「成敗之機，在此一戰。諸君若疑，遼將獨決❽之！」李典素與遼不睦，慨然曰：「此國家大事，顧君計何如耳，吾可以私憾而忘公義乎！請從君而出。」於是遼夜募敢從之士，得八百人，椎牛❾犒饗❿。明旦，遼被甲持戟，先登陷陳⓫，殺數十人，斬二大將，大呼自名，衝壘⓬入至權麾下⓭。權大驚，不知所為，走登高冢，以長戟自守。遼叱權下戰，權不敢動。望見遼所將眾少，乃聚圍遼數重。遼急擊圍開，將麾下數十人得出。餘眾號呼曰：「將軍棄我乎？」遼復還[1]突圍，拔出⓮餘眾。權人馬皆披靡⓯，無敢當者。自日戰至日中，吳人奪氣⓰。乃還脩守備，眾心遂安。

權守合肥十餘日，城不可拔，徹⓱軍還。兵皆就路，權與諸將在逍遙津⓲北，張遼覘望⓳知之，即將步騎奄⓴至。甘寧與呂蒙等力戰扞㉑敵，凌統率親近扶權出圍，復還與遼戰，左右盡死，身亦被創㉒，度權已免，乃還。權乘駿馬上津橋，橋南已徹㉓，丈餘無板。親近監㉔谷利在馬後，使權持鞍緩控㉕，利於後著鞭以助馬勢，遂得超㉖度。賀齊率三千人在津南迎權，權由是得免。

權入大船宴飲，賀齊下席涕泣曰：「至尊人主，常當持重㉗。今日之事，幾

致禍敗。羣下震怖，若無天地，願以此為終身之誡！」權自前收其淚曰：「大慙，謹已刻心，非但書紳㉘也。」

【章　旨】以上為第七段，寫孫權爭淮南，攻合肥不克。

【注　釋】❶合肥　縣名，縣治在今安徽合肥。❷教　古代王公大臣向下屬發布的指示命令。❸護軍　官名，負責監護協調各將領的關係。❹比　及。❺教指　教令的意旨。❻未合　沒有完成包圍。❼逆擊　迎擊。❽獨決　單獨決戰。❾椎牛　殺牛。❿犒饗　以酒食犒勞。⓫陳　通「陣」。⓬壘　營壘。⓭麾下　此指部下。⓮拔出　救出。⓯披靡　潰敗。⓰奪氣　喪失膽氣。⓱徹　通「撤」。撤退。⓲逍遙津　渡口名，在當時合肥東，水上有橋。⓳覘望　觀察窺視。⓴奄　突然。㉑扞　抵禦。㉒創　傷。㉓橋南已徹　謂橋南端的橋板已被撤去。㉔親近監　官名，孫權身邊的侍衛官。㉕持鞍緩控　抓緊馬鞍，放鬆轡繩。㉖超　躍越。㉗持重　謹慎穩重。㉘書紳　古代士大夫用帶束腰，下垂的一端（約二、三尺）稱紳。《論語・衛靈公》載子張問孔子的問題，孔子答覆後，「子張書諸紳」。即把孔子之言書寫於紳帶上，表示要牢牢記住。後世因把牢記別人之言稱為書紳。

【校　記】①還　原作「前」。據章鈺校，甲十一行本、乙十一行本皆作「還」，張瑛《通鑑校勘記》同，今據改。

【語　譯】八月，孫權率領部眾十萬包圍合肥。當時張遼、李典、樂進領兵七千餘人駐紮合肥。魏公曹操征討張魯的時候，寫好教令給合肥護軍薛悌，在裝教令的信封邊上寫了一行字，說：「敵人到來，才打開。」等到孫權大軍開到，打開教令，教令說：「如果孫權來戰，張、李將軍出城作戰，樂將軍留守，護軍不得參戰。」各位將軍認為眾寡懸殊不能相敵，心存疑慮。張遼說：「曹公遠征在外，等到救兵到達，敵人打敗我軍是必然的。因此教令指示我們，趁敵人的包圍圈尚未合攏加以迎擊，挫傷敵人的銳氣，用來安定軍心，然後才可防守。」樂進等沒人回答，張遼憤怒地說：「成敗的關鍵在此一戰。諸位如果遲疑，我張遼單獨出城決戰！」李典一向跟張遼不和，感慨地說：「這是國家大事，只看您的謀略是否合適，我怎麼可以因為私怨而忘掉公

義呢！我請求隨您一起出戰。」於是張遼連夜招募敢死之士，得到八百人，宰牛犒勞他們。第二天早晨，張遼穿著鎧甲，手持大戟，率先衝進敵陣，殺死幾十人。斬了二員大將，大聲喊著自己的名字，衝進敵人的壁壘，直闖到孫權的帥旗下，孫權大驚，不知所措，退走登上一個高墳堆，用長戟自衛。張遼呵斥孫權下來決戰，孫權不敢行動。看到張遼所率領的士兵少，就收攏人馬，重重包圍了張遼。張遼急忙衝開包圍圈，帶領幾十名部下破圍而出。餘下的部眾大聲呼叫：「將軍要丟棄我們嗎？」張遼又返回突圍，救出餘部。孫權的人馬都望風披靡，沒有人敢攔截阻擋。從早晨戰到中午，東吳的士兵銳氣盡失。張遼於是回城加強防守，軍心終於穩定下來。

孫權駐守合肥十多天，攻不下城池，於是撤軍返回。士兵已全部上路，孫權和各位將領還在逍遙津北面，張遼從遠處觀望到了，立刻率領步騎兵突然到來。甘寧和呂蒙等拼力作戰，抵禦敵人，凌統率領親兵扶著孫權衝出包圍圈，又返回與張遼交戰，身邊的人都已戰死，自身也受了傷，估計孫權已脫離危險，才返回。孫權騎一匹駿馬奔上逍遙津橋，大橋南端的橋板已被撤去，一丈多沒有橋板。親近監谷利在馬後，要孫權緊緊抓住馬鞍，放鬆轡繩，谷利在後面用鞭抽打，助馬奔馳，於是才得飛渡而過。賀齊率領三千人在逍遙津南岸等候孫權，孫權因此得免於禍。

孫權進入大船設宴飲酒，賀齊走下座位哭泣說：「至尊您是眾人之主，應當經常謹慎穩重。今天的事，差點釀下大禍。部下震驚恐怖，好像天塌地陷一樣，希望至尊以此作為終生的教訓！」孫權上前替賀齊擦乾眼淚說：「十分慚愧，我已銘記在心，不只是寫在衣帶上。」

九月，巴、賨夷帥朴胡、杜濩、任約各舉其眾來附，於是分巴郡[1]，以胡為巴東太守，濩為巴西太守，約為巴郡太守，皆封列侯。

冬，十月，始置名號侯❷以賞軍功。

十一月，張魯將家屬出降。魏公操逆拜❸魯鎮南將軍❹，待以客禮，封閬中侯，邑萬戶。封魯五子及閻圃等皆為列侯❺。

習鑿齒論曰：「閻圃諫魯勿王❻，而曹公追封之，將來之人，孰不思順！塞其本源而末流自止，其此之謂歟？若乃不明於此，而重焦爛之功❼，豐爵厚賞，止於死戰之士，則民利於有亂，俗競於殺伐，阻兵❽杖力，干戈不戢❾矣。曹公之此封，可謂知賞罰之本矣。」

程銀、侯選、龐悳皆隨魯降。魏公操復銀、選官爵，拜悳立義將軍❿。

張魯之走巴中也，黃權言於劉備曰：「若失漢中，則三巴⓫不振，此為割蜀之股臂也。」備乃以權為護軍，率諸將迎魯。魯已降，權遂擊朴胡、杜濩、任約，破之。魏公操使張郃督諸軍徇⓬三巴，欲徙其民於漢中，進軍宕渠⓭。劉備使巴西太守張飛與郃相拒，五十餘日，飛襲擊郃，大破之。郃走還南鄭，備亦還成都。

操徙出故韓遂、馬超等兵五千餘人，使平難將軍⓮殷署等督領，以扶風太守趙儼為關中護軍⓯。操使儼發千二百兵助漢中守禦，殷署督送之，行者不樂。儼護送至斜谷口⓰，還，未至營，署軍叛亂。儼自隨步騎百五十人，皆叛者親黨也，

聞之，各驚，被甲持兵，不復自安。儼徐喻以成敗，慰勵⑰懇切，皆慷慨曰：「死生當隨護軍，不敢有二！」前到諸營，各召料簡⑱諸姦結叛者八百餘人，散在原野。儼下令，惟取其造謀魁率⑲治之，餘一不問；郡縣所收送皆放遣，乃即相率還降。儼密白：「宜遣將詣大營⑳，請舊兵㉑鎮守關中。」魏公操遣將軍劉柱將二千人往，當須到乃發遣㉒。俄而事露，諸營大駭，不可安諭㉓。儼遂宣言：「當差㉔留新兵之溫厚㉕者千人鎮守關中，其餘悉遣東㉖。」便見主者㉗內㉘諸營兵名籍㉙，立差別之㉚。留者意定，與儼同心，其當去者亦不敢動。儼一日盡遣上道，因使所留千人分布羅落之㉛。東兵㉜尋至，乃復脅諭㉝，并徙千人，令相及共東，凡所全致二萬餘口。

【章旨】以上為第八段，寫曹操優撫張魯；收復關中舊將殘餘武裝，趙儼出色地完成使命。

【注釋】❶分巴郡　劉璋已將巴郡分為巴東、巴西與巴三郡，非曹操此時所分。並且當時三巴已為劉備所據，曹操不能有其地。此為遙領，虛封，令受封者去收復三巴。巴郡，郡名，治所江州，在今重慶市南岸區。❷名號侯　曹操新創的封爵，既無封地，又無租稅收入，僅有名號而已。亦即後世所謂的虛封。❸逆拜　迎接並封拜。❹鎮南將軍　官名，東漢的雜號將軍。❺列侯　漢代分爵為二十級，列侯位最高。列侯功大者食縣邑，為侯國；功小者食鄉亭。❻勿王　不要稱王。❼焦爛之功　《漢書・霍光傳》載：霍光死後，其子弟恃貴奢侈，茂陵人徐福多次上書朝廷，請加抑制，未被採納。後霍氏果然謀反被誅，當時凡告發霍氏謀反者均得到封賞，而徐福卻無。有人遂上書說：「臣聞：客有過主人者，見其灶直突（直煙囪），傍有積薪。客謂主人更為曲突，遠徙其薪，不者且（將）有火患。主人默然不應。俄而（不久）果失火，鄰里共救之，幸而得

息（熄）。於是殺牛置酒，謝其鄰人。灼爛者（燒傷者）在上行（上座），餘各以功次坐，而不錄（邀請）言曲突者。人謂主人曰：『向使（假使）聽客之言，不費牛酒，終亡（無）火患。今論功而請賓，曲突徙薪亡恩澤，焦頭爛額為上客邪？』」漢宣帝遂賜徐福帛十匹，後又以之為郎。❽阻兵　擁兵。❾戢　停止。❿立義將軍　官名，屬雜號將軍。⓫三巴　指巴郡、巴東、巴西三郡。⓬徇　攻佔。⓭宕渠　縣名，縣治在今四川渠縣東北。⓮平難將軍　官名，曹操所置的雜號將軍。⓯關中護軍　官名，負責督統協調關中諸將的關係。⓰斜谷口　在今陝西眉縣西南，為古褒斜道的北口。⓱慰勵　安慰鼓勵。⓲料簡　審理檢查。⓳魁率　即「魁帥」。首領；頭目。⓴大營　指曹操軍營。㉑舊兵　原有之兵。對殷署所領韓遂、馬超之新兵而言。㉒當須到乃發遣　謂等待劉柱所領的軍隊到了關中，才發遣新兵。㉓不可安諭　不可用語言解釋使他們安定。㉔差　選擇。㉕溫厚　溫和敦厚。㉖遣東　謂派遣東赴曹操營。㉗主者　主管兵籍者。㉘內　通「納」。交納。㉙名籍　士兵的花名冊。㉚立差別之　謂立即將他們區別為留者與遣者。㉛分布羅落之　謂分布羅列於行者之間，以防止他們變亂。㉜東兵　指劉柱所領的兵。㉝乃復脅諭　再一次脅迫勸諭。

【語　譯】九月，巴、賨夷人的首領朴胡、杜濩、任約各自率領他的部眾前來歸附，於是劃分巴郡，任命朴胡為巴東太守，杜濩為巴西太守，任約為巴郡太守，全都封為列侯。

冬，十月，首次設置名號侯用來賞賜軍功。

十一月，張魯率領全家及部屬出來歸降。魏公曹操出迎並封張魯為鎮南將軍，依照客禮對待，封為閬中侯，食邑一萬戶。封張魯的五個兒子以及閻圃等人為列侯。

習鑿齒評論說：「閻圃勸說張魯不要稱王，曹公卻追封他為侯，將來的人，誰不想歸順呢！堵塞住源頭，下游的水自然止息，說的就是這個道理嗎？若不明白這個道理，而只看重焦頭爛額的功勞，高爵厚賞，只給予那些拼死奮戰的勇士，民眾就會認為戰亂有利可圖，就會形成競相殺伐的世風，各自擁有軍隊，憑藉武力，戰爭就不會止息。曹公此舉，可以說是深知賞罰的本意。」

程銀、侯選、龐悳都跟隨張魯投降。魏公曹操恢復程銀、侯選的官爵，任用龐悳為立義將軍。

張魯逃往巴中的時候，黃權向劉備進言說：「如果丟了漢中，那麼三巴就不會振興，這就是砍斷了蜀的

四肢。」劉備於是任命黃權為護軍，統領眾將去迎接張魯。張魯已經歸降曹操，黃權於是進擊朴胡、杜濩、任約，打敗了他們。魏公曹操派張郃統帥各軍攻取三巴，打算把當地百姓遷到漢中，張郃進軍宕渠。劉備派巴西太守張飛與張郃對抗，前後五十多天，張飛襲擊張郃，把張郃打得大敗。張郃逃回南鄭，劉備也返回成都。

曹操抽調出先前韓遂、馬超等人的士兵五千多人，派平難將軍殷署等統領，以扶風太守趙儼為關中護軍。曹操令趙儼派兵一千二百人幫助漢中防衛，由殷署監送至漢中，被徵行的士兵很不樂意。趙儼護送他們到斜谷口，就返回了，還沒有到達營地，殷署監送的兵士發動叛亂。趙儼的隨從警衛步兵、騎兵一百五十人，都是叛亂者的親黨，聽到消息，各自驚慌，穿上鎧甲，手執兵器，自己心裡不再安定。趙儼向他們曉以成敗利害，安慰鼓勵，誠懇親切，他們都慷慨地說：「生死都跟隨護軍，不敢有二心！」趙儼前往各軍營，分別召集審查核實結黨叛亂的士兵八百多人，這些人分散在原野上。趙儼下令，只懲治那些策劃叛亂的頭領，其餘的一概不追究；郡縣所收捕送來的叛兵全都釋放，於是叛兵相繼回來歸降。趙儼祕密向曹公上報：「應該派將領到大營，請求派舊部鎮守關中。」魏公曹操派將軍劉柱率領兩千人前往，要等兩千人到達關中後才遣送新兵至大營。不久，事情洩露，各個軍營大為恐慌，無法勸諭使之安定。趙儼於是宣布：「將選留新兵中溫順厚道的一千人鎮守關中，其餘的都遣送至東邊大營。」便召見主管軍籍的人，交上各營士兵的花名冊，立即加以區別挑選。留下的人心情安定，與趙儼同心，那些將被遣送的也不敢輕舉妄動。趙儼在一天之內全部把他們遣送上路，乘機讓所留下的一千人分布安插在隊伍的各個部位，劉柱率領的東兵也很快到達，於是又威逼曉諭，連同留下的一千人，命令他們一起東行，總共送到大營的有兩萬多人。

二十一年（丙申　西元二一六年）

春，二月，魏公操還鄴。

夏，五月，進魏公操爵為王。

初，中尉❶崔琰薦鉅鹿楊訓❷於操，操禮辟之。及操進爵，訓發表稱頌功德。或笑訓希世❸浮偽❹，謂琰為失所舉。琰從訓取表草視之，與訓書曰：「省❺表，事佳耳。時乎，時乎！會當有變時。」琰本意，譏論者好譴呵❻而不尋情理也。時有與琰宿不平者，白琰傲世怨謗，意旨[1]不遜❼。操怒，收琰付獄，髡❽為徒隸❾。前白琰者復白之云：「琰為徒，對賓客虬須❿直視⓫，若有所瞋⓬。」遂賜琰死。

尚書僕射⓭毛玠傷琰無辜，心不悅。人復白玠怨謗，操收玠付獄。侍中桓階、和洽皆為之陳理，操不聽。階求按實其事，王曰：「言事者白，玠不但謗吾也，乃復為崔琰觖望⓮。此捐君臣恩義，妄為死友⓯怨歎，殆不可忍也。」洽曰：「如言事者言，玠罪過深重，非天地所覆載。臣非敢曲理玠以枉大倫⓰也，以玠歷年荷寵⓱，剛直忠公，為眾所憚，不宜有此。然人情難保，要宜考覈⓲，兩驗其實。今聖恩不忍致之于理⓳，更使曲直之分不明。」操曰：「所以不考，欲兩全玠及言事者耳。」洽對曰：「玠信有謗主之言，當肆之市朝⓴。若玠無此言，言事者加誣大臣以誤主聽，不加檢覈，臣竊不安。」操卒不窮治，玠遂免黜，終於家。

是時西曹掾㉑沛國丁儀㉒用事，玠之獲罪，儀有力焉，羣下畏之側目㉓。尚書

僕射何夔及東曹屬㉔東莞徐弈獨不事儀，儀譖弈，出㉕為魏郡太守，賴桓階左右㉖之得免。尚書傅選㉗謂何夔曰：「儀已害毛玠，子宜少下之。」夔曰：「為不義，適足害其身，焉能害人！且懷姦佞之心，立於明朝，其得久乎！」

崔琰從弟林㉘嘗與陳羣共論冀州人士，稱琰為首，羣以智不存身貶之。林曰：「大丈夫為有邂逅㉙耳，即如卿諸人，良足貴乎！」

五月己亥朔㉚，日有食之。

代郡烏桓三大人㉛皆稱單于，恃力驕恣，太守不能治。魏王操以丞相倉曹屬㉜裴潛㉝為太守，欲授以精兵，潛曰：「單于自知放橫日久，今多將兵往，必懼而拒境，少將則不見憚，宜以計謀圖之。」遂單車之郡，單于驚喜。潛撫以恩威，單于讋服㉞。

初，南匈奴久居塞內㉟，與編戶大同而不輸貢賦。議者恐其戶口滋蔓，浸㊱難禁制，宜豫為之防。秋，七月，南單于呼廚泉㊲入朝于魏，魏王操因留之於鄴，使右賢王㊳去卑監其國。單于歲給綿、絹、錢、穀如列侯，子孫傳襲其號。分其眾為五部㊴，各立其貴人為帥，選漢人為司馬以監督之。

八月，魏以大理㊵鍾繇為相國㊶。

冬，十月，魏王操治兵擊孫權。十一月，至譙㊷。

【章旨】以上為第九段，寫曹操晚年驕矜暴虐，聽讒言而誅大臣崔琰，廢毛玠。

【注釋】❶中尉 官名，中尉本秦和漢初之官，漢武帝設執金吾代替中尉，曹操為魏公建立魏國後，又設中尉代替執金吾，二者職掌相同，皆為負責宮室周圍治安的長官。❷楊訓 鉅鹿（今河北平鄉西南）人，以清貞守道知名，由崔琰舉薦，曹操禮辟，而訓竟上表稱頌曹操功德，被時人譏為浮偽。❸希世 迎合權勢。❹浮偽 虛偽。❺省 看閱。❻譴呵 責備；斥責。❼不遜 不恭敬。❽髡 古代剃髮之刑。❾徒隸 做苦工的囚徒。❿虬須 蜷曲的鬍鬚。⓫直視 目光緊逼注視前方。⓬瞋 忿怒。⓭尚書僕射 官名，東漢尚書令之副手。⓮觖望 怨望；因不滿而怨恨。⓯死友 謂交情至死不變，可以同生死的朋友。⓰大倫 君臣倫理；君臣道義。⓱苟寵 受寵。⓲考覈 考問核實。⓳理 獄官；法官。⓴肆之市朝 殺死後陳屍於市示眾。㉑西曹掾 官名，即丞相西曹掾，主管府吏署用。㉒丁儀 字正禮，沛國（治所在今安徽濉溪縣西北）人，初為曹操西曹掾，與曹植親善，因助曹植爭太子之位，曹丕即王位後被誅殺。傳見《三國志・陳思王植傳》注引《魏略》。㉓側目 謂不敢正視。㉔東曹屬 官名，屬為公府諸曹之官，正職稱掾，副職稱屬。此為丞相東曹屬。丞相東曹主管二千石長吏遷除及軍吏。㉕出 指從丞相府調出。㉖左右 救助。㉗傅選 此「傅選」當作「傅巽」。此事見於《三國志・魏書・何夔傳》注引《魏書》，而《魏書》正作「傅巽」；並且《後漢書》與《三國志》中均無「傅選」其人，而傅巽在《三國志》中凡八見，《後漢書》中一見，又《三國志・魏書・劉表傳》注引《傅子》還有傅巽的小傳。㉘林 崔林（？—西元二四四年），字德儒，清河東武城（今山東武城西北）人，崔琰的從弟。初被曹操召為鄔長，後為冀州主簿、別駕，又為丞相掾屬、魏國御史中丞。魏文帝初，任尚書、幽州刺史、大鴻臚。魏明帝時，官光祿勳、司隸校尉、司空，封安陽鄉侯。傳見《三國志》卷二十四。㉙邂逅 謂偶然碰到之事。㉚己亥朔 五月初一日。㉛三大人 烏丸部族的三位首領。《三國志・魏書・武帝紀》中有代郡烏丸單于普富盧，〈烏丸鮮卑傳〉中又有能臣氐與修武盧。㉜丞相倉曹屬 官名，丞相府屬官，主管倉穀事。㉝裴潛 字文行，河東聞喜（今屬山西）人，曹魏大臣，歷仕武帝、文帝、明帝，官至尚書令。傳見《三國志》卷二十三。㉞讋服 因恐懼而馴服。㉟久居塞內 南匈奴自漢光武帝建武二十六年（西元五〇年）入居塞內。㊱浸 漸漸。㊲呼廚泉 南匈奴單于於扶羅之弟。於扶羅死後，呼廚泉在興平二年（西元一九五年）立為單于，但未得歸國。建安元年（西元一九六年）漢獻帝自長安

東歸，右賢王去卑與白波帥韓暹等護送獻帝至洛陽，又護送至許，然後與單于歸國。事見《後漢書・南匈奴傳》。㊳右賢王　匈奴諸王稱號之一。位次於左賢王。㊴五部　指左、右、前、後、中五部，分別居於并州各郡，而監國之右賢王居於平陽（在今山西臨汾西南）。㊵大理　官名，即漢之廷尉，魏國建立後改稱大理，掌司法刑獄。㊶相國　官名，即丞相。建安十八年（西元二一三年）魏國建立時置丞相等官。此時尚稱相國。㊷譙　縣名，縣治在今安徽亳州。

【校　記】①旨　據章鈺校，甲十一行本、乙十一行本皆作「指」。按，二字通。

【語　譯】二十一年（丙申　西元二一六年）

春，二月，魏公曹操返回鄴城。

夏，五月，魏公曹操進爵為王。

起初，中尉崔琰向曹操推薦鉅鹿人楊訓，曹操以禮徵聘他。等到曹操進爵，楊訓上表稱頌曹操的功德。有人嘲笑楊訓逢迎權勢，浮誇虛偽，認為崔琰推舉人才失當。崔琰向楊訓索取奏表底稿審視，給楊訓寫信說：「看了奏表，真是好事一樁。時機啊，時機啊！時機到了應當有改變。」崔琰的本意，是譏嘲那些喜歡斥責他人卻不通情理的評論者。當時有與崔琰結下宿怨的人，揭發崔琰傲視天下，怨恨誹謗，思想不敬。曹操惱怒，逮捕崔琰下獄，剪去頭髮，懲罰為做苦工的囚徒。先前揭發崔琰的人再次揭發說：「崔琰作為囚徒，對賓客吹鬍子瞪眼，好像有所憤恨。」曹操於是賜崔琰自殺。

尚書僕射毛玠對崔琰的無辜感到悲痛，心中很不高興，有人又揭發毛玠怨恨誹謗，曹操逮捕毛玠下獄。侍中桓階、和洽都替毛玠陳情說理，曹操不聽。桓階請求核查事實，魏王曹操說：「揭發這事的人說，毛玠不僅誹謗我，而且還替崔琰抱恨心中。這是拋棄君臣的恩義，狂妄地為死友歎恨，恐怕是不可容忍的吧。」和洽說：「如果真像檢舉人說的那樣，毛玠罪惡深重，天地難容。臣不敢歪曲事理為毛玠辯護，破壞君臣倫理，只是毛玠多年來蒙受您的恩寵，他又剛直忠厚一心為公，被眾人所畏懼，不應有此事。但是人情難保沒有變化，重要的是應該進行考核審查，使兩方面都得到驗證核實。如今聖上施恩，不忍心交付法官，更加使得是非不明。」曹操說：「不查核的原因，只是想保全毛玠和檢舉人兩人罷了。」和洽回答說：「毛玠果真

有誹謗主上的言論，應當陳屍街頭。如果毛玠沒有這些言論，揭發此事的人就是誣陷大臣，以此誤導主上的視聽，不加以查核，我深感不安。」曹操最終不加追究，毛玠於是被免去官職，在家中去世。

這時候，西曹掾沛國人丁儀當權，毛玠獲罪下獄，丁儀起了很大作用，群臣畏懼不敢正視他，只有尚書僕射何夔與東曹屬東莞人徐奕不侍奉丁儀，丁儀誹謗徐奕，外放為魏郡太守，靠桓階救助才幸免於難。尚書傅選對何夔說：「丁儀已經陷害了毛玠，你應對他稍稍謙恭些。」何夔說：「行為不義，正足以害他自己，怎麼能害他人！況且心懷奸佞，立身聖明的朝廷，能長久嗎！」

崔琰的堂弟崔林曾經與陳羣一起評論冀州的人士，稱頌崔琰為第一位，陳羣認為崔琰的才智不足以保全自己而貶低他。崔林說：「大丈夫只是偶然遇上機會罷了，就像你們這些人，真值得尊貴嗎！」

五月初一日己亥，發生日蝕。

代郡烏桓的三位酋長都自稱單于，依仗武力驕橫放縱，太守無法控制。魏王曹操任丞相倉曹屬裴潛為太守，準備撥給他精銳部隊，裴潛說：「單于自知放縱驕橫的時間太久了，現在如率領大部隊前往，他一定因恐懼而拒絕我軍入境，少帶部隊他們就不會懼怕，應該用計謀制服他們。」於是單車前往郡中，單于又驚又喜。裴潛安撫他們，恩威並施，單于懾服。

起初，南匈奴長久居留塞內，與塞內編入戶籍的平民大略相同，但不納貢賦。謀議的人害怕他們人丁繁衍，漸漸難以控制，應該事先加以防範。秋，七月，南匈奴單于呼廚泉到魏國朝見，魏王曹操乘機把他扣留在鄴城，派右賢王去卑監理他的國家。每年供給單于的綿、絹、錢、穀，與列侯一樣，子孫繼承他的封號。把他的部眾分為五部，各部設立貴人為首領，選派漢人為司馬進行監督。

八月，魏王曹操任命大理鍾繇為魏國的相國。

冬，十月，魏王曹操調集軍隊攻打孫權。十一月，到達譙縣。

【研　析】本卷所載歷史，最值得研析的問題是孫劉爭荊州。地理均勢，是三國鼎立形成的最重要的原因之一。

所謂地理均勢是圍繞荊州爭奪而形成的。南北分治，以長江為天塹，史稱劃江而治。三國鼎立，長江上下游分為兩個政權，長江上游政權割據益州，四塞天險，割據者自恃有地理優勢。長江下游政權，必須奪取荊州，才有割據的地理優勢，如果下游政權沒有荊州，則西邊大門洞開，荊州居高臨下，政權難以鞏固。所以孫吳的立國方針是極長江所有，南北分治以抗衡北方。現在多了一個劉備，已是孫權的眼中釘，即使是聯盟，下游政權絕不會讓出荊州。當三國鼎立的局勢基本形成，劉備有了益州，孫權就要來討荊州。無論劉備是否向孫權借了荊州，孫權都是要全力來爭的。何況荊州是孫權用全力向曹操手中爭來，至少南郡又確確實實是孫權借給劉備的。所以孫權討回荊州名正而言順，劉備不做讓步，吃虧那是必然的。

先說荊州的形勝，再說孫劉爭荊州的是非。

荊州形勝，兵家必爭，曹操佔領荊州，逼降孫權以統一天下；孫權佔領荊州，要全據長江與曹操抗衡；對於劉備來說，荊州是立身之地，藉此而居以待天下之變。荊州成了曹孫劉三家逐鹿中原的要衝，它的歸屬將影響歷史步伐的節奏。三方軍事鬥爭從西元二〇八年曹操南下起到西元二二二年夷陵之戰劃上句號為止，前後十五年，發生過五次大戰役，即五次爭荊州。

第一回合，曹操南下，兵不血刃下荊州。

第二回合，赤壁之戰，曹孫劉三分荊州，拉開了鼎立的序幕。

第三回合，孫劉兩家爭荊州江南三郡，聯盟發生裂痕。

第四回合，孫權襲殺關羽，奪取荊州，聯盟破裂。

第五回合，夷陵之戰，荊州歸吳，三分地理均勢形成。

荊州爭奪的五個回合，有三個回合發生在聯盟內部，而且一次比一次升級，最終以吳勝蜀敗荊州歸吳而結束。設若夷陵之戰勝敗易主，局勢難以預料，若果還是三足鼎立，則荊州爭奪仍不會結束，不達均勢則不停止。

本卷所載是荊州爭奪的第三回合，建安二十年（西元二一五年）孫權索討江南三郡。荊州形勝的要衝是

南郡，孫權索討的是江南三郡。孫權不直接討回江陵所在的南郡，正是他鬥爭藝術高明的表現。江陵是北伐的一個前進基地，劉備肯定不會放手。當時曹操勢力還很大，孫劉兩家都不願同盟破裂，南郡在劉備手中與曹操相抗，也減輕江東所受壓力。孫權如能討回江南三郡，江陵孤立，減殺了荊州居高臨下江東的形勢，孫權也可以放心。可惜的是劉備集團，過分看重了荊州，把荊州的得失看得比同盟的破裂還要重要，不惜兵戎相見爭奪三郡。結果同盟破裂，曹操趁機爭漢中，益州差點不保。還是孫權顧大局，讓了江南的一個零陵郡與劉備和好，讓劉備抽身回頭去保益州。漢中是益州的北大門，漢中丟失，益州孤危，所以劉備要全力去爭。後來劉備得了漢中，但是只得其地不得其民。劉備爭荊州南三郡，喪失了奪取漢中的最好時機，付出了沉重的代價，荊州南三郡也沒有得到，大為失計。

假如劉備不爭荊州南三郡，甚至不等孫權索討，主動讓出，表達同盟誠意，孫權將全力去爭淮南，劉備早日得漢中，曹操陷入東西兩線作戰將難以應付。等到劉備奪得雍涼，有了關中，不再依賴荊州為北伐基地，全都給了孫權也無關大局。如果劉備真得了關中，實力大增，孫權或許就不來討荊州了。歷史不能假設，現實利益人皆欲得，孫劉爭荊州，對雙方都無可厚非。關鍵是實力對比，以及策略是否得當，道義是否為正，外交是否盡力。這幾個方面，孫權的智慧都高於劉備、諸葛亮，難怪曹操要慨歎：「生子當如孫仲謀。」良有以也。

卷第六十八

漢紀六十

起強圉作噩（丁酉　西元二一七年），盡屠維大淵獻（己亥　西元二一九年），凡三年。

【題解】本卷記事起西元二一七年，迄西元二一九年，凡三年。當漢獻帝建安二十二年到建安二十四年。建安二十二年、二十三年無大事，建安二十四年，劉備北進漢中，稱漢中王，關羽北伐威震華夏，劉備的事業達於顛峰。螳螂捕蟬，黃雀在後，劉備集團剛剛舉起慶賀的酒杯，祝賀的話音未落，一聲驚雷，孫權偷襲荊州，關羽走麥城，劉備集團從頂峰跌落下來。北方曹操完成了魏國的百官建制，曹丕爭太子位得勝，立為太子。孫權稱臣於曹操，上尊號，曹操發誓做周文王，此亦是曹氏代漢的信號。東漢即將壽終正寢，司馬光評說東漢一代的興亡，為本卷，也為東漢劃上了句號。

孝獻皇帝癸

建安二十二年（丁酉　西元二一七年）

春，正月，魏王操軍居巢❶，孫權保濡須❷。二月，操進攻之。

初，右護軍蔣欽❸屯宣城❹，蕪湖❺令徐盛❻收欽屯吏，表斬之。及權在濡須，欽與呂蒙持諸軍節度，欽每稱徐盛之善。權問之，欽曰：「盛忠而勤強，有膽略，器用好，萬人督也。今大事未定，臣當助國求才，豈敢挾私恨以蔽賢乎！」權善之。

三月，操引軍還，留伏波將軍❼夏侯惇都督❽曹仁、張遼等二十六軍屯居巢。權令都尉徐詳❾詣操請降。操報使脩好，誓重結婚❿。權留平虜將軍⓫周泰督濡須，朱然⓬、徐盛等皆在所部，以泰寒門⓭，不服。權會諸將，大為酣樂⓮，命泰解衣，權手自指其創痕⓯，問以所起，泰輒記昔戰鬭處以對。畢，使復服，權把其臂流涕曰：「幼平⓰，卿為孤兄弟，戰如熊虎，不惜軀命，被創數十⓱，膚如刻畫，孤亦何心不待卿以骨肉之恩，委卿以兵馬之重乎！」坐罷，住駕，使泰以兵馬道從⓲，鳴鼓角⓳作鼓吹⓴而出，於是盛等乃服。

【章旨】以上為第一段，寫江東君臣顧大局，團結一心。孫權用人，動之以情。

【注釋】❶居巢　縣名，縣治在今安徽巢湖市東北。❷濡須　即建安十七年（西元二一二年）孫權所築的濡須塢，故址在今安徽無為東北。❸蔣欽　字公奕，九江壽春（在今安徽壽縣）人，初隨孫策，任縣長、都尉等。從孫權征合肥，以功為盪寇將軍，領濡須督，後為右護軍。從孫權討關羽還，道中病卒。傳見《三國志》卷五十五。❹宣城　縣名，縣治在今安徽南陵東青弋鎮。❺蕪湖　縣名，縣治在今安徽蕪湖市東。❻徐盛　字文向，琅邪莒縣（今山東莒縣）人，初從孫權，為別部司

馬、中郎將。孫權為吳王後，盛為建武將軍，領廬江太守。又為安東將軍，封蕪湖侯。傳見《三國志》卷五十五。❼伏波將軍　官名，東漢之雜號將軍。❽都督　此為統領、總領之意，非官名，以後之都督諸軍事方為官名。❾徐詳　字子明，吳郡烏程（今浙江吳興）人，孫權為車騎將軍時，詳與胡綜、是儀俱參議軍國事。孫權稱帝後，詳與胡綜為侍中，兼左右領軍。傳見《三國志》卷六十二。❿結婚　建安初，曹操已與孫策結婚姻之好，曹操以弟女嫁孫策小弟匡，又為其子彰娶孫賁女。⓫平虜將軍　官名，孫氏所置的雜號將軍。⓬朱然　（西元一八二—二四九年）字義封，朱治姐之子，本姓施，朱治無子，以之為嗣，遂為朱氏。曾與孫權同學相好，孫權統事後，為折衝校尉、臨川太守，後從討關羽，以功為昭武將軍，後又封永安侯。孫權稱帝後，為車騎將軍、右護軍，後又為大司馬、右將軍。傳見《三國志》卷五十六。⓭寒門　出身微賤。⓮酣樂　飲酒盡興暢快歡樂。⓯創痕　傷疤。⓰幼平　周泰字幼平。⓱被創數十　孫權曾在宣城被數十山越所包圍，賴周泰奮勇保衛而得脫，但周泰卻身受十二處傷，幾乎死亡。後周泰又從孫權討黃祖，拒曹操，攻曹仁，皆立戰功。事見《三國志》卷五十五周泰本傳。⓲道從　即導從。公卿以下至縣令長出行，皆有導從，導為前驅者，從為後隨者。⓳鼓角　軍中用以發號施令的戰鼓和號角。⓴鼓吹　古代軍樂，主要樂器有鼓、鉦、簫、笳。漢制，邊將及萬人以上將軍始得有鼓吹。

【語　譯】孝獻皇帝癸

建安二十二年（丁酉　西元二一七年）

春，正月，魏王曹操駐軍居巢，孫權駐守濡須。二月，曹操進攻濡須。

起初，孫權的右護軍蔣欽駐軍宣城，蕪湖令徐盛逮捕了蔣欽的駐屯官員，上表將他斬首。等到孫權駐軍濡須時，蔣欽和呂蒙主持各軍的調度，蔣欽常常稱讚徐盛的長處。孫權向他詢問徐盛，蔣欽說：「徐盛忠誠、勤懇、剛強，有膽略，有器度，是個統帥萬人的都督人才。如今大業未成，臣應當幫助國家尋求人才，怎麼敢懷著私怨掩蔽賢才呢！」孫權十分讚賞。

三月，曹操率軍撤回，留下伏波將軍夏侯惇統領曹仁、張遼等二十六支部隊駐守居巢。孫權命都尉徐詳到曹操那裡請求歸降。曹操回報願結友好，立誓重締姻親。孫權留下平虜將軍周泰統帥濡須守軍，朱然、徐盛等都在周泰的統領之下，因周泰出身微賤，他們不服。孫權召集各位將領，大設酒宴，暢飲歡樂。孫權命

令周泰解開衣服，親自用手指著他身上的傷疤，問起來歷，周泰就回憶起往日的戰鬥場面逐一回答。對答完，讓周泰再穿好衣服，孫權抓著他的手臂流著淚說：「幼平，你為我們兄弟，作戰有如熊虎，不吝惜自己的性命，受傷數十處，皮膚如刀刻劃一般，我又怎麼能忍心不以骨肉親情來對待你，不把領兵的重任委託給你呢！」酒宴結束，孫權稍微停留，讓周泰率兵馬在前開路，鳴起鼓角奏起鼓吹，走出軍營，這時，徐盛等才心服口服。

夏，四月，詔魏王操設天子旌旗❶，出入稱警蹕❷。

六月，魏以軍師華歆為御史大夫❸。

冬，十月，命魏王操冕❹十有二旒❺，乘金根車❻，駕六馬❼，設五時副車❽。

○魏以五官中郎將丕為太子。

初，魏王操娶丁夫人，無子，妾劉氏生子昂，卞氏生四子，丕、彰、植、熊。王使丁夫人母養昂。昂死於穰❾，丁夫人哭泣無節，操怒而出之，以卞氏為繼室。植性機警，多藝能❿，才藻⓫敏贍⓬，操愛之。操欲以女妻⓭丁儀，丕以儀目眇⓮，諫止之。儀由是怨丕，與弟黃門侍郎⓯廙⓰及丞相主簿⓱楊脩數稱臨菑侯植之才，勸操立以為嗣⓲。脩，彪之子也。操以函密訪於外，尚書⓳崔琰露版⓴答曰：「春秋之義，立子以長㉑。加五官將㉒仁孝聰明，宜承正統，琰以死守之。」植，琰

之兄女壻也。尚書僕射㉓毛玠曰：「近者袁紹以嫡庶不分，覆宗滅國。廢立大事，非所宜聞。」東曹掾㉔邢顒曰：「以庶代宗㉕，先世之戒也，願殿下㉖深察之。」丕使人問太中大夫㉗賈詡以自固之術，詡曰：「願將軍恢崇德度，躬素士之業，朝夕孜孜㉘，不違子道，如此而已。」丕從之，深自砥礪㉙。它日，操屏㉚人問詡，詡嘿然不對。操曰：「與卿言，而不答，何也？」詡曰：「屬㉛有所思，故不即對耳。」操曰：「何思？」詡曰：「思袁本初㉜、劉景升㉝父子也。」操大笑。

操嘗出征，丕、植並送路側，植稱述功德，發言有章，左右屬目㉞，操亦悅焉。丕悵然㉟自失，濟陰吳質㊱耳語㊲曰：「王當行，流涕可也。」及辭，丕涕泣而拜，操及左右咸歔欷㊳，於是皆以植多華辭而誠心不及也。植既任性而行，不自雕飾；五官將御之以術，矯情自飾㊴，宮人左右並為之稱說，故遂定為太子。

左右長御㊵賀卞夫人曰：「將軍拜太子，天下莫不喜，夫人當傾府藏以賞賜。」夫人曰：「王自以丕年大，故用為嗣。我但㊶當以免無教導之過為幸耳，亦何為當重賜遺㊷乎！」長御還，具以語操，操悅，曰：「怒不變容，喜不失節，故最為難。」

太子抱議郎㊸辛毗頸而言曰：「辛君知我喜不？」毗以告其女憲英，憲英歎

曰：「太子，代君主宗廟、社稷者也。代君不可以不戚㊹，主國不可以不懼。宜戚而[1]懼，而反以為喜，何以能久！魏其不昌乎！」

久之，臨菑侯植乘車行馳道㊺中，開司馬門㊻出。操大怒，公車令㊼坐死㊽。由是重諸侯科禁㊾，而植寵日衰。植妻衣繡，操登臺見之，以違制命㊿，還家賜死。

【章旨】以上為第二段，寫曹植與曹丕爭太子位，曹丕勝出。

【注釋】❶旌旗　旗幟的總稱。❷警蹕　古時天子出稱警，入稱蹕。警，警戒。蹕，禁止行人通行以清道。❸御史大夫　官名，西漢初，御史大夫為丞相之副，丞相缺時，往往以御史大夫遞補。其主要職務為監察、執法，兼掌重要文書圖籍。與丞相、太尉合稱三公。東漢時改稱司空。曹操罷三公官後，又復置御史大夫。❹冕　古代天子、諸侯、卿大夫所戴的禮帽。❺旒　卿大夫以上之冠冕所懸掛的玉串。天子十二旒，諸侯七旒，大夫五旒。❻金根車　天子專用的特製車。❼駕六馬　天子之車駕六馬。❽五時副車　古時天子外出，其乘輿後從車五輛，按東、西、南、北、中五方，配以青、白、紅、黑、黃五色，稱為五時副車。❾昂死於穰　《三國志・魏書・武帝紀》載：建安「二年春正月，公到宛（今河南南陽），張繡降，既而悔之，復反。公與戰，軍敗，為流矢所中，長子昂、弟子安民遇害。公乃引兵還舞陽（今河南泌陽西北），繡將騎來抄，公擊破之。繡奔穰（今河南鄧州）。」據此，曹昂之死在宛不在穰。❿藝能　才能。⓫才藻　才思文采。⓬敏贍　敏捷富麗。⓭妻　以女嫁人。⓮眇　偏盲；一眼瞎。⓯黃門侍郎　官名，職為侍從皇帝，傳達詔命。⓰廙　丁廙，字敬禮，丁儀之弟。博學多才，建安中為黃門侍郎，與曹植親善，曾向曹操盛稱曹植。曹丕即王位後，與兄儀被誅殺。傳見《三國志・魏書・陳思王植傳》注引〈文士傳〉。⓱丞相主簿　官名，丞相府之屬官。曹操為丞相時置主簿四人，職責是處理日常眾事。⓲嗣　繼位人。⓳尚書　官名，東漢時置六曹尚書，協助皇帝處理政務。魏國所置尚書為五曹，亦協助魏王處理政務。⓴露版　不緘封的文書。㉑立子以長　子，此指嗣子，繼位之子。《春秋公羊傳》隱公元年：「立適（嫡）以長不以賢，立子以貴不以長。」㉒五

官將 指曹丕，時曹丕為五官中郎將。㉓尚書僕射 官名，尚書令之副手。㉔東曹掾 官名，即丞相東曹掾，主二千石遷除及軍吏。㉕宗 指宗子，嫡長子。㉖殿下 漢代人對諸侯王的敬稱。此稱曹操。㉗太中大夫 官名，屬光祿勳，掌議論。㉘孜孜 勤謹不怠。㉙砥礪 磨鍊。㉚屏 屏避；退避。㉛屬 適值；恰好。㉜袁本初 袁紹字本初。㉝劉景升 劉表字景升。㉞屬目 注視。㉟悵然 失意的樣子。㊱吳質 字季重，濟陰鄄城（今山東鄄城北）人，博學多才，尤善為文，深受曹丕賞識。曾為朝歌長、元城令，官至振威將軍，假節都督河北諸軍事，封列侯。傳見《三國志・魏書・王粲傳》及注引《魏略》等。㊲耳語 附耳悄悄言說。㊳歔欷 泣不成聲。㊴矯情自飾 故意做作，以掩蓋本來面目。㊵長御 官名，胡三省注：「漢皇后宮有旁側長御。」㊶但 僅；只。㊷遺 給予。㊸議郎 官名，郎官之一種，屬光祿勳，但不入值宿衛，得參與朝政議論。㊹戚 憂慮。㊺馳道 正道，亦稱御路，專供天子行車之路。㊻司馬門 皇宮外門，有司馬主管，故稱司馬門。此指鄴城魏王宮之司馬門。㊼公車令 官名，即公車司馬令，主管宮門。㊽坐死 獲罪被處死。㊾科禁 法度禁令。㊿違制命 違犯禁止穿錦繡的命令。

【校記】①而 據章鈺校，甲十一行本、乙十一行本皆作「宜」。

【語譯】夏，四月，詔令魏王曹操設置天子的旌旗，出入可以發布戒嚴令。

六月，魏國任命軍師華歆為御史大夫。

冬，十月，冊命魏王曹操所戴禮冠有十二旒，乘坐金根車，駕六馬，設置五時副車。○魏國立五官中郎將曹丕為太子。

起初，魏王曹操娶的丁夫人，沒有生下兒子，妾劉氏生兒子曹昂，卞氏生了四個兒子，曹丕、曹彰、曹植、曹熊。魏王曹操命丁夫人以生母的名義撫養曹昂。曹昂死在穰縣，丁夫人不停哭泣，曹操一怒之下把她休了，升卞氏為繼室。曹植天性機警，多才多藝，文辭敏捷富麗，曹操很疼愛他。曹操想把女兒嫁給丁儀，曹丕嫌丁儀瞎了一隻眼睛，就加以勸阻。因此丁儀怨恨曹丕，和弟弟黃門侍郎丁廙以及丞相主簿楊脩屢次稱頌臨淄侯曹植的才華，勸曹操立曹植為繼承人。楊脩，是楊彪的兒子。曹操寫信向宮外官員祕密詢問，尚書崔琰用公開信回答說：「按照《春秋》的原則，應立長子。加上五官中郎將仁孝聰明，應當繼承正位，我崔

琰誓死堅持這一原則。」曹植，是崔琰哥哥的女婿。尚書僕射毛玠說：「近來，袁紹因嫡庶不分，宗族覆沒，國家消亡。廢立太子是大事，不想聽到嫡庶不分的事情發生。」東曹掾邢顒說：「用庶子代替嫡長子是前代所深戒的，希望殿下深加明察。」曹丕派人向太中大夫賈詡詢問鞏固自己地位的辦法，賈詡說：「希望將軍崇揚德性，開擴器度，親修寒素之士的學業，朝夕孜孜不倦，不違背做兒子的道德規範，如此就行了。」曹丕聽從了賈詡的忠告，刻苦地磨鍊自己。有一天，曹操屏避身邊的人，詢問賈詡，賈詡沉默不答。曹操說：「跟你談話，你卻不回答，為什麼？」賈詡說：「正巧在思考問題，所以沒有馬上回答。」曹操說：「思考什麼？」賈詡說：「我在想袁本初、劉景升他們父子的事。」曹操會心地大笑起來。

曹操有一次出征，曹丕、曹植一起送到路邊，曹植稱頌父親的功德，出口成章，左右的人驚訝地注視他，曹操也很高興。曹丕悵然失意，濟陰人吳質向曹丕耳語說：「大王將要征行，你只需哭泣流淚就行了。」等到辭別時，曹丕流淚下拜，曹操及其左右的人都泣不成聲，於是人們都認為曹植富於華美文辭但忠誠之心不及曹丕。曹植放縱任性，言行不加修飾；五官中郎將使用權術，刻意做作，自我掩飾，宮中的人與曹操身邊的人都稱讚他，為他說話，所以最終被確立為太子。

左右長御恭賀卞夫人說：「將軍被立為太子，天下沒有人不高興，夫人應當拿出所有寶藏的財物來賞賜眾人。」夫人說：「魏王因曹丕年長，所以把他立為繼承人。我只應慶幸自己避免了教導之過罷了，又有什麼值得去重加賞賜呢！」長御回來，把這些都告訴了曹操，曹操高興地說：「發怒時不變臉色，高興時不失節制，這是最難的。」

太子摟著議郎辛毗的脖子說：「您知道我高興嗎？」辛毗把此事告訴他女兒憲英，憲英歎息說：「太子是代替君主掌管國家的人。代替君位不能不憂心，主管國家不能不畏懼。應當憂心和畏懼，卻反以此高興得意，怎麼能夠長久！魏國大概不會昌盛的！」

過了很長時間，臨淄侯曹植乘車行駛在馳道上，打開司馬門出去。曹操大怒，公車令獲罪處死。從此加重了對諸侯的禁令，而對曹植的寵幸日漸衰退。曹植的妻子穿戴錦繡的衣服，曹操登樓臺時看到了，認為違

犯了法制禁令，遣送回娘家賜令自盡。

法正說劉備曰：「曹操一舉而降張魯，定漢中，不因此勢以圖巴、蜀，而留夏侯淵、張郃屯守，身遽❶北還，此非其智不逮，而力不足也，必將內有憂偪故耳。今策淵、郃才略，不勝國之將帥，舉眾往討，必可克之。克之之日，廣農積穀，觀釁❷伺隙，上可以傾覆寇敵，尊獎❸王室；中可以蠶食雍❹、涼❺，廣拓境土；下可以固守要害，為持久之計。此蓋天以與我，時不可失也。」備善其策，乃率諸將進兵漢中，遣張飛、馬超、吳蘭等屯下辨❻。魏王操遣都護將軍❼曹洪拒之。

魯肅卒，孫權以從事中郎❽彭城嚴畯❾代肅，督兵萬人鎮陸口❿。眾人皆為畯喜，畯固辭以「樸素書生，不閑⓫軍事」，發言懇惻⓬，至于流涕。權乃以左護軍⓭虎威將軍⓮呂蒙兼漢昌⓯太守以代之，眾嘉嚴畯能以實讓。

定威校尉⓰吳郡陸遜⓱言於孫權曰：「方今克敵寧亂，非眾不濟。而山寇⓲舊惡⓳，依阻深地。夫腹心未平，難以圖遠。可大部伍⓴，取其精銳。」權從之，以為帳下右部督㉑。會丹陽賊帥費棧作亂，扇動山越。權命遜討棧，破之。遂部

伍東三郡㉒，強者為兵，羸㉓者補戶㉔，得精卒數萬人。宿惡蕩除，所過肅清，還屯蕪湖㉕。會稽太守淳于式表「遜枉取民人，愁擾所在㉖。」遜後詣都㉗，言次㉘，稱式佳吏。權曰：「式白君，而君薦之，何也？」遜對曰：「式意欲養民，是以白遜。若遜復毀式以亂聖聽，不可長㉙也。」權曰：「此誠長者㉚之事，顧㉛人不能為耳。」

魏王操使丞相長史㉜王必典兵督許中事。時關羽強盛，京兆金禕睹漢祚將移，乃與少府㉝耿紀、司直㉞韋晃、太醫令㉟吉本、本子邈、邈弟穆等謀殺必，挾天子以攻魏，南引關羽為援。

【章旨】以上為第三段，寫劉備的兩大剋星，江東呂蒙、陸遜登場。

【注釋】❶遽　倉猝。❷釁　間隙。❸尊獎　尊崇輔助。❹雍　州名，漢獻帝興平元年（西元一九四年）分涼州河西四郡置雍州，治所長安，在今陝西西安。❺涼　州名，漢獻帝時治所在冀縣，在今甘肅甘谷縣東南。❻下辨　縣名，縣治在今甘肅成縣西。❼都護將軍　官名，職責是監護所在諸將，東漢初已置。❽從事中郎　官名，將軍之屬官，職責是參謀議論。❾嚴畯　字曼才，彭城（治所在今江蘇徐州）人，精通《詩經》、《尚書》、三《禮》。避亂至江東，張昭薦之於孫權。孫權以之為騎都尉、從事中郎。後官至尚書令。著有《孝經傳》、《潮水論》等。傳見《三國志》卷五十三。❿陸口　地名，在今湖北蒲圻西北陸溪口。⓫閑　熟習。⓬懇惻　誠懇痛切。⓭左護軍　官名，孫權置中、左、右護軍各一人，掌禁兵，主武官選舉。⓮虎威將軍　官名，孫權所置的雜號將軍。⓯漢昌　郡名，治所漢昌縣，在今湖南平江縣東南，縣名後改為吳昌。⓰定威校尉　官名，孫權所置的中級武官。⓱陸遜　（西元一八三—二四五年）字伯言，吳郡吳縣華亭（今上海松江區）人，出於江

東大族，孫策之婿。初在孫權幕府為官，善於謀略，曾與呂蒙定計襲關羽。後為宜都太守、撫邊將軍，封華亭侯。劉備攻吳，遜任大都督，用火攻之計，大敗劉備於夷陵。又為輔國將軍、荊州牧，久鎮武昌（今湖北鄂州）。後又破魏大司馬曹休於夾石（今安徽桐城北）。官至丞相，封江陵侯。傳見《三國志》卷五十八。⑱山寇　指山越部族武裝。⑲舊惡　孫氏政權建立後，山越武裝就不斷與之對立，故稱舊惡。⑳可大部伍　謂可擴大部隊規模。㉑帳下右部督　官名，孫權所置，掌警衛兵。㉒東三郡　指丹陽、新都、會稽三郡。丹陽郡，治所宛陵，在今安徽宣城。新都郡，治所始新，在今浙江淳安西。會稽郡，治所山陰，在今浙江紹興。㉓羸　瘦弱。㉔補戶　謂補為編戶。㉕蕪湖　縣名，縣治在今安徽蕪湖市東。㉖愁擾所在　謂陸遜所在之處，百姓受到騷擾而憂愁。㉗都　指秣陵，在今江蘇南京南。㉘言次　言談之間。㉙長　滋長；助長。㉚長者　謹厚者。㉛顧　但；只是。㉜丞相長史　官名，丞相之主要屬官，職責是協助丞相，署理諸曹事。當時曹操為魏王在鄴，但仍兼漢丞相，故使長史領兵督許都之朝政。㉝少府　官名，漢九卿之一。東漢時掌宮中御衣、寶貨、珍膳等。㉞司直　官名，即丞相司直，丞相之主要屬官，職責是監察檢舉百官之違法者。㉟太醫令　官名，屬少府，掌諸醫。

【語　譯】法正進言劉備說：「曹操一舉降服了張魯，平定了漢中，他不趁此形勢奪取巴、蜀，只留下夏侯淵、張郃駐守，自己突然北還，這不是他的智力不夠，也不是他的軍力不足，一定是他的內部有憂慮之事被逼無奈的緣故。現在估量一下夏侯淵、張郃的才幹和武略，都不能勝過我國的將帥，舉兵前去征討，一定能夠戰勝他們。戰勝之後，大興農業，囤積糧食，尋找敵人的弱點，等待可乘的機會。這樣上好的結果是可以掃滅敵寇，尊奉輔佐王室；中等的結果是可以蠶食雍、涼兩州，廣拓疆土；最差的結果是可以堅守險要，作持久的打算。這大概是上天賜給我們的機會，時機不可喪失。」劉備讚賞他的計策，於是統率眾將進軍漢中，派張飛、馬超、吳蘭等駐軍下辨。魏王曹操派都護將軍曹洪來抵抗。

魯肅去世，孫權任命從事中郎彭城人嚴畯接替魯肅，率兵一萬人鎮守陸口。眾人都替嚴畯高興，嚴畯以「質樸書生，不習軍事」為由堅決推辭，言辭誠懇痛切，以至於流淚。孫權於是任命左護軍虎威將軍呂蒙兼任漢昌太守來代替他，眾人嘉許嚴畯據實謙讓。

定威校尉吳郡人陸遜向孫權進言說：「如今戰勝敵人，平定禍亂，沒有大量的部眾是辦不到的。而山越

寇賊依舊作惡，依深山之地為險阻。心腹之地未平定，難以謀取遠方。可以擴充部隊，選取精銳。」孫權聽從了這個建議，任命陸遜為帳下右部督。正逢丹陽叛賊首領費棧作亂，煽動山越。孫權命令陸遜征討費棧，打敗了他。於是在東三郡用軍法整編山越，強壯的當兵，老弱的補充為編戶民籍，獲得精兵數萬人。清除了一貫作惡的匪寇，所過之地一一肅清，回軍駐屯蕪湖。會稽太守淳于式上表說「陸遜枉法濫徵百姓，所到之處百姓因受到騷擾而憂愁。」陸遜後來到了都城，與孫權談話之間，稱讚淳于式是個好官。孫權說：「淳于式控告你，你卻推薦他，為什麼？」陸遜回答說：「淳于式意在養育百姓，所以控告我。如果我再詆毀淳于式，用以混淆聖主的視聽，這種風氣是不可助長的。」孫權說：「這確實是忠厚長者的處事之道，但是一般的人做不到。」

魏王曹操派丞相長史王必領兵統理許都的事務。這時關羽力量強大，京兆人金禕看到漢朝的江山將要移手，就與少府耿紀、司直韋晃、太醫令吉本、吉本的兒子吉邈、吉邈的弟弟吉穆策劃謀殺王必，挾持天子來攻打魏國，援引南邊的關羽作為外援。

二十三年（戊戌　西元二一八年）

春，正月，吉邈等率其黨千餘人夜攻王必，燒其門，射必中肩，帳下督扶必奔南城❶。會天明，邈等眾潰，必與潁川典農中郎將❷嚴匡共討斬之。

三月，有星孛于東方。

曹洪將擊吳蘭，張飛屯固山❸，聲言欲斷軍後，眾議狐疑❹。騎都尉❺曹休❻曰：「賊實斷道者，當伏兵潛行。今乃先張聲勢，此其不能明矣。宜及其未集，

促⑦擊蘭，蘭破，飛自走矣。」洪從之，進，擊破蘭，斬之。三月，張飛、馬超走。休，魏王族子也。

夏，四月，代郡⑧、上谷⑨烏桓無臣氐等反。先是，魏王操召代郡太守裴潛為丞相理曹掾⑩，操美潛治代之功，潛曰：「潛於百姓雖寬，於諸胡為峻。今繼者必以潛為治過嚴，而事加寬惠。彼素驕恣，過寬必弛⑪，既弛，又[1]將攝⑫之以法，此怨叛所由生也。以勢料之，代必復叛。」於是操深悔還潛之速。後數十日，三單于反問⑬果至。操以其子鄢陵侯彰⑭行驍騎將軍，使討之。彰少善射御，膂力⑮過人。操戒彰曰：「居家為父子，受事為君臣，動⑯以王法從事，爾其戒之！」

劉備屯陽平關⑰，夏侯淵、張郃、徐晃等與之相拒。備遣其將陳式等絕馬鳴閣⑱道，徐晃擊破之。張郃屯廣石⑲，備攻之不能克，急書發益州兵。諸葛亮以問從事⑳犍為楊洪㉑，洪曰：「漢中，益州咽喉，存亡之機會㉒，若無漢中，則無蜀矣。此家門之禍也，發兵何疑。」時法正從備北行，亮於是表洪領蜀郡太守，眾事皆辦，遂使即真。

初，犍為太守李嚴辟洪為功曹㉓，嚴未去犍為而洪已為蜀郡。洪舉門下書佐㉔何祗有才策，洪尚在蜀郡，而祗已為廣漢㉕太守。是以西土咸服諸葛亮能盡時人

之器用㉖也。

秋，七月，魏王操自將擊劉備。九月，至長安。

曹彰擊代郡烏桓，身自搏戰，鎧㉗中數箭，意氣益厲，乘勝逐北，至桑乾㉘之北，大破之，斬首、獲生以千數。時鮮卑大人軻比能將數萬騎觀望強弱，見彰力戰，所向皆破，乃請服，北方悉平。

南陽㉙吏民苦繇役㉚，冬，十月，宛守將侯音反。南陽太守東里袞㉛與功曹應余迸竄㉜得出，音遣騎追之，飛矢交流，余以身蔽袞，被七創㉝而死，音騎執袞以歸。時征南將軍曹仁㉞屯樊㉟以鎮荊州，魏王操命仁還討音。功曹宗子卿說音曰：「足下順民心，舉大事，遠近莫不望風。然執郡將㊱，逆而無益，何不遣之？」音從之。子卿因夜踰城從太守收餘民圍音，會曹仁軍至，共攻之。

【章　旨】以上為第四段，寫北方社會仍有反對曹操的事變，以及孫劉爭漢中。大體說建安二十三年（西元二一八年）無大事。

【注　釋】❶南城　許都之南城。❷典農中郎將　官名，東漢末，曹操實行屯田制所置，主管屯田區的農業生產、民政和田租，地位相當於郡太守，但直屬中央大司農。潁川典農中郎將管理許下屯田。❸固山　山名，在今甘肅成縣北。❹狐疑　猶豫不決。❺騎都尉　官名，掌羽林騎兵（曹操稱之為虎豹騎）。❻曹休　（?—西元二二八年）字文烈，曹操族子。初從曹操征伐，常領虎豹騎作警衛。後為中領軍。魏文帝初，為征東大將軍、揚州牧。魏明帝時，為大司馬，封長平侯。傳見《三國

志》卷九。❼促　急；迅速。❽代郡　郡名，治所高柳，在今山西陽高西南。❾上谷　郡名，治所沮陽，在今河北懷來東南。❿丞相理曹掾　官名，曹操所置丞相府屬官，主管司法刑獄。⓫弛　放縱。⓬攝　執持。⓭問　音訊；消息。⓮彰　曹彰（？—西元二二三年），字子文，曹操之子。建安二十一年（西元二一六年）封鄢陵侯，後為北中郎將、代驍騎將軍，討代郡烏桓有功。魏文帝黃初三年（西元二二二年）封為任城王。傳見《三國志》卷十九。⓯膂力　臂力。⓰動　動輒。⓱陽平關　關名，在今陝西勉縣西北白馬城。今寧強縣亦有陽平關，乃後代移置，非古陽平關。⓲馬鳴閣　地名，在今四川廣元昭化鎮北。⓳廣石　地名，在今陝西勉縣西。⓴從事　官名，東漢州牧刺史的佐吏，有別駕從事史、治中從事史、兵曹從事史、部從事史等，均可簡稱從事。㉑楊洪　（？—西元二二八年）字季休，犍為武陽（今四川彭山縣東北）人，劉璋時為郡吏。劉備得益州後，為蜀郡太守、益州治中從事。後主劉禪時，復為蜀郡太守、忠節將軍。傳見《三國志》卷四十一。㉒機會　猶言機樞，指關鍵部位。㉓功曹　官名，即功曹史，郡守的主要佐吏，除分掌人事外，還參與一郡政務。㉔門下書佐　官名，又稱閣下書佐，郡太守的屬吏，負責記錄、繕寫、起草、宣讀等。㉕廣漢　郡名，治所雒縣，在今四川廣漢北。㉖器用　才能；本領。㉗鎧　鎧甲。㉘桑乾　縣名，縣治在今河北蔚縣東北。㉙南陽　郡名，治所宛縣，在今河南南陽。㉚苦繇役　當時曹仁率軍屯樊，民眾苦於傜役。㉛東里袞　人名，姓東里，名袞。㉜迸竄　突逃；衝竄。㉝創　傷。㉞曹仁　（西元一六八—二二三年）字子孝，曹操之從弟。初為曹操別部司馬，常從征戰，武勇過人。曹操得荊州後，為征南將軍，鎮守荊州。曹丕即王位後，為車騎將軍，都督荊、揚、益州諸軍事，封陳侯。魏文帝初，為大將軍、大司馬。傳見《三國志》卷九。㉟樊　即樊城，在襄陽北，與襄陽隔漢水相對，在今湖北襄樊。㊱郡將　即郡太守，因太守兼領軍事，故可稱將。

【校記】[1]又　原無此字。據章鈺校，甲十一行本、乙十一行本皆有此字，張敦仁《通鑑刊本識誤》同，今據補。

【語譯】二十三年（戊戌　西元二一八年）

春，正月，吉邈等帶領他的黨羽一千多人夜裡攻打王必，燒毀他的營門，射中他的肩膀，帳下督扶著他逃往南城。適逢天亮，吉邈等部眾潰散，於是王必和潁川典農中郎將嚴匡共同征討吉邈，把他殺了。

三月，孛星出現在東方。

曹洪將要攻擊吳蘭，張飛駐紮在固山，聲稱要斷絕曹洪軍隊的後路，眾人商量猶豫不決。騎都尉曹休說：「敵人若真想截斷我軍的後路，應當埋伏兵馬，祕密行軍。現在卻事先張揚，他們做不到是很明白的。應該

趁敵人還沒有結集，迅速進攻吳蘭，吳蘭失敗，張飛自然就會撤走。」曹洪聽從了這個建議，進軍打敗並殺了吳蘭。三月，張飛、馬超撤走。曹休，是魏王的族子。

夏，四月，代郡、上谷郡的烏桓部落無臣氐等反叛。先前，魏王曹操徵召代郡太守裴潛為丞相理曹掾，曹操讚美裴潛治理代郡的功業，裴潛說：「我對待百姓雖然寬厚，對待胡人卻十分嚴厲。現在我的後繼者一定會認為我治理過嚴，而務加寬惠。胡人一向驕橫，過於寬鬆勢必引起放縱，放縱後，又繩之以法，怨恨反叛就由此產生了。根據這種情勢來預料，代郡一定會再次叛亂。」這時曹操非常後悔這麼快召回了裴潛。幾十天過後，果真傳來三個單于反叛的消息。曹操任命他的兒子鄢陵侯曹彰代理驍騎將軍，派他去征討三單于。曹彰自小善於騎射，膂力過人。曹操告誡曹彰說：「在家裡是父子，任職後就是君臣了，一切要按王法辦事，你要深以為戒！」

劉備駐軍陽平關，夏侯淵、張郃、徐晃等與劉備對峙。劉備派他的部將陳式等切斷馬鳴閣道，被徐晃打敗。張郃駐軍廣石，劉備攻打不下，發緊急文書徵發益州的軍隊。諸葛亮就此事詢問從事犍為人楊洪，楊洪說：「漢中，是益州的咽喉，存亡的關鍵，如果失去漢中，就會失去蜀地。這是家門口的禍難，發兵有什麼可疑慮的。」當時法正跟隨劉備北征，諸葛亮於是上表推舉楊洪兼領蜀郡太守，楊洪把許多事情辦理得十分妥貼，就被命為專任蜀郡太守。

當初，犍為太守李嚴徵召楊洪為功曹，李嚴還沒有離開犍為郡，而楊洪已被任為蜀郡太守。楊洪推薦的門下書佐何祗有才幹和韜略，楊洪還在蜀郡時，何祗已被任為廣漢太守。所以益州人都佩服諸葛亮能做到人盡其才。

秋，七月，魏王曹操親自領兵攻擊劉備。九月，到達長安。

曹彰攻打代郡的烏桓部落，親自上陣拼搏，鎧甲被射中幾箭，鬥志更加高昂，乘勝追趕敗敵，到達桑乾縣以北，大敗敵軍，斬首活捉數以千計的敵人。當時鮮卑族首領軻比能率領數萬騎兵觀望雙方的強弱情勢，看到曹彰奮力作戰，所向披靡，於是請求歸服，北方完全平定。

南陽的吏民深受勞役之苦，冬，十月，宛城守將侯音反叛。南陽太守東里袞和功曹應余衝竄而出，侯音派騎兵追擊，飛箭交下，應余用身體掩護東里袞，七處受傷而死，侯音的騎兵抓住東里袞回師。這時征南將軍曹仁駐軍樊城，以鎮守荊州，魏王曹操命令曹仁回軍討伐侯音。功曹宗子卿勸侯音說：「您順應民心，興起大事，遠近莫不望風響應。但是捉拿郡太守，違背民心，沒有益處，為什麼不放了他？」侯音聽從了。宗子卿趁著黑夜翻越城牆跟隨郡太守搜集餘眾包圍侯音，適逢曹仁的軍隊也趕到，一同攻打侯音。

二十四年（己亥　西元二一九年）

春，正月，曹仁屠宛❶，斬侯音，復屯樊。

初，夏侯淵戰雖數勝，魏王操常戒之曰：「為將當有怯弱時，不可但恃勇也。將當以勇為本，行之以智計。但知任勇，一匹夫敵耳。」及淵與劉備相拒踰年，備自陽平南渡沔水❷，緣山稍前，營於定軍山❸，淵引兵爭之。法正曰：「可擊矣。」備使討虜將軍黃忠❹乘高鼓譟❺攻之，淵軍大敗，斬淵及益州刺史趙顒❻。張郃引兵還陽平。是時新失元帥，軍中擾擾❼，不知所為。督軍❽杜襲與淵司馬❾太原郭淮❿收斂散卒，號令諸軍曰：「張將軍國家名將，劉備所憚。今日事急，非張將軍不能安也。」遂權宜推郃為軍主。郃出，勒兵按陳，諸將皆受郃節度，眾心乃定。明日，備欲渡漢水來攻。諸將以眾寡不敵，欲依水為陳以拒之。郭淮

曰：「此示弱而不足挫敵，非筭也。不如遠水為陳，引而致之，半濟而後擊之，備可破也。」既陳，備疑，不渡。淮遂堅守，示無還心。以狀聞於魏王操，操善之，遣使假郃節，復以淮為司馬。

二月壬子晦⓫，日有食之。

三月，魏王操自長安出斜谷⓬，軍遮要⓭以臨漢中。劉備曰：「曹公雖來，無能為也，我必有漢川⓮矣。」乃斂眾拒險，終不交鋒。操運米北山下，黃忠引兵欲取之，過期不還。翊軍將軍⓯趙雲將數十騎出營視之，值操揚兵⓰大出，雲猝與相遇，遂前突其陳，且鬭且卻。魏兵散而復合，追至營下。雲入營，更大開門，偃旗息鼓。魏兵疑雲有伏，引去。雲雷⓱鼓震天，惟以勁弩於後射魏兵。魏兵驚駭，自相蹂踐⓲，墮漢水中死者甚多。備明日自來，至雲營，視昨戰處，曰：「子龍⓳一身都為膽⓴也！」

操與備相守積月，魏軍士多亡㉑。夏，五月，操悉引出漢中諸軍還長安，劉備遂有漢中。

操恐劉備北取武都㉒氐以逼關中，問雍州刺史張既，既曰：「可勸使北出就穀㉓以避賊。前至者厚其寵賞，則先者知利，後必慕之。」操從之，使既之武都，

徙氐五萬餘落㉔出居扶風㉕、天水㉖界。武威㉗顏俊、張掖㉘和鸞、酒泉㉙黃華、西平㉚麴演等各據其郡，自號將軍，更相攻擊。俊遣使送母及子詣魏王操為質㉛以求助。操問張既，既曰：「俊等外假國威，內生傲悖㉜，計定勢足，後即反耳。今方事定蜀，且宜兩存而鬭之，猶卞莊子之刺虎㉝，坐收其斃也。」王曰：「善！」歲餘，鸞遂殺俊，武威王祕又殺鸞。

劉備遣宜都㉞太守扶風孟達㉟從秭歸㊱北攻房陵㊲，殺房陵太守蒯祺。又遣養子副軍中郎將㊳劉封㊴自漢中乘沔水下，統達軍，與達會攻上庸㊵。上庸太守申耽舉郡降。備加耽征北將軍㊶，領上庸太守，以耽弟儀為建信將軍㊷、西城㊸太守。

秋，七月，劉備自稱漢中王，設壇場於沔陽㊹，陳兵列眾，羣臣陪位。讀奏訖，乃拜受璽綬，御㊺王冠。因驛拜章，上還所假左將軍、宜城亭侯印綬㊻。立子禪為王太子。拔牙門將軍㊼義陽魏延㊽為鎮遠將軍，領漢中太守，以鎮漢川。備還治成都㊾，以許靖為太傅㊿，法正為尚書令(51)，關羽為前將軍(52)，張飛為右將軍，馬超為左將軍，黃忠為後將軍，餘皆進位有差(53)。

遣益州前部司馬(54)犍為費詩(55)即授關羽印綬，羽聞黃忠位與己並，怒曰：「大

丈夫終不與老兵(56)同列！」不肯受拜。詩謂羽曰：「夫立王業者，所用非一。昔蕭、曹(57)與高祖少小親舊，而陳、韓(58)亡命後至，論其班列，韓最居上，未聞蕭、曹以此為怨。今漢中王以一時之功(59)，隆崇(60)漢升(61)[1]，然意之輕重(62)，寧當與君侯(63)齊乎！且王與君侯譬猶一體，同休等戚，禍福共之。愚謂君侯不宜計官號之高下、爵祿之多少為意也。僕一介(64)之使，銜命之人，君侯不受拜，如是便還，但相為惜此舉動，恐有後悔耳。」羽大感悟，遽(65)即受拜。

詔以魏王操夫人卞氏為王后。

【章　旨】以上為第五段，寫劉備北取漢中，稱漢中王，用以抗衡曹操稱魏王。

【注　釋】❶屠宛　攻破宛城後，屠殺全城軍民。❷南渡沔水　古代通稱漢水為沔水。古陽平關在漢水之北，故劉備至定軍山須南渡。❸定軍山　山名，在今陝西勉縣東南。❹黃忠　（？—西元二二〇年）字漢升，南陽（治所在今河南南陽）人，初屬劉表，為中郎將，守長沙。後歸劉備，從取益州，常衝鋒陷陣，勇冠三軍，為討虜將軍。後於漢中斬曹操大將夏侯淵，又為征西將軍、後將軍。傳見《三國志》卷三十六。❺鼓譟　擂鼓吶喊。❻趙顒　曹操所任命的益州刺史。❼擾擾　紛亂。❽督軍　官名，為監軍之官。曹操從漢中東還後，即留杜襲督漢中軍事。❾司馬　官名，將軍軍府之官，綜理軍府事，並參與軍事謀劃。❿郭淮　（？—西元二四一年）字伯濟，太原陽曲（今山西陽曲東北）人，初為曹操丞相兵曹議令史，從征漢中，留為征西將軍夏侯淵司馬。魏文帝黃初中，為雍州刺史。魏明帝時，加建威將軍，又為揚武將軍。齊王芳正始中，為左將軍、前將軍，後又為車騎將軍、儀同三司，封陽曲侯。傳見《三國志》卷二十六。⓫壬子晦　二月三十日。⓬斜谷　在今陝西眉縣西南，為古褒斜道之北口。古褒斜道北起斜谷，南至褒谷（在今陝西勉縣褒城鎮北），總長四百七十里，為秦蜀之間險要通道。⓭遮要　以兵據守險要之處。斜谷道險，曹操恐被劉備之兵所邀截，故先派兵據守險要之處，然後進臨漢中。⓮漢

川　漢中。⑮翊軍將軍　官名，劉備所置的雜號將軍。⑯揚兵　顯示兵威。⑰雷　通「擂」。敲擊。⑱蹂踐　踐踏。⑲子龍　趙雲字子龍。⑳一身都為膽　言其膽大，能以孤軍抗擊曹操大軍。㉑亡　逃亡。㉒武都　郡名，治所下辨，在今甘肅成縣西。郡中聚居白馬氐人。㉓就穀　到有糧之地駐軍。㉔落　部落。㉕扶風　即右扶風，漢代三輔之一。東漢時治所在槐里，在今陝西興平東南。㉖天水　郡名，西漢所置，東漢改稱漢陽，曹魏又改稱天水。治所冀縣，在今甘肅甘谷縣東。㉗武威　郡名，治所姑臧，在今甘肅武威。㉘張掖　郡名，治所觻得，在今甘肅張掖西北。㉙酒泉　郡名，治所祿福，在今甘肅酒泉。㉚西平　郡名，漢獻帝建安中分金城郡置，治所西都，在今青海西寧。㉛質　人質。㉜悖　逆亂。㉝卞莊子之刺虎　卞莊子，春秋魯國大夫，以勇著稱。卞莊子曾想刺虎，管豎子阻止說：「兩虎方且食牛，食甘必爭，爭則必鬥，鬥則大者傷，小者死，從傷而刺之，一舉必有雙虎之名。」卞莊子認為正確。不久，兩虎果然爭鬥，大虎受傷，小虎死亡。卞莊子遂刺受傷的大虎，結果得到兩虎。事見《史記・張儀列傳》附〈陳軫傳〉。㉞宜都　郡名，劉備分荊州之南郡置宜都郡，轄夷道、佷山、夷陵三縣。治所夷道，在今湖北宜都西北。㉟孟達　扶風（治所在陝西興平東南）人，初與法正入蜀依附劉璋，後歸劉備，為宜都太守。後又降魏，魏文帝以之為建武將軍、新城太守。魏明帝初，他又反魏投蜀，被魏將司馬懿所攻殺。事見《三國志・蜀書・劉封傳》及〈魏書・明帝紀〉注引《魏略》。㊱秭歸　縣名，縣治在今湖北秭歸。㊲房陵　郡名，東漢末置，治所房陵縣，在今湖北房陵。㊳副軍中郎將　官名，劉備所置次於將軍的武官。㊴劉封　本羅侯國（今湖南湘陰北）寇氏之子，劉備至荊州，收為養子。劉備得益州後，任命他為副中郎將，後為副軍將軍，被賜死。傳見《三國志》卷四十。㊵上庸　郡名，建安時分漢中郡置，治所上庸縣，在今湖北竹山縣西南。㊶征北將軍　官名，東漢的雜號將軍。㊷建信將軍　官名，亦為雜號將軍。㊸西城　郡名，東漢末置，治所西城縣，在今陝西安康西北。㊹沔陽　縣名，縣治在今陝西勉縣東南。㊺御　進。㊻上還所假左將軍宜城亭侯印綬　皆曹操代表朝廷授與劉備，劉備今自稱漢中王，故退還朝廷的封拜印綬。㊼牙門將軍　與下文之鎮遠將軍皆為官名，為劉備所置雜號將軍。㊽魏延　字文長，義陽（治所在今湖北棗陽東）人，初隨劉備入蜀，數有戰功，為牙門將軍，鎮守漢中。劉備稱帝後，為鎮北將軍。蜀後主時，為征西大將軍，封南鄭侯。諸葛亮死後，被楊儀所殺。傳見《三國志》卷四十。㊾成都　縣名，益州、蜀郡的治所，縣治在今四川成都。㊿太傅　官名，位在三公上，為上公，無職事，多為高官之加銜。(51)尚書令　官名，尚書臺的長官，東漢政歸尚書，尚書令遂為總攬朝政的首腦。(52)前將軍　官名，漢代所置，位次上卿，與後將軍及左、右將軍掌京師兵衛和邊防屯警。(53)進位有差　按等級晉升。差，等級。(54)益州前部司馬　官名，司馬，本將軍屬官，非州牧刺史之屬吏。東漢末的州牧刺史皆仿將軍府置吏，置有司馬，其職掌略同將軍府之司馬。(55)費

詩　字公舉，犍為南安（今四川樂山市）人，劉璋時為緜竹令，後降劉備，為益州前部司馬。蜀後主時，為諫議大夫。傳見《三國志》卷四十一。56老兵　輕視武人之稱。57蕭曹　蕭何、曹參，與漢高祖劉邦同鄉，協助劉邦起兵而得天下。58陳韓　陳平、韓信，二人皆從項羽部下投歸劉邦。劉邦得天下後，封韓信為楚王，而封蕭何為酇侯，曹參為平陽侯，故韓信之位最高。59一時之功　指黃忠在漢中定軍山斬夏侯淵之功。60隆崇　推重。61漢升　黃忠字漢升。62意之輕重　感情上的輕重。63君侯　建安五年曹操曾表封關羽為漢壽亭侯，故費詩稱他為君侯。64一介　一個。自謙之詞。65遽　遂；於是。

【校　記】1漢升　原誤作「漢室」。胡三省注云：「言備以一時使忠與羽班，而意之輕重則不在此。」從胡三省的解釋可以斷定《通鑑》原文當是「漢升」二字，漢升為黃忠之字。《三國志》卷四十一〈費詩傳〉作「漢升」。

【語　譯】二十四年（己亥　西元二一九年）

春，正月，曹仁攻下宛城大肆屠殺，斬了侯音，又回軍駐守樊城。

起初，夏侯淵打仗雖然屢屢獲勝，魏王曹操卻常常告誡他說：「作為將領應當有膽怯和軟弱的時候，不可一味逞勇。將領當然以勇猛為本，但行動時要運用智慧和謀略。只懂得逞勇，只可抵敵一個匹夫罷了。」等到夏侯淵與劉備相峙了一年多，劉備從陽平關南渡沔水，沿著山麓向前緩慢推進，在定軍山紮營，夏侯淵就率兵來爭奪。法正說：「可以發動攻擊了。」劉備派討虜將軍黃忠登上高處擂響戰鼓，吶喊著進攻，夏侯淵的軍隊大敗，黃忠殺了夏侯淵和益州刺史趙顒。張郃領兵退守陽平。這時曹軍剛失去統帥，軍中一片混亂，不知所措。督軍杜襲和夏侯淵的司馬太原人郭淮搜集散兵，號令各軍：「張將軍是國家名將，連劉備都畏懼他。如今情況危急，除非張將軍誰也不能轉危為安。」於是暫且推舉張郃為軍中主帥。張郃出來主持軍務，部署兵馬，巡視軍陣，各位將領都接受張郃指揮，軍心才安定下來。第二天，劉備想渡過漢水來攻打。各位將領認為寡不敵眾，打算依水布陣抗擊劉備。郭淮說：「這是示弱，而且不足以挫敗敵人，不是正確的策略，不如遠離漢水布陣，把敵人吸引過來。等他們渡到一半時，然後攻擊他們，劉備就會被打敗了。」郭淮布陣完畢，引起劉備懷疑，不肯渡過。郭淮就堅守陣地，表示沒有回還的意思。張郃把這裡的情況報告魏王曹操，曹操稱讚這種做法，派使者頒發給張郃符節，仍任命郭淮為司馬。

二月最後一天三十日壬子，發生日蝕。

三月，魏王曹操從長安穿過斜谷，派兵把守沿途險要，兵臨漢中。劉備說：「曹公雖然親自前來，也不能有所作為，我必定會佔有漢川了。」於是聚合部眾把守險要，始終不與敵人交戰。曹操運米到北山下，黃忠率兵想去奪取，過了約定的時期沒有回來，翊軍將軍趙雲率領幾十名騎兵出營察看，碰巧曹操大軍出動，與趙雲突然遭遇，趙雲於是向前突襲魏軍的軍陣，且戰且退。魏軍被衝散後又會合起來，追趕到趙軍營下。趙雲進營後，反而大開軍門，偃旗息鼓。魏軍疑心趙雲有埋伏，率兵離去。趙雲擂響戰鼓，鼓聲震天，只用強弩在後面射擊魏軍。魏軍大驚，自相踐踏，很多人落入漢水中被淹死。第二天清晨劉備親自來到趙雲的軍營，巡視昨日的戰場，說：「子龍一身都是膽啊！」

曹操與劉備相峙了幾個月，魏軍士兵逃亡很多。夏，五月，曹操帶領漢中各軍，返回長安，劉備於是佔有漢中。

曹操擔心劉備向北攻取武都氐人，以此來威逼關中，詢問雍州刺史張既，張既說：「可勸說氐人讓他們向北遷徙到有糧的地區，躲避敵人。首先來歸附的厚加榮寵獎賞，那麼先來的知道有利可圖，後面的一定會羡慕而來。」曹操聽從了這個建議，派張既到武都，遷移了五萬多戶氐人到扶風、天水接界處定居。

武威人顏俊、張掖人和鸞、酒泉人黃華、西平人麴演等各自佔據本郡，自稱將軍，相互攻打。顏俊派使者送母親和兒子到魏王曹操那裡作為人質，以此請求援助。曹操詢問張既，張既說：「顏俊等外藉國威，在內驕橫悖亂，等到訂好計畫，勢力強大，然後就會立刻反叛。如今我軍正平定蜀地，應該暫且讓他們兩存互鬥，就像卞莊子殺虎那樣，坐收兩敗俱傷之利。」魏王說：「很好！」一年多後，和鸞終於殺掉顏俊，武威人王祕又殺掉和鸞。

劉備派宜都太守扶風人孟達從秭歸向北攻打房陵，殺死房陵太守蒯祺。又派養子副軍中郎將劉封從漢中順沔水而下，統領孟達的軍隊，與孟達會合攻打上庸。上庸太守申耽舉郡投降。劉備為申耽加銜為征北將軍，兼任上庸太守，任命申耽的弟弟申儀為建信將軍、西城太守。

秋，七月，劉備自稱漢中王，在沔陽設立壇場，軍隊列陣，群臣就位陪從。宣讀奏章後，就行禮接受印璽綬帶，戴上王冠。由驛使呈獻奏章，歸還以前頒發的左將軍、宜城亭侯印綬。冊立兒子劉禪為王太子。提拔牙門將軍義陽人魏延為鎮遠將軍，兼領漢中太守，鎮守漢川。劉備回到治所成都，任命許靖為太傅，法正為尚書令，關羽為前將軍，張飛為右將軍，馬超為左將軍，黃忠為後將軍，其餘都得到不同等級的提拔。

劉備派益州前部司馬犍為人費詩就地授予關羽印綬，關羽得知黃忠的職位與自己並列，憤怒地說：「大丈夫終歸不會與這個老兵同列！」不肯接受任命。費詩對關羽說：「建立王業的人，所任用的人不能都一樣。從前蕭何、曹參跟漢高祖從小親善是老朋友，而陳平、韓信只不過是後來逃亡過來的人，論他們的地位排序，韓信最高，沒有聽說蕭、曹因此而怨恨。如今漢中王憑著一時的功勞，推重黃忠，但是他在感情上的輕重，黃忠怎麼能與您相同呢！況且漢中王和您猶如是一個人，同甘共苦，福禍與共。我認為君侯您不應該把官職名號的高下爵祿的多少放在心上。我僅是一名使者，傳達命令的人，君侯您不肯接受任命，我就這樣回去，只是為君侯的這種舉動感到痛惜，恐怕君侯會後悔的。」關羽深受感悟，立即接受任命。

詔命立魏王曹操的夫人卞氏為王后。

孫權攻合肥❶，時諸州兵戍❷淮南❸，揚州刺史溫恢❹謂兗州刺史裴潛曰：「此間雖有賊，然不足憂。今水潦❺方生，而子孝❻縣軍❼，無有遠備，關羽驍猾❽，政恐征南❾有變耳。」已而關羽果使南郡太守麋芳❿守江陵⓫，將軍傅士仁⓬守公安⓭，羽自率眾攻曹仁於樊。仁使左將軍于禁、立義將軍⓮龐德等屯樊北。八月，大霖雨⓯，漢水溢，平地數丈，于禁等七軍⓰皆沒。禁與諸將登高避水，羽乘大

船就攻之。禁等窮迫，遂降。龐德在隄上，被甲持弓，箭不虛發，自平旦⑰力戰，至日過中，羽攻益急。矢盡，短兵接，德戰益怒，氣愈壯，而水浸盛，吏士盡降。德乘小船欲還仁營，水盛船覆，失弓矢，獨抱船覆水中，為羽所得，立而不跪。羽謂曰：「卿兄⑱在漢中，我欲以卿為將，不早降何為！」德罵羽曰：「豎子，何謂降也！魏王帶甲百萬，威振天下，汝劉備庸才耳，豈能敵邪！我寧為國家鬼，不為賊將也！」羽殺之。魏王操聞之流涕[1]，曰：「吾知于禁三十年，何意臨危處難，反不及龐德⑲邪！」封德二子為列侯。

羽急攻樊城，城得水，往往崩壞，眾皆恟懼。或謂曹仁曰：「今日之危，非力所支，可及羽圍未合，乘輕船夜走。」汝南⑳太守滿寵曰：「山水速疾，冀其不久。聞羽遣別將已在郟㉑下，自許以南，百姓擾擾㉒。羽所以不敢遂進者，恐吾軍掎㉓其後耳。今若遁去，洪河㉔以南，非復國家有也，君宜待之。」仁曰：「善！」乃沈白馬與軍人盟誓，同心固守。城中人馬纔數千人，城不沒者數板㉕。羽乘船臨城，立圍數重，外內斷絕。羽又遣別將圍將軍呂常於襄陽。荊州刺史胡脩、南鄉㉖太守傅方皆降於羽。

【章　旨】以上為第六段寫關羽北伐，擒于禁，殺龐德，威震華夏。

【注　釋】❶合肥　縣名，縣治在今安徽合肥。❷戍　守衛。❸淮南　郡名，魏改漢九江郡為淮南郡，治所壽春，在今安徽壽縣。揚州刺史治所亦在此地。當時淮南為孫曹兩家必爭之要地。就曹氏而言，淮南為進攻江東的前沿基地；就孫權而言，淮南為屏衛江東的門戶。❹溫恢　字曼基，太原祁縣（今山西祁縣東南）人，初為縣令長，又為曹操丞相主簿，出為揚州刺史。魏文帝時，為侍中，又為魏郡太守、涼州刺史。傳見《三國志》卷十五。❺水潦　雨水。❻子孝　曹仁字子孝。❼縣軍　孤軍深入稱為懸軍。縣，「懸」本字。❽驍猾　驍勇狡猾。❾征南　指曹仁，時曹仁為征南將軍屯樊城。❿麋芳　麋竺之弟，初隨劉備征戰，後為南郡太守，叛迎孫權，關羽因而覆敗。傳見《三國志》卷三十八。⓫江陵　縣名，縣治在今湖北江陵。⓬士仁　姓士名仁，字君義。此據《三國志・蜀書・關羽傳》作「傅士仁」，衍「傅」字。下文無「傅」字。事見《三國志・蜀書・楊戲傳》附〈季漢輔臣贊〉。⓭公安　縣名，在今湖北公安東北。⓮立義將軍　官名，屬雜號將軍。⓯霖雨　連綿大雨。⓰七軍　曹操得荊州後，以襄陽為重鎮，特留于禁、張遼、張郃、朱靈、李典、路招、馮楷等七軍駐守襄陽，其後張遼等雖然調走，而其軍隊仍留歸于禁所領，故仍有七軍。參見《三國志・魏書・趙儼傳》。⓱平旦　清晨。⓲兄　指龐德之從兄龐柔，當時在蜀。⓳反不及龐德　于禁於初平三年（西元一九二年）曹操為兗州牧後就被曹操所用，而龐德原為馬超舊將，曹操於建安二十年（西元二一五年）定漢中時始歸降曹操。龐德不降而死，于禁卻投降關羽。故曹操說于禁反不及龐德。⓴汝南　郡名，治所平輿，在今河南平輿北。當時滿寵為汝南太守，但人未在治所平輿。他受曹操之命，助曹仁守樊城，故得與曹仁謀議軍事。㉑郟　縣名，西漢所置，東漢撤銷，漢末又復置。縣治在今河南郟縣。㉒擾擾　紛亂不安。㉓掎　拖住；牽制。㉔洪河　大河，指黃河。㉕板　城高二尺為一板。㉖南鄉　郡名，漢末建安中分南陽郡置，治所南鄉縣，在今河南淅川縣東南。

【校　記】①流涕　原無此二字。據章鈺校，甲十一行本、乙十一行本、孔天胤本皆有此二字，今據補。

【語　譯】孫權進攻合肥，當時各州的部隊守衛淮南，揚州刺史溫恢對兗州刺史裴潛說：「這裡雖然有匪賊，但不值得憂慮。現在雨水就要來了，曹仁孤軍在外，沒有遠征的準備，關羽驍勇刁猾，只擔心征南將軍那裡發生變故。」不久關羽果然派南郡太守麋芳守江陵，將軍傅士仁守公安，關羽親自率領軍隊在樊城攻擊曹仁，

曹仁派左將軍于禁、立義將軍龐德等駐守樊城北面。八月，大雨連綿不停，漢水溢出，平地水深數丈，于禁等七支部隊全部被淹沒。于禁與眾將領登上高地避水，關羽乘坐大船逼近攻打。于禁等走投無路，就投降了。龐德在堤上，穿著鎧甲挽弓射箭，箭無虛發，從清早起就拼死作戰，直到午後，關羽進攻得越來越激烈。龐德的箭射完了，短兵相接。龐德越戰越勇，氣勢越戰越高昂，而水勢逐漸升高，部下的官兵全都投降了。龐德乘坐小船打算退回曹仁的軍營，水大船翻，弓箭失落，隻身在水中抱著翻了的船，被關羽抓獲，直立不下跪。關羽對龐德說：「你的哥哥在漢中，我想任命你為將軍，為什麼不早投降呢！」龐德大罵關羽：「你這臭小子，什麼叫投降！魏王擁兵百萬，威振天下，你們那個劉備不過是個庸才罷了，哪裡是對手！我寧願做國家的死鬼，也不做賊將！」關羽把他殺了。魏王曹操聽到消息後流下眼淚，說：「我認識于禁三十年，哪裡想到面臨危難，反不如龐德呢！」封龐德的兩個兒子為列侯。

關羽猛攻樊城，城牆被水浸泡，往往倒塌，眾人都驚駭懼怕。有人對曹仁說：「今天的危險局面，不是我們的力量能夠支撐的，可以趁關羽的包圍圈還沒有合攏，乘輕便的船夜裡撤走。」汝南太守滿寵說：「山洪迅疾，但願不會長久。聽說關羽派另外的將領已至郟縣附近，從許都往南，百姓紛亂不安。關羽所以不敢再前進，是害怕我軍拖住了他的後面。現在如果逃走，黃河以南，不再為國家所有了。您應該堅守等待。」曹仁說：「好！」於是把白馬沉入水中與軍人們盟誓，同心堅守。城中的兵馬才幾千，沒有被淹沒的城牆只有幾尺高。關羽坐船到城下，設立幾層包圍圈，內外斷絕。關羽又派另外的將領到襄陽包圍將軍呂常。荊州刺史胡脩、南鄉太守傅方都投降了關羽。

初，沛國魏諷❶有惑眾才，傾動鄴都，魏相國鍾繇辟以為西曹掾❷。滎陽任覽與諷友善，同郡鄭袤❸，泰之子也，每謂覽曰：「諷姦雄，終必為亂。」九月，

諷潛結徒黨，與長樂衛尉❹陳禕謀襲鄴。未及期，禕懼而告之。太子丕誅諷，連坐死者數千人，鍾繇坐免官。

初，丞相主簿楊脩與丁儀兄弟謀立曹植為魏嗣，五官將丕患之，以車載廢簏❺內朝歌長吳質，與之謀。脩以白魏王操，操未及推驗❻。丕懼，告質，質曰：「無害也。」明日，復以簏載絹以入，脩復白之，推驗，無人，操由是疑焉。其後植以驕縱見疏，而植故連綴脩不止，脩亦不敢自絕。每當就植，慮事有闕，忖度操意，豫作答教❼十餘條，敕門下，「教出，隨所問答之。」於是教裁❽出，答已入。操怪其捷，推問，始泄。操亦以脩袁術之甥，惡❾之，乃發脩前後漏泄言教，交關諸侯❿，收殺之。

魏王操以杜襲為留府長史⓫，駐關中。關中營帥⓬許攸⓭擁部曲⓮不歸附，而有慢言⓯。操大怒，先欲伐之。羣臣多諫宜招懷攸，共討強敵。操橫刀於膝⓰，作色⓱不聽。襲入欲諫，操逆⓲謂之曰：「吾計已定，卿勿復言！」襲曰：「若殿下計是邪，臣方助殿下成之；若殿下計非邪，雖成，宜改之。殿下逆臣令勿言，何待下之不闡⓳乎！」操曰：「許攸慢吾，如何可置⓴！」襲曰：「殿下謂許攸何如人邪？」操曰：「凡人也。」襲曰：「夫惟賢知賢，惟聖知聖，凡人安能知

非凡人邪！方今豺狼當路而狐狸是先㉑，人將謂殿下避強攻弱，進不為勇，退不為仁。臣聞千鈞㉒之弩，不為鼷鼠㉓發機；萬石㉔之鍾，不以莛㉕撞起音。今區區㉖之許攸，何足以勞神武㉗哉！」操曰：「善！」遂厚撫攸，攸即歸服。

冬，十月，魏王操至洛陽㉘。

【章旨】以上為第七段，寫曹丕殺魏諷，曹操誅楊脩。

【注釋】❶魏諷　字子京，沛縣（今安徽濉溪縣西北）人，東漢末官吏，任西曹掾，連絡長樂衛尉陳禕謀襲鄴城，殺魏太子曹丕。由於陳禕告密，魏諷被誅，坐死者數十人。❷西曹掾　官名，此魏相國府之西曹掾。❸鄭袤　字林叔，滎陽開封（今河南開封南）人，鄭泰之子。初為臨淄侯曹植文學。高貴鄉公即位後，為光祿勳，魏元帝時為光祿大夫，後入晉。傳見《晉書》卷四十四。❹長樂衛尉　官名，漢代皇太后宮稱長樂宮。長樂宮置衛尉卿，掌宮室警衛。❺簏　竹箱。❻推驗　推究檢驗。❼教　教令。❽裁　通「才」。❾惡　討厭。❿交關諸侯　此謂楊脩與曹植往來勾結。交關，勾結。⓫留府長史　官名，總理留府事。曹操置留府於關中（駐長安），在於防蜀。⓬營帥　地方武裝的頭領。⓭許攸　與從袁紹部下投歸曹操的許攸名同人異。⓮部曲　私人武裝。⓯慢言　輕視侮辱之言。⓰郄　通「膝」。⓱作色　臉上變色。指生氣。⓲逆　拒絕。⓳闡　明。⓴置　赦免。㉑豺狼當路而狐狸是先　豺狼當道，卻先打狐狸。意謂棄強擊弱，棄大擊小。㉒鈞　三十斤為一鈞。㉓鼷鼠　一種小鼠。㉔石　四鈞為一石，即一百二十斤為一石。㉕莛　草莖。以上皆言勢力大者不輕易對微小者行動。㉖區區　微小。㉗神武　神明威武。指曹操。㉘操至洛陽　曹操從關中回到洛陽。

【語譯】起初，沛國人魏諷有惑亂眾人的才能，轟動鄴都，魏相國鍾繇徵辟他為西曹掾。滎陽人任覽跟魏諷友好，同郡人鄭袤，是鄭泰的兒子，經常對任覽說：「魏諷是個奸雄，最終一定會叛亂。」九月，魏諷暗中糾結黨羽，與長樂衛尉陳禕陰謀襲擊鄴都。還沒有到約定的襲擊日期，陳禕因害怕而告發。太子曹丕殺了魏諷，受株連而被處死的有幾千人，鍾繇也因此獲罪被免官。

起初，丞相主簿楊脩與丁儀兄弟圖謀擁立曹植為魏國的繼承人，五官將曹丕為此憂慮，讓朝歌縣長吳質躲藏在廢舊的竹箱裡，用車子把他載來，跟他謀劃。楊脩把此事上報曹操，曹操還沒有來得及調查。曹丕害怕了，告訴吳質，吳質說：「不用害怕。」第二天，又用箱子裝著絲絹進來，楊脩又上報曹操，派人調查，箱子裡沒有人，曹操從此懷疑楊脩。後來曹植因驕橫放縱被疏遠，卻依舊跟楊脩來往，楊脩也不敢主動斷絕關係。每當楊脩到曹植那裡，曹植有考慮不到的事情，楊脩就猜測曹操的意圖，預先作好答案十幾條，命令手下人，「教令傳來，依據所提的問題，拿出相應的預案作答。」於是教令剛剛傳來，答案已送進去。曹操奇怪回應這麼快，經過追查，事情才洩露。曹操還因為楊脩是袁術的外甥，討厭他，於是揭露楊脩前後洩露教令，交結諸侯，逮捕並殺了他。

魏王曹操任命杜襲為留府長史，駐軍關中。關中地方武裝的頭領許攸擁有部眾，不肯歸附，而且言詞輕慢。曹操大怒，想先征討他。群臣大多勸諫說應該招撫許攸，共同討伐強敵。曹操把刀橫放在膝上，怒容滿面，不聽勸諫。杜襲進來想勸說，曹操反而先對杜襲說：「我的主意已定，你不要再說了！」杜襲說：「如果殿下的主意是正確的，臣當幫助殿下完成它；如果殿下的主意有誤，即使決定了，也應改正。殿下反而先命令臣不要進言，對待下屬為什麼這樣不開明呢！」曹操說：「許攸輕慢我，怎麼能放過他！」杜襲說：「殿下認為許攸是什麼樣的人呢？」曹操說：「一個平常的人。」杜襲說：「只有賢人才能瞭解賢人，聖人才能瞭解聖人，平常的人怎麼能瞭解不平常的人呢？如今豺狼當道卻先打狐狸，人們會認為殿下避強攻弱，進攻說不上勇敢，退卻說不上仁義。我聽說有千鈞之力的強弩，不向小鼠射擊；萬石重的大鐘，不用草莖撞擊發音。現在一個小小的許攸，怎麼值得勞您的神明英武！」曹操說：「很好！」於是優待安撫許攸，許攸立刻歸服曹操。

冬，十月，魏王曹操到達洛陽。

陸渾❶民孫狼等作亂，殺縣主簿❷，南附關羽。羽授狼印，給兵，還為寇賊。自許以南，往往遙應羽，羽威震華夏❸。魏王操議徙許都以避其銳。丞相軍司馬❹司馬懿、西曹屬❺蔣濟言於操曰：「于禁等為水所沒，非戰攻之失，於國家大計未足有損。劉備、孫權，外親內疏，關羽得志，權必不願也。可遣人勸權躡❻其後，許割江南以封權，則樊圍自解。」操從之。

初，魯肅嘗勸孫權以曹操尚存，宜且❼撫輯❽關羽，與之同仇，不可失也。及呂蒙代肅屯陸口，以為羽素驍雄❾，有兼并之心；且居國上流，其勢難久，密言於權曰：「今令征虜❿守南郡⓫，潘璋⓬住白帝⓭，蔣欽⓮將游兵萬人循江上下，應敵所在，蒙為國家前據襄陽，如此，何憂於操，何賴於羽！且羽君臣矜其詐力，所在反覆，不可以腹心待也。今羽所以未便東向者，以至尊聖明，蒙等尚存也。今不於強壯時圖之，一旦僵仆，欲復陳力，其可得邪！」權曰：「今欲先取徐州⓯，然後取羽，何如？」對曰：「今操遠在河北，撫集幽、冀⓰，未暇東顧。徐[1]土守兵，聞不足言，往自可克。然地勢陸通，驍騎所騁，至尊今日取徐州，操後旬必來爭，雖以七八萬人守之，猶當懷憂。不如取羽，全據長江，形勢益張，易為守也。」權善之。

權嘗為其子求昏⑰於羽，羽罵其使，不許昏，權由是怒。及羽攻樊，呂蒙上疏曰：「羽討樊而多留備兵，必恐蒙圖其後故也。蒙常有病，乞分士眾還建業⑱，以治疾為名，羽聞之，必撤備兵，盡赴襄陽。大軍浮江晝夜馳上，襲其空虛，則南郡⑲可下，而羽可禽也。」遂稱病篤⑳。權乃露檄㉑召蒙還，陰與圖計。蒙下至蕪湖，定威校尉陸遜謂蒙曰：「關羽接境，如何遠下，後不當可憂也？」蒙曰：「誠如來言，然我病篤。」遜曰：「羽矜其驍氣，陵轢㉒於人，始有大功，意驕志逸，但務北進，未嫌㉓於我，有相聞病，必益無備。今出其不意，自可禽制。下見至尊，宜好為計。」蒙曰：「羽素勇猛，既難為敵，且已據荊州，恩信大行，兼始有功，膽勢益盛，未易圖也㉔。」蒙至都，權問：「誰可代卿者？」蒙對曰：「陸遜意思深長，才堪負重，觀其規慮，終可大任；而未有遠名，非羽所忌，無復是過也㉕。若用之，當令外自韜隱㉖，內察形便，然後可克。」權乃召遜，拜偏將軍㉗、右部督以代蒙。遜至陸口，為書與羽，稱其功美，深自謙抑，為盡忠自託之意。羽意大安，無復所嫌，稍㉘撤兵以赴樊。遜具啟形狀，陳其可禽之要。

羽得于禁等人馬數萬，糧食乏絕，擅取權湘關㉙米。權聞之，遂發兵襲羽。權欲令征虜將軍㉚孫皎㉛與呂蒙為左右部大督㉜，蒙曰：「若至尊以征虜能，宜用

之，以蒙能，宜用蒙。昔周瑜、程普為左右部督，督兵攻江陵，雖事決於瑜，普自恃久將，且俱是督，遂共不睦，幾敗國事，此目前之戒也。」權寤㉝，謝蒙曰：「以卿為大督，命皎為後繼可也。」

【章旨】以上為第八段，寫呂蒙獻計孫權，謀取荊州。

【注釋】❶陸渾　縣名，縣治在今河南嵩縣東北。❷縣主簿　官名，縣令長的主要屬吏，與縣令長近密，典領文書，治理庶務。❸華夏　中原。❹丞相軍司馬　官名，曹操所置丞相府屬吏，主要參與軍事謀劃。❺西曹屬　官名，即丞相西曹屬，丞相府之屬吏，主管府吏署用。❻躡　追隨；牽制。❼且　暫且。❽撫輯　安撫親睦。❾驍雄　勇猛雄傑。❿征虜　指孫皎，當時孫皎為征虜將軍。⓫南郡　郡名，治所江陵，在今湖北江陵。⓬潘璋　字文珪，東郡發干（今河南濮陽）人，孫吳大將，身經百戰，官至襄陽太守、平北將軍，封溧陽侯。傳見《三國志》卷五十五。⓭白帝　即白帝城。本漢之魚復縣，公孫述據蜀，改名白帝城，在今重慶市奉節東。此云潘璋住白帝，按，此時白帝已為劉備所據，潘璋不可能住白帝。⓮蔣欽　字公奕，九江壽春（今安徽壽縣）人，孫吳大將，歷官別部司馬、西部都尉、中郎將、左護軍。傳見《三國志》卷五十五。⓯徐州　西漢十三刺史部之一，在今山東南部和江蘇長江以北地區。三國魏治所在彭城，即今江蘇徐州。⓰操遠在河北二句　此言不實，魯肅死於建安二十二年（西元二一七年），呂蒙代魯肅屯陸口，亦在同年。而此時曹操正在居巢（今安徽巢縣），不能說「遠在河北」；並且曹操早在十年前已平定幽州和冀州，不能說當時正「撫集幽、冀，未暇東顧」。這些錯誤非始於《通鑑》，《三國志・吳書・呂蒙傳》已如此記載，清代學者早已指出。⓱昬　「婚」本字。⓲建業　縣名，原名秣陵，孫權改稱建業，縣治在今江蘇南京。⓳南郡　指南郡治所江陵。⓴病篤　病重。㉑露檄　不緘封的檄文。㉒陵轢　欺壓。㉓嫌　懷疑。㉔未易圖也　不容易對付。㉕無復是過也　再沒有人超過他了。也就是說，代替呂蒙者，再沒有人比陸遜更適合了。㉖韜隱　謂隱晦其韜略。㉗偏將軍　官名，東漢的雜號將軍。㉘稍　逐漸。㉙湘關　吳與蜀分荊州，以湘水為界，故置關水上，以通商旅，謂之湘關。又在蕭、湘二水合流處有湘口關，在今湖南永州北。㉚征虜將軍　官名，東漢的雜號將軍。㉛孫皎　字叔朗，孫堅小弟孫靜之子。始從孫權為護軍校尉，後為征虜將軍，督鎮夏口。與呂蒙擒關羽，定荊州有功。傳見《三國志》卷五十

一。32左右部大督　出軍時臨時設置的兩名督軍統帥。33寤　通「悟」。理解。

【校　記】1徐　原作「餘」。據章鈺校，甲十一行本、乙十一行本皆作「徐」，今據改。

【語　譯】陸渾人孫狼等叛亂，殺死縣主簿，向南依附關羽。關羽授予孫狼官印，撥給部隊，讓他回去作寇賊。自許都以南各地，往往與關羽遙相呼應，關羽的聲威震動華夏。魏王曹操打算遷移許都以避開關羽的鋒芒。丞相軍司馬司馬懿、西曹屬蔣濟向曹操進言說：「于禁等被洪水淹沒，並不是攻戰的失誤，對國家不足以構成損害。劉備、孫權，表面上親密，內心裡卻疏遠，關羽得勢，孫權一定不高興。可派人勸說孫權在關羽的後方加以牽制，許諾割長江以南封給孫權，那麼樊城之圍自然解除。」曹操聽從了這個建議。

起初，魯肅曾經勸說孫權，因為曹操還存在，應該暫時安撫親近關羽，跟他同心合力對付仇敵，不能失去這種關係。等到呂蒙代替魯肅駐軍陸口，認為關羽一向驍勇威武，有兼併的野心；況且位於國家的上游，和睦的形勢難以持久，於是暗中向孫權進言說：「現今命令征虜將軍孫皎駐守南郡，潘璋駐守白帝，蔣欽率領機動部隊一萬人沿長江上下游弋，奔赴敵人出現的地方，我呂蒙為國家前去把守襄陽，這樣，何必擔憂曹操，又何必依賴關羽！而且關羽他們君臣依仗詐謀和武力，所到之處反覆無常，不能作為心腹對待。現在關羽之所以不便東進，是由於至尊聖明，我等尚在。現今不在我們力量強大的時候對付他，一旦我們倒下，想再動用武力，還有可能嗎！」孫權說：「現在我想先攻打徐州，然後攻打關羽，怎麼樣？」呂蒙回答說：「現在曹操遠在黃河以北，慰撫安定幽州、冀州，沒有時間顧及東面。徐州的守兵，聽說少得微不足道，前往自然可以攻克。然而徐州地勢平坦，交通方便，正是勇猛的騎兵馳騁的地方，至尊今天攻下了徐州，曹操十天後就一定會來爭奪，雖有七八萬人防守，仍然讓人擔憂。不如攻取關羽，控制整個長江流域，形勢更為有利，也容易防守。」孫權十分讚賞這個建議。

孫權曾經為自己的兒子向關羽求婚，關羽辱罵孫權的使者，沒有答應締婚，孫權因此很生氣。等到關羽進攻樊城，呂蒙上疏說：「關羽征討樊城，卻留下許多防守的兵眾，一定是擔心我攻擊他後方的緣故。我經

常生病，請求分出一部分兵眾由我帶回到建業，以治病為名，關羽得知這個消息，一定撤掉防守兵眾，全部趕赴襄陽。我們的大軍乘船沿長江晝夜奔向上游，偷襲關羽空虛的地方，這樣就可以攻下南郡，擒獲關羽了。」於是呂蒙假稱病重。孫權就用不加密封的檄書召呂蒙回京，祕密與他謀劃。呂蒙順江而下到了蕪湖，定威校尉陸遜對呂蒙說：「你的駐地與關羽接境，為什麼遠遠地退下來，以後難道就不會發生可憂慮的事嗎？」呂蒙說：「真的如你所說，但我病得太重了。」陸遜說：「關羽自以為驍勇氣盛，欺壓他人，剛剛建立大功，心驕志遠，只一心北進，對我們沒有猜疑，聽說您生病，一定更不防備。現在出其不意，自然可以擒獲制服他。回去見到至尊，應該好好地謀劃大計。」呂蒙說：「關羽一向勇猛，已難與他為敵，何況又佔領了荊州，廣施恩德信義，加上已建大功，膽量和氣勢更加壯大，不容易對付。」呂蒙到了都城，孫權問：「誰可代替你？」呂蒙回答說：「陸遜慮事深遠，才能可以擔當重任，考察他的謀略，可以委以大任；而且名聲沒有遠播，不會被關羽猜忌，再沒人能超過他了。如果任用他，應當讓他外表上韜光養晦，內心裡洞察形勢，尋找便利的時機，然後就可以取得成功。」孫權於是召回陸遜，任命為偏將軍、右部督，用他代替呂蒙。陸遜到了陸口，寫信給關羽，稱頌他的功勞美德，言詞十分謙卑，表示要盡忠關羽、自求託身的意思。關羽這才大為放心，不再有所懷疑，逐漸抽調兵馬奔赴樊城。陸遜將這些情報完全上奏孫權，陳述可以擒獲關羽的關鍵所在。

關羽得到于禁等幾萬人馬，糧食缺乏，擅自取用孫權的湘關米糧。孫權得知後，就派軍隊偷襲關羽。孫權打算任命征虜將軍孫皎和呂蒙為左、右部大督，呂蒙說：「如果至尊認為征虜將軍能夠勝任，就只任用他，認為我呂蒙能夠勝任，就只用我。從前周瑜、程普被任命為左、右部督，帶兵攻打江陵，雖然事情由周瑜決定，但程普依仗他長年帶兵，況且都是部督，因此彼此不和，差點壞了國家大事，這正是目前要引以為戒的。」孫權領悟，向呂蒙道歉說：「任命卿為大督，讓孫皎作後援就行了。」

魏王操之出漢中也，使平寇將軍❶徐晃屯宛以助曹仁。及于禁陷沒，晃前至陽陵陂❷。關羽遣兵屯偃城❸，晃既到，詭道❹作都塹❺，示欲截其後，羽兵燒屯❻走。晃得偃城，連營稍前。操使趙儼以議郎參曹仁軍事，與徐晃俱前。餘救兵未到，晃所督不足解圍，而諸將呼責晃，促救仁。儼謂諸將曰：「今賊圍素固，水潦猶盛，我徒卒單少，而仁隔絕，不得同力，此舉適❼所以敝內外❽耳。當今不若前軍偪圍，遣諜通仁，使知外救，以勵將士。計北軍❾不過十日，尚足堅守，然後表裏俱發，破賊必矣。如有緩救之戮，余為諸君當之。」諸將皆喜。晃營距羽圍三丈所❿，作地道及箭飛書⓫與仁，消息數通。

孫權為牋與魏王操，請以討羽自效，及乞不漏，令⓬羽有備。操問羣臣，羣臣咸言宜密之。董昭曰：「軍事尚權⓭，期於合宜。宜應權以密，而內露之。羽聞權上⓮，若還自護，圍則速解，便獲其利，可使兩賊相對銜持⓯，坐待其敝。祕而不露，使權得志，非計之上。又，圍中將吏不知有救，計糧怖懼⓰，儻⓱有他意，為難不小。露之為便。且羽為人強梁⓲，自恃二城守固，必不速退。」操曰：「善！」即敕徐晃以權書射著圍裏及羽屯中。圍裏聞之，志氣百倍；羽果猶豫不能去⓳。

魏王操自雒陽南救曹仁，羣下皆謂「王不亟⑳行，今敗矣。」侍中桓階獨曰：「大王以仁等為足以料事勢不㉑也？」曰：「能。」「大王恐二人㉒遺力㉓邪？」曰：「不然。」「然則何為自往？」曰：「吾恐虜眾多，而徐晃等勢㉔不便㉕耳。」階曰：「今仁等處重圍之中而守死無貳㉖者，誠以大王遠為之勢㉗也。夫居萬死之地，必有死爭之心。內懷死爭，外有強救，大王按六軍㉘以示餘力，何憂於敗而欲自往！」操善其言，乃駐軍摩陂㉙，前後遣殷署、朱蓋等凡十二營詣晃。關羽圍頭有屯，又別屯四冢㉚，晃乃揚聲當攻圍頭屯而密攻四冢。羽見四冢[1]欲壞，自將步騎五千出戰。晃擊之，退走。羽圍塹鹿角㉛十重，晃追羽，與俱入圍中，破之，傅方、胡脩皆死，羽遂撤圍退，然舟船猶據沔水，襄陽隔絕不通。

【章　旨】以上為第九段，寫曹將徐晃救襄樊，初戰打敗關羽，而關羽仍戀戰不撤。

【注　釋】❶平寇將軍　官名，曹操所置雜號將軍。❷陽陵陂　堰名，在當時偃城西北。❸偃城　地名，在當時襄陽之北，樊城附近，在今湖北襄樊。❹詭道　隱祕的小路。❺都塹　長壕溝。謂從隱祕的小路至偃城之外作長壕溝。❻屯　營寨。❼適　正；恰好。❽內外　指曹仁軍與徐晃軍。❾北軍　指曹操所派前來救曹仁的軍隊。❿三丈所　約三丈左右。⓫箭飛書　以箭傳遞的書信。⓬令　致使。⓭權　機變；變通。⓮上　謂沿長江而上。⓯銜持　謂控制使之相爭。⓰計糧怖懼　謂計算城中之糧不足以堅持守城，因而產生恐懼心理。⓱儻　通「倘」。假使；如果。⓲強梁　強悍勇武。⓳猶豫不能去　蓋關羽以為江陵、公安二城防守堅固，而陸遜又無可疑之處，徐晃所射孫權之書，恐係偽造，因此猶豫不撤退。⓴亟　急速。㉑不　通「否」。㉒二人　指守樊城的曹仁、守襄陽的呂常。㉓遺力　不盡全力。㉔勢　勢力。㉕不便　不利；不足。㉖貳　異心。

㉗勢 聲勢。㉘六軍 周制，天子有六軍，諸侯有三軍、二軍、一軍不等。此處指全國軍隊。㉙摩陂 堰名，在今河南郟縣東南。㉚四冢 地名，在當時樊城附近。㉛鹿角 用削尖的帶枝樹木埋插於地，以防敵人逾越，因形似鹿角，故名。

【校 記】①羽見四冢 原無此四字。據章鈺校，乙十一行本有此四字，今據補。

【語 譯】魏王曹操撤出漢中的時候，派平寇將軍徐晃駐守宛城以援助曹仁。等到于禁被滅，徐晃向前進軍至陽陵陂，關羽派兵駐紮偃城，徐晃到後，通過隱蔽小路在偃城之外挖掘壕溝，表示要截斷關羽軍隊的後路，關羽的部隊燒了軍營撤離。徐晃得到偃城，連結軍營，稍稍往前推進。曹操派趙儼以議郎的身分參與曹仁的軍事，和徐晃一同前進。其餘的救兵還沒有趕到，徐晃所統領的兵力不足以解圍，眾將領呼籲並責備徐晃，催促他援救曹仁。趙儼對眾將領說：「現在敵人包圍圈本已牢固，洪水還很大，我們勢單力薄，而又與曹仁隔絕，不能齊心合力，很顯然，這樣做正讓內外遭受失敗罷了。現在不如進軍緊逼敵人的包圍圈，派間諜通知曹仁，讓他知道外有救兵，以此來激勵將士。估計北面的援軍不超過十天就可以趕到，城中還可以堅守，然後內外一起發動攻擊，一定能打敗敵人。如果有救援遲緩的罪責，我替諸位承擔。」眾將領都很高興。徐晃在距關羽包圍圈三丈左右的地方紮營，挖地道和用飛箭傳書給曹仁，多次互通消息。

孫權寫信給魏王曹操，請求征討關羽，效力曹操，並請求不要走漏消息，使關羽有所防範。曹操詢問群臣意見，群臣都說應該保密。董昭說：「軍事上的事情，貴在權變，以期符合實際。應當向孫權承諾保密，但內部可以透露。關羽得到孫權逆流而上的消息，如果回兵自衛，樊城之圍就會迅速解除，我們就獲得好處，可以讓兩個敵人相互對峙牽制，坐等兩敗俱傷。如果保密不洩露，使孫權得成其志，這不是上策。又，被圍困中的將士不知道有救兵，計算軍糧短缺，心中便驚恐不安，如果產生什麼不好的想法，就會造成不小的禍難。還是透露出去為好。況且關羽為人，強悍勇猛。自己依仗兩城防守牢固，一定不會迅速撤退。」曹操說：「很好！」立刻命令徐晃把孫權的書信用箭射到被圍的城裡和關羽的軍營中。被圍的城裡得知消息，士氣提高了百倍；關羽果然猶豫不決，不願撤離。

魏王曹操從洛陽南下救援曹仁。群臣都認為「大王不急速行動，就要失敗了。」只有侍中桓階說：「大王認為曹仁等人的能力是否足以判斷形勢？」曹操說：「能。」桓階說：「大王擔心曹仁、徐晃兩人會不盡全力嗎？」曹操說：「不會的。」桓階說：「既然如此，為什麼親自前往？」曹操說：「我怕敵人兵多，而徐晃等人兵力不足。」桓階說：「現在曹仁等人處在重圍之中，卻死守沒有二心的原因，實在是因為大王在遠處作為聲援。處於萬死之地，一定會有拚死抗爭的決心。內懷拚死戰鬥之心，外有強大的救援，大王控制六軍不發兵，以展示兵力有餘，何必擔心失敗而想親自前往呢！」曹操贊同桓階的話，於是駐軍摩陂，但仍然前後派出殷署、朱蓋等共十二營兵眾增援徐晃。

關羽在圍頭有駐軍，又在四冢也有駐軍，徐晃於是揚言要進攻圍頭駐軍卻偷襲四冢。關羽看見四冢將被攻克，關羽親自率領步騎兵五千出戰。徐晃進攻關羽，關羽退走。關羽包圍樊城的壕溝設置了十層鹿角，徐晃追擊關羽，與關羽一起進入了圍城的包圍圈中，打敗了關羽，傅方、胡脩都戰死了，關羽於是撤圍退走，但是船隊仍然據守沔水，襄陽依然隔絕不通。

呂蒙至尋陽❶，盡伏其精兵𦪇䑰❷中，使白衣搖櫓，作商賈人服，晝夜兼行。羽所置江邊屯候，盡收縛之，是故羽不聞知。麋芳[1]、士仁素皆嫌羽輕己，羽之出軍，芳、仁供給軍資不悉相及，羽言還，當治之，芳、仁咸懼。於是蒙令故騎都尉❸虞翻為書說仁，為陳成敗，仁得書即降。翻謂蒙曰：「此譎兵❹也，當將仁行，留兵備城。」遂將仁至南郡。麋芳城守，蒙以仁示之，芳遂開門出降。蒙入江陵，釋于禁之囚，得關羽及將士家屬，皆撫慰之，約令軍中：「不得干歷❺

人家，有所求取。」蒙麾下⑥士，與蒙同郡人，取民家一笠以覆官鎧⑦，官鎧雖公，蒙猶以為犯軍令，不可以鄉里故而廢法，遂垂涕斬之。於是軍中震慄⑧，道不拾遺。蒙旦暮使親近存恤⑨耆老⑩，問所不足，疾病者給醫藥，飢寒者賜衣糧。羽府藏財寶，皆封閉以待權至。

關羽聞南郡破，即走南還。曹仁會諸將議，咸曰：「今因羽危懼，可追禽也。」趙儼曰：「權邀⑪羽連兵⑫之難，欲掩⑬制其後。顧⑭羽還救，恐我乘[2]其兩疲，故順辭求效⑮，乘釁⑯因變以觀利鈍耳。今羽已孤迸⑰，更宜存之以為權害。若深入追北⑱，權則改虞⑲於彼⑳，將生患於我矣。王必以此為深慮。」仁乃解嚴㉑。魏王操聞羽走，恐諸將追之，果疾敕仁如儼所策。

關羽數使人與呂蒙相聞，蒙輒厚遇其使，周游城中，家家致問，或手書示信。羽人還，私相參訊㉒，咸知家門無恙㉓，見待過於平時，故羽吏士無鬬心。

會權至江陵，荊州將吏悉皆歸附，獨治中從事武陵潘濬㉔稱疾不見。權遣人以牀就家輿㉕致之。濬伏面著牀席不起，涕泣交橫，哀哽㉖不能自勝。權呼其字與語，慰諭懇惻㉗，使親近以手巾拭其面。濬起，下地拜謝，即以為治中㉘，荊州軍事，一以諮之。

武陵部從事㉙樊伷誘導諸夷，圖以武陵附漢中王備。外白差督㉚督萬人往討之，權不聽。特召問濬，濬答：「以五千兵往足以擒伷。」權曰：「卿何以輕之？」濬曰：「伷是南陽舊姓㉛，頗能弄脣吻㉜，而實無才略。臣所以知之者，伷昔嘗為州人設饌㉝，比至日中，食不可得，而十餘自起，此亦侏儒㉞觀一節之驗㉟也。」權大笑，即遣濬將五千人往，果斬平之。

權以呂蒙為南郡太守，封孱陵侯，賜錢一億，黃金五百斤；以陸遜領宜都太守。

十一月，漢中王備所置宜都太守樊友委郡走，諸城長吏及蠻夷君長皆降於遜。遜請金、銀、銅印以假授初附。擊蜀將詹晏等及秭歸大姓擁兵者，皆破降之，前後斬獲招納凡數萬計。權以遜為右護軍㊱、鎮西將軍㊲，進封婁侯，屯夷陵㊳，守峽口㊴。

關羽自知孤窮，乃西保麥城㊵。孫權使誘之，羽偽降，立幡旗為象人㊶於城上，因遁走，兵皆解散，纔十餘騎。權先使朱然、潘璋㊷斷其徑路㊸。十二月，璋司馬馬忠獲羽及其子平於章鄉㊹，斬之，遂定荊州。

初，偏將軍吳郡全琮㊺上疏陳關羽可取之計，權恐事泄，寢㊻而不答。及已

禽羽，權置酒公安，顧謂琮曰：「君前陳此，孤雖不相答，今日之捷，抑亦[47]君之功也。」於是封琮陽華亭侯。權復以劉璋為益州牧，駐秭歸。未幾，璋卒。

呂蒙未及受封而疾發，權迎置於所館之側，所以治護者萬方[48]。時有加鍼[49]，權為之慘慼[50]。欲數見其顏色，又恐勞動，常穿壁瞻之，見小能下食，則喜顧左右言笑[3]，不然則咄唶[51]，夜不能寐。病中瘳[52]，為下赦令，羣臣畢賀，已而[53]竟卒，年四十二。權哀痛殊甚，為置守冢三百家。

權後與陸遜論周瑜、魯肅及蒙，曰：「公瑾[54]雄烈，膽略兼人[55]，遂破孟德，開拓荊州，邈[56]焉寡儔[57]。子敬[58]因公瑾致達[59]於孤，孤與宴語[60]，便及大略帝王之業，此一快也。後孟德因獲劉琮之勢，張言[61]方率數十萬眾水步俱下，孤普請諸將，咨問所宜，無適先對[62]。至張子布[63]、秦文表[64]俱言宜遣使脩檄迎之，子敬即駮[65]言不可，勸孤急呼公瑾，付任以眾，逆而擊之，此二快也。後雖勸吾借玄德地，是其一短，不足以損其二長也。周公不求備於一人[66]，故孤忘其短而貴其長，常以比方鄧禹[67]也。子明[68]少時，孤謂不辭劇[69]易，果敢有膽而已。及身長大，學問開益，籌略奇至，可以次於公瑾，但言議英發[70]不及之耳。圖取關羽，勝於子敬。子敬答孤書云：『帝王之起，皆有驅除，羽不足忌[71]。』此子敬內不能辦，

外為大言耳。孤亦恕之，不苟責也。然其作軍[72]屯營，不失令行禁止，部界無廢負[73]，路無拾遺，其法亦美矣。」

孫權與于禁乘馬併行，虞翻呵禁曰：「汝降虜，何敢與吾君齊馬首乎！」抗[74]鞭欲擊禁，權呵止之。

孫權之稱藩也，魏王操召張遼等諸軍悉還救樊，未至而圍解。徐晃振旅還摩陂，操迎晃七里，置酒大會。王舉酒謂晃曰：「全樊、襄陽，將軍之功也。」亦厚賜桓階，以為尚書。操嫌荊州殘民及其屯田在漢川[75]者，皆欲徙之。司馬懿曰：「荊楚輕脆易動，關羽新破，諸為惡者，藏竄觀望。徙其善者，既傷其意，將令去者不敢復還。」操曰：「是也。」是後諸亡者悉還出。

魏王操表孫權為票騎將軍[76]，假節[77]，領荊州牧，封南昌侯。權遣校尉梁寓入貢，又遣朱光等歸，上書稱臣於操，稱說天命。操以權書示外曰：「是兒欲踞吾著爐火上[78]邪！」侍中陳羣等皆曰：「漢祚[79]已終，非適[80]今日。殿下功德巍巍[81]，羣生注望，故孫權在遠稱臣。此天人之應，異氣齊聲。殿下宜正大位，復何疑哉！」操曰：「若天命在吾，吾為周文王[82]矣。」

【章　旨】以上為第十段，寫關羽失荊州，走麥城。孫權得勝，害怕劉備報仇而向曹操上尊號，稱臣，避免兩線作戰。

【注　釋】❶尋陽　縣名，縣治在今湖北黃梅北。❷艨艟　大型戰船。❸故騎都尉　虞翻原為騎都尉，因被誹謗流徙於丹陽，呂蒙請他自隨。虞翻當時無官職，仍以故官稱呼。❹譎兵　謂以詭計用兵。❺干歷　冒犯。❻麾下　部下。❼鎧　鎧甲。❽震慄　震驚恐懼。❾存恤　慰問體恤。❿耆老　老人。古稱六十歲老人為耆。⓫邀　胡三省注認為當作「徼」。僥倖。⓬連兵　謂關羽與曹仁連兵相鬥。⓭掩　乘其不備而襲取。⓮顧　顧慮。⓯求效　請求效力。⓰釁　縫隙；空子。⓱孤迸　謂孤軍遠竄。⓲北　敗逃。⓳虞　防備。⓴彼　指關羽。㉑解嚴　謂解除行軍的裝束，不再追擊關羽。㉒參訊　互相訊問。㉓無恙　無災禍疾病，平安無事。㉔潘濬　（？—西元二三九年）字承明，武陵漢壽（今湖南武陵東北）人，初為劉表從事史，劉備領荊州後，又為治中從事史，劉備入蜀後，主持荊州事。孫權敗關羽得荊州，又以濬為治中從事史，後又為奮威將軍、少府、太常，封劉陽侯。傳見《三國志》卷六十一。㉕輿　抬。㉖哽　悲哀而聲氣阻塞。㉗懇惻　誠懇痛切。㉘治中　官名，即治中從事史，州牧刺史的主要佐吏，職責是居中治事，主眾曹文書。㉙部從事　官名，即部從事史或部郡國從事史，州牧刺史的佐吏，每郡一人，主察非法。㉚差督　選派督將。差，選派。㉛南陽舊姓　南陽樊氏為漢光武帝母族，故為舊姓。㉜弄脣吻　猶言耍嘴皮子。㉝設饌　設宴；安排酒食。㉞侏儒　逗人歡笑的矮小雜技藝人。㉟觀一節之驗　謂觀其一節目足以驗其技藝。㊱右護軍　官名，孫權置中、左、右護軍各一人，掌禁兵，主武官選舉。㊲鎮西將軍　官名，東漢雜號將軍之一。㊳夷陵　縣名，縣治在今湖北宜昌東南。㊴峽口　指西陵峽口，在今湖北宜昌西北。㊵麥城　舊城名，故址在今湖北當陽東南沮水、漳水之間。㊶象人　假人。㊷潘璋　（？—西元二三四年）字文珪，東郡發干（今山東聊城堂邑西南）人，初隨孫權，討山越有功，為武猛校尉。後擒關羽，為振威將軍、固陵太守，封溧陽侯。孫權稱帝後，為右將軍。傳見《三國志》卷五十五。㊸徑路　小路。㊹章鄉　鄉名，又作「漳鄉」，在今湖北當陽東北。㊺全琮　（？—西元二四九年）字子璜，吳郡錢唐（今浙江杭州）人，初為孫權之奮威校尉，又為偏將軍，封錢唐侯。孫權稱帝後，為衛將軍、左護軍、徐州牧，又娶公主。後為右大司馬、左軍師。傳見《三國志》卷六十。㊻寢　擱置。㊼抑亦　還是。㊽萬方　千方百計。㊾加鍼　扎針。㊿慘慼　悲傷。(51)咄唶　歎息之聲。(52)中瘳　病情減輕。(53)已而　過後不久。(54)公瑾　周瑜字公瑾。(55)兼人　勝過別人。(56)邈　遠。(57)儔　同輩；同類。(58)子敬　魯肅字子敬。(59)致達　引薦。(60)宴語　閒談。(61)張言　誇大而言。(62)無適先對　沒有人先回答。

❻❸張子布　張昭字子布。❻❹秦文表　秦松字文表。❻❺駮　通「駁」。提出異議以糾駁。❻❻周公不求備於一人　《論語・微子》：周公謂魯公曰：「無求備於一人。」即是說，對人不要求全責備。❻❼鄧禹　東漢光武帝劉秀之功臣，在劉秀建立東漢政權中，善於出謀劃策，亦有戰功，但後來卻大敗於赤眉軍。故孫權以他比魯肅。❻❽子明　呂蒙字子明。❻❾劇　艱難。❼⓪英發　才華外露。❼❶皆有驅除二句　謂關羽之強大，正好為吳驅除禍患，不必有顧忌。❼❷作軍　治軍。❼❸部界無廢負　謂在統轄區內，沒有因為廢職而獲罪者。❼❹抗　舉起。❼❺漢川　此指襄陽、樊城一帶之漢水流域。❼❻票騎將軍　官名，位次於大將軍。票，又寫作「驃」。❼❼假節　假，授予之意。節，代表皇帝使命的憑證。假節，即有行使皇帝使命的權力。❼❽踞吾著爐火上　把我放在爐火上。胡三省認為：「蓋言漢以火德王，權欲使操加其上也，然操必以權書示外者，正欲以觀眾心耳。」❼❾祚　皇帝位。❽⓪適　僅；只。❽❶巍巍　高大貌。❽❷周文王　周文王在殷商末年受到眾多諸侯的擁戴，三分天下有其二，卻還臣服於商朝。

【校　記】①麋芳　原作「糜芳」。今據嚴衍《通鑑補》改作「麋芳」。按，前文載「南郡太守麋芳」，「麋」字尚不誤。②乘　據章鈺校，甲十一行本、乙十一行本皆作「承」。③言笑　原無此二字。據章鈺校，甲十一行本、乙十一行本、孔天胤本皆有此二字，張敦仁《通鑑刊本識誤》、張瑛《通鑑校勘記》同，今據補。

【語　譯】呂蒙到達尋陽，把精兵全部藏在艫船中，讓老百姓搖櫓，官兵穿上商人服裝，晝夜兼程。關羽設在江邊的哨兵，全部被抓獲，因此關羽一無所知。麋芳、士仁向來痛恨關羽輕蔑自己，關羽出兵時，麋芳、士仁沒有及時把全部軍用物資運送到，關羽說返回後，要將他們治罪，麋芳、士仁都很害怕。於是呂蒙命令前騎都尉虞翻寫信遊說士仁，向他陳述成敗得失，士仁得到書信就投降了。虞翻對呂蒙說：「這是詭計用兵，應當帶士仁同行，留下部隊守城。」於是帶士仁到南郡。麋芳守城，呂蒙推出士仁給麋芳看，麋芳就打開城門投降。呂蒙進入江陵，把于禁從牢裡放出，抓獲關羽及其將士的家屬，都給予慰撫，下令約束全軍：「不得侵犯居民，有所索取。」呂蒙部下一個士兵，跟呂蒙是同郡人，拿了平民家裡的一頂斗笠，用它來遮蓋官有鎧甲，鎧甲雖是公物，呂蒙仍認為觸犯了軍令，不可因鄉親的緣故而破壞法令，於是流著眼淚殺了他。於是全軍震動，道不拾遺。呂蒙早晚派出親信去撫慰老人，問他們缺什麼，為有病的人提供醫藥，給飢寒的人

送衣送糧。關羽府庫中所藏財寶，都封存起來，等待孫權到來。

關羽得知南郡被攻下，立即回軍向南撤退。曹仁召集眾將領商量，都說：「現在趁關羽危急驚恐，可追擊擒獲他。」趙儼說：「孫權想僥倖利用關羽與我交戰的時候，出其不意地襲擊關羽的後方。又顧慮關羽回去援救，擔心我方利用他們兩敗俱傷，所以言詞謙恭，表示願為我效力，無非是乘機利用事變來尋找有利之機罷了。現在關羽已孤軍逃竄，更應保留他，作為孫權的禍害。如果我們窮追敗敵，孫權就改而不再防備關羽，而將成為我們的禍患了。大王對此一定會有深思熟慮的。」曹仁解除了行軍的裝備。魏王曹操聽說關羽逃走，恐怕眾將領追擊，果然急令曹仁不追，一如趙儼所預料。

關羽多次派人與呂蒙聯繫，呂蒙總是熱情款待關羽的使者，讓他走遍全城，到關羽部下的家中，一戶一戶的慰問，有的家屬還親自寫信告訴家人。關羽的使者回去，將士私下前來詢問，都得知家中平安，家中受到的待遇超過了平時，因此關羽的將士失去鬥志。

正好孫權也到達了江陵，荊州的文武官員全部歸附，只有治中從事武陵人潘濬稱病不見。孫權派人抬著床到潘濬家連人帶床把他抬來。潘濬面貼床席不起身，涕淚縱橫，悲傷哽咽不能自已。孫權用潘濬的字稱呼他，與他交談，安撫勸說，言辭懇切，深情感人，孫權讓親近的人用手巾替潘濬擦臉，潘濬起身，下地拜謝，孫權立刻任命他為治中，荊州的軍事，一一向他諮詢。

武陵部從事樊伷誘導各夷族，企圖使武陵歸附漢中王劉備。有人報告孫權，要求派將領帶兵一萬人去征討樊伷，孫權沒有聽從，特地召來潘濬詢問。潘濬回答說：「派五千兵去，足以抓獲樊伷。」孫權說：「你為什麼這樣輕蔑他？」潘濬說：「樊伷是南陽的世家大族之後，只會耍嘴皮子，而實際上沒有才略。臣之所以瞭解他，是樊伷從前曾為州中人設宴，等到中午還沒有上飯菜，十多人只得起身離開，這就好比觀看侏儒表演，只看一節便可檢驗他的技藝水平。」孫權大笑，立即派潘濬率領五千人前往，果然斬了樊伷，平定了反叛。

孫權任命呂蒙為南郡太守，封為孱陵侯，賞賜錢一億，黃金五百斤；任命陸遜兼任宜都太守。

十一月，漢中王劉備所置的宜都太守樊友棄郡逃走，宜都郡所屬各城的長官以及蠻夷的首領都向陸遜投降。陸遜請求用金、銀、銅印授予新歸附的官員。進攻蜀將詹晏等和秭歸擁有武裝的豪族大姓，他們都被打敗而投降陸遜，先後被斬殺、抓獲、投降的總計數萬人。孫權任命陸遜為右護軍、鎮西將軍，進封為婁侯，駐軍夷陵，守衛峽口。

關羽自知孤立無援且已窮途末路，就向西退保麥城。孫權派使者誘降，關羽假裝投降，在城牆上樹立旗幟、假人，藉機逃走，士兵全部解散，身邊只有十幾名騎兵。孫權事先派朱然、潘璋切斷關羽逃走的小路。十二月，潘璋的司馬馬忠在章鄉抓獲關羽及其兒子關平，殺了他們，於是平定了荊州。

起初，偏將軍吳郡人全琮，上奏章陳述可以戰勝關羽的計策，孫權擔心事情洩露，擱置不答。等到已經抓獲了關羽，孫權在公安縣設宴，看著全琮說：「你先前提出這一建議，我雖然沒回答，但今天的勝利，也是你的功勞。」於是封全琮為陽華亭侯。孫權又任命劉璋為益州牧，駐在秭歸。不久，劉璋去世。

呂蒙沒來得及受封賞就舊病復發，孫權把他接來安置在自己住的館所旁邊。千方百計為他治療護理，時常給他針灸，孫權為他悲痛憂愁。孫權想常去看望呂蒙，又擔心勞累了他，於是在壁上穿洞時時注視。孫權看到呂蒙能稍稍吃點東西，就高興得回顧左右，又說又笑，不然就唉聲歎氣，徹夜難眠。呂蒙病情好轉了一些，孫權就為此下赦免令，群臣都來慶賀。不久，呂蒙竟然去世，年僅四十二歲。孫權非常悲痛，為呂蒙設置三百戶守護墓地。

孫權後來與陸遜評論周瑜、魯肅和呂蒙，說：「周公瑾雄健剛強，膽識過人，終於打敗曹操，開拓荊州，志行高遠，沒人能與他比肩。魯子敬是周公瑾引薦給孤的，孤與他閒談，便說及建立帝王之業的雄偉韜略，這是第一件痛快的事。後來曹操趁著獲得劉琮的形勢，揚言要率數十萬大軍水陸齊下，我請來所有的將領，諮詢應對的策略，沒有人先回答。至於張昭、秦松，都說應該派使者，寫好投降的檄文，去迎接曹操，魯子敬立刻反駁說不行，勸孤緊急徵召周公瑾，把軍隊重任交給他，迎擊曹操，這是第二件痛快的事。後來他雖然規勸孤借給劉備地盤，這是他的一個短處，但不足以有損他的兩大長處。周公對一個人不求全責備，所以

孤忘記他的短處而看重他的長處，孤常把他比作鄧禹。呂蒙小時候，孤認為他不畏避艱難，這只是果斷有膽量罷了。等他長大以後，學問大為長進，謀略出奇，可以說僅次於周公瑾，只是言談的才華比不上罷了。謀劃獲取關羽，勝過魯肅。魯肅回答孤的信說：『帝王的興起，都會有替他驅除敵人的人，關羽不值得顧忌。』這是魯肅內心知道自己辦不到的事，只不過對外講大話罷了。孤也寬恕他，不刻意責怪。但他治兵紮營，能令行禁止，在他管轄的範圍內沒有廢事負罪的人，路不拾遺，他的管理方法也是值得稱美的。」

孫權與于禁騎馬並行，虞翻大聲斥責于禁說：「你是個投降的俘虜，怎麼敢與我君主並馬齊驅！」揚起馬鞭要打于禁，孫權呵斥阻止了虞翻。

孫權向曹操稱臣，魏王曹操召回張遼等各自率軍都去救援樊城，還沒有到達，樊城之圍已解。徐晃勝利班師返回摩陂，曹操到七里之外迎接徐晃，設酒宴大會群臣。魏王舉起酒杯對徐晃說：「保全樊城、襄陽，是將軍的功勞。」也重賞桓階，任命為尚書。曹操嫌惡荊州殘留的民眾及其在漢水兩岸屯田的人，打算把他們全部遷走。司馬懿說：「荊楚一帶百姓輕佻，容易發生動亂，關羽剛剛被消滅，那些作惡的，都躲藏逃竄，觀望時局。要遷走善良百姓，既傷了他們的心，又將讓離去的不敢再回來。」曹操說：「你說得是對的。」從此以後那些逃亡的全都回來了。

魏王曹操上表推舉孫權為票騎將軍，授予符節，兼領荊州牧，封為南昌侯。孫權派校尉梁寓進貢，又送回朱光等，上書向曹操稱臣，規勸曹操順應天命稱帝。曹操把孫權的奏書拿給大家看，說：「這小子想把我放在爐火上啊！」侍中陳羣等都說：「漢朝氣數已盡，並不是從今天開始。殿下功德巍峨高大，眾人矚目仰望，所以孫權在遠方稱臣，這是天意人心的應驗，眾口同聲。殿下應登上大位，還有什麼猶豫的！」曹操說：「如果天命在我這裡，我就作周文王吧。」

臣光曰：「教化❶，國家之急務也，而俗吏慢❷之；風俗，天下之大事也，

而庸君忽❸之。夫惟明智君子，深識長慮，然後知其為益之大而收功之遠也。光武遭❹漢中衰，羣雄糜沸❺，奮起布衣❻，紹恢前緒❼，征伐四方，日不暇給，乃能敦尚❽經術，賓延❾儒雅，開廣學校，脩明禮樂，武功既成，文德亦洽❿。繼以孝明、孝章，遹追⓫先志，臨雍⓬拜老⓭，橫經⓮問道。自公卿、大夫至于郡縣之吏，咸選用經明行修之人，虎賁衛士皆習孝經，匈奴子弟亦遊太[1]學。是以教立於上，俗成於下。其忠厚清修之士，豈惟取重於搢紳⓯，亦見慕於衆庶。愚鄙汙穢之人，豈惟不容於朝廷[2]，亦見棄於鄉里。自三代⓰既亡，風化⓱之美，未有若東漢之盛者也。及孝和以降，貴戚⓲擅權，嬖倖⓳用事，賞罰無章，賄賂公行，賢愚渾殽，是非顛倒，可謂亂矣。然猶緜緜⓴不至於亡者，上則有公卿、大夫袁安㉑、楊震㉒、李固㉓、杜喬㉔、陳蕃、李膺㉕之徒面引廷爭㉖，用公義以扶其危；下則有布衣之士符融㉗、郭泰㉘、范滂㉙、許劭㉚之流，立私論以救其敗㉛。是以政治雖濁而風俗不衰，至有觸冒斧鉞，僵仆㉜於前，而忠義奮發，繼起於後，隨踵就戮，視死如歸。夫豈特數子之賢哉？亦光武、明、章之遺化㉝也。當是之時，苟有明君作而振之，則漢氏之祚猶未可量也。不幸承陵夷頹敝㉞之餘，重以桓、靈之昏虐，保養姦回㉟，過於骨肉，殄滅㊱忠良，甚於寇讎，積多士㊲之憤，蓄四

海之怒。於是何進召戎，董卓乘釁，袁紹之徒從而構難，遂使乘輿播越㊳，宗廟丘墟㊴，王室蕩覆㊵，烝民㊶塗炭，大命㊷隕絕，不可復救。然州郡擁兵專地者，雖互相吞噬，猶未嘗不以尊漢為辭。以魏武之暴戾強伉㊸，加有大功於天下，其蓄無君之心久矣，乃至沒身不敢廢漢而自立。豈其志之不欲哉？猶畏名義而自抑也。由是觀之，教化安可慢，風俗安可忽哉！」

【章　旨】以上為第十一段，寫司馬光對東漢王朝政治的得失及其滅亡原因的探索與評論。

【注　釋】❶教化　教育感化。❷慢　輕忽。❸忽　忽略。❹遭　遇到。❺糜沸　比喻動亂紛擾之甚，如粥在鍋中沸騰。❻布衣　平民。❼紹恢前緒　謂承繼恢復前漢傳統。❽敦尚　崇尚。❾賓延　禮聘；延請。❿洽　流播深廣；周洽；廣布。⓫遹追　遵循，追隨。⓬雍　辟雍，太學。⓭老　師長。⓮橫經　謂展開經書。⓯搢紳　謂士大夫。古時士大夫皆垂紳（束腰大帶下垂部分）插笏（手板），故稱士大夫為搢紳。⓰三代　指夏、商、周。⓱風化　風俗教化。⓲貴戚　指外戚。⓳嬖倖　寵愛之人。此指宦官。⓴緜緜　連續不斷。㉑袁安　歷仕漢明帝、章帝、和帝三朝，為太僕、司空、司徒。和帝即位，外戚竇憲兄弟專權。袁安不避權貴，多次彈劾竇氏專橫。㉒楊震　漢安帝時為司徒。安帝乳母王聖及中常侍樊豐等貪侈驕橫，楊震多次上書切諫，後被誣自殺。㉓李固　漢順帝時上書直陳外戚、宦官專權之弊，為順帝所採納，任議郎。沖帝時為太尉。桓帝初為外戚梁冀所誣被殺。㉔杜喬　漢順帝時為大司農，上書切諫外戚梁氏及宦官之徇私舞弊。桓帝時為太尉，後被梁冀及宦官所誣，死於獄中。㉕陳蕃李膺　漢桓帝時，陳蕃任太尉，李膺任司隸校尉。二人皆反對宦官專權，為太學生所敬重。靈帝時與外戚竇武謀誅宦官，事敗被殺。㉖廷爭　在朝廷上向皇帝諫諍。㉗符融　於漢靈帝初至太學，尊李膺為師。時有晉文經、黃子艾炫虛名於京師，公卿士大夫皆向慕，符融揭發其虛偽，二人名聲頓落。㉘郭泰　漢靈帝時為太學生首領，深得李膺賞識。不就官府徵召，善於品評人物。㉙范滂　漢桓帝時曾為請詔使、光祿勳主事，後為汝南太守宗資屬吏，抑制豪強，與太學生結交，反對宦官專權。後與李膺等被逮入獄，終死獄中。㉚許卲　即許劭，於漢末以品評人物著稱。㉛立私論以救

其敗　謂在民間議論當權者與朝政，從而矯正朝政之失。㉜僵仆　死亡。㉝遺化　遺留下來的教化。㉞陵夷頹敝　衰落敗壞。㉟姦回　奸邪。㊱殄滅　滅絕。㊲多士　指眾多士人。㊳乘輿播越　謂皇帝流亡，顛沛流離。㊴丘墟　廢墟。㊵蕩覆　傾覆；廢毀。㊶烝民　眾民百姓。㊷大命　天命，謂上天賦予之權力和使命。㊸暴戾強伉　暴虐強橫。

【校記】①太　原作「大」。據章鈺校，甲十一行本、乙十一行本皆作「太」，熊羅宿《胡刻資治通鑑校字記》同，今從改。按，二字通。②廷　原誤作「延」。據章鈺校，甲十一行本、乙十一行本皆作「廷」，熊羅宿《胡刻資治通鑑校字記》同，今據校正。

【語譯】司馬光說：「教化，是國家的當務之急，但庸俗的官吏輕慢它；風俗，是天下的大事，但昏庸的君主忽視它。只有明智的君子經過深思遠慮，然後知道教化風俗的收益極大，功效深遠。光武帝遭遇漢朝中衰，群雄紛爭，他以平民的身分起兵，承繼恢復前漢傳統，征伐四方，日夜忙碌，仍能崇尚經術，用賓客的禮節延請博學的儒士，大辦學校，修行禮樂，成就武功，文德廣布。繼位的孝明帝、孝章帝，遵循先帝的遺志，親臨太學拜望師長，展開經書，探索治國的道術。從公卿、大夫直到郡縣的官吏，都是選用熟悉經學、行為端莊的人，虎賁衛士都熟讀《孝經》，匈奴的子弟也要到太學攻讀。因此在上位的人倡導教化，處下位的人就仿效成俗。那些忠厚潔行的人，豈只是受到公卿大夫們的尊重，也為庶民百姓所仰慕。愚頑卑鄙汙濁的人，不但不被朝廷所容忍，也被鄉里人所唾棄。自從三代滅亡以後，風俗教化之美，沒有像東漢這樣隆盛。從孝和帝以後，外戚獨攬大權，宦官當政用事，賞罰沒有規章，賄賂公行，賢愚混淆，是非顛倒，可以說是天下大亂了。但還能延續不至於滅亡，上層有公卿、大夫袁安、楊震、李固、杜喬、陳蕃、李膺這些人，當面在朝廷上抗爭，用公道正義來挽救國家的危難；下層則有平民士人符融、郭泰、范滂、許劭這些人，在民間製造輿論，來挽救政治的頹敗。因此，政治雖然混濁，但風俗不致衰敗，甚至有人甘冒斧鉞之誅，前面的人倒下了，而忠義之士更加奮發向上，緊繼其後，相繼赴死，視死如歸。這難道只是幾個人的賢德所致嗎？這也是光武帝、明帝、章帝遺留下來的風俗教化的結果啊。當時，如果有賢明的君主發憤振作，漢家天下的長短就不可估量了。不幸的是經過衰落敗壞之後，加上桓帝、靈帝的昏庸暴虐，護養奸邪，超過自己的骨肉，滅

絕忠良，勝過仇敵，累積了文武百官的憤恨，蓄積了天下人的怨怒。於是何進召來軍隊，董卓趁機作亂，袁紹之流接著發難，終於使天子顛沛流離，宗廟被毀，王室傾覆，生靈塗炭，天命隕落，再也無法挽救。但是州郡擁兵獨佔一方的割據勢力，即使相互吞食，仍然以尊崇漢室為號召。以魏武帝那樣的暴戾強橫，加上他對天下有大功，蓄謀廢除君主的野心已經很久，但他一直到死，仍不敢廢掉漢帝而自立。難道他內心不想做皇帝嗎？只不過是害怕名義不正而自我克制。由此看來，教化怎麼可以輕視，風俗怎麼可以忽略呢！」

【研　析】本卷最值得研析的問題，就是已成為人們口頭熟語的一句話，叫做「關羽大意失荊州」，從而夭折了隆中路線。那麼如何評價關羽的功過呢？

建安二十四年（西元二一九年），劉備打敗曹軍，取了漢中，關羽趁此局勢統大軍北伐，向曹仁鎮守的樊城進攻。當時曹操從漢中敗歸，還在長安，急令大將于禁和龐德赴襄樊前線增援。于禁是曹操的心腹大將，百戰百勝的將軍，龐德是北方著名勇將，關羽擒于禁，斬龐德，威名大振，達到他在軍事上的鼎盛。

關羽得志於荊襄，東吳的孫權卻沉不住氣了。因為，荊州是蜀國的東方屏障和門戶；對吳國則是居高臨下，直接威脅著吳國的安全。孫權深知荊州的重要，他決心竭盡全力相爭。先前由於疆場未靖，曹操在北，江東無力單獨對抗曹操，孫權在赤壁戰後把荊州南郡借與劉備阻滯曹操，當劉備取得益州後，孫權立即索要荊州，孫劉兩家差點鬧翻，以中分荊州告一段落。這次雖然和解，但是裂痕已經顯露。孫權時時提防著關羽，但表面上給關羽頻送秋波，孫權還派人說項，要與關羽結為兒女親家。可是驕狂的關羽不識大體，極為藐視孫權，怒斥東吳使者，拒絕了這門親事，給孫劉關係的破裂雪上加霜。不久東吳主張孫劉聯盟的魯肅死了，呂蒙統兵。呂蒙是疏劉派的中堅人物，他一接任就規劃著襲取荊州，他為了麻痹關羽，裝病回東吳，推薦胸有韜略但還未嶄露頭角的陸遜代替自己。果然關羽上當，大發兵北伐，荊州成了一座空城。關羽俘獲于禁官兵三萬，糧食一時緊張，他不經外交協商就擅取孫權轄地的糧食。這一舉動不僅加劇了孫劉矛盾，而且給孫權出兵製造了口實。赳赳武夫的關羽，就這樣破壞了孫劉聯盟。孫權派遣呂蒙率領大軍殺向荊州，在關羽的

背後捅了致命的一刀，奪了南郡。關羽率領疲憊之軍退還荊州與呂蒙交戰。曹操欲使孫劉相鬥，嚴令曹軍不得追擊，因此關羽才未受到兩面夾擊。儘管如此，已喪失鬥志的荊州兵也非東吳精兵的對手。加上孫權統率大軍為呂蒙後繼，更增強了東吳士氣。這時關羽向上庸的蜀兵呼救，不料那裡的守將劉封、孟達兩人正鬧矛盾，坐視不救。這一來關羽陷入了四面楚歌的境地，一路上將士逃散，潰不成軍。關羽眼見大勢已去，就退走麥城，向上庸方向撤退，最後在突圍中被吳將潘璋所擒。孫權殺了關羽，把首級送給曹操。關羽敗走麥城，是從空前勝利的頂峰一下跌落到失敗的深淵，格外令人惋惜。荊州丟失，意味著隆中路線半道夭折，「興復漢室」成為泡影。可以說關羽個人的悲劇帶來了蜀漢的悲劇，使劉備的事業受損。關羽一介赳赳武夫，他的責任是奉命打仗，勝敗乃兵家常事，關羽打了敗仗，要負直接責任，但荊州丟失的根本責任，不在關羽，而在劉備和諸葛亮兩人身上，劉備更要負主要責任。第一，劉備與孫權爭荊州南三郡，破壞同盟，責任在劉備，而非關羽。第二，劉備得漢中，為了擴大戰果，兵進上庸，有一個孟達，或一個劉封就足夠了，劉備把兩人都派上，造成兩人鬧矛盾，不救關羽，亦劉備之過。第三，孟達駐守夷陵，可為關羽後援，調走孟達，關羽成了孤掌難鳴，亦劉備之過。第四，關羽北伐，不是擅自興兵，從調孟達北上來看，關羽北伐，亦應是劉備之命，疏於防吳，犯了勝利沖昏頭腦的利令智昏之過。袁紹滅了公孫瓚，急於南進失敗於官渡；曹操兵不血刃下荊州，急於發動赤壁之戰而敗北，均是利令智昏。欲速則不達，英雄難免。人們同情劉備與關羽，於是含混地說「關羽大意失荊州」，誰都沒有過錯。諸葛亮隆中路線太看重荊州，不看形勢變化，膠柱鼓瑟，亦是智者千慮必有一失。孫權背叛同盟，最易遭到兩線夾攻，不能有任何失誤，因此戰戰兢兢，設計周密，不惜屈身辱志，稱臣於曹操，剛柔相濟，成了贏家。當然最大的得益者是曹操，孫劉相爭，為曹丕代漢創造了時機。

卷第六十九

魏紀一

起上章困敦（庚子　西元二二〇年），盡玄黓攝提格（壬寅　西元二二二年），凡三年。

【題解】本卷記事起西元二二〇年，迄西元二二二年，凡三年，當魏黃初元年至黃初三年。此時期的重大事件有四：其一，曹丕代漢；其二，劉備稱帝；其三，孫權接受曹魏加封吳王；其四，吳蜀交兵，發生夷陵之戰。夷陵之戰，吳勝蜀敗，荊州歸吳，三國地理均勢形成，三國鼎立的局面正式形成，三分的國家建制也已完成，國號魏、蜀、吳，只差孫權稱帝罷了。劉備建國稱漢，以示正統，因所統只在蜀地，故史稱蜀國，或稱蜀漢。

世祖文皇帝❶上

黃初❷元年（庚子　西元二二〇年）

春，正月，武王❸至洛陽。庚子❹，薨❺。

王知人善察，難眩❻以偽。識拔奇才，不拘微賤，隨能任使，皆獲其用。與敵對陳❼，意思安閑，如不欲戰然。及至決機乘勝，氣勢盈溢❽。勳勞宜賞，不吝千金，無功望施，分豪不與。用法峻急❾，有犯必戮，或對之流涕，然終無所赦。雅性❿節儉，不好華麗。故能芟刈⓫羣雄，幾⓬平海內。

是時太子在鄴，軍中騷動，羣僚欲祕不發喪。諫議大夫⓭賈逵以為事不可祕，乃發喪。或言宜易諸城守，悉用譙、沛人⓮。魏郡太守廣陵徐宣厲聲曰：「今者遠近一統，人懷效節，何必專任譙、沛，以沮宿衛者之心！」乃止。

青州兵⓯擅擊鼓相引去，眾人以為宜禁止之，不從者討之。賈逵曰：「不可。」為作長檄⓰，令所在給其稟食⓱。鄢陵侯彰⓲從長安來赴，問逵先王璽綬所在。逵正色曰：「國有儲副⓳，先王璽綬，非君侯⓴所宜問也。」

凶問㉑至鄴，太子號哭不已。中庶子㉒司馬孚㉓諫曰：「君王晏駕㉔，天下恃殿下為命，當上為宗廟，下為萬國，柰何效匹夫孝也！」太子良久乃止，曰：「卿言是也。」時羣臣初聞王薨，相聚哭，無復行列。孚厲聲於朝曰：「今君王違世㉕，天下震動，當早拜嗣君㉖，以鎮萬國，而但哭邪！」乃罷羣臣，備禁衛，治喪事。孚，懿之弟也。羣臣以為太子即位，當須詔命㉗。尚書陳矯㉘曰：「王薨于外，

天下惶懼，太子宜割哀即位，以繫遠近之望。且又愛子㉙在側，彼此生變，則社稷危矣。」即具官備禮，一日皆辦㉚[1]。明旦，以王后令，策太子即王位，大赦。漢帝尋遣御史大夫㉛華歆奉策詔，授太子丞相印綬、魏王璽綬，領冀州牧。於是尊王后曰王太后。○改元㉜延康。

二月丁未朔，日有食之。○壬戌㉝，以太中大夫賈詡為太尉，御史大夫華歆為相國㉞，大理王朗為御史大夫。○丁卯㉟，葬武王于高陵㊱。

王弟鄢陵侯彰等皆就國。臨菑監國謁者㊲灌均希指㊳奏：「臨菑侯植醉酒悖慢㊴，劫脅㊵使者。」王貶植為安鄉侯㊶，誅右刺姦掾㊷沛國丁儀，及弟黃門侍郎廙并其男口，皆植之黨也。

魚豢㊸論曰：「諺言：『貧不學儉，卑不學恭。』非人性分㊹殊也，勢使然耳。假令太祖防遏植等在於疇昔，此賢之心，何緣有窺望乎！彰之挾恨，尚無所至；至於植者，豈能興難！乃令楊脩以倚注㊺遇害，丁儀以希意㊻族滅，哀夫！」

【章　旨】以上為第一段，寫曹操之死，曹丕繼位為魏王，立即誅殺曹植黨羽。

【注　釋】❶世祖文皇帝（西元一八七—二二六年）即曹丕，字子桓，曹操之太子。世祖，廟號。《謚法》：景物四方曰世；承命不遷曰世。西元二二〇至二二六年在位。文，帝號。《謚法》：學勤好問曰文。事見《三國志》卷二〈文帝紀〉。❷黃

初　曹丕代漢後，按五行之說，漢為火德，魏為土德，以土繼火，而土色為黃，故以黃初為年號。曹操初封為公，食邑鄴城在魏郡，故稱魏公，魏字又應當時讖語「代漢者當塗高」，於是曹丕代漢，建國稱魏。❸武王　曹操。曹操死後謚為武。❹庚子　正月二十三日。❺薨　古代諸侯死稱薨。❻眩　迷惑。❼陳　通「陣」。❽盈溢　充溢。❾峻急　嚴厲急迫。❿雅性　謂本性。⓫芟刈　削除。⓬幾　幾乎。⓭諫議大夫　官名，屬光祿勳，掌議論。⓮悉用譙沛人　曹氏為沛國譙縣（今安徽亳州）人，此言者以家鄉人為可信。⓯青州兵　漢獻帝初平三年（西元一九二年）曹操擊破青州黃巾軍所改編的軍隊。⓰長檄　長篇文告。⓱稟食　謂由當地政府發給糧食。稟，通「廩」。⓲鄢陵侯彰　曹彰。建安二十四年曹操從漢中還長安，因留曹彰鎮守，現曹彰知曹操死，故自長安來赴。⓳儲副　君主之副，即君位的繼承者。⓴君侯　對諸侯之尊稱。㉑凶問　死亡的音信。㉒中庶子　即太子中庶子，官名，太子的侍從官。㉓司馬孚　字叔達，司馬懿之弟。初為曹植的文學掾，後為曹丕的太子中庶子。曹丕為帝後，為黃門侍郎。魏明帝時，為尚書右僕射、尚書令。三少帝時，為司空、太尉、太傅，封長社縣侯。後入晉。傳見《晉書》卷三十七。㉔晏駕　古人稱君王死為晏駕。㉕違世　死的別稱。㉖嗣君　繼位的國君。㉗詔命　指漢獻帝的詔命。㉘陳矯　（?—西元二三七年）字季弼，廣陵東陽（今安徽天長西北）人，初為本郡功曹，後為曹操司空掾屬、丞相長史、尚書等。曹丕代漢為帝後，為尚書令。魏明帝時，封東鄉侯，官至司徒。傳見《三國志》卷二十二。㉙愛子　指鄢陵侯曹彰。㉚辨　通「辦」。㉛御史大夫　官名，主要掌監察、執法，亦兼掌重要文書圖籍。㉜改元　此為漢朝改元。㉝壬戌　二月十六日。㉞相國　官名，即丞相。此為魏國之相國，當時漢丞相為曹丕。㉟丁卯　二月二十一日。㊱高陵　曹操的陵墓名，後遂以為地名。在當時的鄴城西。㊲監國謁者　官名。漢制，王國置謁者，掌賓贊受事，侯國不置。此監國謁者為魏文帝所置，職在監視諸侯王。㊳希指　迎合在上者的旨意。㊴悖慢　無禮傲慢。㊵劫脅　要挾脅迫。㊶安鄉侯　曹植從縣侯貶為鄉侯。㊷右刺姦掾　官名，主罪法。㊸魚豢　三國魏人，曾任郎中，著有《魏略》、《典略》。㊹分　本質；素質。㊺倚注　附著；依附。注，屬也；附也。㊻希意　同「希旨」。謂迎合在上者之意。

【校　記】①辨　胡三省注云蜀本作「辦」。據章鈺校，甲十六行本、乙十一行本、孔天胤本皆作「辦」。

【語　譯】世祖文皇帝上

黃初元年（庚子　西元二二〇年）

春，正月，魏武王曹操到達洛陽。二十三日庚子，曹操去世。

魏王知人善察，難以用假象迷惑他。能識別提拔有特別才幹的人，不受微賤局限，都根據才能使用讓他們都能發揮自己的作用。與敵人對陣打仗，儀態安然，好像不想作戰的樣子。等到確定了策略，乘勝出擊時，氣勢洋溢。對有功應該賞賜的人，不惜千金，對無功想得恩施的人，分毫不給。執法嚴急，有罪的一定誅殺，有時對當誅之人惋惜流淚，但最終不會赦免。生性節儉，不愛華麗。所以能剷除群雄，幾乎平定了海內。

這時太子在鄴城，軍中騷動不安，群臣想保密不發布喪訊。諫議大夫賈逵認為此事不可保密，才發布了喪訊。有人建言應當調換各城的守將，全部換用譙縣和沛縣的人。魏郡太守廣陵人徐宣厲聲說道：「如今遠近一統，人人懷有盡節之心，何必專用譙縣、沛縣的人，來傷害各城守衛者之心！」此事這才作罷。

青州兵擅自擊鼓，相互引領離去，眾人認為應該加以禁止，不聽從的就加以誅討。賈逵說：「不可以。」於是寫了一篇長長的文告，命令青州兵所經過的地方，官府要為他們供給食物。鄢陵侯曹彰從長安來赴喪，向賈逵詢問先王的璽綬在什麼地方。賈逵嚴肅地告訴說：「國家已有王儲，先王璽綬，不是您應當詢問的。」

惡耗傳到鄴城，太子大哭不止。中庶子司馬孚勸諫說：「君王逝世，天下依賴殿下作主，應當上為祖宗，下為全國百姓著想，怎麼能去效法一般人的孝行呢！」太子過了許久才停住悲哭，說：「你說得對。」這時群臣剛剛聽到魏王的死訊，相聚大哭，班行錯亂。司馬孚在朝廷高聲喊道：「如今君王離世，天下震動，應當早拜立繼位新君，來鎮懾各國，卻只該哭嗎！」於是令群臣退朝，設置警衛，治理喪事。司馬孚，是司馬懿的弟弟。群臣認為太子即位，應當等待漢獻帝的詔命。尚書陳矯說：「大王在外地去世，全國人心惶惶憂懼，太子應節哀即位，來維繫遠近的人心。況且魏王的愛子在旁邊，他此時如果發生變故，國家就危險了。」隨即配備相應的官吏，安排禮儀，一天之內，都辦好了。第二天早上，宣布王后的命令，策命太子登上王位，大赦天下。漢帝隨即派御史大夫華歆帶著詔書，授給太子丞相印綬、魏王璽綬，兼任冀州牧。於是尊王后為王太后。〇獻帝改年號為延康。

二月初一日丁未，發生日蝕。〇十六日壬戌，任命太中大夫賈詡為太尉，御史大夫華歆為相國，大理王朗為御史大夫。〇二十一日丁卯，武王曹操葬於高陵。

魏王曹丕的弟弟鄢陵侯曹彰等都各自到自己的封國。臨淄侯的監國謁者灌均迎合曹丕的旨意上奏說：「臨淄侯曹植醉酒之後，悖逆無禮，劫持脅迫使者。」魏王曹丕把曹植貶降為安鄉侯，誅殺右刺姦掾沛國人丁儀和他的弟弟黃門侍郎丁廙，及其兩家的男子。他們都是曹植的黨羽。

魚豢評論說：「諺語說：『貧窮的人，不學也自然儉樸；卑賤的人，不學也自然謙恭。』這不是人性有不同，而是形勢造成的。假使太祖曹操在以前就預防遏制曹植等，有這樣賢明的用心，怎麼會使他們產生非分欲望呢！曹彰的怨恨，就不會產生；至於曹植，怎麼能夠發難！竟使楊脩因依附曹植而遇害，丁儀也因迎合主人之意而被滅族，可悲啊！」

初置散騎常侍、侍郎❶各四人，其宦人為官者不得過諸署令❷，為金策，藏之石室❸。時當選侍中、常侍，王左右舊人諷主者，便欲就用，不調餘人。司馬孚曰：「今嗣王新立，當進用海內英賢，如何欲因際會❹，自相薦舉邪！官失其任，得者亦不足貴也。」遂他選。

尚書陳羣以天朝❺選用不盡人才，乃立九品官人之法❻，州郡皆置中正以定其選，擇州郡之賢有識鑒者為之，區別人物，第其高下。

夏，五月戊寅❼，漢帝追尊王祖太尉❽曰太王，夫人丁氏曰太王后。

王以安定太守鄒岐為涼州刺史❾，西平❿麴演結旁郡作亂以拒岐。張掖⓫張進執太守杜通，酒泉⓬黃華不受太守辛機，皆自稱太守以應演。武威三種胡復叛。

武威太守毌丘興⑬告急於金城⑭太守、護羌校尉⑮扶風蘇則⑯，則將救之，郡人皆以為賊勢方盛，宜須大軍。時將軍郝昭、魏平先屯金城，受詔不得西度⑰。則乃見郡中大吏及昭等謀曰：「今賊雖盛，然皆新合，或有脅從，未必同心，因釁擊之，善惡必離，離而歸我⑱，我增而彼損矣。既獲益眾之實，且有倍氣之勢，率以進討，破之必矣。若待大軍，曠日彌久，善人無歸，必合於惡，善惡既合，勢難卒離。雖有詔命，違而合權⑲，專之可也。」昭等從之，乃發兵救武威，降其三種胡，與毌丘興擊張進於張掖。麴演聞之，將步騎三千迎則，辭來助軍⑳，而[1]實欲為變，則誘而斬之，出以徇軍㉑，其黨皆散走。則遂與諸軍圍張掖，破之，斬進。黃華懼，乞降。河西㉒平。

初，敦煌㉓太守馬艾卒官，郡人推功曹㉔張恭行長史㉕事，恭遣其子就詣朝廷請太守。會黃華、張進叛，欲與敦煌并勢，執就，劫以白刃。就終不回，私㉖與恭疏曰：「大人率厲敦煌，忠義顯然，豈以就在困厄之中而替之哉！今大軍垂至，但當促兵以掎㉗之耳。願不以下流㉘之愛，使就有恨於黃壤也。」恭即引兵攻酒泉，別遣鐵騎二百及官屬，緣酒泉北塞，東迎太守尹奉。黃華欲救張進，而西顧恭兵，恐擊其後，故不得往而降。就卒平安，奉得之郡，詔賜恭爵關內侯㉙。

六月庚午[30]，王引軍南巡。

秋，七月，孫權遣使奉獻。

蜀將軍孟達屯上庸[31]，與副軍中郎將[32]劉封不協。封侵陵之，達率部曲[33]四千餘家來降。達有容止才觀[34]，王甚器愛之，引與同輦[35]，以達為散騎常侍、建武將軍[36]，封平陽亭侯。合房陵[37]、上庸、西城[38]三郡為新城，以達領新城太守，委以西南之任。行軍長史[39]劉曄曰：「達有苟得之心，而恃才好術，必不能感恩懷義。新城與孫、劉接連[40]，若有變態，為國生患。」王不聽。遣征南將軍夏侯尚[41]、右將軍徐晃與達共襲劉封。上庸太守申耽叛封來降。封破，走還成都。

初，封本羅[42]侯寇氏之子，漢中王初至荊州，以未有繼嗣，養之為子。諸葛亮慮封剛猛，易世之後，終難制御，勸漢中王因此際除之，遂賜封死。

武都[43]氐王楊僕率種人內附。

甲午[44]，王次[45]于譙[46]，大饗[47]六軍[48]及譙父老于邑東，設伎樂百戲，吏民上壽[49]，日夕而罷。

孫盛曰：「三年之喪[50]，自天子達于庶人。故雖三季[51]之末，七雄[52]之敝，猶未有廢衰斬[53]於旬朔[54]之間，釋麻[55]杖[56]於反哭[57]之日者也。逮于漢文，變易古制[58]，

人道之紀，一旦而廢，固已道薄於當年，風頹於百代矣。魏王既追漢制，替[59]其大禮，處莫重[60]之哀而設饗宴之樂，居貽厥[61]之始而墮王化之基。及至受禪[62]，顯納二女，是以知王齡之不遐，卜世[63]之期促也。」

【章旨】以上為第二段，寫曹丕平定河西之亂；劉備誅殺養子劉封；孫盛評論魏朝國運不長，因曹丕居喪淫樂，不守禮制，人心不附。

【注釋】❶散騎常侍侍郎　皆官名，秦漢時置散騎，騎馬隨從皇帝車後；又有中常侍，得出入宮中，但皆為加官。東漢初，省散騎，而中常侍又以宦官為之。現將散騎與中常侍合為一官，稱散騎常侍，同時又置散騎侍郎，皆備顧問，掌規諫。但後來卻成為顯職。散騎常侍、散騎侍郎與侍中、黃門侍郎共平尚書奏事。❷諸署令　諸署之長。諸署指左、右、中尚方、中黃門、左右藏、左校、甄官、奚官、黃門、掖庭、永巷、御府、鉤盾、中藏府、內者等署。❸石室　國家藏圖書檔案之室。❹際會　謂新舊交接的時機。❺天朝　指漢朝。❻九品官人之法　選舉人才的一種制度，又稱為九品中正制。其具體做法是：每州、郡由有聲望的中央官兼任本州、郡中正，將本州、郡內的士人，按其才能、家世分為上上、上中、上下、中上、中中、中下、下上、下中、下下九品，即九等，然後由吏部按品授予官職。❼戊寅　五月初三日。❽王祖太尉　指曹丕的祖父漢太尉曹嵩。❾涼州刺史　此時又新置涼州，刺史治所在武威姑臧，在今甘肅武威。❿西平　郡名，漢獻帝建安中分金城郡置，治所西都，在今青海西寧。⓫張掖　郡名，治所觻得，在今甘肅張掖西北。⓬酒泉　郡名，治所祿福，在今甘肅酒泉。⓭武威太守毌丘興　武威，郡名，治所姑臧，在今甘肅武威。毌丘興，複姓毌丘名興。⓮金城　郡名，治所允吾，在今甘肅永靖西北。⓯護羌校尉　官名，漢代置護羌校尉一人管理西羌事。⓰蘇則　（？—西元二二三年）字文師，扶風武功（今陝西武功西南）人，初為酒泉、安定、武都等郡太守。曹操征漢中後，命他為金城太守。後平麴演等有功，封都亭侯。曹丕代漢為帝後，為侍中。傳見《三國志》卷十六。⓱西度　謂西渡黃河。金城郡與武威、張掖、酒泉西隔黃河。⓲善惡必離二句　謂善者與惡者一定分離，分離後善者歸我。⓳權　權宜；機變。⓴辭來助軍　以前來幫助軍事行動為說辭。㉑徇軍　在軍中陳屍示眾。㉒河西　地區名，指今甘肅、青海兩省黃河以西之地，即河西走廊與湟水流域一帶。㉓敦煌　郡名，治所敦煌縣，在

今甘肅敦煌西。㉔功曹　官名，即功曹史，太守的主要佐吏，除分掌人事外，還參與一郡政務。㉕長史　官名，郡太守的主要佐吏，並由中央任命。東漢時邊郡不置丞，由長史兼領丞的職務，即協佐郡守理事，有時還代替郡守行事。又邊郡不置將兵長史時，長史還要領兵作戰。㉖私　暗自。㉗掎　謂從後牽制。㉘下流　魏晉人稱子孫為下流。㉙關內侯　漢代封爵之一，次於列侯，但只有俸祿而無封地。㉚庚午　六月二十六日。㉛上庸　郡名，治所上庸縣，在今湖北竹山縣東南。㉜副軍中郎將　官名，劉備所置次於將軍之武官。㉝部曲　此指兵家，即帶家屬的軍隊。㉞容止才觀　謂容貌舉止與才能皆佳。容止，容貌舉止。才觀，才能與儀表。㉟輦　皇帝所乘之車。㊱建武將軍　官名，屬雜號將軍。㊲房陵　郡名，治所房陵縣，在今湖北房陵。㊳西城　郡名，治所西城縣，在今陝西安康西北。㊴行軍長史　官名，當時曹丕引軍南巡，臨時設置行軍長史管理軍務。㊵接連　新城郡與蜀之漢中郡、吳之宜都郡皆接連。㊶夏侯尚　（？—西元二二五年）字伯仁，夏侯淵之從子。曹操定冀州後，為軍司馬，常從征伐。魏國建立後，為黃門侍郎，又為散騎常侍、中領軍。曹丕代漢後，官至征南大將軍、荊州牧，封平陵鄉侯。傳見《三國志》卷九。㊷羅　侯國名，國治在今湖南湘陰北。㊸武都　郡名，治所下辨，在今甘肅成縣西。㊹甲午　七月二十日。㊺次　停駐。㊻譙　縣名，縣治在今安徽亳州。㊼饗　設宴款待。㊽六軍　周制，天子有六軍，諸侯國有三軍、二軍、一軍不等。後作為軍隊的統稱。㊾上壽　祝壽。㊿三年之喪　古時君王、父母死，臣子皆服喪三年。(51)三季　夏、商、周三代之末期。(52)七雄　指戰國時秦、趙、韓、魏、齊、楚、燕七雄。(53)衰斬　即斬衰，喪服名，為五種喪服中最重的一種。用粗麻布製成，左右和下邊皆不縫。臣對君主，子和未嫁女對父母皆服斬衰。(54)旬朔　十天或一月。(55)麻　指古人在喪期中結在頭上和腰間的麻帶。(56)杖　指苴杖，即古人居父母喪所用的竹杖。(57)反哭　古時喪禮，葬畢，喪主奉神主歸而哭，稱為反哭。(58)變易古制　漢文帝後七年遺詔改變古喪制，詳見本書卷十五漢文帝後七年。(59)替　廢棄；替除。(60)莫重　沒有比此更重。(61)貽厥　謂遺傳於後世子孫。(62)受禪　謂受漢獻帝之禪。(63)卜世　用占卜預測傳國的世數。

【校　記】①而　原無此字。據章鈺校，甲十六行本、乙十一行本、孔天胤本皆有此字，今據補。

【語　譯】首次設置散騎常侍、侍郎各四人，宦官任職不准高於各署的署令，把這一規定製作成金策，收藏在石室裡。當時正在選拔侍中、常侍，魏王曹丕身邊的親信舊人，暗示主持選舉的官員，想就近任用他們，不再選調他人。司馬孚說：「如今嗣王剛登位，應進用天下的英才賢能，怎麼能乘此機會，自相薦舉呢！任官失其所當任，得到官職也不足為貴。」於是另行選用。

尚書陳羣認為漢朝選用官吏不能用盡人才，於是設立九品選官制度，州、郡都設置中正官來評定人選，選拔州、郡中賢能有鑑別人才能力的人擔任，區別人物品行，評品他們的高下。

夏，五月初三日戊寅，漢獻帝詔令追尊魏王曹操的祖父漢太尉曹嵩為太王，他的夫人丁氏為太王后。

魏王任命安定太守鄒岐為涼州刺史，西平人麴演勾結鄰郡作亂來抗拒鄒岐。張掖人張進抓獲了太守杜通，酒泉人黃華不接受太守辛機，他們都自稱太守來響應麴演。武威三部種姓胡人又反叛。武威太守毌丘興向金城太守、護羌校尉扶風人蘇則告急，蘇則要去救援，郡中人都認為叛賊勢力正強盛，應該等候大軍到來。當時將軍郝昭、魏平先前就駐守在金城，接受詔令不得向西渡過黃河。蘇則於是召見郡中的重要官員和郝昭等人商議說：「現在叛賊雖然強盛，但都是剛剛糾合起來，有的是受脅迫的，不一定同心，利用他們的弱點進擊，善良的人與邪惡的人必然分離，脫離的人會投歸我們，這樣，我軍得到增強而敵人受到損失。我們既獲得增強軍隊的實惠，而且會士氣倍增，率兵去征討，一定能打敗他們。如果等待大軍，曠日持久，善良的人沒有歸宿，必然跟惡人同流，善良的人跟邪惡的人結合，勢必難以很快分離。現在雖然有詔命，但違背詔命合乎權變之宜，專斷是可以的。」郝昭等人接受了這個意見，於是出兵救援武威，三部種姓胡人被降服，和毌丘興合力在張掖攻擊張進。麴演得知後，率步兵、騎兵三千人迎接蘇則，聲稱來助戰，而實際上是想反叛，蘇則將計就計，誘殺了麴演，把他的屍體展示給他的部眾看，麴演的黨羽便都逃散了。蘇則就和各路軍隊包圍張掖，攻破張掖，斬了張進。黃華恐懼，請求投降。於是平定了河西。

起初，敦煌太守馬艾死在任上，郡人推舉功曹張恭代替長史的職務，張恭派他的兒子張就到朝廷請求派任太守。正逢黃華、張進反叛，企圖與敦煌郡聯合，因此抓住張就，拔刀劫迫。張就始終不從，並暗中送信給他父親張恭說：「大人為敦煌的表率，忠義顯示天下，怎麼能因為我處於危困之中就改變呢！如今大軍即將到來，您應當趕緊率兵牽制叛賊，希望您不要因父子私情，而使我飲恨黃泉。」張恭馬上率兵進攻酒泉，另外派二百名鐵騎及其官屬，沿著酒泉的北面邊塞，向東迎接太守尹奉。黃華想去救張進，但顧忌西邊的張恭的軍隊來攻擊自己的後方，所以無法前往，只好投降。張就終於平安脫險，尹奉得以到郡上任，詔令賜爵

張恭為關內侯。

六月二十六日庚午，魏王曹丕率領軍隊南巡。

秋，七月，孫權派使者向朝廷進貢。

蜀將軍孟達駐軍上庸，與副軍中郎將劉封不和。劉封欺陵孟達，孟達率領部屬四千多家前來投降。孟達容貌舉止出眾，又有才能儀表，魏王曹丕很器重寵幸他，讓他跟自己同乘一輛車子，任命孟達為散騎常侍、建武將軍，封為平陽亭侯。合併房陵、上庸、西城三郡為新城郡，委任孟達為新城太守，把西南的事務交給他。行軍長史劉曄說：「孟達有僥倖得利之心，而且他依仗才能，好弄權術，一定不會感恩戴德，心懷忠義，新城與孫權、劉備的地盤相連，如有變故，將成為國家的禍患。」魏王不聽。派征南將軍夏侯尚、右將軍徐晃與孟達一起襲擊劉封。上庸太守申耽背叛劉封前來投降。劉封被打敗，逃回成都。

劉封本是羅侯寇氏的兒子，漢中王劉備剛到荊州時，因沒有兒子，就收劉封為養子。諸葛亮考慮到劉封為人剛強勇猛，若劉備去世後，最終難以駕御，勸漢中王劉備趁此機會除掉他，於是劉備令劉封自殺。

武都氐王楊僕率領氐人歸附朝廷。

七月二十日甲午，魏王曹丕駐軍譙縣，在縣城東大擺宴席，慰勞全軍以及譙縣的家鄉父老，並表演舞樂雜技，官民們都來向魏王敬酒祝賀，直到太陽落山宴席才結束。

孫盛說：「為父母守喪三年，從天子到百姓都要遵守。所以即便是夏、商、周三代末世，七雄的亂世，也沒有人在十天半月之內除去喪服，在反哭之日丟下喪杖的。到了漢文帝時，變更古代的制度，為人之道的綱紀，頃刻廢棄，本來已經道德衰微，不如從前；風俗已經頹廢，不如古代了。魏王曹丕既然追隨漢家制度，廢棄重大禮儀，身處最沉重的悲哀之時，卻設宴作樂，身為繼位的第一代子孫，卻損壞王道教化的根基。等到接受漢獻帝的禪讓時，公然收納漢獻帝的兩個女兒為嬪妃，由此可知魏王朝的年代不會久遠，預料它的期限很短暫。」

王以丞相祭酒❶賈逵為豫州刺史❷。是時天下初定，刺史多不能攝❸郡。逵曰：「州本以六條詔書❹察二千石以下，故其狀皆言嚴能鷹揚❺，有督察之才，不言安靜寬仁，有愷悌❻之德也。今長吏❼慢法❽，盜賊公行，州知而不糾，天下復何取正乎！」其二千石以下，阿縱不如法者，皆舉奏免之。外脩軍旅，內治民事，興陂❾田，通運渠，吏民稱之。王曰：「逵真刺史矣！」布告天下，當以豫州為法，賜逵爵關內侯。

左中郎將❿李伏、太史丞⓫許芝表言魏當代漢，見於圖緯⓬，其事眾甚。羣臣因上表勸王⓭順天人之望，王不許。

冬，十月乙卯⓮，漢帝告祠高廟，使行御史大夫張音持節奉璽綬詔冊，禪位于魏。王三上書辭讓，乃為壇於繁陽⓯，辛未⓰，升壇受璽綬，即皇帝位，燎祭⓱天地嶽瀆，改元，大赦。

十一月癸酉⓲，奉漢帝為山陽⓳公，行漢正朔⓴，用天子禮樂，封公四子為列侯㉑。追尊太王曰太皇帝，武王曰武皇帝，廟號太祖。尊王太后曰皇太后。以漢諸侯王為崇德侯，列侯為關中侯㉒。羣臣封爵、增位各有差。改相國為司徒，御史大夫為司空。山陽公奉二女以嬪㉓于魏。

帝欲改正朔，侍中㉔辛毗曰：「魏氏遵舜、禹之統，應天順民。至於湯、武，以戰伐定天下，乃改正朔。孔子曰『行夏之時㉕』，左氏傳曰『夏數為得天正㉖』，何必期於相反！」帝善而從之。時羣臣並頌魏德，多抑損前朝。散騎常侍衛臻㉗獨明禪授之義，稱揚漢美。帝數目臻曰：「天下之珍，當與山陽公[1]共之。」帝欲追封太后父、母，尚書陳羣奏曰：「陛下以聖德應運受命，創業革制，當永為後式。按典籍之文，無婦人分土命爵之制。在禮典，婦因夫爵㉘。秦違古法，漢氏因之，非先王之令典也。」帝曰：「此議是也，其勿施行。」仍著定制，藏之臺閣㉙。

十二月，初營洛陽宮。戊午㉚，帝如㉛洛陽。

帝謂侍中蘇則曰：「前破酒泉、張掖，西域通使敦煌，獻徑寸大珠，可復求市㉜益得㉝不？」則對曰：「若陛下化洽㉞中國㉟，德流沙幕㊱，即不求自至。求而得之，不足貴也。」帝嘿然。

帝召東中郎將蔣濟為散騎常侍。時有詔賜征南將軍㊲夏侯尚曰：「卿腹心重將，特當任使，作威作福，殺人活人。」尚以示濟。濟至，帝問以所聞見，對曰：「未有他善，但見亡國之語耳。」帝忿然作色而問其故，濟具以答，因曰：「夫

『作威作福』，書之明誡[38]。天子無戲言，古人所慎，惟陛下察之。」帝即遣追取前詔。

帝欲徙冀州士卒家[39]十萬戶實河南[40]。時天旱蝗，民饑，羣司以為不可，而帝意甚盛。侍中辛毗與朝臣俱求見，帝知其欲諫，作色以待之，皆莫敢言。毗曰：「陛下欲徙士家，其計安出？」帝曰：「卿謂我徙之非邪？」毗曰：「誠以為非也。」帝曰：「吾不與卿議也。」毗曰：「陛下不以臣不肖[41]，置之左右，廁[42]之謀議之官[43]，安能[2]不與臣議邪！臣所言非私也，乃社稷之慮也，安得怒臣！」帝不答，起入內。毗隨而引[44]其裾[45]，帝遂奮衣[46]不還，良久乃出，曰：「佐治[47]，卿持[48]我何太急邪！」毗曰：「今徙既失民心，又無以食也，故臣不敢不力爭。」帝乃徙其半。帝嘗出射雉[49]，顧羣臣曰：「射雉樂哉！」毗對曰：「於陛下甚樂，於羣下甚苦。」帝默然，後遂為之稀出。

【章旨】以上為第三段，寫曹丕代漢為魏開國之君，尚能聽諫諍之言。

【注釋】❶丞相祭酒　按《三國志・魏書・賈逵傳》，賈逵當時為丞相主簿祭酒，為丞相府之屬官，職掌省錄眾事。❷豫州刺史　當時豫州刺史的治所為譙縣，在今安徽亳州。❸攝　總領。❹六條詔書　漢武帝置十三部刺史時，令刺史按六條詔書督察所部二千石長吏等（即郡太守等）。參見本書卷二十一漢武帝元封五年。❺鷹揚　如鷹之奮揚，比喻威武。❻愷悌　和樂簡易。❼長吏　此指郡太守。漢代，官六百石以上皆可稱長吏。❽慢法　輕忽法律。❾陂　堰塘。❿左中郎將　官名，漢

代於光祿勳下置左、右、五官三署中郎將，統領皇帝侍衛軍。⑪太史丞　官名，屬太史令，協助太史令掌天文曆算。⑫圖緯　《河圖》與緯書。緯書為漢代人偽託孔子所作，有六經緯及《孝經緯》七種。當時李伏、許芝所引讖緯書有《孔子玉板》、《春秋漢含孳》、《孝經中黃讖》、《易運期讖》等等。⑬上表勸王　當時上表勸進者有辛毗、劉曄、傅巽、衛臻、桓階、陳矯、陳羣、蘇林、董巴以及司馬懿、鄭渾、羊祕、鮑勛等。⑭乙卯　十月十三日。⑮繁陽　即潁陰縣曲蠡之繁陽亭。同年，魏文帝改繁陽為繁昌縣，縣治在今河南臨潁西北。⑯辛未　十月二十九日。⑰燎祭　以柴燃火祭天地山川。⑱癸酉　十一月初一。⑲山陽　縣名，縣治在今河南修武西北。⑳正朔　謂曆法。正，一年之始。朔，一月之始。古時改朝換代，一般都重定正朔，頒行新曆。㉑列侯　漢代分爵為二十級，列侯位最高。列侯功大者食縣邑，為侯國；功小者食鄉亭。㉒關中侯　曹魏所置，在列侯之下，無封地，不食租稅。㉓嬪　古代帝王女兒出嫁謂之嬪。㉔侍中　官名，職在侍從皇帝，應對顧問。漢代侍中無定員，曹魏定員為四人。㉕行夏之時　此語見《論語・衛靈公》。孔子主張用夏代之曆法。㉖夏數為得天正　此語見《左傳》昭公十七年，但原文作「夏數得天」，謂夏正與自然氣象相適應。因為夏曆大體是以立春之月為正月。㉗衛臻　字公振，陳留襄邑（今河南睢縣）人，初參曹操丞相軍事，又為戶曹掾。曹丕為魏王後，任散騎常侍。黃初初，任侍中、吏部尚書。魏明帝時，為尚書右僕射，主管選舉。後官至司空、司徒，封長垣侯。傳見《三國志》卷二十二。㉘婦因夫爵　《禮記・郊特牲》云：「婦人無爵，從夫之爵。」㉙臺閣　尚書臺中藏檔案的處所。㉚戊午　十二月十七日。㉛如　到。㉜求市　索購。㉝益得　得到更多。㉞化洽　謂恩德普遍施及。化，德化，即以德感化人。洽，沾潤，亦即遍及。㉟中國　指中原地區。㊱沙幕　即沙漠。指西域地區。㊲征南將軍　官名，曹魏以後，征東、征西、征南、征北等四將軍，位次於三公，在四鎮將軍之上。㊳書之明誡　《尚書・洪範》云：「臣無有作福作威玉食，臣之有作福作威玉食，其害於而（你）家，凶於而國。」㊴士卒家　即士家，又稱兵家。曹魏實行士家制（又稱世兵制），士家單獨列於兵籍，不與民籍相混；士家子弟世代為兵，未經赦免不得脫籍。㊵河南　即河南尹，治所洛陽，在今河南洛陽白馬寺東。㊶不肖　不才。㊷廁　置。㊸謀議之官　侍中在皇帝左右，掌應對顧問，故為謀議之官。㊹引　牽。㊺裾　衣服的後襟。㊻奮衣　謂擺脫辛毗所牽的後衣襟。㊼佐治　辛毗字佐治。㊽持　謂相逼。㊾雉　野雞。

【校　記】①公　原無此字。據章鈺校，甲十六行本有此字，今據補。②能　據章鈺校，甲十六行本、乙十一行本皆作「得」。

【語　譯】魏王曹丕任命丞相祭酒賈逵為豫州刺史。這時天下剛剛平定，刺史大多不能統理所屬的各郡。賈逵

說：「州刺史本來是按照六條詔書監察二千石以下的官員，所以在談論他們的形象時，都說是嚴而有能，如同雄鷹那樣威武，有監督官吏的才能，而不說安靜、寬厚、仁慈，有平易近人的美德。如今地方長官輕忽法紀，致使盜賊公開行竊，州刺史明知卻不予以查辦，天下人又拿什麼作為正確的榜樣呢！」那些二千石以下的官吏，庇護放縱不按法行事的，都上奏免官。對外整頓軍隊，對內治理民事，興建水塘，開墾田地，疏通運渠，官民稱頌。魏王曹丕說：「賈逵是真正的刺史啊！」公告天下，應當以豫州為榜樣，賞賜賈逵爵位為關內侯。

左中郎將李伏、太史丞許芝上表說魏國應當取代漢朝，已經在圖緯中顯現，事例很多。群臣趁勢上表勸說魏王曹丕順應天命人心，魏王曹丕沒有同意。

冬，十月十三日乙卯，漢獻帝在高祖廟祭告，派代理御史大夫張音持符節奉璽綬詔冊，向魏王禪讓帝位。魏王三次上書推辭，然後才在繁陽設壇臺。二十九日辛未，曹丕登壇臺接受璽綬，即皇帝位，燃火祭天地、山川，改易年號，大赦天下。

十一月初一日癸酉，尊奉漢獻帝為山陽公，奉行漢代曆法，仍用天子的禮樂；封山陽公四個兒子為列侯。追尊魏太王曹嵩為魏太皇帝，魏武王曹操為魏武皇帝，廟號太祖。尊王太后為皇太后。改漢朝所封的諸侯王為崇德侯，列侯為關中侯。群臣得到不同等級的封爵和官位升遷。改相國為司徒，御史大夫為司空。山陽公奉送兩個女兒給魏文帝曹丕作嬪妃。

魏文帝想更改曆法，侍中辛毗說：「魏氏遵循舜、禹的正統，上應天命，下順民心。至於湯、武，依靠武力平定天下，才更改曆法。孔子說『實行夏朝的曆法』，《左傳》說『夏朝的曆數，最合天地運行的正道』，何必期望與它相反呢！」魏文帝認為有理，採取了這一建議。當時群臣都稱頌魏王朝的功德，大多貶損前朝。散騎常侍衛臻卻獨自闡明禪位的意義，稱頌漢朝的美德。魏文帝多次注目衛臻，並說：「天下的珍寶，將和山陽公共同享用。」魏文帝想追封太后的父母，尚書陳羣上奏說：「陛下以聖德膺受天命，創立大業，改革制度，應當永遠成為後世的榜樣。考察經典文籍，沒有給婦女分封土地和爵位的制度。在禮制的典籍裡，只

有婦女從享丈夫的爵位。秦朝違背古代的法典，漢朝繼承秦制，不是先王的美好法典。」魏文帝說：「這個意見是對的，那就不要施行追封之禮了。」於是著為制度，並把它保存在尚書管理的臺閣中。

十二月，開始營建洛陽宮。十七日戊午，魏文帝到達洛陽。

魏文帝對侍中蘇則說：「先前攻破酒泉、張掖時，西域曾派使節到敦煌，貢獻直徑一寸大的珍珠，還能再買到更多的珍珠嗎？」蘇則回答說：「如果陛下的教化能夠沾潤中原，恩德遠被沙漠，即便不求，珍珠也自然會有人送來。通過追求而得到，就不足珍貴了。」魏文帝沉默不語。

魏文帝徵召東中郎將蔣濟為散騎常侍。當時曾有詔書賜給征南將軍夏侯尚，說：「你是我的心腹將領，給予你特別職任，可以作威作福，可以處死人，可以全活人。」夏侯尚把詔書拿給蔣濟看。蔣濟來到京城，魏文帝問他有什麼見聞，蔣濟說：「沒有其他好講的，只看到了亡國的話語。」魏文帝憤怒地變了臉色，問他為何這麼說。蔣濟把看到詔書的事據實作了回答，還藉機說：「『作威作福』，《尚書》明明白白加以鑑戒。天子無戲言，古人對此特別謹慎，希望陛下明察。」魏文帝馬上派人追回前詔。

魏文帝想遷移冀州籍的士兵十萬家充實河南。當時天旱加上蝗災，百姓飢餓，朝廷各部門認為不可以移民，但魏文帝態度十分堅定。侍中辛毗和朝中大臣一起求見，魏文帝知道他們想來諫阻，就板起面孔來接待他們，大家都不敢發言。辛毗說：「陛下想遷移士兵的家眷，這是為了什麼？」魏文帝說：「你認為我遷移的做法不對嗎？」辛毗說：「我確實認為不對。」魏文帝說：「我不跟你商議了。」辛毗說：「陛下不認為臣不才，才把臣安排在您身邊，置身謀議之官，怎麼能不與臣商議呢！臣所講的不是出於私心，而是為國家考慮，怎麼能對臣生氣呢！」魏文帝不回答，起身進入內室。辛毗跟在後面拉住他的衣後襟，魏文帝甩開辛毗，頭也不回地走了進去，過了很久才出來，說：「辛毗，你對我為什麼逼得這麼急！」辛毗說：「現在遷移士兵家眷，既失去民心，又沒食物給他們吃，所以我不敢不力爭。」魏文帝於是只遷移士兵家眷中的一半。

魏文帝曾經出外射取野雞，回頭對群臣說：「射野雞，真快活！」辛毗回答說：「對陛下來說十分快活，對群臣來說十分辛苦。」魏文帝沉默無語，後來就很少出獵了。

二年（辛丑　西元二二一年）

春，正月，以議郎孔羡為宗聖侯❶，奉孔子祀。

三月，加遼東太守公孫恭車騎將軍❷。〇初復五銖錢❸。

蜀中傳言漢帝已遇害，於是漢中王發喪❹制服❺，諡曰孝愍皇帝。羣下競言符瑞❻，勸漢中王稱尊號。前部司馬❼費詩上疏曰：「殿下以曹操父子偪主篡位，故乃羈旅萬里，糾合士眾，將以討賊。今大敵未克而先自立，恐人心疑惑。昔高祖與楚約，先破秦者王之。及屠咸陽，獲子嬰，猶懷推讓，況今殿下未出門庭❽，便欲自立邪！愚臣誠不為殿下取也。」王不悅，左遷❾詩為部永昌從事❿。

夏，四月丙午⓫，漢中王即皇帝位於武擔⓬之南，大赦，改元章武。以諸葛亮為丞相，許靖為司徒⓭。

臣光曰：「天生烝民⓮，其勢不能自治，必相與戴君⓯以治之。苟能禁暴除害，以保全其生，賞善罰惡，使不至於亂，斯可謂之君矣。是以三代之前，海內諸侯，何啻⓰萬國⓱，有民人、社稷者，通謂之君。合萬國而君之，立法度，班⓲號令，而天下莫敢違者，乃謂之王。王德既衰，強大之國能帥諸侯以尊天子者，則謂之霸。故自古天下無道，諸侯力爭，或曠世無王者，固亦多矣。秦焚書坑儒，

漢興，學者始推五德生勝⑲，以秦為閏位⑳，在木火之間㉑，霸而不王，於是正閏㉒之論興矣。及漢室顛覆，三國鼎跱㉓。晉氏失馭，五胡雲擾㉔。宋、魏以降，南北分治，各有國史，互相排黜，南謂北為索虜㉕，北謂[1]南為島夷㉖。朱氏㉗代唐，四方幅裂，朱邪㉘入汴，比之窮、新㉙，運曆年紀，皆棄而不數㉚。此皆私己之偏辭，非大公之通論也。

「臣愚誠不足以識前代之正閏，竊以為苟不能使九州合為一統，皆有天子之名而無其實者也。雖華夷[2]仁暴，大小強弱，或時不同，要皆與古之列國無異，豈得獨尊獎一國謂之正統，而其餘皆為僭偽哉！若以自上相授受者為正邪，則陳氏㉛何所受[3]？拓拔氏㉜何所受？若以居中夏㉝者為正邪，則劉、石、慕容、苻、姚、赫連㉞所得之土，皆五帝、三王之舊都也。若以有道德者為正邪，則蕞爾㉟之國，必有令主㊱，三代之季㊲，豈無僻王㊳！是以正閏之論，自古及今，未有能通其義，確然使人不可移奪者也。

「臣今所述，止欲敘國家之興衰，著生民之休戚㊴，使觀者自擇其善惡得失，以為勸戒，非若春秋立褒貶之法，撥亂世反諸正也。正閏之際，非所敢知，但據其功業之實而言之。周、秦、漢、晉、隋、唐，皆嘗混壹㊵九州，傳祚於後，子

孫雖微弱播遷㊶，猶承祖宗之業，有紹復之望。四方與之爭衡者，皆其故臣也，故全用天子之制以臨之。其餘地醜㊷德齊，莫能相壹，名號不異，本非君臣者，皆以列國之制處之。彼此均[4]敵，無所抑揚，庶幾㊸不誣事實，近於至公。然天下離析㊹之際，不可無歲、時、月、日以識㊺事之先後。據漢傳於魏而晉受之，晉傳于宋以至於陳而隋取之，唐傳於梁以至於周而大宋承之，故不得不取魏㊻、宋、齊、梁、陳、後梁、後唐、後晉、後漢、後周年號，以紀諸國之事，非尊此而卑彼，有正閏之辨也。昭烈㊼之於漢，雖云中山靖王之後，而族屬疏遠，不能紀其世數名位，亦猶宋高祖㊽稱楚元王後，南唐烈祖㊾稱吳王恪後，是非難辨，故不敢以光武及晉元帝為比，使得紹漢氏之遺統也。」

【章旨】以上為第四段，寫劉備稱帝，自以為正統。司馬光論正統，闡明《通鑑》紀年不依世俗之見，而以實際承傳與功業大小為繫年依據。

【注釋】❶孔羨為宗聖侯　孔羨為孔子二十一世孫。宗聖侯食邑百戶。❷車騎將軍　官名，曹魏時，車騎將軍為都督者，儀同四征將軍。如不為都督，雖持節屬四征者，與前、後、左、右雜號將軍同。❸五銖錢　漢獻帝初平元年（西元一九〇年）董卓壞五銖錢更鑄小錢，現又恢復。❹發喪　公布喪事於眾；發布死訊。❺制服　守制之服，即喪服。❻符瑞　祥瑞的徵兆。❼前部司馬　費詩當時為益州前部司馬。司馬本將軍府屬官，非州牧刺史的屬吏。而東漢末的州牧刺史卻仿將軍府置吏，置有司馬，其職掌大概同於將軍府之司馬。❽未出門庭　指劉備還沒有打出蜀地，即未佔有中原之地，稱帝尚早。❾左遷　降

職調任。❿部永昌從事　即益州刺史部的從事史，所部為永昌郡。永昌郡治所在不韋縣，在今雲南保山市東北。⓫丙午　四月初六。⓬武擔　山名，在當時成都縣西北，即在今四川成都舊城內西北角，北較場之東南角，今為高約二十公尺、長百餘公尺、寬三四十公尺的一土丘。⓭司徒　官名，西漢哀帝時罷丞相置大司徒，東漢去「大」稱司徒，是司徒之職相當於丞相，而蜀漢此時兩者並置。但蜀漢司徒無實權，丞相錄尚書事才是總攬朝政者。⓮烝民　眾民；百姓。⓯戴君　立一個君主。戴，擁立；尊奉。⓰啻　只。⓱萬國　在夏代以前，氏族部落眾多，故有萬國之稱。如《史記・五帝本紀》謂黃帝「置左右大監，監於萬國」。⓲班　頒布。⓳五德生勝　秦漢方士以金、木、水、火、土五行相生相勝（又稱剋）之說來附會王朝的命運，稱為五德。由於說法不同，同一王朝之屬德亦有不同。如相生說認為，木生火，火生土，土生金，金生水，水生木；所以堯為火德，舜為土德，禹為金德，商為水德，周為木德，皆依次相生。而相勝說卻認為，水勝火，火勝金，金勝木，木勝土，土勝水；故黃帝屬土，夏屬木，商屬金，周屬火，皆依次相勝。⓴閏位　古人稱非正統的帝位為閏位。㉑在木火之間　漢代方士以五德相生說認為，夏為金德，商為水德，周為木德，漢為火德，皆依次相生。漢雖伐秦而代之，卻上繼周德，秦不在五行相生之正運，而在木火之間，故為閏位。㉒正閏　正統和非正統。㉓跱　同「峙」。直立。㉔雲擾　謂紛擾如雲。㉕索虜　以拓跋鮮卑為主的北朝諸族，皆編髮為辮，故南朝蔑稱之為索虜。㉖島夷　南朝地近東南沿海，土地低下，北朝蔑稱之為島夷。㉗朱氏　唐朝末年朱溫代唐稱帝，國號梁，建都於汴，在今河南開封。㉘朱邪　指後唐莊宗李存勗，朱邪是原來的姓，李氏是唐室賜姓。㉙窮新　指有窮氏與王莽的新朝。後唐莊宗李存勗建國後，自以為繼承唐朝，遂將朱梁比之為有窮氏篡夏，王莽篡漢。㉚運曆年紀二句　指後唐不承認朱梁是一個朝代，朱梁的曆法紀年都不算數。㉛陳氏　南朝陳霸先建立陳朝。㉜拓拔氏　指建立北魏的鮮卑拓跋氏。拓拔，也作「拓跋」。㉝中夏　中原。㉞劉石慕容苻姚赫連　皆十六國時期的立國者。匈奴人劉淵建立漢，劉曜繼之改稱趙（前趙），羯人石勒亦建立趙（後趙），鮮卑慕容氏建立燕（此指後燕、南燕），氐人苻健、苻堅建立秦（前秦），羌人姚萇、姚興亦建立秦（後秦），匈奴人赫連勃勃建立大夏。㉟蕞爾　小貌。㊱令主　明君。㊲季　末期。㊳僻王　奸邪的國君。㊴休戚　喜樂與憂傷。㊵混壹　統一。㊶播遷　奔走流亡於外。㊷地醜　土地大小類似。㊸庶幾　或許。㊹離析　分裂。㊺識　標誌；記載。㊻魏　胡三省注：「『魏』下當有『晉』字。」㊼昭烈　即蜀漢昭烈帝劉備。㊽宋高祖　即南朝建立宋王朝的劉裕。劉裕自稱是劉邦異母弟漢楚元王劉交的二十一世孫。㊾南唐烈祖　即南唐開國皇帝李昪。李昪自稱為唐太宗子吳王李恪之後代。

【校　記】①謂　原作「為」。據章鈺校，甲十六行本、乙十一行本皆作「謂」，熊羅宿《胡刻資治通鑑校字記》同，今據改。②夷　原作「夏」。據章鈺校，甲十六行本、乙十一行本皆作「夷」，張敦仁《通鑑刊本識誤》同，今據改。③受　據章鈺校，甲十六行本、乙十一行本皆作「授」。④均　據章鈺校，甲十六行本、乙十一行本皆作「鈞」，二字通。

【語　譯】二年（辛丑　西元二二一年）

春，正月，冊封議郎孔羨為宗聖侯，奉承孔子的祭祀。

三月，為遼東太守公孫恭加銜為車騎將軍。○首次恢復使用五銖錢。

蜀中傳言漢獻帝已經遇害，於是漢中王劉備發布喪事消息，穿戴孝服，上諡號為孝愍皇帝。群臣競相進言說有祥瑞出現，勸漢中王劉備稱帝。前部司馬費詩上奏疏說：「殿下正因為曹操父子逼主篡位，所以才輾轉萬里，聚合士卒，率領他們討伐逆賊。如今大敵還沒有消滅卻先自立為帝，恐怕人心會產生疑惑。從前高祖與楚霸王約定，先打敗秦朝就稱王。等到高祖攻滅咸陽，俘獲了子嬰，仍然懷有推讓之心，況且殿下如今尚未打出蜀地，就想自立為帝嗎！臣確實認為殿下這麼做是不可取的。」漢中王很不高興，將費詩貶為永昌從事。

夏，四月初六日丙午，漢中王劉備在武擔之南即皇帝位，大赦天下，改年號為章武。任命諸葛亮為丞相，許靖為司徒。

司馬光說：「天生百姓，百姓勢必不能自治，必須共同擁立君主加以治理。如果能禁暴除害來保全百姓的生存，賞善罰惡，使他們不至於作亂，這才可以稱之為君主。所以三代以前，海內的諸侯國何止一萬個，只要擁有百姓，能祭祀土神和穀神的人通通被稱為君主。能聚合萬國而加以統治，設立法度，頒布號令，而天下沒有人敢違抗，就被稱為王。王道衰落以後，強大的國君能統帥諸侯尊奉天子的人，就被稱為霸。因此自古以來，天下無道時，諸侯爭雄，長期無王無霸的時代，本來是很多的。秦朝焚書坑儒，漢朝興起，學者們開始推演五德相生相勝的理論，認為秦朝處於閏位，在木德與火德之間，只是霸而不是王，於是正位和閏位的爭論就興起了。等到漢室顛覆，三國鼎立。晉朝失去統治權，五胡大亂中原。劉宋、北魏以來，南北分

治，各自寫自己的國史，相互排斥、貶損，南朝稱北朝是索虜，北朝稱南朝為島夷。朱溫取代唐朝，四方分裂，沙陀人李存勗進入汴京，把朱溫比作篡夏的有窮氏、篡漢的王莽新朝，朱梁一朝的曆法和紀年都被拋棄不算數。這都是自私的偏頗之言，不是大公的通行理論。

「臣愚笨，實在沒有能力認清前面朝代哪些是正位哪些是閏位。我認為如果不能統一九州的人，都只有天子之名而無天子之實。政權雖然華與夷有仁暴、大小、強弱等區別，或有時間前後的不同，但總而言之，它們都與古人的列國毫無差別，怎麼能只尊奉一國稱之為正統，而把其餘的都視為僭偽呢！如果認為從上一個皇帝傳授下來的政權為正統，那麼南朝的陳氏是誰傳授的？北魏的拓跋氏是誰傳授的？如果認為居於中原的為正統，那麼匈奴劉氏、羯族石氏、鮮卑族慕容氏、氐族苻氏、羌族姚氏、匈奴赫連氏所統治的國土，則都是五帝、三王的舊有國都。如果認為有道德的為正統，那麼彈丸小國也必有明主，三代的末世，難道就沒有奸邪的國王嗎！所以關於正閏的理論，從古到今，沒有能通曉它的含義，的確使人無法改易的。

「臣現在所說的，只是想說明國家的興衰，關乎民生的苦樂，讓讀者自己去識別善惡得失，用來作為勸勉和鑑戒，不像《春秋》那樣，建立褒貶的標準，撥亂返正。關於正閏的區別，我不敢說弄明白了，只是依據他們功業的實際來敘述。周、秦、漢、晉、隋、唐，都曾統一九州，傳帝位於子孫，子孫們雖然衰弱，甚至顛沛流離，仍然能繼承祖宗的基業，希望接續恢復以前的盛況。四方與他們爭奪權力的，都是他們以前的臣子，所以，本書全都用君臣關係來對待。對其餘國土大小差不多，功德相等，誰也不能統一，名號沒什麼區別，原本就不是君臣關係的，都用對待春秋列國的辦法來處理。彼此均衡對待，不貶抑也不褒揚，這樣也許不會歪曲事實，接近於公正。但天下分崩離析的時代，不可能沒有年、季、月、日來記敘事情的先後。根據漢傳位至魏而晉承受，晉傳位到宋以至於陳而被隋取代，唐傳位到梁以至於周而大宋承繼，因此不得不用魏、宋、齊、梁、陳、後梁、後唐、後晉、後漢、後周的年號，用它們來記敘各國的事情，不是尊此而抑彼，有什麼正閏的區分。蜀漢昭烈帝劉備對漢朝來說，雖然說是西漢中山靖王的後代，但族屬關係疏遠，不能說清他的世系代數、名分和地位，這就同南朝宋高祖劉裕自稱是西漢楚元王的後代，南唐烈祖李昪自稱是唐朝

吳王李恪的後代一樣，是非難辨，所以不敢把劉備與東漢光武帝繼承西漢、東晉元帝繼承西晉相類比，說他是承續漢朝的傳統。」

孫權自公安徙都鄂❶，更名鄂曰武昌。

五月辛巳❷，漢主立夫人吳氏❸為皇后。后，偏將軍懿之妹，故劉璋兄瑁之妻也。立子禪為皇太子，娶車騎將軍❹張飛女❺為皇太子妃。

太祖之入鄴也，帝為五官中郎將，見袁熙妻中山甄氏❻美而悅之，太祖為之聘焉，生子叡。及即皇帝位，安平郭貴嬪❼有寵，甄夫人留鄴不得見，失意，有怨言，郭貴嬪譖之，帝大怒。六月丁卯❽，遣使賜夫人死。

帝以宗廟在鄴，祀太祖於洛陽建始殿，如家人禮。

戊辰晦❾，日有食之。有司奏免太尉，詔曰：「災異之作，以譴元首，而歸過股肱❿，豈禹、湯罪己⓫之義乎！其令百官各虔厥⓬職。後有天地之眚⓭，勿復劾三公。」

漢主立其子永⓮為魯王，理⓯為梁王。

漢主恥關羽之沒，將擊孫權。翊軍將軍⓰趙雲曰：「國賊，曹操，非孫權也。

若先滅魏，則權自服。今操身雖斃，子丕篡盜，當因眾心，早圖關中，居河、渭上流以討凶逆，關東義士必裹糧策馬以迎王師。不應置魏，先與吳戰。兵勢一交，不得卒解⑰，非策之上也。」羣臣諫者甚眾，漢主皆不聽。廣漢處士⑱秦宓⑲陳天時必無利，坐⑳下獄幽閉㉑，然後貸出㉒。

初，車騎將軍張飛雄壯威猛亞於關羽，羽善待卒伍而驕於士大夫，飛愛禮君子而不恤㉓軍人。漢主常戒飛曰：「卿刑殺既過差㉔，又日鞭檛㉕健兒㉖而今在左右，此取禍之道也。」飛猶不悛㉗。漢主將伐孫權，飛當率兵萬人自閬中㉘會江州㉙。臨發，其帳下㉚將張達、范彊殺飛，以其首順流㉛奔孫權。漢主聞飛營都督㉜有表，曰：「噫，飛死矣㉝！」

陳壽㉞評曰：「關羽、張飛皆稱萬人之敵，為世虎臣。羽報效曹公㉟，飛義釋嚴顏㊱，並有國士之風。然羽剛而自矜㊲，飛暴而無恩㊳，以短取敗，理數之常也。」

【章旨】以上為第五段，寫張飛之死。

【注釋】❶鄂　縣名，縣治在今湖北鄂州。❷辛巳　五月十二日。❸吳氏　吳懿之妹。死後諡為穆皇后。傳見《三國志》卷三十四。❹車騎將軍　官名，位次於驃騎將軍，掌京師兵衛與邊防屯警。❺張飛女　張飛長女，劉禪即帝位後，立為皇后。

死後諡為敬哀皇后。傳見《三國志》卷三十四。❻甄氏　中山無極（今河北無極西）人，初為袁熙妻，後被曹丕所娶，生子曹叡。後因失寵被賜死。曹叡即帝位後，追諡為文昭皇后。傳見《三國志》卷五。❼郭貴嬪　安平廣宗（今河北威縣東）人，曹操為魏公時，被曹丕所納。曹丕稱帝後，立為嬪（妃嬪稱號，曹丕始置，位次皇后），後立為皇后。魏明帝即位後，尊為皇太后，稱永安宮。死後諡為文德皇后。傳見《三國志》卷五。❽丁卯　六月二十八日。❾戊辰晦　六月二十九日，即六月最後一天。❿股肱　大腿和胳膊。比喻輔佐君主的大臣。⓫禹湯罪己　《左傳》莊公十一年：臧文仲曰：「禹、湯罪己，其興也悖（通『勃』）焉。」禹罪己之事，《尚書》未載。湯罪己之言，見《論語·堯曰》。⓬厥　其。⓭眚　災異。⓮永　劉永，字公壽，劉備之子。劉禪時改封為甘陵王。蜀漢滅亡後，被遷至洛陽。傳見《三國志》卷三十四。⓯理　劉理，字奉孝，劉備之子。劉禪時改封為安平王。傳見《三國志》卷三十四。劉理與劉永所封之梁與魯，皆中原郡國，非蜀漢之地，只是寄封而已。說明蜀漢政權念念不忘恢復中原。⓰翊軍將軍　官名，劉備所置的雜號將軍。⓱卒解　很快結束。⓲處士　未做官的士人。⓳秦宓　（？—西元二二六年）字子敕，廣漢緜竹（今四川德陽北）人，少有才學，州郡辟召，皆不應徵。後主劉禪即位初，諸葛亮領益州牧，辟宓為別駕。其後又為左中郎將、長水校尉。後又為大司農。傳見《三國志》卷三十八。⓴坐　獲罪。㉑幽閉　囚禁。㉒貸出　寬免出獄。㉓恤　顧惜；愛護。㉔過差　過分。㉕鞭撾　鞭打。㉖健兒　勇士。㉗悛　改變。㉘閬中　縣名，縣治在今四川閬中。㉙江州　縣名，縣治在今重慶市南岸區。㉚帳下　部下。㉛順流　指沿今嘉陵江、長江順流而下。㉜營都督　營統兵長官。㉝飛死矣　上表當由張飛，而營都督越級上表，故知張飛已死。㉞陳壽　（西元二三三—二九七年）字承祚，巴西安漢（今四川南充）人，在蜀漢後主時期，曾為衛將軍主簿、東觀祕書郎、散騎黃門侍郎。入晉後，曾為著作郎、治書侍御史等。著有《益部耆舊傳》、《三國志》等。傳見《晉書》卷八十二。本書所引「陳壽評」，即陳壽在《三國志》中的評語。㉟羽報效曹公　建安五年（西元二〇〇年）曹操東征劉備，劉備敗走。曹操虜得劉備妻子及關羽，而禮待關羽甚厚。官渡之戰中，關羽為報答曹操，遂斬袁紹大將顏良。事見本書卷六十三漢獻帝建安五年。㊱飛義釋嚴顏　建安十九年劉備入蜀攻劉璋，諸葛亮與張飛從荊州逆江而上，分定郡縣。攻下江州後，太守嚴顏守義不降，張飛為之感動，遂釋放嚴顏。事見本書卷六十七漢獻帝建安十九年。㊲自矜　驕狂自大。㊳無恩　無情；缺少關愛。

【語譯】孫權從公安縣遷都到鄂縣，改鄂縣為武昌。

五月十二日辛巳，漢主劉備冊立夫人吳氏為皇后。吳皇后，是偏將軍吳懿的妹妹，已故劉璋哥哥劉瑁的

妻子。立兒子劉禪為皇太子，娶車騎將軍張飛的女兒為皇太子妃。

魏太祖曹操進入鄴城的時候，魏文帝曹丕擔任五官中郎將，看到袁熙的妻子中山人甄氏貌美，很喜歡她，魏太祖為曹丕娶了甄氏，生下兒子曹叡。等到曹丕即皇帝位，安平人郭貴嬪有寵，甄夫人留在鄴城不能見面，因失落而抱怨，郭貴嬪詆毀甄夫人，魏文帝大怒。六月二十八日丁卯，派使者賜甄夫人自殺。

魏文帝鑑於宗廟在鄴城，於是在洛陽建始殿祭祀太祖，用家人的禮儀。

六月最後一天二十九日戊辰，發生日蝕。主管官員上奏請罷免太尉。魏文帝下詔說：「災異的發生，這是上天在譴責君主，而把過錯歸罪於輔佐大臣，這哪裡符合夏禹、商湯歸罪於己的遺意呢！現在命令百官各盡其職。今後有天災怪異的事情發生，不要再彈劾三公。」

漢主劉備立他的兒子劉永為魯王，劉理為梁王。

漢主劉備對關羽被殺感到恥辱，要攻打孫權。翊軍將軍趙雲說：「竊國之賊是曹操，不是孫權。如果先滅了魏，孫權就會自動歸服。現在曹操雖死，他的兒子曹丕篡位竊國，我們應當借助民心，早點謀取關中，佔據黃河、渭水的上游來討伐叛逆，關東的義士必然會帶著糧食、鞭策戰馬來迎接我仁義之師。不應丟開曹魏，先與吳交戰。雙方兵力一旦相交，就不能很快解決，這不是上策。」群臣中勸諫的很多，劉備都不聽從。廣漢的隱士秦宓陳述天時，認為伐吳一定不利，因此被治罪下獄，囚禁起來，後來才被寬免放出。

起初，車騎將軍張飛雄壯威猛僅次於關羽，關羽善待士兵，而對士大夫很傲慢，張飛對士大夫很有禮貌，而不體恤士兵。漢主劉備經常告誡張飛說：「你刑殺已經過分，又經常鞭打勇士，還把他們留在身邊，這是自取禍害之途。」張飛仍然不改。漢主將要討伐孫權，張飛將率領一萬兵馬從閬中到江州與大軍會合。臨出發時，張飛帳下將領張達、范彊殺死張飛，拿著他的首級順流而下去投奔孫權。漢主聽到張飛的營部都督有表呈上，說：「哎呀，張飛死了！」

陳壽評論說：「關羽、張飛都被稱為能敵萬人，是一代龍虎之臣。關羽為報恩效命於曹操，張飛仗義釋放嚴顏，都表現了國士的風範。然而關羽剛愎自大，張飛殘暴無情，都由於自己的弱點而遭受失敗，這是合

乎常理的。」

秋，七月，漢主自率諸軍擊孫權，權遣使求和於漢。南郡太守諸葛瑾遺❶漢主牋曰：「陛下以關羽之親，何如先帝❷？荊州大小，孰與海內？俱應仇疾，誰當先後？若審此數，易於反掌矣。」漢主不聽。時或言瑾別遣親人與漢主相聞者，權曰：「孤與子瑜❸有死生不易之誓，子瑜之不負孤，猶孤之不負子瑜也。」然謗言流聞於外，陸遜表明瑾必無此，宜有以散其意。權報曰：「子瑜與孤從事積年，恩如骨肉，深相明究。其為人，非道不行，非義不言。玄德昔遣孔明至吳，孤嘗語子瑜曰：『卿與孔明同產，且弟隨兄，於義為順，何以不留孔明？孔明若留從卿者，孤當以書解玄德，意自隨人❹耳。』子瑜答孤言：『弟亮已失身於人❺，委質❻定分❼，義無二心。弟之不留，猶瑾之不往也。』其言足貫神明，今豈當有此乎！前得妄語文疏，即封示子瑜，并手筆與之。孤與子瑜，可謂神交，非外言所間❽。知卿意至，輒封來表以示子瑜，使知卿意。」

漢主遣將軍吳班❾、馮習❿攻破權將李異、劉阿等於巫⓫，進兵[1]秭歸⓬，兵四萬餘人。武陵⓭蠻夷皆遣使往請兵，權以鎮西將軍陸遜為大都督⓮、假節，督

將軍朱然、潘璋、宋謙、韓當、徐盛、鮮于丹、孫桓⑮等五萬人拒之。

皇弟鄢陵侯彰、宛侯據、魯陽侯宇、譙侯林、贊侯袞、襄邑侯峻、弘農侯幹、壽春侯彪、歷城侯徽、平輿侯茂⑯皆進爵為公，安鄉侯植改封鄄[2]城侯。○築陵雲臺⑰。

初，帝詔羣臣令料劉備當為關羽出報孫權否，眾議咸云：「蜀小國耳，名將唯羽，羽死軍破，國內憂懼，無緣復出。」侍中劉曄獨曰：「蜀雖陿⑱弱，而備之謀欲以威武自強，勢必用眾以示有餘。且關羽與備，義為君臣，恩猶父子。羽死，不能為興軍報敵，於終始之分⑲不足矣。」

八月，孫權遣使稱臣，卑辭奉章，并送于禁等還⑳。朝臣皆賀，劉曄獨曰：「權無故求降，必內有急。權前襲殺關羽，劉備必大興師伐之。外有強寇，眾心不安，又恐中國㉑往乘其釁，故委地求降，一以卻中國之兵，二假㉒中國之援，以彊其眾而疑敵人耳。天下三分，中國十有其八。吳、蜀各保一州㉓，阻山依水，有急相救，此小國之利也。今還自相攻，天亡之也。宜大興師，徑渡江襲之。蜀攻其外，我襲其內，吳之亡不出旬月㉔[3]矣。吳亡則蜀孤，若割吳之半以與蜀，蜀固不能久存，況蜀得其外，我得其內乎！」帝曰：「人稱臣降而伐之，疑天下

欲來者心，不若且受吳降而襲蜀之後也。」對曰：「蜀遠吳近，又聞中國伐之，便還軍，不能止也。今備已怒，興兵擊吳，聞我伐吳，知吳必亡，將喜而進與我爭割吳地，必不改計抑怒救吳也。」帝不聽，遂受吳降。

于禁須髮皓白，形容憔顇㉕，見帝，泣涕頓首。帝慰諭以荀林父㉖、孟明視㉗故事，拜安遠將軍㉘，令北詣鄴謁高陵。帝使豫㉙於陵屋畫關羽戰克、龐德憤怒、禁降伏之狀。禁見，慙恚㉚發病死。

臣光曰：「于禁將數萬眾，敗不能死，生降於敵，既而復歸，文帝廢之可也，殺之可也，乃畫陵屋以辱之，斯為不君㉛矣。」

【章　旨】以上為第六段，寫漢主劉備統兵伐吳，孫權稱臣於曹魏求援，釋放于禁回國。

【注　釋】❶遺　贈與。❷先帝　當時蜀人傳言漢獻帝已被害，因稱之為先帝。❸子瑜　諸葛瑾字子瑜。❹意自隨人　謂意料劉備之意，當聽從諸葛孔明之留吳。❺失身於人　諸葛瑾站在東吳的立場上，其弟諸葛亮事敵人劉備，自然是失身。❻委質　謂臣服於人。委，置。質，同「贄」。禮物。古時定君臣關係，臣必獻禮物於君，即《呂氏春秋．審分覽．執一》所謂的「置質為臣」。❼定分　謂定君臣名分。❽間　離間。❾吳班　字元雄，吳壹之族弟。劉備征吳時為領軍。後主劉禪時，官至驃騎將軍，封緜竹侯。❿馮習　字休元，劉備征吳時為領軍，因大敗於猇亭而死。二人事均見《三國志．蜀書．楊戲傳》附〈季漢輔臣贊〉。⓫巫　縣名，縣治在今四川巫山縣。⓬秭歸　縣名，縣治在今湖北秭歸。⓭武陵　郡名，治所臨沅，在今湖南常德。⓮大都督　官名，總統諸軍的最高統帥，以後成為全國最高的軍事統帥。⓯孫桓　字叔武。與陸遜共拒劉備有功，為建武將軍，封丹徒侯。傳見《三國志》卷五十一。⓰平輿侯茂　以上諸侯皆有傳，除鄢陵侯曹彰外，均見《三國志》

卷二十。⑰陵雲臺　在當時洛陽城中。⑱陿　同「狹」。狹小。⑲終始之分　謂始終如一的情誼。⑳送于禁等還　于禁等被關羽俘虜後，被置於南郡。孫權破南郡後，得于禁等，現又送還曹操。㉑中國　古時居住中原之華夏稱中國，後世或稱中原為中國，或以華夏之正統為中國。此指當時的魏國。㉒假　借。㉓吳蜀各保一州　大略而言，吳據揚州，蜀據益州。㉔旬月　一個月。㉕憔顇　面黃肌瘦，萎靡不振。㉖荀林父　春秋時晉國大夫。晉景公時，荀林父曾任中軍統帥，執掌國政，因救鄭被楚擊敗。晉景公復用他，後遂攻滅赤狄。事見《史記・晉世家》。㉗孟明視　春秋時秦國大夫。秦穆公時，曾奉命將兵襲鄭，而中途被晉軍襲擊，大敗於殽被俘。後得釋回國，秦穆公復重用他，終敗晉國。事見《史記・秦本紀》。㉘安遠將軍　官名，曹丕所置的雜號將軍。㉙豫　預先；事前。㉚慙恚　慚恨。㉛不君　不符合君道。《左傳》昭公二十年：「賞慶刑威曰君。」

【校記】1兵　據章鈺校，甲十六行本、乙十一行本皆作「軍」。2鄄　原誤作「甄」。據胡三省注，蜀本作「鄄」，尚不誤。本書下文亦作「鄄」，與《三國志・魏書・陳思王植傳》同，今據改。3月　原作「日」。據章鈺校，甲十六行本、乙十一行本、孔天胤本皆作「月」，張敦仁《通鑑刊本識誤》同，今據改。

【語譯】秋，七月，漢主劉備親自率領各路軍隊進攻孫權，孫權派使者向漢求和。南郡太守諸葛瑾在送給漢主的信中說：「陛下您與關羽的親情，與先帝相比哪個親？荊州的大小，與海內相比哪個大？曹操、東吳都應是您所仇恨的，但誰先誰後？如果弄清了這些問題，該怎麼辦就易如反掌。」漢主不聽從。當時有人對孫權說諸葛瑾另外派親信與漢主互通消息，孫權說：「孤和諸葛瑾有生死不變心的誓言，諸葛瑾不辜負孤，猶如孤不辜負他一樣。」但誹謗的言語仍在外面流傳，陸遜上表說明諸葛瑾一定不會有這種事情，但應有所表白，來打消他的疑慮。孫權回答說：「諸葛瑾與孤共事多年，情同骨肉，互相深為瞭解。他的為人，不做不合道義的事，不說不合情義的話。劉玄德從前派孔明到吳，孤曾對子瑜說：『你和孔明是同胞兄弟，而且弟弟跟隨哥哥是符合道義的，為什麼不留下孔明？孔明如果留下跟從你的話，孤將寫信向劉備解釋，料想他會同意的。』諸葛瑾回答孤說：『弟弟諸葛亮已經委身於人，確定了臣子的名分，按道義不會有二心。弟弟不留下，正如我不會前往劉備那裡一樣。』這些話足以上通神明，現在怎麼會發生這種事情呢！以前收到誹謗他的奏疏，孤立刻封起來給子瑜看，並親筆批示交給他。孤和子瑜可說是神明之交，不是外面的流言能夠離

間的。孤瞭解卿的用意很懇切，就將來表封上，送給他，讓他知道你的心意。」

漢主派將軍吳班、馮習在巫縣打敗孫權的部將李異、劉阿等，進軍秭歸，兵力有四萬多人。武陵的蠻夷都派使者往東吳請求派兵支援，孫權任命鎮西將軍陸遜為大都督、假符節，統領將軍朱然、潘璋、宋謙、韓當、徐盛、鮮于丹、孫桓等五萬人抵禦劉備。

魏文帝的弟弟鄢陵侯曹彰、宛侯曹據、魯陽侯曹宇、譙侯曹林、贊侯曹袞、襄邑侯曹峻、弘農侯曹幹、壽春侯曹彪、歷城侯曹徽、平輿侯曹茂都進爵為公，改封安鄉侯曹植為鄄城侯。○修建陵雲臺。

當初，魏文帝詔令群臣估計劉備是否會為關羽報仇出兵攻打孫權，眾臣都議論說：「蜀是一個小國罷了，名將只有關羽，關羽死了，部眾被殲滅，國內恐懼，沒有理由再出兵。」只有侍中劉曄說：「蜀國雖然國土狹窄兵力衰弱，但劉備試圖想以炫耀武力來自強，勢必用兵來表明自己的力量有餘。況且關羽和劉備，既有君臣的名分，又情同父子。關羽被殺，不能為他出兵向敵人報仇，就不足以表示始終如一的情分。」

八月，孫權派使者向魏稱臣，奏章言辭謙卑，並把于禁等人送回。朝中大臣都來祝賀，只有劉曄說：「孫權無故請求投降，一定內部發生危急。孫權從前襲擊殺死關羽，劉備必定大舉興兵討伐他。他外面有強寇，部眾心中不安，又懼怕我國出兵乘機攻打，所以才伏地求降，這樣一來可以阻止我國出兵，二來可以借助我國的支援，以此增強部眾的信心而使敵人遲疑。天下三分，我國佔有十分之八。吳、蜀各保一州，憑著山水險阻，有危急時相互救援，這對小國是有利的。如今卻自相攻擊，這是上天要滅亡他們了。我國應該大舉出兵，直接渡過長江攻打孫權，蜀攻其外，我襲其內，吳的滅亡不會超過一個月。吳滅亡了，蜀就勢孤，即使把吳地的一半割讓給蜀，蜀本來就不能長久存在，何況蜀只得到吳的邊緣地區，而我們得到吳的腹心地帶呢！」魏文帝說：「人家來稱臣投降，卻去征討他，將使天下想來歸順的人產生疑慮，不如暫且接受吳的投降而去襲擊蜀的後方。」劉曄回答說：「蜀地遠，吳地近，蜀聽說我國去討伐，就會撤軍而回，沒有辦法阻止它。現在劉備已經怒火中燒，興兵伐吳，聽說我們征討吳，就知道吳一定滅亡，將高高興興進軍與我們爭著分割吳地，一定不會改變計畫，抑制怒火救吳。」魏文帝不聽從，於是接受吳的投降。

于禁頭髮鬍鬚都白了，體貌憔悴，見到魏文帝，流淚跪拜。魏文帝用荀林父、孟明視的故事來撫慰他，任他為安遠將軍，命令他到北邊的鄴城拜謁曹操的高陵。魏文帝先派人在陵室的牆上繪製關羽戰勝、龐德憤怒、于禁伏首投降的形相。于禁看見後，慚愧怨悔，發病而死。

司馬光說：「于禁率領數萬兵馬，兵敗不能戰死，活著向敵人投降，不久又回歸，魏文帝可以廢免他，也可以處死他，但在陵室牆上作畫來羞辱他，這就不像個君主了。」

丁巳❶，遣太常❷邢貞奉策即拜孫權為吳王，加九錫❸。劉曄曰：「不可。先帝❹征伐天下，十兼其八，威震海內。陛下受禪即真，德合天地，聲暨❺四遠。權雖有雄才，故漢票騎將軍、南昌侯❻耳，官輕勢卑[1]，士民有畏中國心，不可強迫與成所謀也。不得已受其降，可進其將軍號，封十萬戶侯，不可即以為王也。夫王位去天子一階耳，其禮秩服御相亂也。彼直❼為侯，江南士民未有君臣之分。我信其偽降，就封殖❽之，崇其位號，定其君臣，是為虎傅❾翼也。權既受王位，卻蜀兵❿之後，外盡禮以事中國，使其國內皆聞，內為無禮以怒陛下。陛下赫然⓫發怒，興兵討之，乃徐告其民曰：『我委身事中國，不愛珍貨重寶，隨時貢獻，不敢失臣禮，而無故伐我，必欲殘我國家，俘我人民，以為僕妾。』吳民無緣不信其言也。信其言而感怒，上下同心，戰加十倍矣。」又不聽。諸將以吳內附，

意皆縱緩⑫，獨征南大將軍⑬夏侯尚益脩攻守之備。山陽曹偉素有才名，聞吳稱藩，以白衣⑭與吳王交書求賂，欲以交結京師，帝聞而誅之。○吳又[2]城武昌。

初，帝欲以楊彪為太尉，彪辭曰：「嘗為漢朝三公，值世衰亂，不能立尺寸之益，若復為魏臣，於國之選，亦不為榮也。」帝乃止。冬，十月己亥⑮，公卿朝朔日，并引彪，待以客禮，賜延年[3]杖、馮几⑯，使著布單衣、皮弁⑰以見。拜光祿大夫⑱，秩中二千石。朝見，位次三公。又令門施行馬⑲，置吏卒，以優崇之。年八十四而卒。

以穀貴，罷五銖錢。

【章旨】以上為第七段，寫魏文帝賜封孫權為吳王。

【注釋】❶丁巳　八月十九日。❷太常　官名，列卿之一。掌禮樂、郊廟、社稷祭祀等事。❸九錫　古代帝王賜給有大功或有權勢的諸侯、大臣的九種物品：一曰車馬，二曰衣服，三曰樂則，四曰朱戶，五曰納陛，六曰虎賁，七曰弓矢，八曰斧鉞，九曰秬鬯。❹先帝　指曹操。曹丕即皇帝位後，即追封曹操為武帝。❺暨　及。❻票騎將軍南昌侯　建安二十四年曹操表薦孫權為票騎將軍、領荊州牧，封南昌侯。❼直　僅；只。❽封殖　謂增其封土，使之壯大。❾傅　附著。❿卻蜀兵　打退蜀兵。指夷陵之戰，吳國得勝。⓫赫然　發怒貌。⓬縱緩　放鬆；鬆懈。⓭征南大將軍　官名，四征大將軍位從三公，在四征將軍之上。⓮白衣　平民。⓯己亥　十月初二。⓰馮几　古時設於座側，便於憑倚的小桌。馮，通「憑」。古時以賜几杖為敬老之禮。《禮記・曲禮上》說：「大夫七十而致事，若不得謝（辭），則必賜之几杖。」⓱皮弁　古時男子畋獵或征戰時所戴的冠。著布單衣及戴皮弁朝見，表示不拘禮儀，受特殊待遇。⓲光祿大夫　官名，曹魏時此官無實職，諸公告老還家，

多拜此位；亦為在朝顯官之加銜。⑲行馬　以交叉木條製成，用以攔阻人馬通行的柵欄。魏、晉之制，三公及位從公者，門前設行馬。

【校　記】①卑　此下原有一空格。據章鈺校，甲十六行本、乙十一行本、孔天胤本皆無空格，今據刪。②又　據章鈺校，甲十六行本、乙十一行本、孔天胤本皆作「人」。③年　此下原有一空格。據章鈺校，甲十六行本、乙十一行本皆無空格，今據刪。孔天胤本空格作「扶」，熊羅宿《胡刻資治通鑑校字記》疑孔本臆補。

【語　譯】八月十九日丁巳，魏文帝派太常邢貞攜帶策命，前去冊封孫權為吳王，加賜九錫之禮。劉曄說：「不可以。先帝征伐天下，兼併土地十分之八，威震海內。陛下受禪即皇帝位，威德與天地協合，聲名遠播四方。孫權雖然有雄才，只不過是漢朝的票騎將軍、南昌侯罷了，官位輕勢力薄，所屬民眾都敬畏我國，我們仍不可用強迫的手段成就我們的謀劃。不得已接受他的投降，可以進升他的將軍稱號，封他為十萬戶侯，不可立即就封他為王。王位距離天子只差一級臺階，他的禮儀待遇、服飾用具與天子往往相混。孫權只是一個侯爵，江南的士民與他就沒有君臣的名分。我們相信了他的假投降，就分封給他疆土，提升他的地位和名號，這就確定了他與士民的君臣名分，這是在為虎添翼啊。孫權接受了王位，擊敗蜀兵之後，在表面上敬禮我國，讓他的國內士民全都知道，實際上卻用無禮舉動來激怒陛下。如果陛下勃然發怒，舉兵討伐孫權，孫權便從容地告訴他的民眾說：『我委身侍奉魏國，不吝惜珍寶貨物，按時進貢，不敢有失臣子的禮節，魏國卻無故討伐我國，一定要摧毀我們的國家，搶掠我的人民去做奴僕和婢妾。』吳國的百姓沒有理由不相信他的話。相信他的話就會感到憤怒，上下同心協力，戰鬥力就會增加十倍。」魏文帝還是不聽。眾將領認為吳已歸附，心裡都鬆懈了，只有征南大將軍夏侯尚更加緊地進行攻守準備。山陽人曹偉一向以有才著稱，得知吳國成了魏國的藩屬，便以平民的身分與吳王通信，要求給他財物，用來為吳國結交京師的官員，魏文帝知道後殺掉了他。○吳國又修建武昌城。

魏文帝想任命楊彪為太尉，楊彪推辭說：「我曾任漢朝的三公，正值世道衰亂，不能建立尺寸之功，如果再做魏國的臣子，對國家的選拔，也不算光彩。」魏文帝這才作罷。冬，十月初二日己亥，公卿每月初一

早朝，魏文帝也把楊彪請來，以賓客的禮節對待他，賜給他延年杖、憑几，允許他穿布製單衣、戴皮帽來朝見。封拜他為光祿大夫，品級為中二千石。朝見時，班位僅次於三公。又允許他在門前設置行馬，自行設置官員和士卒，用優厚的待遇尊崇楊彪。楊彪八十四歲時去世。

由於穀價昂貴，停用五銖錢。

涼州盧水胡❶治元多等反，河西大擾。帝召鄒岐還，以京兆尹❷張既為涼州刺史，遣護軍夏侯儒、將軍費曜等繼其後。胡七千餘騎逆拒既於鸇陰口❸。既揚聲軍從鸇陰，乃潛由且次❹出武威。胡以為神，引還顯美❺。既已據武威，曜乃至，儒等猶未達。既勞賜將士，欲進軍擊胡，諸將皆曰：「士卒疲倦，虜眾氣銳，難與爭鋒。」既曰：「今軍無見❻糧，當因敵為資。若虜見兵合，退依深山，追之則道險窮餓，兵還則出侯寇鈔。如此，兵不得解，所謂一日縱敵，患在數世也❼。」遂前軍顯美。十一月，胡騎數千，因大風欲放火燒營，將士皆恐。既夜藏精卒三千人為伏，使參軍成公英督千餘騎挑戰，敕使陽❽退。胡果爭奔之，因發伏截其後，首尾進擊，大破之，斬首獲生以萬數，河西悉平。

後西平麴光反，殺其郡守。諸將欲擊之，既曰：「唯光等造反，郡人未必悉同。若便以軍臨之，吏民、羌、胡必謂國家不別是非，更使皆相持著，此為虎傅

翼也。光等欲以羌、胡為援，今先使羌、胡鈔擊，重其賞募，所虜獲者，皆以畀❾之。外沮其勢，內離其交，必不戰而定。」乃移檄❿告諭諸羌，為光等所詿誤⓫者原之，能斬賊帥送首者當加封賞。於是光部黨斬送光首，其餘皆安堵如故。

【章　旨】以上為第八段，寫魏文帝第二次平定河西之亂。

【注　釋】❶盧水胡　東漢時分布於湟水流域一帶胡人。❷京兆尹　官名，京兆尹的長官，相當於郡太守。京兆尹本政區名，為漢代三輔之一，治所長安（今陝西西安西北），而京兆尹的長官亦稱京兆尹，官名與政區名相同。此後曹魏即改稱京兆郡。❸鸇陰口　即鸇陰河口。鸇陰河在鸇陰縣，縣治在今甘肅靖遠西北。❹且次　縣名，即武威郡之揟次縣，縣治在今甘肅古浪西北。❺顯美　縣名，縣治在今甘肅永昌。❻見　「現」的本字。現成。❼一日縱敵二句　《左傳》僖公三十三年：先軫曰：「吾聞之：『一日縱敵，數世之患也。』」❽陽　同「佯」。偽；假。❾畀　給予。❿檄　古代的官文書。⓫詿誤　欺騙連累。

【語　譯】涼州的盧水胡治元多等叛亂，河西大亂。魏文帝召回鄒岐，任命京兆尹張既為涼州刺史，派護軍夏侯儒、將軍費曜等為後繼部隊。盧水胡的七千多名騎兵在鸇陰口迎擊張既。張既宣稱軍隊要通過鸇陰口，卻暗中取道且次出現在武威。盧水胡認為是神兵，撤回到顯美。張既已經佔據武威，費曜才趕到，夏侯儒等還沒到達。張既犒勞賞賜將士，打算進軍攻打盧水胡，各位將領都說：「士卒疲倦，敵人眾多，士氣旺盛，難以相爭。」張既說：「現在軍中沒有現存的糧食，應當利用敵人的糧食作為資助。如果敵人看到我軍會合，就會退據深山，我軍追擊，道路險阻，士兵飢餓，我軍撤回，敵人就出來搶掠。這樣，戰事就無法結束，這就是所說的『一日縱敵，患在數世。』」於是前進，駐軍顯美。十一月，盧水胡騎兵數千人想趁風放火燒毀魏軍軍營，將士們都很驚恐。張既夜裡埋伏精兵三千，派參軍成公英統帥一千多騎兵挑戰，命令他假裝敗退。盧水胡果然爭先追擊，張既乘機出動伏兵截斷盧水胡兵的退路，前後夾擊，大破盧水胡兵，殺死俘獲數以萬計，河西全部平定。

後來西平人麴光反叛，殺死西平郡守。各位將領要求進擊麴光，張既說：「只有麴光等人造反，郡中人未必一同反叛。如果派兵前去討伐，西平的官民、羌人、胡人一定認為朝廷不辨是非，更促使他們都去支持麴光，這是在為虎添翼。麴光等想利用羌人、胡人作為援助，現在我們要先唆使羌人、胡人去攻擊抄掠麴光等，用重金懸賞，把捕獲所得全都賞給他們。這樣，外面削弱麴光的勢力，內部離間他與羌人、胡人的關係，一定可以不戰而加以平定。」於是發出文告曉諭羌人，凡被麴光等欺騙的人，可以免罪，能夠殺死敵人頭領送來首級的人，必受封爵獎賞。於是麴光的黨羽殺死麴光，送來了他的首級，其餘的人都安然如故。

邢貞至吳，吳人以為宜稱上將軍❶、九州伯❷，不當受魏封。吳王曰：「九州伯，於古未聞也。昔沛公亦受項羽封為漢王，蓋時宜耳，復何損邪！」遂受之。吳王出都亭❸候貞，貞入門，不下車。張昭謂貞曰：「夫禮無不敬，法無不行。而君敢自尊大，豈以江南寡弱，無方寸❹之刃故乎！」貞即遽❺下車。中郎將琅邪徐盛忿憤，顧謂同列曰：「盛等不能奮身出命，為國家并許、洛，吞巴、蜀，而令吾君與貞盟，不亦辱乎！」因涕泣橫流。貞聞之，謂其徒曰：「江東將相如此，非久下人者也。」

吳王[1]遣中大夫❻南陽趙咨入謝。帝問曰：「吳主何等主也？」對曰：「聰明、仁智、雄略之主也。」帝問其狀，對曰：「納魯肅於凡品，是其聰也；拔呂

蒙於行陳❼，是其明也；獲于禁而不害，是其仁也；取荊州兵不血刃，是其智也；據三州❽虎視於天下，是其雄也；屈身於陛下，是其略也。」帝曰：「吳王頗知學乎？」咨曰：「吳王浮江萬艘，帶甲百萬，任賢使能，志存經略，雖有餘閒，博覽書傳，歷史籍，采奇異[2]，不效書生尋章摘句❾而已。」帝曰：「吳可征否？」對曰：「大國有征伐之兵，小國有備禦之固。」帝曰：「吳難❿魏乎？」對曰：「帶甲百萬，江、漢為池，何難之有！」帝曰：「吳如大夫者幾人？」對曰：「聰明特達⓫者，八九十人。如臣之比，車載斗量，不可勝數。」

帝遣使求雀頭香⓬、大貝⓭、明珠⓮、象牙、犀角、玳瑁⓯、孔雀、翡翠⓰、鬭鴨⓱、長鳴雞⓲於吳。吳羣臣曰：「荊、揚二州，貢有常典。魏所求珍玩之物，非禮也，宜勿與。」吳王曰：「方有事於西北⓳，江表⓴元元㉑，恃主為命。彼所求者，於我瓦石耳，孤何惜焉！且彼在諒闇㉒之中而所求若此，寧可與言禮哉！」皆具以與之。

吳王以其子登㉓為太子，妙選師友，以南郡太守諸葛瑾之子恪、綏遠將軍㉔張昭之子休、大理㉕吳郡顧雍㉖之子譚、偏將軍㉗廬江陳武㉘之子表皆為中庶子㉙，入講詩書，出從騎射，謂之四友。登接待僚屬，略用布衣之禮。

十二月，帝行東巡。

帝欲封吳王子登為萬戶侯，吳王以登年幼，上書辭不受，復遣西曹掾吳郡 3
沈珩㉚入謝，并獻方物㉛。帝問曰：「吳嫌魏東向乎？」珩曰：「不嫌。」曰：「何以？」曰：「信恃舊盟，言歸于好，是以不嫌。若魏渝㉜盟，自有豫備。」又問：「聞太子當來，寧然乎㉝？」珩曰：「臣在東朝㉞，朝不坐，宴不與，若此之議，無所聞也。」帝善之。

吳王於武昌臨釣臺㉟飲酒，大醉，使人以水灑羣臣㊱，曰：「今日酣飲，惟醉墮臺中，乃當止耳！」張昭正色㊲不言，出外，車中坐。王遣人呼昭還入，謂曰：「為共作樂耳，公何為怒乎？」昭對曰：「昔紂㊳為糟丘酒池，長夜之飲，當時亦以為樂，不以為惡也。」王默然慚，遂罷酒。

吳王與羣臣飲，自起行酒㊴，虞翻伏地，陽㊵醉不持。王去，翻起坐。王大怒，手劍㊶欲擊之，侍坐者莫不惶遽。惟大司農㊷劉基起抱王，諫曰：「大王以三爵之後，手殺善士，雖翻有罪，天下孰知之！且大王以能容賢蓄眾，故海內望風，今一朝棄之，可乎！」王曰：「曹孟德尚殺孔文舉㊸，孤於虞翻何有哉！」基曰：「孟德輕害士人，天下非之。大王躬行德義，欲與堯、舜比隆，何得自喻

於彼乎！」翻由是得免。王因敕左右：「自今酒後言殺，皆不得殺。」基，緜之子也。

初，太祖既克蹋頓[44]，而烏桓浸[45]衰，鮮卑大人步度根、軻比能、素利、彌加、厥機等因閻柔上貢獻，求通市[46]，太祖皆表寵以為王。軻比能本小種鮮卑，以勇健廉平為眾所服，由是能威制諸部，最為彊盛。自雲中[47]、五原[48]以東抵遼水[49]，皆為鮮卑庭，軻比能與素利、彌加割地統御，各有分界。軻比能部落近塞，中國人多亡叛歸之。素利等在遼西[50]、右北平[51]、漁陽[52]塞外，道遠，故不為邊患。帝以平虜校尉牽招為護鮮卑校尉[53]，南陽太守田豫為護烏桓校尉[54]，使鎮撫之。

【章旨】以上為第九段，寫吳魏信使往來，孫權卑辭納貢，而辭太子之封，不接受曹魏徵質，靈活外交，獨步當時。

【注釋】❶上將軍　吳人以為將軍之最上者。❷九州伯　古曾分天下為九州，天子自有一州，餘八州各置伯，並無九州伯，所以下文吳王說「九州伯，於古未聞」。❸都亭　城外之亭。❹方寸　言其小。❺遽　急速。❻中大夫　官名，閒散之官，無實職。❼行陳　軍隊行列。❽三州　指荊州、揚州、交州。❾不效書生尋章摘句　胡三省注謂曹丕「好文章，故趙咨以此言譏之。」❿難　通「戁」。恐懼。⓫特達　特別通達。⓬雀頭香　植物名，即香附子，可用以合香料。⓭大貝　甲殼軟體動物之一種，其甲殼質白如玉，並有紫點花紋，古代以為寶器。⓮明珠　珍珠。產於合浦郡。⓯玳瑁　動物名，似龜，背面甲片呈褐色和淡黃色相間的花紋，可作裝飾品，亦可入藥。⓰翡翠　鳥名，也稱翠雀。羽毛有藍、綠、赤、棕等色，可作裝飾品。雄性赤色者稱翡，雌性青色者稱翠。⓱鬬鴨　鴨性溫馴，能鬥者難得。⓲長鳴雞　鳴叫聲長的雄雞。⓳有事於西北

謂西邊與蜀相抗，北邊又須防魏。⑳江表　即江東。從中原看長江以南，是在江之外，江之表。㉑元元　民眾；百姓。㉒諒闇　天子居喪之所。謂當時曹丕在服曹操之喪。㉓登　孫登（西元二〇九—二四一年），字子高，孫權長子。孫權稱帝時，又立為皇太子。仁厚而有治能，死後諡為宣太子。傳見《三國志》卷五十九。㉔綏遠將軍　官名，《宋書・百官志》所列三國時期四十號將軍，綏遠為第十四。㉕大理　官名，即漢之廷尉，掌司法刑獄。㉖顧雍　（西元一六八—二四三年）字元歎，吳郡吳縣（今江蘇蘇州）人，初為合肥長，孫權領會稽太守，不至郡，以雍為郡丞，代理太守事。孫權為吳王後，歷官大理、奉常，領尚書令。孫權稱帝後，為丞相十九年，封醴陵侯。傳見《三國志》卷五十二。㉗偏將軍　官名，在三國時期四十號將軍中佔第三十九。㉘陳武　字子烈，廬江松滋（今安徽霍丘東）人，初為孫策別部司馬。孫權統事後，為偏將軍，建安二十年從孫權擊合肥，奮戰而死。傳見《三國志》卷五十五。㉙中庶子　即太子中庶子，太子之侍從官。㉚沈珩　字仲山，吳郡（治所在今江蘇蘇州）人，孫權以其有智謀，故遣使至魏，以出使稱職，封永安鄉侯，後官至少府。事見《三國志・吳書・吳主傳》注引《吳書》。㉛方物　土特產。㉜渝　違背。㉝寧然乎　難道是如此嗎。寧，豈；難道。㉞東朝　吳在江東，故稱東朝。㉟釣臺　當時武昌之南有樊山，山北背大江，江中有釣臺。㊱以水灑羣臣　以水灑酒醉人，可使清醒，然後能再飲。㊲正色　表情端莊嚴肅。㊳紂　殷紂王。紂王曾「為酒池，回船糟丘而牛飲者三千餘人」，又「懸肉為林，使男女倮相逐其間，為長夜之飲」。事見《史記・殷本紀》之《正義》引《括地志》。㊴行酒　巡行斟酒勸飲。㊵陽　通「佯」。假裝。㊶手劍　手執劍。㊷大司農　官名，掌租稅錢穀及財政收支，並掌屯田。㊸孔文舉　孔融字文舉。㊹蹋頓　遼西烏桓首領。曹操克蹋頓事，見本書卷六十五漢獻帝建安十二年。㊺浸　漸。㊻通市　通商；相互交易。㊼雲中　郡名，治所雲中縣，在今內蒙古托克托東北。㊽五原　郡名，治所九原，在今內蒙古包頭西北。㊾遼水　古又稱大遼水，即今遼河，在遼寧西部，上游有二河，即遼東河與遼西河，二河在遼寧昌圖靠山屯匯合後，始稱遼河。㊿遼西　郡名，治所陽樂，在今遼寧義縣西。(51)右北平　郡名，治所土垠，在今河北豐潤東南。(52)漁陽　郡名，治所漁陽縣，在今北京市密雲西南。(53)護鮮卑校尉　官名，曹魏所置管轄各地鮮卑之官。(54)護烏桓校尉　官名，曹魏沿兩漢所置，以管轄各地烏桓。

【校　記】[1]王　原作「主」。據章鈺校，甲十六行本、乙十一行本皆作「王」，今據改。[2]奇異　張敦仁《通鑑刊本識誤》作「微奧」，其義長。[3]郡　原作「興」。據章鈺校，甲十六行本、乙十一行本、孔天胤本皆作「郡」，今據改。

【語　譯】魏國邢貞出使到了吳國，吳人認為孫權應該稱上將軍、九州伯，不應接受曹魏的封爵。吳王孫權說：

「九州伯的稱號，在古代沒聽說過。從前沛公劉邦也接受過項羽封他為漢王，這都是因時制宜，又有什麼損害呢！」於是孫權接受了吳王的封爵。吳王孫權出城至都亭迎候邢貞，邢貞進入都亭門時，不下車。張昭對邢貞說：「禮節沒有心存不敬的，法度沒有不付諸實行的，而你敢妄自尊大，難道以為江南人少勢弱，連小小的兵刃都沒有嗎！」邢貞就立刻下車，中郎將琅邪人徐盛十分憤怒，回頭對同僚們說：「我們不能奮勇拼命，為國家兼併許都、洛陽，吞併巴、蜀，使得我們的君主與邢貞訂盟，不是很恥辱嗎！」於是涕淚橫流。邢貞聽了這些話，對他的隨從說：「江東有這樣的將相，不會久居人下的。」

吳王派中大夫南陽人趙咨入朝謝恩。魏文帝問趙咨說：「吳王是什麼樣的君主？」趙咨回答說：「他是個聰明、仁愛、智慧、有雄才大略的君主。」魏文帝又問有什麼具體表現，趙咨回答說：「吳王從平民中識拔魯肅，表現出他的聰明；從軍士中提拔呂蒙，表現出他的英明；俘獲于禁不加殺害，表現出他的仁愛；攻取荊州兵不血刃，表現出他的智慧；雄據三州虎視天下，表現出他的雄才；屈尊卑躬向陛下稱臣，表現出他的謀略。」魏文帝說：「吳王很有學問嗎？」趙咨說：「吳王在江上擁有戰船萬艘，統率百萬兵眾，任用賢能，志在治理國家，只要有空暇，就博覽群書，涉獵史籍，採摘奇文異事，不效法儒生的尋章摘句罷了。」魏文帝說：「吳國可以征服嗎？」趙咨回答說：「大國有征伐的兵力，小國有堅固的防禦。」魏文帝說：「吳國畏懼魏國嗎？」趙咨回答說：「吳國擁有軍隊百萬，以長江、漢水為防護池，有什麼可畏懼的！」魏文帝說：「吳國像你這樣的人有多少？」趙咨回答說：「聰明又特別通達的，有八九十人。像我這樣的人，車載斗量，不可勝數。」

魏文帝派使者向吳國索求雀頭香、大貝、明珠、象牙、犀角、玳瑁、孔雀、翡翠、鬥鴨、長鳴雞。吳國的大臣們說：「荊、揚兩州，向朝廷進貢有明文規定。魏國所要求的珍奇玩物是非禮的舉動，不應當給他。」吳王說：「我國正與西面的蜀國對峙，北面又須防魏，江南的黎民百姓，要依靠魏主來安身立命，他所要的，對我們來說如同瓦礫，我有什麼可吝嗇的呢！況且魏主在服喪期間索要這些東西，還能與他談論禮義嗎！」於是全部配齊送給魏文帝。

吳王立兒子孫登為太子，精選師友，任命南郡太守諸葛瑾的兒子諸葛恪、綏遠將軍張昭的兒子張休、大理吳郡人顧雍的兒子顧譚、偏將軍廬江人陳武的兒子陳表都為中庶子，入太子府為孫登講詩書，外出則教騎射，當時稱他們為四友。孫登接待部屬時，大體使用平民的禮節。

十二月，魏文帝巡視東方。

魏文帝想冊封吳王的兒子孫登為萬戶侯，吳王以孫登年幼為藉口，上書推辭不受。吳王又派西曹掾吳郡人沈珩入朝謝恩，並進貢土特產。魏文帝問沈珩說：「吳國擔心魏國向東進攻嗎？」沈珩說：「不擔心。」魏文帝說：「為什麼？」沈珩說：「信賴以前的盟約，言歸於好，所以不擔心。如果魏國違背盟約，我們自然會有預防。」魏文帝又問沈珩說：「聽說吳太子將要入朝，難道是這樣嗎？」沈珩說：「臣在東吳，從不上朝，也不參加宴會，這樣的議論，從沒聽到過。」魏文帝十分稱讚沈珩。

吳王在武昌的釣臺飲酒，大醉，叫人拿水灑群臣，說：「今天暢飲，只有醉倒在釣臺上，才可罷休！」張昭表情嚴肅不說一句話，走到外面，坐在車中。吳王派人招呼張昭回來，對他說：「只是為了一起作樂罷了，你為什麼要生氣？」張昭回答說：「從前商紂王建糟丘酒池，整夜歡飲，當時也認為是作樂，不認為是壞事。」吳王默然羞愧，於是解散酒宴。

吳王與群臣飲酒，親自起身敬酒，虞翻拜伏地上，假裝酒醉無法自持。吳王走過去後，虞翻起身坐好。吳王大怒，抽出劍來要刺殺虞翻，在座陪侍的人無不驚懼。只有大司農劉基起身抱住吳王，勸諫說：「大王酒過三杯之後，親手刺殺賢良之士，即便虞翻有罪，天下誰知道呢！況且大王因為能納賢容眾，所以才使海內嚮往，如今把這些做法一旦拋棄了，行嗎！」吳王說：「曹操尚且殺了孔融，我殺個虞翻有什麼不可以！」劉基說：「曹操輕易殺害士人，天下人都非難他。大王親自推行道德仁義，想與堯、舜比高下，怎麼能自比曹操呢！」虞翻因此才得以幸免。吳王由此告誡身邊的人說：「從今以後，凡我在酒後說要殺人，都不許殺。」劉基，是劉繇的兒子。

當初，魏太祖曹操戰勝蹋頓後，烏桓族逐漸衰落，鮮卑族酋長步度根、軻比能、素利、彌加、厥機等通

過閭柔向朝廷貢獻，請求通商，魏太祖對步度根等全都上表示寵冊封為王。軻比能本屬鮮卑族的一個旁支部落，因為勇猛、清廉、公平，為眾所服，因此能憑藉威力控制各部落，勢力最為強盛。從雲中、五原以東直到遼水，都是鮮卑族的地盤，軻比能與素利、彌加劃分疆土進行統治，各有分界線。軻比能的部落靠近邊塞，中原的人有許多人叛逃投奔他。素利等在遼西、右北平、漁陽的邊塞之外，道路遼遠，因此不構成邊害。魏文帝任平虜校尉牽招為護鮮卑校尉，南陽太守田豫任護烏桓校尉，讓他們鎮撫鮮卑和烏桓。

三年（壬寅　西元二二二年）

春，正月丙寅朔，日有食之。○庚午❶，帝行如許昌❷。

詔曰：「今之計、孝❸，古之貢士也。若限年然後取士，是呂尚❹、周晉❺不顯於前世也。其令郡國所選，勿拘老幼，儒通經術，吏達文法❻，到皆試用。有司糾故不以實❼者。」

二月，鄯善❽、龜茲❾、于闐❿王各遣使奉獻。是後西域復通，置戊己校尉⓫。

漢主自秭歸將進擊吳，治中從事⓬黃權諫曰：「吳人悍戰，而水軍沿流，進易退難。臣請為先驅以當寇，陛下宜為後鎮。」漢主不從，以權為鎮北將軍⓭，使督江北諸軍。自率諸將，自江南緣山截嶺⓮[1]，軍於夷道⓯猇亭⓰。吳將皆欲迎擊之。陸遜曰：「備舉軍東下，銳氣始盛，且乘高守險，難可卒攻。攻之縱⓱下，

猶難盡克，若有不利，損我大勢，非小故也。今但且獎厲⑱將士，廣施方略，以觀其變。若此間是平原曠野，當恐有顛沛交逐⑲之憂。今緣山行軍，勢不得展，自當罷⑳於木石之間，徐制其敝耳。」諸將不解，以為遜畏之，各懷憤恨。

漢人自佷山㉑通武陵，使侍中襄陽馬良㉒以金錦賜五谿㉓諸蠻夷，授以官爵。

三月乙丑㉔，立皇子齊公叡為平原王，皇弟鄢陵公彰等皆進爵為王。○甲戌㉕，立皇子霖㉖為河東王。○甲午㉗，帝行如㉘襄邑㉙。

夏，四月戊申㉚，立鄄城侯植為鄄城王。是時，諸侯王皆寄地空名而無其實，王國各有老兵百餘人以為守衛，隔絕千里之外，不聽朝聘，為設防輔㉛、監國㉜之官以伺察之。雖有王侯之號而儕㉝於匹夫，皆思為布衣㉞而不能得。法既峻切㉟，諸侯王過惡日聞，獨北海王袞㊱謹慎好學，未嘗有失。文學㊲、防輔相與言曰：「受詔察王舉措，有過當奏，有善亦宜以聞。」遂共表稱陳袞美。袞聞之，大驚懼，責讓㊳文學曰：「脩身自守，常人之行耳。而諸君乃以上聞，是適㊴所以增其負累也。且如有善，何患不聞，而遽㊵共如是，是非所以為益也。」

癸亥㊶，帝還許昌。

五月，以江南八郡為荊州，江北諸郡為郢州㊷。

漢人自巫峽(43)建平(44)連營至夷陵(45)界，立數十屯(46)，以馮習為大督，張南(47)為前部督，自正月與吳相拒，至六月不決。漢主遣吳班將數千人於平地立營，吳將帥皆欲擊之。陸遜曰：「此必有譎(48)，且觀之。」漢主知其計不行，乃引伏兵八千從谷中出。遜曰：「所以不聽諸君擊班者，揣(49)之必有巧(50)故也。」遜上疏於吳王曰：「夷陵要害，國之關限(51)，雖為易得，亦復易失。失之，非徒損一郡之地，荊州可憂。今日爭之，當令必諧(52)。備干(53)天常(54)，不守窟穴而敢自送，臣雖不材，憑奉威靈，以順討逆，破壞在近，無可憂者。臣初嫌之水陸俱進，今反捨船就步，處處結營，察其布置，必無他變。伏願至尊高枕(55)，不以為念也。」

閏月，遜將進攻漢軍，諸將並曰：「攻備當在初，今乃令入五六百里，相守經七八月，其諸要害皆已固守，擊之必無利矣。」遜曰：「備是猾虜，更(56)嘗事多，其軍始集，思慮精專，未可干也。今住已久，不得我便，兵疲意沮，計不復生，犄角(57)此寇，正在今日。」乃先攻一營，不利。諸將皆曰：「空殺兵(58)耳！」遜曰：「吾已曉破之之術。」乃敕各持一把茅，以火攻，拔之；一爾(59)勢成(60)，通率諸軍，同時俱攻，斬張南、馮習及胡王沙摩柯等首，破其四十餘營，漢將杜路、劉寧等窮逼請降。

漢主升馬鞍山[61]，陳兵自繞。遜督促諸軍，四面蹙[62]之，土崩瓦解，死者萬數。漢主夜遁，驛人[63]自擔燒鐃[64]鎧[65]斷後，僅得入白帝城，其舟船器械，水步軍資，一時略盡，尸骸塞江而下。漢主大慚恚[66]曰：「吾乃為陸遜所折辱，豈非天耶！」將軍義陽傅肜[67]為後殿[68]，兵眾盡死，肜氣益烈。吳人諭之使降，肜罵曰：「吳狗，安有漢將軍而降者！」遂死之。從事祭酒[69]程畿[70]泝江而退，眾曰：「後追將至，宜解舫[71]輕行。」畿曰：「吾在軍，未習為敵之走也。」亦死之。

初，吳安東中郎將孫桓別擊漢前鋒於夷道，為漢所圍，求救於陸遜。遜曰：「未可。」諸將曰：「孫安東，公族，見圍已困，奈何不救？」遜曰：「安東得士眾心，城牢糧足，無可憂也。待吾計展，欲不救安東，安東自解。」及方略大施，漢果奔潰。桓後見遜曰：「前實怨不見救，定至今日[72]，乃知調度自有方耳。」

初，遜為大都督，諸將或討逆[73]時舊將，或公室貴戚，各自矜持[2]，不相聽從。遜按劍曰：「劉備天下知名，曹操所憚，今在疆[3]界，此彊對也。諸君並荷[74]國恩，當相輯睦[75]，共翦此虜，上報所受[76]，而不相順，何也？僕雖書生，受命主上，國家所以屈諸君使相承望者，以僕尺寸[77]可稱，能忍辱負重[78]故也。各在[4]其事，豈復得辭！軍令有常，不可犯也！」及至破備，計多出遜，諸將乃服。吳

王聞之曰：「公何以初不啓諸將違節度者邪？」對曰：「受恩深重，此諸將或任腹心，或堪爪牙，或是功臣，皆國家所當與共克定大事者，臣竊慕相如[79]、寇恂[80]相下之義，以濟國事。」王大笑稱善，加遜輔國將軍[81]，領荊州牧，改封江陵侯。

初，諸葛亮與尚書令法正好尚不同，而以公義相取，亮每奇正智術。及漢主伐吳而敗，時正已卒，亮歎曰：「孝直[82]若在，必能制主上東行；就使東行，必不傾危矣。」漢主在白帝，徐盛、潘璋、宋謙等各競表言備必可禽，乞復攻之。吳王以問陸遜，遜與朱然、駱統上言曰：「曹丕大合士眾，外託助國討備，內實有姦心，謹決計輒還。」

初，帝聞漢兵樹柵連營七百餘里，謂羣臣曰：「備不曉兵，豈有七百里營可以拒敵者乎！『苞[83]、原隰[84]、險阻而為軍者，為敵所禽』，此兵忌也。孫權上事今至矣。」後七日，吳破漢書到。

秋，七月，冀州大蝗，饑。

漢主既敗走，黃權在江北，道絕，不得還。八月，率其眾來降。漢有司請收權妻子，漢主曰：「孤負黃權，權不負孤[85]也。」待之如初。帝謂權曰：「君捨逆效順，欲追蹤陳、韓[86]邪？」對曰：「臣過受劉主殊遇，降吳不可，還蜀無路，

是以歸命。且敗軍之將，免死為幸，何古人之可慕也！」帝善之，拜為鎮南將軍㊇，封育陽侯，加侍中，使陪乘㊈。蜀降人或云漢誅權妻子，帝詔權發喪㊉。權曰：「臣與劉、葛⑳推誠相信，明臣本志。竊疑未實，請須㉑。」後得審問㉒，果如所言。馬良亦死於五谿。

【章旨】以上為第十段，寫夷陵之戰，漢主全軍覆沒。

【注釋】❶庚午　正月初五。❷許昌　縣名，即東漢之許縣。魏文帝即位後，建都於洛陽，改許為許昌，縣治在今河南許昌東。❸計孝　上計吏與孝廉。上計吏是郡國派到京都上計簿（內載年內人口、錢糧、盜賊、獄訟等事）的官吏，孝廉是漢代選舉制的主要科目，現曹魏沿襲。❹呂尚　即齊太公呂尚。殷商末年，呂尚已年老，因窮困而釣於渭濱，遇周文王，文王即以他為師，後輔助周武王滅商。傳見《史記．齊太公世家》。❺周晉　周靈王太子晉。少年時即有美名。汪繼培輯《尸子》卷下說：「周王太子晉，生八年而服師曠。」❻文法　法制；法令條文。❼故不以實　謂有意詐偽欺騙。❽鄯善　古西域國名，在今新疆若羌境。❾龜茲　古西域國名，在今新疆庫車一帶。❿于闐　古西域國名，在今新疆和田一帶。⓫戊己校尉　官名，西漢元帝時置於西域，因戊己方位居中，而所置校尉亦處西域之中，故名。掌屯田事務。東漢時置時廢，魏晉皆沿置。⓬治中從事　官名，州牧刺史的主要佐吏，職責是居中治事，主眾曹文書。⓭鎮北將軍　官名，魏晉時期，四鎮將軍次於四征。⓮截嶺　謂直越山嶺。⓯夷道　縣名，縣治在今湖北宜都西北。⓰猇亭　地名，在今湖北宜都北三十里，長江北岸之虎腦背，又稱古老背。⓱縱　即使。⓲獎厲　褒獎鼓勵。⓳顛沛交逐　顛沛，狼狽困頓。交逐，相互追逐。⓴罷　通「疲」。疲困。㉑佷山　縣名，縣治在今湖北長陽西北。㉒馬良　（西元一八七—二二二年）字季常，襄陽宜城（今湖北宜城南）人，初為劉備荊州從事，又為左將軍掾。劉備稱帝後，為侍中。劉備征吳，奉命入武陵，因劉備失敗而被害。傳見《三國志》卷三十九。㉓五谿　又寫作「五溪」，指五條溪水，在武陵郡，即雄溪、樠溪、潕溪、酉溪、辰溪，在今湖南西部與貴州東部一帶。當時聚居著南方少數民族，時人稱之為「五溪蠻」。㉔乙丑　三月初一。㉕甲戌　三月初十。㉖霖　初封河東王，魏明

帝時改封東海王。傳見《三國志》卷二十。㉗甲午　三月三十日。㉘如　到。㉙襄邑　縣名，縣治在今河南睢縣。㉚戊申　四月十四日。㉛防輔　曹魏置以控制諸侯王之官。防備侯王為非而輔佐匡正。㉜監國　官名，即監國謁者，曹魏置以監視諸侯王之官。㉝儕　類。㉞布衣　平民。㉟峻切　嚴厲苛刻。㊱北海王袞　曹操之子。初封平鄉侯、贊侯。魏文帝時為北海王。魏明帝時改封贊王、中山王。傳見《三國志》卷二十。㊲文學　官名，王國之官，掌校典籍，侍奉文章。㊳責讓　責備。㊴適　正好。㊵遽　匆忙。㊶癸亥　四月二十九日。㊷郢州　魏文帝以孫權為荊州牧，以江南八郡為荊州，江北諸郡為郢州。本年十月孫權獨立，廢郢州。㊸巫峽　長江三峽之一，在今湖北巴東縣西，四川巫山縣東，因巫山而得名。《水經注》謂長一百六十里。㊹建平　郡名，吳孫休永安三年（西元二六〇年）始分宜都郡置，治所巫縣（在今四川巫山縣）。㊺夷陵　縣名，縣治在今湖北宜昌東南。㊻屯　營寨。㊼張南　字文進，從荊州隨劉備入蜀，後領兵隨劉備東征吳，大敗於猇亭而死。事見《三國志・蜀書・楊戲傳》附〈季漢輔臣贊〉。㊽譎　欺詐。㊾揣　估計。㊿巧　欺騙。51國之關限　長江三峽，起自瞿塘峽，中經巫峽，止於西陵峽，其間皆連山疊嶂，水流湍急，至西陵峽口，水勢始緩，而夷陵正當峽口，故吳人以之為關限。52諧　成功。53干　冒犯。54天常　天之常規。55高枕　謂無憂慮。56更　經歷。57掎角　夾擊。58空殺兵　謂白白使士兵被殺。59一爾　一如此。60勢成　謂勝利之勢成。61馬鞍山　山名，在今湖北宜昌西北。62蹙　逼擊。63驛人　驛站之人。64鐃　軍中所用樂器，形狀如鈴而大，中空短柄，用時執把，口朝上，用槌敲擊作響，以止擊鼓。65鎧　鎧甲；戰衣。劉備征吳之初，自白帝至夷陵界，沿途皆置驛站。至兵敗之時，諸軍已潰散，賴驛站的人收拾潰兵所棄鐃、鎧，燒於險隘口，以阻斷吳之追兵，劉備因而得逃入白帝城（在今重慶市奉節東）。66慙恚　慚愧憤恨。67義陽傅肜　義陽郡為魏文帝分南陽郡所置，時在傅肜入蜀之後。傅肜事見《三國志・蜀書・楊戲傳》附〈季漢輔臣贊〉。68後殿　行軍的尾部。69從事祭酒　官名，諸從事之長。70程畿　字季然，巴西閬中（今四川閬中）人，初為劉璋漢昌長，又為江陽太守。劉備入益州後，命他為從事祭酒。後隨劉備東征吳，兵敗而死。事見《三國志・蜀書・楊戲傳》附〈季漢輔臣贊〉。71舫　兩船相併的載兵船。72定至今日　謂從戰事平定直至今天。73討逆　指孫策，孫策曾為討逆將軍。74荷　承受。75輯睦　和睦。76所受　指所受的高爵厚祿。77尺寸　謂忠心。78忍辱負重　此處指能寬容諸將而擔負重任。79相如　藺相如，戰國趙大夫。因完璧歸趙有功而為上大夫。又因趙王與秦王會於澠池，相如使趙王免受屈辱，以功為上卿。大將廉頗不服，欲面辱相如，相如皆迴避。其群下恥之，相如說：「強秦之所以不敢加兵於趙者，徒以吾兩人在也。今兩虎相鬥，其勢不俱生。吾所以為此者，以先國家之急而後私仇也。」廉頗得知，遂向相如謝罪。事見《史記・廉頗藺相如列傳》。80寇恂　東漢初年大臣。漢光武帝初年，寇恂為穎川太守，執金

吾賈復的部將在潁川殺人，寇恂斬之。賈復以此為恥，聲言相見時必殺恂。寇恂得知後，有意不與相見。谷崇請恂勿畏，寇恂說：「昔藺相如不畏秦王而屈於廉頗者，為國也。區區之趙尚有此義，吾安可以忘乎？」光武帝得知後，遂和解二人。事見《後漢書・寇恂傳》。(81)輔國將軍　官名，魏晉時期輔國將軍位次於三公。(82)孝直　法正字孝直。(83)苞　指植物叢生茂密之狀。(84)原隰　廣平低溼之地。(85)權不負孤　黃權曾向劉備建議，自己帶兵先攻擊吳，劉備為後鎮。劉備不採納，故今有此言。(86)陳韓　指秦末的陳平、韓信，二人皆從項羽部下投歸劉邦。(87)鎮南將軍　官名，魏晉時期，四鎮將軍次於四征。(88)陪乘　即驂乘，亦即車上侍衛。(89)發喪　公布喪事於眾。(90)劉葛　劉備與諸葛亮。(91)須　等待。(92)審問　確實的音訊。問，訊息。

【校　記】[1]嶺　原作「領」。據章鈺校，甲十六行本、乙十一行本、孔天胤本皆作「嶺」，今據改。[2]持　據章鈺校，甲十六行本、乙十一行本皆作「恃」，張敦仁《通鑑刊本識誤》同。[3]疆　據章鈺校，甲十六行本、乙十一行本、孔天胤本皆作「境」。[4]在　據章鈺校，孔天胤本作「任」。

【語　譯】三年（壬寅　西元二二二年）

春，正月初一日丙寅，發生日蝕。○初五日庚午，魏文帝巡幸到達許昌。

魏文帝下詔說：「現今推舉計吏、孝廉，猶如古代的貢士。如果限制年齡取士，這樣呂尚、周晉就不會顯名於前代。現令郡國選舉的人才，不論老幼，儒者要通曉經學，官吏要熟悉法令條文，薦舉上來都要試用。有關部門要揭發故意弄虛作假的人。」

二月，鄯善、龜茲、于闐王各自派使者入朝進貢。從此以後，中國與西域重新交通，在西域設立戊己校尉。

漢主劉備即將從秭歸進攻吳軍，治中從事黃權諫阻說：「吳人強悍善戰，而且我們的水軍順流而下，前進容易，退卻艱難。臣請求作為前鋒來面對敵寇，陛下應作為後鎮。」漢主不聽從，任命黃權為鎮北將軍，派他統帥江北的各路軍隊。自己率領眾將，從江南翻山越嶺前行，在夷道縣的猇亭駐軍。吳國的將領都想迎擊劉備。陸遜說：「劉備率軍東下，士氣正盛，而且登高守險，很難很快戰勝。即使戰勝，也難以將他們全

都消滅，如果攻擊不利，就會損我大局，這可不是小事情。現在只有獎勵將士，多用謀略，來觀察形勢的變化。如果這裡是平原曠野，我們會擔心有奔波追逐的憂慮。現在他們沿山進軍，兵力無法展開，自然會在樹林岩石間疲於奔命，要慢慢制服疲憊的敵人。」各位部屬將領不明白陸遜的意圖，認為他懼怕劉備，各個滿懷憤恨。

蜀漢人從佷山打通到武陵，派侍中襄陽人馬良帶著黃金錦帛賞賜給五谿的各個蠻夷部落，並授予他們官爵。

三月初一日乙丑，魏文帝冊立皇子齊公曹叡為平原王，皇弟鄢陵公曹彰等都進封為王。〇初十日甲戌，冊立皇子曹霖為河東王。〇三十日甲午，魏文帝巡幸到達襄邑。

夏，四月十四日戊申，冊立鄄城侯曹植為鄄城王。當時，諸侯王都是寄封，空有其名而無其地，所封王國各有老兵一百多人作為守衛，與京城隔絕千里之外，不允許諸侯王入京朝拜，還設立防輔、監國謁者來監察諸侯王。他們雖有王侯的封號，但與平民差不多，他們都想當平民卻不可得。法令嚴厲苛刻，諸侯王的過失和惡行天天向朝廷報聞，只有北海王曹袞言行謹慎，刻苦好學，從沒有過錯。北海王國的文學、防輔相互議論說：「我們受詔命監察國王的舉止言行，有過錯應當上奏，有善行也應該上報。」於是共同上表陳述曹袞的美德。曹袞聽到後，大為驚恐，責備文學說：「修身自我約束，只是平常人的行為罷了。而諸位就把這些上報，這樣反而給我增加了負擔。如果我真有善言善行，何必擔心皇上聽不到，而你們匆匆向皇上報告，這不會給我帶來好處的。」

四月二十九日癸亥，魏文帝回到許昌。

五月，詔命荊州江南八郡為荊州，荊州江北各郡另立一州為郢州。

蜀漢軍隊從紮營巫峽建平起始，一直連綿紮營到夷陵境界，設置了幾十個營寨，任命馮習為大督，張南為前部督，從正月開始與吳軍對峙，到六月仍未決戰。漢主劉備派吳班率數千人在平地上紮營，吳軍將帥都想出擊。陸遜說：「這必定有詐，暫時先作觀察。」漢主知道自己的計策不能實現，於是率領八千伏兵從山

谷中衝出。陸遜說：「不允許諸位進攻吳班，是我料定劉備一定有詭計的緣故。」陸遜上疏對吳王說：「夷陵是戰略要地，國家的門戶，雖然容易獲得，也容易失去。失去它，不僅僅是丟掉一郡的土地，整個荊州也就令人擔心了。今天爭奪它，一定要成功。劉備違反自然常理，不守住巢穴，自己卻來送死，臣雖然不才，但憑著您的威靈，以順討逆，將很快打敗敵人，沒有什麼可憂慮的。臣當初擔心劉備水陸並進，現今劉備卻拋棄舟船，從陸上進軍，步步紮營，觀察他的部署，一定沒有其他變化。希望您高枕而臥，不要把這事掛在心上。」

閏六月，陸遜即將進攻漢軍，各位將領都說：「應當在剛開始時就進攻劉備，如今已經讓他深入五、六百里，相互對峙經歷了七、八個月，劉備的各個要塞都已加固防守，攻擊他一定不利。」陸遜說：「劉備是個狡猾的敵人，加上他經事很多，漢軍開始集結時，他專心思考，慮事精詳，我們不可去冒犯他。如今他的軍隊停駐已久，又沒沾到我們的便宜，士兵疲憊，意志沮喪，再也無計可施，分兵夾擊這幫寇賊，今天正是時機。」於是先攻打一個軍營，戰事不利。各位將領都說：「白白讓士兵送命罷了！」陸遜說：「我已曉得打敗敵人的戰術了。」就令士兵每人拿一束茅草，採用火攻，攻下了一座軍營；用這一方法進攻其他軍營就形成優勢，於是統率各軍，同時一起進攻，斬下張南、馮習以及胡王沙摩柯等人的頭顱，攻破劉備的軍營四十多座，漢軍將領杜路、劉寧等被逼得走投無路，請求投降。

漢主登上馬鞍山，把軍隊布置在自己的周圍。陸遜督促各軍，從四面緊逼劉備，蜀軍土崩瓦解，死者數以萬計。漢主趁夜逃走，驛站人員挑著沿途拋棄的鐃和鎧甲，並加燃燒，阻斷後路，劉備這才得以進入白帝城，蜀軍的船隻、器械，水軍、步軍的軍用物資，一時拋棄殆盡，屍首塞滿江面，順流而下。漢主大為慚愧、怨恨，說道：「我竟然被陸遜捉弄欺辱，這難道不是天意嗎！」將軍義陽人傅肜殿後，他的部眾大都死亡，傅肜卻鬥志更盛。吳軍勸他投降，傅肜罵道：「東吳的狗東西聽著，哪有漢將軍投降的！」最後戰死。從事祭酒程畿逆江撤退，眾人說：「後面的追兵將到，應當解開併在一起的船隻，輕舟前進。」程畿說：「我從軍以來，還沒有學過臨陣脫逃。」於是戰死。

起初，吳安東中郎將孫桓率領另一路人馬在夷道攻打漢軍前鋒，被漢軍包圍，孫桓向陸遜求救。陸遜說：「不可救援。」各位將領說：「孫安東，是大王的同族，被圍困蹙，為什麼不救？」陸遜說：「安東深得軍心，城池牢固，糧食充裕，沒什麼可憂慮的。等到我的計畫施展，不用去救孫安東，對他的包圍也會自行解除。」等到陸遜的謀略大力推行時，漢軍果然逃奔潰退。孫桓後來見到陸遜，說：「先前我確實抱怨你不來救，從戰事平定直到今天，才知道你調度有方。」

起初，陸遜任大都督，各位將領或者是討逆將軍孫策的老部下，或者是孫氏的宗族和親戚，各個驕傲自大，不聽從指揮。陸遜手按劍柄說：「劉備天下知名，連曹操都懼怕他，如今就在我國境內，這是強大的對手。諸位都蒙受國恩，就應和睦團結，共同消滅這個敵人，用來報答所受恩典，而你們卻不順從，為什麼？我雖是一介書生，但受命於主上，國家之所以委屈各位，讓你們來聽從於我，是因為我有一片可稱揚的忠心，能夠忍辱負重的緣故。諸位各任其職，豈得再推卸！軍令有常規，不可違犯！」等到打敗劉備，謀略大多出自陸遜，各位將領才真心佩服。吳王聽到此事，說：「你怎麼當初不向我報告那些不聽從指揮的將領呢？」陸遜說：「他們都蒙受重恩，這些將領中有的是大王的心腹，有的是得力助手，有的是功臣，都是國家所應依靠，共同完成大業的人，我敬慕藺相如、寇恂甘為人下以成就國家大業的行為。」吳王大笑稱好，給陸遜加銜為輔國將軍，兼任荊州牧，改封為江陵侯。

起初，諸葛亮與尚書令法正兩人的愛好和崇尚不同，但都以國事為重互相取長補短，諸葛亮經常驚歎法正的智謀。等到漢主討伐吳國失敗，這時法正已去世，諸葛亮慨歎道：「法孝直如果健在，一定能阻止主上東征；即便東征，也一定不會如此頹敗。」漢主在白帝城，魏將徐盛、潘璋、宋謙等各自爭相上表說一定可以擒獲劉備，請求再次出擊。吳王就此事徵詢陸遜的意見，陸遜和朱然、駱統上書說：「曹丕大量結集兵馬，表面託辭是幫助我國討伐劉備，內心其實懷有奸計，請決策立即撤回。」

起初，魏文帝聽說漢兵樹立柵欄紮營連綿七百多里，對群臣說：「劉備不懂軍事，哪有連營七百里和敵人對抗的！兵家說，『在雜草叢生、地勢平坦、低窪潮溼、險峻阻塞之地駐軍紮營的，會被敵人所擒』，這是

兵家大忌。孫權報捷的上疏，很快就要送來了。」七天後，吳軍打敗漢軍的奏疏就送到了。

秋，七月，冀州發生嚴重蝗災，鬧饑荒。

漢主敗逃之後，黃權駐軍江北，退路被吳國切斷，不能返回。八月，黃權率領部眾前來投降魏國。蜀漢的有關部門請求收捕黃權的妻子兒女。漢主說：「是我辜負了黃權，黃權沒有辜負我。」對待黃權家屬依舊。

魏文帝對黃權說：「你脫離叛逆，歸順朝廷，是想效法陳平、韓信嗎？」黃權回答說：「我蒙受漢主的特殊恩遇，不可投降吳國，回蜀又無路，所以來歸順陛下。況且敗軍之將，能免一死已算幸運，還談什麼嚮慕古人！」魏文帝大加讚賞，任命他為鎮南將軍，封為育陽侯，加侍中銜，讓他作自己的陪乘。蜀國的降人有的說，漢主已殺死黃權的妻子兒女，魏文帝詔令黃權發喪。黃權說：「我與劉備、諸葛亮推誠相待，他們瞭解我的本意。我懷疑這個消息不確實，請等等看。」後來得到確切消息，果然像黃權所說的那樣。馬良也死在五谿。

九月甲午❶，詔曰：「夫婦人與政，亂之本也。自今以後，羣臣不得奏事太后，后族之家不得當輔政之任，又不得橫❷受茅土之爵。以此詔傳之後世，若有背違，天下共誅之。」卞太后❸每見外親，不假以顏色❹，常言：「居處當節儉，不當望賞，念❺自佚❻也。外舍❼當怪吾遇之太薄，吾自有常度故也。吾事武帝四五十年，行儉日久，不能自變為奢。有犯科禁❽者，吾且❾能加罪一等❿耳，莫望錢米恩貸也。」

帝將立郭貴嬪為后。中郎⓫棧潛⓬上疏曰：「夫后妃之德，盛衰治亂所由生

也。是以聖哲慎立元妃⑬，必取先代世族之家，擇其令淑⑭，以統六宮⑮，虔奉宗廟。易曰：『家道正而天下定⑯。』由內及外，先王之令典也。春秋書宗人釁夏云『無以妾為夫人之禮⑰』，齊桓誓命于葵丘，亦曰『無以妾為妻⑱』。今後宮嬖寵⑲，常亞乘輿。若因愛登后，使賤人暴貴，臣恐後世下陵上替⑳，開張非度㉑，亂自上起也。」帝不從。庚子㉒，立皇后郭氏。

【章旨】以上為第十一段，寫魏文帝冊立郭皇后。

【注釋】❶甲午　九月初三日。❷橫　無故。❸卞太后　魏文帝曹丕之母。建安二十四年立為魏王后，曹丕即帝位後，尊為皇太后，居永壽宮。魏明帝時尊為太皇太后。傳見《三國志》卷五。❹不假以顏色　謂不講情面，嚴肅正直。❺念　想；考慮。❻佚　通「逸」。安樂。❼外舍　后妃稱外家（娘家）為外舍。❽科禁　律條禁令。❾且　將。❿加罪一等　謂比常人犯法加罪一等處置。⓫中郎　官名，皇帝近侍之官，屬光祿勳，長官稱中郎將，亦通稱中郎。漢代有五官、左、右三署中郎及虎賁、羽林中郎，因曹丕曾任五官中郎將，故曹魏只置左、右中郎及虎賁、羽林中郎。⓬棧潛　字彥皇，任城（治所在今山東濟寧）人，曹操時為縣令，後督守鄴城。魏文帝和魏明帝時皆有諫疏。傳見《三國志》卷二十五。⓭元妃　國君之嫡妻。⓮令淑　美德賢良之女。⓯六宮　相傳古代天子有六宮，後世泛稱皇后妃嬪所居之宮室。⓰家道正而天下定　《易・家人・彖》云：「父父、子子、兄兄、弟弟、夫夫、婦婦而家道正，家正而天下定矣。」⓱無以妾為夫人之禮　《左傳》哀公二十四年載，魯哀公將立公子荊之母為夫人，使宗人（主禮之官）釁夏司禮，釁夏卻說無此禮，哀公怒責之。釁夏說：「周公及武公娶於薛，孝公、惠公娶於商，自桓以下娶於齊，此禮也則有。若以妾為夫人，則固無其禮也。」⓲無以妾為妻　《孟子・告子下》謂齊桓公會諸侯於葵丘，初命曰：「無以妾為妻。」⓳嬖寵　寵愛之人。⓴下陵上替　在下者陵駕於上，在上者廢敗於下。㉑非度　非法。㉒庚子　九月初九。

【語　譯】九月初三日甲午，魏文帝下詔說：「婦女參政，是禍亂的根源。從今以後，群臣不許向太后奏事，皇后、皇太后的親屬不得任輔佐朝政的職務，也不得無故封爵受土。這個詔令要傳給後代，如有違反，天下共同誅伐。」卞太后每次接見外戚，從不給好臉色，經常說：「居家應當節儉，不應當期望賞賜，想著自我安樂。親戚們會怪我待他們太薄情，這是因為我有自己的常規。我侍奉武帝四、五十年，已習慣節儉，不能再變得奢華。有違犯法令制度的，我將要罪加一等，不要指望我給錢給米加恩寬免。」

魏文帝將要冊立郭貴嬪為皇后。中郎棧潛上書說：「后妃的品德關係到國家的治亂興衰。因此聖明的君主非常慎重地選立皇后，一定要從世代顯貴的家族中選擇賢德的淑女為皇后，用以統率六宮，虔誠地供奉皇室宗廟。《易經》說：『家道端正，天下才會安定。』由治家推及治國，這是先王的善美典則。《春秋》中記載宗人釁夏說『沒有立妾為夫人的禮儀』，齊桓公在葵丘盟誓時也說『不要立妾為妻』。若讓後宮受寵嬪妃的地位，常常僅次於君主。如果因寵愛而升為皇后，使卑賤的突然顯貴，臣擔心後世在下者陵駕於上，在上者廢替於下，賤升貴降，倡導失度，禍亂就會從上層發生了。」魏文帝不聽從。九月初九日庚子，冊立郭貴嬪為皇后。

初，吳王遣于禁護軍浩周❶、軍司馬東里袞詣帝，自陳誠款，辭甚恭愨❷。帝問周等：「權可信乎？」周以為權必臣服，而袞謂其不可必服。帝悅周言，以為有以知之，故立為吳王，復使周至吳。周謂吳王曰：「陛下未信王遣子入侍❸，周以闔門百口明之。」吳王為之流涕霑襟，指天為誓。周還而侍子不至，但多設虛辭。帝欲遣侍中辛毗、尚書桓階往與盟誓，并責任子❹，吳王辭讓不受。帝怒，

欲伐之。劉曄曰：「彼新得志❺，上下齊心，而阻帶江湖，不可倉卒制也。」帝不從。

九月，命征東大將軍❻曹休、前將軍❼張遼、鎮東將軍❽臧霸出洞口❾，大將軍❿曹仁出濡須⓫，上軍大將軍⓬曹真⓭、征南大將軍夏侯尚、左將軍張郃、右將軍徐晃圍南郡⓮。吳建威將軍⓯呂範督五軍，以舟軍拒休等；左將軍諸葛瑾、平北將軍⓰潘璋、將軍楊粲救南郡；裨將軍⓱朱桓⓲以濡須督拒曹仁。

冬，十月甲子⓳，表首陽山⓴東為壽陵㉑，作終制，務從儉薄，不藏㉒[1]金玉，一用瓦器。令以此詔藏之宗廟，副㉓在尚書㉔、祕書㉕、三府㉖。

吳王以揚越㉗蠻夷多未平集，乃卑辭上書，求自改厲：「若罪在難除，必不見置，當奉還土地民人，寄命交州，以終餘年。」又與浩周書，云欲為子登求昏宗室，又云以登年弱，欲遣孫長緒㉘、張子布㉙隨登俱來。帝報曰：「朕之與君，大義已定，豈樂勞師遠臨江、漢？若登身朝到，夕召兵還耳。」於是吳王改元黃武，臨江拒守。

帝自許昌南征，復郢州為荊州。十一月辛丑㉚，帝如㉛宛㉜。曹休在洞口，自陳：「願將銳卒虎步㉝江南，因敵取資，事必克捷。若其無臣，不須為念。」帝

恐休便渡江，驛馬止之。侍中董昭侍側，曰：「竊見陛下有憂色，獨以休濟江故乎？今者渡江，人情所難，就休有此志，勢不獨行，當須諸將。臧霸等既富且貴，無復他望，但欲終其天年，保守祿祚㉞而已，何肯乘危自投死地，以求徼倖。苟霸等不進，休意自沮。臣恐陛下雖有敕渡之詔，猶必沈吟㉟，未便從命也。」頃之，會暴風吹吳呂範等船，綆纜㊱悉斷，直詣休等營下，斬首獲生以千數，吳兵迸散㊲。帝聞之，敕諸軍促渡。軍未時進，吳救船遂至，收軍還江南。曹休使臧霸追之，不利，將軍尹盧戰死。

庚申晦㊳，日有食之。

吳王使太中大夫㊴鄭泉聘于漢，漢太中大夫宗瑋報之，吳、漢復通。

漢主聞魏師大出，遣陸遜書曰：「賊今已在江、漢，吾將復東，將軍謂其能然否？」遜答曰：「但恐軍新破，創夷㊵未復，始求通親㊶；且當自補，未暇窮兵㊷耳。若不推筭，欲復以傾覆之餘遠送以來者，無所逃命。」

漢漢嘉㊸太守黃元叛。

吳將孫盛督萬人據江陵中洲㊹，以為南郡外援。

【章旨】以上為第十二段，寫孫權拒絕曹魏徵質，臨江拒守，遣使通蜀，欲重結盟好。

【注釋】❶浩周　字孔異，上黨（治所在今山西長治北）人，建安中為蕭令、徐州刺史，後為于禁護軍，于禁敗，被關羽所虜。關羽敗，又為孫權所得。後孫權令他還魏，未再被用。事見《三國志・吳書・吳主傳》及注引《魏略》。❷愨　謹慎。❸遣子入侍　派遣兒子入朝侍奉，實際上是做人質。❹任子　人質。❺新得志　謂大敗劉備於夷陵。❻征東大將軍　官名，四征大將軍位從公，在四征將軍之上。❼前將軍　官名，位次於上卿，與後將軍及左、右將軍掌京師兵衛和邊防屯警。❽鎮東將軍　官名，魏晉時期，四鎮將軍次於四征將軍。❾洞口　在當時歷陽縣江邊。歷陽縣縣治在今安徽和縣。❿大將軍　官名，掌統兵征伐，位在三公上。⓫濡須　建安十七年（西元二一二年）孫權曾在濡須水口築塢，稱濡須塢，在今安徽無為東北。⓬上軍大將軍　官名，魏、吳皆置，位在大將軍上，是將軍的最高稱號。⓭曹真　（？—西元二三一年）字子丹，曹操族子。曹操起兵，其父募兵被殺，操遂收養他。初為偏將軍，又為中領軍。曹丕即王位，以真為鎮西將軍。曹丕稱帝後，曾為上軍大將軍、都督中外諸軍事，假黃鉞，總統全國軍事。曹丕臨終時，又與陳羣、司馬懿等受遺詔輔政。魏明帝時為大將軍、大司馬，封邵陵侯。傳見《三國志》卷九。⓮南郡　郡名，治所江陵，在今湖北江陵。⓯建威將軍　官名，吳所置雜號將軍。⓰平北將軍　官名，魏晉時期，四平將軍次於四安將軍。⓱裨將軍　官名，《宋書・百官志》所列魏晉四十號將軍，裨將軍居最末。⓲朱桓　（西元一六七—二三八年）字休穆，吳郡吳縣（今江蘇蘇州）人，初為孫權餘姚長、盪寇校尉，又為裨將軍、奮武將軍。孫權稱帝，為前將軍。傳見《三國志》卷五十六。⓳甲子　十月初三。⓴首陽山　在當時洛陽東北。㉑壽陵　帝王生前預建之陵墓。㉒藏　埋藏。㉓副　副本。㉔尚書　尚書臺，掌辦理文書，傳達詔命。㉕祕書　祕書監，掌藝文圖書。㉖三府　三公府。㉗揚越　指江南地區。古揚州（江南）為越族之分布地，故稱揚越。㉘孫長緒　孫邵字長緒，北海（治所在今山東濰坊西南）人，初為孫權廬江太守，又為車騎將軍長史。孫權黃武初年，為丞相、威遠將軍，封陽羨侯。事見《三國志・吳書・吳主傳》及注引《吳錄》。㉙張子布　張昭字子布。㉚辛丑　十一月十一日。㉛如　到。㉜宛　縣名，縣治在今河南南陽。㉝虎步　比喻威武。㉞祿祚　官爵。㉟沈吟　猶豫。㊱絏纜　繫船的繩索。㊲迸散　奔散。㊳庚申晦　十一月三十日。㊴太中大夫　官名，魏晉時期無定員，掌議論。㊵創夷　同「瘡痍」。創傷。㊶通親　謂通使建立親善關係。㊷窮兵　用兵好戰。㊸漢嘉　郡名，蜀漢所置，治所陽嘉縣，在今四川蘆山縣。㊹中洲　江中之洲稱中洲。此中洲即江陵附近的百里洲。

【校　記】①藏　原作「臧」。據章鈺校，甲十六行本、乙十一行本皆作「藏」，今據改。

【語　譯】起初，吳王派于禁的護軍浩周、軍司馬東里袞前往魏文帝那裡，表明自己的忠誠，言辭非常恭敬謹慎。魏文帝問浩周等：「孫權可以信任嗎？」浩周認為孫權一定會臣服，而東里袞認為不一定會臣服。魏文帝欣賞浩周的話，認為他瞭解孫權，因而封立孫權為吳王，又派浩周出使東吳。浩周對吳王孫權說：「陛下不相信大王會派兒子入朝侍奉，我浩周拿全家百口的性命來擔保，表明大王的心意。」吳王為此淚水打溼了衣襟，指天發誓。浩周回到了魏國，但孫權沒有送來質子，只是用許多假話搪塞。魏文帝想派侍中辛毗、尚書桓階去和吳王盟誓，並責令吳王送兒子作人質，吳王推辭不肯接受辛毗和桓階來訪。魏文帝大怒，打算討伐孫權。劉曄說：「孫權為剛剛戰勝劉備而得意，上下齊心，況且有江湖阻隔，不可能很快制服他。」魏文帝不接受。

九月，魏文帝命令征東大將軍曹休、前將軍張遼、鎮東將軍臧霸出兵洞口，大將軍曹仁出兵濡須，上軍大將軍曹真、征南大將軍夏侯尚、左將軍張郃、右將軍徐晃包圍南郡。吳國建威將軍呂範統領五路軍隊，以水軍抵抗曹休等；左將軍諸葛瑾、平北將軍潘璋、將軍楊粲救援南郡；裨將軍朱桓在濡須督軍抗拒曹仁。

冬天，十月初三日甲子，魏文帝標誌自己的陵墓將建在首陽山東側，頒示有關喪葬禮儀的詔書，要求喪事從儉從薄，不可陪葬金玉，陪葬品一律使用陶器。下令把這道詔書保存在皇家宗廟，副本留在尚書臺、祕書監、三公府。

吳王因為揚越的蠻夷大多沒有平定，就言辭謙卑地上奏，請求讓自己改過自新，說：「若我的罪過難以赦免，定然不會被放過，我當奉還土地和民眾，寄身於交州，以度餘年。」又寫信給浩周，說想替兒子孫登向皇室求婚，還說因為孫登年幼，打算派孫邵、張昭跟隨孫登一同入朝。魏文帝回覆說：「朕和你之間，君臣名分已定，哪裡樂意勞師動眾遠征長江、漢水呢？若孫登早晨到，晚上我便把兵馬召回來。」於是吳王改年號為黃武，親臨長江據守。

魏文帝從許昌率兵南征，恢復郢州為荊州。十一月十一日辛丑，魏文帝到達宛城。曹休在洞口，上奏請求：「願率精兵，像猛虎一樣進軍江南，從敵人那裡劫取軍需，此役定能勝利。若我戰死，請陛下不必掛念。」魏文帝擔心曹休立即渡江，便派驛馬去制止他。侍中董昭在旁侍奉，說：「臣觀察陛下面有憂色，難道是為了曹休渡江的緣故嗎？如今渡江，人人都會感到難以實現，即使曹休有這個想法，勢必不能單獨行動，還要等待眾將領一起行動。臧霸等既富有又顯貴，不再有其他的想望，只想富貴到老死，保住祿位封爵罷了，豈肯冒險自投死路，以求僥倖的勝利。若臧霸等不進軍，曹休自然會心意沮喪。臣只怕陛下即使有詔令渡江，他們也一定會猶豫，未必就執行命令。」過了不久，適逢暴風吹翻吳軍呂範等人的船隻，船纜繩全被暴風颳斷，船隻一直飄到曹休等人的軍營下，魏軍斬殺與俘獲吳軍數以千計，吳軍四處逃散。魏文帝聽到這個消息，下令各軍迅速渡江。魏軍沒有及時前進，吳國的救援船隊已經趕到，搜集潰軍返回江南。曹休派臧霸追擊，戰事不利，將軍尹盧戰死。

十一月最後一天三十日庚申，發生日蝕。

吳王派遣太中大夫鄭泉出使蜀漢，蜀漢也派太中大夫宗瑋回訪，吳、漢又恢復了往來。

漢主得知魏國軍隊大舉進攻吳國，寫信給陸遜說：「敵賊已到長江、漢水一帶，我將再次東下，將軍認為能行嗎？」陸遜回答說：「只擔心貴軍新敗，創傷沒有恢復，剛開始與我們交往，只應當好好地自我補養，沒有能力來窮兵黷武。如果不算計好，想再以大敗後的殘餘力量遠道送上門來，將會無處逃命。」

蜀漢的漢嘉太守黃元反叛。

吳將孫盛統帥一萬人據守江陵中洲，作為南郡的外援。

【研 析】本卷所載最大的歷史事件是吳蜀夷陵之戰。從大局說是曹孫劉三方爭奪荊州最後一個回合。此役吳勝蜀敗，形成了三分的地理均勢，正式確立了三國鼎立的局面，同時也是拉開了北方統一南方的序幕，因為夷陵戰後，蜀弱吳孤，兩國俱受損傷，曹魏坐大，收漁人之利，北方佔了絕對優勢。形成地理均勢與南弱北

強，這兩方面是夷陵之戰對於歷史的重大影響。今天重評夷陵之戰，無論是從政治層面，還是軍事層面，仍然有許多話可說。政治上講，執意發動夷陵之戰的是劉備，他肯定不願意看到吳勝蜀敗的結果，但這樣一個結果也肯定是劉備的預料之一，而他為什麼還要發動呢？從軍事上說，長期以來，學術界研究夷陵之戰，牽強附會地論證是陸遜以少勝眾，以弱勝強，甚不得要領。夷陵之戰，雙方的軍事對比，基本是勢均力敵，孫吳之兵強於蜀軍，吳勝蜀敗在意料之中，那麼在軍事上還有什麼意義呢？下面分層討論。

夷陵之戰，不可避免。西元二二一年劉備稱帝後傾巢伐吳，既在意料之中，又在意料之外。孫權一方在意料之中，所以孫權卑辭厚禮向曹丕稱臣，君臣上下一心備戰。曹魏一方，沒有做好應變準備，以曹丕為首在意料之外。蜀國內部，也有激烈爭論，諸葛亮、趙雲反對東出，劉備、張飛決心復仇。趙雲說：「國賊是曹操，非孫權。只要先滅了魏國，那麼吳國自然歸服。曹操雖然死了，他的兒子曹丕篡國，要趁現在人心思漢，及早圖取關中，佔據黃河、渭水上游形勝以討伐兇逆，關東義士一定會帶著糧食、乘著快馬來迎接我們。不應當把魏國放到一邊，選擇與吳國作戰。戰端一開，那就不是一時半時可以了結的。」孫權背盟，襲奪荊州，已經是敵人，但要分清主次。孫權求和，讓諸葛瑾寫信給劉備，勸劉備要分清輕重大小。諸葛瑾說：「陛下以關羽之親何如先帝？荊州大小孰與海內？都是仇敵，兩相比較，誰先誰後，不是很容易分清嗎？」諸葛瑾的話，與趙雲所諫，大體一致。諸葛亮的勸諫，《三國志》沒有記載下來，但是〈法正傳〉記載的諸葛亮議論，說明諸葛亮是反對東征的，由此可見，蜀漢群臣大都是反對東征的，但都未能阻止劉備東征，看來劉備是一意孤行。舊臣中，張飛由於結義恩重，忿恚不平，起了推波助瀾的作用。他整日酗酒，拿士兵部下出氣，在劉備出兵前夕，被部將張達、范疆殺死，取了首級，順著長江飛流而下去投奔孫權。張飛之死，使劉備舊仇添新恨，誰也不能阻擋他的東出了。

曹魏方面，魏文帝曹丕召集群臣討論當前形勢，分析劉備會不會東征。大家都說：「蜀漢國小力弱，名將只有關羽，關羽敗亡，全國震恐，沒有力量再戰。」只有侍中劉曄一人持相反意見，他說：「蜀國雖然小弱，但是劉備是在關羽死後稱帝，他要顯示武力，表示還有力量，一定會東伐。再說關羽與劉備，名義為君

臣，而恩愛比父子還親，關羽死亡如不興兵報仇，那就等於是劉備對結義兄弟有始無終，這面子也下不去的。」劉曄說話有分寸，實際意思是說，劉備稱帝，表明正統所在，他必然要討伐叛逆，以表示有統一天下的力量。伐魏，力量不足；討吳，自謂可勝，加之為關羽報仇，可以激揚士氣。因此，夷陵之戰，不可避免。

三國時期的三大戰役，官渡之戰、赤壁之戰、夷陵之戰，都是影響全局的大戰役。在三大戰役中，赤壁之戰規模最大，官渡之戰其次，夷陵之戰略與官渡相當，但決戰時間，夷陵之戰最長，官渡之戰其次，赤壁之戰最短。官渡之戰，歷時九個月；赤壁之戰，歷時三個月；夷陵之戰，跨了兩年，從蜀章武元年（西元二二一年）七月到蜀章武二年八月，歷時十五個月。由此可見，這一戰役的激烈與殘酷。劉備是傾國遠征，孫權是全力保衛，吳蜀兩國拼盡全力作主力決戰。自古以來，自相殘殺，超過敵對爭逐，夷陵之戰是一個典型例證。因為敵對鬥爭，目的是分一個輸贏，即便是滅人之國，失敗的一方可以委身求全，投降對方，搖尾乞憐。自相殘殺，目的是生死抉擇，不是你死，就是我亡，所以鬥爭異常殘酷。

軍事上，夷陵之戰，是一場勢均力敵的殲滅戰。雙方兵力，蜀方全國常備軍力不過十五六萬，四方守境，最大動員十萬左右。劉備東征，所統入峽之軍八萬餘人，趙雲統兵二萬駐江州為後援，合計十萬左右，已是傾巢出動。孫吳兵力，陸遜所統五萬大軍在第一線，諸葛瑾駐公安為第二線，孫權屯武昌為第三線，三線兵力集中了吳國兵力的四分之三，最保守的估計也有二十萬。但在三峽第一線的蜀兵八萬多於吳兵五萬，但吳兵集中於一點，劉備所統，綿延三峽七百里，分江北大營和江南大營，在交戰的前沿，卻又是吳兵多於蜀兵，至於戰將，更不可同日而語。蜀國五虎將，關羽、張飛、馬超、黃忠、趙雲，沒有一個在場，昔日老將大部凋零。劉備班底，多是蜀中戰將，以及荊州的二流人物。馮習為大督，張南為先鋒，吳班、陳式統水軍，黃權、趙融、廖諄、傅彤等為別督，多未經歷能征慣戰的鍛鍊，不能與孫吳的一班虎將相比。吳方多是功臣宿將，有徐盛、韓當、潘璋、朱然、宋謙、鮮于丹等。孫吳嶄露頭角的青年將領，也十分驍勇了得。例如孫桓，二十五歲，能得士眾心，他駐防夷道，牽制了蜀軍的前鋒。反攻後奮勇向前，切斷蜀軍歸路打阻擊戰，迫使劉備「逾山越險，僅乃得免」。劉備忿恚歎息說：「我當初到京口，桓尚小兒，而今迫孤乃至此也。」歸師勿

迫，乃兵家之忌，孫桓初生牛犢，敢斷劉備歸師，足見吳兵作戰驍勇。論兵論將，孫吳之師強於蜀漢。

但是，蜀軍也有一定優勢。首先是復仇之師，哀兵必勝，討伐孫權背義襲盟，全軍同仇敵愾，有一股不可阻擋的銳氣。其次，劉備剛登皇帝大位，將士受封受賞，正是立功報效之時，加之劉備東征，將士激動，士氣旺盛。其三，人心向背，蜀漢佔有優勢。劉備在荊州長達十七八年，荊州士民，追隨劉備，從之如雲，蜀漢政權，荊州人士居當路要衝。孫吳政權中的荊州人士，只有黃蓋、潘濬二人而已。蜀將大督馮習、前部張南，都是荊州人，他們為收復故土而戰，也必效死力。夷陵之戰，他們都以馬革裹屍還。其四，三峽地區及武陵，都是少數民族聚居區，孫吳的民族高壓政策使他們仇吳親蜀。其五，蜀軍居高臨下，又善於山地戰，佔有地利。初戰時，蜀軍集中，數量也佔有優勢。但蜀軍的這些優勢，沒有充分發揮，被陸遜的戰略大撤退所避開，很快喪失了。蜀軍的初戰勝利，只是破吳邊將，未遇孫權主力。當蜀將推進至夷陵時已成強弩之末，受阻於堅城之下，陷入了進退維谷的境地。這時，初戰時的強弱眾寡，全部易位，吳軍掌握了主動權。

如上分析，夷陵之戰雙方兵力大體上勢均力敵。陸遜在這樣條件下打了一場大規模的殲滅戰，入峽蜀軍全軍覆沒。陸遜的指揮藝術，豐富了中國軍事史的內容，值得稱道。陸遜留給後人兩大軍事克敵經驗，應當總結。其一，避敵鋒芒，誘其深入。蜀軍入峽，氣勢洶洶，陸遜大踏步後撤，拉長蜀軍戰線，疲敵鬥志，把四五百里的山區讓給蜀軍，完成了戰略退卻，待機全線反擊。其二，集中兵力，火燒連營。陸遜大步後退，讓出三峽，迎敵於秭歸以東，五萬兵力握成拳頭，孫桓受困宜都，也不分兵去救，此乃效法周亞夫以梁委吳之計，消耗蜀軍主力。而劉備，建行營於猇亭，布前鋒於夷道，置黃權於江北防魏，兵力分散，沿途防守，直接所統蜀軍不足四萬。最後，陸遜又是尋機火攻，各個擊破分散的蜀兵，打了一場漂亮的殲滅戰。陸遜一戰成名，是歷史上不可多得的儒將之一。戰後，孫權加拜陸遜為輔國將軍，領荊州牧，改封江陵侯。

卷第七十

魏紀二

起昭陽單閼（癸卯　西元二二三年），盡彊圉協洽（丁未　西元二二七年），凡五年。

【題　解】本卷記事起西元二二三年，迄西元二二七年，凡五年。當魏文帝黃初四年到魏明帝太和元年。魏文帝在位共七年，儘管是魏國的開國君主，卻無多少政績可述，基業乃其父曹操開創，文帝一平庸守成之君而已。文帝失去與蜀夾擊吳國，一舉下江南的時機，等到孫權穩定局勢後，拒絕徵質，文帝始用兵江南，三次臨江，只是興歎而已，恰恰是推動了吳蜀重新結盟。蜀國鄧芝兩次使吳修復舊好，諸葛亮平定南中，穩固後方，吳國也平定了交趾之亂，兩國政治穩定，重結盟好，同時舉兵北伐。諸葛亮北駐漢中，上〈出師表〉，表達北伐的決心。曹魏第二代君主登基，明帝即位。

世祖文皇帝下

黃初四年（癸卯　西元二二三年）

春，正月，曹真使張郃擊破吳兵，遂奪據江陵中洲。

二月，諸葛亮至永安❶。

曹仁以步騎數萬向濡須，先揚聲欲東攻羨溪❷，朱桓分兵赴之。既行，仁以大軍徑進，桓聞之，追還羨溪兵，兵未到而仁奄至。時桓手下及所部兵在者纔五千人，諸將業業❸各有懼心。桓喻之曰：「凡兩軍交對，勝負在將，不在眾寡。諸君聞曹仁用兵行師，孰與桓邪？兵法所以稱『客倍而主人半』者，謂俱在平原無城隍❹之守，又謂士卒勇怯齊等故耳。今仁既非智勇，加其士卒甚怯，又千里步涉，人馬罷❺困。桓與諸君共據高城，南臨大江，北背山陵，以逸待勞，為主制客，此百戰百勝之勢，雖曹丕自來，尚不足憂，況仁等邪！」桓乃偃旗鼓，外示虛弱以誘致仁。仁遣其子泰❻攻濡須城，分遣將軍常雕、王雙等乘油船❼別襲中洲。中洲者，桓部曲妻子所在也。蔣濟曰：「賊據西岸，列船上流，而兵入洲中，是為自內❽地獄❾，危亡之道也。」仁不從，自將萬人留橐皋❿，為泰等後援。桓遣別將擊雕等，而身自拒泰，泰燒營退，桓遂斬常雕，生虜王雙，臨陳殺溺死者千餘人。

初，呂蒙病篤⓫，吳王問曰：「卿如不起，誰可代者？」蒙對曰：「朱然膽守有餘，愚以為可任。」朱然者，九真太守朱治姊子也，本姓施氏，治養以為子，時為昭武將軍⓬。蒙卒，吳王假然節，鎮江陵。及曹真等圍江陵，破孫盛，吳王

遣諸葛瑾等將兵往解圍，夏侯尚擊卻之。江陵中外斷絕，城中兵多腫病，堪戰者裁⑬五千人。真等起土山，鑿地道，立樓櫓⑭臨城，弓矢雨注，將士皆失色。然晏如⑮無恐意，方厲⑯吏士，伺間隙攻破魏兩屯⑰。魏兵圍然凡六月，江陵令姚泰領兵備城北門，見外兵盛，城中人少，穀食且盡，懼不濟⑱，謀為內應，然覺而殺之。

時江水淺陿⑲，夏侯尚欲乘船將步騎入渚⑳中安屯，作浮橋，南北往來，議者多以為城必可拔。董昭上疏曰：「武皇帝智勇過人，而用兵畏敵，不敢輕之若此也。夫兵好進惡退，常然之數。平地無險，猶尚艱難，就當深入，還道宜利，兵有進退，不可如意。今屯渚中，至深也；浮橋而濟，至危也；一道而行，至陿也。三者，兵家所忌，而今行之。賊頻攻橋，誤㉑有漏失㉒，渚中精銳非魏之有，將轉化為吳矣。臣私慼㉓之，忘寢與食，而議者怡然㉔不以為憂，豈不惑哉！加江水向長㉕，一日暴增，何以防禦！就不破賊，尚當自完，柰何乘危不以為懼！惟陛下察之。」帝即詔尚等促出。吳人兩頭並前，魏兵一道引去，不時得泄㉖，僅而獲濟。吳將潘璋已作荻筏㉗，欲以燒浮橋，會尚退而止。後旬日㉘，江水大漲，帝謂董昭曰：「君論此事，何其審㉙也！」會天大疫，帝悉召諸軍還。

三月丙申㉚，車駕還洛陽。

初，帝問賈詡曰：「吾欲伐不從命，以一㉛天下，吳、蜀何先？」對曰：「攻取者先兵權㉜，建本者尚德化。陛下應期受禪，撫臨率土，若綏之以文德而俟其變，則平之不難矣。吳、蜀雖蕞爾㉝小國，依山阻水。劉備有雄才，諸葛亮善治國，孫權識虛實，陸遜[1]見兵勢，據險守要㉞，汎舟江湖㉟，皆難卒謀也。用兵之道，先勝後戰，量敵論將，故舉無遺策。臣竊料群臣無備、權對，雖以天威臨之，未見萬全之勢也。昔舜舞干戚而有苗服㊱，臣以為當今宜先文後武。」帝不納，軍竟無功。

【章旨】以上為第一段，寫魏文帝南征孫權，無功而返。

【注釋】❶永安　縣名，劉備大敗於夷陵後，逃至白帝城魚復縣，遂改魚復為永安，在今重慶市奉節東。❷羨溪　在濡須東，即在今安徽無為東北。❸業業　畏懼貌。❹城隍　城壕。❺罷　通「疲」。❻泰　曹泰，曹仁之子。曹仁死後襲爵，官至鎮東將軍，轉封寧陵侯。事見《三國志・魏書・曹仁傳》。❼油船　牛皮所製之船，外塗油以防水。❽內　通「納」。納入。❾地獄　謂地中之獄，言其地險，非後世所說的陰司地獄。❿橐皋　地名，在今安徽巢縣。⓫病篤　病危急。⓬昭武將軍　官名，孫吳所置雜號將軍。⓭裁　通「才」。⓮櫓　頂部無覆蓋的望樓。⓯晏如　安然。⓰厲　勉勵。⓱屯　營寨。⓲濟　成功。⓳陋　狹窄。⓴渚　洲。此指江陵之中洲（百里洲）。㉑誤　或許；假如。㉒漏失　謂橋被敵所斷。㉓慼　憂愁。㉔怡然　歡快。㉕向長　上漲。㉖泄　通過。㉗荻筏　用蘆葦製作的筏子。㉘旬日　十日。㉙審　準確。㉚丙申　三月八日。㉛一　統一。㉜兵權　用兵的權謀。此指審時度勢。㉝蕞爾　小貌。㉞據險守要　此言蜀國。㉟汎舟江湖　此言吳國。㊱舜舞干戚

而有苗服　干戚，兵器。干，盾。戚，大斧。《韓非子・五蠹》：「當舜之時，有苗（部族）不服，禹將伐之。舜曰：『不可。上德不厚而行武，非道也。』乃修教三年，執干戚舞，有苗乃服。」意謂舜偃武修文，將干戚用為舞具而不用於戰爭，以修德教而感化有苗，有苗乃服。

【校　記】①遜　原作「議」。據章鈺校，甲十六行本、乙十一行本、孔天胤本皆作「遜」。按，陸遜本名議。今從甲十六行本。

【語　譯】世祖文皇帝下

黃初四年（癸卯　西元二二三年）

春天，正月，曹真派張郃打敗吳軍，於是奪佔了江陵的中洲。

二月，諸葛亮到達永安。

曹仁率領步、騎兵數萬向濡須進軍，事先揚言要向東攻打羨溪，朱桓分兵奔赴羨溪；增援羨溪的軍隊出發後，曹仁率大軍直接進軍濡須，朱桓得知這個消息，趕緊追回派往羨溪的援軍，援軍沒有趕回而曹仁突然來到。此時朱桓手下和在濡須塢裡的兵眾僅五千人，眾將領惶恐不安，各懷畏懼之心。朱桓開導他們說：「大凡兩軍交鋒對陣，勝負決於將領，不在兵員多少。諸位認為曹仁用兵作戰，與我朱桓相比，誰最高明？兵法上說『客軍人數的一倍只相當主軍的一半』，這是針對雙方都在平原上沒有城池可守而言的，同時，也是指雙方士兵勇怯程度相當的情況下說的。現在曹仁既沒有智勇，加上他的士兵十分膽怯，又經過千里跋涉，人馬疲憊困乏。我與各位一起據守高大的城池，南臨長江，北靠山嶺，以逸待勞，以主制客，這是百戰百勝的形勢。即使曹丕親自前來，也不值得憂慮，何況是曹仁這些人呢！」朱桓於是偃旗息鼓，表面顯示虛弱來引誘曹仁。曹仁派自己的兒子曹泰進攻濡須城，分兵派將軍常雕、王雙等乘牛皮油船去襲擊中洲。中洲是朱桓和部屬的妻兒們居留的地方。蔣濟說：「敵賊佔據西岸，船隻停泊在上游，而我軍進入洲中，這是自入地獄，自取危亡的道路。」曹仁不聽從，親自率領一萬人留在橐皋，作為曹泰的後援。朱桓派遣另外的將領攻擊常雕等，親自抵抗曹泰，曹泰燒掉軍營退走，朱桓於是殺了常雕，生擒王雙，在陣前魏軍被殺死、淹死的有一

千多人。

當初，呂蒙病重時，吳王問他說：「你若一病不起，誰能代替你？」呂蒙回答說：「朱然膽識有餘，我認為可以接任。」朱然，是九真太守朱治姐姐的兒子，原姓施，朱治收為養子，當時任昭武將軍。呂蒙去世，吳王授予朱然符節，鎮守江陵。等到曹真等包圍江陵，打敗孫盛，吳王派諸葛瑾等領兵去解圍，被夏侯尚打退。江陵內外隔絕，城中守兵大多患有水腫病，能戰的才五千人。曹真等築起土山，挖掘地道，臨城修造瞭望樓，城中箭如雨下，將士們都害怕得變了臉色。朱然安然自若，毫無懼色，他鼓勵將士，尋找敵人破綻，攻破了魏軍的兩座營壘。魏軍圍攻朱然共六個月，江陵令姚泰率兵防守北門，看到城外兵勢很盛，城中人少，而且糧食將盡，擔心守不住，陰謀做魏軍的內應，被朱然察覺後殺了。

此時江水淺，江面窄，夏侯尚打算乘船率領步兵、騎兵進入江陵的中洲安營，架設浮橋，南北往來，參與謀議的人大多認為江陵城一定可以攻克。董昭上奏說：「武皇帝智勇過人，用兵時尚且畏懼敵人，不敢這樣輕敵。指揮作戰，喜歡進攻討厭退卻，這是常理。平原上沒有險阻，退兵尚且困難，即使深入，也應考慮利於撤退，戰爭中有進有退，不可能盡如人意。現在駐軍中洲，太深入了；靠浮橋來往，太危險了；只有一條通道可行，太狹隘了。這三個方面，都是兵家忌諱的，但現在我方在全面推行。敵人頻頻攻擊浮橋，如果有失誤，中洲的精銳部隊就不屬魏國所有，將轉而歸吳了。對此我十分憂愁，廢寢忘食，但謀議的人卻安然自若，毫不擔憂，這不是糊塗嗎！加之江水上漲，一旦暴漲，我們將如何防禦！即使打不敗敵賊，也應該自我保全，怎能這樣冒險而不感到畏懼呢！希望陛下明察。」魏文帝立即詔令夏侯尚迅速撤出。吳軍兩路並進，魏軍從一條通道上撤退，難以及時通過，勉強渡回北岸。吳將潘璋已製造了蘆葦紮成的筏子，準備用它來燒毀浮橋，正遇夏侯尚退走而作罷。過了十來天後，江水大漲，魏文帝對董昭說：「你判斷此事，怎麼如此準確！」正巧天生瘟疫，魏文帝召各路軍隊全部撤回。

三月初八日丙申，魏文帝回到洛陽。

當初，魏文帝問賈詡：「我準備討伐不聽從命令的人，以統一天下，吳國與蜀國，對哪個先下手？」賈

詡回答說：「攻取領土首先要靠武力和權謀；建立根本大業要崇尚道德教化。陛下順應天時，接受禪讓，安撫天下，若用文教德化來撫慰人心，等待時局的變化，那麼平定天下就不難了。吳、蜀雖然是區區小國，但依靠山水險阻。劉備有雄才大略，諸葛亮擅長治國，孫權能明辨虛實，陸遜善於觀察軍事形勢，蜀國據守險要，吳國泛舟江湖，都難以很快謀取。用兵的原則是，先創造取勝的形勢，然後再戰；先估量敵人的力量，然後選用將領，這樣攻戰才不會失策。我料定，我們群臣中沒有劉備、孫權的對手，即使陛下御駕親征，也未必萬無一失。從前虞舜在朝廷上舞弄干戚，有苗部落就歸服了，臣以為當前應該先用文德教化，然後再施用武力。」魏文帝不採納，征伐最後沒有成功。

丁未❶，陳忠侯曹仁卒。

初，黃元為諸葛亮所不善，聞漢主疾病，懼有後患，故舉郡反，燒臨邛❷城。時亮東行省疾❸，成都單虛，元益❹無所憚。益州治中從事❺楊洪啓太子遣將軍陳曶、鄭綽討元。眾議以為元若不能圍成都，當由越巂❻據南中❼。洪曰：「元素性凶暴，無他恩信，何能辦此！不過乘水東下❽，冀主上平安，面縛歸死。如其有異，奔吳求活耳。但敕曶、綽於南安❾峽口邀遮❿，即便得矣。」元軍敗，果順江東下，曶、綽生獲斬之。

漢主病篤，命丞相亮輔太子，以尚書令李嚴為副。漢主謂亮曰：「君才十倍曹丕，必能安國，終定大事。若嗣子可輔，輔之；如其不才，君可自取。」亮涕

泣曰：「臣敢不竭股肱之力，效忠貞之節，繼之以死[11]！」漢主又為詔敕太子曰：「人五十不稱夭[12]，吾年已六十有餘，何所復恨，但以卿兄弟為念耳。勉之，勉之！勿以惡小而為之，勿以善小而不為。惟賢惟德，可以服人。汝父德薄，不足效也。汝與丞相從事，事之如父。」

夏，四月癸巳[13]，漢主殂於永安，諡曰昭烈[14]。○丞相亮奉喪還成都，以李嚴為中都護[15]，留鎮永安。

五月，太子禪即位，時年十七。尊皇后曰皇太后，大赦，改元建興。封丞相亮為武鄉侯，領益州牧，政事無巨細，咸決於亮。亮乃約官職，脩法制，發教與羣下曰：「夫參署[16]者，集眾思，廣忠益也。若遠小嫌，難相違覆，曠闕損矣[17]。違覆而得中，猶棄敝蹻[18]而獲珠玉。然人心苦不能盡，惟徐元直[19]處茲不惑。又，董幼宰[20]參署七年，事有不至，至于十反，來相啟告。苟能慕元直之十一，幼宰之勤渠[21]，有忠於國，則亮可以少過矣。」又曰：「昔初交州平[22]，屢聞得失。後交元直，勤見啟誨。前參事於幼宰，每言則盡。後從事於偉度，數有諫止。雖資性鄙暗，不能悉納，然與此四子終始好合，亦足以明其不疑於直言也。」偉度者，亮主簿義陽胡濟[23]也。

亮嘗自校簿書，主簿楊顒㉔直入，諫曰：「為治有體，上下不可相侵。請為明公以作家譬之：今有人使奴執耕稼，婢典炊爨㉕，雞主司晨，犬主吠盜，牛負重載，馬涉遠路，私業無曠，所求皆足，雍容㉖高枕㉗，飲食而已。忽一日盡欲以身親其役，不復付任，勞其體力，為此碎務，形疲神困，終無一成。豈其智之不如奴婢雞狗哉？失為家主之法也。是故古人稱㉘『坐而論道，謂之王公；作而行之，謂之士大夫。』故丙吉㉙不問橫道死人而憂牛喘，陳平㉚不肯知錢穀之數，云『自有主者』，彼誠達於位分之體也。今明公為治，乃躬自校簿書，流汗終日，不亦勞乎！」亮謝之。及顒卒，亮垂泣三日。

【章旨】以上為第二段，寫諸葛亮顧命輔政，事無巨細，總攬一切權力。

【注釋】❶丁未　三月十九日。❷臨邛　縣名，縣治在今四川邛崍。❸省疾　探視劉備病情。❹益　更加。❺治中從事　官名，州牧刺史的主要佐吏，職責是居中治事，主眾曹文書。❻越巂　郡名，治所邛都縣，在今四川西昌。❼南中　地區名，三國時期，稱今四川西南部與雲南、貴州連境的部分地區為南中，包括當時的越巂、益州、永昌、牂牁、朱提等五郡。蜀漢並置庲降都督以督統。❽乘水東下　乘船浮水東下。此水指青衣水，即今四川青衣江，源出今四川蘆山縣西北，東南流，經洪雅、夾江，至樂山與大渡河會合後入岷江。岷江至宜賓與金沙江會合東流，是為長江。故黃元可能從青衣水東下奔吳。❾南安　縣名，縣治在今四川樂山市。❿邀遮　攔擊。⓫效忠貞之節二句　諸葛亮此語，用春秋時晉國荀息答獻公之語意。《左傳》僖公九年載：晉獻公以荀息為其愛子奚齊之傳，獻公臨終時，便託奚齊於荀息，荀息說：「臣竭其股肱之力，加之以忠貞。其濟，君之靈也，不濟，則以死繼之。」⓬夭　夭折；短命早死。⓭癸巳　四月己未朔，無癸巳。按《三國志・蜀書・先主

傳》載諸葛亮上後主言，謂劉備卒於四月二十四日。則「癸巳」當為「壬午」。⑭昭烈　《謚法》：昭德有勞曰昭，有功安民曰烈。⑮中都護　官名，蜀漢所置，統內外軍事。⑯參署　對所行之事，參考各種意見，採其善者署而行之。⑰難相違覆二句　謂難於互相駁難和審議，即聽不到不同意見和爭論，就會造成職事之曠缺損失。⑱敝蹻　破鞋。蹻，通「屩」。⑲徐元直　徐庶字元直。⑳董幼宰　董和字幼宰，曾與諸葛亮並署左將軍、大司馬府事。㉑勤渠　猶言勤快。㉒州平　崔州平，諸葛亮在隆中之好友。㉓胡濟　字偉度，義陽（治所在今湖北棗陽東）人，初為諸葛亮主簿，諸葛亮去世後，為中典軍，統諸軍，封成陽亭侯。後官至右驃騎將軍。事見《三國志・蜀書・董和傳》裴松之注。㉔楊顒　字子昭，襄陽（治所在今湖北襄樊）人，入蜀後，曾為巴郡太守、丞相諸葛亮主簿，後又為東曹屬典選舉。事見《三國志・蜀書・楊戲傳》附〈季漢輔臣贊〉及注引《襄陽記》。㉕炊爨　做飯。㉖雍容　從容不迫。㉗高枕　謂無憂慮。㉘古人稱　此古人所稱，為《周禮・考工記》之言。㉙丙吉　漢宣帝時為丞相，曾乘車外出，遇人群鬥毆，死傷橫道，丙吉卻不過問。後遇人追牛，牛吐舌喘息，丙吉即令停車，使騎吏問追牛人追牛有幾里了。隨行掾史以為丙吉之問不當，丙吉說：「民鬥相殺傷，長安令、京兆尹職所當禁備逐捕。……宰相不親小事，非所當於道路問也。方春少陽用事，未可大熱，恐牛近行，用（因）暑故喘，此時氣失節，恐有所傷害也。三公典調和陰陽，職當憂，是以問之。」掾史乃服，謂丙吉知大體。事見《漢書・丙吉傳》。㉚陳平　漢文帝初，周勃為右丞相，陳平為左丞相。一次朝會，文帝問周勃：「天下一歲決獄幾何？」勃答：「不知。」又問：「天下一歲錢穀出入幾何？」周勃又不知，並非常慚愧。文帝又再問陳平，平答：「有主者。」文帝說：「主者謂誰？」平答：「陛下即問決獄，責廷尉；問錢穀，責治粟內史。」文帝說：「苟各有主者，而君所主者何事也？」陳平說：「宰相者，上佐天子理陰陽，順四時，下育萬物之宜，外鎮撫四夷諸侯，內親附百姓，使卿大夫各得任其職焉。」文帝乃稱善。事見《史記・陳丞相世家》。

【語　譯】三月十九日丁未，陳忠侯曹仁去世。

當初，黃元不被諸葛亮善待，他聽說漢主病重，害怕有後患，因而率領漢嘉郡反叛，燒毀臨邛城。當時諸葛亮東行探視劉備的病情，成都防守單薄空虛，黃元更加肆無忌憚。益州治中從事楊洪啟奏太子派將軍陳留、鄭綽討伐黃元。眾人討論認為，黃元若不能包圍成都，當經越巂郡去佔據南中。楊洪說：「黃元生性兇惡，對人沒有恩德信義，怎麼能辦成這種事！不過是乘船順流東下，希望主上平安，再自縛請死。如果有異常情況，逃奔吳國求得活命而已。只需命令陳留、鄭綽在南安峽口攔擊，就可以將他擒獲了。」黃元戰敗，

果然順江東下，陳曶、鄭綽俘獲黃元，殺死了他。

漢主劉備病危，詔命丞相諸葛亮輔佐太子，任命尚書令李嚴為副手。漢主對諸葛亮說：「你的才能是曹丕的十倍，一定能安定國家，最終完成統一大業。若太子可以輔佐，你就輔佐他；如果他不具備君主之才，你可以取代他。」諸葛亮淚流滿面說：「我豈敢不竭盡全力輔佐，獻出忠貞的節操，直至身死！」漢主又作詔命令太子說：「人五十而死不算夭折，我已六十有餘，沒有什麼遺憾，只是掛念你們兄弟罷了。努力啊，再努力！切不要因為壞事小就去做，不要因為好事小就不去做。惟有賢明和恩德，才能服人。你父親德行淺薄，不值得你效法。你與丞相共事，要將他當做父親一樣侍奉。」

夏，四月癸巳日，漢主在永安病逝，謚號為昭烈。○丞相諸葛亮護送靈柩回成都，任命李嚴為中都護，留下鎮守永安。

五月，太子劉禪即位，時年十七歲。尊稱皇后為皇太后，大赦天下，改年號為建興。封丞相諸葛亮為武鄉侯，兼任益州牧，政事無論大小，均由諸葛亮裁決。諸葛亮於是精簡官職，修訂法制，向群臣發布教令，說：「參政的含義，就是要集中眾人的智慧，廣開忠誠有益之路，若因小小的隔閡而相互疏遠，就不能相互駁難審議，這樣職事就會遭受曠缺損失。能夠互相駁難審議，從而得出中肯的決斷，就如同扔掉破舊的鞋子而獲得珠玉。但是人心苦於不能完全做到這一點，唯獨徐庶遇到這種事不會迷惑。還有，董和參政七年，凡事情沒有最好的辦法，就反覆聽取不同意見往返十餘次，然後再報告我。若能學到徐庶的十分之一，學到董和的勤奮，對國家忠心耿耿，如此我就可以少犯些過錯了。」又說：「從前初次結交崔州平，他多次指出我的優缺點。後來結交徐庶，經常蒙受他的啟迪和教誨。先前與董和商議事情，每次都言無不盡。後來跟胡偉度共事，他對我多次勸止。我雖生性鄙陋愚暗，不能全部採納他們的意見，但是與這四人始終合作得很好，這也足以表明我對直言是不會猜疑的。」胡偉度，就是諸葛亮的主簿義陽人胡濟。

諸葛亮曾經親自校對公文，主簿楊顒逕直進來，勸諫說：「治理國家是有體制的，上下的職權不能相互侵犯。請讓我為明公您拿治家來作比喻：現今有個主人命奴僕管耕種，婢女管燒飯，雄雞司晨報曉，狗主管

吼叫驚盜，牛拉車負重，馬代步走遠路，家業沒有曠廢，需求的東西都能得到滿足，從容不迫，高枕無憂，要做的只是吃飯飲酒罷了。忽然有一天，這個主人打算親身去做各種事情，不再役用其他，勞苦自己的體力，為了這些瑣碎的事務，弄得身體疲憊精神困乏，最終一事無成。難道是他的智力不如奴婢雞狗嗎？是他丟掉了作為一家之主的職責。因此古人說『坐著談論治理之道的，稱為王公；動手實際執行的，稱作士大夫。』因而丙吉不過問橫躺路上的死人是怎麼回事，而擔憂耕牛受熱氣喘；陳平不肯瞭解國家的錢糧數量，說『自有主管的人』，他們都真正懂得各司其職的體統。現在明公您治理國政，卻親自去校對公文，整天汗流浹背，不是太辛勞了嗎！」諸葛亮向他表示了謝意。後來楊顒去世，諸葛亮哭了三天。

六月甲戌❶，任城威王彰卒。○甲申❷，魏壽肅侯賈詡卒。○大水。

吳賀齊襲蘄春❸，虜太守晉宗❹以歸。

初，益州郡❺耆帥❻雍闓❼殺太守正昂，因士燮❽以求附於吳；又執太守成都張裔❾以與吳，吳以闓為永昌❿太守。永昌功曹呂凱⓫、府丞王伉率吏士閉境拒守，闓不能進，使郡人孟獲⓬誘扇諸夷，諸夷皆從之。牂柯⓭太守朱褒、越巂夷王高定皆叛應闓。諸葛亮以新遭大喪，皆撫而不討，務農殖穀，閉關⓮息民，民安食足而後用之。

秋，八月丁卯⓯，以廷尉⓰鍾繇為太尉⓱，治書執法⓲高柔代為廷尉。是時三公無事，又希與朝政，柔上疏曰：「公輔之臣，皆國之棟梁，民所具瞻。而置之

三事⑲，不使知政，遂各偃息⑳養高㉑，鮮有進納，誠非朝廷崇用大臣之義，大臣獻可替否㉒之謂也。古者刑政有疑，輒議於槐、棘之下㉓。自今之後，朝有疑議及刑獄大事，宜數以咨訪三公。三公朝朔、望之日，又可特延入講論得失，博盡事情，庶㉔有補起天聽，光益大化。」帝嘉納焉。

辛未㉕，帝校獵于滎陽㉖，遂東巡。九月甲辰㉗，如許昌。

漢尚書義陽鄧芝㉘言於諸葛亮曰：「今主上幼弱，初即尊位，宜遣大使重申吳好。」亮曰：「吾思之久矣，未得其人耳，今日始得之。」芝問：「其人為誰？」亮曰：「即使君㉙也。」乃遣芝以中郎將㉚脩好於吳。

冬，十月，芝至吳。時吳王猶未與魏絕，狐疑，不時見芝。芝乃自表請見，曰：「臣今來，亦欲為吳，非但為蜀也。」吳王見之，曰：「孤誠願與蜀和親，然恐蜀主幼弱，國小勢偪，為魏所乘，不自保全耳。」芝對曰：「吳、蜀二國，四州㉛之地。大王命世之英，諸葛亮亦一時之傑也。蜀有重險㉜之固，吳有三江㉝之阻。合此二長，共為脣齒，進可并兼天下，退可鼎足而立，此理之自然也。大王今若委質於魏㉞，魏必上望大王之入朝，下求太子之內侍。若不從命，則奉辭伐叛，蜀亦順流見可而進，如此，江南之地非復大王之有也。」吳王默然良久，

曰：「君言是也。」遂絕魏，專與漢連和。

是歲，漢主立妃張氏㉟為皇后。

【章　旨】以上為第三段，蜀漢南中反叛，鄧芝使吳，重結盟好。

【注　釋】❶甲戌　六月十七日。❷甲申　六月二十七日。❸蘄春　郡名，治所蘄春縣，在今湖北蘄春西北。❹晉宗　原為吳戲口守將，叛投魏，魏命他為蘄春太守，現又被賀齊所俘。❺益州郡　治所滇池縣，在今雲南晉寧東。❻耆帥　地方武裝頭目。❼雍闓　益州郡大姓。❽士燮　士燮時為吳交趾太守。❾張裔　（？—西元二三〇年）字君嗣，蜀郡成都（今四川成都）人，初為劉璋魚復長、帳下司馬。劉備入蜀得益州後，命他為巴郡太守，又為司金中郎將。益州太守正昂被殺後，復以裔為太守，又被雍闓執送於吳。歸蜀後為益州治中從事史、射聲校尉兼丞相留府長史。傳見《三國志》卷四十一。❿永昌　郡名，治所不韋，在今雲南保山縣東北。⓫呂凱　字季平，永昌不韋人，初為本郡功曹（太守的主要佐吏），雍闓反蜀投吳，吳以闓為永昌太守，呂凱與府丞王伉遂閉境拒守，雍闓不得入郡。諸葛亮南征至南中，遂以凱為雲南太守，封陽遷亭侯。傳見《三國志》卷四十三。⓬孟獲　南中建寧（今雲南曲靖）人，蠻夷酋長，諸葛亮七擒七縱，孟獲心悅誠服，誓不復反，官至蜀漢御史中丞。⓭牂柯　郡名，治所且蘭，在今貴州福泉。柯，又寫作「牱」。⓮關　指越巂郡之靈關，即司馬相如通西南夷之靈關，在今四川越西縣界。⓯丁卯　八月十一日。⓰廷尉　官名，漢代稱廷尉，建安中魏國建立後，改稱大理，魏文帝代漢後又改稱廷尉。掌司法刑獄。⓱太尉　官名，三公之一。建安中曹操罷三公，魏文帝即位後又恢復。⓲治書執法　官名。曹魏所置，掌奏劾。⓳三事　古又稱三公為三事。⓴偃息　安臥。㉑養高　謂培養高尚情趣。㉒獻可替否　進獻可行者，除去不可行者。㉓議於槐棘之下　周時，朝廷種三槐九棘，公卿大夫分坐其下以議事。左九棘，為孤卿大夫之位，右九棘，為公侯伯子男之位，面三槐為三公之位。據說，棘取其赤心而外刺。槐取懷意，謂懷來人於此欲與之謀。事參見《周禮・秋官・朝士》。㉔庶　幸。希冀之詞。㉕辛未　八月十五日。㉖滎陽　縣名，縣治在今河南滎陽東北。㉗甲辰　九月十九日。㉘鄧芝　（？—西元二五一年）字伯苗，義陽新野（今河南新野）人，漢末入蜀，未被任用。劉備得益州後，命他為郫令、廣漢太守，又為尚書。劉備卒後，奉命出使吳，與吳和好。後為揚武將軍、車騎將軍，封陽武亭侯。傳見《三國志》卷四十五。

㉙使君　漢代人稱郡太守為使君。此時鄧芝為廣漢太守，故云。㉚中郎將　官名，次於將軍之武官。㉛四州　指益州、荊州、揚州與交州。㉜蜀有重險　謂蜀之外有斜谷、駱谷、子午谷之險，內又有劍閣之險，是為雙重之險。㉝吳有三江　指吳境內的吳淞江、錢塘江與浦陽江。㉞委質於魏　臣服於魏。㉟張氏　張飛的長女。

【語譯】六月十七日甲戌，任城威王曹彰去世。○二十七日甲申，魏壽肅侯賈詡去世。○洛陽發生嚴重水災。

吳國賀齊襲擊魏國的蘄春，俘獲太守晉宗並把他帶回吳國。

當初，益州郡地方武裝首領雍闓殺死太守正昂，通過交趾太守士燮向吳國請求歸附；又把巴郡太守成都人張裔抓起來獻給吳國，吳國任命雍闓為永昌太守。永昌郡功曹呂凱、府丞王伉率領官兵封鎖邊境拒守，雍闓不能進入，就派同郡人孟獲誘惑煽動各部夷人，各部夷人都隨從他。牂柯太守朱褒、越巂夷王高定都反叛響應雍闓。諸葛亮因為剛剛遭遇國喪，對這些人都加以安撫而不討伐，致力發展農業，種植五穀，封鎖關口，讓人民休養生息，待民安食足之後，再動用民力。

秋，八月十一日丁卯，魏文帝任命廷尉鍾繇為太尉，治書執法高柔代理廷尉。這時三公沒有什麼事情可做，又很少參與朝政，高柔上疏說：「三公與輔佐大臣，都是國家的棟樑，為百姓所瞻仰。把他們安置在三公職位上，卻不讓他們主持政務，因此他們各自靜養高尚的情趣，很少進言獻策，這實在不是國家尊用大臣的本意，進獻正確可行的建議，廢除錯誤的政令，這樣才稱之為大臣。古時在刑事和政務上有疑問時，總是在三槐、九棘下商議。今後，朝廷有疑議和刑獄大事，應當多多諮詢三公。每月初一、十五，在三公上朝之日，還可專門請他們議論政事的得失，廣泛地、詳細地暢談對各種事務的主張，或許有益於皇上的視聽，可使德政、教化更加發揚光大。」魏文帝稱讚並採納了這一建議。

八月十五日辛未，魏文帝在滎陽圍獵，於是東巡。九月十九日甲辰，前往許昌。

漢尚書義陽人鄧芝向諸葛亮進言說：「現今主上年幼弱小，初登帝位，應派大使到吳國重修舊好。」諸葛亮說：「我考慮這件事已很久了，只是沒有合適的人選罷了，直到今日才找到了。」鄧芝問：「這人是誰？」諸葛亮說：「就是使君你啊。」於是派鄧芝以中郎將身分出使吳國建立友好關係。

冬，十月，鄧芝抵達吳國。當時吳王還沒有與魏國斷絕關係，遲疑不決，沒有及時接見鄧芝。鄧芝就自己上表請求晉見，說：「臣今天到吳國來，也是想為了吳國，不僅只是為了蜀國。」吳王接見鄧芝，說：「孤真心願與蜀國和好，只擔心蜀國君主幼弱，國土狹小，形勢逼仄，給魏國以可乘之機，不能保全自己。」鄧芝回答說：「吳、蜀兩國，擁有四州的土地。大王是聞名當世的英雄，諸葛亮也是一時的豪傑。蜀國有重重堅固的關塞，吳國有三江的險阻。匯聚兩國之長，共同脣齒相依，進可以兼併天下，退可以鼎足而立，這是很自然的道理。大王現在如果歸附魏國，魏國必然上而期望大王入京侍候，下而索求太子進京作為人質。如不聽命，便會找藉口討伐叛逆，蜀國也會順流而下見機而進，這樣一來，江南的土地就不再屬大王所有了。」吳王沉默了許久，說道：「你說得對。」於是斷絕了與魏國的關係，專心與蜀漢聯合。

這一年，漢主劉禪立妃子張氏為皇后。

五年（甲辰　西元二二四年）

春，三月[1]，帝自許昌還洛陽。

初平以來，學道廢墜。夏，四月，初立太學❶，置博士❷，依漢制設五經課試之法❸。

吳王使輔義中郎將❹吳郡張溫❺聘于漢，自是吳、蜀信使不絕。時事所宜，吳主常令陸遜語諸葛亮。又刻印置遜所，王每與漢主及諸葛亮書，常過示遜，輕重、可否有所不安，每[2]令改定，以印封之。

漢復遣鄧芝聘于吳，吳主謂之曰：「若天下太平，二主分治，不亦樂乎？」芝對曰：「天無二日，土無二王❻。如并魏之後，大王未深識天命，君各茂其德，臣各盡其忠，將提枹鼓❼，則戰爭方始耳。」吳王大笑曰：「君之誠款乃當爾❽邪！」

秋，七月，帝東巡，如許昌。

帝欲大興軍伐吳，侍中辛毗諫曰：「方今天下新定，土廣民稀，而欲用之，臣誠未見其利也。先帝屢起銳師，臨江而旋。今六軍❾不增於故，而復脩之，此未易也。今日之計，莫若養民屯田，十年然後用之，則役不再舉矣。」帝曰：「如卿意，更當以虜遺子孫邪？」對曰：「昔周文王以紂遺武王，惟知時也。」帝不從，留尚書僕射❿司馬懿鎮許昌。○八月，為水軍，親御龍舟，循蔡、潁⓫，浮淮⓬如壽春⓭。○九月，至廣陵⓮。

吳安東將軍⓯徐盛建計，植木衣葦，為疑城假樓⓰，自石頭⓱至于江乘⓲，聯緜相接數百里，一夕而成，又大浮舟艦於江。

時江水盛長，帝臨望，歎曰：「魏雖有武騎千羣，無所用之，未可圖也。」帝御龍舟，會暴風漂蕩，幾至覆沒。帝問羣臣：「權當自來否？」咸曰：「陛下

親征，權恐怖，必舉國而應，又不敢以大眾委之臣下，必當自來。」劉曄曰：「彼謂陛下欲以萬乘⑲之重牽己，而超越江湖者在於別將，必勒兵待事，未有進退也。」大駕停住積日，吳王不至，帝乃旋師。是時，曹休表得降賊辭，孫權已在濡須口⑳。中領軍㉑衛臻曰：「權恃長江，未敢亢衡，此必畏怖偽辭耳！」考核降者，果守將所作也。

吳張溫少以俊才有盛名，顧雍以為當今無輩，諸葛亮亦重之。溫薦引同郡暨豔為選部尚書㉒。豔好為清議㉓，彈射百僚，覈奏三署㉔，率皆貶高就下，降損數等㉕，其守故者，十未能一。其居位貪鄙，志節汙卑者，皆以為軍吏，置營府以處之。多揚人闇昧之失，以顯其讁㉖。同郡陸遜、遜弟瑁㉗及侍御史朱據㉘皆諫止之。瑁與豔書曰：「夫聖人嘉善矜愚㉙，忘過記功，以成美化。加今王業始建，將一大統，此乃漢高棄瑕錄用㉚之時也。若令善惡異流，貴汝、潁月旦之評㉛，誠可以厲俗明教，然恐未易行也。宜遠模仲尼之汎愛㉜，近則郭泰之容濟㉝，庶有益於大道也。」據謂豔曰：「天下未定，舉清厲濁，足以沮勸。若一時貶黜，懼有後咎。」豔皆不聽。於是怨憤盈路，爭言豔及選曹郎㉞徐彪專用私情，憎愛不由公理，豔、彪皆坐㉟自殺㊱。溫素與豔、彪同意，亦坐斥還本郡，以給廝吏㊲，

卒於家。始，溫方盛用事，餘姚虞俊歎曰：「張惠恕才多智少，華而不實，怨之所聚，有覆家之禍，吾見其兆矣。」無幾何而敗。

冬，十月，帝還許昌。

十一月戊申晦㊳，日有食之。

鮮卑軻比能誘步度根兄扶羅韓殺之，步度根由是怨軻比能，更相攻擊。步度根部眾稍弱，將其眾萬餘落保太原㊴、鴈門㊵。是歲，詣闕貢獻。而軻比能眾遂彊盛，出擊東部大人素利，護烏丸校尉㊶田豫乘虛掎其後。軻比能使別帥瑣奴拒豫，豫擊破之。軻比能由是攜貳㊷，數為邊寇，幽、并苦之。

【章　旨】以上為第四段，寫魏文帝耀兵廣陵。孫權使張溫聘於漢，漢再使鄧芝回報，自是吳蜀信使往來不絕。

【注　釋】❶太學　古學校名，即國學。漢武帝時始置，由《五經》博士教授。❷博士　官名，自漢武帝以後，博士掌經學傳授。❸五經課試之法　漢代設《五經》課試之法始於漢武帝，當時置《五經》博士，下置弟子五十人，免其徭役，一年後課試，按其學業之高下，分別補郎中、文學、掌故等官。後來博士、弟子皆增多，東漢時《五經》有十四博士，太學生多至三萬餘人。❹輔義中郎將　官名，吳所置次於將軍之武官，輔義為其名號。❺張溫　字惠恕，吳郡吳縣（今江蘇蘇州）人，初為議郎、選曹尚書，又為太子太傅。以輔義中郎將出使蜀，因稱讚蜀政，引起孫權不滿，又因名聲太盛，為孫權所忌，藉故他事被廢。傳見《三國志》卷五十七。❻士無二王　此為孔子之言。《禮記・曾子問》：孔子曰：「天無二日，土無二王。」❼枹鼓　鼓槌和鼓，作戰時所用。❽當爾　當猶「如」。爾，這樣。❾六軍　古時天子有六軍，諸侯三軍，後世因稱皇帝或

國家軍隊為六軍。⑩尚書僕射　尚書令之副。⑪蔡潁　即蔡河與潁水。蔡河即今賈魯河。古蔡河上流即汴河，今已湮。今賈魯河由河南鄭州東流至中牟南，經尉氏、扶溝二縣入潁河。潁水即今潁河，源出河南登封西南，東南流，經禹州、臨潁、西華、商水，至周口鎮，北合賈魯河，南合沙河入淮。⑫淮　即今淮河。⑬壽春　縣名，縣治在今安徽壽縣。⑭廣陵　縣名，縣治在今江蘇揚州。⑮安東將軍　官名，魏晉時期，四安將軍次於四鎮將軍。⑯植木衣葦二句　豎木於內，再用蘆葦席遮於外，以此為疑城假樓。⑰石頭　即石頭城，孫權所建，在建業西，即在今江蘇南京西南。⑱江乘　漢代為縣，吳省為典農都尉治所，在今江蘇句容北。⑲萬乘　皇帝。古時天子有兵車萬乘，諸侯千乘。後世遂以萬乘稱天子。⑳濡須口　即濡須水入長江處，在今安徽無為東北。㉑中領軍　官名，曹操為丞相時，自置領軍，後稱中領軍。魏文帝即位後，以資重者為領軍將軍，資輕者為中領軍，掌京師禁衛軍。㉒選部尚書　官名，主選舉官吏。㉓清議　批評議論人物。㉔三署　指五官、左署、右署。三署各置中郎將分領郎官，中郎、侍郎、郎中皆屬之。㉕降損數等　曹魏實行九品中正制，州、郡中正將本地人物品評為九等，吏部按等級銓選人物。孫吳也實行中正制，辦法與曹魏大體相同。暨豔為選部尚書，主持銓選人物，總是在銓選中有意降低被選人的等級。㉖謫　貶降。㉗瑁　陸瑁，字子璋，陸遜弟。孫權嘉禾中，為議郎、選曹尚書，赤烏二年（西元二三九年）卒。傳見《三國志》卷五十七。㉘朱據　（西元一九〇—二四六年）字子範，吳郡吳縣（今江蘇蘇州）人，孫權黃武中，為五官郎中、侍御史。後得娶公主，為左將軍，封雲陽侯。官至驃騎將軍。傳見《三國志》卷五十七。㉙聖人嘉善矜愚　《論語・子張》載子張述子夏之言曰：「君子尊賢而容眾，嘉善而矜（可憐；同情）不能。」㉚棄瑕錄用　謂不計較人的缺點而任用。㉛汝潁月旦之評　汝、潁，指汝、潁二水流域的汝南郡。東漢末，汝南許劭與從兄許靖俱有高名，好品評鄉里人物，每月更換其品題，故稱汝南月旦評。㉜仲尼之汎愛　《論語・學而》載孔子之言：「汎愛眾（博愛大眾），而親仁（親近有仁德者）。」㉝郭泰之容濟　東漢末郭泰有高名，並善評論人物。但對犯法被開除的郡學生左原，郭泰卻勸導鼓勵；對性情險惡，被鄉人厭惡的賈淑，郭泰也與他交好。左、賈二人終被感動而成為善士，這就是郭泰之容濟。事見《後漢書》卷六十八。㉞選曹郎　官名，即選部尚書郎，選部尚書之屬官，主作文書起草。㉟坐　獲罪。㊱自殺　謂賜死。㊲給廝吏　謂在本地官府中作雜役。㊳戊申晦　十一月二十九日。㊴太原　郡名，治所晉陽，在今山西太原西南。㊵鴈門　郡名，治所廣武，在今山西代縣西南。㊶護烏丸校尉　曹魏沿兩漢所置，以管轄各地烏丸。按《三國志・魏書・烏丸鮮卑傳》，田豫當時還持節並護鮮卑，駐屯於昌平，在今北京市昌平南。㊷攜貳　懷二心。

【校記】①三月　原作「二月」。據章鈺校，甲十六行本、乙十一行本皆作「三月」，與《三國志・魏書・文帝紀》合，今據改。②每　據章鈺校，甲十六行本、乙十一行本皆作「便」，張敦仁《通鑑刊本識誤》同。

【語譯】五年（甲辰　西元二二四年）

春，三月，魏文帝從許昌返回洛陽。

漢獻帝初平以來，學術廢壞。夏，四月，魏國初立太學，設置博士，根據漢代制度，採取以《五經》考試取士的辦法。

吳王派輔義中郎將吳郡人張溫出使蜀漢，從此吳、蜀兩國信使來往不斷。按當時的形勢應該採取的適宜措施，吳王常常讓陸遜告訴諸葛亮。還刻了印章放在陸遜那裡，吳王每次給漢主劉禪和諸葛亮寫信，常常讓陸遜過目，語氣輕重，事情可否，有不妥之處，每每讓陸遜改定，用印密封。

蜀漢再次派鄧芝出訪吳國，吳主對鄧芝說：「如果天下太平，兩主分治，不是很快樂的事嗎？」鄧芝回答說：「天上沒有兩個太陽，地上也不能並存兩個帝王。若兼併魏國以後，大王沒有深知天命，兩國君主各自崇尚德政，臣子各自竭盡忠誠，將領提起鼓槌，那麼戰爭就要開始了。」吳王大笑道：「你的誠實竟然這樣！」

秋，七月，魏文帝東巡，前往許昌。

魏文帝想大肆發兵討伐吳國，侍中辛毗勸諫說：「如今天下剛剛安定，地廣人稀，卻想使用民眾，臣實在看不出其利所在。先帝多次興起精銳之師，到了長江邊就回師了。如今軍力比過去沒有增加，卻要重開戰事，這不是容易的事。當今的策略，莫過於休養民力，推行屯田，十年以後再用兵，那麼戰役不用進行第二次。」魏文帝說：「按你的意思，更應把敵人留給子孫嘍？」辛毗回答說：「從前周文王將商紂留給武王，是他能認清時務。」魏文帝不聽從，留下尚書僕射司馬懿鎮守許昌。〇八月，調集水軍，親自乘坐龍舟，沿著蔡河、潁水，經過淮河，進入壽春。〇九月，到達廣陵。

吳國安東將軍徐盛建議，樹起木樁包裹上蘆葦，做成假城樓，從石頭城直到江乘，連綿不絕幾百里，一夜之間就建成了，又在長江上布置大量游弋戰艦。

這時江水大漲，魏文帝臨江眺望，歎息說：「魏國縱然有鐵騎千部，也沒有用武之地，看來不可攻取了。」魏文帝乘坐的龍舟，正遇上暴風，上下顛簸漂蕩，幾至傾覆。魏文帝詢問群臣：「孫權會親自來嗎？」都說：「陛下親征，孫權恐懼，必定會傾其國力來應戰，但又不敢把大量的兵眾交給臣下，一定會親自來。」劉曄說：「孫權他認為陛下想用御駕親征引他出來，而派別部將領渡江越湖，他本人必定會約束部隊等待事態的變化，他不會進也不會退。」魏文帝停留許多天，吳王沒有來，魏文帝於是班師。這時，曹休上表說，從吳國投降人的口中得知，孫權已經在濡須口。中領軍衛臻說：「孫權憑恃長江，不敢和我抗衡，這一定是因恐怖而編造的假話！」審核投降的人，果真是吳軍守將製造的謊言。

吳國張溫年輕時因為才智過人而負有盛名，顧雍認為當時無人能跟他比肩，諸葛亮也很器重他。張溫舉薦同郡人暨豔為選部尚書。暨豔喜歡議論朝政評品人物，指摘百官同僚，彈劾三署郎官，大多貶高就低，一降就是數級，能保住原來官位的，不到十分之一。那些居官貪婪卑劣、志趣和節操汙濁低下的，都用為低級軍吏，安置在各營府。還大肆宣揚別人的愚昧之誤，來顯示他的貶黜。同郡人陸遜、陸遜的弟弟陸瑁和侍御史朱據都曾勸說阻止他。陸瑁寫信給暨豔說：「聖人褒揚善行，同情愚暗，忘掉別人的過失，記住別人的功勞，以成就美好的風化。加之如今王業剛剛建立，將要完成統一的大業，這正是漢高祖不求全責備、廣攬人才的時候。如想使善惡分流，推崇汝南、潁川的月旦評的做法，這固然可以激勵風俗、彰明教化，但恐怕不容易實行。應當遠學孔子的泛愛精神，近效郭泰的寬容品德，這樣或許有益於治國大道。」朱據對暨豔說：「天下尚未平定，舉用清白的人，激勸貪濁的人，足以阻惡勸善。如果你同時把他們全都降職或罷免，恐怕會有後患。」暨豔都不聽從。於是怨聲載道，爭相上告暨豔和選曹郎徐彪只憑私情用人，憎愛不以公理，暨豔和徐彪都獲罪自殺。張溫一向跟暨豔、徐彪觀點相同，也受到牽連，被逐回本郡的官府當雜役，死於家中。起初，張溫正得勢當權，餘姚人虞俊感歎說：「張溫才多智少，華而不實，怨憤積聚其身，會有敗家之禍，

我已經看到苗頭了。」沒多久，張溫身敗失官。

冬，十月，魏文帝回到許昌。

十一月最後一天二十九日戊申，發生日蝕。

鮮卑族酋長軻比能誘殺了步度根的哥哥扶羅韓，步度根由此怨恨軻比能，相互攻擊。步度根的部眾稍微弱小，他率領萬餘部落退保太原、雁門。這一年，步度根入朝進貢。軻比能部眾於是強盛起來，出兵攻擊東部大人素利，護烏丸校尉田豫趁虛攻打他的後方。軻比能派另外的將領瑣奴抵禦田豫，田豫擊敗了他。軻比能從此懷有二心，數為邊寇，幽、并兩州深受其害。

六年（乙巳　西元二二五年）

春，二月，詔以陳群為鎮軍大將軍❶，隨車駕董督❷眾軍，錄行尚書事❸；司馬懿為撫軍大將軍❹，留許昌，督後臺❺文書。

三月，帝行如召陵❻，通討虜渠❼。乙巳❽，還許昌。

并州刺史❾梁習討軻比能，大破之。

漢諸葛亮率眾討雍闓，參軍馬謖❿送之數十里。亮曰：「雖共謀之歷年，今可更惠良規？」謖曰：「南中恃其險遠，不服久矣，雖今日破之，明日復反耳。今公方傾國北伐以事彊賊，彼知官勢⓫內虛，其叛亦速。若殄盡遺類，以除後患，既非仁者之情，且又不可倉卒也。夫用兵之道，攻心為上，攻城為下，心戰為上，

兵戰為下，願公服其心而已。」亮納其言。謖，良之弟也。

辛未⑫，帝以舟師復征吳，羣臣大議。宮正⑬鮑勛⑭諫曰：「王師屢征而未有所克者，蓋以吳、蜀脣齒相依，憑阻山水，有難拔之勢故也。往年龍舟飄蕩，隔在南岸，聖躬蹈危，臣下破膽。此時宗廟幾至傾覆，為百世之戒。今又勞兵襲遠，日費千金⑮，中國⑯虛耗。令[1]黠⑰虜玩⑱威，臣竊以為不可。」帝怒，左遷勛為治書執法⑲。勛，信之子也。

夏，五月戊申⑳，帝如譙。

吳丞相北海孫劭卒。初，吳當置丞相，眾議歸張昭。吳王曰：「方今多事，職大者責重，非所以優之也。」及劭卒，百僚復舉昭。吳王曰：「孤豈為子布有愛乎！領丞相事煩，而此公性剛，所言不從，怨咎將興，非所以益之也。」六月，以太常㉑顧雍為丞相、平尚書事㉒。雍為人寡言，舉動時當。吳王嘗歎曰：「顧君不言，言必有中。」至飲宴歡樂之際，左右恐有酒失，而雍必見之，是以不敢肆情。吳王亦曰：「顧公在坐，使人不樂。」其見憚如此。初領㉓尚書令，封陽遂鄉侯。拜侯還寺㉔，而家人不知，後聞，乃驚。及為相，其所選用文武將吏，各隨能所任，心無適莫㉕。時訪逮㉖民間及政職所宜，輒密以聞，若見納用，則

歸之於上，不用，終不宣泄㉗，吳王以此重之。然於公朝㉘有所陳及，辭色雖順而所執者正。軍國得失，自非面見，口未嘗言。王常令中書郎㉙詣雍有所咨訪，若合雍意，事可施行，即相與②反覆究而論之，為設酒食。如不合意，雍即正色㉚改容，默然不言，無所施設。郎退告王，王曰：「顧公歡悅，是事合宜也，其不言者，是事未平也。孤當重思之。」江邊諸將各欲立功自效，多陳便宜，有所掩襲。王以訪雍，雍曰：「臣聞兵法戒於小利，此等所陳，欲邀功名而為其身，非為國也。陛下宜禁制，苟不足以曜威損敵，所不宜聽也。」王從之。

利成郡㉛兵蔡方等反，殺太守徐質，推郡人唐咨㉜為主，詔屯騎校尉㉝任福等討平之。咨自海道亡入吳，吳人以為將軍。

【章旨】以上為第五段，寫諸葛亮進兵南中。吳王孫權用顧雍為丞相。

【注釋】❶鎮軍大將軍　官名，曹魏所置，位從公，後不常置。❷董督　督察；督領。❸錄行尚書事　官名，總領隨皇帝外行之尚書臺事。❹撫軍大將軍　官名，曹魏所置，位從公。❺後臺　謂留許昌之尚書臺。❻召陵　縣名，縣治在今河南郾城東。❼討虜渠　為伐吳所開之渠，在郾城東。❽乙巳　三月二十八日。❾并州刺史　建安十八年（西元二一三年），曹操將并州併入冀州，魏文帝即位後復置并州，領太原、上黨、西河、雁門、樂平、新興六郡。刺史治所在晉陽，即今山西太原西南古城營西古城。❿馬謖　（西元一九〇—二二八年）字幼常，襄陽宜城（今湖北宜城南）人，馬良之弟。初為荊州從事，隨劉備入蜀得益州後，為緜竹、成都令，又為越巂太守。後為諸葛亮丞相府參軍，隨諸葛亮北伐，於街亭失利，被下獄誅死。傳見《三國志》卷三十九。⓫官勢　猶言國勢。⓬辛未　三月戊寅朔，無辛未。當作閏三月辛未，即閏三月二十四日。⓭宮

正　官名，曹魏黃初四年改御史中丞為宮正，後又復稱御史中丞。掌律令圖籍，督察諸州刺史與郡國長吏，考察四方文書計簿，劾按公卿奏章。⑭鮑勛　（？—西元二二六年）字叔業，泰山平陽（今山東新泰）人，鮑信之子。初為曹操丞相掾，後為太子中庶子、黃門侍郎、侍御史。魏文帝即位後，為右中郎將、宮正、治書執法。傳見《三國志》卷十二。⑮千金　謂巨額錢財。《孫子兵法・作戰》云：「帶甲十萬，千里饋（運送）糧，……日費千金。」⑯中國　古時把中原地區稱為中國，後世或稱中原為中國，或以華夏之正統為中國。此指魏國。⑰黠　狡猾。⑱玩　玩弄。⑲治書執法　官名，曹魏所置，掌奏劾。⑳戊申　五月初二。㉑太常　官名，列卿之一。掌禮樂、郊廟、社稷等事。㉒平尚書事　官名，西漢有領、平、視尚書事之職，東漢皆稱錄尚書事。錄為總領之意，平為平決之意，亦即參與之意。今孫吳又置平尚書事，職權蓋同於錄尚書事。㉓領　兼任。㉔寺　官署。㉕適莫　猶言厚薄。心之所主為適，心之所否為莫。謂顧雍選用文武將吏，只以才能為標準，沒有親疏厚薄之分。㉖逮　及。㉗宣泄　公開洩漏。㉘公朝　在大庭廣眾的朝廷上。㉙中書郎　官名，即曹魏之通事郎，晉之中書侍郎。為中書監、令之副，佐典尚書奏事。㉚正色　表情端莊嚴肅。㉛利成郡　治所利成縣，在今江蘇贛榆西。㉜唐咨　利成（在今江蘇贛榆西）人，魏文帝遣軍討平利成後，唐咨從海上逃入吳，吳以之為左將軍、持節，封侯。後助諸葛誕反司馬氏，兵敗被俘至魏，魏又以他為安遠將軍。事見《三國志・魏書・諸葛誕傳》。㉝屯騎校尉　官名，掌京都宿衛兵。

【校　記】①令　原作「今」。據章鈺校，甲十六行本、乙十一行本皆作「令」，張瑛《通鑑校勘記》同，今從改。②相與　據章鈺校，甲十六行本、乙十一行本、孔天胤本二字皆互乙。

【語　譯】六年（乙巳　西元二二五年）

春，二月，魏文帝下詔任命陳羣為鎮軍大將軍，隨從魏文帝督領各軍，總領隨駕尚書臺事務；司馬懿任撫軍大將軍，留守許昌，負責處理留在許昌的尚書臺公文。

三月，魏文帝前往召陵縣，疏通討虜渠。二十八日乙巳，魏文帝返回許昌。

并州刺史梁習征討軻比能，大敗敵人。

蜀漢諸葛亮率兵眾征討雍闓，參軍馬謖送行數十里，諸葛亮說：「雖然我們共同謀劃此事多年，現在能否惠贈更好的計謀？」馬謖說：「南中憑仗其地險路遠，不歸服已很久了，即使今天打敗他們，明天又會反

叛。如今明公正集中全國的力量舉行北伐對付強敵，雍闓得知國內空虛，會加速反叛。如果殺盡他們，以除後患，這既不符合仁者的情懷，也不可能在短期內做到。用兵的原則，攻心為上，攻城為下，心理戰為上，武力交戰為下，希望明公讓他們心服就行了。」諸葛亮採納了他的建議。馬謖，是馬良的弟弟。

三月辛未日，魏文帝率領水軍再次征吳，群臣紛紛議論。宮正鮑勛勸諫說：「朝廷大軍多次出征而沒有取勝的原因，是吳、蜀兩國唇齒相依，據山阻水，有難以攻克的地理形勢。去年龍舟顛簸漂蕩，被隔阻在長江南岸，陛下身陷危境，群臣嚇破了膽。當時國家幾乎傾覆，此事應作為百世的鑑戒。如今又勞師遠征，每日耗費千金，致使國庫空虛。如果狡猾的敵人玩弄武力，我認為不能再去攻打。」魏文帝大怒，將鮑勛降為治書執法。鮑勛，是鮑信的兒子。

夏，五月初二日戊申，魏文帝前往譙縣。

吳國丞相北海人孫劭去世。當初，吳國設置丞相，眾議歸向張昭。吳王說：「現在是多事之秋，職位高的責任重大，這不是優待張昭。」等到孫劭去世，百官們再次推舉張昭。吳王說：「孤難道對張子布有什麼捨不得的嗎！擔任丞相，事務繁多，但這位先生性情剛烈，他的建議我若不同意，就會產生怨恨和責怪，對國家對他都無益處。」六月，任命太常顧雍為丞相、平尚書事。顧雍為人少言寡語，舉措適合當時情況。吳王曾感歎說：「顧君不言，言必中肯。」甚至在宴飲作樂時，吳王身邊的大臣唯恐飲酒失態，被顧雍看到，因此都不敢放縱盡情。吳王也說：「顧公在座，使人不快樂。」顧雍就是這樣被人懼怕。顧雍剛剛兼尚書令時，就被封為陽遂鄉侯。受封後回到官府，他的家人卻不知道，後來聽說，都很吃驚。等到任命為丞相，顧雍所選用的文臣武將，都根據各自的能力委任，沒有親疏薄厚之分。有時諮訪到民間涉及朝政適宜的建議，都祕密上報，若被採納，就歸功於主上，不被採納，就始終不洩露出去，吳王因此很器重他。在朝廷上陳述自己的主張，言辭表情雖然溫順，卻能堅持自己正確的見解。軍國大事的得失，除非面見主上時談到，在外從不言及。吳王常常派中書郎去顧雍那裡諮詢，如果所議事與顧雍的心意正合，認為此事可以施行，顧雍就和中書郎反覆研究討論，並設酒飯款待。若不合顧雍的心意，臉就變得嚴肅，沉默不語，就不設酒食。中書

郎回去稟報吳王，吳王說：「顧公高興，說明事情合乎時宜，他不說話，說明事情欠妥，孤應當重新考慮。」駐軍長江沿岸的各位將領，都想立功報效吳王，大多上書陳述有利的時機，可以襲擊敵人。吳王以此徵詢顧雍的意見，顧雍說：「我聽說兵法上戒貪小利，諸將所陳說的這些做法，是想為他們自身邀功請賞，不是為了國家，陛下應當禁止，如果不足以揚我神威，挫損敵人，就不應當聽從。」吳王聽從了他的意見。

利成郡的士兵蔡方等反叛，殺死太守徐質，推舉郡中人唐咨為主，魏文帝詔令屯騎校尉任福等討平了叛亂。唐咨從海路逃入吳國，被吳國任命為將軍。

秋，七月，立皇子鑒為東武陽王。

漢諸葛亮至南中，所在戰捷。亮由越巂入，斬雍闓及高定。使庲降督❶益州李恢❷由益州入，門下督❸巴西馬忠❹由牂柯入，擊破諸縣，復與亮合。孟獲收闓餘眾以拒亮。獲素為夷、漢所服，亮募生致之。既得，使觀於營陳❺之間，問曰：「此軍何如？」獲曰：「向者❻不知虛實，故敗。今蒙賜觀營陳，若祇如此，即定易勝耳。」亮笑，縱❼使更戰，七縱七禽而亮猶遣獲，獲止不去，曰：「公，天威也，南人不復反矣！」亮遂至滇池❽。

益州、永昌、牂柯、越巂四郡皆平，亮即❾其渠率❿而用之。或以諫亮，亮曰：「若留外人，則當留兵，兵留則無所食，一不易也；加夷新傷破，父兄死喪，

留外人而無兵者，必成禍患，二不易也；又，夷累有廢殺⑪之罪，自嫌釁⑫重，若留外人，終不相信，三不易也。今吾欲使不留兵，不運糧，而綱紀粗定，夷、漢粗安故耳。」亮於是悉收其俊傑孟獲等以為官屬，出其金、銀、丹⑬、漆、耕牛、戰馬以給軍國之用。自是終亮之世，夷不復反。

八月，帝以舟師自譙⑭循渦⑮入淮。尚書蔣濟表言水道難通，帝不從。○冬，十月，如廣陵故城⑯，臨江觀兵⑰。戎卒十餘萬，旌旗數百里，有渡江之志。吳人嚴兵固守。時天[1]寒，冰，舟不得入江。帝見波濤洶湧，歎曰：「嗟乎，固天所以限南北也！」遂歸。孫韶遣將高壽等率敢死之士五百人，於逕路⑱夜要⑲帝，帝大驚。壽等獲副車、羽蓋⑳以還。於是戰船數千皆滯不得行，議者欲就留兵屯田，蔣濟以為：「東近湖，北臨淮，若水盛時，賊易為寇，不可安屯。」帝從之，車駕即發。還，到精湖㉑，水稍盡，盡留船付濟。船連延在數百里中，濟更鑿地作四五道，蹴㉒船令聚。豫作土豚㉓遏斷湖水，皆引後船，一時開遏入淮中，乃得還。

十一月，東武陽王鑒薨。

十二月，吳番陽㉔賊彭綺攻沒郡縣，眾數萬人。

【章　旨】以上為第六段，寫諸葛亮平定南中。魏文帝三臨長江。

【注　釋】❶庲降督　即庲降都督，官名，蜀漢置以督統南中地區。最初都督治所在南昌縣（在今雲南鎮雄境），至李恢為都督，移治所於平夷縣（在今雲南富源境），至馬忠為都督，又移治所於味縣（在今雲南曲靖境）。❷李恢　（？—西元二三一年）字德昂，益州俞元（在今雲南澄江縣境）人，劉備入蜀，恢託名郡吏北投劉備。劉備得益州後，遂命他為功曹書佐、主簿、別駕從事，又為庲降都督，領交州刺史。諸葛亮南征，恢配合征討，功最多，故封漢興亭侯，加安漢將軍。傳見《三國志》卷四十三。❸門下督　官名，丞相府之屬官。❹馬忠　（？—西元二四九年）字德信，巴西閬中（今四川閬中）人，初為郡吏、漢昌長。後為諸葛亮丞相府門下督、牂柯太守。助諸葛亮平定南中後，被召為丞相參軍，領益州治中從事。後又為庲降都督、安南將軍，最後官至鎮南大將軍、平尚書事，封彭鄉亭侯。傳見《三國志》卷四十三。❺陳　通「陣」。❻向者　以前。❼縱　釋放。❽滇池　縣名，縣治在今雲南晉寧東。❾即　就。❿渠率　大帥，地方武裝頭領或部族頭人。⓫廢殺　謂執殺郡太守。⓬釁　罪。⓭丹　丹砂；朱砂。一種礦物，紅色或棕紅色，可作藥用或顏料。⓮譙　縣名，治所在今安徽亳州。⓯渦　水名，即今渦河。上源名青岡河，出河南通許縣東南，南流經太康，稱渦河，東經安徽亳州，又東南流，經渦陽、蒙城，至懷遠入淮。⓰廣陵故城　即蕪城，在今江蘇江都境。本戰國楚地，秦漢置縣。西漢吳王劉濞都於此，築廣陵城。南朝宋竟陵王劉誕據廣陵反，兵敗而死，城邑荒蕪，鮑照因作〈蕪城賦〉，故名蕪城。⓱觀兵　檢閱軍隊以顯示兵威。⓲逕路　小路。⓳要　通「邀」。攔截。⓴羽蓋　以翠羽為飾的車蓋。㉑精湖　即今江蘇寶應南之津湖。㉒蹴　同「蹙」。收縮。㉓土豚　形狀如小豬的沙袋，用以築城或防水。㉔番陽　番，又寫作「鄱」。郡名，治所鄱陽縣，在今江西鄱陽東。

【校　記】①天　據章鈺校，甲十六行本、乙十一行本、孔天胤本皆作「大」，張瑛《通鑑校勘記》同。

【語　譯】秋，七月，魏文帝冊立皇子曹鑒為東武陽王。

漢諸葛亮進軍到達南中，所到之處都取得勝利。諸葛亮從越巂進軍，殺掉雍闓和高定。派庲降督益州人李恢從益州進軍，門下督巴西人馬忠從牂柯進軍，攻破各縣，又和諸葛亮會合。孟獲搜集雍闓的殘部抵禦諸葛亮。孟獲一向受到當地夷人、漢人的信服，諸葛亮招募人活捉他。捉到後，讓他往軍營兵陣之間參觀，問他：「這樣的軍隊怎麼樣？」孟獲回答說：「以前不瞭解虛實，所以失敗。現在蒙您許可參觀了軍營兵陣，

若只是這樣，我必定能輕易地取勝。」諸葛亮笑了笑，釋放孟獲讓他再來交戰，對他七縱七擒，而諸葛亮還是放走他，孟獲卻留下不走了，說：「明公是天降的神威，南方人不再反叛了！」諸葛亮於是進至滇池。

益州、永昌、牂柯、越嶲四郡全部平定，諸葛亮就任用當地原來的頭領做地方長官。有人勸諫諸葛亮，諸葛亮說：「若留下外地人做官，就應當留下軍隊，軍隊留下卻沒有軍糧，這是第一件不容易的事；加上夷人剛剛受到戰爭的創傷，父兄死亡喪命，留下外地人而不留下軍隊，勢必造成禍患，這是第二件不容易的事；還有，夷人多次犯有殺害我地方官員之罪，自知罪行深重，若留下外地人，始終不會被信任，這是第三件不容易的事。現在我不想留下軍隊，不運送軍糧，而讓法紀在這裡初步推行，夷人、漢人大體安定，所以才這樣安排。」諸葛亮於是招收孟獲等當地所有的頭領，任用他們為地方官吏，收取當地的金、銀、丹、漆、耕牛、戰馬，用以供軍國之用。自此，直至諸葛亮去世之前，夷人不再反叛。

八月，魏文帝率領水軍從譙縣順著渦水進入淮河。尚書蔣濟上表說水路難以通行，魏文帝不聽。〇冬，十月，魏文帝到達廣陵舊城，在長江邊檢閱部隊。全副武裝的士兵十餘萬，旌旗連綿數百里，大有渡江之志。吳國重兵固守。這時天氣寒冷，水面結冰，船隻不能進入長江。魏文帝看到長江波濤洶湧，歎息說：「啊，這實在是上天限隔南北啊！」於是班師而回。孫韶派遣將領高壽等率領敢死隊五百人，在小路上趁夜色攔截魏文帝，魏文帝大驚。高壽等繳獲副車、羽蓋而歸。此時，數千艘戰船都因冰凍停滯無法前進，謀議的人主張就地留兵屯田，蔣濟認為：「此地東面臨近高郵湖，北面靠著淮河，如果水漲時，敵人容易寇掠，不可在這裡安營屯田。」魏文帝聽從了這個建議，車駕立即啟程，回到精湖，湖水逐漸消退，便把所有的船隻交給蔣濟。船隻綿延數百里，蔣濟命令挖掘四五條水道，把船隻集中起來。預先修築土壩，堵住湖水，使水面升高把後面的船托舉上來，然後突然挖開土壩，讓船順流進入淮河，這才得以返回。

十一月，東武陽王曹鑒去世。

十二月，吳國番陽叛賊彭綺攻陷郡縣，部眾有數萬人。

七年（丙午　西元二二六年）

春，正月壬子❶，帝還洛陽，謂蔣濟曰：「事不可不曉。吾前決謂分半燒船於山陽湖❷中，卿於後致之，略與吾俱至譙。又每得所陳，實入吾意。自今討賊計畫，善思論之。」

漢丞相亮欲出軍漢中，前將軍李嚴當知❸後事，移屯江州❹，留護軍陳到❺駐永安，而統屬於嚴。

吳陸遜以所在少穀，表令諸將增廣農畝。吳王報曰：「甚善！今孤父子親受田，車中八牛，以為四耦❻，雖未及古人，亦欲令與眾均等其勞也。」

帝之為太子也，郭夫人弟有罪，魏郡西部都尉❼鮑勛治之。太子請，不能得，由是恨勛。及即位，勛數直諫，帝益忿之。帝伐吳還，屯陳留界。勛為治書執法，太守孫邕見出，過勛。時營壘未成，但立標❽埒❾。邕邪行，不從正道。軍營令史劉曜欲推❿之，勛以塹壘未成，解止不舉。帝聞之，詔曰：「勛指鹿作馬，收付廷尉。」廷尉法議⓫，正刑⓬五歲，三官⓭駮，依律，罰金二斤。帝大怒曰：「勛無活分，而汝等欲縱之！收三官已下付刺姦⓮，當令十鼠同穴⓯！」鍾繇、華歆、陳羣、辛毗、高柔、衛臻等並表勛父信有功於太祖⓰，求請勛罪，帝不許。高柔⓱

固執不從詔命，帝怒甚，召柔詣臺⑱，遣使者承指⑲至廷尉誅勛。勛死，乃遣柔還寺⑳。

票騎將軍㉑都陽侯曹洪家富而性吝嗇，帝在東宮，嘗從洪貸絹百匹，不稱意，恨之。遂以舍客犯法，下獄當死。羣臣並救，莫能得。卞太后㉒責怒帝曰：「梁、沛㉓之間，非子廉㉔無有今日。」又謂郭后曰：「令曹洪今日死，吾明日敕帝廢后矣！」於是郭后泣涕屢請，乃得免官，削爵土。

初，郭后無子，帝使母養平原王叡。以叡母甄夫人被誅，故未建為嗣。叡事后甚謹，后亦愛之。帝與叡獵，見子母鹿，帝親射殺其母，命叡射其子，叡泣曰：「陛下已殺其母，臣不忍復殺其子。」帝即放弓矢，為之惻然㉕。

夏，五月，帝疾篤，乃立叡為太子。丙辰㉖，召中軍大將軍㉗曹真、鎮軍大將軍陳羣、撫軍大將軍司馬懿，並受遺詔輔政。丁巳㉘，帝殂㉙。

陳壽評曰：「文帝天資文藻，下筆成章，博聞彊識㉚，才藝兼該㉛。若加之曠大之度，勵以公平之誠，邁志存道，克廣德心，則古之賢主，何遠之有哉！」

【章旨】以上為第七段，寫魏文帝任情枉法。

【注　釋】❶王子　正月初十。❷山陽湖　在精湖以南，即今江蘇高郵湖、邵伯湖一路之小湖。❸知　主管。❹江州　縣名，縣治在今重慶市南岸區。❺陳到　字叔至，汝南（治所在今河南平輿北）人，自豫州跟隨劉備，以忠勇著稱。蜀漢建興初，官至永安都督、征西將軍，封亭侯。事見《三國志・蜀書・楊戲傳》附〈季漢輔臣贊〉。❻耦　二牛並耕稱耦。四耦共為八牛。❼魏郡西部都尉　官名，相當於郡太守。建安十八年，曹操分魏郡，置東部都尉與西部都尉，以後東部都尉立陽平郡，西部都尉立廣平郡，稱為三魏。❽標　標誌。❾埒　矮牆。❿推　追究。⓫法議　按法議決。⓬正刑　治罪判刑。⓭三官　指廷尉三官，即廷尉正、廷尉監、廷尉平，均掌決獄。⓮刺姦　曹魏置有刺姦掾、刺姦令史、刺姦主簿。⓯十鼠同穴　比喻集中一處，可一網打盡。⓰信有功於太祖　初平元年（西元一九〇年）曹操起兵，鮑信即率兵響應。初平三年，青州黃巾入兗州殺刺史劉岱，鮑信與州吏遂迎曹操領兗州牧。後與黃巾激戰而死。事見《三國志・魏書・鮑勛傳》裴松之注引《魏書》及本書卷五十九與六十漢獻帝初平元年至三年。⓱高柔　高柔當時為廷尉，故不執行詔命處決鮑勛。⓲臺　指尚書臺。⓳指　通「旨」。意旨。⓴寺　官府。㉑票騎將軍　官名，位次於大將軍。㉒卞太后　魏文帝曹丕之母，琅邪開陽（今山東臨沂北）人，初為曹操妾，建安初丁夫人被廢後，遂為夫人。後為魏王后，魏文帝即位後，尊為皇太后，居永壽宮。魏明帝即位後，尊為太皇太后。傳見《三國志》卷五。㉓梁沛　梁國與沛國，為曹操初起之地。㉔子廉　曹洪字子廉。初平元年曹操起兵後，至滎陽汴水被董卓部將徐榮所敗，曹操中流矢，乘馬也被傷，曹洪遂讓馬與曹操，曹操因而脫險。逃至汴水，水深不得渡，又賴曹洪得船而渡。參見本書卷五十九漢獻帝初平元年。㉕惻然　悲痛。㉖丙辰　五月十六日。㉗中軍大將軍　官名，曹魏所置，位從公。㉘丁巳　五月十七日。㉙殂　死亡。按《通鑑》之例，天子統一天下者，死稱崩，分治一方者稱殂。㉚識　通「志」。記住。㉛兼該　兼備。

【語　譯】七年（丙午　西元二二六年）

春，正月初十日王子，魏文帝返回洛陽，對蔣濟說：「對事情不可不弄明白。我前者決定要把一半的船隻在山陽湖中燒毀，你後來把這些船開出來，又大體和我同時到達譙縣。還有，你每次陳述的意見，很符合我的想法。從今以後討伐敵人的計畫，要好好地思考討論。」

漢丞相諸葛亮想出兵漢中，前將軍李嚴承擔主管後勤事務，移兵駐守江州，留下護軍陳到駐守永安，歸屬李嚴指揮。

吳國陸遜因為所在地方糧食缺乏，上表請求命令眾將領廣墾農田。吳王答覆說：「很好！讓孤王父子親自領受田地耕作，用拉車的八頭牛分四對耕地，儘管趕不上古人，也想使自己和眾人分擔勞苦。」

魏文帝做太子時，郭夫人的弟弟犯了罪，魏郡西部都尉鮑勛把他治罪。太子向鮑勛求情，沒有辦成，由此懷恨鮑勛。即帝位後，鮑勛多次直言勸諫，魏文帝更加惱怒他。魏文帝討伐吳國返回，駐守在陳留境內。鮑勛任治書執法，太守孫邕晉見魏文帝後出來，過訪鮑勛。那時營壘尚未建成，只豎了些標記，圈築起矮牆。孫邕斜穿過去，沒有從正路走。軍營令史劉曜要追究他的罪責，鮑勛認為營壘沒有築成，勸止劉曜不必追究。魏文帝得知此事，下詔說：「鮑勛指鹿為馬，收捕交付廷尉治罪。」廷尉依法議決，依罪判五年徒刑，三官反駁，依據律條，應罰金二斤。魏文帝大怒道：「鮑勛沒有活命的道理，而你們卻要釋放他！收捕三官以下的官員交付刺姦治罪，要讓你們十隻老鼠同埋在一個坑裡！」鍾繇、華歆、陳羣、辛毗、高柔、衛臻等共同上表陳述鮑勛的父親鮑信對太祖有功，請求赦免鮑勛的罪過，魏文帝不允許。高柔堅持己見，不聽從詔命，魏文帝大怒，召高柔到尚書臺，派使者稟承文帝的旨意到廷尉誅殺鮑勛。鮑勛被殺後，才放高柔回到廷尉官府。

票騎將軍都陽侯曹洪家中富有而生性吝嗇，魏文帝在東宮時，曾經向曹洪借一百匹絹，未能如願，便懷恨曹洪。於是以曹洪的賓客犯法為由，把曹洪下獄判處死刑。群臣一起救助，沒有成功。卞太后怒斥魏文帝說：「當年在梁、沛一帶，若沒有曹洪奮戰，不會有今天。」又對郭后說：「假若曹洪今天被殺，我明天就讓皇帝廢掉你這個皇后！」因此郭后多次哭著為曹洪求情，曹洪才得以免去官職，削去爵位和封地。

當初，郭皇后沒有兒子，魏文帝讓她以生母的身分撫養平原王曹叡。因為曹叡的母親甄夫人被殺，故而沒有立他為太子。曹叡侍奉皇后非常謹慎，皇后也很喜歡他。魏文帝和曹叡狩獵，看見一隻母鹿帶著小鹿，魏文帝親自射死了母鹿，命令曹叡射殺小鹿，曹叡哭泣說：「陛下已殺死了牠的母親，臣不忍心再殺死母鹿的幼子。」魏文帝當即放下弓箭，為此傷感。

夏，五月，魏文帝病危，於是立曹叡為太子。十六日丙辰，召集中軍大將軍曹真、鎮軍大將軍陳羣、撫

軍大將軍司馬懿，一起接受遺詔輔佐朝政。十七日丁巳，魏文帝去世。

陳壽評論說：「魏文帝天賦文采，落筆成章，博聞強記，才藝兼備。如果再增加寬闊曠達的氣度，磨礪公平的真心實意，志向豪邁，維護王道；能廣開德政之心，這樣，和古代的賢明君主，就不會相去多遠了！」

太子即皇帝位，尊皇太后曰太皇太后，皇后曰皇太后。

初，明帝在東宮，不交朝臣，不問政事，惟潛思書籍。即位之後，羣下想聞風采。居數日，獨見侍中❶劉曄，語盡日，眾人側聽。曄既出，問：「何如？」曰：「秦始皇、漢孝武之儔，才具❷微不及耳。」

帝初蒞政❸，陳羣上疏曰：「夫臣下雷同❹，是非相蔽，國之大患也。若不和睦則有讎黨，有讎黨則毀譽無端，毀譽無端則真偽失實，此皆不可不深察也[1]。」

癸未❺，追諡甄夫人曰文昭皇后。○壬辰❻，立皇弟蕤為陽平王。

六月戊寅❼，葬文帝于首陽陵❽。

吳王聞魏有大喪，秋，八月，自將攻江夏郡❾，太守文聘堅守❿。朝議欲發兵救之，帝曰：「權習水戰，所以敢下船陸攻者，冀掩不備也。今已與聘相拒，夫攻守勢倍，終不敢久也。」先是，朝廷遣治書侍御史⓫荀禹慰勞邊方，禹到江夏，發所經縣兵及所從步騎千人乘山舉火，吳王退[2]走。

辛巳⑫，立皇子冏為清河王。

吳左將軍諸葛瑾等寇襄陽，司馬懿擊破之，斬其部將張霸。曹真又破其別將於尋陽⑬。

吳丹陽⑭、吳⑮、會⑯山民復為寇，攻沒屬縣。吳王分三郡⑰險地⑱為東安郡⑲，以綏南將軍⑳全琮領太守。琮至，明賞罰，招誘降附，數年得萬餘人。吳王召琮還牛渚㉑，罷東安郡。

冬，十月，清河王冏卒。

吳陸遜陳便宜，勸吳王以施德緩刑，寬賦息調㉒。又云：「忠讜㉓之言，不能極陳，求容小臣，數以利聞。」王報曰：「書載『予違汝弼㉔』，而云不敢極陳，何得為忠讜哉！」於是令有司盡寫科條㉕，使郎中㉖褚逢齎以就遜及諸葛瑾，意所不安，令損益之。

十二月，以鍾繇為太傅㉗，曹休為大司馬㉘，都督㉙揚州如故，曹真為大將軍，華歆為太尉㉚，王朗為司徒，陳羣為司空，司馬懿為票騎大將軍。歆讓位於管寧，帝不許。徵寧為光祿大夫，敕青州㉛給安車㉜吏從，以禮發遣，寧復不至。

是歲，吳交趾㉝太守士燮卒，吳王以燮子徽為安遠將軍㉞，領九真㉟太守，以

校尉陳時代燮。交州㊱刺史呂岱㊲以交趾絕遠，表分海南三郡㊳為交州，以將軍戴良為刺史；海東四郡㊴為廣州，岱自為刺史；遣良與時南入。而徽自署交趾太守，發宗兵㊵拒良，良留合浦㊶。交趾桓[3]鄰，燮舉吏也，叩頭諫徽，使迎良。徽怒，笞殺㊷鄰，鄰兄治合宗兵擊，不克。呂岱上疏請討徽，督兵三千人，晨夜浮海而往。或謂岱曰：「徽藉累世之恩，為一州所附，未易輕也。」岱曰：「今徽雖懷逆計，未知吾之卒㊸至。若我潛軍輕舉，掩其無備，破之必也。稽留不速，使得生心，嬰城㊹固守，七郡百蠻，雲合響應，雖有智者，誰能圖之！」遂行，過合浦，與良俱進。岱以燮弟子輔為師友從事㊺，遣往說徽。徽率其兄弟六人出降，岱皆斬之。

孫盛論曰：「夫柔遠能邇㊻，莫善於信。呂岱師友士輔，使通信誓，徽兄弟肉袒㊼，推心㊽委命㊾，岱因滅之以要㊿功利，君子是以知呂氏之祚(51)不延者也。」

徽大將甘醴及桓治率吏民共攻岱，岱奮擊，破之。於是除廣州，復為交州如故。岱進討九真，斬獲以萬數。又遣從事南宣威命，暨(52)徽外(53)扶南(54)、林邑(55)、堂明(56)諸王，各遣使入貢於吳。

【章 旨】以上為第八段，寫魏明帝曹叡即位。吳平交趾之亂。

【注 釋】❶侍中 官名，職在侍從皇帝，應對顧問。漢代侍中無定員，曹魏定員為四人。❷才具 才能器度。❸蒞政 親政；料理政事。❹雷同 謂隨聲附和。❺癸未 五月辛丑朔，無癸未。按《三國志・魏書・文帝紀》，文帝五月丁巳卒，六月戊寅葬。追諡甄夫人蓋在葬文帝之後，則癸未當為六月癸未，即六月十四日。以下「六月戊寅葬文帝于首陽陵」條應移於「癸未」之前。❻壬辰 當為六月二十三日。❼戊寅 六月初九。❽首陽陵 在當時洛陽東北的首陽山，因以「首陽」為陵名。❾江夏郡 漢末魏初江夏郡治所多次變更，文聘為江夏太守數十年，治所在安陸，在今湖北安陸北。❿文聘堅守 據《三國志・魏書・文聘傳》與〈吳書・吳主傳〉，文聘當時屯石陽，孫權圍攻文聘所堅守之地亦石陽，即今湖北應城東南。⓫治書侍御史 官名，掌律令，評判疑獄是非。⓬辛巳 六月十二日。⓭尋陽 縣名，縣治在今湖北黃梅北。⓮丹陽 郡名，治所宛陵，在今安徽宣城。⓯吳 郡名，治所吳縣，在今江蘇蘇州。⓰會 會稽郡之省稱。會稽郡治所山陰，在今浙江紹興。⓱三郡 指上述丹陽、吳、會稽三郡。⓲險地 險阻之地。⓳東安郡 治所富春，在今浙江富陽北。⓴綏南將軍 官名，吳所置雜號將軍。㉑牛渚 山名，又名牛堵圻，在今安徽馬鞍山市西南長江邊，山之北部突入江中，又名采石磯，形勢險要。㉒調 一種徵收紡織品的戶稅。漢末魏晉之戶調，每年徵收綿和絹若干。㉓讜 正直。㉔予違汝弼 此為《尚書・益稷》舜對禹之言，意思是說：我有違道之處，你當輔正。㉕科條 法令條規。㉖郎中 官名，屬光祿勳，除宿衛宮殿門戶外，還外從作戰。㉗太傅 官名，為上公，位在三公上，無職事，多為大官之加銜。㉘大司馬 官名，曹魏並置大司馬與太尉，而大司馬為上公，位在三公上。㉙都督 即都督諸州軍事，曹魏黃初三年始置，統領所督諸州之軍事。曹休於此為都督揚州諸軍事。㉚太尉 官名，曹魏置太尉、司徒、司空為三公。名義上太尉掌軍事、司徒掌民政、司空掌土木營建與水利工程，而曹魏三公常不與事，有名無實。㉛敕青州 管寧為北海朱虛（今山東臨朐東北）人，屬青州，故敕青州以禮送遣。㉜安車 古代車為立乘，安車為坐乘，且多用一馬拉車，禮尊者則用四馬。㉝交趾 郡名，治所龍編，在今越南河內東北。㉞安遠將軍 官名，三國時期的雜號將軍。㉟九真 郡名，治所胥浦，在今越南清化西北。㊱交州 刺史治所廣信，在今廣西梧州。㊲呂岱 （西元一六一—二五六年）字定公，廣陵海陵（今江蘇泰州）人，初為餘姚長、廬陵太守。後為交州刺史、鎮南將軍，封番禺侯。後又督武昌右部，為上大將軍、大司馬。傳見《三國志》卷六十。㊳海南三郡 指交趾、九真、日南三郡。㊴海東四郡 指蒼梧、南海、鬱林、合浦四郡。㊵宗兵 自漢末戰亂，各地豪族頭領多以宗人為兵，率以自保，稱為宗兵。㊶合浦 郡名，

治所合浦縣，在今廣西合浦東北。㊷笞殺　用鞭、杖打死。㊸卒　同「猝」。忽然。㊹嬰城　環繞城。㊺師友從事　謂署為從事史之官，而待以師友之禮。㊻邇　近。㊼肉袒　脫去上衣，裸露肢體，表示惶懼。㊽推心　推誠；誠心誠意。㊾委命　寄託性命。㊿要　通「邀」。求取。(51)祚　指官爵。(52)暨　及。(53)徼外　境外。(54)扶南　古國名，在今柬埔寨境內。(55)林邑　古國名，在今越南中南部。(56)堂明　古國名，在今柬埔寨北。

【校　記】①也　據章鈺校，甲十六行本無此字。②退　原作「遁」。據章鈺校，甲十六行本、乙十一行本、孔天胤本皆作「退」，張敦仁《通鑑刊本識誤》同，今據改。③桓　從此字筆劃結構來看，末筆係後來補入，原刻為「桓」字，缺末筆，係避諱字。下文「桓治」之「桓」字同。按，《三國志・吳書・士燮傳》有桓鄰、桓治，〈呂岱傳〉有桓治。

【語　譯】太子曹叡即皇帝位，尊奉皇太后為太皇太后，皇后為皇太后。

當初，明帝曹叡在東宮時，不與朝中群臣交往，不過問政事，只潛心書籍。即位之後，群臣想見識他的風采。過了幾天，惟獨接見了侍中劉曄，交談了一整天，眾人在外側耳細聽。劉曄出來後，眾人問：「怎麼樣？」劉曄說：「秦始皇、漢武帝一類的人，只不過才能和器度稍差一點罷了。」

魏明帝剛臨政，陳羣上奏說：「臣下隨聲附和，是非互相掩蔽，是國家的大患。若不能和睦相處，就會有對立的黨派，有對立的黨派，就會有無端的毀譽，有了無端的毀譽，就真假難辨，這些都不能不明察。」

癸未日，追諡甄夫人為文昭皇后。〇壬辰日，立皇弟曹蕤為陽平王。

六月初九日戊寅，在首陽陵安葬魏文帝。

吳王得知魏文帝去世，秋，八月，親自率軍進攻江夏郡，太守文聘堅守。魏國朝廷大臣們商量打算派兵救援江夏郡，魏明帝說：「孫權熟悉水戰，他之所以敢棄船登陸進攻，是希望乘我不備而突然襲擊。現在已經和文聘相持，按照進攻一方要比防守一方多出一倍兵力的常理，孫權終究不敢久留。」在此之前，朝廷派治書侍御史荀禹慰勞邊防將士，荀禹趕到江夏，徵調所過之縣的兵眾和自己隨從的一千名步、騎兵一同登山舉起火把，吳王退走。

六月十二日辛巳，立皇子曹冏為清河王。

吳國左將軍諸葛瑾等寇掠襄陽，被司馬懿打敗，殺了諸葛瑾的部將張霸。曹真又在尋陽擊敗了諸葛瑾的另一部將。

吳國的丹陽、吳郡、會稽三郡山民再度為寇，攻陷了三郡的屬縣。吳王劃出三郡的險要地方，設置東安郡，任命綏南將軍全琮兼任太守。全琮到任，賞罰分明，招撫勸誘，使叛民降附，幾年之間收聚一萬多人。吳王召全琮返回牛渚，撤銷東安郡。

冬，十月，清河王曹冏去世。

吳國陸遜陳述當今應辦的事情，勸吳王施行德政，寬緩刑罰，減免賦稅，停徵戶調。又說：「忠誠正直的言論，不能盡情地向君主陳述，取悅君主的小臣，屢屢以利益奏聞。」吳王回答說：「《尚書》記載『我有違誤，你應糾正』，你說不敢盡情地陳述，怎麼能稱得上是忠誠正直呢！」於是命令有關部門把這些都寫入法令條規，派郎中褚逢送到陸遜和諸葛瑾那裡，認為有不妥的地方，令他們加以刪減或增益。

十二月，魏明帝任命鍾繇為太傅，曹休為大司馬，仍然都督揚州，曹真任大將軍，華歆為太尉，王朗為司徒，陳羣為司空，司馬懿為票騎大將軍。華歆將職位讓給管寧，魏明帝不准許。魏明帝徵召管寧為光祿大夫，命令青州官府給管寧提供安車與隨從官吏，按禮儀派遣，管寧還是不應召。

這一年，吳國交趾太守士燮去世，吳王任命士燮的兒子士徽為安遠將軍，兼任九真太守，以校尉陳時取代士燮的職務。交州刺史呂岱認為交趾極為遼遠，上表請求把海南三郡設為交州，任命將軍戴良為刺史；海東四郡設為廣州，呂岱自任刺史。呂岱派戴良和陳時南下。而士徽則自命為交趾太守，調動自己宗族的軍隊拒絕戴良入境，戴良停留在合浦。交趾人桓鄰是士燮舉薦的官吏，磕頭勸說士徽，讓他迎接戴良。士徽大怒，把桓鄰用棍棒打死。桓鄰的哥哥桓治集合宗族的軍隊攻擊士徽，沒有取勝。呂岱上奏請求討伐士徽，於是率兵三千，日夜兼程，渡海前往。有人對呂岱說：「士徽憑據他家代代對交趾人的恩德，為一州人所歸附，不能輕視。」呂岱說：「現在士徽雖然心懷叛逆的陰謀，但不知道我突然來到。如果我暗中進軍，輕輕行動，攻其不備，必定能打敗他。如果遲疑滯留，不趕快進軍，使他產生疑心，環城固守，七郡的眾多蠻族部落，

紛紛起來響應，即使有智計的人，誰能對付他們呢！」於是進軍，經過合浦時，與戴良一起前進。呂岱任命士燮弟弟的兒子士輔為從事，以師友之禮相待，派他去勸說士徽投降。士徽率領兄弟六人出城投降，呂岱把他們全部殺掉。

孫盛評論說：「安撫遠人，親善近民，沒有比講信義更好的了。呂岱按照師友之禮對待士輔，讓他去和士徽結下誠信的誓約，士徽兄弟肉袒誠心歸降，呂岱卻乘機消滅他們以邀取功名利祿，君子由此可推知呂氏的祿位不會延續了。」

士徽的大將甘醴與桓治率領官民一起進攻呂岱，呂岱奮勇反擊，打敗了甘醴等。於是撤銷廣州，又依舊恢復交州。呂岱進軍征討九真，斬殺、俘獲的人數以萬計。又派從事南下宣布吳王的聲威命令，並曉諭境外的扶南、林邑、堂明眾王，眾王各自派遣使者向吳國朝貢。

烈祖明皇帝❶上之上

太和元年（丁未　西元二二七年）

春，吳解煩督❷胡綜❸、番陽太守周魴❹擊彭綺，生獲之。

初，綺自言舉義兵為魏討吳。議者以為因此伐吳，必有所克。帝以問中書令❺太原孫資❻，資曰：「番陽宗人前後數有舉義者，眾弱謀淺，旋輒乖散。昔文皇帝嘗密論賊形勢，言洞浦❼殺萬人，得船千數，數日間，船人復會；江陵被圍歷月，權裁❽以千數百兵住東門，而其土地無崩解者，是其[1]法禁上下相維之明驗

也。以此推綺，懼未能為權腹心大疾也。」至是，綺果敗亡。

二月，立文昭皇后寢園於鄴⑨。王朗⑩往視園陵，見百姓多貧困，而帝方營脩宮室，朗上疏諫曰：「昔大禹欲拯天下之大患，故先卑其宮室⑪，儉其衣食；句踐⑫欲廣其禦兒之疆，亦約其身以及家，儉其家以施國；漢之文、景欲恢弘祖業，故割意於百金之臺⑬，昭⑭儉於弋綈之服；霍去病中才之將，猶以匈奴未滅，不治第宅⑮。明卹⑯遠者略近，事外者簡內也。今建始⑰之前，足用列朝會；崇華之後，足用序內官；華林、天淵⑱，足用展遊宴。若且先成象魏⑲，脩城池，其餘一切須豐年，專以勤耕農為務，習戎備為事，則民充兵彊，而寇戎賓服⑳矣。」

三月，蜀丞相亮率諸軍北駐漢中㉑，使長史張裔、參軍蔣琬統留府事。臨發，上疏曰：「先帝創業未半而中道崩殂，今天下三分，益州疲敝㉒，此誠危急存亡之秋也。然侍衛之臣不懈於內，忠志之士忘身於外者，蓋追㉓先帝之殊遇㉔，欲報之於陛下也。誠宜開張聖聽㉕，以光先帝遺德，恢弘㉖志士之氣，不宜妄自菲薄㉗，引喻失義㉘，以塞忠諫之路也。

「宮中㉙、府中㉚，俱為一體，陟罰㉛臧否㉜，不宜異同。若有作姦犯科㉝及為忠善者，宜付有司㉞論其刑賞，以昭陛下平明之理，不宜偏私，使內外異法也。

「侍中(35)、侍郎(36)郭攸之、費禕(37)、董允(38)等，此皆良實，志慮忠純，是以先帝簡拔以遺陛下。愚以為宮中之事，事無大小，悉以咨之，然後施行，必能裨補闕漏，有所廣益。將軍向寵(39)性行淑均(40)，曉暢軍事，試用於昔日，先帝稱之曰能，是以眾議舉寵為督。愚以為營中之事，悉以咨之，必能使行陳(41)和睦，優劣得所[2]。

「親賢臣，遠小人，此先漢所以興隆也。親小人，遠賢臣，此後漢所以傾頹也。先帝在時，每與臣論此事，未嘗不歎息痛恨於桓、靈(42)也。侍中(43)、尚書(44)、長史(45)、參軍(46)，此悉端良(47)死節之臣，願陛下親之信之，則漢室之隆，可計日而待也。

「臣本布衣(48)，躬耕南陽(49)，苟全性命於亂世，不求聞達於諸侯。先帝不以臣卑鄙(50)，猥自枉屈(51)，三顧臣於草廬之中，諮臣以當世之事。由是感激，遂許先帝以驅馳(52)。後值傾覆(53)，受任於敗軍之際，奉命於危難之間，爾來二十有一年矣。先帝知臣謹慎，故臨崩寄(54)臣以大事(55)也。

「受命以來，夙夜(56)憂歎，恐託付不效，以傷先帝之明。故五月渡瀘(57)，深入不毛(58)。今南方已定，甲兵已足，當獎(59)率三軍，北定中原，庶(60)竭駑鈍(61)，攘

除[62]姦凶[63]，興復漢室，還于舊都[64]，此臣所以報先帝，而忠陛下之職分也。至於斟酌損益，進盡忠言，則攸之、禕、允之任也。願陛下託臣以討賊興復之效，不效，則治臣之罪，以告先帝之靈[65]；責攸之、禕、允等之慢，以章其咎[66][3]。陛下亦宜自謀，以諮諏[67]善道，察納雅言[68]，深追先帝遺詔，臣不勝受恩感激。今當遠離，臨表涕零，不知所言。」遂行，屯于沔[69]北陽平[70]石馬[71]。

亮辟廣漢太守姚伷[72]為掾[73]，伷並進文武之士，亮稱之曰：「忠益者莫大於進人，進人者各務其所尚。今姚掾並存剛柔以廣文武之用，可謂博雅矣。願諸掾各希[74]此事以屬[75]其望。」

帝聞諸葛亮在漢中，欲大發兵就攻之，以問散騎常侍[76]孫資，資曰：「昔武皇帝征南鄭，取張魯，陽平之役，危而後濟，又自往拔出夏侯淵軍，數言『南鄭直為天獄，中斜谷道[77]為五百里石穴耳』，言其深險，喜出淵軍之辭也。又，武皇帝聖於用兵，察蜀賊棲於山巖，視吳虜竄於江湖，皆橈[78]而避之，不責將士之力，不爭一朝之忿，誠所謂見勝而戰，知難而退也。今若進軍就南鄭討亮，道既險阻，計用精兵及轉運、鎮守南方四州[79]，遏禦水賊，凡用十五六萬人，必當復更有所發興，天下騷動，費力廣大，此誠陛下所宜深慮。夫守戰之力，力役參[80]

倍。但以今日見[81]兵分命大將據諸要險，威足以震攝彊寇，鎮靜疆埸[82]，將士虎睡，百姓無事。數年之間，中國日盛，吳、蜀二虜必自罷[83]敝。」帝乃止。

【章旨】以上為第九段，寫諸葛亮北伐，臨行，上〈出師表〉於後主，忠義奮發，《通鑑》在此全文引載。

【注釋】❶烈祖明皇帝　(西元二〇五—二三九年)姓曹，名叡，字元仲，魏文帝長子。西元二二六—二三九年在位。事詳見《三國志》卷三。❷督　督將。❸胡綜　(?—西元二四三年)字仲則，汝南固始(今河南沈丘東南)人，孫權時，與徐詳共管軍國密事，官至偏將軍，兼左執法。傳見《三國志》卷六十二。❹周魴　字子魚，吳郡陽羨(今江蘇宜興)人，孫權黃武中為鄱陽太守，後加裨將軍。傳見《三國志》卷六十。❺中書令　官名，曹操為魏王時，設祕書令掌機要文書，魏文帝黃初中改祕書令為中書監、令，二者皆參與機要和主擬詔旨。中書令位次略低於中書監。❻孫資　字彥龍，與劉放俱掌曹魏機要近三十年。事見《三國志・魏書・劉放傳》。❼洞浦　即洞口，在當時歷陽江邊。歷陽縣治在今安徽和縣。洞浦殺萬人之事見本書卷六十九黃初三年。❽裁　通「才」。❾立文昭皇后寢園於鄴　文昭皇后甄氏被魏文帝賜死於鄴，故在鄴立陵園。❿王朗　(?—西元二二八年)字景興，東海郯縣(今山東郯城北)人，曹操初薦他為諫議大夫，參司空軍事。又為魏國大理、御史大夫。魏文帝即位後，為司空。魏明帝時為司徒，封蘭陵侯。長於經學，曾注解《易》、《春秋》、《周禮》等。傳見《三國志》卷十三。⓫卑其宮室　孔子曾說夏禹「菲飲食」(吃得壞)、「惡衣服」(穿得粗劣)、「卑宮室」(住得簡陋)，卻對祭祀和水利特別用心，見《論語・泰伯》。⓬句踐　春秋時越國國君。句踐被吳國打敗求和後，其地南至句無(今浙江諸暨南)，北至禦兒(在今浙江嘉興境)，縱橫僅百里。句踐為了拓地復國，遂勤儉節約，親率家人耕織生產以自給，十年不收國人賦稅，最後民富國強，終於復國。事見《國語・越語上》。⓭割意於百金之臺　漢文帝曾想建一露臺，召工匠計算，聽說需用百金，即果斷地決定不建。漢文帝又常穿弋綈(黑色粗厚的絲織物)製作的衣服，以倡導節儉。事見《漢書・文帝紀》。⓮昭　顯示。⓯不治第宅　漢武帝時，霍去病兩次大敗匈奴，打開了西域通道，又與衛青共擊敗匈奴主力，立了大功，漢武帝為了獎賞他，為他修建府第，他卻說：「匈奴不滅，無以為家也。」事見《漢書・霍去病傳》。⓰卹　憂念。⓱建始　建始與下文之崇華皆

殿名。在當時洛陽北宮。⑱華林天淵　即華林園與天淵池，在當時洛陽城東北。⑲象魏　宮廷外的闕門。古代宮廷門外建有二臺，臺上又建樓觀，上圓下方，門在兩旁，中央空闕為道，並以懸法，稱為象魏。⑳賓服　臣服；歸順。㉑漢中　郡名，治所南鄭，在今陝西漢中。㉒疲敝　困乏。㉓追　懷念。㉔殊遇　特殊的恩遇。㉕開張聖聽　指廣泛聽取各種意見。㉖恢弘　發揚；擴張。㉗妄自菲薄　自輕自賤。㉘引喻失義　援引比喻不恰當。㉙宮中　指皇帝宮禁中。㉚府中　指丞相府中。㉛陟罰　賞罰。㉜臧否　褒貶。㉝科　律條。㉞有司　官吏。古代設官分職，各有專司，故稱有司。㉟侍中　當時郭攸之、費禕為侍中。㊱侍郎　即黃門侍郎，當時董允為此官。㊲費禕　（？—西元二五三年）字文偉，江夏鄳縣（今河南信陽東北）人，初為蜀漢黃門侍郎，為諸葛亮所重。後繼蔣琬執政，為大將軍、錄尚書事。後被魏降人刺死。傳見《三國志》卷四十四。㊳董允　字休昭，董和之子。蜀漢後主初年，為黃門侍郎，又為虎賁中郎將，統宿衛兵。後為侍中、守尚書令。傳見《三國志》卷三十九。㊴向寵　初為劉備牙門將，夷陵之敗，寵營獨完好無損。後主初年，為中部督，領宿衛兵。官至中領軍。事見《三國志・蜀書・向朗傳》。㊵淑均　善良公正。㊶行陳　行陣；行列。此指軍隊。㊷桓靈　漢桓帝與靈帝。二帝皆信任宦官，政治腐敗。㊸侍中　指上述的郭攸之、費禕。㊹尚書　指陳震，當時任尚書。㊺長史　指張裔，當時諸葛亮北伐，張裔任留府長史。㊻參軍　指蔣琬，當時任參軍，與張裔共統留府事。㊼端良　正直善良。㊽布衣　平民百姓。㊾躬耕南陽　諸葛亮早年在隆中躬耕，雖距襄陽城西僅二十里，但在行政區劃中，卻屬南陽郡之鄧縣，故諸葛亮就說「躬耕南陽」。南陽，郡名，治所宛縣，在今河南南陽。㊿卑鄙　低微鄙陋。(51)猥自枉屈　謂屈尊親身前往。(52)驅馳　奔走效勞。(53)傾覆　指漢獻帝建安十三年曹操下荊州，劉備敗逃之事。(54)寄　託付。(55)大事　指託孤之事。(56)夙夜　早晚。(57)瀘　瀘水，即今金沙江。(58)不毛　不生長草木莊稼之地，即謂荒涼之地。(59)奬　鼓勵。(60)庶　希望。(61)駑鈍　比喻才能薄弱。駑，劣馬。鈍，鈍刀。(62)攘除　掃除。(63)姦凶　指曹魏。(64)舊都　指東漢都城洛陽。(65)則治臣之罪二句　此下原文當有脫漏。檢《三國志・諸葛亮傳》所載〈出師表〉作：「若無興德之言，則責攸之、禕、允等之慢，以彰其咎。」是《通鑑》此處脫漏「若無興德之言則」七字。若無此七字，「責攸之、禕、允」等語就突兀難解。譯文據此補出。(66)章其咎　顯示他們的過失。(67)諮諏　詢問。(68)雅言　正言。(69)沔　沔水。(70)陽平　即陽平關，在今陝西勉縣西北白馬城。(71)石馬　在今陝西勉縣東，其地有白馬山，山石似馬，故名。(72)姚伷　字子緒，閬中（今四川閬中）人，後官至尚書僕射。事見《三國志・蜀書・楊戲傳》附〈季漢輔臣贊〉陳壽注。(73)掾　副官或佐吏稱掾。(74)希　仰慕。(75)屬　符合。(76)散騎常侍　官名，魏文帝所置，備顧問，掌規諫。(77)斜谷道　即褒斜道。此道北起斜谷（在今陝西眉縣西南），南至褒谷（在陝西勉縣褒城鎮北），總長四百七十里，為秦蜀間險要之道。(78)橈

委屈。79四州 指荊、徐、揚、豫四州。80參 通「三」。81見 「現」的本字。82疆埸 疆界;邊界。83罷 通「疲」。疲困。

【校 記】1其 據章鈺校,甲十六行本、乙十一行本皆作「有」。2所 據章鈺校,此下孔天胤本有「也」字。3咎 此字下原有一空格。據章鈺校,甲十六行本、乙十一行本、孔天胤本皆無,今據刪。

【語 譯】烈祖明皇帝上之上

太和元年(丁未 西元二二七年)

春,吳國的解煩督胡綜、番陽太守周魴攻打彭綺,活捉了他。

當初,彭綺自稱興舉義兵為魏國討伐吳國。魏國參謀人員認為趁此機會討伐吳國,一定能獲得勝利。魏明帝詢問中書令太原人孫資,孫資說:「番陽彭綺的宗族人曾經前後多次舉兵起義,只因人數少,謀議不深,隨即就離散了。當初文帝曾經周密地分析過敵人的形勢,說我們在洞浦殺了敵軍一萬人,繳獲船隻數以千計,數天之內,敵人的船隻人馬又集中起來了;江陵被圍困一個多月,孫權才率領一千幾百名援兵駐守東門,然而吳國的國土沒有分崩離析,這是他們執法嚴禁上下同心維護的顯著證明。以此來推論彭綺的舉動,大概不能成為孫權的心腹大患。」到此時,彭綺果然失敗了。

二月,在鄴城建立文昭皇后的陵園。王朗前往視察陵園,發現百姓大多貧困,而魏明帝正在營建宮殿,王朗上疏勸諫說:「從前大禹想要拯救天下的深重災難,所以率先住簡陋的宮室,衣食節儉;句踐為了拓展北部禦兒的疆域,也約束自己和家人,節儉家用來用於國事;漢代的文帝、景帝,為了發揚光大祖宗的基業,割愛停建百金之費的樓臺,穿粗厚黑色的衣服以昭示他的節儉;霍去病是個中等才幹的將領,尚且因為匈奴沒有消滅不修宅第。這些都表明,憂念長遠的人,忽略眼前的享受;有事於外部的人,要內部節儉。現有的建始殿前面,足可以用來供大臣們列班上朝;崇華殿的後面,足可以用來安置內官;華林園、天淵池,完全可以用來安排宴會與遊樂。如果暫時只先建成宮室外的門闕,修繕城池,其餘的一切等到豐年再興建,專心

以勸農勤耕為要務，講習軍事為大事，這樣，人民富足，軍隊強大，而敵人便會臣服了。」

三月，蜀國丞相諸葛亮率領各軍北上，進駐漢中，派長史張裔、參軍蔣琬統管留守丞相府的事務。諸葛亮出發前上奏說：「先帝創立大業未及一半就中途去世，現今天下三分，益州最為困乏，這確實是到了存亡危急的時刻。然而陛下身旁的侍衛臣子在宮內毫不鬆懈，忠誠的志士在外忘我地為國效勞，他們這樣做是為了追念先帝的深厚恩遇，想以此來報答陛下。陛下確實應當廣泛聽取各種意見，用以光大先帝留傳下來的美德，發揚有志之士的氣節，不應該妄自菲薄，援引比喻不恰當，從而堵塞了忠誠勸諫的言路。

「宮禁內的官員和相府裡的官員，都是一個整體，賞罰褒貶，不應有區別。如果有奸行觸犯法律的，以及盡忠行善的，應當交由有關部門論定罪罰和獎賞，用以表明陛下的公允、明察，不應偏私，使宮廷內外執法不一致。

「侍中、侍郎郭攸之、費禕、董允等，他們全都善良誠實、思慮忠貞純正，因而先帝選拔出來留給陛下。臣認為宮中的事情，事無大小，都應當向他們諮詢，然後再施行，這樣必能彌補缺漏，能有更多的收益。將軍向寵生性善良公正，精通軍事，從前屢經考驗，先帝稱讚他有才能，因此眾人推舉他為統領禁軍的中郎。臣認為禁衛軍營的事務，都去徵詢他的意見，這樣一定能讓將士和睦，優秀和劣陋的人各得其所。

「親近賢臣，疏遠小人，這是前漢所以興盛的原因。親近小人，疏遠賢臣，這是後漢所以衰敗的根源。先帝在世時，每次和我談論此事，沒有一次不歎恨桓、靈二帝的。侍中、尚書、長史、參軍，他們都是正直賢良、能以節操獻身的臣子，希望陛下親近他們、信任他們，那麼，漢室的興盛，就指日可待了。

「臣原是平民百姓，親自在南陽耕作，只求在亂世中能保全性命，不求在諸侯中聞名顯達。先帝不認為我卑賤鄙陋，屈尊俯就，三次到草廬中來拜訪我，向我諮詢當今事務。我因而感激，於是允諾為先帝奔走效命。後來遭遇失敗，臣受命於軍敗之際，在危難的時候接受使命，自那時以來，已經二十一年了。先帝瞭解我辦事謹慎，因而臨終時才將輔佐大事託付給我。

「自從接受先帝遺命以來，日夜憂慮歎息，唯恐先帝的重託不能實現，有損先帝的知人之明。因此臣五

月渡過瀘水，深入不毛之地。現在南方已經平定，兵力和裝備已經充足，應當激勵將士，率領部隊，北伐平定中原，希望盡我微薄之力，剷除奸兇，復興漢室，回到故都，這是臣報答先帝，忠於陛下的職責。至於對政事的斟酌興革，進獻忠言，則是郭攸之、費禕、董允的職責。希望陛下委託臣討伐國賊，光復漢室的使命，如果沒有成效，就將臣治罪，以告先帝的在天之靈；如果沒有振興德政的建言，就責備郭攸之、費禕、董允等人的失職，並彰顯他們的過失。陛下也應當從自身考慮，徵詢好的治國方案，採納正確的建議，深切追念先帝的遺詔，臣因深受厚恩不勝感激。現在就要遠離陛下了，面對這份表章，不禁淚流滿面，不知道自己說了些什麼。」於是諸葛亮率軍出發，駐紮在沔水以北的陽平石馬。

諸葛亮徵辟廣漢太守姚伷為掾屬，姚伷同時舉薦一些文武之士，諸葛亮稱讚他說：「對國家盡忠沒有比舉薦人才更好的了，推薦人往往只根據自己的愛好，現今掾屬姚伷推薦的人才剛柔並舉，可以廣泛地任用於文武之職，可說是既多且好啊。希望眾屬官都以此事為榜樣，滿足我對你們的期望。」

魏明帝聽說諸葛亮駐軍漢中，想大舉發兵就地攻打他，拿此事徵詢散騎常侍孫資的意見，孫資說：「當年武皇帝征討南鄭，攻取張魯，在陽平之戰中，身陷危境，後來取勝，又親自前往救出夏侯淵的部隊。武皇帝多次說『南鄭簡直就是一座天然牢獄，中間的斜谷道就是五百里長的石墓』，說的是谷道幽深險要，慶幸自己救出了夏侯淵的部隊。再者，武皇帝用兵如神，察知蜀賊棲息在山嶺，看見吳寇鼠竄於江湖，都迂曲避開，不責令將士去拼殺，不爭一朝之憤，這就是所謂見勝而戰，知難而退。現在如果進軍赴南鄭征伐諸葛亮，道路既險阻，還要調用精兵以及物資轉運，加上鎮守南方四州的兵力，以及抵禦水賊，預計總共需用兵士十五六萬人，如此，必定要徵調人力物力，天下騷動，耗費巨大，這確實是陛下應當深深加以考慮的。防守方與進攻方的兵力，應有二、三倍之差。只以目前現有的兵力，分派大將據守各個險要，威力足可震懾強敵，鎮定邊界，將士可以像猛虎那樣安睡養威，百姓也可以安居無事。數年之後，我國日益強盛，吳、蜀兩賊必將自然衰敗。」魏明帝便停止出兵。

初，文帝罷五銖錢，使以穀帛為用。人間巧偽漸多，競濕穀以要❶利，薄絹以為市，雖處以嚴刑，不能禁也。司馬芝等舉朝大議，以為：「用錢非徒豐國，亦所以省刑，今不若更鑄五銖為便。」夏，四月乙亥❷，復行五銖錢。○甲申❸，初營宗廟於洛陽。

六月，以司馬懿都督荊、豫州❹諸軍事，率所領鎮宛。

冬，十二月，立貴嬪河內毛氏❺為皇后。初，帝為平原王，納河內虞氏為妃。及即位，虞氏不得立為后，太皇卞太后慰勉焉。虞氏曰：「曹氏自好立賤，未有能以義舉者也。然后職內事❻，君聽外政❼，其道相由而成，苟不能以善始，未有能令終者也，殆必由此亡國喪祀[1]矣！」虞氏遂絀❽還鄴宮。

初，太祖、世祖皆議復肉刑，以軍事不果。及帝即位，太傅鍾繇上言：「宜如孝景❾之令，其當棄市❿欲斬右趾⓫者，許之；其黥⓬、劓⓭、左趾⓮、宮刑⓯者，自如孝文⓰易以髡⓱笞⓲，可以歲生三千人。」詔公卿已下議，司徒朗⓳以為：「肉刑不用已來，歷年數百，今復行之，恐所減之文未彰於萬民之目，而肉刑之問已宣於寇讎之耳，非所以來遠人也。今可按繇所欲輕之死罪，使減死髡刑，嫌其輕者，可倍其居作⓴之歲數，內有以生易死不訾㉑之恩，外無以刖㉒易釱㉓駭耳之聲。」

議者百餘人，與朗同者多。帝以吳、蜀未平，且寢。

是歲，吳昭武將軍韓當卒，其子綜淫亂不軌，懼得罪，閏月，將其家屬、部曲㉔來奔。

初，孟達既為文帝所寵，又與桓階、夏侯尚親善，及文帝殂，階、尚皆卒，達心不自安。諸葛亮聞而誘之，達數與通書，陰許歸蜀。達與魏興㉕太守申儀有隙，儀密表告之。達聞之，惶懼，欲舉兵叛。司馬懿以書慰解之，達猶豫未決，懿乃潛軍進討。諸將言：「達與吳、漢交通，宜觀望而後動。」懿曰：「達無信義，此其相疑之時也，當及其未定促決之。」乃倍道兼行，八日到其城下。吳、漢各遣偏將向西城㉖安橋㉗、木闌塞㉘以救達，懿分諸將以距之。初，達與亮書曰：「宛㉙去洛八百里，去吾一千二百里。聞吾舉事，當表上天子，比相反覆，一月間也，則吾城已固，諸軍足辦。吾所在深險，司馬公必不自來，諸將來，吾無患矣。」及兵到，達又告亮曰：「吾舉事八日而兵至城下，何其神速也！」

【章　旨】以上為第十段，寫魏復行五銖錢。孟達反覆，叛魏歸蜀。

【注　釋】❶要　通「徼」。取。❷乙亥　四月初十。❸甲申　四月十九日。❹荊豫州　魏明帝時，荊州刺史治所在宛，在今河南南陽。豫州刺史治所在項，在今河南沈丘。❺毛氏　河內（治所在今河南武陟西南）人。傳見《三國志》卷五。❻內

事　後宮之事。❼外政　指朝廷百官治理天下之政事。《禮記・昏義》謂：「天子聽外治，后聽內職，教順成俗，外內和順，國家理治。」虞氏所言蓋據此。❽紬　通「黜」。貶退。❾孝景　漢景帝。❿棄市　死刑。⓫趾　腳。⓬黥　在人面、額上刺字，然後塗上墨的刑罰。又稱為墨刑。⓭劓　割去人的鼻子的刑罰。⓮左趾　砍去人的左腳的刑罰。⓯宮刑　閹割男性生殖器，破壞女子生殖機能的刑罰。⓰孝文　漢文帝。⓱髡　剃去人頭髮之刑。⓲笞　用竹板或荊杖打人臀部、腿部之刑。⓳朗　王朗。⓴居作　罰作苦役之刑。㉑訾　毀。㉒刖　砍去人腳的刑罰，即斬趾之刑。㉓鈦　在腳上套刑具之刑。㉔部曲　軍隊。此指親兵、衛隊。㉕魏興　郡名，即蜀漢之西城郡，太守申儀叛蜀降魏後，魏文帝改為魏興郡，仍以申儀為太守，屯駐洵口，在今陝西旬陽東。以後魏興郡之治所在西城縣，在今陝西安康西北。㉖西城　即西城縣。㉗安橋　在今陝西安康西，漢水之北。㉘木蘭塞　在今陝西旬陽東。以當時形勢而論，大概蜀出兵安橋，吳出兵木蘭塞。㉙宛　當時司馬懿屯駐於此。

【校　記】1祀　據章鈺校，甲十六行本作「紀」。

【語　譯】當初，魏文帝廢除五銖錢，用糧食和絲帛為貨幣。社會上投機取巧弄虛作假的情況日益嚴重，競相把穀物弄溼以獲利，用薄絹來購物，即使用嚴刑處罰，還是不能禁止。司馬芝等在朝廷上廣泛深入議論，認為：「使用錢幣不只可以富國，也可以省刑，現在不如重新鑄造五銖錢更為方便。」夏，四月初十日乙亥，魏國恢復使用五銖錢。〇十九日甲申，魏國開始在洛陽營建宗廟。

六月，任命司馬懿都督荊、豫州的軍事，率領所屬部隊鎮守宛城。

冬，十二月，魏明帝冊立貴嬪河內人毛氏為皇后。當初，魏明帝為平原王，娶河內人虞氏為妃。等到即皇帝位，虞氏沒能被立為皇后，太皇卞太后對她安撫、勸慰。虞氏說：「曹氏家族原本就好立低賤的人，沒有能按照禮義冊立的。但皇后執掌宮內事務，君主主持宮外政事，是相輔相成的關係，若不能開好先例，就不會有好的結果，必定會因此而亡國絕祀！」於是虞氏被廢，回到鄴城的宮中。

起初，魏太祖武帝、世祖文帝都議論過恢復肉刑，因為戰爭的原因沒有實施。等到魏明帝即皇帝位，太傅鍾繇進言道：「應仿照漢景帝的詔令，如果應當斬首示眾的罪犯願意砍去右腳抵罪的，應當允許；那些處以黥、劓、左趾、宮刑的，自然也應當依照漢文帝時的法令，改為削髮和鞭打，這樣每年可以使三千人活命。」

魏明帝詔令公卿以下的大臣商議，司徒王朗認為：「從廢除肉刑以來，已經過了幾百年，如今再使用它，恐怕減輕刑罰的條文國民還沒看到，而恢復肉刑的消息已經傳到了仇敵的耳中，這樣做不是招徠遠方之人的辦法。現在可以按照鍾繇減輕死罪的想法，把死刑減為削髮服苦役，如嫌刑罰太輕，可使他們的服刑年限加倍，這樣，對內有以生代死不可估量的恩德，對外不致招來用砍腳的刖刑來代替腳鐐的駭人聽聞的名聲。」參加謀議的有一百多人，和王朗意見相同的佔多數，魏明帝認為吳、蜀兩國還沒有平定，就暫時擱置了此事。

這一年，吳國昭武將軍韓當去世，他的兒子韓綜淫亂不守法規，害怕被治罪，閏十二月，便帶領他的家屬、部眾來投降魏國。

起初，孟達受到魏文帝的寵幸，又和桓階、夏侯尚親善，到魏文帝去世，桓階、夏侯尚也都相繼去世，孟達心中不安，諸葛亮得到這個消息，就引誘他，孟達多次與諸葛亮通信，暗中許諾歸蜀。孟達與魏興太守申儀有仇怨，申儀祕密上表告發。孟達得知後，惶恐不安，想舉兵反叛。司馬懿寫信加以安慰勸解，孟達猶豫不決，司馬懿就祕密發兵討伐。各位將領說：「孟達與吳、漢勾結串通，應當先觀察一下再行動。」司馬懿說：「孟達不講信義，現在是他遲疑觀望的時刻，應該趁他還沒下決心時快速解決他。」於是日夜兼程，用了八天就趕到了孟達的城下。吳、漢各自派偏將向西城的安橋、木闌塞進軍，救援孟達，司馬懿也分派將領分頭阻擊。起初，孟達寫信給諸葛亮說：「宛城距洛陽八百里，距我一千二百里。司馬懿聽到我起事，應當上表天子，往返來回，也就一個月過去了，那時我的城防已經牢固，各軍足以防守。我所處的地方幽深險要，司馬懿一定不會親自前來，其他的將領來，我就沒有危險了。」等司馬懿率兵到達，孟達又告訴諸葛亮說：「我起事才八天，司馬懿就已兵臨城下，怎麼如此神速呢！」

【研　析】本卷所載最大歷史事件是吳蜀重結盟好。藉此，這裡研析一個專題：三國形成時期的外交。

所謂三國形成時期的外交，係指從西元二〇七年諸葛亮提出隆中路線，規劃孫劉結盟抗曹起，到西元二二九年吳蜀訂立中分天下盟約止，前後二十三年。其特點是，密切配合三方爭奪荊州的軍事鬥爭，成功地使

「人謀」規劃的鼎足三分變成了現實，它以歷史走了曲折的道路而大放異彩，是我國古代列國外交史上的一枝奇葩。

外交是政治集團，國與國之間的一種政治對話。三國外交，是特指曹孫劉三個獨立的政治集團，以及魏蜀吳三國鼎立之間所發生的交往，它為實現各自的政治目的服務，尤其是著重於對現實的形勢服務。因此，我們評價三國外交的得失，不能用一個統一的標準，而只能依據各自現實的政治目的來衡量他們各自所採取的策略是否得當。例如赤壁之戰前夕，曹操具有統一的形勢，正確的外交策略是阻止孫劉結盟，各個擊破，他沒有做到這一點就是失策。反過來看孫劉，他們為了生存，攜手聯合抗曹，取得了勝利，其外交策略就是正確的。由於三方的最高政治目的，都是統一天下，這一形勢決定了三國外交具有濃厚的互相利用的色彩，而沒有真誠的聯盟。所以劉孫之間的明爭暗鬥以及公開交戰都是順乎自然的。但總體形勢決定了孫劉聯盟才能生存，所以三國外交，其主旋律是孫劉聯盟阻擋曹操的統一，以成鼎立之勢，而後觀天下之變。所謂「鼎立」就是保存三方之間的力量均衡，這可稱之為均衡外交。吳蜀小國，連體相依，所以金戈鐵馬之後，仍能握手言和，魏吳聯盟只是短暫的互相利用，因為小國與大國結盟是不平等的依附，隨時都有被吞滅的危險。孫權附魏，稱臣納貢，坐臥不寧，這種聯盟是不能持久的。這說明，外交的靈活有一定的限度，它不是「人謀」可以任意設計的，最終要受到形勢的制約。高超的外交藝術能因勢利導，取得勝利。

曹操、劉備都是第一流的政治家，他們有魄力、有智慧，在三方鬥爭中善於化被動為主動，打出了不少好牌。曹操在與劉備爭奪漢中之戰失敗以後，他改變了策略，挑動吳蜀火拼，由進攻轉為防禦，讓孫權騰出手來去進攻關羽。曹操的這一手，收到了預期的效果，削弱了吳蜀，擺脫了困境，保持了曹魏的優勢。劉備在困境時也表現了智勇兼備的外交才能。建安十五年十二月（西元二一一年一月），他深入虎穴，求借荊州，諸葛亮曾加以勸阻，預料周瑜等人會設陷阱。果然周瑜和呂範都勸孫權軟禁劉備，作為人質，挾制關羽、張飛驅馳疆場。孫權不從，採納了魯肅樹操之敵的「上計」，劉備才幸免於難。數年後，劉備仍心有餘悸，對龐統說，他料孫權「所防在北，當賴孤為援」（《三國志・龐統傳》裴注引《江表傳》）才計出險途的。劉備此行

雖險，但對於局勢的分析卻瞭如指掌，好似戰場用奇兵，走棋出奇著，死中求活，得其所願，表現了他的大智大勇。隨後，劉備阻擋孫權伐蜀，權謀也運用得十分高超。先是推說新據諸郡，「未可興動」，不與孫權合作。孫權說，劉璋不武，恐失益州，危及荊州。劉備回答說，曹操志在吳、會，同盟不宜自相攻伐。孫權不聽，遣孫瑜率軍獨進。劉備以自己與劉璋同宗為辭而代璋請罪，同時進行軍事部署，「使關羽屯江陵，張飛屯秭歸，諸葛亮據南郡，備自往孱陵」，進退有節，有理有據，有實有虛，孫吳君臣，無如之何。但是曹操敗於葛魯之謀，劉備輸於呂蒙之手，都是在自己鼎盛的時候遭到突然的挫折，不能不使人深思。曹操進兵赤壁，未能料到孫劉結盟，使他的強權外交斷送了統一的大好形勢，是曹操外交的一大失著。劉備命關羽北伐，沒有料到呂蒙偷襲，根本原因就是因勝利而驕矜，放鬆了外交鬥爭。劉備得蜀，不把同盟放在眼裡，寸土不讓，以力相爭，這是不得人心的。孫權憤然作色罵劉備：「猾虜乃敢挾詐！」決定以武力強索荊州，這是劉備黷武而招致的外交失敗。復仇東伐，不聽趙雲等人的勸諫，不度德量力，不計後果，死抱住正統與道義，這是僵化外交斷送了隆中路線。孫權奉行靈活外交，第一個果敢決策是借荊州給劉備，樹操之敵，屏蔽東吳，聯合作戰，驅趕曹操還北。孫權第二個果敢決策是稱臣於曹魏，襲殺關羽，奪回荊州，並在隨後的夷陵之戰避免了兩線作戰。孫權不僅決策果敢，而且手段靈活，籠絡于禁護軍浩周，利用質子之爭贏得了備戰時間。孫權發動的襲奪荊州之戰，前後三年，全力對蜀，拖死了劉備，自己未受兩線夾擊，反而使劉備征吳還要防北，這是孫權在外交上的最大成功。荊州歸吳，三國鼎立的地理均勢形成。我們可以毫不誇張地說，諸葛亮隆中路線規劃的三分藍圖，只是一個劇目的腳本，導演三分成功演出的不是諸葛亮，而是孫權。

外交從屬於政治。三國之間的矛盾，蜀魏兩國有正統與僭偽之分，因此是不可調和的。蜀漢國小力弱，需要結援孫權才能對抗曹魏。孫權是異軍突起，可秦可楚。地理位置處於全國形勝的下游，聯蜀才可能立國，附魏只能稱臣。如果蜀亡，或者魏亡，吳國都將失去獨立地位，這種政治形勢和地理環境決定了吳國外交的搖擺，時而向敵稱臣，時而以友為敵，魏強則聯蜀，蜀強則附魏，順應形勢求得生存和發展。鼎立均衡是吳國生存的最佳環境，因此是孫吳君臣追求的政治格局。孫權的屈身辱志，陸遜的及時退防，都是為此。

蜀漢夷陵敗北，劉備去世，諸葛亮痛定思痛，結束了死守原則的僵化外交，承認曹魏建立，認可孫權稱帝，服從三國鼎立的現實，也採取了靈活外交，重新聯吳抗魏。鄧芝是一個優秀的外交家，很好地貫徹了諸葛亮的意圖，重新修好吳蜀聯盟，於是三國鼎立之局得以持續。

卷第七十一

魏紀三

起著雍涒灘（戊申　西元二二八年），盡上章閹茂（庚戌　西元二三〇年），凡三年。

【題解】本卷記事起西元二二八年，迄西元二三〇年，凡三年。當魏明帝太和二年到太和四年。此時期最大事件是諸葛亮出師北伐，連年動眾，收效甚微。首次出兵，誤用馬謖，蜀兵大敗，諸葛亮喪失了奪取關中的最好時機。太和四年，曹魏反擊，曹真兵出斜谷，亦無功而返，魏蜀形成對峙局面。孫權稱帝，北進爭合肥，亦無尺寸之功。曹魏取守勢，蓄聚力量，疲弊吳蜀，魏明帝不失為一英主。此外，孫權經營臺灣，值得大書一筆。

烈祖明皇帝上之下

太和二年（戊申　西元二二八年）

春，正月，司馬懿攻新城❶，旬有六日，拔之，斬孟達。申儀久在魏興，擅承制刻印，多所假授。懿召而執之，歸于洛陽。

初，征西將軍夏侯淵之子楙❷尚太祖女清河公主，文帝少與之親善。及即位，以為安西將軍，都督關中，鎮長安，使承淵處。

諸葛亮將入寇，與羣下謀之。丞相司馬❸魏延曰：「聞夏侯楙，主壻也，怯而無謀。今假延精兵五千，負糧五千，直從褒中❹出，循秦嶺❺而東，當子午❻而北，不過十日，可到長安。楙聞延奄❼至，必棄城逃走。長安中惟御史❽、京兆❾太守耳。橫門邸閣❿與散民之穀，足周食也。比東方相合聚，尚二十許日，而公從斜谷來，亦足以達。如此則一舉而咸陽⓫以西可定矣。」亮以為此危計，不如安從坦道，可以平取隴右⓬，十全必克而無虞，故不用延計。

亮揚聲由斜谷道取郿⓭，使鎮東將軍趙雲、揚武將軍鄧芝為疑兵，據箕谷⓮。帝遣曹真都督關右諸軍軍郿。亮身率大軍攻祁山⓯，戎陳整齊，號令明肅。始，魏以漢昭烈既死，數歲寂然無聞，是以略無備豫⓰。而卒聞亮出，朝野恐懼，於是天水⓱、南安⓲、安定⓳皆叛應亮，關中響震，朝臣未知計所出。帝曰：「亮阻山為固，今者自來，正合兵書致人之術，破亮必也。」乃勒兵馬步騎五萬，遣右將軍張郃督之，西拒亮。○丁未⓴，帝行如長安。

初，越巂太守馬謖才器過人，好論軍計，諸葛亮深加器異㉑。漢昭烈臨終，

謂亮曰：「馬謖言過其實，不可大用，君其察之。」亮猶謂不然，以謖為參軍，每引見談論，自晝達夜。及出軍祁山，亮不用舊將魏延、吳懿等為先鋒，而以謖督諸軍在前，與張郃戰于街亭㉒。

謖違亮節度，舉措煩擾，舍水上山，不下據城。張郃絕其汲道，擊，大破之，士卒離散。亮進無所據，乃拔西縣㉓千餘家還漢中。收謖下獄，殺之。亮自臨祭，為之流涕，撫其遺孤，恩若平生。蔣琬謂亮曰：「昔楚殺得臣，文公喜可知㉔也。天下未定而戮智計之士，豈不惜乎！」亮流涕曰：「孫武㉕所以能制勝於天下者，用法明也。是以揚干亂法㉖，魏絳戮其僕。四海分裂，兵交方始，若復廢法，何用討賊邪！」

謖之未敗也，裨將軍巴西王平㉗連規諫謖，謖不能用。及敗，眾盡星散，惟平所領千人鳴鼓自守。張郃疑其有伏兵，不往逼也。於是平徐徐收合諸營遺迸㉘，率將士而還。亮既誅馬謖及將軍李盛，奪將軍黃襲等兵，平特見崇顯，加拜參軍，統五部兼當營事㉙，進位討寇將軍，封亭侯㉚。亮上疏請自貶三等，漢主以亮為右將軍，行㉛丞相事。

是時趙雲、鄧芝兵亦敗於箕谷，雲斂眾固守，故不大傷，雲亦坐貶為鎮軍將

軍㉜。亮問鄧芝曰：「街亭軍退，兵將不復相錄㉝，箕谷軍退，兵將初㉞不相失，何故？」芝曰：「趙雲身自斷後，軍資什物，略無所棄，兵將無緣相失。」雲有軍資餘絹，亮使分賜將士。雲曰：「軍事無利，何為有賜，其物請悉入赤岸㉟庫，須㊱十月為冬賜。」亮大善之。

或勸亮更發兵者，亮曰：「大軍在祁山、箕谷，皆多於賊，而不破賊，乃為賊所破，此病不在兵少也，在一人㊲耳。今欲減兵省將，明罰思過，校變通之道於將來，若不能然者，雖兵多何益！自今已後，諸有忠慮於國者[1]，但勤攻吾之闕，則事可定，賊可死，功可蹻足而待矣。」於是考微勞，甄㊳壯烈，引咎責躬，布所失於境內，厲兵講武㊴，以為後圖，戎士簡練㊵，民忘其敗矣。

亮之出祁山也，天水參軍姜維㊶詣亮降。亮美維膽智，辟為倉曹掾㊷，使典軍事。

曹真討安定等三郡，皆平。真以諸葛亮懲於祁山，後必出從陳倉㊸，乃使將軍郝昭等守陳倉，治其城。

【章旨】以上為第一段，寫諸葛亮第一次北伐，誤用馬謖丟失街亭而敗。

【注 釋】❶新城 郡名，當時孟達為新城太守，治所在西城。以後移至房陵，在今湖北房陵。❷夏侯淵之子楙 夏侯楙為夏侯惇之子，《三國志・魏書・夏侯惇傳》載：「惇弟廉及子楙素自封列侯。初，太祖以女妻楙，即清河公主也。」裴松之注引《魏略》亦載：「楙字子林，惇中子也。文帝少與楙親，及即位，以為安西將軍、持節，承夏侯淵處都督關中。」據上所載，《通鑑》實誤。夏侯淵，夏侯惇之堂弟。❸丞相司馬 官名，蜀漢丞相之屬官有長史而無司馬，當時因出兵，故特置司馬以參與軍事謀劃。❹褒中 縣名，縣治在今陝西勉縣褒城鎮南。❺秦嶺 山名，橫亙於今川陝之間的大山脈，東起於甘肅天水市，西至河南陝縣，而通常又指今陝西西安南之終南山一段為秦嶺。❻子午 即子午道，是古代關中和巴蜀的交通要道，北口稱子，即今陝西西安南秦嶺的一個谷口；南口稱午，在陝西洋縣東，全長六百六十里。❼奄 突然。❽御史 指督軍御史。當時曹魏遣督軍御史與京兆太守共守長安。❾京兆 即漢代京兆尹，魏文帝即位後稱京兆郡，治所皆在長安。❿邸閣 貯糧之所。⓫咸陽 古都邑名，為秦朝之都城，在今陝西咸陽東。⓬隴右 地區名，指隴山以西地區，約相當於今甘肅六盤山以西、黃河以東一帶。⓭郿 縣名，縣治在今陝西眉縣東北。⓮箕谷 在今陝西勉縣褒城鎮北十五里箕山中。⓯祁山 在今甘肅禮縣東南。⓰備豫 預備。⓱天水 郡名，曹魏改漢陽為天水，治所仍在冀縣，在今甘肅甘谷縣東南。⓲南安 郡名，治所豲道，在今甘肅隴西縣東南渭水東岸。⓳安定 郡名，治所臨涇，在今甘肅鎮原東南。⓴丁未 正月辛酉朔，無丁未，有誤。應為二月十七日丁未。㉑器異 特別器重。㉒街亭 地名，在今甘肅秦安東北九十里的隴城鎮。㉓西縣 縣治在今甘肅天水市西南。㉔文公喜可知 文公，春秋時晉文公。知，見。喜可知，即喜形於色。楚成王時，子玉得臣為令尹（相當於宰相），曾與晉文公大戰於城濮，得臣失敗而歸，但楚成王卻無赦令，得臣遂中途自殺而死。晉文公得知後非常高興，即所謂「喜可知也」。事見《左傳》僖公二十八年。㉕孫武 春秋時兵家，齊國人。曾以《兵法》十三篇見吳王闔閭，被任為將，以用法嚴明著稱，曾率兵擊破楚國。孫武所傳《兵法》，世稱《孫子兵法》。《史記》卷六十五有傳。㉖揚干亂法 揚干，春秋時晉悼公之弟。西元前五七〇年，晉悼公與諸侯會盟於雞澤。古代諸侯會盟，皆有兵車相隨，揚干卻在雞澤附近擾亂了晉國兵車行列，破壞了軍容。當時主管晉軍軍法的中軍司馬魏絳，就殺了揚干之僕（駕車人），晉悼公最後也誇獎魏絳「能以刑佐民」。事見《左傳》襄公三年。㉗王平 （？—西元二四八年）字子均，巴西宕渠（今四川渠縣東北）人，所識不過十字，而善於用兵，官至鎮北大將軍，封安漢侯。傳見《三國志》卷四十三。㉘遺迸 遺留及潰散的兵眾。㉙統五部兼當營事 即總統當時五部兵，並兼管諸葛亮所在漢中之營。㉚亭侯 漢制，列侯功大者食祿縣邑，小者食祿鄉、亭。食祿於亭者稱亭侯。㉛行 代理。㉜鎮軍將軍 官名，魏晉之鎮軍將軍在四征、四鎮將軍之上，而趙雲自鎮東將軍貶為鎮軍將軍，則蜀漢以鎮軍在四鎮

之下，是為雜號將軍。㉝錄　搜集。㉞初　完全。㉟赤岸　地名，又稱赤崖，在今陝西漢中西北。蜀漢在此建有軍資庫。㊱須　等待。㊲一人　謂統帥。㊳甄　鑑別。㊴厲兵講武　磨礪兵器，講習武事。㊵簡練　精選訓練。㊶姜維　（西元二〇二—二六四年）字伯約，天水冀縣（今甘肅甘谷縣東南）人，初為曹魏涼州從事、本郡參軍（參謀郡軍事）。投歸蜀漢後，深得諸葛亮之信重。任命為征西將軍。諸葛亮死後，繼統其軍。後為大將軍，屢攻魏無功，而宦官黃皓又弄權於內，維遂領兵於外，不還成都。後鍾會破蜀，維被迫投降。後又趁鍾會叛魏，擬乘機復蜀，但事敗被殺。傳見《三國志》卷四十四。㊷倉曹掾　官名，丞相府屬官，主管倉穀事。㊸陳倉　縣名，縣治在今陝西寶雞東。

【校　記】①者　據章鈺校，甲十六行本、乙十一行本皆無此字。

【語　譯】烈祖明皇帝上之下

太和二年（戊申　西元二二八年）

春，正月，司馬懿攻打新城，十六天，攻下城池，殺了孟達。魏興郡守申儀，長期駐守魏興，擅自假借聖旨，私刻官印，私授很多官職。司馬懿把他召來並逮捕了他，送回洛陽。

當初，征西將軍夏侯淵的兒子夏侯楙娶了太祖的女兒清河公主，魏文帝年輕時和他關係很好。等到即位，任命他為安西將軍，總領關中事務，鎮守長安，讓他接替當年夏侯淵鎮守的地區。

諸葛亮即將入侵魏國，與部下商議此事。丞相司馬魏延說：「聽說夏侯楙是魏主的女婿，怯懦而無謀略，現在交給我精兵五千，運糧兵五千，直接從褒中出擊，沿秦嶺向東，到達子午道後就入谷北進，不過十天，可以到達長安。夏侯楙得知我突然兵臨城下，必然棄城逃走。長安城中只有御史、京兆太守了。橫門糧倉的儲糧和逃散百姓留下的糧食，足夠供給我軍的軍糧。等到魏國在東方集結起軍隊，尚需要約二十多天，而明公自斜谷出兵，這段時間也完全可以到達。如此則一舉就可以平定咸陽以西的地區了。」諸葛亮認為這是冒險的計策，不如安穩地沿坦途而進，可以攻取隴右地區，有十拿九穩的把握取勝而不必憂慮，所以沒有用魏延的計策。

諸葛亮聲稱取道斜谷道攻取郿縣，派鎮東將軍趙雲、揚武將軍鄧芝作為疑兵，據守箕谷。魏明帝派曹真

統帥關右各軍進駐郿縣。諸葛亮親自率領大軍攻打祁山，軍容整齊，號令嚴明。當初，魏國認為漢昭烈帝劉備已死，幾年默默無聞，因此絲毫沒有防備。當突然得知諸葛亮出兵，朝廷內外都感到恐懼，於是天水、南安、安定三郡都反叛魏國響應諸葛亮，關中大為震動，朝廷大臣不知所措。魏明帝說：「諸葛亮本來是據山固守，現在前來自投羅網，正符合兵書上所說的招致敵人前來的策略，一定能擊敗諸葛亮。」便集結步、騎兵五萬，派右將軍張郃統率，向西進軍抗擊諸葛亮。〇丁未日，魏明帝進至長安。

當初，越巂太守馬謖才幹與器識過人，喜歡談論兵法，諸葛亮十分賞識器重他。漢昭烈帝劉備臨終前對諸葛亮說：「馬謖言過其實，不能重用，你可要明察。」諸葛亮不以為然，任命馬謖為參軍，每每召見馬謖高談闊論，從白天直到夜晚。等到出兵祁山，諸葛亮不用老將魏延、吳懿等人為先鋒，而用馬謖統帥各軍在前，和張郃在街亭交戰。

馬謖違反諸葛亮的指揮，措施瑣碎混亂，放棄有水源之地，上山紮營，不下山據守城池。張郃切斷馬謖的取水通道，發動攻擊，大敗馬謖，士卒潰散。諸葛亮進軍沒有據守之地，就挾持西縣一千多家居民回到漢中。收捕馬謖入獄，斬了他。諸葛亮親自弔祭，為馬謖痛哭流涕，撫養馬謖遺留的子女，恩遇和馬謖在世時一樣。蔣琬對諸葛亮說：「從前楚國殺了得臣，晉文公喜形於色。現在天下尚未平定卻殺死智謀之士，豈不可惜嗎！」諸葛亮傷心流淚說：「孫武所以能在天下克敵制勝，原因是用法嚴明。因此揚干犯了法，魏絳就殺了他的僕人。如今四海分裂，戰爭才剛剛開始，如果再廢止法紀，憑什麼來討伐敵賊呢！」

馬謖未敗之前，裨將軍巴西人王平連連規勸馬謖，馬謖沒能採納。等到戰敗，士兵全部潰散，只有王平所率領的一千人擂著戰鼓堅守營寨。張郃懷疑王平有伏兵，不敢進逼。因此王平漸漸聚攏各營殘兵和潰散的兵眾，率領將士退回。諸葛亮斬了馬謖和將軍李盛後，剝奪了將軍黃襲等人的兵眾，唯有王平特別受到重用，擢升他為參軍，統領五部軍隊兼管漢中大本營的事務，晉升為討寇將軍，封亭侯。諸葛亮上奏請求將自己降職三級，漢主劉禪降諸葛亮為右將軍，代理丞相事務。

此時趙雲、鄧芝的軍隊也在箕谷戰敗，趙雲收攏部眾堅守，所以損傷不大，趙雲也因為兵敗被貶為鎮軍

將軍。諸葛亮問鄧芝說：「街亭敗退，兵將四散沒法集結，箕谷戰敗，兵將全部沒有失散，是什麼緣故？」鄧芝說：「趙雲親自斷後，軍用物資，絲毫沒有丟棄，兵將沒有理由散失。」趙雲有些剩餘的軍用絹帛，諸葛亮讓他分賞給將士。趙雲說：「軍事上沒有取得勝利，為什麼賞賜，請將這些物資全部收入赤岸庫，等到十月用作冬季犒賞。」諸葛亮對此大為讚賞。

有人勸諸葛亮再徵調士兵，諸葛亮說：「大軍在祁山、箕谷的時候，人數都比敵人多，但沒有打敗敵人，反倒被敵人打敗，失誤不在兵少，只在統帥一人。如今我想減兵省將，嚴明懲罰，反思過失，理清變通的策略用於來日，如果不能這樣，即使兵多又有什麼益處！自今往後，凡是盡忠憂國之士，儘管多多批評我的缺漏，那麼戰事就可以成功，敵人就會被消滅，功業就可以翹足而待了。」於是連微小功勞也考察，甄別出為國捐軀的烈士。諸葛亮引咎自責，在全國境內公開宣布自己的過失，磨礪兵器，講習武事，進行以後的籌劃，對將士精選訓練，百姓很快忘掉了過去的失敗。

諸葛亮出兵祁山時，天水郡參軍姜維歸降諸葛亮。諸葛亮賞識姜維的膽略，徵辟他為倉曹掾，由他掌管軍事。

曹真征討安定等三郡，將其全部平定。曹真認為諸葛亮會以祁山之敗為鑑戒，今後一定會從陳倉出兵，因此派將軍郝昭等守衛陳倉，修治城池。

夏，四月丁酉❶，帝還洛陽。

帝以燕國徐邈❷為涼州❸刺史。邈務農積穀，立學明訓，進善黜惡，與羌、胡從事，不問小過。若犯大罪，先告部[1]帥❹，使知應死者，乃斬以徇❺。由是服其威信，州界肅清。

五月，大旱。

吳王使鄱陽❻太守周魴❼密求山中舊族名帥❽為北方所聞知者，令譎❾挑❿揚州⓫牧曹休。魴曰：「民帥小醜，不足杖任⓬，事或漏泄，不能致休。乞遣親人齎牋以誘休，言被譴懼誅，欲以郡降北，求兵應接。」吳王許之。時頻有郎官⓭詣魴詰問⓮諸事，魴因詣郡門下⓯，下髮謝。休聞之，率步騎十萬向皖⓰以應魴。帝又使司馬懿向江陵⓱，賈逵向東關⓲，三道俱進。

秋，八月，吳王至皖，以陸遜為大都督⓳，假黃鉞⓴，親執鞭以見之。以朱桓、全琮為左右督，各督三萬人以擊休。休知見欺，而恃其眾，欲遂與吳戰。朱桓言於吳王曰：「休本以親戚見任，非智勇名將也。今戰必敗，敗必走，走當由夾石㉑、挂車㉒。此兩道皆險阨，若以萬兵柴㉓路，則彼眾可盡，而[2]休可生虜。臣請將所部以斷之，若蒙天威，得以休自效，便可乘勝長驅，進取壽春，割有淮南㉔，以規許、洛㉕，此萬世一時㉖，不可失也。」權以問陸遜，遜以為不可，乃止。

尚書蔣濟上疏曰：「休深入虜地，與權精兵對，而朱然等在上流，乘休後，臣未見其利也。」前將軍滿寵上疏曰：「曹休雖明果而希㉗用兵，今所從道，背

湖旁㉘江，易進難退，此兵之絓地㉙也。若入無彊口㉚，宜深為之備。」寵表未報，休與陸遜戰于石亭㉛。遜自為中部，令朱桓、全琮為左右翼，三道並③進，衝休伏兵，因驅走之，追亡逐北，徑至夾石，斬獲萬餘，牛馬騾驢車乘萬兩，軍資器械略盡。

初，休表求深入以應周魴，帝命賈逵引兵東與休合。逵曰：「賊無東關之備，必并軍於皖，休深入與賊戰，必敗。」乃部署諸將，水陸並進，行二百里，獲吳人，言休戰敗，吳遣兵斷夾石，諸將不知所出。或欲待後軍，逵曰：「休兵敗於外，路絕於內，進不能戰，退不得還，安危之機，不及終日。賊以軍無後繼，故至此，今疾進，出其不意，此所謂『先人以奪其心㉜』也，賊見吾兵必走。若待後軍，賊已斷險，兵雖多何益！」乃兼道㉝進軍，多設旗鼓為疑兵㉞。吳人望見逵軍，驚走，休乃得還。逵據夾石，以兵糧給休，休軍乃振。初，逵與休不善，及休敗，賴逵以免。

九月乙酉㉟，立皇子穆為繁陽王。

長平壯侯曹休上書謝罪，帝以宗室不問。休慚憤，疽發於背。庚子㊱，卒。帝以滿寵都督揚州以代之。

護烏桓校尉田豫擊鮮卑鬱築鞬，鬱築鞬妻父軻比能救之，以三萬騎圍豫於馬城㊲。上谷㊳太守閻志，柔之弟也，素為鮮卑所信，往解諭之，乃解圍去。

冬，十一月，蘭陵成侯王朗卒。

【章旨】以上為第二段，寫吳魏夾石之戰，陸遜大敗曹休。

【注釋】❶丁酉　四月初八。❷徐邈　（西元一七二—二四九年）字景山，燕國薊縣（今北京市西南）人，初為曹操丞相軍謀掾，後為隴西、南安太守。魏明帝命他為涼州刺史，州內大治。官至大司農、光祿大夫。傳見《三國志》卷二十七。❸涼州　州名，治所姑臧，在今甘肅武威。❹部帥　少數民族的部落頭領。❺徇　示眾。❻鄱陽　郡名，治所鄱陽縣，在今江西鄱陽東。❼周魴　字子魚，吳郡陽羨（今江蘇宜興南）人，有文武才，任鄱陽太守，誘曹休中計，致使曹休有夾石之敗。傳見《三國志》卷六十。❽山中舊族名帥　指山越的有名頭領。❾譎　欺騙。❿挑　挑逗。此指引誘敵人進入伏擊圈。⓫揚州　曹魏揚州，僅有東漢九江、廬江之地。刺史治所在壽春，在今安徽壽縣。⓬杖任　依靠任用。⓭郎官　指尚書郎，主文書起草。⓮詰問　責問。⓯郡門下　指鄱陽郡門下。⓰皖　縣名，縣治在今安徽潛山縣。⓱江陵　縣名，縣治在今湖北江陵。⓲東關　地名，在濡須口，即濡須水入長江處，在今安徽無為東北。孫權曾於此築塢，稱濡須塢。其地又有東關、西關之稱，東關之南岸孫吳築有城，西關之北岸曹魏置有柵。⓳大都督　官名，總統內外諸軍，為孫吳全國最高的軍事統帥。⓴假黃鉞　假，授予之意。黃鉞，以黃金為飾的大斧，帝王威武的象徵。假黃鉞即授予總統內外諸軍之權力。㉑夾石　鎮戍名，在今安徽桐城北。㉒挂車　鎮名，在今安徽桐城西。㉓柴　通「砦」。防守用的柵欄。㉔淮南　王國名，魏文帝黃初中改漢九江郡置，治所壽春，在今安徽壽縣。㉕許洛　許昌、洛陽。許為漢末獻帝之都城，洛陽為曹魏之都城，皆曹魏時期的重地。㉖萬世一時　謂經歷萬世，僅此時有此機會。猶言千載難逢。㉗希　少。㉘旁　通「傍」。靠近。㉙絓地　謂地形複雜，多障礙之地，即兵法所說的掛地。《孫子・地形》說：「地形有通者，有掛者。……我可以往，彼可以來，曰通。……可以往，難以返，曰掛。」㉚無彊口　在夾石東南。㉛石亭　地名，在今安徽潛山縣東北。㉜先人以奪其心　此語來源於《左傳》宣公十二年孫叔引《軍志》曰「先人有奪人之心」。意思是說，進攻在敵人之先，就可打擊敵人的鬥志。㉝兼道　加倍趕路。㉞疑兵

虛設以迷惑敵人之兵。㉟乙酉　九月二十九日。㊱庚子　九月丁巳朔，無庚子。應為十月庚子日。㊲馬城　東漢為縣，曹魏省，故縣治在今河北懷安北。㊳上谷　郡名，治所沮陽，在今河北懷來東南。

【校　記】①部　原作「都」。據章鈺校，甲十六行本、乙十一行本、孔天胤本皆作「部」，熊羅宿《胡刻資治通鑑校字記》同，今據改。按，《三國志·魏書·徐邈傳》亦作「部」。②而　原無此字。據章鈺校，甲十六行本、乙十一行本皆有此字，張敦仁《通鑑刊本識誤》同，今據補。③並　據章鈺校，甲十六行本、乙十一行本、孔天胤本皆作「俱」。

【語　譯】夏，四月初八日丁酉，魏明帝由長安返回洛陽。

魏明帝任命燕國人徐邈為涼州刺史。徐邈重視農業，積蓄糧食；建立學校，彰明聖訓；進拔善良，罷黜惡人。與羌人、胡人一起處事，不追究他們的小小過失。如果犯了大罪，先通報羌胡人的首領，讓羌胡人首領知道犯罪人處死的原因，然後才斬首示眾。因而羌人胡人敬服他的聲威和信譽，涼州全境安寧無事。

五月，魏國發生嚴重旱災。

吳王孫權派遣鄱陽太守周魴祕密訪求在北方已經知名的山越宗族首領，讓他去誘騙挑逗揚州牧曹休。周魴說：「山民頭領，卑賤的小人，不足憑信，事情或洩露，不能誘致曹休，我請求派親信拿我的書信去誘騙曹休，就說我受到譴責，害怕被殺，想獻郡歸降，請求派兵來接應。」吳王同意了。當時不斷有郎官到周魴那裡責問各種事情，周魴因此到鄱陽郡門外，削髮謝罪。曹休得到情報後，率領步、騎兵十萬進軍皖城以接應周魴。魏明帝又派司馬懿進軍江陵，賈逵進軍東關，三路人馬同時並進。

秋，八月，吳王到達皖城，任命陸遜為大都督，授予黃鉞，親自執鞭駕車召見陸遜。任命朱桓、全琮為左、右督，各率三萬人馬去攻擊曹休。曹休發覺被欺騙，但仗著兵多，就想和吳兵交戰。朱桓向吳王進言說：「曹休不過是皇室宗親才被重用，並不是大智大勇的名將。如今他來交戰，必定失敗，失敗必定逃走，逃走時應經過夾石、挂車。這兩條路都狹窄險要，如果用一萬名士兵運柵欄堵塞道路，那麼曹休的部眾便會全部被消滅，而可以活捉曹休。臣請求率領所屬部隊去斷路，若蒙大王的神威，使得曹休投降效命，便可乘勝長驅直入，進取壽春，割據淮南，從而謀取許昌、洛陽，這是千載難逢的時機，不可失去。」孫權就此詢問陸

遜，陸遜認為不行，便作罷了。

魏國的尚書蔣濟上奏說：「曹休深入敵境，和孫權的精兵對決，而朱然等人在長江上游，會乘機攻擊曹休的後軍，臣看不到有利之處。」前將軍滿寵上書說：「曹休儘管明智果斷，然而很少指揮作戰，現在他進軍所走的路線，背靠湖泊，接近長江，進軍容易，後退困難，這是用兵最忌諱的障礙之地。如果軍隊進入無彊口，應當嚴密戒備。」滿寵的上表還沒有得到回覆，曹休和陸遜已經在石亭開戰。陸遜自己率兵眾在中路，命令朱桓、全琮為左右兩翼，三路人馬齊頭並進，衝向曹休的埋伏部隊，乘勢趕走了他們。吳軍乘勝追擊逃亡的敗軍，直至夾石，斬殺俘獲一萬多人，繳獲牛馬驢騾車一萬輛，以及幾乎全部的軍用物資器械。

當初，曹休上表請求率兵深入敵境接應周魴，魏明帝命賈逵率兵東進與曹休會合。賈逵說：「敵賊在東關沒有防備，一定會把軍隊集中到皖城，曹休深入和敵人作戰，一定失敗。」賈逵於是部署各位將領，水陸並進，前進二百里，抓獲到吳人，吳人說曹休戰敗，吳國軍隊已經切斷夾石，賈逵的各位將領不知所措。有人想要等待後援，賈逵說：「曹休在外兵敗，退路斷絕，進不能交戰，退卻無法返回，正是生死存亡的關鍵時刻，恐怕他支持不了一整天。敵人認為我軍沒有後續部隊，因此才敢這樣做。現在我軍迅速前進，出其不意，這就是所謂『搶先一步攻擊，就可以挫敗敵人的鬥志』，敵人看到我軍，一定會逃走。如果等待後援，敵人已經切斷險路，我軍即使再多又有什麼用！」於是兼程進軍，多處設置旌旗戰鼓作為疑兵。吳軍看見賈逵的軍隊，驚慌逃走，曹休才得以返回。賈逵佔據夾石，補充曹休士兵和糧食，曹休的軍隊這才振作起來。當初，賈逵和曹休關係不好，到曹休戰敗，全仗賈逵才幸免於難。

九月二十九日乙酉，魏國冊立皇子曹穆為繁陽王。

長平壯侯曹休上書請罪，魏明帝因為他是宗室未加追究。曹休羞憤，背生毒瘡。庚子日，去世。魏明帝任命滿寵接替曹休為揚州都督。

護烏桓校尉田豫攻擊鮮卑人鬱築鞬，鬱築鞬的岳父軻比能前來救援他，率領三萬騎兵在馬城包圍田豫。上谷太守閻志，是閻柔的弟弟，一向被鮮卑人所信賴，前往解釋曉諭，軻比能便解圍退去。

冬，十一月，魏國蘭陵成侯王朗去世。

漢諸葛亮聞曹休敗，魏兵東下，關中虛弱，欲出兵擊魏，羣臣多以為疑。亮上言於漢主曰：「先帝深慮以漢、賊不兩立，王業不偏安，故託臣以討賊。以先帝之明，量臣之才，固當知臣伐賊，才弱敵彊；然不伐賊，王業亦亡，惟坐而待亡，孰與伐之！是故託臣而弗疑也。臣受命之日，寢不安席，食不甘味。思惟北征，宜先入南，故五月渡瀘，深入不毛。臣非不自惜也，顧❶王業不可偏全於蜀都，故冒危難以奉先帝之遺意也，而議者以[1]為非計。今賊適❷疲於西❸，又務於東❹，兵法乘勞，此進趨之時也。謹陳其事如左：

「高帝明並日月，謀臣淵深，然涉險被創❺，危然後安。今陛下未及高帝，謀臣不如良、平❻，而欲以長計取勝，坐定天下，此臣之未解一也。劉繇、王朗各據州郡❼，論安言計，動❽引聖人，羣疑滿腹，眾難塞胸，今歲不戰，明年不征，使孫策坐大❾，遂并江東，此臣之未解二也。曹操智計殊絕於人，其用兵也，髣髴孫、吳❿，然困於南陽⓫，險於烏巢⓬，危於祁連⓭，偪於黎陽⓮，幾敗伯山⓯，殆死潼關⓰，然後偽定一時耳。況臣才弱，而欲以不危[2]定之，此臣之未解三也。

曹操五攻昌霸⑰不下，四越巢湖⑱不成，任用李服⑲而李服圖之，委夏侯⑳而夏侯敗亡。先帝每稱操為能，猶有此失，況臣駑下㉑，何能必勝！此臣之未解四也。自臣到漢中，中間期年㉒耳，然喪趙雲、陽羣、馬玉、閻芝、丁立、白壽、劉郃、鄧銅等及曲長㉓、屯將㉔七十餘人，突將㉕、無前㉖、賨㉗、叟㉘、青羌㉙、散騎、武騎㉚一千餘人，皆數十年之內所[3]糾合四方之精銳，非一州之所有。若復數年，則損三分之二，當何以圖敵！此臣之未解五也。今民窮兵疲，而事不可息，事不可息，則住與行，勞費正等，而不及虛圖之，欲以一州之地與賊支久㉛，此臣之未解六也。

「夫難平者事也。昔先帝敗軍於楚㉜，當此時，曹操拊手㉝，謂天下已定。然後先帝東連吳、越㉞，西取巴、蜀㉟，舉兵北征㊱，夏侯授首㊲，此操之失計而漢事將成也。然後吳更違盟，關羽毀敗，秭歸蹉跌㊳，曹丕稱帝。凡事如是，難可逆見。臣鞠躬盡力，死而後已。至於成敗利鈍，非臣之明所能逆㊴覩也。」

【章旨】以上為第三段，載諸葛亮〈後出師表〉。諸葛亮明知「民窮兵疲」，但「事不可息」，明知不可為而為之，鞠躬盡力而已。

【注釋】❶顧　想到。❷適　正。❸疲於西　指曹魏在郿縣、祁山的軍隊剛與蜀漢交戰之後，已經疲乏。❹務於東　指曹

魏在江陵、東關、石亭之軍隊正與孫吳對抗。❺創　傷。❻良平　指張良、陳平，漢高帝劉邦之謀臣。❼各據州郡　漢獻帝興平中劉繇為揚州刺史，王朗為會稽太守。❽動　動不動；動輒。❾坐大　安然不動而日趨強大。❿孫吳　指春秋時的兵家孫武，戰國時的吳起。⓫困於南陽　指曹操在宛城被張繡所敗。⓬險於烏巢　曹操與袁紹相持官渡，袁紹派淳于瓊將兵護送運糧車隊，曹操自將兵五千人襲擊。淳于瓊退守營壘，袁紹遣騎援助淳于瓊。曹操兵少勢弱，處境危險。由於士卒死戰，大敗淳于瓊於烏巢，斬之。⓭危於祁連　大概指曹操圍袁尚於祁山（在今河南安陽西）之事。⓮偪於黎陽　指曹操圍攻袁譚、袁尚於黎陽。⓯幾敗伯山　指曹操北征烏桓，與烏桓戰於白狼山之事。⓰殆死潼關　指曹操與馬超初戰於潼關，幾乎不得渡河。⓱五攻昌霸　昌霸即昌豨。昌豨據東海郡叛，曹操多次未攻下，後被于禁所殺。⓲四越巢湖　指曹操數次攻孫權。⓳李服　當時無此人，可能指王服。建安初王服與董承等謀除曹操被殺。⓴夏侯　指夏侯淵。張魯降後，曹操命夏侯淵駐守漢中，後被劉備部將黃忠所攻殺。㉑駑下　比喻才能低下。㉒期年　一年。㉓曲長　古代軍隊編制，將軍所統有部，部下有曲，曲下有屯。曲長，一曲之長。㉔屯將　統領一屯之頭領。㉕突將　衝鋒突陣之勇將。㉖無前　謂所向無前之將領。㉗賨　古代居住於四川嘉陵江與渠江流域的一種少數民族，又稱板楯蠻。㉘叟　古代南中地區的一種少數民族。㉙青羌　羌人之一種。㉚散騎武騎　當時蜀漢騎兵分部之名。㉛支久　持久。㉜敗軍於楚　指建安十三年劉備在荊州被曹操所敗。㉝拊手　拍手稱快。㉞吳越　江東古為吳、越二國之地，因以吳、越稱江東地區。㉟巴蜀　巴郡與蜀郡。㊱北征　指劉備征漢中。㊲夏侯授首　指夏侯淵被殺。㊳蹉跌　失足。比喻失誤。㊴逆　預先。

【校　記】1以　據章鈺校，甲十六行本、乙十一行本皆作「謂」。2危　據章鈺校，此字下甲十六行本、乙十一行本、孔天胤本皆有「而」字。3所　原無此字。據章鈺校，甲十六行本、乙十一行本皆有此字，今據補。

【語　譯】漢諸葛亮得知曹休戰敗，魏軍東下，關中空虛，想出兵襲擊魏國，群臣大都對此持懷疑態度。諸葛亮上書向漢後主劉禪進言說：「先帝深知漢與魏賊勢不兩立，帝王大業不可偏安於一隅，所以委託臣討伐賊敵。憑先帝的英明，度量臣的才能，當然明白臣討伐魏賊，才能太弱而敵人太強；但是不去討伐魏賊，帝王之業也會消亡，與其坐等滅亡，還不如去討伐魏賊！因此先帝毫不猶豫託付臣這一重任。臣從受命之日起，臥不安席，食不甘味，我考慮北征，應該首先進軍南方，所以在五月渡過瀘水，深入不毛之地。臣並非不愛惜自己，但想到王業不可偏安於蜀都，所以冒著危難去實現先帝的遺願，但參與謀議的人認為這不是好的對

策。現今魏賊剛在西面疲於奔命，又要到東邊與吳國對抗，兵法上說要利用敵人的疲勞，這正是進擊的時機。謹向陛下陳述臣的想法：

「漢高帝的賢明如同日月，謀臣的智慧淵博深廣，但仍然歷經艱險，身受創傷，然後才轉危為安。現今陛下不如高帝，謀臣不如張良、陳平，卻想用萬無一失的辦法取勝，坐而平定天下，這是臣困惑的原因之一。劉繇、王朗各自佔據州郡，議論安危，商量計策，動輒援引聖人之言，然而卻是滿腹疑慮，心中充斥著各種困難，今年不打，明年不征，眼睜睜看著孫策安然壯大，終於兼併江東，這是臣困惑的原因之二。曹操智略計謀超絕常人，他用兵打仗，如同孫武、吳起，但也曾在南陽被困，在烏巢遇險，在祁連遭危難，在黎陽受逼，幾乎在伯山失敗，差點在潼關喪命，然後才成就了一時平定的假象。何況臣才疏智淺，而想不經危難就平定天下，這是臣困惑的原因之三。曹操五次不能攻下昌霸，四次不能跨越巢湖，信用李服而李服謀害他，委任夏侯淵而夏侯淵敗亡。先帝時常稱讚曹操能幹，尚且有這些過失，何況臣才能劣下，豈能必勝！這是臣困惑的原因之四。自從我到漢中，不過一年時間，就失去了趙雲、陽羣、馬玉、閻芝、丁立、白壽、劉郃、鄧銅等及其曲長、屯將七十多人，還有突擊將領、所向無前的將領、賨人士兵、叟人士兵、青羌士兵、游擊騎兵、武勇騎兵一千多人，這些都是經過數十年的時間所聚集起來的四方精英，並不是一州之地所能擁有的。如果再過幾年，就會損失三分之二，將用什麼去戰勝敵人！這是臣困惑的原因之五。現在民窮兵疲，然而戰事不可停息，既然戰事不可停息，那麼原地駐守與出兵征討，所付出的勞務費用相等，為什麼不趁關中空虛進攻它，卻想憑藉一州之地和敵人持久抗衡，這是臣困惑的原因之六。

「有些事是很難判斷的。從前先帝在楚地失敗，當時曹操拍手稱快，認為天下已經平定了。然而後來先帝東聯吳越、西取巴蜀，揮兵北征，殺了夏侯淵，這是曹操判斷失誤，而漢之大業將要成功的契機。可是後來吳國又違背盟約，關羽兵敗身亡，漢軍秭歸受挫，曹丕稱帝。大凡世事就是如此，難以預見。我將鞠躬盡力，死而後已。至於成敗得失，並非我的智慮所能預見的。」

十二月，亮引兵出散關❶，圍陳倉。陳倉已有備，亮不能克。亮使郝昭鄉人靳詳於城外遙說昭，昭於樓上應之曰：「魏家科法❷，卿所練❸也；我之為人，卿所知也。我受國恩多而門戶重，卿無可言者，但有必死耳。卿還謝諸葛，便可攻也。」詳以昭語告亮，亮又使詳重說昭，言「人兵不敵，無為[1]空自破滅。」昭謂詳曰：「前言已定矣。我識卿耳，箭不識也。」詳乃去。亮自以有眾數萬，而昭兵纔千餘人，又度❹東救❺未能便到，乃進兵攻昭，起雲梯❻衝車❼以臨城。昭於是以火箭逆射其梯，梯然，梯上人皆燒死。昭又以繩連石磨壓其衝車，衝車折。亮乃更為井闌❽百尺以射城中，以土丸填塹❾，欲直攀城，昭又於內築重牆。亮又為地突❿，欲踊出於城裏，昭又於城內穿地橫截之，晝夜相攻拒二十餘日。

曹真遣將軍費耀等救之。帝召張郃于方城⓫，使擊亮。帝自幸河南城⓬，置酒送郃，問郃曰：「遲⓭將軍到，亮得無⓮已得陳倉乎？」郃知亮深入無穀，屈指計曰：「比⓯臣到，亮已走矣。」郃晨夜進道，未至，亮糧盡引去。將軍王雙追之，亮擊斬雙。詔賜昭[2]爵關內侯⓰。

初，公孫康卒，子晃、淵⓱等皆幼，官屬立其弟恭。恭劣弱，不能治國，淵既長，脅奪恭位，上書言狀。侍中劉曄曰：「公孫氏漢時所用，遂世官⓲相承，

水則由海，陸則阻山，外連胡夷，絕遠難制，而世權日久，今若不誅，後必生患。若懷貳阻兵，然後致誅，於事為難，不如因其新立，有黨有仇，先其不意，以兵臨之，開設賞募，可不勞師而定也。」帝不從，拜淵揚烈將軍、遼東太守。

吳王以揚州牧呂範為大司馬，印綬未下而卒。初，孫策使範典財計，時吳王年少，私從有求，範必關白⑲，不敢專許，當時以此見望⑳。吳王守陽羨㉑長，有所私用，策或㉒料覆㉓，功曹周谷輒為傳著㉔簿書，使無譴問，王臨時悅之。及後統事，以範忠誠，厚見信任，以谷能欺更簿書，不用也。

【章　旨】以上為第四段，寫諸葛亮第二次出師，兵圍陳倉，糧盡退軍，斬魏追將王雙。

【注　釋】❶散關　亦名大散關，在今陝西寶雞西南的大散嶺上，形勢險要，古為軍事重地。❷科法　法律條令。❸練習　熟習。❹度　推測。❺東救　謂魏軍自東而來救援陳倉。❻雲梯　古代攻城之工具。以大木為架，下有六輪，可轉動。架上立飛梯和雲梯，四面以生牛皮為屏蔽，人在內推進，至城，起飛梯於雲梯之上，可以窺望城中，也可以登城。❼衝車　古代攻城的戰車。車轅前端置有鐵，可以衝城。❽井闌　登高攻城的工具，以木交叉構成，形似井欄。❾塹　護城河。❿地突　地道。⓫方城　山名，在今河南葉縣南。⓬河南城　在洛陽城西。⓭遲　等到。⓮得無　該不會。⓯比　等到。⓰關內侯　漢魏封爵之一，次於列侯，只有俸祿而無封地。⓱淵　公孫淵，公孫康之子。脅奪叔父公孫恭之位後，魏明帝命他為遼東太守，又加拜大司馬，封樂浪公。後叛魏，自稱燕王，魏明帝遂遣司馬懿征討，淵兵敗被殺。傳見《三國志》卷八。⓲世官　謂子孫相襲為同一官職。此指公孫氏相襲為遼東太守。⓳關白　稟報。⓴望　怨望。㉑陽羨　縣名，縣治在今江蘇宜興南。㉒或　也許。㉓料覆　審查。㉔傳著　附著。

【校記】①無為 原無此二字。據章鈺校，甲十六行本、乙十一行本、孔天胤本皆有此二字，張敦仁《通鑑刊本識誤》同，今據補。②昭 據章鈺校，此字上甲十六行本、乙十一行本皆有「郝」字。

【語譯】十二月，諸葛亮率兵出散關，圍攻陳倉。陳倉已有防備，諸葛亮不能攻克。諸葛亮派郝昭的同鄉人靳詳在城外遠處喊話勸郝昭投降，郝昭在城樓上回應說：「魏國的法律，您是熟悉的；我的為人，您是瞭解的。我受國家厚恩且擔負守衛門戶的重任，您不必再說了，我只有拼死。您回去告訴諸葛亮，可以來攻了。」靳詳把郝昭的話報告了諸葛亮，諸葛亮又讓靳詳再去勸降郝昭，說「您的人馬寡不敵眾，不要因此白白地自取滅亡。」郝昭對靳詳說：「前面我已說定了，我認識您，弓箭不認識您。」靳詳便離去。諸葛亮自認為有數萬兵眾，而郝昭兵才一千多人，又估計東來的救兵不能及時趕到，就進兵攻打郝昭。架起雲梯、出動衝車逼近城下。郝昭於是用火箭迎射雲梯，雲梯著火燃燒，梯上的人都被燒死。郝昭便用繩子繫著石磨從上往下砸壓漢軍的衝車，衝車被砸毀。諸葛亮於是又製作百尺高的井字架欄，向城中射箭，用土塊填平護城的壕溝，打算直接攀登城牆，郝昭又在城裡築起一堵牆。諸葛亮又挖掘地道，想鑽進城裡，郝昭又在城內橫著挖掘壕溝攔截，晝夜互相攻防二十多天。

曹真派將軍費耀等救援郝昭。魏明帝徵召駐守方城的張郃，讓他攻擊諸葛亮。魏明帝親自到河南城，設酒宴為張郃送行，問張郃說：「等將軍趕到，諸葛亮該不會已經拿下陳倉吧？」張郃知道諸葛亮深入缺少軍糧，掐指計算說：「等我趕到，諸葛亮已經撤走了。」張郃日夜趕路，還沒到達，諸葛亮軍糧沒了，率軍離去。將軍王雙追趕諸葛亮，被諸葛亮擊殺。魏明帝下詔賜封郝昭為關內侯。

當初，公孫康去世，兒子公孫晃、公孫淵等全都年幼，所屬官吏擁立公孫康的弟弟公孫恭。公孫恭才劣智弱，不能治國，公孫淵長大後，用脅迫的手段奪取了叔父公孫恭職位，上書朝廷詳述了事情的經過。侍中劉曄說：「公孫氏在漢代被任用，於是子孫世襲官職，水路有海阻隔，陸路有山阻塞，外與胡人勾結，偏遠難以控制，而且世襲權位已久，如今若不誅滅，將來必生禍患。如他懷有二心，守險抗拒，然後再去誅討，

就很艱難，不如趁他剛剛即位，內有仇黨，在他沒有料到之前，以大軍壓境，懸賞捉拿他，便可以不勞兵將就平定了。」魏明帝不聽，任命公孫淵為揚烈將軍、遼東太守。

吳王任命揚州牧呂範為大司馬，印綬還沒有頒發下來他就去世了。當初，孫策命呂範掌管財務，當時吳王孫權年輕，私下向呂範索求錢物，呂範一定報告，不敢專斷私許，當時因此被孫權怨恨。吳王孫權代理陽羨縣長時，有私用公家錢物的行為，孫策有時去核查，功曹周谷就偽造假帳，使孫權不被譴責追究，那時孫權很喜歡周谷。等到孫權統管國事，認為呂範忠誠，深為信任；因周谷偽造文書帳簿，不加任用。

三年（己酉　西元二二九年）

春，漢諸葛亮遣其將陳戒❶攻武都、陰平❷二郡，雍州❸刺史郭淮引兵救之。亮自出至建威❹，淮退，亮遂拔二郡以歸。漢主復策拜亮為丞相。

夏，四月丙申❺，吳王即皇帝位，大赦，改元黃龍。百官畢會，吳主歸功於[1]周瑜。綏遠將軍❻張昭舉笏欲褒贊功德，未及言，吳主曰：「如張公之計❼，今已乞食矣！」昭大慙，伏地流汗。吳主追尊父堅為武烈皇帝，兄策為長沙桓王，立子登為皇太子，封長沙桓王子紹為吳侯。

以諸葛恪❽為太子左輔，張休❾為右弼，顧譚❿為輔正，陳表⓫為翼正都尉⓬，而謝景、范慎、羊衜⓭等皆為賓客，於是東宮號為多士。太子使侍中胡綜作賓友

目⑭曰：「英才卓越，超踰倫匹⑮，則諸葛恪；精識⑯時機，達幽究微⑰，則顧譚；凝辯宏達⑱，言能釋結⑲，則謝景；究學甄微⑳，游、夏㉑同科，則范慎。」羊衜私駁綜曰：「元遜才而疏，子嘿精而狠㉒，叔發㉓辯而浮，孝敬㉔深而陿㉕。」衜卒以此言為恪等所惡。其後四人皆敗，如衜所言。

【章旨】以上為第五段，寫諸葛亮第三次出師，蠶食曹魏武都、陰平二郡。吳諸葛恪嶄露頭角。

【注釋】❶陳戒　據《三國志・諸葛亮傳》應作「陳式」，《資治通鑑》誤。❷武都陰平　兩郡名，武都，治所下辨，在今甘肅成縣西。陰平，治所陰平道，在今甘肅文縣。❸雍州　曹魏雍州刺史治所在長安，在今陝西西安西北。❹建威　即建威城，在今甘肅成縣西北。東漢末於此置戍守。❺丙申　四月十三日。按，孫吳於黃武二年（西元二二三年）採用《乾象曆》，較魏、蜀用《四分曆》的時間一般早一日。此丙申又相合。❻綏遠將軍　官名，魏晉四十號雜號將軍中，綏遠將軍為第十四。❼張公之計　指建安十三年曹操帶兵下江南，張昭主張迎降。❽諸葛恪　字元遜，諸葛瑾長子。後為撫越將軍、丹陽太守，率兵進攻山越，遷出不少山越民至平原，並以其丁壯為兵。孫權死後，恪輔立孫亮，任大將軍，執國政，後被孫峻所殺。傳見《三國志》卷六十四。❾張休　字叔嗣，張昭之子。後官至揚武將軍，被誣告賜死。傳見《三國志》卷五十二。❿顧譚　字子嘿，顧雍之孫。後為太常，平尚書事，因被誣譖，流放交州而亡。傳見《三國志》卷五十二。⓫陳表　字文奧，陳武之子。後官至偏將軍，封都鄉侯。傳見《三國志》卷五十五。⓬翼正都尉　官名，與上文左輔、右弼、輔正都尉皆為孫吳所置，職責是侍從輔導太子。⓭衜　古「道」字。⓮目　意謂根據某人的才品進行評論。⓯超踰倫匹　超過同輩人。⓰精識　見解深刻。⓱達幽究微　洞察隱微。⓲凝辯宏達　謂論辯堅定，論據充實，論理明白通達。⓳釋結　解開疙瘩，開釋疑問。⓴甄微　辨別細緻。㉑游夏　孔子弟子子游、子夏。兩人均精通文獻。《論語・先進》曰：「文學，子游、子夏。」這裡藉以讚譽范慎經學、文獻底子深厚。㉒狠　心狠。㉓叔發　謝景字叔發。㉔孝敬　范慎字孝敬。㉕陿　心胸褊狹。

【校記】①於　原無此字。據章鈺校，甲十六行本、乙十一行本、孔天胤本皆有此字，今據補。

【語譯】三年（己酉　西元二二九年）

春，漢諸葛亮派部將陳戒攻打武都、陰平二郡，雍州刺史郭淮率軍救援。諸葛亮親自出兵到建威，郭淮退走，諸葛亮於是攻克二郡後回師。漢後主又委任諸葛亮為丞相。

夏，四月十三日丙申，吳王孫權登皇帝位，大赦天下，改年號為黃龍。文武百官都來朝會，吳主歸功於周瑜。綏遠將軍張昭捧起朝笏準備稱頌孫氏的功德，還沒來得及開口，吳主說：「如果當初按張公的計謀行事，現在已經討飯了！」張昭大為慚愧，伏地流汗。吳主孫權追尊父親孫堅為武烈皇帝，哥哥孫策為長沙桓王，冊立兒子孫登為皇太子，封長沙桓王的兒子孫紹為吳侯。

吳主任命諸葛恪為太子左輔，張休為右弼，顧譚為輔正，陳表為翼正都尉，而謝景、范慎、羊衜等都為賓客，因而太子的東宮號稱人才濟濟。太子命侍中胡綜作〈賓友目〉說：「英才卓越，超越同輩，是諸葛恪。深刻認識時機，洞察隱微，是顧譚。論辯通達，善解疑難，是謝景。學識精微，可比擬子游、子夏，是范慎。」羊衜私下駁斥胡綜說：「諸葛恪有才但粗疏，顧譚精明但狠戾，謝景善辯但虛浮，范慎深邃但褊狹。」羊衜終於因此言論被諸葛恪等人憎惡。後來這四人都遭失敗，正如羊衜所說。

吳主使以並尊二帝之議往告于漢。漢人以為交之無益而名體弗順，宜顯明正義，絕其盟好。丞相亮曰：「權有僭逆之心久矣，國家所以略其釁情❶者，求掎角❷之援也。今若加顯絕，讎我必深，更當[1]移兵東戍，與之角力，須并其土，乃議中原。彼賢才尚多，將相輯穆❸，未可一朝定也。頓兵相守，坐而須❹老，使北賊❺得計，非算之上者。昔孝文卑辭匈奴，先帝優與吳盟，皆應權通變，深

思遠益，非若匹夫之忿者也。今議者咸以權利在鼎足，不能并力，且志望已滿，無上岸之情❻。推此，皆似是而非也。何者？其智力不侔❼，故限江自保。權之不能越江，猶魏賊之不能渡漢❽，非力有餘而利不取也。若大軍致討，彼高當分裂其地以為後規，下當略民廣境，示武於內，非端坐者也。若就其不動而睦於我，我之北伐，無東顧憂，河南之眾不得盡西❾，此之為利，亦已深矣。權僭逆之罪，未宜明也。」乃遣衛尉❿陳震⓫使於吳，賀稱尊號。吳主與漢人盟，約中分天下，以豫、青、徐、幽屬吳，兗、冀、并、涼屬漢，其司州⓬之土，以函谷關⓭為界。

張昭以老病上還官位及所統領，更拜輔吳將軍，班亞三司，改封婁侯，食邑萬戶。昭每朝見，辭氣壯厲，義形於色，曾已⓮[2]直言逆旨，中不進見。後漢使來，稱漢德美，而羣臣莫能屈。吳主歎曰：「使張公在坐，彼不折⓯則廢⓰，安復自誇乎！」明日，遣中使勞問，因請見昭，昭避席⓱謝，吳主跪⓲止之。昭坐定，仰曰：「昔太后、桓王不以老臣屬⓳陛下，而以陛下屬老臣，是以思盡臣節以報厚恩，而意慮淺短，違逆盛旨。然臣愚心所以事國，志在忠益畢命而已。若乃變心易慮以偷榮取容，此臣所不能也。」吳主辭謝焉。

【章旨】以上為第六段，寫孫權稱帝，蜀使陳震使吳慶賀，吳蜀訂立中分天下條約。

【注釋】❶釁情　隙欲；非分的欲望。❷掎角　謂牽制夾擊敵人。❸輯穆　和睦。穆，通「睦」。❹須　等到。❺北賊　指曹魏。❻無上岸之情　謂孫權只求保江東，無上岸北討曹魏的打算。❼不侔　不等；不夠。❽漢　漢水。❾河南之眾不得盡西　指曹魏河南之兵須防備孫吳，不可能完全調到西邊與蜀漢抗爭。❿衛尉　官名，漢九卿之一，掌宮門警衛及宮中巡邏。⓫陳震　（？—西元二三五年）字孝起，南陽（治所在今河南南陽）人，隨劉備入蜀，初為汶山、犍為太守。後主劉禪時，為尚書令，以衛尉出使孫吳有功，封城陽亭侯。傳見《三國志》卷三十九。⓬司州　此司州非曹魏之司州，指漢代司隸校尉部。曹魏以河南尹、河內、河東、弘農、平陽等五郡為司州，以剩餘的漢司隸校尉部合於雍州。漢司隸校尉部轄三輔（京兆尹、左馮翊、右扶風）、三河（河南尹、河內郡、河東郡）及弘農郡。⓭函谷關　在今河南新安東。⓮已　通「以」。因為。⓯折　屈。⓰廢　喪氣。⓱避席　古人席地而坐，避席即離開座位。⓲跪　古人鋪席於地，兩膝著席，臀部壓在腳跟上叫坐；臀部離腳跟、伸直腰叫跪。⓳屬　即「囑」。託付。

【校記】①更當　原作「當更」。據章鈺校，甲十六行本、乙十一行本皆作「更當」，今據改。②已　原誤作「巳」。據章鈺校，乙十一行本作「以」，與「已」通，古代典籍中常互寫，今據改。

【語譯】吳主派使者把並尊吳蜀二帝的建議前去告知蜀漢。蜀漢大臣認為與吳結交沒有好處，雙方稱帝名不正言不順，蜀國應申明大義，斷絕與吳國的友好結盟。丞相諸葛亮說：「孫權有僭逆的野心已經很久了，我國之所以不去追究他的僭位野心，為的是利用吳國來牽制曹魏，作為援軍。現在如果公開斷絕關係，吳對我會加深怨恨，我們勢必轉移兵力防守東方，跟吳國較量，只有等到吞併吳國之後，才可以謀議中原。吳國賢才仍然很多，將相團結和睦，不可能很快平定。屯兵相守，坐而等老，讓北方的魏賊陰謀得逞，這不是上策。從前漢文帝對匈奴卑詞謙下，先帝寬容大度與吳結盟，都是一時的權宜變通之計，深思長遠的利益，不像匹夫為一時忿恨用事。現在參與謀議的人都認為孫權以鼎足三分為有利，而不願合力對敵，再說孫權已志得意滿，沒有上岸北伐的雄心了。其實這些說法，都似是而非。為什麼？孫權的智力和兵力都不能與魏相敵，因此才以長江為限以求自保。孫權不能越過長江北上，就像魏賊不能渡過漢水南下一樣，不是力量有餘，而不

奪取利益。如果我國大軍伐魏，孫權的上策應當是分佔魏國土地以為將來事業的根基，下策也會去擄掠魏國民眾，廣拓疆土，向國內顯示威武，不會端坐不動的。即使他不行動而與我國和睦，我軍北伐，沒有東顧之憂，牽制魏國黃河以南的軍隊無法全部西進，只此一項利益，也已經夠深遠的了。因而對孫權僭逆的罪過，不應當顯著揭露。」於是派衛尉陳震出使吳國，祝賀孫權稱帝登極。吳主與漢結盟，約定中分天下，豫、青、徐、幽四州歸屬吳，兗、冀、并、涼歸屬漢，司州地區，以函谷關為界。

吳國張昭因為年老有病辭去官職，歸還所轄軍隊，改任為輔吳將軍，官位僅次於三公，改封婁侯，食邑一萬戶。張昭每次上朝，語氣雄壯嚴肅，滿臉正義之色，曾因直言違逆孫權的旨意，此後不肯進見孫權。後來漢使來吳，稱頌漢德之美，但群臣沒有誰能讓漢使屈服。吳主歎息說：「假若張公在座，漢使不折服也會喪氣，哪能再讓他自誇呢！」第二天，派中使慰問張昭，藉機請見張昭，張昭離開座位請罪，吳主跪下阻止。張昭坐定後，仰起頭說：「從前太后、桓王沒有把老臣託付給陛下，而是把陛下託付給老臣，因此我想盡臣節來報答厚恩，只因見識短淺，違背了陛下旨意。然而我是一心為國，志在盡忠效命死而後已。至於要老臣改變心志，用苟且逢迎來換取榮華富貴，這是老臣做不到的。」吳主向張昭表示歉意。

元城哀王禮❶卒。

六月癸卯❷，繁陽王穆❸卒。○戊申❹，追尊高祖大長秋❺曰高皇帝，夫人吳氏曰高皇后。

秋，七月，詔曰：「禮，王后無嗣，擇建支子❻以繼大宗❼，則當纂正統而奉公義，何得復顧私親哉！漢宣繼昭帝後，加悼考以皇號❽；哀帝以外藩援立❾，

而董宏等稱引亡秦⑩，惑誤時朝，既尊恭皇⑪，立廟京都，又寵藩妾⑫，使比長信，敘昭穆⑬於前殿，並四位於東宮⑭，僭差無度，人神弗祐，而非罪師丹忠正之諫，用致丁、傅焚如之禍⑮。自是之後，相踵行之⑯。昔魯文逆祀⑰，罪由夏父；宋國非度⑱，譏在華元。其令公卿有司深以前世行事為戒，後嗣萬一有由諸侯入奉大統⑲，則當明為人後之義，敢為佞邪導諛時君，妄建非正之號，以干正統，謂考為皇，稱妣為后，則股肱大臣誅之無赦。其書之金策，藏之宗廟，著于令典⑳。」

九月，吳主遷都建業㉑，皆因故府，不復增改。留太子登及尚書九官㉒於武昌，使上大將軍㉓陸遜輔太子，并掌荊州及豫章三郡㉔事，董督㉕軍國。

南陽劉廙㉖嘗著先刑後禮論，同郡謝景稱之於遜，遜呵之[1]曰：「禮之長於刑久矣，廙以細辯而詭㉗先聖之教，君今侍東宮，宜遵仁義以彰德音，若彼之談，不須講也！」

太子與西陵㉘都督步騭㉙書，求見啟誨，騭於是條于時事業在荊州界者，及諸僚吏行能以報之，因上疏獎勸曰：「臣聞人君不親小事，使百官有司各任其職。故舜命九賢㉚，則無所用心，不下廟堂㉛而天下治也。故賢人所在，折衝㉜萬里，信國家之利器，崇替㉝之所由也。願明太子重以經意，則天下幸甚！」

張紘還吳迎家，道病卒。臨困，授子靖[2]留牋㉞曰：「自古有國有家者，咸欲脩德政以比隆盛世，至於其治，多不馨香㉟。非無忠臣賢佐也，由主不勝其情，弗能用耳。夫人情憚難而趨易，好同而惡異，與治道相反。傳曰：『從善如登，從惡如崩。』㊱言善之難也。人君承奕世㊲之基，據自然之勢，操八柄㊳之威，甘易同之歡，無假取於人。而忠臣挾難進之術，吐逆耳之言，其不合也，不亦宜乎！離則有釁㊴，巧辯㊵緣間，眩㊶於小忠，戀於恩愛，賢愚雜錯，黜陟㊷失序，其所由來，情亂之也。故明君寤之，求賢如飢渴，受諫而不厭，抑情損欲，以義割恩，則上無偏謬㊸之授，下無希冀㊹之望矣。」吳主省書，為之流涕。

【章旨】以上為第七段，寫魏明帝無子，預下支子入承大統不得顧私親之詔。孫權定都建業。

【注釋】❶禮　曹禮，魏文帝曹丕第六子，封元城王，死後諡曰哀。❷癸卯　六月二十一日。❸穆　曹穆，魏明帝曹叡之子，封繁陽，死後諡曰穆。❹戊申　六月二十六日。❺大長秋　官名，漢代皇后的近侍宦官，負責傳達皇后旨意，管理宮中事務。此大長秋指魏明帝的高祖曹騰，他在漢桓帝時任大長秋。❻支子　嫡長子及繼承先祖的兒子為宗子，其餘的兒子為支子。❼大宗　始祖的嫡長子孫一系為大宗，其餘的子孫為小宗。❽加悼考以皇號　漢宣帝是漢武帝史皇孫之子、戾太子之孫。漢武帝晚年因巫蠱事，戾太子自殺，史皇孫被害。漢宣帝即位後，追諡史皇孫為悼，後又尊稱為皇考。見《漢書・宣帝紀》。❾哀帝以外藩援立　漢哀帝是漢成帝異母弟定陶恭王劉康之子，漢成帝無子，死後以哀帝繼位，故謂之外藩援立。❿董宏等稱引亡秦　漢哀帝即位後，成帝母王太后稱太皇太后，居長信宮，成帝趙皇后稱皇太后，高昌侯董宏便上書請依秦莊襄王尊生母夏氏、養母華陽夫人俱為太后之例，尊哀帝祖母傅氏為太后、母丁氏為皇后。當時師丹等認為董宏「引稱亡秦以為比喻，

註誤聖朝」，應治罪。事見《漢書・師丹傳》。⓫既尊恭皇　漢哀帝即位後，尊定陶恭王劉康為恭皇。⓬又寵藩妾　董宏之議被駁後，哀帝祖母傅氏大怒，一定要稱尊號，哀帝遂尊傅氏為恭皇太后，丁氏為恭皇后。⓭昭穆　古代的宗法制度，宗廟或墓地的輩次排列有嚴格的規定，始祖居中，二世、四世、六世等偶數世代位於左方，稱為昭；三世、五世、七世等奇數世代位於右方，稱為穆。以此來分別宗族內部的長幼親疏遠近。⓮東宮　指太后宮。當時太皇太后王氏稱長信宮，後來漢哀帝又尊傅恭皇太后為皇太太后，稱永信宮，尊丁恭皇后為帝太后，稱中安宮；再加趙皇太后，並為四太后。⓯致丁傅焚如之禍　漢平帝即位後，王莽執政，貶傅太后號為定陶恭王母、丁太后號為丁姬。後又發掘傅氏、丁氏墓，改用民禮埋葬。當打開丁氏棺槨時，突然起火，其中器物全遭焚毀。事見《漢書・外戚孝元傅昭儀傳》。⓰相踵行之　指漢安帝尊父清河孝王劉慶為孝德皇，漢桓帝尊祖父河間孝王劉開為孝穆皇、父蠡吾侯劉志為孝崇皇，漢靈帝尊祖父河間王劉淑為孝元皇、父解瀆亭侯劉萇為孝仁皇。以上各王侯之妃皆尊為后。⓱魯文逆祀　春秋時，魯閔公死後魯僖公繼位，雖然二公是兄弟關係，但僖公是襲閔公之位，按宗法之禮，在太廟中，閔公的神位當然應在僖公之前，而魯文公二年之太廟祭祀，卻將僖公之神位升於閔公之前，這就叫逆祀。當時為宗伯的夏父弗忌還說，他看到新鬼（指僖公）大，故鬼（指閔公）小，先大後小，是順序，是合於禮的。而當時的正人君子認為這樣做是失禮的。事見《左傳》文公二年。⓲宋國非度　春秋時，宋文公死，始為厚葬，墓中用了蚌蛤炭和木炭，增加了隨葬車馬和器物，還用了人殉（活人隨葬），棺和槨也精緻華麗。當時君子就說，宋國的執政大臣華元有失臣道，國君活著的時候隨他去放縱作惡，死了以後又增加其奢侈，這還算什麼大臣？事見《左傳》成公二年。⓳大統　皇帝位。⓴令典　國家之憲章法令。㉑建業　縣名，原名秣陵，孫權改稱建業，縣治在今江蘇南京。㉒九官　即九卿。㉓上大將軍　官名，又稱為上軍大將軍，魏、吳皆置，位在大將軍上，是將軍的最高稱號。㉔三郡　指豫章、鄱陽、廬陵三郡。豫章郡治所南昌，在今江西南昌。鄱陽郡治所鄱陽縣，在今江西鄱陽東。廬陵郡治所高昌，在今江西吉安南。㉕董督　總督。㉖劉廙　字恭嗣，南陽（今河南南陽）人。東漢末名士，魏大臣。初從劉表，投歸曹操為黃門侍郎，文帝代漢，擢為侍中，賜爵關內侯。傳見《三國志》卷二十一。㉗詭　欺詐。㉘西陵　縣名，即漢之夷陵，孫權改名西陵，縣治在今湖北宜昌東南。孫吳在邊要之地皆置督，而西陵是吳國之西門，故特置都督鎮守。㉙步騭　字子山，臨淮淮陰（今江蘇淮陰南）人，初為孫權車騎將軍東曹掾，又為交州刺史。孫權稱帝後，為驃騎將軍，都督西陵。後官至丞相。傳見《三國志》卷五十二。㉚舜命九賢　指舜任命禹為司空（掌水土）、棄為后稷（掌農事）、契為司徒（掌教化）、皋陶為士（掌刑獄）、垂為共工（掌百工）、益為朕虞（掌山澤）、伯夷為秩宗（掌郊廟）、夔為典樂（掌音樂教化）、龍為納言（掌出納王命）。事見《尚書・舜典》。㉛廟

堂　宗廟明堂。古代帝王遇大事，必告於宗廟，議於明堂。後世又以廟堂指朝廷。㉜折衝　謂擊退敵軍。衝，戰車。㉝崇替　興亡。㉞留牋　遺表。㉟馨香　香美。㊱傳曰三句　引自《周禮・天官》。㊲奕世　累世。㊳八柄　古代帝王駕御臣下的八種手段，即爵（封爵）、祿（俸祿）、予（賜予）、置（安置）、生（養）、奪（沒收）、廢（放逐）、誅（責備）。事見《周禮・天官・太宰》。㊴離則有釁　謂忠臣直言敢諫，多有逆耳之言，因而不合君主之意，於是君主與忠臣之間便有了隔閡。㊵巧辯　花言巧語。㊶眩　迷惑。㊷黜陟　謂進退人才。降官稱黜，升官稱陟。㊸偏謬　偏頗；偏愛。㊹希冀　非分之想。

【校記】①之　據章鈺校，甲十六行本、乙十一行本皆作「景」。②靖　原無此字。據章鈺校，甲十六行本、乙十一行本、孔天胤本皆有此字，張敦仁《通鑑刊本識誤》、張瑛《通鑑校勘記》同，今據補。

【語譯】魏國元城哀王曹禮去世。

六月二十一日癸卯，繁陽王曹穆去世。○二十六日戊申，魏明帝追尊高祖大長秋曹騰為高皇帝，夫人吳氏為高皇后。

秋，七月，魏明帝下詔說：「禮制規定，王后沒有生兒子，選立旁支之子以繼承大宗，就應承襲大宗為正統，奉規制守正義，豈能再顧及個人原來的親情呢？漢宣帝繼為昭帝之後，追謚自己的生父為悼，又尊稱皇考；哀帝以外藩入承大統即位，而董宏等援引亡秦為例，迷惑當時的朝廷，既尊生父劉康為『恭皇』，在京都建立宗廟，又尊崇劉康的妃妾傅昭儀為恭皇太后，把她與長信宮裡的太后相比，在朝廷前殿排列恭皇和元帝的宗廟次序，在東宮並列四位太后，僭越禮制，毫無法度，人神都不會保佑，卻反而非難歸罪忠正規勸的師丹，招致丁太后和傅昭儀死後被火焚身之禍。從此之後，相繼效法。從前魯文公違禮祭祀，罪魁禍首是夏父弗忌；宋文公厚葬過度，華元應受責難。現今詔令公卿及有關負責官員要深深地以前代的做法為鑑戒，皇室後裔若有由諸侯入奉大統的，就應當明白作為他人之後的大義，有敢用奸邪之道誘導諛媚當時君主，妄自建立非正統的名號，冒犯正統，稱其父為皇，其母為后，那麼輔佐大臣也誅殺無赦。將這些內容寫在金策上，收藏於宗廟裡，載入法典中。」

九月，吳主遷都建業，使用舊有的官府，不再增修改建。讓太子孫登和尚書九卿留守武昌，命令上大將

軍陸遜輔佐太子，並掌管荊州及豫章三郡事務，總督全國的軍政事務。

南陽人劉廙曾著〈先刑後禮論〉，同郡人謝景在陸遜面前稱讚這部書，陸遜大聲斥責謝景說：「禮教優於刑法由來已久，劉廙用繁瑣的詭辯歪曲先聖的教誨，你如今侍奉東宮太子，應當遵循仁義之道來彰顯有德之言，像劉廙那樣的話，不可再講了！」

太子孫登寫信給西陵都督步騭，要求見面請教。步騭因此把荊州地區的事務，以及其各官吏的品行才能逐條一一報告給孫登，藉機上書鼓勵規勸孫登說：「我聽說君主不親自處理小事，讓各級官吏各司其職。所以虞舜任命了九位賢人，自己就無所用心，不出廟堂而天下得到治理。所以賢人在位，就能拒敵於萬里之外，他們確實是國家利器，興亡的關鍵。希望英明的太子特別留意，那真是天下的幸運！」

張紘回到吳郡迎接家眷，在途中生病去世。臨終前，把呈交孫權的遺表交給兒子張靖，遺表上說：「自古擁有國家的人，都想修明德政與太平盛世比美，至於他們的治理，大多不夠完美。並不是沒有忠臣賢良輔佐，原因是君主無法克制私情，不能任用他們。人之常情是畏難趨易，喜歡相同的意見，憎惡不同的見解，與治國之道相違背。《傳》上說：『從善就像登高一樣，從惡就像山崩一樣。』說的是從善的艱難。君主繼承累世的基業，據有至高無上的權勢，操持八種權柄的威嚴，喜歡和易贊同的話帶來的歡樂，無需採納別人的意見。而忠臣提出難以實現的治國之策，口出逆耳之言，不合君主的心意，這不是很自然的事嗎！上下離心離德就會出現裂隙，花言巧語的小人乘機離間，君主被這些小忠小信所迷惑，迷戀於個人的恩愛，賢良和愚惡混雜，罷黜與提升失去標準，形成這種情況的根源，就是私情作亂。因此聖明的君主省悟此事此情，於是求賢如飢似渴，接受規勸而不滿足，抑制自己的情欲，用大義割斷私恩，那麼君主用人就不會發生偏頗，臣下就不會產生非分之想了。」吳主讀了這篇遺表，感動得涕淚橫流。

冬，十月，改平望觀❶曰聽訟觀。帝常言：「獄者，天下之性命也。」每斷

大獄，常詣觀臨聽之。初，魏文侯師李悝❷著法經六篇，商君受之以相秦。蕭何定漢律，益為九篇，後稍增至六十篇。又有令三百餘篇，決事比❸九百六卷，世有增損，錯糅❹無常，後人各為章句❺，馬、鄭❻諸儒十有餘家，以至於魏，所當用者合二萬六千二百七十二條，七百七十三萬餘言，覽者益難。帝乃詔但用鄭氏章句。尚書衛覬奏曰：「刑法者，國家之所貴重，而私議之所輕賤；獄吏者，百姓之所縣❼命，而選用者之所卑下。王政之敝，未必不由此也，請置律博士❽。」帝從之。又詔司空陳羣、散騎常侍劉邵❾等刪約漢法，制新律十八篇，州郡令❿四十五篇，尚書官令、軍中令合百八十餘篇，於正律九篇為增，於旁章科令為省矣。

十一月，洛陽廟成，迎高、太、武、文⓫四神主于鄴。

十二月，雍丘王植徙封東阿。

漢丞相亮徙府營於南山⓬下原上，築漢城於沔陽⓭，築樂城於成固⓮。

【章旨】以上為第八段，寫魏明帝頒布新律。

【注釋】❶平望觀　在洛陽華林園東南。❷李悝　戰國時法家。曾任魏文侯相，使魏國富兵強。李悝所著《法經》是中國最早的法典，有〈盜法〉、〈賊法〉、〈囚法〉、〈捕法〉、〈雜律〉、〈具法〉六篇。❸決事比　供獄官判斷獄訟的比附案例。獄官

判斷獄訟時，如無舊例可援，則可比附《決事比》中之他例以判決。比，以例相比況。❹糅　混雜。❺章句　分析古書的章節、句讀。❻馬鄭　馬融、鄭玄，東漢末之大經學家。❼縣　「懸」本字。❽律博士　屬廷尉。❾劉卲　「卲」《三國志》作「劭」。字孔才，廣平邯鄲（今河北邯鄲）人，魏文帝黃初中為尚書郎、散騎侍郎，受詔纂《皇覽》。魏明帝時，為騎都尉，作《新律》十八篇，又著《律略論》。後又受詔作《都官考課》。一生著述頗多，《法令》、《人物志》為其代表。傳見《三國志》卷二十一。❿州郡令　施行於刺史、太守。下文《尚書官令》施行於國政，《軍中令》施行於軍伍。⓫高太武文　指高帝曹騰、太帝曹嵩、武帝曹操、文帝曹丕。⓬南山　即秦嶺。⓭沔陽　縣名，縣治在今陝西勉縣東南。⓮成固　縣名，縣治在今陝西城固西北。

【語　譯】冬，十月，魏改平望觀為聽訟觀。魏明帝常說：「審獄斷案，關係到天下人的性命。」因此每次審斷重要案件，魏明帝經常到聽訟觀旁聽。古時，魏文侯的老師李悝著《法經》六篇，商鞅接受李悝的法理，用它來輔佐秦國。蕭何據此制定《漢律》，增為九篇，後來逐漸增到六十篇。另有《令》三百多篇，《決事比》九百零六卷，歷代有增有減，錯雜混亂，沒有定本。後來人各自引章析句以解讀，有馬融、鄭玄諸儒十多家，以致到了魏朝，應用的條令合計二萬六千二百七十二條，七百七十三萬多字，閱讀起來更加困難。魏明帝於是下詔只用鄭玄一家的章句。尚書衛覬上奏說：「刑法，是國家十分重視的，但是人們私下議論往往輕視它。法官之職，掌管百姓的性命，但選拔法官的官員認為法官地位卑下。國家政治的敝端，未必不是由此引起的，請求設置法律博士。」魏明帝採納了這個建議。又詔令司空陳羣、散騎常侍劉卲等刪減漢代的法律，制定《新律》十八篇，《州郡令》四十五篇，以及《尚書官令》、《軍中令》共計一百八十多篇，比蕭何的《正律》九篇有所增加，但比起其他附屬律令要減省許多。

十一月，洛陽的宗廟建成，從鄴城把高帝、太帝、武帝、文帝四位祖先的神主迎到宗廟供奉。

十二月，魏明帝改封雍丘王曹植為東阿王。

漢丞相諸葛亮將相府軍營遷移到南山下的高地上，在沔陽縣築漢城，在成固縣築樂城。

四年（庚戌　西元二三〇年）

春，吳主使將軍衛溫、諸葛直將甲士萬人，浮海求夷洲❶、亶洲❷，欲俘其民以益眾。陸遜、全琮皆諫，以為：「桓王創基，兵不一旅。今江東見❸眾，自足圖事，不當遠涉不毛，萬里襲人，風波難測。又民易水土，必致疾疫，欲益更損，欲利反害；且其民猶禽獸，得之不足濟事，無之不足虧眾。」吳主不聽。

尚書琅邪諸葛誕❹、中書郎❺南陽鄧颺等相與結為黨友，更相題表❻，以散騎常侍❼夏侯玄❽等四人為四聰，誕輩八人為八達。玄，尚之子也。中書監❾劉放子熙、中書令孫資子密、吏部尚書❿衛臻子烈三人咸不及比⓫，以其父居勢位，容之為三豫⓬。

行⓭司徒事董昭上疏曰：「凡有天下者，莫不貴尚敦樸忠信之士，深疾虛偽不真之人者，以其毀教亂治，敗俗傷化也。近魏諷伏誅建安之末，曹偉斬戮黃初之始。伏惟前後聖詔，深疾浮偽，欲以破散邪黨，常用切齒。而執法之吏，皆畏其權勢，莫能糾擿⓮，毀壞風俗，侵欲滋甚。竊見當今年少不復以學問為本，專更以交游為業；國士不以孝悌清脩為首，乃以趨勢游利為先。合黨連羣，互相褒歎，以毀訾⓯為罰戮，用黨譽為爵賞，附己者則歎⓰之盈言⓱，不附者則為作瑕釁⓲。

至乃相謂：『今世何憂不度邪，但求人道不勤，羅之不博耳⑲；人何患其不己知[1]，但當吞之以藥而柔調耳⑳。』又聞或有使奴客名作在職家人㉑，冒之出入，往來禁奧㉒，交通書疏，有所探問。凡此諸事，皆法之所不取，刑之所不赦，雖諷、偉之罪，無以加也。」帝善其言。

二月壬午㉓，詔曰：「世之質文㉔，隨教而變。兵亂以來，經學廢絕，後生進趣㉕，不由典謨㉖，豈訓導未洽，將進用者不以德顯乎？其郎吏㉗學通一經，才任牧民，博士課試，擢㉘其高第㉙者，亟用；其浮華不務道本者，罷退之。」於是免誕、颺等官。

【章旨】以上為第九段，寫吳主孫權浮海經營臺灣。魏司徒董昭上疏禁朋黨浮華。

【注釋】❶夷洲　島名，即今臺灣。《太平御覽》卷七百八十引《臨海水土志》所記夷洲的方位、氣候、地形、物產以及當地的風俗習慣，均與臺灣的自然環境及高山族的情況相符合。❷亶洲　島名，今地未詳。《史記・秦始皇本紀》張守節《正義》引《括地志》說：「亶洲在東海中，秦始皇使徐福將童男女入海求仙人，止在此洲，共數萬家，至今洲上人有至會稽市易者。吳人《外國圖》云亶洲去琅邪萬里。」❸見　「現」的本字。❹諸葛誕　字公休，琅邪陽都（今山東臨沂）人，諸葛亮之同族。魏明帝時為御史中丞、尚書。齊王芳正始中為揚州刺史、昭武將軍。後為征東大將軍，封高平侯。高貴鄉公曹髦即帝位後，司馬昭專權，誕據淮南反司馬氏，兵敗被殺。傳見《三國志》卷二十八。❺中書郎　官名，即通事郎，魏文帝所置，魏明帝時又改稱中書侍郎，為中書監、令之副，佐典尚書奏事。❻題表　品題表彰。即對人物評價後進行宣揚。❼散騎常侍　官名，魏文帝所置，備顧問，掌規諫。❽夏侯玄　（西元二〇九—二五四年）字太初，夏侯尚之子。齊王芳正始中曹

爽輔政，玄為散騎常侍、中護軍，又為征西將軍，假節都督雍、涼州諸軍事。後被司馬氏所誅殺。傳見《三國志》卷九。❾中書監　官名，魏文帝黃初初改祕書令置中書監、令，以參與機要，主擬詔旨。中書監位次略高於中書令。❿吏部尚書　官名，曹魏改選部尚書為吏部尚書，主官吏之選用。⓫比　並列。⓬三豫　謂三人得參與品題。豫，通「與」。⓭行　代理。董昭資望輕，不能為三公，故為行司徒事。⓮糾擿　揭發檢舉。⓯毀呰　詆毀。⓰歎　讚歎。⓱盈言　謂過分稱讚。⓲瑕釁　缺陷；過錯。⓳今世何憂不度邪三句　意謂廣布黨友，則互為羽翼，身安而無患，可以度世。⓴人何患其不己知二句　胡三省注：「謂毀譽所加，彼誠好譽而惡毀，則其心柔服調順，於我無忤，如吞之以藥也。」㉑在職家人　在職僕役。如尚書之主書、蒼頭、廬兒之類。㉒禁奧　宮中。㉓壬午　二月初四。㉔質文　質樸與文雅。㉕趣　通「趨」。趨向。㉖典謨　《尚書》中有〈堯典〉、〈舜典〉、〈大禹謨〉、〈皋陶謨〉等篇，因以典謨泛指儒家經典。㉗郎吏　指尚書郎。尚書郎初至尚書臺稱守尚書郎，一年後稱尚書郎，三年後選拔其能幹者，稱尚書侍郎。㉘擢　提拔。㉙高第　考試成績列入優等。

【校　記】①己知　據章鈺校，甲十六行本、乙十一行本二字皆互乙。

【語　譯】四年（庚戌　西元二三〇年）

春，吳主派將軍衛溫、諸葛直甲冑之卒一萬人，渡海尋找夷洲、亶洲，想俘獲當地百姓來擴充兵力。陸遜、全琮都加勸阻，認為：「桓王孫策創立基業時，兵眾不足一旅。目前江東現有部眾，自身足夠用以謀事，不應當遠涉不毛之地，到萬里之外去擄掠他人，海上風波難以預測。況且士兵改換水土環境，一定會生病，本想增加兵力，反而受損；本想獲得利益，反而遭受禍害。況且那裡的百姓猶如禽獸，得到他們不足以成事，沒有他們也不會兵力虧損。」吳主不聽從。

魏國尚書琅邪人諸葛誕、中書郎南陽人鄧颺等相互結成朋黨，互相品題稱揚，以散騎常侍夏侯玄等四人為「四聰」，諸葛誕等八人為「八達」。夏侯玄，是夏侯尚的兒子。而中書監劉放的兒子劉熙、中書令孫資的兒子孫密、吏部尚書衛臻的兒子衛烈都不能和他們相提並論，因為這三人的父親身居要職，容納他們為「三豫」。

代理司徒董昭上疏說：「凡是擁有天下的帝王，無不尊崇敦厚忠信之士，深惡虛偽不真誠的人，因為虛

偽的人敗壞教化，擾亂治道，傷風敗俗。近來有魏諷在建安末年被誅，曹偉在黃初初年被斬。臣低頭沉思陛下前後的詔旨，深切疾恨浮華虛偽，想要粉碎奸邪的朋黨，時常因此切齒憤恨。然而執法的官吏，都畏懼朋黨的權勢，沒人敢檢舉揭發，以致風俗敗壞的局面，日益嚴重。臣私下觀察，現今的年輕人不再把學問當做根本，專門以交遊為業；國士不把孝悌修身放在首位，卻以趨炎附勢謀取私利為先。他們拉幫結黨，相互吹捧讚歎，把詆毀當做刑罰，把朋黨的稱譽作為爵賞，依附自己的人就讚不絕口，不依附自己的人就吹毛求疵。以至於相互議論：『這一生何愁日子不好度過，只看你是否勤於人際關係，網羅的黨友是否廣泛；也無須擔心別人不知道自己，只要讓他吞下毀譽褒貶這副靈丹妙藥，他就會柔順服帖。』又聽說有人用他的奴僕賓客充當在職的差役，冒名出入官府，往來宮禁，傳遞書信，探聽宮中的奧密。所有這一切，都是法律所不容許的，刑罰所不赦免的，即使是魏諷、曹偉的罪行，也不比這更嚴重。」魏明帝很贊同董昭的話。

二月初四日壬午，魏明帝下詔說：「社會風氣是質樸還是文雅，隨著教化而變化。戰亂以來，經學廢置，年輕人進取的途徑，不憑學習經典，這難道不是訓導不當，或被任用的人道德不夠顯著的緣故嗎？郎吏能通曉一經，才能可以任官治民，博士考試，要提拔成績優異的人，立即錄用；浮華不務根本之道的，罷免不用。」於是罷免了諸葛誕、鄧颺等人的官職。

夏，四月，定陵成侯鍾繇卒。

六月戊子❶，太皇太后卞氏殂。秋，七月，葬武宣皇后。

大司馬❷曹真以漢人數入寇，請由斜谷❸伐之，諸將數道並進，可以大克。帝從之，詔大將軍司馬懿泝❹漢水由西城❺入，與真會漢中，諸將或由子午谷、

或由武威❻入。司空陳羣諫曰：「太祖昔到陽平攻張魯❼，多收豆麥以益軍糧，魯未下而食猶乏。今既無所因，且斜谷阻險，難以進退，轉運必見鈔截，多留兵守要則損戰士，不可不熟慮也。」帝從羣議。真復表從子午道，羣又陳其不便，并言軍事用度之計。詔以羣議下真，真據之遂行❽。

八月辛巳❾，帝行東巡。乙未❿，如⓫許昌。

漢丞相亮聞魏兵至，次于成固赤坂⓬以待之。召李嚴使將二萬人赴漢中，表嚴子豐為江州⓭都督，督軍典嚴後事。

會天大雨三十餘日，棧道斷絕。太尉華歆上疏曰：「陛下以聖德當成、康⓮之隆，願先留心於治道，以征伐為後事。為國者以民為基，民以衣食為本。使中國無飢寒之患，百姓無離上之心，則二賊⓯之釁可坐而待也。」帝報曰：「賊憑恃山川，二祖⓰勞於前世猶不克平，朕豈敢自多，謂必滅之哉！諸將以為不一探取，無由自斃，是以觀兵⓱以闚其釁。若天時未至，周武還師⓲，乃前事之鑒，朕敬不忘所戒。」

少府楊阜上疏曰：「昔武王白魚入舟⓳，君臣變色，動得吉瑞，猶尚憂懼，況有災異而不戰竦⑳[1]者哉！今吳、蜀未平，而天屢降變，諸軍始進，便有天雨

之患，稽閡㉑山險，已積日矣。轉運之勞，擔負之苦，所費已多，若有不繼，必違本圖。傳曰：『見可而進，知難而退，軍之善政也㉒。』徒使六軍㉓困於山谷之間，進無所略，退又不得，非王兵㉔之道也。」

散騎常侍王肅㉕上疏曰：「前志㉖有之：『千里饋糧，士有飢色；樵蘇後爨㉗，師不宿飽㉘。』此謂平塗之行軍者也。又況於深入阻險，鑿路而前，則其為勞必相百也。今又加之以霖雨㉙，山坂峻滑，眾迫而不展，糧遠而難繼，實行軍者之大忌也。聞曹真發已踰月而行裁㉚半谷㉛，治道功夫，戰士悉作。是賊偏得以逸待勞，乃兵家之所憚也。言之前代，則武王伐紂，出關而復還；論之近事，則武、文征權，臨江而不濟。豈非所謂順天知時，通於權變者哉！兆民知上聖以水雨艱劇之故，休而息之，後日有釁，乘而用之，則所謂悅以犯難，民忘其死㉜者矣。」肅，朗之子也。

九月，詔曹真等班㉝師。

【章旨】以上為第十段，寫曹真伐蜀，無功而返。

【注釋】❶戊子　六月十一日。❷大司馬　官名，曹魏並置太尉與大司馬，而大司馬為上公，位在三公上。❸斜谷　在今陝西眉縣西南，為古褒斜道之北口。❹泝　逆流而上。❺西城　縣名，縣治在今陝西安康西北。❻武威　武威遠在涼州，無

必要派兵從武威入漢中。胡三省注說：「『武威』恐當作『武都』，否則『建威』也。」❼太祖昔到陽平攻張魯　事見本書卷六十七漢獻帝建安二十年。❽據之遂行　據詔出發。魏明帝本下陳羣所議與曹真商討，曹真銳意出兵，便以詔為據起行。❾辛巳　八月初五。❿乙未　八月十九日。⓫如　到。⓬赤坂　山名，即龍亭山，因山坡赤色，故名赤坂。在今陝西洋縣東二十里。魏兵泝漢水及從子午道入者，皆會於成固，所以諸葛亮率軍在成固赤坂等待魏兵。⓭江州　縣名，縣治在今重慶市南岸區。李嚴當時本都督江州，現因受命至漢中，故又命其子為都督督軍。⓮成康　指周成王與康王。成、康之時，為周代盛世。⓯二賊　指蜀漢與孫吳。⓰二祖　指曹操、曹丕。魏明帝景初初，尊曹操為太祖武皇帝，曹丕為高祖文皇帝。⓱觀兵　檢閱軍隊以炫耀武力。此指用兵。⓲周武還師　殷商末年周文王死後，周武王率軍東伐，至盟津，叛殷諸侯來會者八百，皆說：「紂可伐矣。」周武王認為時機還未成熟，遂撤軍。事見《史記・周本紀》。⓳白魚入舟　周武王東伐，至盟津渡河，船至中流，有白魚躍入船中，武王取以祭拜。事見《史記・周本紀》。⓴戰竦　通「顫悚」。恐懼發抖。㉑稽閡　阻隔不通。㉒軍之善政也　此《傳》語為《左傳》宣公十二年隨武子之言。㉓六軍　天子之軍。㉔王兵　王者之兵。㉕王肅　（？—西元二五四年）字子雍，王朗之子。魏文帝黃初中，為散騎黃門侍郎，魏明帝太和初為散騎常侍。後官至中領軍。長於經學，曾為《尚書》、《詩經》、《論語》、三《禮》、《左傳》作注解。傳見《三國志》卷十三。㉖前志　前志之語見《史記・淮陰侯列傳》李左車對陳餘之言。㉗樵蘇後爨　打柴割草然後做飯。謂行軍後勤不繼，吃飯時，臨時找米找柴。㉘宿飽　猶言隔夜飽。因晚餐多吃，至次晨仍飽。不宿飽，沒晚飯吃。㉙霖雨　連綿大雨。㉚裁　通「才」。㉛半谷　謂子午谷全程之半。㉜民忘其死　《周易・兌・彖辭》說：「說（悅）以犯難，民忘其死。」意思是說：能夠使人民喜悅，樂意冒險犯難，人民就會忘記死亡的危險。㉝班　回歸。

【校　記】①竦　據章鈺校，甲十六行本作「悚」。

【語　譯】夏，四月，定陵成侯鍾繇去世。

六月十一日戊子，太皇太后卞氏去世。秋，七月，安葬武宣皇后卞氏。

大司馬曹真認為蜀漢屢次入侵，請求經斜谷討伐他們，多路將領同時推進，可以大勝。魏明帝聽從了曹真的建議，詔令大將軍司馬懿逆漢水而上由西城進入，與曹真在漢中會合，各路將領或由子午谷、或由武威入蜀地。司空陳羣勸諫說：「先前太祖到陽平進攻張魯，大量收割豆麥以增加軍糧，張魯未被打敗而糧食就

已經匱乏，現今既無豆麥可以收割，況且斜谷地勢險阻，難以進退，轉運軍糧必被抄掠截擊，多留兵把守險要就會減少作戰的士兵，對此不可不深思熟慮。」魏明帝採納陳羣的建議。曹真又上表請求從子午道出兵，陳羣又陳述不便的理由，並談及軍事費用的情形。魏明帝下詔把陳羣的建議批示給曹真，曹真卻依據此詔立即出兵。

八月初五日辛巳，魏明帝巡視東方。十九日乙未，到達許昌。

漢丞相諸葛亮得知魏兵入侵，就結集重兵在成固赤坂等待魏兵。又召來李嚴讓他率領二萬人奔赴漢中，上表推舉李嚴的兒子李豐任江州都督，督領軍隊主管李嚴的後勤事務。

正逢大雨下了三十多天，棧道斷絕。太尉華歆上書說：「陛下的聖德相當於周成王、周康王，希望陛下首先留心治國之道，把征伐作為以後的事情。治理國家的人以百姓為基礎，百姓以衣食為根本。假若中原地區沒有飢寒的憂患，百姓沒有脫離陛下的想法，那麼消滅吳、蜀二賊的機會，可以坐而等得。」魏明帝回覆說：「敵人憑據高山大川，前世太祖和世祖奔波勞苦，尚且不能平定，我豈敢自誇，說一定能消滅他們！各位將領認為如果不做一次進取，二賊沒緣由自行敗亡，因此炫耀武力以窺視敵人的破綻。如果天時未到，就效法周武王回師，這是前車之鑑，朕誠然不會忘記歷史的教訓。」

少府楊阜上書說：「過去周武王伐紂，一條白魚躍入所乘舟中，君臣大驚失色。舉動獲得吉祥的徵兆，尚且憂慮害怕，何況面臨災異，豈能不戰慄嗎！現在吳、蜀還沒有平定，而上天屢降災變，各軍剛開始進軍，就有天降大雨的災患，被山險阻隔，已積時日。轉運軍需的勞累，肩挑背負的辛苦，耗費的已經很多，如果供應不繼，便完全違背了行動的意圖。《左傳》說：『見機可行則進軍，知難以進攻則撤退，才是用兵的良策。』白白地讓大軍被困在山谷中，進無所取，又後退不得，這不符合王者之兵的原則。」

散騎常侍王肅上書說：「從前的記載有這樣的說法：『千里轉運軍糧，士兵會餓肚皮；等候砍柴草來燒飯，軍隊沒有隔夜飽。』這說的是在平坦道路上行軍的情況。又何況是深入險阻之地，開鑿道路而進軍，如此所耗費的勞苦一定是坦路行軍的百倍。如今又加上連綿大雨，山路又陡又滑，軍隊窘迫不得施展，軍糧遙

遠難繼，這實在是行軍的大忌。聽說曹真出發已超過一個月，才走了子午谷的半程，修路的勞作，士兵們全部參加，這樣反而使敵人能以逸待勞，這更是兵家所忌憚的。拿古代來說，便是武王伐紂，出了關而又退回；拿近事來論，就是武帝、文帝征討孫權，到了長江邊而不渡。這難道不正是所謂的順應天時，通達權變的做法嗎！天下萬民知道聖上因為大雨行軍艱難的緣故，讓士兵休息，日後敵人有破綻，再乘機利用，這正是所說的軍民樂於冒險赴難，百姓才會拼死的原因。」王肅，是王朗的兒子。

九月，詔令曹真等班師。

冬，十月乙卯❶，帝還洛陽。時左僕射❷徐宣總統留事，帝還，主者奏呈文書。帝曰：「吾省❸與僕射省何異！」竟不視。

十二月辛未❹[1]，改葬文昭皇后于朝陽陵。

吳主揚聲欲至合肥❺，征東將軍❻滿寵❼表召兗、豫諸軍皆集，吳尋退還，詔罷其兵。寵以為：「今賊大舉而還，非本意也，此必欲偽退以罷吾兵，而倒還乘虛，掩不備也。」表不罷兵。後十餘日，吳果更[2]到合肥城，不克而還。

漢丞相亮以蔣琬為長史❽。亮數外出，琬常足食足兵，以相供給。亮每言：「公琰❾託志忠雅，當與吾共贊王業者也。」

青州人隱蕃逃奔入吳，上書於吳主曰：「臣聞紂為無道，微子❿先出；高祖

寬明，陳平⑪先入。臣年二十二，委棄⑫封域⑬，歸命有道，賴蒙天靈，得自全致⑭。臣至止有日，而主者⑮同之降人，未見精別，使臣微言妙旨，不得上達，於邑⑯三歎，曷惟其已⑰！謹詣闕拜章，乞蒙引見。」吳主即召入。蕃進謝，答問及陳時務，甚有辭觀⑱。侍中、右領軍⑲胡綜侍坐，吳主問：「何如？」綜對曰：「蕃上書大語⑳有似東方朔㉑，巧捷詭辯有似禰衡，而才皆不及。」吳主又問：「可堪何官？」綜對曰：「未可以治民，且試都輦㉒小職。」吳主以蕃盛語刑獄，用為廷尉監㉓。左將軍朱據、廷尉㉔郝普㉕數稱蕃有王佐之才，普尤與之親善，常怨歎其屈。於是蕃門車馬雲集，賓客盈堂，自衛將軍全琮等皆傾心接待，惟羊衜及宣詔郎㉖豫章楊迪拒絕不與通。潘濬子翥亦與蕃周旋㉗，饋餉㉘之。濬聞，大怒，疏㉙責翥曰：「吾受國厚恩，志報以命㉚，爾輩在都，當念恭順，親賢慕善，何故與降虜交，以糧餉之！在遠聞此，心震面熱，惆悵㉛累旬。疏到，急就往使受杖一百，促責所餉。」當時人咸怪之。頃之，蕃謀作亂於吳，事覺，亡走，捕得，伏誅。吳主切責郝普，普惶懼，自殺。朱據禁止㉜，歷時乃解。

武陵㉝五谿㉞蠻夷叛吳。吳主以南土清定，召交州刺史呂岱還屯長沙㉟漚口㊱。

【章　旨】以上為第十一段，寫吳主孫權識察奸佞。

【注　釋】❶乙卯　十月十一日。❷左僕射　僕射為尚書令之副。曹魏置左、右僕射，令缺，則左為省主。❸省　看閱。❹辛未　十二月二十八日。❺合肥　縣名，縣治在今安徽合肥。❻征東將軍　官名，在漢代，征東、征西、征南、征北諸將軍與雜號將軍同。曹魏以後，則四征為上，位次於三公。❼滿寵　字伯寧，山陽昌邑（今山東巨野南）人，曹魏名將，守合肥抗拒孫吳，堅如泰山。明帝時官至太尉。傳見《三國志》卷二十六。❽長史　即丞相長史，為丞相之主要屬官，職責是協助丞相，署理諸曹事。❾公琰　蔣琬字公琰。❿微子　殷紂王之庶兄。紂王無道，微子多次進諫，紂王不聽，微子遂首先出走。事見《史記・宋微子世家》。⓫陳平　陳平先在項羽部下，後懼項羽誅殺，遂投歸劉邦。⓬委棄　拋棄。⓭封域　指家鄉。⓮得自全致　謂得自全至吳。⓯主者　指主管賓客之官。⓰於邑　通「鬱悒」。憂悶；苦悶。⓱曷惟其已　此語見《詩經・綠衣》，意為怎麼能阻止得住呢。⓲辭觀　言辭與儀表。⓳右領軍　官名，孫吳置中領軍及左右領軍，掌禁軍。⓴大語　誇大之言。㉑東方朔　漢武帝時之文學家，性詼諧滑稽。㉒都輦　指京都。㉓廷尉監　官名，廷尉之屬官。㉔廷尉　官名，列卿之一，掌司法刑獄。㉕郝普　字子太，劉備自荊州入蜀，以普為零陵太守，後被呂蒙騙降至吳，官至廷尉。事見《三國志・蜀書・楊戲傳》附《季漢輔臣贊》。㉖宣詔郎　官名，孫吳所置，掌宣傳詔命。㉗周旋　謂交結往來。㉘饋餉　贈送財物。㉙疏　此指寫信。㉚志報以命　謂志在以命報效國恩。㉛惆悵　傷感。㉜禁止　拘禁。㉝武陵　郡名，治所臨沅，在今湖南常德。㉞五谿　指雄溪、樠溪、沅溪、酉溪、辰溪。在五溪流域居住著南方少數民族，當時人們稱之為「五溪蠻」。谿，同「溪」。㉟長沙　郡名，治所臨湘，在今湖南長沙。㊱漚口　今地不詳。

【校　記】①辛未　原無此二字。據章鈺校，甲十六行本、乙十一行本、孔天胤本皆有此二字，張敦仁《通鑑刊本識誤》同，今據補。②更　據章鈺校，此字下甲十六行本、乙十一行本皆有「來」字。

【語　譯】冬，十月十一日乙卯，魏明帝返回洛陽。當時左僕射徐宣留守，總管京師的事務。魏明帝回來後，各部門主管官員奏呈文書。魏明帝說：「我審閱與左僕射審閱有什麼不同！」竟然連看都不看。

十二月二十八日辛未，將文昭皇后改葬在鄴城朝陽陵。

吳主聲稱要進兵合肥，魏國征東將軍滿寵上表請調動兗州、豫州各軍都到合肥結集。吳軍很快退回，魏

明帝詔令退兵。滿寵認為：「如今敵人大舉退兵，並不是他們的本意，這一定是想偽裝撤退讓我們退兵，然後回頭乘虛而入，攻我不備。」上表請求不要退兵。十多天後，吳軍果然重到合肥城下，未能攻克城池，退了回去。

漢丞相諸葛亮任命蔣琬為長史。諸葛亮多次外出征戰，蔣琬都能調集到足夠糧食和兵員，保障了後勤供給。諸葛亮時常說：「蔣琬忠誠正直，他是和我共同輔佐帝王大業之人。」

青州人隱蕃逃奔到吳國，向吳主上書說：「臣聽說商紂暴虐無道，微子首先離國出走；漢高祖寬厚英明，陳平先來投奔。臣現年二十二歲，拋棄故土，歸附有道的君王，有賴上天之靈，得以安全抵達。臣來此已有一些時日，而主管賓客之官將臣視同降服之人，不加考察鑑別，使臣的精言妙計無法進獻，不禁憂鬱苦悶連聲歎息，怎麼能止得住呢！臣恭敬地到宮門呈上奏章，請求蒙恩召見。」吳主立即召隱蕃入宮。隱蕃上前叩謝，回答問題和議論時事，談吐舉止，不同凡響。侍中、右領軍胡綜在座，吳主問：「這人怎麼樣？」胡綜回答說：「隱蕃上書中說大話猶如東方朔，機靈敏捷、善於詭辯有如禰衡，但才能都比不上二人。」吳主又問：「他適合擔任什麼官職？」胡綜回答說：「不可以治民，暫時在京都安排低級職務試用。」吳主鑑於隱蕃談了許多關於刑獄的事，就任用他為廷尉監。左將軍朱據、廷尉郝普屢次稱讚隱蕃有輔佐帝王的才幹，郝普與隱蕃尤其親近友好，常常抱怨歎惜隱蕃受了委屈。於是隱蕃門前車馬雲集，賓客滿堂，自衛將軍全琮以下都傾心接待他，惟有羊衜和宣詔郎豫章人楊迪拒絕和隱蕃來往。潘濬的兒子潘翥也與隱蕃交往，並贈送糧食給他。潘濬聽說後，大怒，寫信責備潘翥說：「我蒙受國家的厚恩，志在以命報效，你在京都，應當心懷恭順，親近賢良，仰慕善人，為什麼和一個降賊交往，還送給他糧食！我在遠方聽說這些，心頭震動，臉面發熱，惆悵了幾十天，書信到後，立即前往信使那裡接受一百刑杖，立刻索回所贈的糧食。」當時人都對潘濬的做法感到奇怪。不久，隱蕃陰謀在吳作亂，事情被發覺，隱蕃逃走，終被捕獲，處以死刑。吳主嚴厲地責備郝普，郝普惶恐畏懼，自殺了。拘禁了朱據，過了一段時間才釋放。

武陵五谿蠻夷反叛吳國。吳主認為南方疆土清靜安定，便召回交州刺史呂岱駐守長沙漚口。

【研析】諸葛亮北伐，是三國鼎立時期的一件大事。本卷〈魏紀三〉和下一卷〈魏紀四〉所載史事，諸葛亮北伐也是第一大事。因此，本卷研析，著重談諸葛亮北伐的動因，下一卷研析，專題談諸葛亮北伐失敗的原因。

先說，諸葛亮北伐過程。

諸葛亮北伐，袁樞的《資治通鑑紀事本末》標目為「諸葛亮出師」，學術界研討命題為「諸葛亮北伐」。諸葛亮北伐，前後六次，五次進攻，一次防守。西元二二八年春，諸葛亮從漢中大舉出祁山，志欲一舉平隴右，由於馬謖違亮節度，兵敗街亭退回。同年，冬出散關，圍陳倉，糧盡退兵。西元二二九年，第三次出兵蠶食魏境武都、陰平二郡。西元二三〇年，魏國分兵進攻漢中，諸葛亮防守，魏兵遇雨退回。西元二三一年，諸葛亮再出祁山，糧盡退軍。諸葛亮鑑於後勤不繼，在漢中實行大規模軍屯，經過兩年的充分準備，於西元二三四年再度大舉北伐。諸葛亮出兵斜谷，屯田武功，欲與魏軍作持久戰，因積勞成疾，病逝五丈原而罷兵。由於諸葛亮北伐，第一次進兵祁山，所以習慣上稱為六出祁山。

諸葛亮北伐是三國史研究中的一個熱門課題，也是一個老生常談的論題。由於諸葛亮在「隆中對策」中提出了以人謀智計安天下的路線，替劉備規劃了三分天下的藍圖，經過十餘年的征戰，得以實現。諸葛亮被目為智慧的化身，認為他的「權智英略，有逾管晏」（晉人郭沖語，見〈明帝紀〉裴注引《魏書》）。但後來諸葛亮北伐，手握重兵，卻未建奇功從而引發爭議。先不談成敗，以及諸葛亮的主觀能力，單從客觀形勢論，魏強蜀弱，魏大蜀小，而守與戰，兵力財物有三倍之差，即進攻的一方要三倍於守，才相均衡。蜀國是攻不足而守有餘，而諸葛亮為何要發動進攻呢？在當世就引起了人們的爭論。總起來說，前人有三種意見。與諸葛亮同時代的吳國大鴻臚張儼所作《默記》提出了截然相反的兩種意見。第一種意見肯定諸葛亮北伐，認為諸葛亮志在呑魏，飲馬河、洛，只是死得太早，不然一定會成功。第二種意見否定諸葛亮北伐，認為諸葛亮處益州孤絕之地，戰士不滿五萬，應閉關守境，蓄養士民，而連年動眾，「使國內受其荒殘，西土苦其役調」，空勞師旅，非明哲之士。西晉時論者，多譏諸葛亮「託身非所，勞困蜀民，力小謀大，不能度德量力」。明人

王夫之提出了第三種觀點，認為諸葛亮北伐是「以攻為守」，經略中原只不過是一個口號、一種理想而已。王夫之的觀點為近現代時賢所公認。但是以攻為守，在理論上和實踐上都是站不住腳的，也不符合諸葛亮北伐的實際。在理論上，弱國對抗強國，採取「以攻為守」，等於是弱小的一方主動挑起戰爭，古今中外無此實例。《孫子兵法》指出：「故善戰者，致人而不致於人。」魏明帝曹叡也說：「亮阻山為固，今者自來，既合兵書致人之術，破亮必也。」（《明帝紀》裴注引《魏書》）以諸葛亮之明，不至於不懂得這個起碼的軍事常識。他在《後出師表》中明確地說：「今民窮兵疲，而事不可息。」可見北伐另有深意。如果諸葛亮北伐是「以攻為守」，那應是虛張聲勢，而不會親率三軍北駐漢中。從蜀漢立國路線上說，「以攻為守」，它的潛臺詞就是說諸葛亮以守土偏安為國策，這與諸葛亮本志與隆中路線是大相逕庭的。後人從歷史事勢的分析說，劉備發動夷陵之戰，已經葬送了隆中路線，但諸葛亮並不這麼看，他還要做主觀的努力來興復漢室。北伐的最高目的就是興復漢室。千古名文《出師表》透出了個中信息。《出師表》懇切地勸說後主劉禪要奮發自勵，不要妄自菲薄而滿足於偏安王室，要親賢遠佞，興復漢室。這裡，諸葛亮表明了統一中原的壯志。他說：「今南方已定，甲兵已足，當獎率三軍，北定中原，庶竭駑鈍，攘除姦凶，興復漢室，還于舊都。」《後出師表》筆調淒涼，已無《前出師表》的英氣奮發，明知蜀國「民窮兵疲」，而仍然是「事不可息」。為什麼「事不可息」，即一定要堅持北伐呢？因為諸葛亮所處地位、所肩負責任，以及他的本志，諸葛亮堅持北伐，有以下六大主要原因。

一、興復漢室，還於舊都，是根本原因。這一動因，諸葛亮在《前出師表》中有明確論述，不贅引。

二、樹立威望，凝聚蜀漢人心。蜀漢統治集團的政治結構，有益州土著、劉璋舊部、劉備荊州集團三大部分。如何凝聚三大部分人士，團結蜀漢士民，諸葛亮必須提出服眾、威眾的基本國策。「獎率三軍，北定中原」，「興復漢室，還于舊都」，既可作激勵人心的口號，又可作壓倒一切的最高政治路線。諸葛亮《前出師表》，開門見山擺出益州面臨的艱難形勢：「先帝創業未半而中道崩殂，今天下三分，益州疲弊，此誠危急存亡之秋也。」諸葛亮緊接著筆鋒一轉，說：「然侍衛之臣不懈於內，忠志之士忘身於外者，蓋追先帝之殊遇，欲

報之於陛下也。」諸葛亮勸諫後主怎麼為宜，怎麼為不宜，用的是先帝權威，指出團結士民，就要「光先帝之遺德」，完成先帝「創業未半」的事業，那就是北伐中原。蜀漢君臣，舉國上下，一切為了北伐，一切服從北伐，這是前後兩個〈出師表〉的基調。

三、北伐曹魏，推動聯吳外交。諸葛亮在西元二二三年十月主動派鄧芝使吳，不失時機抓住曹丕大舉伐吳的有利形勢聯吳。孫權狐疑不見，鄧芝上書說：「臣今來，亦欲為吳，非但為蜀也。」孫權這才接見鄧芝，說出心裡話，「孤誠願與蜀和親」。鄧芝闡明「蜀有重險之固，吳有三江之阻。合此二長，共為脣齒」，這樣「進可并兼天下，退可鼎足而立」的道理，孫權才下定決心，與蜀聯盟，與魏斷交。西元二二九年，諸葛亮已三次北伐，曹魏兵力西調，對吳壓力減輕，孫權這才正式稱帝。諸葛亮派陳震使吳慶賀，吳蜀兩國簽訂中分天下條約，至此吳蜀聯盟才得以鞏固。如果諸葛亮不舉兵北伐，吳蜀聯盟就是一句空話。在聯吳外交上，諸葛亮北伐與聯盟是互為因果，相輔相成，形勢使然。

四、王業不偏安，北伐中原，死中求活。〈後出師表〉集中闡述「漢、賊不兩立，王業不偏安」的道理。諸葛亮認為蜀漢不北伐中原，必然坐等待亡，與其「惟坐待亡」，不如「孰與伐之」，爭一線生存希望。

五、蠶食魏境，觀釁伺隙。這一北伐戰略早為法正勸劉備取漢中時所定。法正認為，攻克漢中，「廣農積穀，觀釁伺隙，上可以傾覆寇敵，尊獎王室，中可以蠶食雍涼，廣拓境土，下可以固守要害，為持久之計」。這就是說，漢中是蜀漢生存和發展的一塊基地，固守漢中，可以持久，此為下策。以漢中為基地，兵出秦川，傾覆曹魏，此為上策。兵出隴右，廣境拓土，是為中策。諸葛亮兵出祁山，即採法正之中策。出兵蠶食魏境，才能挑起事端，才能瓦解敵人陣線，也才能吸引興漢的志士仁人，這叫「觀釁伺隙」。諸葛亮在〈後出師表〉中進一步作了發揮。諸葛亮說：「自臣到漢中，中間期年耳，然喪趙雲、陽羣、馬玉、閻芝、丁立、白壽、劉郃、鄧銅等及曲長、屯將七十餘人。」又說：「皆數十年之內所糾合四方之精銳，非一州之所有。若復數年，則損三分之二，當何以圖敵！」由此，顯然可見，諸葛亮不肯閉關息民與曹魏開展「和平競賽」，因曹魏大國，蜀漢僅有一州，雙方休養生息，國力日益拉大差距，只有坐等待亡了。諸葛亮認為，趁開疆拓土的老

一代還有人在，及早與曹魏較量，或可有為，這就是「今民窮兵疲，而事不可息」的原因之一。

六、統一大業，非己莫屬。對此，陳壽在〈上諸葛亮集表〉中有精彩評說。陳壽說：「當此之時，亮之素志，進欲龍驤虎視，苞括四海，退欲跨陵邊疆，震盪宇內。又自以為無身之日，則未有能踏步中原，抗衡上國者，是以用兵不戢，屢耀其武。」這就是諸葛亮之為諸葛亮的本志，十分中肯。至於事功成敗，那是另當別論。就其本志來說，它是一種精神。諸葛亮在〈後出師表〉中已經看到北伐難以取勝，說出「難可逆見」的話，但仍然認為，只要堅持北伐，尚有一線希望，即使一線希望也沒有，由於「王業不偏安，漢賊不兩立」，也要亮劍，「鞠躬盡力，死而後已」，這是在追步聖人孔子「知其不可而為之」的執著精神。諸葛亮的這一精神和品格修養，已成為民族文化的精神財富，涵養了中華民族的奮發自強精神。西元二三四年，諸葛亮病逝於北伐軍中，星落關中五丈原，結束了悲壯的北伐事業，「出師未捷身先死，長使英雄淚滿襟」，可歌可泣。也許諸葛亮懷抱遺恨而去，但他留給人們的是無限的懷念，無限的敬仰。諸葛亮的精神比他的事功，還要傳之久遠。

卷第七十二

魏紀四

起重光大淵獻（辛亥　西元二三一年），盡閼逢攝提格（甲寅　西元二三四年），凡四年。

【題解】本卷記事起西元二三一年，迄西元二三四年，凡四年。當魏明帝太和五年至青龍二年。本卷史事著重記載魏明帝、諸葛亮、孫權三人所歷軍國大事，相互形成對照，北強南弱形勢已經鮮明顯現。魏明帝雄略英明，不失為一個有為之君。勵精圖治，識劉曄之諂，納曹植、杜恕之諫，准滿寵之奏，改善內政，是一個明君。明帝也有昏聵之行，為殤女送葬，不符禮制，然亦是小疵。對抗吳蜀，西守東攻，打破吳蜀的東西夾攻，戰略取守勢，休養人民，疲弊吳蜀，獲得成功。孫權此時剛愎自用，受欺於公孫淵，比於明帝，稍遜一籌。諸葛亮仍全力經營北伐，星落五丈原，做到了「鞠躬盡瘁，死而後已」，得到了古代歷史家的好評，在當世就受到庶民百姓的頌揚緬懷，一代賢臣形象，躍然紙上。

烈祖明皇帝中之上

太和五年（辛亥　西元二三一年）

春，二月，吳主假太常❶潘濬節，使與呂岱督諸[1]軍五萬人討五溪蠻。濬姨兄❷蔣琬為諸葛亮長史，武陵太守衛旌❸奏濬遣密使與琬相聞，欲有自託之計。吳主曰：「承明❹不為此也。」即封旌表以示濬，而召旌還，免官。

衛溫、諸葛直軍行經歲，士卒疾疫死者什八九，亶洲絕遠，卒不可得至，得夷洲數千人還。溫、直坐❺無功，誅。

漢丞相亮命李嚴以中都護❻署府事❼。嚴更名平。亮帥諸軍入寇，圍祁山❽，以木牛❾運。於是大司馬曹真有疾，帝命司馬懿西屯長安，督將軍張郃、費曜、戴陵、郭淮等以禦之。

三月，邵陵元侯曹真卒。○自十月不雨，至于是月。

司馬懿使費曜、戴陵留精兵四千守上邽❿，餘眾悉出，西救祁山。張郃欲分兵駐雍⓫、郿⓬，懿曰：「料前軍能獨當之者，將軍言是也。若不能當而分為前後，此楚之三軍所以為黥布禽也⓭。」遂進。亮分兵留攻祁山，自逆懿于上邽。郭淮、費曜等徼⓮亮，亮破之，因大芟刈⓯其麥，與懿遇於上邽之東。懿斂軍依險，兵不得交，亮引還。

懿等尋⓰亮後至于鹵城⓱。張郃曰：「彼遠來逆我，請戰不得，謂我利在不

戰，欲以長計制之也。且祁山知大軍已在近，人情自固，可止屯於此，分為奇兵，示出其後，不宜進前而不敢偪，坐失民望也。今亮孤軍食少，亦行去矣。」懿不從，故尋亮。既至，又登山掘營，不肯戰。賈栩、魏平數請戰，因曰：「公畏蜀如虎，奈天下笑何！」懿病⑱之。諸將咸請戰。

夏，五月辛巳⑲，懿乃使張郃攻無當監⑳何平㉑於南圍㉒，自按中道向亮㉓。亮使魏延、高翔、吳班逆戰，魏兵大敗，漢人獲甲首㉔三千，懿還保營。

六月，亮以糧盡退軍，司馬懿遣張郃追之。郃進至木門㉕，與亮戰，蜀人乘高布伏，弓弩亂發，飛矢中郃右厀而卒。

【章　旨】以上為第一段，寫諸葛亮西元二三一年第二次兵出祁山，在退兵途中擊殺魏名將張郃。

【注　釋】❶太常　官名，列卿之一，掌禮樂、郊廟、社稷等事。❷姨兄　即姨表兄。謂母之姐妹之子年長於本人者。❸衛旍　旍，又作「旌」。字子旗，廣陵（今江蘇揚州）人，吳武陵太守，誣告潘濬被免官。❹承明　潘濬字承明。❺坐　因某事而獲罪。❻中都護　官名，蜀漢所置，統內外軍事。❼署府事　指署（代管）漢中留府事。❽祁山　在今甘肅禮縣東南。❾木牛　諸葛亮創製的運輸工具，《諸葛亮集》雖有所描繪，但具體形制仍不很清楚，有人認為木牛即後世所用的獨輪車。❿上邽　縣名，縣治在今甘肅天水市東南。⓫雍　縣名，縣治在今陝西鳳翔南。⓬郿　縣名，縣治在今陝西眉縣東北。⓭此楚之三軍所以為黥布禽也　黥布發兵反漢後，東擊破荊王劉賈，遂渡淮擊楚。當時楚將已有準備，把軍隊分為三路，有人建議不宜如此，如果一軍被破，其餘二軍就會潰散，楚將不聽。果然黥布破其一軍後，其餘二軍皆潰。事散見《史記・黥布列傳》。⓮徼　通「邀」。截擊。⓯芟刈　收割。⓰尋　尾隨其後。⓱鹵城　「鹵」為「西」字之訛。古「西」字寫作「卣」，遂誤為「鹵」。

西縣城，在今甘肅天水市西南。⑱病　羞愧。⑲辛巳　五月初十。⑳無當監　官名，大概蜀軍有以「無當」為號之軍營，意為無敵能擋的精勇部隊。監護無當營的官即無當監。㉑何平　即蜀將王平。少時隨外祖姓何，後復姓王。字子均，巴西宕渠（今四川渠縣）人，初為曹操部將，從操征漢中，敗降劉備，為裨將軍。隨諸葛亮北伐，多有戰功。官至安漢將軍，領漢中太守。㉒南圍　指蜀兵圍祁山之南屯。㉓自按中道向亮　司馬懿分道進兵以解祁山之圍，司馬懿則自據中道。按，據。㉔甲首　甲士之首級。㉕木門　地名，在今甘肅天水市西南。

【校　記】[1]諸　原無此字。據章鈺校，甲十六行本、乙十一行本、孔天胤本皆有此字，張敦仁《通鑑刊本識誤》同，今據補。

【語　譯】烈祖明皇帝中之上

太和五年（辛亥　西元二三一年）

春，二月，吳主授予太常潘濬符節，派他和呂岱統帥各軍五萬兵馬征討五溪蠻。潘濬的姨表兄蔣琬擔任諸葛亮長史，武陵太守衛旍奏告潘濬派密使和蔣琬聯絡，有託身歸蜀的打算。吳主說：「潘濬不會做這種事情。」隨即把衛旍的奏表封好交給潘濬看，並召回衛旍，罷免了他的官職。

衛溫、諸葛直率兵出海已一年多，士兵患疾病或染瘟疫而死的十之八九。亶洲非常遙遠，最後沒能到達，掠得夷洲幾千人而返。衛溫、諸葛直因無功獲罪，被殺。

漢丞相諸葛亮命李嚴以中都護的身分署理漢中留守府事務。李嚴改名李平。諸葛亮率領各路軍隊入侵，包圍祁山，用木牛運輸軍糧。這時大司馬曹真病重，魏明帝命司馬懿西進屯駐長安，統領將軍張郃、費曜、戴陵、郭淮等來抵抗諸葛亮。

三月，邵陵元侯曹真去世。〇從去年十月沒有下雨，一直到這個月。

司馬懿派費曜、戴陵留下四千精兵守衛上邽，其餘的部眾全部出動，西進救援祁山。張郃想分派部眾駐守雍、郿二縣。司馬懿說：「預料先頭部隊能獨擋敵軍的話，將軍的話是對的。如果先頭部隊不能抵擋敵軍且分為前後兩個部分，這就是楚的三軍之所以被黥布攻破的原因。」於是繼續推進。諸葛亮分出一部分兵眾

留下攻打祁山，親自率軍到上邽迎戰司馬懿。郭淮、費曜等攔擊諸葛亮，被諸葛亮擊敗，趁機大肆收割上邽的麥子，和司馬懿在上邽以東相遇。司馬懿收攏軍隊據守險要，不與蜀軍交戰，諸葛亮率軍撤回。

司馬懿等尾追諸葛亮到達鹵城。張郃說：「敵人遠道而來迎戰我軍，要求交戰沒有達到目的，認為我軍以不戰為利，企圖用持久的戰術制服他們。何況祁山我軍知道大軍已在附近，人心自然穩定，應當讓大軍駐紮在這裡，分出一支奇兵，表示要出擊敵人的後背，不應當像現在這樣既不宜向前進攻，又不敢緊逼，讓民眾大失所望。現今諸葛亮只是一支孤軍，糧食又少，就要退走了。」司馬懿不聽從，依然尾隨諸葛亮。追上後，又上山挖掘營壘，不肯交戰。賈栩、魏平多次請戰，並說：「明公您畏蜀如虎，怎能不被天下人笑話！」司馬懿內心實感羞愧。眾將領都要求出戰。

夏，五月初十日辛巳，司馬懿派張郃到蜀軍包圍圈的南部攻打無當監何平，自己據中路逼向諸葛亮。諸葛亮派魏延、高翔、吳班迎戰，魏軍大敗，蜀軍斬獲三千首級，司馬懿退保大營。

六月，諸葛亮因糧盡撤軍，司馬懿派張郃追趕蜀軍。張郃前進到木門，和諸葛亮交戰，蜀軍登上高地設下伏兵，弓弩齊發，飛箭射中張郃右膝而身亡。

秋，七月乙酉❶，皇子殷生，大赦。

黃初以來，諸侯王法禁嚴切❷，吏察之急[1]，至于親姻皆不敢相通問❸。東阿王植上疏曰：「堯之為教❹，先親後疏，自近及遠。周文王刑于寡妻❺，至于兄弟，以御于家邦。伏惟陛下資❻帝唐❼欽明❽之德，體❾文王翼翼❿之仁，惠洽⓫椒房⓬，恩昭九族⓭，羣后⓮百寮，番休遞上⓯，執政不廢於公朝，下情得展於私室，

親姻之路通，慶弔之情展，誠可謂恕己治人⑯，推惠施恩者矣。至於臣者，人道⑰絕緒，禁錮明時，臣竊自傷也。不敢乃望交氣類⑱，脩人事，敘人倫，近且婚媾⑲不通，兄弟乖絕，吉凶之問塞，慶弔之禮⑳廢，恩紀之違，甚於路人，隔閡之異，殊於胡、越㉑。今臣以一切㉒之制，永無朝覲㉓之望。至於注心皇極㉔，結情紫闥㉕，神明知之矣。然天實為之，謂之何哉㉖！退惟諸王常有戚戚具爾㉗之心，願陛下沛然㉘垂詔，使諸國慶問，四節㉙得展，以敘骨肉之歡恩，全怡怡㉚之篤義。妃妾之家，膏沐㉛之遺㉜，歲得再通，齊義於貴宗㉝，等惠於百司㉞。如此，則古人之所歎，風雅㉟之所詠，復存於聖世矣。臣伏自惟省㊱，無錐刀之用㊲。及觀陛下之所拔授，若以臣為異姓，竊自料度㊳，不後於朝士矣。若得辭遠游㊴，戴武弁㊵，解朱組㊶，佩青紱㊷，駙馬、奉車㊸，趣㊹得一號，安宅京室，執鞭珥筆㊺，出從華蓋㊻，入侍輦轂㊼，承答聖問，拾遺左右，乃臣丹誠之至願，不離於夢想者也。遠慕鹿鳴㊽君臣之宴，中詠常棣㊾匪他之誡，下思伐木㊿友生之義，終懷蓼莪(51)罔極(52)之哀，每四節之會，塊然(53)獨處，左右惟僕隸，所對惟妻子，高談無所與陳，精義無所與展，未嘗不聞樂而拊心，臨觴(54)而歎息也。臣伏以為[2]犬馬之誠不能動人，譬人之誠不能動天，崩城(55)、隕霜(56)，臣初信之，以臣心況(57)，徒虛語耳。

若葵藿(58)之傾葉[3]，太陽雖不為回光，然向之者誠也。竊自比葵藿，若降天地之施，垂三光(59)之明者，實在陛下。臣聞文子曰：『不為福始，不為禍先。』今之否隔(60)，友于(61)同憂，而臣獨倡言者，竊[4]不願於聖世使[5]有不蒙施之物，欲陛下崇光被時雍(62)之美，宣緝熙(63)章明(64)之德也。」詔報曰：「蓋教化所由，各有隆敝(65)，非皆善始而惡終也，事使之然。今令諸國兄弟情禮簡怠，妃妾之家膏沐疏略，本無禁錮諸國通問之詔也。矯枉過正，下吏懼譴(66)，以至於此耳。已勑有司，如王所訴。」

植復上疏曰：「昔漢文發代，疑朝有變(67)，宋昌曰：『內有朱虛、東牟(68)之親，外有齊、楚、淮南、琅邪(69)，此則磐石之宗，願王勿疑。』臣伏惟陛下遠覽姬文(70)二虢(71)之援，中慮周成(72)召、畢(73)之輔，下存宋昌磐石之固。臣聞羊質虎皮，見草則悅，見豺則戰，忘其皮之虎也(74)。今置將不良，有似於此。故語曰：『患為之者不知，知之者不得為也。』昔管、蔡放誅(75)，周、召作弼(76)；叔魚陷刑，叔向贊國(77)。三監(78)之釁(79)，臣自當之；二南之輔(80)，求必不遠。華宗貴族藩王之中，必有應斯舉者。夫能使天下傾耳注目者，當權者是也。故謀能移主(81)，威能懾下，豪右執政，不在親戚，權之所在，雖疏必重，勢之所去，雖親必輕。蓋取

齊者田族[82]，非呂宗也，分晉者趙、魏[83]，非姬姓也，惟陛下察之。苟吉專其位，凶離其患者，異姓之臣也；欲國之安，祈家之貴，存共其榮，歿同其禍者，公族之臣也。今反公族疏而異姓親，臣竊惑焉。今臣與陛下踐冰履炭[84]，登山浮澗，寒溫燥濕，高下共之，豈得離陛下哉！不勝憤懣[85]，拜表陳情。若有不合，乞且藏之書府，不便滅棄，臣死之後，事或可思。若有毫釐少挂聖意者，乞出之朝堂，使夫博古之士，糾臣表之不合義者，如是則臣願足矣。」帝但以優文[86]答報而已。

八月，詔曰：「先帝著令，不欲使諸王在京都者，謂幼主在位，母后攝政，防微以漸，關諸盛衰也。朕惟不見諸王十有二載，悠悠[87]之懷，能不興思！其令諸王及宗室公侯各將適[88]子一人朝明年正月。後有少主、母后在宮者，自如先帝令。」

【章　旨】以上為第二段，寫曹植上奏明帝，陳述曹魏諸侯王，特別是自己，遭遇禁閉的痛苦。

【注　釋】❶乙酉　七月十五日。❷嚴切　嚴酷。❸通問　通消息。問，音訊；消息。❹堯之為教　唐堯推行教化。教化的內容，據《尚書・堯典》說：「克明俊德，以親九族，九族既睦，平章百姓，百姓昭明，協和萬邦。」❺刑于寡妻　《詩經・思齊》：「刑于寡妻。至于兄弟，以御于家邦。」刑，通「型」。示範之意。寡妻，寡德之妻，謙詞。御，治理。家邦，家和國。❻資　天賦。❼帝唐　唐堯。❽欽明　恭敬而明智。《尚書・堯典》說堯「欽明文思」。❾體　本身具備。❿翼翼　恭慎貌。《詩經・大明》：「維此文王，小心翼翼。」⓫洽　沾潤。⓬椒房　指后妃。古代皇后所居宮室，用椒和泥塗壁，取溫香

多子之義。後世因以椒房指后妃。⑬九族　指上至高祖，下至玄孫的九代。⑭羣后　此指諸侯。⑮番休遞上　謂在職百官依次輪休，又依次上值。⑯恕己治人　謂以自己之心去揆度他人之心。⑰人道　人倫之道。即君臣、父子、兄弟、夫婦、朋友各自應有的道德規範。⑱氣類　同氣相求之人。指曹植早年的文學朋友。⑲婚媾　婚姻。此泛指親戚。⑳慶弔之禮　即婚喪之禮。婚禮為喜慶之禮，喪禮為弔唁之禮。㉑殊於胡越　謂甚於胡、越。胡、越皆少數民族。胡在北方，越在南方，隔絕甚遠。㉒一切　一概；一律。㉓朝覲　朝見天子。古時諸侯春天朝見天子稱朝，秋天朝見天子稱覲。㉔注心皇極　謂心繫皇帝。皇極，指皇帝之位。㉕紫闥　皇宮門。㉖謂之何哉　對它怎麼辦呀。《詩經・北門》：「天實為之，謂之何哉！」王引之《經傳釋詞》說「謂」猶「奈」，「謂之何」猶言「奈之何」。㉗戚戚具爾　意謂親兄弟都親近無間。《詩經・行葦》：「戚戚兄弟，莫遠具爾。」戚戚，親。具，俱。爾，與「邇」同。近。㉘沛然　迅疾地；及時地。㉙四節　春夏秋冬四時之節。㉚怡怡　《論語・子路》：「兄弟怡怡」。怡怡，和順的樣子。㉛膏沐　膏，潤髮油。沐，洗髮液。皆婦女所用。㉜遺　贈送。㉝貴宗　指貴戚及公卿之族。㉞百司　百官。㉟風雅　指《詩經》。㊱惟省　思量。㊲無錐刀之用　謂能力弱，沒用處，連錐刀之用都沒有。㊳料度　估計。㊴遠游　遠遊冠，王侯所戴。㊵武弁　侍中等所戴之冠。㊶朱組　朱組綬，王侯所佩帶。㊷青紱　青組綬，二千石以上官所佩帶。「辭遠游」、「解朱組」謂放棄王侯爵位。「戴武弁」、「佩青紱」謂在朝為官。㊸駙馬奉車　即駙馬都尉與奉車都尉，皆皇帝近侍官，駙馬掌副車之馬，奉車掌車輿。魏晉以後，二官多以宗室及外戚充任。㊹趣　通「取」。㊺珥筆　插筆於冠側。㊻華蓋　指皇帝車輿。㊼輦轂　皇帝車輿。代指皇帝。㊽鹿鳴　《詩經・小雅》中的一篇。《毛詩序》說〈鹿鳴〉是宴群臣嘉賓之作。㊾常棣　《詩經・小雅》中的一篇。《毛詩序》說〈常棣〉是宴兄弟之作。其中有「凡今之人，莫如兄弟」，即是「匪他」（非他人）之誡，亦即《詩經・頍弁》所說：「豈伊異人，兄弟匪他。」㊿伐木　《詩經・小雅》中的一篇。《毛詩序》說〈伐木〉是宴朋友故舊之作。其中有「矧伊人矣，不求友生」之句。友生即友人。(51)蓼莪　《詩經・小雅》中的一篇，其中有「哀哀父母，生我劬勞」；「父兮生我，母兮鞠我」；「欲報之德，昊天罔極」諸句。(52)罔極　無窮。(53)塊然　孤單的樣子。(54)觴　酒杯。(55)崩城　春秋時齊莊公襲莒城，齊大夫杞梁殖戰死，其妻無子，又無親人可依，遂至莒城下哭，感動路人，十日而城崩。事見《文選》李善注引《列女傳》。(56)隕霜　戰國時，鄒衍至燕國，盡忠於燕惠王，而惠王聽信讒言，將鄒衍囚禁起來，鄒衍仰天而哭，時值盛夏，天竟降霜。事見《文選》注引《淮南子》。(57)以臣心況　謂用臣下現在的心境來比對。(58)葵藿　偏指葵，即向日葵。其花性向太陽，古人多用以比喻下對上之忠心。(59)三光　日、月、星三光。(60)今之否隔　現在的隔閡。否隔，閉塞不通。(61)友于　兄弟。(62)光被時雍　光被，光所照耀。時雍，和善。《尚書・堯

典》有「光被四表」，「黎民於變時雍」之語。(63)緝熙　《詩經‧維清》：「維清緝熙，文王之典。」緝熙，光明。(64)章明　「章」、「昭」義同，章明即昭明。《尚書‧堯典》：「百姓昭明，協和萬邦。」昭明，光明。緝熙昭明之德，即謂唐堯、周文王之德。(65)隆敝　興衰。(66)譴　責備。(67)疑朝有變　西漢初，呂后死，諸呂作亂，周勃等平亂後迎立代王劉恆，即後來的漢文帝。當時代王官屬中有人懷疑周勃等不可信，宋昌分析當時形勢，勸代王勿疑。事見《漢書‧文帝紀》。(68)朱虛東牟　朱虛侯劉章、東牟侯劉興居，為漢高祖之孫。(69)齊楚淮南琅邪　齊王劉襄，漢高祖之孫。楚王劉交，漢高祖之弟。淮南王劉長，漢高祖之子。琅邪王劉澤，漢高祖之從祖弟。(70)姬文　周文王。(71)二虢　指虢仲與虢叔，周文王之母弟。二人皆助文王，奠定了周人得天下之基礎。事見《左傳》僖公五年。(72)周成　周成王。(73)召畢　召公奭與畢公高，周之宗室，皆輔助周成王。(74)忘其皮之虎也　謂羊披上虎皮，見到草則喜悅高興，見到豺就恐懼顫抖，因為牠忘了自己披的是虎皮。語見揚子《法言‧吾子》。(75)管蔡放誅　管叔、蔡叔皆周武王之弟。周武王死後，成王即位，而成王年幼，周公代為執政，管叔、蔡叔因不滿而懷疑周公，遂與武庚叛亂。周公東征平叛後，誅殺武庚、管叔，放逐蔡叔。事見《史記‧周本紀》。(76)周召作弼　周成王年長後，周公還政成王，成王遂以周公為師，召公為保，以輔助自己。事見《史記‧周本紀》。(77)叔魚陷刑二句　叔向是春秋時晉國大夫，叔魚是其弟。叔魚為代理刑獄官。當時邢侯與雍子爭田，久而未決，韓宣子使叔魚判決。雍子知罪在己，遂將女兒送與叔魚為妾，叔魚因而歸罪於邢侯。邢侯大怒，殺叔魚與雍子於朝。韓宣子知叔向公正，便問三人是否有罪，叔向認為三人皆有罪，請依刑法懲處。於是殺邢侯，陳叔魚、雍子之屍於市。事見《左傳》僖公十四年。(78)三監　指管叔、蔡叔與霍叔，三人皆為周朝派去監視紂子武庚的，故稱三監。(79)釁　罪。(80)二南之輔　指周公、召公之輔成王。《詩經‧國風》中有〈周南〉、〈召南〉，稱為「二南」。二南中的詩篇分別繫之周公與召公，故二南可指代周公與召公。(81)謀能移主　謂謀略能改變君主的意旨。(82)取齊者田族　周初封太公呂尚於齊，是為齊國之始祖，傳至齊康公時，為田和所代，呂氏齊滅，田氏齊興。(83)分晉者趙魏　晉國的始祖是周成王弟唐叔虞，故為姬姓。傳至晉靜公時，為趙籍、魏斯、韓虔三家所分，晉遂亡。而韓也為姬姓，故此分晉者只言趙、魏。(84)踐冰履炭　履薄冰，踏炭火。比喻寒熱同感，休戚與共。(85)憤懣　抑鬱煩悶。(86)優文　文辭美好的詔書。(87)悠悠　深思；憂思。(88)適　通「嫡」。

【校　記】[1]吏察之急　原無此四字。據章鈺校，甲十六行本、乙十一行本、孔天胤本皆有此四字，今據補。[2]為　原無此字。據章鈺校，甲十六行本、乙十一行本皆有此字，今據補。按，《三國志‧魏書‧陳思王植傳》有「為」字。[3]葉　原無此

字。據章鈺校，甲十六行本、乙十一行本、孔天胤本皆有此字，張敦仁《通鑑刊本識誤》同，今據補。按，《三國志・魏書・陳思王植傳》有「葉」字。④竊　原作「實」。據章鈺校，甲十六行本、乙十一行本、孔天胤本皆作「竊」，今據改。按，《三國志・魏書・陳思王植傳》作「竊」。⑤使　原無此字。據章鈺校，甲十六行本、乙十一行本、孔天胤本皆有此字，張敦仁《通鑑刊本識誤》同，今據補。

【語譯】秋，七月十五日乙酉，皇子曹殷出生，大赦天下。

黃初以來，對諸侯王的法禁嚴酷，官吏監察嚴厲，以至於親戚之間都不敢互通消息。東阿王曹植上疏說：「唐堯推行教化，先親後疏，由近及遠。周文王以身作則給妻子做出榜樣，再推及兄弟，以此來治理國家。臣想到陛下天生具備唐堯聖明之德，身體力行文王恭敬的仁愛，惠愛滋潤後宮，恩德顯揚九族，諸侯百官依次當值，更替休息，執政的官員不會荒廢朝政，個人親情可以在私室展現，親戚往來之路暢通，喜慶喪弔的情感能夠盡情表達，真可謂是推己及人，廣施恩德了。至於臣下我，人際往來完全斷絕，被禁錮在聖明的時代，臣私下甚感悲傷。不敢奢望結交志同道合的朋友，修復人情關係，維繫人倫常情，近來姻親尚且不通來往，兄弟關係斷絕，吉凶得不到音訊，喜慶喪弔之禮廢棄，親情如此隔離疏遠，超過了不相識的路人，感情隔閡，甚於胡人與越人。現今限制臣的一律不得例外的法禁，使臣永無入朝晉見的希望。至於臣心繫陛下，情牽宮廷，只有神明才能知道。但這是上天的行為，無可奈何！退而思念各個親王兄弟，免不了產生親兄弟親密無間的情懷，希望陛下像天降甘露一樣，早日下詔，使各諸侯國之間相互祝賀問候，四時之節，能夠探視相聚，述說骨肉親情，成全兄弟和睦友愛之天理。王侯妃妾的娘家，饋贈脂粉，一年可以來往兩次，使諸侯王在禮義上和其他皇戚相同，在待遇上與文武百官相當。如此，古人所讚歎的，《詩經》中〈風〉、〈雅〉所詠唱的，就再現於聖明之世了。臣私下反省，我沒有錐刀之用。但當我看到陛下所提拔任用的官吏時，我想如果把臣當做異姓，我自料不會比在朝之士差。如果能讓臣辭去王侯的身，戴上侍中之冠，解除紅綬帶，佩戴青綬，得到駙馬都尉、奉車都尉之類的一個官職，把家安在京城，手執馬鞭，插筆冠側，出行時跟隨天子乘輿，入宮後侍奉天子，承答聖上的問話，在天子身邊拾遺補缺，這就是臣這顆赤誠之心的最大願望，也是

夢寐以求的理想。臣上慕〈鹿鳴〉所描述的君臣宴樂，其次詠〈常棣〉所言『兄弟不是外人』的告誡，下而思〈伐木〉中求友的情意，最終感懷〈蓼莪〉所述的父母之恩沒能報答的悲哀。每逢四時之節，臣寂寞獨處，左右只有奴僕，面前只有妻子兒女，想要高談闊論沒有對象，精闢見解不能向人陳說，未曾不是聽到音樂就拊心悲痛，舉起酒杯就感傷歎息。臣以為犬馬的誠心不能感動人，猶如人的誠心不能感動蒼天一樣，杞梁妻能哭倒城牆，鄒衍能使夏日降霜，臣當初曾相信這些，但是以臣現在的心境來比對，這只不過是虛言罷了。正像葵花葉子傾向太陽，儘管太陽不回光反射，但傾向之心是真誠的。臣自比為葵花，若能得到天地般恩德的下降，下垂日月星三光之明，全在陛下了。我看到《文子》書上說：『不要搶先爭福，也不要搶先惹禍。』現今的隔閡，兄弟們共同擔憂，而臣之所以獨自出面發言，是不希望在聖明之世假設有不能蒙受陛下恩澤之人，希望陛下崇尚唐堯時代和善的美俗，光大文王之世開明的德政。」魏明帝下詔回覆說：「教化的推行，各時代有興衰，並非都是善始而惡終，而是形勢使然。現今的法令，本意只要求各封國兄弟間，盡量減少人情應酬，妃妾娘家盡量減少脂粉饋贈，原本就沒有禁錮各國互通訊息的詔令。矯枉過正，下面的官吏害怕受到譴責，以至於出現了這種情況。已命令有關部門，依你所上訴的意見辦理。」

曹植又上書說：「從前漢文帝從代國出發赴京繼承皇位，懷疑朝廷有變故，宋昌說：『朝中有朱虛侯、東牟侯這些親戚，朝外有齊王、楚王、淮南王、琅邪王，這些都是堅如磐石的宗族，希望大王不要起疑心。』臣衷心希望陛下遠思周文王依靠虢仲、虢叔完成王業，再思周成王時召公、畢公輔佐治國，三思宋昌皇族堅如磐石的比喻。臣聽說羊披上虎皮，看見青草就歡喜，遇到豺狼就戰慄，忘記了牠身上披的是虎皮。如今任用的將領不良，好似上面說的這樣。所以俗話說：『憂患在於做事的人不具備這方面的知識，而具備這方面知識的人又不能去做。』古代周成王誅殺管叔、放逐蔡叔，以周公、召公為輔佐；叔魚被刺殺，叔魚之兄叔向仍忠心為國。西周三監之亂，臣自當引為鑑戒；周、召二南之輔，不必遠求。皇室顯貴和藩王之中，一定有適應此職的人才。能使天下人耳目關注的，就是當權的人。所以謀略能改變君主的旨意，威望能使下面的人懾服，執政豪傑，不一定是皇親國戚，大權在握，即使關係疏遠照樣舉足輕重，權勢已去，雖然是親近的

人也一定人微言輕。所以取代齊國的是田氏，不是呂氏，瓜分晉國的是趙氏、魏氏，不是姬氏，希望陛下明察。若在太平無事時佔據權位，在災禍降臨時逃離的，一定是異姓之臣；希望國家安定，祈求家族顯貴，存則共享榮華，亡則同擔其禍的，必是皇族之臣。而今恰恰相反，疏遠皇族，親近異姓，臣深感困惑。如今臣與陛下一起履薄冰，踏炭火，攀高山，跨深澗，寒溫乾溼，好壞共擔，哪能離開陛下呢！臣不勝悲憤苦惱，上表陳情。若有不合聖意之處，請暫且收藏在書府，不要毀棄，臣死之後，此事或許可以引人深思。如果有一點能合於聖意的，請求在朝廷公布，讓博古通今之士，糾正臣奏書中不合道義的地方，能夠這樣，那我的願望就滿足了。」魏明帝用美詔答覆而已。

八月，魏明帝正式下詔說：「先帝曾經頒布詔令，不讓諸王留在京城，是因為幼主在位，母后攝政，為的是防微杜漸，關係到國家的盛衰。朕考慮到不見諸王已有十二年了，悠悠之情懷，豈能不引發思念？現令各位封王及皇室的公侯各帶領嫡子一人於明年正月入京朝賀。今後凡遇皇帝年幼、母后在宮中攝政的情況，自然按照先帝的詔令辦理。」

漢丞相亮之攻祁山也，李平❶留後，主督運事。會天霖雨，平恐運糧不繼，遣參軍狐忠❷、督軍成藩喻指❸，呼亮來還，亮承以退軍。平聞軍退，乃更陽❹驚，說「軍糧饒足，何以便歸！」又欲殺督運岑述以解己不辦之責。又表漢主，說「軍偽退，欲以誘賊與戰[1]。」亮具❺出其前後手筆書疏，本末違錯，平辭窮情竭，首謝罪負❻。於是亮表平前後過惡，免官，削爵土，徙梓潼郡❼。復以平子豐為中郎將、參軍事，出教敕之❽曰：「吾與君父子勠力❾以獎❿漢室，表都護⓫典漢

中，委君於東關[12]，謂至心感動，終始可保，何圖中乖[13]乎！若都護思負[14]一意[15]，君與公琰[16]推心從事，否[17]可復通，逝[18]可復還也。詳思斯戒，明吾用心。」

亮又與蔣琬、董允書曰：「孝起前為吾說正方[19]腹中有鱗甲[20]，鄉黨[21]以為不可近。吾以為鱗甲者[2]，但不當犯之耳，不圖復有蘇、張[22]之事出於不意，可使孝起知之。」孝起者，衛尉南陽陳震也。

冬，十月，吳主使中郎將孫布詐降，以誘揚州[23]刺史王淩[24]。吳主伏兵於阜陵[25]以俟之。布遣人告淩云：「道遠不能自致，乞兵見迎。」淩騰[26]布書，請兵馬迎之。征東將軍滿寵以為必詐，不與兵，而為淩作[3]報書曰：「知識[27]邪正，欲避禍就順，去暴歸道，甚相嘉尚。今欲遣兵相迎，然計兵少則不足相衛，多則事必遠聞。且先密計以成本志[28]，臨時節度其宜。」會寵被書入朝，敕留府長史，若淩欲往迎，勿與兵也。淩於後索兵不得，乃單遣一督將步騎七百人往迎之。布夜掩擊，督將迸走，死傷過半。淩，允之兄子也。

先是淩表寵年過[29]耽酒，不可居方任[30]。帝將召寵，給事中[31]郭謀曰：「寵為汝南太守、豫州刺史二十餘年，有勳方岳[32]，及鎮淮南，吳人憚之。若不如所表，將為所闚。可令還朝，問以東方事以察之。」帝從之。既至，體氣康彊，帝慰勞

遣還。

十一月，戊戌晦㉝，日有食之。

十二月，戊午㉞，博平敬侯華歆卒。○丁卯㉟，吳大赦，改明年元曰嘉禾。

【章旨】以上為第三段，寫蜀大臣李平玩忽職守，吳中郎將孫布盡心國事，兩相對照，適成鮮明對比。

【注釋】❶李平　即李嚴。李嚴改名平。❷狐忠　即馬忠。馬忠年少時養於外家，姓狐名篤。後還姓馬，改名忠。❸喻指　謂說明後主之旨意，糧運跟不上。❹陽　通「佯」。假裝。❺具　同「俱」。全。❻首謝罪負　叩首謝罪。❼梓潼郡　治所梓潼縣，在今四川梓潼。❽出教敕之　發出教令訓示李豐。教，教令。敕，作動詞用。告誡。❾勠力　併力。❿獎　輔助。⓫都護　指李平。李平此前為中都護，典漢中留府事。⓬東關　指江州。⓭何圖中乖　哪裡想到中途背離。李平與諸葛亮同受先帝劉備遺詔輔政，應齊心協力輔漢，想不到半途發生李平遭敗逐事。⓮思負　謂思其罪過。⓯一意　謂一心為國。⓰公琰　蔣琬字公琰。⓱否　閉塞。⓲逝　離去。⓳正方　李嚴（平）字正方。⓴鱗甲　魚之鱗，獸之堅甲。喻狠毒、狡詐。㉑鄉黨　鄉里。比喻同鄉親近的人。㉒蘇張　戰國時的蘇秦、張儀。二人皆花言巧語反覆無常地遊說於諸侯之間。㉓揚州　州治壽春，在今安徽壽縣。㉔王淩　魏大臣。字彥雲，太原祁縣（今山西祁縣）人，漢司徒王允之姪，王允被殺，王淩逃歸鄉里。後被曹操辟為丞相掾屬。歷仕武帝、文帝、明帝、齊王芳四朝。官至司空。嘉平元年（西元二四九年）任太尉，謀廢曹芳，事洩，服毒死。㉕阜陵　縣名，縣治在今安徽全椒東。㉖騰　送上。㉗知識　知道；認識到。㉘本志　本心。指孫布想歸順魏朝之志。㉙年過　年老。㉚方任　方面之任。當時滿寵任征東將軍、都督揚州諸軍事。㉛給事中　官名，西漢沿秦置有此官，東漢省，曹魏復置。為將軍、列侯、九卿以及黃門、謁者等的加官。均給事殿中，備顧問應付，討論政事。至晉代始為正官。㉜方岳　古代有方伯、岳牧為地方之長。自曹魏以後，以督州為方岳之任。㉝戊戌晦　十一月三十日。㉞戊午　十二月二十日。㉟丁卯　吳《乾象曆》十二月二十九日。

【校記】1與戰　原無此二字。據章鈺校，甲十六行本、乙十一行本、孔天胤本皆有此二字，張敦仁《通鑑刊本識誤》、張瑛《通鑑校勘記》同，今據補。2者　原無此字。據章鈺校，甲十六行本、乙十一行本皆有此字，今據補。3作　據章鈺

校，孔天胤本作「詐」。

【語　譯】漢丞相諸葛亮進攻祁山時，李平留守後方，主管糧運事務。正值大雨連綿，李平害怕糧運難以為繼，派參軍狐忠、督軍成藩去宣旨，令諸葛亮回師，諸葛亮承旨撤軍。李平聽說軍隊撤退，卻假裝驚訝，說「軍糧充足，為什麼就退回來了！」還想殺掉督運官岑述以開脫自己失職不辦的責任。又向漢主上表，說「軍隊佯退，想以此誘敵交戰。」諸葛亮拿出李平前後親筆所寫的全部信件、奏疏，指出其前後矛盾錯亂，李平理屈辭窮，叩首謝罪。於是諸葛亮上表陳述李平前後的罪過，罷免了他的官職，削奪了他的封爵和食邑，流放到梓潼郡。諸葛亮又任命李平的兒子李豐為中郎將、參軍事，發出教令訓示李豐說：「我和你們父子併力輔助漢室，上表推薦你父親任都護主管漢中軍營事務，委任你鎮守東關，我以為對你們至誠相待，情感友誼可以始終保持，哪會想到中途背棄呢！如果都護能思過而一心為國，你與蔣琬推誠共事，那麼阻隔可以融通，離去了的還可以再找回。仔細地考慮這一告誡，明白我的用心。」

諸葛亮又致信蔣琬、董允說：「孝起從前對我說過李平心懷陰毒詭詐，同鄉人認為不可接近。我以為對他的陰毒詭詐，只要不觸犯就行了，沒想到有蘇秦、張儀之類的詭詐之事出人意料，應該讓孝起知道這件事。」孝起，是衛尉南陽人陳震。

冬，十月，吳主派中郎將孫布詐降，引誘揚州刺史王淩。吳主在阜陵設下伏兵等待王淩。孫布派人告訴王淩說：「路遠我無能力自己前去，請求派兵來迎接。」王淩送上孫布的書信，請求出兵迎接孫布。征東將軍滿寵認為其中一定有詐，不給兵馬，而代替王淩回覆孫布說：「閣下知道邪正之分，想躲避災禍順應天意，背離暴政回歸正道，就很值得稱讚。本想派兵相迎，但想到派兵少不足以保護您，派兵多此事必然會傳揚很遠。暫且先對您的計畫保密，以成全您的本意，等待機會再作適宜安排。」正好滿寵受召入朝，囑咐留府長史，如果王淩想前去迎接孫布，不要給他派兵。王淩後來求兵不得，就單獨派一個督將率領步、騎兵七百人前去迎接孫布。孫布趁夜襲擊，督將逃走，士兵死傷大半。王淩，是王允哥哥的兒子。

在此以前，王淩上表稱滿寵年邁嗜酒，不可擔負獨當一方的大任。魏明帝要召回滿寵，給事中郭謀說：「滿寵任汝南太守、豫州刺史二十多年，在封疆大吏的職務上有功勞，到他鎮守淮南時，東吳人很畏懼他。如果不像王淩表上所說的那樣，將給敵人以可乘之機。可以令滿寵回朝述職，通過詢問東方的情勢來考察他。」魏明帝聽從了這個建議。滿寵到達京都，他身體健壯，精神飽滿，魏明帝加以慰勞，命他回到任上。

十一月最後一天三十日戊戌，發生日蝕。

十二月二十日戊午，博平敬侯華歆去世。〇二十九日丁卯，吳國大赦天下，明年改年號為嘉禾。

六年（壬子　西元二三二年）

春，正月，吳主少子建昌侯慮卒。太子登自武昌❶入省❷吳主，因自陳久離定省，子道有闕❸；又陳陸遜忠勤，無所顧憂，乃留建業❹。

二月，詔改封諸侯王，皆以郡為國。

帝愛女淑卒，帝痛之甚，追諡平原懿公主，立廟洛陽，葬於南陵，取甄后從孫黃與之合葬，追封黃為列侯，為之置後襲爵。帝欲自臨送葬，又欲幸許，司空陳羣諫曰：「八歲下殤❺，禮所不備，況未朞月❻，而以成人禮送之，加為制服❼，舉朝素衣，朝夕哭臨，自古以來，未有此比。而乃復自往視陵，親臨祖載❽。願陛下抑割無益有損之事，此萬國之至望也。又聞車駕欲幸許昌，二宮上下，皆悉

俱[1]東，舉朝大小，莫不驚怪。或言欲以避衰⑨，或言欲以便移殿舍⑩，或不知何故。臣以為吉凶有命，禍福由人，移走求安，則亦無益。若必當移避，繕治金墉城⑪西宮及孟津⑫別宮，皆可權時分止⑬，何為舉宮暴露野次⑭，公私煩費，不可計量。且吉士賢人，猶不妄徙其家，以寧鄉邑，使無恐懼之心；況乃帝王萬國之主，行止動靜，豈可輕脫⑮哉！」少府⑯楊阜曰：「文皇帝、武宣皇后崩，陛下皆不送葬，所以重社稷，備不虞⑰也，何至孩抱之赤子⑱而送葬也哉！」帝皆不聽。○三月癸酉⑲，行東巡。

吳主遣將軍周賀、校尉裴潛乘海之遼東⑳，從公孫淵求馬。

初，虞翻性疏直，數有酒失，又好抵忤㉑人，多見謗毀。吳主嘗與張昭論及神仙，翻指昭曰：「彼皆死人而語神仙，世豈有仙人也！」吳主積怒非一，遂徙翻交州㉒。及周賀等之遼東，翻聞之，以為五谿宜討，遼東絕遠，聽使來屬尚不足取，今去人財以求馬㉓，既非國利，又恐無獲。欲諫不敢，作表以示呂岱，岱不報。為愛憎㉔所白，復徙蒼梧猛陵㉕。

夏，四月壬寅㉖，帝如許昌。

五月，皇子殷卒。

秋，七月，以衛尉董昭為司徒。

九月，帝行如摩陂㉗，治許昌宮，起景福、承光殿。

公孫淵㉘陰懷貳心，數與吳通。帝使汝南太守田豫督青州諸軍自海道㉙，幽州刺史王雄自陸道討之。散騎常侍蔣濟諫曰：「凡非相吞之國，不侵叛之臣，不宜輕伐；伐之而不能制，是驅使為賊也。故曰：『虎狼當路，不治狐狸。』先除大害，小害自已。今海表之地，累世委質㉚，歲選計、孝㉛，不乏職貢，議者先之。正使一舉便克，得其民不足益國，得其財不足為富。儻不如意，是為結怨失信也。」帝不聽。豫等往皆無功，詔令罷軍。

豫以吳使周賀等垂還，歲晚風急，必畏漂浪，東道無岸，當赴成山㉜；成山無藏船之處，遂輒以兵屯據成山。賀等還至成山，遇風，豫勒兵擊賀等，斬之。吳主聞之，始思虞翻之言，乃召翻於交州。會翻已卒，以其喪還。

十一月庚寅㉝，陳思㉞王植卒。

十二月，帝還許昌宮。

【章旨】以上為第四段，寫魏明帝與孫權剛愎自用，舉措失當，均被公孫淵所誤。魏明帝悲痛殤女的送葬行動，近乎昏聵。

【注釋】❶武昌　縣名，孫吳改鄂縣為武昌，縣治在今湖北鄂州。❷省　問候；探視。❸子道有闕　為子之道有缺失。子道，作兒子的道德規範。《禮記・曲禮上》說：「凡為人子之禮，冬溫夏清，昏定而晨省。」❹建業　縣名，孫吳之都城，在今江蘇南京。❺下殤　未成年而死叫殤。八歲至十一歲死叫下殤。❻期月　一個月。❼制服　喪服。❽祖載　將葬之時，將棺材放到車上，再行祖祭（祭祀路神）禮，稱為祖載。❾避衰　避災。❿移殿舍　謂移於許昌。⓫金墉城　在當時洛陽城西北角。⓬孟津　關名，在今河南孟津南。⓭分止　謂分別居停。⓮野次　野外。⓯輕脫　輕率隨意。⓰少府　官名，列卿之一，掌宮中御衣、寶貨、珍膳等。⓱不虞　不測；預料不到的事。⓲孩抱之赤子　謂抱於懷中的嬰兒。⓳癸酉　三月七日。⓴遼東　郡名，治所襄平，在今遼寧遼陽。㉑抵忤　抵觸；頂撞。㉒交州　州名，治所廣信，在今廣西梧州。㉓今去人財以求馬　謂現在派遣人員送去財物來求得馬匹。㉔愛憎　謂讒佞之人。㉕猛陵　縣名，屬蒼梧郡，縣治在今廣西蒼梧西北。㉖壬寅　四月初六。㉗摩陂　堰名，在今河南郟縣東南。㉘公孫淵　遼東割據者，公孫康之子。公孫淵在吳魏之間騎牆，兩邊討好，接受魏明帝任命為揚烈將軍、遼東太守；又遣使通孫吳，接受孫權封號為燕王。景初元年（西元二三七年），公孫淵自立為燕王，第二年，魏明帝派司馬懿出兵遼東，滅了公孫淵。傳見《三國志》卷八。㉙海道　指從東萊郡出海之道。東萊郡，治所黃縣，在今山東龍口東南。㉚委質　臣服。㉛歲選計孝　計，指上計吏，由郡舉薦到朝廷報告錢糧戶的官員。孝，指孝廉，選士的科目。上計吏、孝廉，每年由郡選薦。㉜成山　在今山東榮成東北榮成灣。㉝庚寅　十一月二十八日。㉞思　《謚法》：追思前過曰思。

【校記】[1]俱　原作「居」。據章鈺校，甲十六行本、乙十一行本皆作「俱」，今據改。

【語譯】六年（壬子　西元二三二年）

春，正月，吳主的小兒子建昌侯孫慮去世。太子孫登從武昌入朝探視吳主，趁機陳說自己長久隔離，不能早晚問安，為子之道缺失；又陳述陸遜忠誠勤國，沒有什麼值得憂慮，於是留在建業。

二月，魏明帝下詔改封諸侯王，都以所封之郡為國。

魏明帝愛女曹淑去世，魏明帝非常悲傷，追謚為平原懿公主，在洛陽建立祭廟，葬在南陵，娶甄后已故的姪孫甄黃與她合葬，追封甄黃為列侯，給他安排繼承人，承襲爵位。魏明帝想親自送葬，又想巡行許昌，

司空陳羣諫阻說：「八歲的孩子死亡屬於下殤，沒有喪葬的禮儀，何況沒有滿月，就以成人之禮送葬，加穿喪服，滿朝官員素服，早晚到棺前哭泣憑弔，自古以來，沒有前例。而陛下竟然還要去察視陵墓，親臨祖載。希望陛下割捨這種有害無益的事情，這是全國人最大的願望。還聽說陛下想巡幸許昌，太后、皇后兩宮上下，都要去往東方，全朝大小官員，無不震驚。有人說陛下想藉此躲避災禍，有的說是想藉此遷移宮殿，有的不知是為了什麼。臣以為吉凶有命，禍福由人，用遷移來求平安，肯定是無益之事。如果定要遷移避災，修繕金墉城西宮和孟津別宮，都可以臨時居停，何必把全部宮中人暴露於荒郊、露宿於野外，這樣公私耗費，無法計算。即便是賢人良士，也不妄自輕易搬家，以此來安寧鄉里，使人們沒有恐懼之心；何況帝王是萬邦之主，一舉一動，怎可輕率！」少府楊阜說：「文皇帝、武宣皇后逝世，陛下都不送葬，為的是以國家利益為重，以防不測，何至於要給一個懷抱的嬰兒送葬呢！」魏明帝全都不聽從。〇三月初七日癸酉，起行東巡。

吳主派將軍周賀、校尉裴潛渡海到遼東，向公孫淵求購馬匹。

當初，虞翻性格粗疏率直，多次酒後犯錯，又喜歡頂撞人，經常被人毀謗。吳主曾和張昭討論神仙的事，虞翻指著張昭說：「他們都是死人而卻說是神仙，世上哪有仙人！」吳主對他積怒不止一次，於是把虞翻流放到交州。等到周賀等人到遼東，虞翻聽說後，認為應當征討五谿；遼東遙遠，即便聽任使人前來歸屬尚且不足取，如今派遣人員送去財物來求得馬匹，既對國家沒有好處，又恐怕沒有收穫。想上書諫勸又不敢，便把寫好的表章送給呂岱看，呂岱不作回答。虞翻被奸佞人告發，再被流放到蒼梧郡的猛陵。

夏，四月初六日壬寅，魏明帝到達許昌。

五月，皇子曹殷去世。

秋，七月，任命衛尉董昭為司徒。

九月，魏明帝到達摩陂，修築許昌宮室，新建景福殿、承光殿。

公孫淵暗中懷有二心，多次與吳國交通。魏明帝派汝南太守田豫督領青州各軍從海道出擊，幽州刺史王雄由陸路進討公孫淵。散騎常侍蔣濟勸諫說：「凡是無需相互吞併的國家，對不侵陵不叛逆的臣子，不應當

輕易討伐；討伐而又不能制服，這等於是驅使他們為賊。所以說：『虎狼當道，不整治狐狸。』先除掉大害，小害自然消失。如今海外之地，歷代歸服，每年推選計吏、孝廉，不斷盡職納貢，議論政事的人都首先提到遼東。即使一舉就能平定，獲得它的民眾不足以增強國力，獲得它的財物也不足以使我們富裕。倘若不能得志，還會結下怨仇，失去誠信。」魏明帝不聽。田豫等前去征討都無戰功，詔令撤兵。

田豫鑑於吳國派出的周賀等人即將返回，正值歲末風急，他必定畏懼海浪顛簸，東路又無海岸，必當趕赴成山；成山沒有藏船的地方，因此就派兵屯守成山。周賀等回到成山，遇到大風，田豫率兵攻擊周賀等人，斬殺了周賀。吳主聽到這一消息，才想到虞翻的話，便從交州召回虞翻。適逢虞翻已經去世，接回了他的靈柩。

十一月二十八日庚寅，陳思王曹植去世。

十二月，魏明帝返回許昌宮。

侍中劉曄為帝所親重。帝將伐蜀，朝臣內外皆曰「不可」。曄入與帝議，則曰「可伐」，出與朝臣言，則曰「不可」。曄有膽智，言之皆有形❶。中領軍❷楊暨，帝之親臣，又重曄，執不可伐之議最堅，每從內出，輒過曄，曄講不可之意。後暨與帝論伐蜀事，暨切諫❸，帝曰：「卿書生，焉知兵事！」暨謝曰：「臣言誠不足采，侍中劉曄，先帝謀臣，常曰蜀不可伐。」帝曰：「曄與吾言蜀可伐。」暨曰：「曄可召質❹也。」詔召曄至，帝問曄，終不言。後獨見，曄責帝曰：「伐國，大謀也。臣得與聞大謀，常恐眯夢❺漏泄以益臣罪，焉敢向人言之！夫兵詭

道也，軍事未發，不厭其密。陛下顯然露之，臣恐敵國已聞之矣。」於是帝謝之❻。曄見出，責曁曰：「夫釣者中大魚，則縱而隨之，須可制而後牽，則無不得也。人主之威，豈徒大魚而已！子誠直臣，然計不足采，不可不精思也。」曁亦謝之。

或謂帝曰：「曄不盡忠，善伺上意所趨而合之。陛下試與曄言，皆反意而問之，若皆與所問反者，是曄常與聖意合也。每問皆同者，曄之情❼必無所復[1]逃矣。」帝如言以驗之，果得其情，從此疏焉。曄遂發狂，出為大鴻臚❽，以憂死。

傅子❾曰：「巧詐不如拙誠❿，信矣。以曄之明智權計，若居之以德義，行之以忠信，古之上賢，何以加諸⓫！獨任才智，不敦⓬誠愨⓭，內失君心，外困於俗，卒以自危，豈不惜哉！」

曄嘗譖尚書令陳矯專權。矯懼，以告其子騫。騫曰：「主上明聖，大人大臣，今若不合，不過不作公耳。」後數日，帝意果解。

尚書郎樂安廉昭⓮以才能得幸，好抉擿⓯羣臣細過以求媚於上。黃門侍郎⓰杜恕⓱上疏曰：「伏見廉昭奏左丞⓲曹璠以罰當關⓳不依詔，坐判問⓴。又云：『諸當坐者㉑別奏。』尚書令陳矯自奏不敢辭罰㉒，亦不敢陳理，志意懇惻㉓。臣竊愍然㉔為朝廷惜之。古之帝王所以能輔世長民者，莫不遠得百姓之懽心，近盡羣臣

之智力。今陛下憂勞萬機，或親燈火，而庶事不康㉕，刑禁日弛。原其所由，非獨臣不盡忠，亦其主不能使也。百里奚愚於虞而智於秦㉖，豫讓苟容中行而著節智伯㉗，斯則古人之明驗矣。若陛下以為今世無良才，朝廷乏賢佐，豈可追望稷、契㉘之遐蹤，坐待來世之俊乂㉙乎！今之所謂賢者，盡有大官而享厚祿矣。然而奉上之節未立，向公之心不一者，委任之責不專，而俗多忌諱故也。臣以為忠臣不必親，親臣不必忠。今㉚有疏者毀人而陛下疑其私報所憎，譽人而陛下疑其私愛所親，左右或因之以進憎愛之說，遂使疏者不敢毀譽，以至政事損益，亦皆有嫌。陛下當思所以闡廣㉛朝臣之心，篤厲㉜有道㉝之節，使之自同古人，垂名竹帛㉞，反使如廉昭者擾亂其間。臣懼大臣遂將[2]容身保位，坐觀得失，為來世戒也。

「昔周公戒魯侯曰：『無使大臣怨乎不以㉟。』言不賢則不可為大臣，為大臣則不可不用也。書數㊱舜之功，稱去四凶㊲，不言有罪無問大小則去也。今者朝臣不自以為不能，以陛下為不任也；不自以為不知㊳，以陛下為不問也。陛下何不遵周公之所以用，大舜之所以去，使侍中、尚書坐則侍帷幄，行則從華輦，親對詔問，各陳所有，則羣臣之行皆可得而知，忠能者進，闇劣者退，誰敢依違㊴而不自盡。以陛下之聖明，親與羣臣論議政事，使羣臣人得自盡，賢愚能否㊵，

在陛下之所用。以此治事，何事不辦；以此建功，何功不成！

「每有軍事，詔書常曰：『誰當憂此者邪？吾當自憂耳。』近詔又曰：『憂公忘私者必不然，但先公後私即自辦也。』伏讀明詔，乃知聖思究盡下情，然亦怪陛下不治其本[41]而憂其末[42]也。人之能否，實有本性，雖臣亦以為朝臣不盡稱職也。明主之用人也，使能者不敢遺其力，而不能者不得處非其任。選舉非其人，未必為有罪也；舉朝共容非其人，乃為怪耳。陛下知其不盡力也〔3〕，而代之憂其職，知其不能也，而教之治其事，豈徒主勞而臣逸哉！雖聖賢並世，終不能以此為治也。

「陛下又患臺閣[43]禁令之不密，人事請屬之不絕，作迎客出入之制，以惡吏守寺門[44]，斯實未得為禁之本也。昔漢安帝時，少府竇嘉辟廷尉郭躬無罪之兄子[45]，猶見舉奏，章劾紛紛。近司隸校尉孔羨辟大將軍[46]狂悖之弟[47]，而有司嘿爾[48]，望風[49]希指[50]，甚於受屬[51]，選舉不以實者也。嘉有親戚之寵[52]，躬非社稷重臣，猶尚如此，以今況古，陛下自不督必行之罰以絕阿黨[53]之原耳。出入之制，與惡吏守門，非治世之具也。使臣之言少蒙察納，何患於姦不削滅，而養若廉昭等乎！夫糾擿[54]姦宄[55]，忠事也，然而世憎小人行之者，以其不顧道理而苟求容進也。

若陛下不復考其終始，必以違眾迕世[56]為奉公，密行白人[57]為盡節[58]，焉有通人大才而更不能為此邪？誠顧道理而弗為耳。使天下皆背道而趨利，則人主之所最病者也，陛下將何樂焉！」恕，畿之子也。

帝嘗卒至尚書門，陳矯跪問帝曰：「陛下欲何之？」帝曰：「欲按行[59]文書耳。」矯曰：「此自臣職分，非陛下所宜臨也。若臣不稱其職，則請就黜退。陛下宜還。」帝慚，回車而反。帝嘗問矯：「司馬公[60]忠貞，可謂社稷之臣[61]乎？」矯曰：「朝廷之望[62]也，社稷則未知也。」

吳陸遜引兵向廬江[63]，論者以為宜速救之。滿寵曰：「廬江雖小，將勁兵精，守則經時[64]。又，賊舍船二百里來，後尾空絕，不來尚欲誘致，今宜聽其遂進，但恐走不可及耳。」乃整軍趨楊宜口[65]。吳人聞之，夜遁。

是時，吳人歲有來計。滿寵上疏曰：「合肥城南臨江湖，北遠壽春[66]，賊攻圍之，得據水為勢。官兵救之，當先破賊大輩，然後圍乃得解。賊往甚易，而兵往救之甚難，宜移城內之兵，其西三十里，有奇險可依，更立城以固守，此為引賊平地而掎[67]其歸路，於計為便。」護軍將軍[68]蔣濟議以為：「既示天下以弱，且望賊煙火而壞城，此為未攻而自拔。一至於此，劫略無限[69]，必淮北為守[70]。」

帝未許。寵重表曰：「孫子言(71)：『兵者，詭道(72)也，故能而示之不能，驕之以利(73)，示之以慑(74)。』此為形實(75)不必相應也。又曰：『善動敵者形之(76)。』今賊未至而移城卻內，所謂形而誘之也。引賊遠水，擇利而動，舉得於外，則福生於內矣。」尚書趙咨以寵策為長，詔遂報聽。

【章　旨】以上為第五段，寫魏明帝英明，識劉曄之諂，納杜恕之諫，准滿寵之奏，曹魏達於鼎盛。

【注　釋】❶言之皆有形　謂言蜀之可伐與不可伐，皆有形勢可據。❷中領軍　官名，曹操為丞相時，自置領軍，後稱中領軍。魏文帝即位後，以資重者為領軍將軍，資輕者為中領軍，掌京師禁衛軍。❸切諫　深切勸阻；極力勸諫。❹質　驗證；對證。❺眯夢　夢中。❻謝之　謂對劉曄表示歉意。❼情　真情；實情。謂劉曄內心深處迎合之情。❽出為大鴻臚　侍中為皇帝左右之官，大鴻臚為外朝官，故云「出」。大鴻臚掌賓禮，凡附屬的少數民族及諸侯入朝、迎送、朝會、封授等皆掌管。❾傅子　西晉傅玄所著。傅玄在曹魏時曾選入著作，撰集《魏書》。入晉後，為散騎常侍、侍中、司隸校尉等。所撰《傅子》論述較廣，得到時人好評。傳見《晉書》卷四十七。❿巧詐不如拙誠　此語見《韓非子》，《說苑》亦引此語，大概是古諺語。⓫諸　代詞兼語氣詞，是「之乎」的合音。⓬敦　崇尚。⓭誠愨　誠實。⓮廉昭　時任尚書郎，向魏明帝打小報告的惡吏。⓯抉擿　挑剔。⓰黃門侍郎　官名，職為侍從皇帝，傳達詔命。⓱杜恕　（？—西元二五二年）字務伯，京兆杜縣（今陝西西安東南）人，杜畿之子。魏明帝太和中為散騎黃門侍郎，在朝直言敢諫，後出為弘農、河東等郡太守，又為幽州刺史、建威將軍、護烏桓校尉。傳見《三國志》卷十六。⓲左丞　官名，指尚書左丞，掌尚書臺內禁令、宗廟祠祀、朝儀禮制、選用署吏等。有尚書右丞，掌尚書臺內庫藏、廬舍、器用物品，以及刑獄、兵器、文書章奏等。⓳以罰當關　罰，罪罰。關，白；向上報告。此指尚書臺治理罪罰應當向上報告，這是有關詔令的規定。左丞曹璠，違犯詔令沒有事先報告，應當獲罪，被廉昭揭發，牽連尚書令陳矯自首認罪。杜恕認為惡吏在側，小題大做而上奏。⓴坐判問　謂曹璠有罪應當追究罪責。㉑諸當坐者　指尚書令、僕也當獲罪。㉒辭罰　推卸處罰。㉓懇惻　誠懇痛切。㉔愍然　憂愁的樣子。㉕康　安寧。此處可理解為穩

妥。㉖百里奚愚於虞而智於秦　此韓信對廣武君李左車之言，見《史記・淮陰侯列傳》。百里奚原為虞國大夫，而虞君不重用他，後來虞國被晉國所滅。百里奚被虜逃亡後，為楚人所得，秦穆公用五張羖羊（公羊）皮贖得他，用為大夫，稱為五羖大夫。後與蹇叔、由余等助穆公建立了霸業。事見《史記・秦本紀》。㉗豫讓苟容中行而著節智伯　豫讓是春秋晉國人，先在范氏及中行氏下為臣，皆不受重視，後又投歸智伯，智伯甚尊寵他。至趙襄子滅智伯後，豫讓為報答智伯，決心刺殺趙襄子，以致漆身吞炭改變原形，後刺殺未中，被趙襄子捉住。趙襄子問豫讓：「子不嘗事范、中行氏乎？智伯盡滅之，而子不為報仇，而反委質臣於智伯。智伯亦已死矣，而於獨何以為之報仇之深也？」豫讓說：「臣事范、中行氏，范、中行氏皆眾人遇我，我故眾人報之。至於智伯，國士遇我，我故國士報之。」終於取得趙襄子的同情，劍擊襄子之衣而自殺。事見《史記・刺客列傳》。㉘稷契　后稷與契。后稷是周人始祖，堯舜時為農官，教民耕種。契是殷商人始祖，曾助禹治水有功，舜任為司徒，掌教化。㉙俊乂　才能出眾之士。㉚今　假設之辭，猶「若」。㉛闡廣　開闊。㉜篤厲　鼓勵。㉝有道　有道德之士。㉞竹帛　書冊、史籍。㉟無使大臣怨乎不以　此語見《論語・微子》。不以，不被信用。㊱數　歷述。㊲四凶　舜時四大逆臣，指共工、驩兜、鯀、三苗。《尚書・舜典》說：「流共工於幽州，放驩兜於崇山，竄三苗於三危，殛鯀於羽山，四罪而天下咸服。」㊳知　同「智」。㊴依違　謂猶豫不決。㊵否　鄙劣。㊶本　指任用賢人。㊷末　指辨事之好壞。㊸臺閣　指尚書臺。㊹寺門　官府門。㊺少府竇嘉辟廷尉郭躬無罪之兄子　按《後漢書・郭躬傳》，郭躬在漢章帝元和三年為廷尉，至漢和帝永元六年死，沒有至漢安帝時。而竇嘉為少府在漢和帝初，大概竇嘉辟郭躬之兄子，在郭躬死了之後的漢安帝時。㊻大將軍　指司馬懿。當時司馬懿為大將軍。㊼狂悖之弟　可能指司馬懿五弟司馬通。司馬通在曹魏時曾任司隸從事。事見《晉書・宗室傳》。㊽爾　語氣詞，相當於「矣」字。㊾望風　觀察風頭。㊿希指　迎合在上者的意旨。(51)受屬　接受請託。(52)嘉有親戚之寵　竇嘉是竇太后的本家人。(53)阿黨　徇私撓法；阿附同黨。(54)糾擿　糾舉揭發。(55)姦宄　奸惡；為非作歹之人。(56)迕世　違背世俗。(57)密行白人　謂祕密搜集別人的過失向上報告。(58)盡節　盡心竭力，效忠臣節。(59)按行　審查。(60)司馬公　司馬懿。(61)社稷之臣　此謂保衛皇位傳統的忠臣。(62)望　為人所敬仰。(63)廬江　郡名，曹魏廬江郡治所陽泉，在今安徽霍丘西。(64)經時　經久；長時間。(65)楊宜口　當時陽泉縣有陽泉水，流經縣城東，又西北流入決水，入決水處稱陽泉口，亦稱楊宜口。(66)壽春　魏揚州治所在壽春，距當時合肥城二百餘里。(67)掎　牽制。這裡可理解為阻止。(68)護軍將軍　官名，主武官選舉，隸屬領軍。資重者稱護軍將軍，資輕者稱中護軍。(69)劫略無限　謂孫吳肆意劫略。(70)必淮北為守　指曹魏必在淮北防守。(71)孫子言　此言前三句見《孫子兵法・計》。(72)詭道　詭詐之術。(73)驕之以利　用利引誘敵人使之驕傲。(74)示之以懾

表面上作出畏懼敵人的樣子。(75)形實　表面與實際。(76)善動敵者形之　此語見《孫子兵法・勢》。形，示形，謂以假象欺騙敵人。全句的意思是說：善於用假象欺騙敵人，敵人就會聽從擺布而上當。

【校　記】[1]復　原無此字。據章鈺校，甲十六行本、乙十一行本、孔天胤本皆有此字，張敦仁《通鑑刊本識誤》同，今據補。[2]遂將　此二字原互倒。據章鈺校，甲十六行本、乙十一行本皆作「遂將」，今據改。[3]也　原無此字。據章鈺校，甲十六行本、乙十一行本、孔天胤本皆有此字，今據補。

【語　譯】侍中劉曄被魏明帝親近器重。魏明帝將要討伐蜀國，朝廷內外的大臣都說「不可行」。劉曄入宮與魏明帝商議，卻說「可以征伐」，出宮和朝廷大臣議論時，卻又說「不可行」。劉曄有膽識智慧，他說可伐與不可伐都有形勢可據。中領軍楊暨，是魏明帝親近的大臣，他也器重劉曄，堅持不可伐的主張最為堅決，每次從宮中出來，就去拜訪劉曄，劉曄就講不可伐的道理。後來楊暨和魏明帝討論征伐蜀國的事情，楊暨極力勸諫，魏明帝說：「你是個書生，怎麼懂得軍事！」楊暨道歉說：「我說的的確不值得採納，侍中劉曄，是先帝的謀臣，常說蜀國不可以討伐。」魏明帝說：「劉曄對我說蜀國可以討伐。」楊暨說：「可以召劉曄來對質。」下詔讓劉曄入宮，魏明帝問劉曄，劉曄始終默不作聲。事後魏明帝單獨召見劉曄，劉曄埋怨魏明帝說：「征伐他國，是國家大計。我得參與這一國家機密，常常害怕夢中洩密而增加我的罪過，豈敢對人說起！用兵打仗，本質就是詭詐，軍事行動尚未開始，計畫越機密越好，陛下公開洩露，我擔心敵國已經知道了。」於是魏明帝表示歉意。劉曄晉見後出宮，責備楊暨說：「釣魚的人釣住了一條大魚，就要放長線跟隨牠，等到可以制服之後把牠牽引上來，這樣就沒有不成功的。君主的威嚴，哪裡只是一條大魚呢！你誠然是個正直的臣子，但是計謀不足取，不可不精密思考啊。」楊暨也向劉曄表示歉意。

有人對魏明帝說：「劉曄不盡忠心，而善於窺探皇上的意向來迎合。陛下不妨試探與劉曄交談，全用相反的意思來問他，如果他的回答全都和所問相反，就是劉曄的見解常常與陛下的意向相合。如果陛下每次所提的問題他都贊同的話，劉曄的迎合之情就再也無所躲藏了。」魏明帝以此來考驗劉曄，果然發覺劉曄的迎合之情，從此疏遠了他。劉曄因此精神失常，被逐出內朝任大鴻臚，隨後憂鬱而死。

《傅子》上說：「巧詐不如拙誠，確實是如此啊。憑藉劉曄的聰明才智和權變謀計，如果堅信德義，按忠信行事，即使是古代上等的賢人，又豈能超過他！但劉曄只憑才智，不崇尚誠實，這樣內失君主的信任，外受世俗的壓力，終於自己害了自己，難道不可惜嗎！」

劉曄曾經詆毀尚書令陳矯專權。陳矯很害怕，把這事告訴了兒子陳騫。陳騫說：「主上聖明，您是朝中大臣，現今如果與朝廷不融洽，只不過不任三公罷了。」幾天後，魏明帝的不滿情緒果然消解。

尚書郎樂安人廉昭因為有才能受到寵幸，廉昭喜歡揭發群臣的細小過失來向皇上獻媚。黃門侍郎杜恕上疏說：「臣看到廉昭上奏尚書臺左丞曹璠，沒有依照詔書治罪要向上報告，應當追究責問。又說：『其他應該獲罪的人，另外上奏。』尚書令陳矯也自己上奏不敢推卸處罰，也不敢陳述理由，心意誠懇痛切。臣暗自憂愁，為朝廷惋惜。古代帝王之所以能治理社會，作萬民之長，無不是遠得百姓的歡心，近靠群臣竭盡智力。現今陛下憂慮辛勞日理萬機，有時還挑燈連夜工作，但仍有許多的事務不夠妥貼，刑法禁令日益鬆弛。究其根源，不僅僅是群臣沒有盡到忠心，也是因為主上不能役使他們。百里奚在虞國愚鈍但在秦國卻明智，豫讓在中行家苟且偷安但在智伯家卻節操顯著，這是古人的明證。如果陛下認為當今沒有良才，朝廷缺乏賢能的輔佐，難道現在可以去追尋后稷與契的蹤跡而坐等未來的俊傑嗎！如今所稱的賢人，都是些做大官而享厚祿的人。可是侍奉君上的節操沒有樹立，奉公的心思不夠專一，這是因為委任的職責不專一，而世俗有很多忌諱的緣故。臣認為忠臣未必是親近之臣，親近之臣不一定忠心。假若有被疏遠的人批評他人，陛下就會懷疑他挾私報復所憎恨的人，讚譽他人，陛下就會懷疑他挾私偏愛親近之人，陛下身邊的人乘機進獻愛憎之說，於是被疏遠的人不敢提出批評或讚譽，以致對於政事的損益，也都會避嫌而不言。陛下應當思考如何開闊朝臣的心胸，鼓勵有道之士的氣節，使他們自覺向古人看齊，名垂青史，怎麼反讓廉昭之類的人在中間擾亂。臣恐怕大臣們將苟且偷安，保住官位，坐觀政事的得失，成為後世的鑑戒。

「從前周公告誡魯侯說：『不要讓大臣抱怨不被信任。』說的是不賢的人就不可以任用為大臣，任命為大臣就不能不信用。《尚書》歷述虞舜的功績，稱他除去了四凶，不說有罪不問大小就一概去除。現在朝廷大

臣並不認為自己沒有能力，而認為陛下不任用他們；不認為自己沒有智慧，而認為陛下沒有去詢問他們。陛下何不遵循周公任用賢臣、大舜除去奸凶的做法，讓侍中、尚書坐朝時侍候在帷幄之中，出行時跟隨御駕，親自回答陛下的諮詢，各自陳述自己所有的意見，那麼群臣的品行陛下都可以得知，忠誠賢能的人進官加爵，愚鈍卑劣的人予以黜退，誰還敢猶豫不決而不竭盡才能呢。憑著陛下的聖明，親自同群臣議論政事，使群臣人人得以竭盡自己的才能，那麼是賢良還是愚劣，是能幹還是鄙劣，全在陛下的使用。用這種方法治理政事，沒有什麼事不能辦成；用這種方法建立功業，沒有什麼功業不能建立！

「每逢有軍機大事，陛下的詔書常說：『誰該憂慮這事呢？該當我自己憂慮罷了。』近日詔書上又說：『憂公忘私的人必然不會這樣，只要先公後私就自然辦到。』恭讀聖明的詔書，才知陛下盡知下情，但對陛下不從根本上著手，而只憂慮細枝末節感到奇怪。人的賢能與否，實由先天決定，就連臣也認為朝中大臣不能盡職盡責。聖明的君主用人，是讓賢能的人不敢保留他的能力，而使無能的人不能身處他不勝任的位置上。舉薦了不賢能之人，未必就有罪過；滿朝一起容納無能之人，才真是怪事呢。陛下知道某人不盡力，卻替他憂慮職事，知道某人無能，卻還教他辦事，這難道不是主上辛勞而臣下安逸嗎！即便是聖人與賢人並存於世，最終也不能用這種辦法治理好國家。

「陛下又擔心臺閣禁令不機密，人事請託不能斷絕，制定迎客出入的制度，讓兇惡的官吏把守官府大門，這實在是沒有抓住禁令的根本。從前漢安帝時，少府竇嘉徵召廷尉郭躬無罪的哥哥的兒子，還被人舉奏，彈劾的奏章紛紛而至。近來司隸校尉孔羨徵召大將軍司馬懿狂妄背理的弟弟，但有關部門卻沉默不言，望風迎合，比接受請託更嚴重，這是選舉不實造成的。竇嘉有皇親的寵信，郭躬並不是國家的重臣，尚且如此，拿今天的情況和古代相比，這是因為陛下沒有親自督促落實必行之罰來杜絕徇私撓法的源頭。出入的制度，交給惡吏把門，這不是治世的做法。假使臣的話稍微蒙受陛下的明察，承陛下採納，還憂慮什麼奸邪之行不能剷除，而去豢養廉昭這類人呢！說起糾舉揭發奸惡，是忠於職事的表現，然而世人憎恨小人之行的原因，是由於小人不講道理而苟且偷安，諂媚取進。如果陛下不再去考察事情的本末，就一定會認為違背眾意違背世

俗是奉公，窺人過失祕密上告是盡節，有通達大才的人怎麼會做不來這種事的呢？實在是他們顧及到道義而不肯做罷了。若使天下的人都背道義而逐利，那才是君主最感痛切的事情，陛下還有什麼可高興的呢！」杜恕，是杜畿的兒子。

魏明帝曾突然來到尚書門，陳矯下跪問魏明帝：「陛下想去哪裡？」魏明帝說：「我想審察一下公文罷了。」陳矯說：「這是臣下的職責，不是陛下應當親自過問的事。如果臣不稱職，就請就地罷免。陛下應該回宮。」魏明帝感到慚愧，乘車返回。魏明帝曾經問陳矯：「司馬懿忠誠堅貞，可說是國家重臣嗎？」陳矯說：「司馬懿是朝廷官員所敬仰的，是否是國家的重臣我還不知道。」

吳國陸遜領兵向廬江進軍，謀議的人認為應當火速救援。滿寵說：「廬江雖小，將勇兵精，可以長時間防守。況且，敵人棄船陸行二百里而來，後續部隊斷絕。敵人不來還打算引誘他們來，現在應聽任他們前進，只怕他們逃走，我軍追趕不上。」於是整飭軍隊奔赴楊宜口。吳軍聽到了消息，夜裡逃走了。

此時，東吳每年都有進攻魏國的計畫。滿寵上書說：「合肥城南臨長江、巢湖，北面遠離壽春，敵人圍攻合肥，佔據水上的優勢。我軍救援，要先擊破敵人主力，然後才能解除圍困。敵人前來很容易，但我軍前去救援卻很困難，應當調移城內軍隊，在城西三十里，有奇險可以憑據，另建新城來固守，這是為了把敵人引誘到平地，然後阻止他們的歸路，這一計謀最合宜。」護軍將軍蔣濟認為：「這樣做既向天下示弱，而且只看到敵營的煙火就毀掉城池，這等於敵人還沒有來攻就自己棄城。一旦到了這個地步，敵人就會無限制地劫掠，我軍必然退守淮河以北。」魏明帝沒有批准滿寵的計畫。滿寵再次上奏說：「孫子說：『用兵打仗，是詭詐之術，所以有能力卻要顯示出無能，用利益引誘敵人驕傲，向敵人示以恐懼。』這就是表面與實際不必相應。又說：『要善於用假象欺騙敵人。』如今敵人還沒到，我們就轉移城守，向內退卻，這就是用假象來誘騙敵人，引誘敵人遠離水域，我軍則選擇有利時機而行動，在城外行動得手，則城內才可得到保護之福。」尚書趙咨認為滿寵計高一籌，於是下詔批准。

青龍元年（癸丑 西元二三三年）

春，正月甲申，青龍見摩陂井中❶。○二月，帝如摩陂觀龍，改元。

公孫淵遣校尉宿舒、郎中令❷孫綜奉表稱臣於吳，吳主大悅，為之大赦。三月，吳主遣太常❸張彌、執金吾❹許晏、將軍賀達將兵萬人，金寶珍貨，九錫❺備物，乘海授淵，封淵為燕王。舉朝大臣自顧雍以下皆諫，以為淵未可信而寵待太厚，但可遣吏兵護送舒、綜而已。吳主不聽。張昭曰：「淵背魏懼討，遠來求援，非本志也。若淵改圖，欲自明於魏，兩使不反，不亦取笑於天下乎！」吳主反覆難昭，昭意彌❻切。吳主不能堪，按劍[1]而怒曰：「吳國士人入宮則拜孤，出宮則拜君，孤之敬君亦為至矣，而數於眾中折孤❼，孤常恐失計❽。」昭孰視❾吳主曰：「臣雖知言不用，每竭愚忠者，誠以太后臨崩，呼老臣於牀下，遺詔顧命之言故在耳。」因涕泣橫流。吳主擲刀於地，與之對泣。然卒遣彌、晏往。昭忿言之不用，稱疾不朝。吳主恨之，土塞其門，昭又於內以土封之。

夏，五月戊寅❿，北海王蕤卒。○閏月庚寅朔，日有食之。

六月，洛陽宮鞠室⓫災。

鮮卑軻比能誘保塞鮮卑步度根與深結和親，自勒萬騎迎其累重⓬於陘北⓭。

并州刺史畢軌⑭表輒出軍，以外威比能，內鎮步度根。帝省表曰：「步度根已為比能所誘，有自疑心。今軌出軍，慎勿越塞過句注⑮也。」比詔書到，軌已進軍屯陰館⑯，遣將軍蘇尚、董弼追鮮卑。軻比能遣子將千餘騎迎步度根部落，與尚、弼相遇，戰於樓煩⑰。二將沒，步度根與泄歸泥部落皆叛出塞，與軻比能合寇邊。帝遣驍騎將軍秦朗⑱將中軍⑲討之，軻比能乃走幕北⑳，泄歸泥將其部眾來降。步度根尋為軻比能所殺。

公孫淵知吳遠難恃，乃斬張彌、許晏等首，傳送京師，悉沒其兵資珍寶。冬，十二月，詔拜淵大司馬，封樂浪公。

吳主聞之，大怒，曰：「朕年六十，世事難易，靡㉑所不嘗㉒。近為鼠子所前卻㉓，令人氣踊如山。不自截鼠子頭以擲于海，無顏復臨萬國；就令顛沛㉔，不以為恨！」

陸遜上疏曰：「陛下以神武之資，誕膺期運，破操烏林，敗備西陵，禽羽荊州，斯三虜者，當世雄傑，皆摧其鋒。聖化所綏㉕，萬里草偃，方蕩平華夏，總一大猷㉖。今不忍小忿而發雷霆之怒，違垂堂㉗之戒，輕萬乘之重，此臣之所惑也。臣聞之，行萬里者不中道而輟足，圖四海者不懷細而[2]害大。彊寇在境，荒

服㉘未庭㉙，陛下乘桴㉚遠征，必致闚闟㉛，慼至而憂，悔之無及。若使大事時捷，則淵不討自服。今乃遠惜遼東眾之與馬㉜，柰何獨欲捐江東萬安之本業而不惜乎！」

尚書僕射薛綜上疏曰：「昔漢元帝欲御樓船㉝，薛廣德㉞請刎頸以血染車。何則？水火之險至危，非帝王所宜涉也。今遼東戎貊㉟小國，無城隍之固，備禦之術，器械銖鈍㊱，犬羊無政，往必禽克，誠如明詔。然其方土寒埆㊲，穀稼不殖，民習鞍馬，轉徙無常，卒聞大軍之至，自度不敵，鳥驚獸駭，長驅奔竄，一人匹馬，不可得見，雖獲空地，守之無益，此不可一也。加又洪流滉瀁㊳，有成山之難，海行無常，風波難免，倏忽㊴之間，人船異勢㊵，雖有堯、舜之德，智無所施，賁、育㊶之勇，力不得設，此不可二也。加以鬱霧冥其上，鹹水蒸其下，善生流腫㊷，轉相洿染，凡行海者，稀無此[3]患，此不可三也。天生神聖，當乘時平亂，康此民物。今逆虜將滅，海內垂定，乃違必然之圖，尋至危之阻，忽九州之固，肆一朝之忿，既非社稷之重計，又開闢以來㊸所未嘗有，斯誠羣僚所以傾身側息㊹，食不甘味，寢不安席者也。」

選曹尚書㊺陸瑁上疏曰：「北寇㊻與國，壤地連接，苟有間隙，應機而至。

夫所以為越海求馬，曲意於淵者，為赴目前之急，除腹心之疾也。而更棄本追末，捐近治遠，忿以改規，激以動眾，斯乃猾虜(47)所願聞，非大吳之至計也。又兵家之術，以功役相疲(48)，勞逸相待，得失之間，所覺輒多(49)。且沓渚(50)去淵，道里尚遠。今到其岸，兵勢三分，使彊者進取，次當守船，又次運糧，行人雖多，難得悉用。加以單步負糧，經遠深入，賊地多馬，邀截無常。若淵狙詐(51)，與北未絕，動眾之日，脣齒(52)相濟。若實子[4]然無所憑賴(53)，其畏怖遠迸，或難卒滅，使天誅稽於朔野(54)，山虜(55)乘間而起，恐非萬安之長慮也。」吳主未許。

瑁重上疏曰：「夫兵革者，固前代所以誅暴亂、威四夷也。然其役皆在姦雄已除，天下無事，從容廟堂之上，以餘議議之耳。至於中夏鼎沸，九域(56)盤互(57)之時，率須深根固本，愛力惜費，未有正於此時舍近治遠，以疲軍旅者也。昔尉佗(58)叛逆，僭號稱帝，于時天下乂安(59)，百姓康阜，然漢文猶以遠征不易，告喻而已。今凶桀(60)未殄，疆埸(61)猶警，未宜以淵為先。願陛下抑威任計，暫寧六師，潛神嘿規，以為後圖，天下幸甚！」吳主乃止。

吳主數遣人慰謝張昭，昭固不起。吳主因出，過其門呼昭，昭辭疾篤。吳主燒其門，欲以恐之，昭亦不出。吳主使人滅火，住門良久，昭諸子共扶昭起，吳

主載以還宮，深自克責[62]。昭不得已，然後朝會。

初，張彌、許晏等至襄平[63]，公孫淵欲圖之，乃先分散其吏兵，中使[64]秦旦、張羣、杜德、黃彊等及吏兵六十人置玄菟[65]。玄菟在遼東北二百里，太守王贊領戶二百，旦等皆舍[66]於民家，仰[67]其飲食，積四十許日。旦與羣等議曰：「吾人遠辱國命，自棄於此，與死無異。今觀此郡，形勢甚弱，若一旦同心，焚燒城郭，殺其長吏，為國報恥，然後伏死，足以無恨。孰與偷生苟活，長為囚虜乎！」羣等然之。於是陰相結約，當用[68]八月十九日夜發。其日中時，為郡中張松所告，贊便會士眾，閉城門，旦、羣、德、彊等〔5〕皆踰城得走。時羣病疽瘡[69]著厀[70]，不及輩旅。德常扶接與俱，崎嶇山谷，行六七百里，創[71]益困，不復能前，臥草中，相守悲泣。羣曰：「吾不幸創甚，死亡無日，卿諸人宜速進道，冀有所達，空相守俱死於窮谷之中，何益也！」德曰：「萬里流離，死生共之，不忍相委[72]。」於是推旦、彊使前，德獨留守羣，採菜果食[73]之。旦、彊別數日，得達句麗[74]，因宣吳主詔於句麗王位宮及其主簿[75]，紿[76]言有賜，為遼東所劫奪。位宮等大喜，即受詔，命使人隨旦還迎羣、德〔6〕，遣皁衣[77]二十五人，送旦等還吳，奉表稱臣，貢貂皮千枚，鶡雞[78]皮十具。旦等見吳主，悲喜不能自勝。吳主壯之，皆拜校尉。

是歲，吳主出兵欲圍新城(79)，以其遠水，積二十餘日，不敢下船。滿寵謂諸將曰：「孫權得吾移城，必於其眾中有自大之言。今大舉來，欲要(80)一切之功，雖不敢至，必當上岸耀兵(81)，以示有餘。」乃潛遣步騎六千，伏肥水隱處以待之。吳主果上岸耀兵，寵伏兵卒起擊之，斬首數百，或有赴水死者。吳主又使全琮攻六安(82)，亦不克。

蜀庲降都督(83)張翼用法嚴峻，南夷豪帥劉胄叛。丞相亮以參軍巴西馬忠代翼，召翼令還。其人謂翼宜速歸即罪，翼曰：「不然。吾以蠻夷蠢動，不稱職，故還耳。然代人未至，吾方臨戰場，當運糧積穀，為滅賊之資，豈可以黜退之故而廢公家之務乎！」於是統攝不懈，代到乃發。馬忠因其成基，破胄，斬之。

諸葛亮勸農(84)講武，作木牛、流馬(85)，運米集斜谷口，治斜谷邸閣，息民休士，三年而後用之。

【章旨】以上為第六段，寫孫權不聽勸諫，一意孤行，聯盟遼東，被公孫淵所欺。

【注釋】❶青龍見摩陂井中　自此改摩陂為龍陂。❷郎中令　官名，漢魏時期，王國置郎中令一人，掌郎中宿衛。但公孫淵此前未封王，也未自稱王，卻置郎中令。❸太常　官名，列卿之一，掌禮樂、郊廟、社稷等事。❹執金吾　官名，掌督巡宮外、維護皇宮周圍及京都的治安，皇帝出行時，則充任護衛及儀仗隊。❺九錫　古代天子賜給大臣的最高禮遇。《漢書．武帝紀》注引應劭說：「九錫者，一曰車馬，二曰衣服，三曰樂器，四曰朱戶，五曰納陛，六曰虎賁百人，七曰鈇鉞，八曰弓

矢，九日秬鬯。」❻彌　更加；益發。❼數於眾中折孤　謂一再在大家面前折辱我。折，屈。❽失計　謂不能容忍而殺張昭。❾孰視　久久盯看。孰，通「熟」。❿戊寅　五月十八日。⓫鞠室　踢鞠的場所。鞠，古代用革製成的一種皮球，用於軍中習武遊戲，以足踢，類似今日的足球。⓬累重　謂家屬與資產。累，家累；家屬。重，輜重；財貨。⓭陘北　指陘嶺以北之地。陘嶺一名西陘山，又名句注山，在今山西代縣西北。⓮畢軌　字昭先。魏明帝初為黃門郎，後為并州刺史。齊王芳正始中為中護軍，又為侍中、尚書、司隸校尉，因與曹爽親善，司馬懿誅曹爽時被殺。事見《三國志・魏書・曹爽傳》注引《魏略》。⓯句注　即陘嶺。東漢末，自朔方、五原、上郡、定襄、雲中，東至陘嶺以北，皆為匈奴、羌等少數民族所據有，故魏明帝令畢軌勿越過句注。⓰陰館　漢縣名，縣治在今山西代縣西北。⓱樓煩　漢縣名，縣治在今山西代縣西北雁門關之北。⓲秦朗　字元明，其母被曹操納為妾，故朗長於宮中。魏明帝時為驍騎將軍、給事中。事見《三國志・魏書・明帝紀》注引《魏氏春秋》與《魏略》。⓳中軍　中央禁衛軍。⓴幕北　即漢北。幕，通「漠」。㉑靡　無。㉒嘗　經歷。㉓前卻　謂公孫淵向吳稱臣以誘吳使者前往，後又斬吳使者以卻吳。㉔顛沛　傾覆。㉕綏　安撫。㉖總一大猷　實現統一的重大謀略。大猷，大謀。㉗垂堂　堂屋簷下。在簷下可能被落瓦所傷，故用以比喻危險境地。古諺語即有「千金之子，坐不垂堂」的話。見《史記・袁盎鼂錯列傳》。㉘荒服　古代五服之一。指離王畿二千五百里的地區，為五服中最遠之地。此指公孫淵所據的遼東地區。㉙未庭　謂未臣服。㉚桴　竹木編成的渡水工具，大的叫筏，小的叫桴。㉛闚闟　窺視，伺隙而動。㉜遠惜遼東眾之與馬　謂孫權對遙遠的遼東之貪戀，是因為遼東民眾多並產馬。㉝樓船　有疊層的大船。㉞薛廣德　漢元帝時，薛廣德為御史大夫，直言敢諫。漢元帝曾想乘樓船往祭宗廟，當乘車輿出長安南門後，薛廣德即諫阻，元帝表示不採納。廣德便說：「陛下不聽臣，臣自刎，以血汙車輪，陛下不得入廟矣。」元帝遂改為乘車。事見《漢書・薛廣德傳》。㉟貊　古代稱居於東北地區的民族為貊。㊱銖鈍　言其又輕又鈍。古代二十四銖為一兩。㊲埆　土地貧瘠。㊳滉瀁　水深廣的樣子。㊴倏忽　指時間極短，猶言瞬息。㊵人船異勢　指船翻沉，人與船漂沒異處。㊶賁育　指孟賁、夏育，皆古代有名的勇士。㊷流腫　下肢腫脹的腳氣病。㊸開闢以來　謂建國以來。㊹傾身側息　謂側身而息，不敢安穩睡眠。㊺尚書　官名，即曹魏的吏部尚書，主官吏之選用。㊻北寇　指曹魏。㊼猾虜　亦指曹魏。㊽功役相疲　以勞役使對方疲憊。㊾勞逸相待三句　謂對方以逸待勞，雙方得失之間，感覺差別很大。㊿沓渚　遼東郡有沓氏縣，縣治在今遼寧遼陽東南。因沓氏西南臨海渚（島），故又稱沓渚。(51)狙詐　詭詐。(52)脣齒　比喻魏與遼東。謂吳伐遼東，魏可能南侵。(53)若實孑然無所憑賴　意謂公孫淵孑然孤立無援。(54)天誅稽於朔野　天誅，上天的誅殺，此指吳軍征討。稽，停留。指誅殺公孫淵還滯留在北方曠野中。(55)山虜　指丹陽、豫章等郡的山越。

❺❻九域　九州。謂全國。❺❼盤互　謂九州各自盤據，而又互相敵對。❺❽尉佗　尉佗本真定人，姓趙名佗，秦末為南海尉，故稱尉佗。秦亡後，尉佗自稱南粵武王。漢高帝劉邦統一全國後，亦遣使立尉佗為南粵王。高后時因禁止鐵器入南粵，尉佗因叛漢自稱南武帝，並發兵攻長沙邊境。漢文帝即位後，遣陸賈至南粵說服尉佗，尉佗遂取消帝號，仍臣服漢，為南粵王。事見《漢書・南粵王趙佗傳》。❺❾乂安　安定。❻⓿凶桀　指曹魏。❻❶疆埸　疆域之邊界，亦即國界。❻❷深自克責　深刻責備自己。克，通「刻」。❻❸襄平　縣名，遼東郡的治所，在今遼寧遼陽。❻❹中使　宮中派出的使者，奉旨執行使命。以宮中宦者充任。❻❺玄菟　郡名，治所高句麗，在今遼寧瀋陽城東。❻❻舍　住宿。❻❼仰　依賴。❻❽用　於。❻❾疽瘡　毒瘡之一種。❼⓿著䣛謂毒瘡生在膝上。❼❶創　謂創傷。❼❷委　拋棄。❼❸食　拿食物給人吃。❼❹句麗　即高句麗國，都城在丸都，在今吉林集安。❼❺主簿　高句麗王之屬官。❼❻紿　欺騙。❼❼皁衣　高句麗王之屬官。❼❽鶡雞　鳥名，形似野雞，體型較大，色青，好鬥。❼❾新城　即合肥新城。太和六年滿寵於合肥城西三十里更築新城，稱合肥新城，在今安徽合肥舊謝步鎮。❽⓿要　通「徼」。求；取。❽❶耀兵　顯示兵威。❽❷六安　縣名，縣治在今安徽六安北。❽❸庲降都督　官名，蜀漢置以督統南中地區。最初都督治所在南昌縣（在今雲南鎮雄境），至李恢為都督，移治所於平夷縣（在今雲南富源境）。張翼為都督，治所亦在平夷縣。馬忠代張翼為都督後，又移治所於味縣（在今雲南曲靖境）。❽❹勸農　鼓勵農業生產。❽❺流馬　諸葛亮創製的先進運輸工具，雖然《諸葛亮集》對流馬各部件的尺寸都有所說明，但其具體形制仍不很清楚，有人認為即後世的獨輪車。

【校　記】1劍　據章鈺校，甲十六行本、乙十一行本皆作「刀」。2而　據章鈺校，甲十六行本、乙十一行本皆作「以」。3此　據章鈺校，甲十六行本、乙十一行本皆作「斯」。4子　原作「了」。胡三省注云蜀本作「子」。據章鈺校，甲十六行本、乙十一行本亦作「子」，張敦仁《通鑑刊本識誤》同，今從改。5等　原無此字。據章鈺校，甲十六行本、乙十一行本皆有此字，今據補。6德　原無此字。據章鈺校，甲十六行本、乙十一行本皆有此字，今據補。

【語　譯】青龍元年（癸丑　西元二三三年）

春，正月二十三日甲申，在摩陂井中出現青龍。○二月，魏明帝去往摩陂觀看青龍，改年號。

公孫淵派校尉宿舒、郎中令孫綜呈奉表章向吳國稱臣，吳主大為高興，為此大赦天下。三月，吳主派太常張彌、執金吾許晏、將軍賀達率領一萬人，攜帶金銀財寶、九錫所用之物，乘船渡海授予公孫淵，封公孫淵為燕王。滿朝大臣從丞相顧雍以下都加以勸阻，認為公孫淵不可信任，況且恩寵禮遇也太優厚，只可派官

兵護送宿舒、孫綜就夠了。吳主不聽從。張昭說：「公孫淵背叛魏國害怕被征討，遠道來求援，稱臣不是他的本意。如果公孫淵改變主意，為了向魏國表明自己的心跡，我們的兩位使者就回不來了，豈不是讓天下人取笑嗎！」吳主反覆駁難張昭，張昭的想法更加堅定。吳主不能忍受，按劍發怒說：「吳國的官員進宮則參拜我，出宮就拜訪您，我敬重您已到了極點，您卻一再在大家面前折辱頂撞我，我真怕做出感情失控的事來。」張昭久久地盯著吳主說：「臣雖然知道自己所言不會被採納，每次還是竭盡愚忠，實在是因為太后臨終把老臣招呼到她的床前，留下遺詔輔佐陛下的話猶在耳邊的緣故。」於是涕淚橫流。吳主擲刀於地，與張昭相對痛哭。但是最終還是派張彌、許晏前往。張昭對不採納他的意見感到氣憤，稱病不入朝。吳主怨恨張昭，下令用土堵塞張昭的大門，張昭也從裡面再用土封堵。

夏，五月十八日戊寅，魏國北海王曹蕤去世。〇閏五月初一日庚寅，發生日蝕。

六月，洛陽宮鞠室發生火災。

鮮卑首領軻比能，引誘為魏國保衛邊塞的另一支鮮卑部落首領步度根和他深交結親，軻比能親自率領一萬名騎兵在陘北迎接步度根的家屬和輜重。并州刺史畢軌上表請求立即出兵，對外威脅軻比能，對內鎮懾步度根。魏明帝審閱表章後說：「步度根已經被軻比能誘惑，產生自疑之心。現在畢軌出兵，要謹慎從事，切不要越出邊塞度過句注山。」可是等到詔書送到時，畢軌已經進軍駐紮陰館，並派將軍蘇尚、董弼追擊鮮卑人。軻比能派兒子率領一千多名騎兵迎接步度根部落，和蘇尚、董弼遭遇，在樓煩交戰。蘇、董二將戰死，步度根和泄歸泥部落全都反叛出塞，與軻比能聯合侵擾邊境。魏明帝派驍騎將軍秦朗統帥禁衛軍討伐，軻比能於是逃往沙漠以北，泄歸泥率領部眾前來歸降。不久步度根被軻比能殺死。

公孫淵知道吳國相距遙遠難以依賴，於是斬下張彌、許晏等人的首級，傳送到京師，全部侵吞了張、許等人的軍用物資及珍寶。冬，十二月，魏明帝下詔任命公孫淵為大司馬，封為樂浪公。

吳主聽到這一消息，大為震怒，說：「我年已六十，世上的艱難困苦，無所不嘗，近來被鼠輩所卻，使人氣湧如山。如果不親自砍下鼠子之頭，把它扔進大海，我就沒有臉面君臨萬國；即使國家傾覆，也不會感

到悔恨！」

陸遜上奏說：「陛下憑藉神明威武的天資，承受大命，在烏林擊破曹操，在西陵打敗劉備，在荊州擒獲關羽，這三個敵人，是當代的蓋世英雄，都被您摧折鋒芒。聖化所撫，萬里盡伏，現在正是蕩平中原，實現統一天下的重大謀略的時候，而今卻因不忍小憤發雷霆之怒，違背了『坐不垂堂』的古訓，輕視一國之主的貴重，這是臣所感困惑的。臣聽說，行萬里路的人絕不中途止步，謀取天下的人絕不因小而害大。強敵在境，只因荒遠之地沒有臣服，陛下就乘筏遠征，必定給敵人可乘之機，危機臨頭才感憂慮，後悔莫及。如果國家戰事時傳報捷，那麼公孫淵不用征討自己就會來歸服。如今只貪戀遠在遼東的民眾和馬匹，怎麼能偏想捨棄江東永安的基業而不珍惜呢！」

尚書僕射薛綜上奏說：「從前漢元帝想乘樓船，薛廣德要刎頸以血染車。為什麼呢？因為水火無情，十分危險，不是帝王應當涉足的。如今遼東不過是東夷小國，沒有牢固的城牆，防禦無術，武器裝備又輕又鈍，當權者就像犬羊一樣沒有政治措施，前往必定獲勝，誠如陛下詔書所說的那樣。然而遼東土地貧瘠、氣候嚴寒，莊稼不能生長，民眾熟悉鞍馬游牧，遷徙無常，突然聽到大軍來到，自量不是對手，像鳥獸驚駭，遠逃鼠竄，連一個人、一匹馬都看不到，即使獲得空虛之地，佔守它毫無益處，這是不能去征討的原因之一。加上大海深廣，已發生過成山之難，海上航行變化無常，風浪難以避免，轉瞬之間，人船沉沒，即令有堯、舜的美德和智慧，也無處施展，孟賁、夏育的勇力，也難以發揮，這是不能去征討的原因之二。還有濃霧罩黑天空，鹹澀的海水在下面蒸騰，將士們容易雙腳發腫，相互傳染。大凡航海的人，很少不得這種病的，這是不能去征討的原因之三。天生神聖賢明的陛下，應當抓住時機平定大亂，使百姓安定富庶。現在反賊曹氏將要被消滅，天下即將平定，卻要放棄必成的大計，自找艱難險阻，忽略國家的安全，發洩一時的氣憤，既不是國家的重大決策，又是建國以來未曾有過的舉動，這確實是群臣側臥而息，食不甘味，睡不安席的原因。」

選曹尚書陸瑁上疏說：「北邊的魏賊和我國土地連接，我們如果有疏漏，魏賊會乘機而來。我國之所以渡海買馬，違心順承公孫淵，是為了解決眼前之急，目的是消除心腹之患。但卻捨本逐末，捨近求遠，因一

時氣憤而改變規劃，因感情激動而興師動眾，這才是狡猾敵人願意聽到的，不是我大吳最好計謀。再說兵家的戰略戰術，用勞役使對方疲憊，以逸待勞，雙方得失相較，感覺差別很大。況且到達遼東沓渚縣，那裡距公孫淵還很遠。在那裡登陸上岸，軍隊勢必會三分其眾，讓強的向前攻取，差一些的守衛船隻，再差一些的運送軍糧，出征的人數雖多，難以全部用上。加上徒步行軍，背負糧食，遠道深入，敵地多有戰馬，攔阻抄掠出沒無常。像公孫淵這樣狡猾奸詐的敵人，他與北邊的魏賊並未斷絕關係，興兵之日，他們脣齒相依。如果公孫淵確實孤立無所依靠，他將畏懼遠逃，也難以很快消滅。我大吳對公孫淵的誅殺大軍還滯留在北方的原野上，而這時國內的山越卻乘機而起，這恐怕不是永安之長計。」吳主不同意。

陸瑁再次上奏說：「興兵動武，固然是前代用以誅除暴亂、威懾四方蠻夷的舉動。但這種行動都是在奸雄已除，天下無事，從容不迫地在朝廷之上，以剩餘的議題來討論罷了。至於中原戰亂不已，九州之地各自盤踞互相為敵的時候，正需要牢固根本，愛護民力，珍惜財物，沒有正在這時捨近征遠，使軍隊疲勞的。從前尉佗叛逆，偽號稱帝，當時天下安定，百姓富足，但是漢文帝仍認為遠征不易，只是派使者加以曉諭而已。現在元兇未滅，邊境還有警報，不應該把公孫淵放在首位。希望陛下抑制威怒，使用計策，暫停大軍，潛心思考，默默謀劃，以後再去實行，天下則萬幸！」吳主這才作罷。

吳主多次派人慰問張昭，以示歉意，張昭執意不起。吳主因事出宮，路過張昭的門口呼喚張昭，張昭推辭病重不見吳主。吳主用火燒他的大門，想以此恐嚇他，張昭也還不出來。吳主派人滅火，站在門口許久，張昭的幾個兒子一同扶起張昭，吳主用車把他載回宮，深切自責。張昭不得已，然後參加朝會。

當初，張彌、許晏等到達襄平時，公孫淵想謀害他們，就先分散他們的官兵，把中使秦旦、張羣、杜德、黃彊等及其官兵六十人安置在玄菟郡。玄菟在遼東以北二百里，太守王贊管轄二百戶人家，秦旦等都住在民宅，依靠民家供給飲食，歷時約四十天。秦旦和張羣等商議說：「我們遠來有辱國家使命，自己放棄在這裡，和死差不多。現在考察這個郡，勢力很弱，如果我們一旦同心，焚燒城廓，殺死他們的官吏，為國報仇雪恥，然後伏法而死，就沒有遺憾了。這不比苟且偷生，長期作為囚犯好得多嗎！」張羣等認為此話有理。於是暗

中相互約定，當在八月十九日夜晚舉事。到了那天中午，被郡中人張松告發，郡守王贇就會集部眾，關閉城門，秦旦、張羣、杜德、黃彊等都翻越城牆得以逃走。此時張羣膝上生瘡，跟不上同伴。杜德常常攙扶照應與他一起，山谷道路崎嶇，行走了六七百里，傷創更加嚴重，不能再前行，躺在草叢中，相互守著悲痛流淚。張羣說：「我不幸傷重，離死沒有幾天了，你們幾位應當迅速向前趕路，希望能找到活路，像這樣白白地相互廝守，一起死在深山窮谷之中，有什麼好處呢！」杜德說：「萬里顛沛流離，生死與共，不忍心拋棄你。」於是催促秦旦、黃彊，讓他們前行，杜德單獨留下守護張羣，採集野菜野果給他吃。秦旦、黃彊分別了數日，到達高句麗，就向高句麗國王位宮及其主簿宣布吳主詔書，謊稱有賞賜，被遼東劫奪。高句麗國王位宮等人大喜，隨即接受吳主詔書，命令派人隨同秦旦回去迎接張羣、杜德。然後高句麗王又派屬官皁衣二十五人，護送秦旦等返回吳國，上表稱臣，進貢貂皮一千張，鶡雞皮十張。秦旦等見到吳主，悲喜交集不能自已，吳主稱讚他們的壯舉，都任命為校尉。

這一年，吳主出兵想圍攻合肥新城，因為新城遠離水域，歷時二十多天，不敢下船。滿寵對眾將領說：「孫權得知我遷移城址，必定在部屬中發布狂妄自大的言論。現在大舉發兵前來，想要求取所有的功勞，即使他不敢來攻城，也必定登岸炫耀武力，以顯示行有餘力。」於是暗中派步、騎兵六千人，埋伏在肥水的隱蔽處等候吳軍，吳主果真登岸炫耀武力，滿寵的伏兵突然發起攻擊，斬首數百，有的吳軍逃入水中被淹死。吳主又派全琮攻打六安，也沒有攻下。

蜀庲降都督張翼，用法嚴峻，南方夷人首領劉胄反叛。丞相諸葛亮派參軍巴西人馬忠代替張翼，將張翼召回。使者告訴張翼要火速回去領罪，張翼說：「不是這樣。我因為蠻夷反叛，不稱職，才被召回。但是接替的人還沒到來，我正面臨戰場，應當運糧積穀，為消滅叛賊準備物資，豈能因為被革職而廢止公務呢！」於是統籌指揮毫不鬆懈，直至接替的人到了才出發。馬忠利用張翼打下的基礎，打敗叛軍，殺了劉胄。

諸葛亮鼓勵農耕練兵習武，製作木牛、流馬，運糧集中於斜谷口，修繕斜谷棧道，使百姓和士兵得以休息，三年之後再用兵。

二年（甲寅 西元二三四年）

春，二月，亮悉大眾十萬由斜谷入寇，遣使約吳同時大舉。

三月庚寅❶，山陽公卒，帝素服發喪。○己酉❷，大赦。

夏，四月，大疫。○崇華殿災。

諸葛亮至郿，軍於渭水之南。司馬懿引軍渡渭，背水為壘以拒之，謂諸將曰：「亮若出武功，依山而東，誠為可憂。若西上五丈原❸，諸將無事矣。」亮果屯五丈原。

雍州❹刺史郭淮言於懿曰：「亮必爭北原❺，宜先據之。」議者多謂不然，淮曰：「若亮跨渭登原，連兵北山，隔絕隴道，搖盪民夷，此非國之利也。」懿乃使淮屯北原。塹壘未成，漢兵大至，淮逆擊卻之。

亮以前者數出，皆以運糧不繼，使己志不伸，乃分兵屯田為久駐之基，耕者雜於渭濱居民之間，而百姓安堵，軍無私焉。

五月，吳主入居巢❻湖口❼，向合肥新城，眾號十萬；又遣陸遜、諸葛瑾將萬餘人入江夏❽、沔口❾，向襄陽❿；將軍孫韶、張承入淮，向廣陵⓫、淮陰。

六月，滿寵欲率諸軍救新城。殄夷將軍⓬田豫曰：「賊悉眾大舉，非圖小利，

欲質⑬新城以致大軍耳。宜聽使攻城，挫其銳氣，不當與爭鋒也。城不可拔，眾必罷⑭怠，罷怠然後擊之，可大克也。若賊見計⑮，必不攻城，勢將自走。若便進兵，適入其計矣。」

時東方吏士皆分休⑯，寵表請召中軍兵⑰，并[1]所休將士，須集擊之。散騎常侍廣平劉劭議以為：「賊眾新至，心專氣銳，寵以少人自戰其地，若便進擊，必不能制。寵請待兵，未有所失也。」以為「可先遣步兵五千，精騎三千，先軍前發，揚聲進道，震曜⑱形勢。騎到合肥，疏其行隊，多其旌鼓，曜兵城下，引出賊後，擬其歸路，要⑲其糧道。賊聞大軍來，騎斷其後，必震怖遁走，不戰自破矣。」帝從之。

寵欲拔新城守，致賊壽春，帝不聽，曰：「昔漢光武遣兵據略陽⑳，終以破隗囂。先帝東置合肥，南守襄陽，西固祁山，賊來輒破於三城之下者，地有所必爭也。縱權攻新城，必不能拔。敕諸將堅守，吾將自往征之，比至，恐權走也。」乃使征蜀護軍秦朗督步騎二萬助司馬懿禦諸葛亮，敕懿：「但堅壁拒守，以挫其鋒，彼進不得志，退無與戰，久停則糧盡，虜略無所獲，則必走，走而追之，全勝之道也。」

秋，七月壬寅㉑[2]，帝御龍舟東征。滿寵募壯士焚吳攻具，射殺吳主之弟子泰，又吳吏士多疾病。帝未至數百里，疑兵㉒先至。吳主始謂帝不能出，聞大軍至，遂遁，孫韶亦退。

陸遜遣親人韓扁奉表詣吳主，邏者㉓得之。諸葛瑾聞之甚懼，書與遜云：「大駕已還，賊得韓扁，具知吾闊狹㉔，且水乾，宜當急去。」遜未答，方催人種葑㉕、豆，與諸將弈棋㉖、射戲㉗如常。瑾曰：「伯言㉘多智略，其必當有以㉙。」乃自來見遜。遜曰：「賊知大駕已還，無所復憂，得專力於吾。又已守要害之處，兵將意動㉚，且當自定以安之，施設變術，然後出耳。今便示退，賊當謂吾怖，仍來相蹙㉛，必敗之勢也。」乃密與瑾立計，令瑾督舟船，遜悉上兵馬以向襄陽城。魏人素憚遜名，遽還赴城。瑾便引船出，遜徐整部伍，張拓聲勢㉜，步趣船，魏人不敢逼。行到白圍㉝，託言住獵，潛遣將軍周峻、張梁等擊江夏、新市㉞、安陸㉟、石陽㊱，斬獲千餘人而還。

羣臣以為司馬懿方與諸葛亮相守未解，車駕可西幸長安。帝曰：「權走，亮膽破，大軍足以制之，吾無憂矣。」遂進軍至壽春，錄諸將功，封賞各有差。

八月壬申㊲，葬漢孝獻皇帝于禪陵㊳。○辛巳㊴，帝還許昌。

司馬懿與諸葛亮相守百餘日，亮數挑戰，懿不出。亮乃遺㊵懿巾幗㊶婦人之服。懿怒，上表請戰，帝使衛尉㊷辛毗杖節為軍師㊸以制之。護軍姜維謂亮曰：「辛佐治杖節而到，賊不復出矣。」亮曰：「彼本無戰情，所以固請戰者，以示武於其眾耳。將在軍，君命有所不受，苟能制吾，豈千里而請戰邪！」

亮遣使者至懿軍，懿問其寢食及事之煩簡，不問戎事。使者對曰：「諸葛公夙興夜寐㊹，罰二十以上，皆親覽焉，所噉㊺食不至數升㊻。」懿告人曰：「諸葛孔明食少事煩，其能久乎！」

亮病篤，漢主[3]使尚書僕射李福省侍，因諮以國家大計。福至，與亮語已㊼，別去㊽，數日復還。亮曰：「孤知君還意。近日言語雖彌日㊾，有所不盡，更來求決耳。公所問者，公琰㊿其宜也。」福謝：「前實失不諮請。如公百年後，誰可任大事者，故輒還耳。乞復請蔣[4]琬之後，誰可任者？」亮曰：「文偉(51)可以繼之。」又問其次，亮不答。

是月，亮卒于軍中，長史楊儀(52)整軍而出。百姓奔告司馬懿，懿追之。姜維令儀反旗鳴鼓，若將向懿者，懿斂軍退，不敢偪。於是儀結陳(53)而去，入谷(54)，然後發喪(55)。百姓為之諺曰：「死諸葛走生仲達(56)。」懿聞之，笑曰：「吾能料

生，不能料死故也。」懿按行亮之營壘處所，歎曰：「天下奇才也！」追至赤岸㊼，不及而還。

【章旨】以上為第七段，寫諸葛亮第五次北伐，卒於軍中而退兵。

【注釋】❶庚寅 三月初六日。❷己酉 三月二十五日。❸五丈原 地名，在當時郿縣之西，渭水之南。郿縣縣治在今陝西眉縣東北。❹雍州 州名，曹魏雍州治所長安，在今陝西西安西北。❺北原 在五丈原與渭水之北。❻居巢 縣名，縣治在今安徽巢湖市東北。❼湖口 指巢湖口，即後世的柵江口，因水導源於巢湖，故稱巢湖口，在今安徽和縣西南。❽江夏 郡名，孫吳江夏郡治所在武昌，在今湖北鄂州。❾沔口 又稱夏口，即今湖北漢口。❿襄陽 郡名，治所襄陽縣，在今湖北襄樊。⓫廣陵 郡名，曹魏廣陵郡治所在淮陰，在今江蘇淮陰西南。⓬殄夷將軍 官名，曹魏所置的雜號將軍，但不在《宋書・百官志》所載魏晉四十號將軍之中。⓭質 憑藉之意。⓮罷 通「疲」。⓯見計 謂吳軍看出魏軍待敵之計。⓰分休 輪番休息。⓱中軍兵 包括禁軍在內的中央軍隊。⓲震曜 誇耀。⓳要 通「邀」。攔截。⓴略陽 縣名，縣治在今甘肅秦安西北。東漢初，隗囂據有天水、武都、金城等郡。漢光武帝建武八年命來歙襲取隗囂守將所據的略陽。來歙攻下後，就堅守不放，終敗隗囂。事見《後漢書・光武帝紀》。㉑壬寅 七月甲寅朔，無壬寅。㉒疑兵 迷惑敵人之兵。㉓邏者 巡邏兵。㉔具知吾闊狹 詳細知道我們的虛實。闊狹，猶言虛實、寬窄、長短。㉕葑 菜名，即蔓菁。㉖弈棋 下棋。㉗射戲 射覆之遊戲，即猜測覆蓋物的遊戲。㉘伯言 陸遜字伯言。㉙其必當有以 意謂一定有其緣故。以，緣故。㉚意動 思想動搖不安。㉛蹙 逼迫。㉜張拓聲勢 虛張聲勢。㉝白圍 在白河口所立的圍屯，稱為白圍。白河在今湖北襄樊東北。㉞新市 縣名，即江夏郡之南新市，縣治在今湖北京山縣東北。㉟安陸 縣名，為魏江夏郡治所，在今湖北安陸南。㊱石陽 縣名，縣治在今湖北應城東南。㊲壬申 八月二十日。㊳禪陵 在今河南修武東北。㊴辛巳 八月二十九日。㊵遺 贈與。㊶巾幗 婦女的頭巾。㊷衛尉 官名，列卿之一，掌宮門警衛及宮中巡邏。㊸軍師 官名，軍隊的高級參謀。㊹夙興夜寐 很早即起，深夜方睡。㊺噉 吃。㊻數升 此據《三國志・蜀書・諸葛亮傳》注引《魏氏春秋》，《晉書・宣帝紀》作「三四升」。㊼已 完；結束。㊽別去 離別歸去。㊾彌日 整天。㊿公琰 蔣琬字公琰。(51)文偉 費禕字文偉。(52)楊儀 字公威，襄陽人，建

安中投歸關羽，後為蜀漢尚書、丞相府參軍、長史等。後因怨望誹謗，被廢自殺。傳見《三國志》卷四十。㊿陳 同「陣」。

54谷 指斜谷。55發喪 公布喪事於眾。56仲達 司馬懿字仲達。57赤岸 地名，又稱赤崖，在今陝西漢中西北。

【校 記】1并 此下原有「召」字。據章鈺校，甲十六行本、乙十一行本皆無此字，今據刪。按，此謂滿寵表請「召中軍兵」及「所休將士」，上句已有「召」字，此句無需重出。2壬寅 原無此二字。據章鈺校，甲十六行本、乙十一行本皆有此二字，今據補。3主 原無此字。據章鈺校，甲十六行本、乙十一行本皆有此字，今據補。4乞復請蔣 據章鈺校，此四字甲十六行本作「又問其次」。

【語 譯】二年（甲寅 西元二三四年）

春，二月，諸葛亮傾巢出動了十萬大軍從斜谷出兵入侵，派使者相約吳國同時大舉出兵。

三月初六日庚寅，山陽公劉協去世，魏明帝身穿喪服宣布喪訊。〇二十五日己酉，大赦天下。

夏，四月，瘟疫大流行。〇崇華殿發生火災。

諸葛亮到達郿縣，在渭水南岸紮營。司馬懿率軍渡過渭水，背靠渭水構築營壘抵禦諸葛亮，對各位將領說：「諸葛亮如果道出武功，依山東進，確實讓人擔憂。如果西上五丈原，各位將領就平安無事了。」諸葛亮果然屯駐五丈原。

雍州刺史郭淮向司馬懿進言說：「諸葛亮必定爭奪北原，應當搶先佔據北原。」參加謀議的人大多不贊同，郭淮說：「如果諸葛亮跨過渭水登上北原，接連進兵到北山，隔斷隴道，就會引起百姓和夷人動盪，這對國家是不利的。」司馬懿於是派郭淮屯駐北原。營壘還沒有築成，漢軍大量來到，郭淮迎擊，打退了漢兵。

諸葛亮因為前幾次出兵，都是糧運接濟不上，使自己的大志不能實現，於是分兵屯田，作為長期駐軍的基礎，屯田的士兵和渭水之濱的居民雜居在一起，而百姓安居，軍隊沒有損民肥私之事。

五月，吳主率軍進入巢湖口，向合肥新城進軍，號稱十萬兵馬；又派陸遜、諸葛瑾率一萬多兵馬進入江夏、沔口，進軍襄陽；將軍孫韶、張承進入淮河，進軍廣陵、淮陰。

六月，滿寵想率領各路軍隊救援新城。殄夷將軍田豫說：「敵人傾巢大舉出兵，並非貪圖小利，而是想

利用新城作為誘餌來引我大軍前去罷了。應該聽任他們攻城，挫傷他們的銳氣，不應該與他們爭鋒。不能攻克城池，敵軍勢必疲憊懈怠，疲憊懈怠之後去攻擊，可以大勝。如果敵人發覺了我們的計謀，一定不會攻城，勢必即將自行退走。如果我軍立刻進兵，恰恰中了他們的詭計。」

此時，魏國東部的官兵都在輪番休假，滿寵上表請求調動朝廷禁軍，連同休假的將士，等到軍隊集結後再發動攻擊。散騎常侍廣平人劉劭建議說：「敵軍剛至，全神貫注，士氣旺盛，滿寵因兵少而又在自己的防地上作戰，如果立即去進攻，一定不能戰勝敵人。滿寵請求等待援兵，沒有什麼失誤。」認為「可先派步兵五千人，精銳騎兵三千人，作為先頭部隊出發，虛張聲勢跨上征途，宣耀軍隊氣勢。騎兵到達合肥後，撒開隊伍，多設置旌旗戰鼓，在城下炫耀兵威，將敵人引出之後，切斷敵人的歸路，攔截敵人的糧道。敵人聽說我大軍來到，騎兵切斷了後路，一定會震驚逃走，不戰自敗了。」魏明帝聽從了這個建議。

滿寵想放棄新城防務，引誘敵人深入到壽春，魏明帝不聽從，說：「從前漢光武帝派軍隊佔據略陽，終於擊敗隗囂。先帝在東面設置合肥，在南面據守襄陽，在西面固守祁山，敵人來犯往往就在這三城之下被打敗，因為這是兵家必爭之地。即使孫權攻打新城，一定不能攻下。命令各位將領堅守，我當親自去征伐，等我到達時，恐怕孫權已經逃走了。」魏明帝於是派征蜀護軍秦朗率領步、騎兵二萬人援助司馬懿抵禦諸葛亮，命令司馬懿：「只需堅壁拒守，以挫敗敵人的銳氣，敵人前進不能得志，後退又無人與他交戰，久留則糧盡，搶掠一無所獲，那麼就必然會退走，等敵人退走時再追擊，這才是全勝的策略。」

秋，七月壬寅日，魏明帝親乘龍舟東征。

滿寵招募壯士燒毀吳軍攻城的器具，射死吳主弟弟的兒子孫泰，加之吳軍官兵又多染疾病。魏明帝距離合肥還有幾百里，疑惑敵人的兵眾已先到達。吳主開始認為魏明帝不會出征，聽說大軍來到，於是逃走，孫韶也撤退了。

陸遜派親信韓扁送奏章給孫權，被魏軍的巡邏兵截獲。諸葛瑾聽到消息很害怕，寫信給陸遜說：「主上大駕已回，敵人俘獲韓扁，知道我們的虛實，況且水路已乾涸，應當火速撤離。」陸遜沒有回覆，正在催促

部隊種蔓菁、種豆，與各位將領下棋、競猜遊戲，和平常一樣。諸葛瑾說：「陸遜足智多謀，其中必有緣故。」於是親自前來見陸遜。陸遜說：「敵人知道君上已回，無所憂慮，勢必集中力量來對付我。況且他們已經控制了各要害之地，我軍將士動搖不安，應當自我安定以穩定軍心，布置應變之術，然後撤退。現在就示意退走，敵人該認為我軍恐懼，因而前來緊逼，這是我軍必敗的形勢。」於是祕密地和諸葛瑾訂下計謀，命諸葛瑾督領船隊，陸遜率領全部精銳兵馬向襄陽城進發。魏軍素來忌憚陸遜的名聲，急速退回襄陽城。諸葛瑾於是率船隊駛出，陸遜從容不迫地整飭軍隊，虛張聲勢，徒步奔向船隊，魏軍不敢緊逼。行至白圍，聲稱要停下打獵，暗中派將軍周峻、張梁等襲擊江夏、新市、安陸、石陽，斬殺俘獲一千多人而回。

魏國群臣認為司馬懿與諸葛亮正相持不下，明帝可以向西巡幸長安。明帝說：「孫權逃走，諸葛亮聞風破膽，大軍足以戰勝他，我已無憂慮了。」於是進軍到壽春，論列各位將領的功勞，封爵賞賜各有不同的等級。

八月二十日壬申，在禪陵安葬漢獻帝。○二十九日辛巳，魏明帝回到許昌。

司馬懿與諸葛亮對峙一百多天，諸葛亮多次挑戰，司馬懿不出戰。諸葛亮於是把婦女使用的頭巾贈送司馬懿。司馬懿大怒，上表請求出戰，魏明帝派衛尉辛毗執符節作為軍師來加以制止。護軍姜維對諸葛亮說：「辛毗持符節而至，敵人不會再出戰了。」諸葛亮說：「他本來就無心出戰，之所以堅請出戰，是要向他的部隊表示威武罷了。將在軍中，君命有所不受，如果能戰勝我，哪裡會千里迢迢去請戰呢！」

諸葛亮派使者到司馬懿的軍中，司馬懿詢問諸葛亮的睡眠、飲食及其每天處理事務的多少，而不問軍事。使者回答說：「諸葛公早起晚睡，二十杖以上的懲罰，都親自審閱，飯量不到幾升。」司馬懿對人說：「諸葛孔明吃得少事情多，他能堅持長久嗎！」

諸葛亮病危，漢後主派尚書僕射李福探望侍候，並向諸葛亮諮詢國家大事。李福來到，與諸葛亮談話結束，辭別離去，過了幾天又回來了。諸葛亮說：「我知道你回來的用意。前幾天我們雖交談了一整天，仍舊沒有講完，你又來聽我的決定罷了。你所詢問的事，蔣琬適合。」李福道歉說：「前日確實忘了諮詢請示。

如果您百年之後，誰可當此重任，因此就回來了。請再指示蔣琬之後，誰可繼任？」諸葛亮說：「費禕可以繼任。」又問費禕之後的人選，諸葛亮不作回答。

這個月，諸葛亮在軍中去世，長史楊儀整頓軍隊撤出。百姓跑著報告司馬懿，司馬懿追擊。姜維命令楊儀反轉旗幟，擂響戰鼓，好像是要進攻司馬懿的樣子，司馬懿收兵撤退，不敢進逼。於是楊儀把軍隊組成戰鬥隊形離去，進入斜谷，然後發布諸葛亮的死訊。百姓為此編了一句諺語：「死諸葛嚇跑活司馬。」司馬懿聽說後，苦笑著說：「這是我能預料活人之事，而不能預料死人之事的緣故。」司馬懿巡視諸葛亮營壘所在之處，感歎道：「真是天下奇才啊！」追到赤岸，沒有追上而回軍。

初，漢前軍師❶魏延勇猛過人，善養士卒。每隨亮出，輒欲請兵萬人，與亮異道會于潼關❷，如韓信故事❸，亮制而不許。延常謂亮為怯，歎恨己才用之不盡。楊儀為人幹敏❹，亮每出軍，儀常規畫分部，籌度糧穀，不稽思慮，斯須❺便了，軍戎節度，取辦於儀。延性矜高❻，當時皆避下之，唯儀不假借❼延，延以為至忿，有如水火。亮深惜二人之才，不忍有所偏廢也。

費禕使吳，吳主醉，問禕曰：「楊儀、魏延，牧豎小人也，雖嘗有鳴吠之益於時務，然既已任之，勢不得輕。若一朝無諸葛亮，必為禍亂矣。諸君憒憒❽，不知防慮於此，豈所謂貽厥孫謀乎！」禕對曰：「儀、延之不協，起於私忿耳，而無黥、韓❾難御之心也。今方掃除彊賊，混一函夏❿，功以才成，業由才廣，

若捨此不任，防其後患，是猶備有風波而逆廢舟楫⑪，非長計也。」

亮病困，與儀及司馬費禕等作身歿之後退軍節度⑫，令延斷後，姜維次之。若延或[1]不從命，軍便自發。亮卒，儀祕不發喪，令禕往揣延意指。延曰：「丞相雖亡，吾自見在，府親官屬⑬，便可將喪還葬，吾當自[2]率諸軍擊賊，云何以一人死廢天下之事邪！且魏延何人，當為楊儀[3]所部勒，作斷後將乎！」自與禕共作行留⑭部分⑮，令禕手書與己連名，告下諸將。禕紿延曰：「當為君還解楊長史，長史文吏，稀更⑯軍事，必不違命也。」禕出，奔馬而去。延尋⑰悔之，已不及矣。

延遣人覘⑱儀等欲按亮成規，諸營相次引軍還。延大怒，攙⑲儀未發，率所領徑先南歸，所過燒絕閣道。延、儀各相表叛逆，一日之中，羽檄⑳交至。漢主以問侍中董允、留府長史蔣琬，琬、允咸保儀而疑延。儀等令槎山㉑通道，晝夜兼行，亦繼延後。延先至，據南谷口㉒，遣兵逆擊儀等，儀等令將軍何平㉓於前禦延。平叱先登曰：「公亡，身尚未寒，汝輩何敢乃爾！」延士眾知曲在延，莫為用命，皆散。延獨與其子數人逃亡，奔漢中。儀遣將馬岱追斬之，遂夷延三族。蔣琬率宿衛諸營北行赴難[4]，行數十里，延死問㉔至，乃還。始，延欲殺儀等，

冀時論以己代諸葛輔政，故不北[5]降魏而南還擊儀，實無反意也。

諸軍還成都，大赦，謚諸葛亮曰忠武侯。初，亮表於漢主曰：「成都有桑八百株，薄田十五頃，子弟衣食自有餘饒。臣不別治生㉕以長尺寸㉖。若臣死之日，不使內有餘帛，外有贏財，以負陛下。」卒如其所言。

丞相長史張裔常稱亮曰：「公賞不遺遠，罰不阿㉗近，爵不可以無功取，刑不可以貴勢免，此賢愚之[6]所以僉㉘忘其身者也。」

陳壽評曰：「諸葛亮之為相國也，撫百姓，示儀軌㉙，約官職，從權制㉚，開誠心，布公道。盡忠益時者雖讎必賞，犯法怠慢者雖親必罰，服罪輸情㉛者雖重必釋，游辭㉜巧飾者雖輕必戮。善無微而不賞，惡無纖而不貶。庶事精練，物理其本㉝，循名責實，虛偽不齒。終於邦域之內，咸畏而愛之。刑政雖峻而無怨者，以其用心平而勸戒明也。可謂識治之良才，管、蕭㉞之亞匹㉟矣。」

初，長水校尉㊱廖立㊲自謂才名宜為諸葛亮之副，常以職位游散㊳，怏怏怨謗無已。亮廢立為民，徙之汶山㊴。及亮卒，立垂泣曰：「吾終為左衽㊵矣！」李平聞之，亦發病死。平常冀亮復收己，得自補復，策後人不能故也。

習鑿齒論曰：「昔管仲奪伯氏㊶駢邑㊷三百㊸，沒齒而無怨言，聖人以為難。

諸葛亮之使廖立垂泣，李嚴致死，豈徒無怨言而已哉！夫水至平而邪者取法，鑑㊹至明而醜者亡[7]怒。水鑑之所以能窮物而無怨者，以其無私也。水鑑無私，猶以免謗，況大人君子懷樂生之心，流矜恕之德，法行於不可不用，刑加乎自犯之罪，爵之而非私，誅之而不怒，天下有不服者乎！」

蜀人所在求為諸葛亮立廟，漢主不聽，百姓遂因時節私祭之於道陌上。步兵校尉㊺習隆等上言：「請近其墓立一廟於沔陽㊻，斷其私祀。」漢主從之。

漢主以左將軍吳懿為車騎將軍㊼，假節㊽，督漢中；以丞相長史蔣琬為尚書令，總統國事，尋加琬行都護㊾，假節，領益州刺史。時新喪元帥，遠近危悚，琬出類拔萃，處羣僚之右，既無戚容，又無喜色，神守舉止有如平日，由是眾望漸服。

吳人聞諸葛亮卒，恐魏承衰取蜀，增巴丘㊿守兵萬人，一欲以為救援，二欲以事分割。漢人聞之，亦增永安(51)之守以防非常。漢主使右中郎將宗預(52)使吳，吳主問曰：「東之與西，譬猶一家，而聞西更增白帝之守，何也？」對曰：「臣以為東益巴丘之戍，西增白帝之守，皆事勢宜然，俱不足以相問也。」吳主大笑，嘉其抗盡(53)，禮之亞於鄧芝(54)。

吳諸葛恪以丹陽(55)山險，民多果勁，雖前發兵，徒得外縣(56)平民而已，其餘深遠，莫能禽盡，屢自求為官出之，三年可得甲士四萬。眾議咸以為[8]：「丹陽地勢險阻，與吳郡(57)、會稽(58)、新都(59)、番陽(60)四郡鄰接，周旋數千里，山谷萬重。其幽邃人民未嘗入城邑，對長吏，皆仗兵野逸，白首於林莽(61)。逋亡(62)宿惡，咸共逃竄。山出銅鐵，自鑄甲兵。俗好武習戰，高尚氣力。其升山越[9]險，抵突叢棘(63)，若魚之走淵，猿狖(64)之騰木也。時觀間隙，出為寇盜，每致兵征伐，尋其窟藏。其戰則蠭至，敗則鳥竄，自前世以來，不能羈也。」皆以為難。恪父瑾聞之，亦以事終不逮(65)，歎曰：「恪不大興吾家，將赤(66)吾族也！」恪盛陳其必捷，吳主乃拜恪撫越將軍(67)，領丹陽太守，使行其策。

冬，十一月，洛陽地震。○吳潘濬討武陵(68)蠻，數年，斬獲數萬，自是羣蠻衰弱，一方寧靜。十一月，濬還武昌。

【章旨】以上為第八段，寫蜀將魏延不識大體被冤殺，以及歷史家對諸葛亮的評價和在民間的影響。

【注釋】❶前軍師　官名，蜀漢置有中軍師、前軍師、後軍師，皆參謀軍事。❷潼關　關名，在今陝西潼關縣北。❸韓信故事　漢高帝二年，命韓信、曹參等攻擊魏王豹。魏地攻下後，韓信使人向劉邦請兵三萬，北攻燕、趙，東擊齊，南絕楚糧道，劉邦也同意了。事見《漢書・高帝紀上》。❹幹敏　幹練敏捷。❺斯須　片刻。❻矜高　自大高傲。❼假借　寬容。❽憒憒　糊塗。❾黥韓　指西漢初年的黥布、韓信。❿函夏　指全中國。⓫檝　同「楫」。划船用具。⓬節度　安排；調度。⓭府

親官屬　指丞相府長史以下官屬。⑭行留　謂送諸葛亮喪歸還的部隊與留下繼續對抗魏軍的部隊。⑮部分　處分，部署。⑯更　經歷。⑰尋　不久。⑱覘　窺探；偷偷察見。⑲攙　搶先。⑳羽檄　緊急文書。古代傳送緊急文書時，在文書上插上鳥羽，表示急速如飛鳥。㉑槎山　砍山上樹木。㉒南谷口　即褒斜道之南口褒谷，在今陝西勉縣褒城鎮北。北口即斜谷，在今陝西眉縣西南。全道總長四百七十里。㉓何平　即王平。因王平幼年時養於外家何氏，成年後才復姓王。㉔問　音訊。㉕治生　經營生計。㉖以長尺寸　藉以增加一點點財產。尺寸，言其少。㉗阿　偏袒。㉘僉　皆；都。㉙儀軌　禮儀法度。㉚權制　合於時宜的制度。㉛輸情　表達真情。㉜游辭　虛浮不實的話。㉝物理其本　謂對事物必從根本上去治理。㉞管蕭　管仲、蕭何。㉟亞匹　次一等的。㊱長水校尉　官名，中領軍所統五校尉之一，掌禁兵。㊲廖立　字公淵，武陵臨沅（今湖南常德）人，初為劉備荊州牧從事，隨劉備入蜀後，為巴郡太守。後主劉禪時為長水校尉，後因驕傲自大，被貶為民，流徙汶山郡。傳見《三國志》卷四十。㊳游散　謂沒有重要職權的散官。㊴汶山　郡名，治所綿虒，在今四川汶川縣西南。㊵左衽　前衣襟向左。古代少數民族的衣服，前襟向左，汶山郡即少數民族聚居地，故廖立有此言。㊶伯氏　春秋時齊國大夫。㊷駢邑　地名，在今山東臨朐柳山寨。㊸三百　謂三百戶人家。亦即謂駢邑這塊采地有三百戶人家。《論語・憲問》載孔子說：管仲「奪伯氏駢邑三百，飯疏食，沒齒無怨言」。㊹鑑　鏡子。㊺步兵校尉　官名，中領軍所統五校尉之一，掌禁兵。㊻沔陽　縣名，縣治在陝西勉縣東。㊼車騎將軍　官名，車騎將軍為都督者，與四征將軍同，若不為都督屬四征將軍者，與前後左右雜號將軍同。㊽假節　授以符節。魏晉時，朝中大臣或地方軍政長官，依權力大小授以持節、使持節、假節等名號。假節為三者中權力最低者，只可殺犯軍令者。㊾行都護　官名，蜀漢所置，蓋統領軍事。㊿巴丘　山名，即巴陵山，又名天岳山，在今湖南岳陽西南，濱臨洞庭湖。(51)永安　縣名，縣治在今重慶市奉節東白帝城。(52)宗預　字德豔，南陽安眾（今河南鎮平東南）人，初隨張飛入蜀，後主劉禪即位初，為參軍、右中郎將。兩次出使吳，皆稱職。後官至鎮軍大將軍。傳見《三國志》卷四十五。(53)抗盡　剛直不屈，盡情無隱。(54)鄧芝　鄧芝在劉備死後諸葛亮執政初使吳。(55)丹陽　郡名，治所宛陵，在今安徽宣城。(56)外縣　「縣」通「懸」，外縣即暴露在外邊之意。(57)吳郡　治所吳縣，在今江蘇蘇州。(58)會稽　郡名，治所山陰，在今浙江紹興。(59)新都　郡名，治所始興，在今浙江淳安西。(60)番陽　郡名，治所鄱陽縣，在今江西鄱陽東。(61)林莽　茂林深草之地。(62)逋亡　逃亡。(63)抵突叢棘　穿越荊棘叢林。(64)猿狖　獸名，長尾猿。(65)事終不逮　謂終於不能達到得四萬山越甲士之數。(66)赤　誅滅無餘。(67)撫越將軍　官名，孫吳所置雜號將軍，以招撫山越為其稱號。(68)武陵　郡名，治所臨沅，在今湖南常德。

【校記】①或　原無此字。據章鈺校，甲十六行本、乙十一行本皆有此字，今據補。②當自　據章鈺校，此二字甲十六行本、乙十一行本皆互乙。③楊儀　此下原有「之」字。據章鈺校，甲十六行本、乙十一行本、孔天胤本皆無此字，今據刪。④北行赴難　據章鈺校，甲十六行本、乙十一行本皆作「赴難北行」。⑤北　原無此字。據章鈺校，甲十六行本、乙十一行本、孔天胤本皆有此字，張敦仁《通鑑刊本識誤》、張瑛《通鑑校勘記》同，今據補。⑥之　原無此字。據章鈺校，甲十六行本、乙十一行本、孔天胤本皆有此字，今據補。⑦亡　原作「忘」。據章鈺校，甲十六行本、乙十一行本皆作「亡」，今據改。按，亡，古通「無」。⑧為　據章鈺校，甲十六行本、乙十一行本皆無此字。⑨越　據章鈺校，甲十六行本、乙十一行本皆作「赴」。

【語　譯】當初，漢前軍師魏延勇猛過人，善待士卒。每次隨諸葛亮出征，常想請求率兵萬人，和諸葛亮兵分二路在潼關會師，仿效當年韓信請兵獨當一面的舊事，諸葛亮制止不同意。魏延經常認為諸葛亮膽怯，為自己的才幹沒有得到充分發揮而抱怨遺憾。楊儀為人幹練機敏，諸葛亮每次出兵，楊儀常常規劃部署，籌劃調度軍糧，不假思索，頃刻就處理了當，軍事上的節制調度，都由楊儀辦理。魏延性情自大高傲，當時的人都對他避讓三分，惟獨楊儀不寬容魏延，魏延因此非常忿怒，兩人關係有如水火。諸葛亮很愛惜兩人的才幹，不忍心有所偏向。

費禕出使吳國，吳主酒醉，問費禕：「楊儀、魏延，不過是放牛羊的小子，雖曾有雞鳴狗盜之功補益時務，但既已任用了他們，勢必不能輕視。若一旦沒有了諸葛亮，他們一定為禍作亂。你們諸位糊塗，不知道對此加以防備，難道這就是留給子孫的謀略嗎！」費禕回答說：「楊儀、魏延之所以不和睦，起因於私怨罷了，卻沒有黥布、韓信難以駕御的野心。現時正在掃除強賊，統一全國，功業仰賴人才來成就，事業憑藉人才發揚光大，如果捨棄他們不加任用，反而防備他們成為後患，這就如同為了防備風波反而廢棄舟船一樣，這不是善策。」

諸葛亮病危時，和楊儀及司馬費禕等安排死後退軍的調度，命令魏延斷後，姜維次之。如果魏延不服從命令，軍隊就自行出發。諸葛亮去世，楊儀保守祕密不發布死訊，命費禕前往探測魏延的意向。魏延說：「丞相雖然去世，我魏延還在，相府親信官屬，可護送靈柩回去安葬，我應親自率領各軍攻擊敵人，豈能因一人

之死就廢棄天下大事呢！況且我魏延是何等人，要受楊儀的部署約束，去作斷後將軍啊！」魏延自行與費禕共同安排回去和留下的部隊，命費禕親筆寫信和自己聯名，傳告下屬各位將領。費禕欺騙魏延說：「我將為您回去向楊儀解釋，楊儀是個文官，很少經歷戰事，一定不會違命的。」費禕出來後，馳馬而去，魏延不久就後悔了，但已追不上了。

魏延派人窺探楊儀等人想按照諸葛亮既定的計畫行動，各軍營依次領軍回撤。魏延大怒，搶在楊儀出發之前，率領所屬部隊逕直南撤，所過之處燒毀棧道。魏延、楊儀各自上表指控對方叛逆，一天之內，雙方告急文書交互傳到。漢後主以此詢問侍中董允、留府長史蔣琬，蔣琬、董允都保護楊儀而懷疑魏延。楊儀等下令砍伐山林打通道路，日夜兼程，緊跟在魏延的後面。魏延先到，佔據了南谷口，派兵迎擊楊儀等，楊儀等命將軍何平在前抵抗魏延。何平斥責已登上南谷口的士兵說：「諸葛公身死，屍骨未寒，你們怎敢這樣！」魏延的部眾自知魏延理屈，沒人為他效命，全都逃散。魏延只和他的兒子幾個人逃走，奔向漢中。楊儀派部將馬岱追上殺了他，於是誅滅魏延的三族。蔣琬率禁衛軍各營北上救難，才走出幾十里，魏延死訊傳到，於是返回。開始時，魏延想殺楊儀等，希望當時輿論推薦自己代替諸葛亮輔政，因此不北去投降魏國而南歸攻擊楊儀，確實沒有反叛之意。

各路軍隊回到成都，宣布大赦，給諸葛亮加謚號為忠武侯。當初，諸葛亮上表對漢後主說：「臣在成都有桑樹八百株，薄田十五頃，子弟的衣食自有富餘，臣沒有另外經營生計增加一點產業。若臣死之日，不使家中有多餘的絲帛，家業之外有多餘的錢財，而辜負陛下。」最後就像他說的那樣。

丞相長史張裔常常稱讚諸葛亮說：「諸葛公賞賜不遺漏疏遠的人，責罰不偏袒親近的人，封爵不允許無功獲取，刑罰不因權貴得免，這就是賢人和愚人都能忘身報國的原因。」

陳壽評論說：「諸葛亮任丞相，安撫百姓，規範禮儀法度，簡約官職，制度時宜，開誠布公，展現公道。對盡忠而有益於時務的人，即便是仇人也一定獎賞，對犯法而懈怠公職的人，即使是親近之人也一定懲罰，對服罪而心悅誠服的，即使是罪重也一定網開一面，對虛浮不實掩飾真相的，即使罪輕也一定嚴辦。善行雖

小也沒有不獎勵的，惡行不大也一定要責罰。對各種事務都十分精明練達，對事物從根本上去治理，因名責實，痛恨虛偽。最終在全國範圍之內，人們都敬畏愛戴。刑罰雖然嚴厲，但沒有抱怨的人，因為他用心公正而勸誡明澈。可謂通曉治理之術的良才，僅僅稍次於管仲、蕭何。」

當初，長水校尉廖立自己認為才氣名聲應該成為諸葛亮的副手，常因自己身處閒散職位而怏怏不樂、怨謗不止。諸葛亮把廖立廢為平民，流放到汶山。等到諸葛亮去世，廖立流淚說：「我將永遠成為野蠻不化之民了！」李平聽到噩耗，也發病而死。因為李平常常希望諸葛亮再次收用自己，得以自補過失，料想後繼者不能起用他的緣故。

習鑿齒評論說：「當年管仲奪取了伯氏在駢地的食邑三百戶，伯氏至死沒有怨言，聖人認為很難做到。諸葛亮之死能使廖立流淚，李平發病而死，豈止是無怨言而已！水面最平，連邪惡的人都會效法，鏡子最明，連醜陋的人照鏡都沒有怒氣。水面和鏡子能讓萬物真形畢現而不招致怨恨的原因，是因為它們沒有私心。水面和鏡子的無私，尚且可以免遭毀謗，何況是大人君子又懷有樂愛眾生的一顆仁心，流布體恤寬容的仁德，法令在不可不用時才使用，刑罰懲治他們自己所犯之罪，爵賞無私，受誅伐而不怨怒，天下還有不順服的人嗎！」

各地的蜀人請求為諸葛亮建立祭廟，漢後主不允許，百姓於是按著歲時節令在路上田邊進行私祭。步兵校尉習隆等向後主進言：「請在靠近諸葛亮墓地的沔陽建一座祭廟，斷絕私祭。」漢後主聽從了這個建議。

漢後主任命左將軍吳懿為車騎將軍，授予符節，都督漢中；任命丞相長史蔣琬為尚書令，總理國事，不久又給蔣琬加官行都護，授予符節，兼任益州刺史。此時剛剛失去統帥，遠近都惶惶不安，蔣琬才能出類拔萃，位處百官之上，既沒有憂容也沒有喜色，神色舉止跟往常一樣，因此人心漸漸歸服。

吳國得知諸葛亮去世，擔心魏國乘蜀衰落而攻取，於是增加巴丘的守兵一萬人，一則作為救援，二則乘機分割蜀地。蜀漢聽到消息後，也增加永安的守兵以防非常之事。漢後主派右中郎將宗預出使吳國，吳主問道：「東吳與西蜀，猶如一家，卻聽說西蜀又增加白帝城的守兵，為什麼？」宗預回答說：「我認為東吳增

加巴丘的守兵，西蜀增加白帝城的守兵，都是時局要求的必然行動，都不值得相互追問。」吳主大笑，讚賞他剛直不屈，盡情無隱，因而對他的禮遇僅次於鄧芝。

吳國諸葛恪認為丹陽山勢險要，山民大多果敢強悍，儘管以前曾出兵征討，只得到一些外部邊緣上的平民，其餘的躲進深山幽谷，無法全部俘獲，諸葛恪多次自己請求到當地做官，三年可得甲士四萬。大家議論，都認為：「丹陽地勢險阻，和吳郡、會稽、新都、番陽四郡接壤，道路盤桓幾千里，山谷萬重。那些深居幽谷的人從來沒有進過城鎮，面對官吏，都手持兵器逃走，在樹林草叢中白頭到老。逃亡的慣犯，也都一起逃入山林。山中產銅鐵，自己鑄造兵器。民俗喜歡習武，熟悉戰事，崇尚氣力。他們登山越險，穿越荊棘叢林，彷彿魚游深淵，猿猴攀樹。抓住機會，就出山搶掠，官兵每次征伐，都要費力尋找他們躲藏的巢穴。他們戰時就蜂湧而至，敗時就如鳥四散，自前代以來，不能制服。」都認為此事很難辦。諸葛恪的父親諸葛瑾聽說後，也認為此事最終做不到，歎息說：「諸葛恪若不能大舉興盛我家，或將滅我家族！」諸葛恪極力陳說一定能取勝報捷，吳主便任命諸葛恪為撫越將軍，兼任丹陽太守，讓他實行自己的計畫。

冬，十一月，洛陽地震。○吳國潘濬征討武陵蠻，幾年中，斬殺俘獲數萬人，從此眾蠻衰落，一方得以安寧。十一月，潘濬返回武昌。

【研　析】本卷著重討論諸葛亮北伐失敗的原因。

戰爭是政治的繼續，也是政治激烈鬥爭的最高形式。兩國交兵的戰爭，取決於綜合國力的較量。蜀國小弱，政治、經濟、軍事各個方面，與曹魏相比，均處於劣勢。軍事上，曹魏奄有整個黃河流域，兵強馬壯，有帶甲四五十萬，人才濟濟，勇略兼備，應付東西兩線作戰而有餘。蜀漢偏據一州，兵弱將寡。諸葛亮慘淡經營，才養成了一支不到二十萬人的軍隊，又要留守後方，又要東防孫吳，又要維持運輸糧餉，所以每次用兵不過十餘萬人，投入第一線的兵力只有數萬，因此只能集中使用於一個方向，不能數道並出。難怪魏延請兵萬人異道，諸葛亮都不允許，真是捉襟見肘。孫吳伐魏，魏伐吳、蜀，均是多道並進，尚不能取勝，何況

諸葛亮只用於一個方向！不致大敗已屬萬幸，取勝的機會實在渺茫。經濟力，蜀漢經濟衰弱。諸葛亮出師運糧不繼，不單是道路崎嶇，而人力單薄，牛馬寡少，更是主要原因。在政治上，魏明帝曹叡不失為一個明主。他剛毅果斷，察納雅言，決策正確，反應迅速，秦始皇、漢武帝之匹，這是闇弱的劉禪不能比擬的。諸葛亮第一次出師，曹叡親鎮關中，迅猛地調兵遣將入援，挽救了關中不備的危局。諸葛亮第五次北伐，這是一次難得的吳蜀步調一致的協同作戰。四月蜀軍入秦川，五月孫權大舉攻魏，親率十餘萬大軍向合肥，使陸遜、諸葛瑾向襄陽，孫韶、張承向廣陵，三路齊出，來勢兇猛。甚至智勇足備的魏將滿寵也準備退出合肥以避吳鋒。曹叡果斷地採取了西守東攻的正確策略，使辛毗杖節監軍，令司馬懿堅壁不出，自己親率大軍東征。曹叡這一堅強有力的行動，使孫權聞風喪膽，不戰而退，打破了吳、蜀的聯合進攻。諸葛亮又陷入了孤軍作戰的困境，一籌莫展，積勞成疾而病逝五丈原。曹叡還採納了臣下休兵息民，以逸待勞，疲弊吳、蜀的建議，養蓄國力，促進了政治、經濟、軍事實力的增長，為統一中國打下了堅實的基礎。諸葛亮連年動眾，北伐後期已是師勞民竭，而曹魏越戰越強，改變了先滅吳、後滅蜀的方針，掉頭先滅蜀，後滅吳。諸葛亮及其後繼者姜維的連年動眾，其效果是加速了蜀漢的滅亡。根本原因是魏強蜀弱。

但是單從強弱之勢以論成敗也是片面的。曹孫劉三方最初都是以弱勝強，力挫群雄爭得了三分，何以三分歸一就不能以弱勝強呢？歷史並沒有註定非由曹魏來統一天下，後來不是被司馬氏篡走了麼！天命攸歸，在於勢力消長和人心所向兩個方面。勢力消長和人心所向是相輔相成的。天時、地利、人和這是成功者所必爭所必守的條件。諸葛亮北伐仍有一線成功的希望。這希望就在他第一次出師，曹魏關中空虛。諸葛亮出兵，已使曹魏「朝野恐懼」，隴右三郡叛魏應亮，設若諸葛亮一舉奄有關中，則天下震動，中原人士旋踵西歸，吳人拼力北進，曹魏之危真是不待蓍龜了。這是天假蜀漢以難得之機，只可惜諸葛亮過於謹慎，「慮多決少」，不敢用奇，喪失了這一取勝的機會，此後形成了與魏打消耗戰，如前所述魏強蜀弱，必敗無疑。「出師未捷身先死，長使英雄淚滿襟」，可慨也夫！

北伐失敗的主觀原因，陳壽認為諸葛亮「應變將略，非其所長」（《三國志・諸葛亮傳》），引起許多後世

人的不滿。事實上陳壽的評價是中肯的。以弱蜀抗強魏，只能出奇制勝，化弱為強，才有取勝的希望。諸葛亮第一次出師喪失了出奇制勝的天時，未能發揮好主觀的能動是根本原因。度其所失，有以下幾個方面。

第一，戰略之失。蜀將魏延善養士卒，勇猛過人，是一個難得的將才。《三國志・魏延傳》及裴注引《魏略》載，諸葛亮與諸將計議出師，魏延分析關中形勢，夏侯楙鎮長安，怯而無謀，不知兵機。他建議大軍出斜谷直趨秦川，自告奮勇請兵萬人，從子午谷下長安，與諸葛亮異道會於潼關，如韓信故事。諸葛亮以為此計懸危，「不如安從坦道，可以平取隴右，十全必克而無虞，故不用延計」。從隴右三郡叛魏應亮來看，魏延之計可行。西元前二〇六年韓信還定三秦，兵分兩路：支兵從漢中西出武都北取隴右，主力則出其不意奇襲陳倉，雍王章邯倉猝迎戰，連連敗北而龜縮廢丘。韓信留兵一部攻圍章邯，再分出兩路支兵掩護主力奪關出陝。一路西越隴山與漢中西出武都之兵形成鉗形攻勢，圍困隴西。一路南出武關入河南吸引項羽的注意力。漢兵主力則置關中殘敵於不顧，一路奪取潼關出陝。漢兵半年後平隴右，一年後才破殺章邯，而主力早已進入中原。韓信定關中的兵機謀略精妙奇絕。魏延之策是針對曹魏都洛陽這一形勢靈活運用韓信之計，不失為上策。諸葛亮認為此計懸危，可以不出子午谷，但主力實應直取陳倉或雍、郿，屏斷隴右，方可十全必克，假若這樣也不失為中策。諸葛亮虛張聲勢取郿，而不派一兵一卒阻斷關隴大道，集中兵力用於一個方向，實在是一個最下策的戰略。即使街亭不敗，曹魏諸軍上隴，諸葛亮「十全必克」的計畫也是難以實現的。

第二，戰術之失。魏將孟達反於新城，與亮書曰：「宛去洛八百里，去吾一千二百里，聞吾舉事，當表上天子，比相反覆，一月間也，則吾城已固，諸軍足辦。則吾所在深險，司馬公必不自來，諸將來，吾無患矣。」（《晉書・宣帝紀》）不料司馬懿當機立斷，不等奏報，立即提大軍兼程趕來，打了個孟達一個出其不意，而諸葛亮沒有派出有力的策應部隊支援孟達。孟達被殺，諸葛亮失去了牽制曹魏河南之兵的側翼，大為失計，此其一。韓信用兵，明燒棧道，暗渡陳倉。諸葛亮揚聲取郿，對於防備空虛的關隴，無異於警告敵人。不使趙雲、鄧芝出谷，控制關隴大道阻滯敵人西援，反遭箕谷不戒之失，此其二。隴右三郡叛魏應亮，而蜀軍行動遲緩，沒有在隴右展開，沒有阻斷隴右山口，只派馬謖在街亭迎敵，亦為失計，此其三。隴西堅守，蜀軍

沒有乘虛攻克，致使魏軍克平三郡後，血腥鎮壓叛魏者，大加封賞隴西吏民，造成嚴重的政治後遺症。此後諸葛亮出師，無有應者，此其四。這些失計，客觀原因是蜀軍少良將，主觀原因是諸葛亮過於持重，「應變將略，非其所長」。話又說回來，諸葛亮以弱蜀抗強魏，在秦隴山區自來自去，計殺張郃、王雙，仍不失為天下奇才。由於諸葛亮的對手司馬懿、張郃、郭淮等人均智勇兼備，難於對付，才使得諸葛亮的神機妙算有些支絀罷了。

第三，用人之失。魏延是蜀中當時存世的唯一一員超群絕倫的大將，遠在張郃、郭淮之上，劉備拔延為漢中督，「一軍盡驚」。魏延對劉備說：「若曹操舉天下而來，請為大王拒之，偏將十萬之眾至，請為大王吞之。」（《三國志·魏延傳》）這並非大言。他鎮守漢中，「實兵諸圍以禦外敵」，規劃嚴密。延熙七年（西元二三四年），漢中守將王平依魏延成規，以三萬之兵，抗禦了曹魏十萬餘大軍的進攻，使不得入平地。姜維改變魏延成規，鍾會攻蜀，半月失漢中，可見魏延實在是一位難得的將才，王平也是一位智勇雙全的大將。但諸葛亮未盡二人之才，不委以方面之任，使魏延領兵不到萬人，致使魏延歎恨不已。不盡人之才，已是一失，又違眾用馬謖，此為再失。以諸葛亮之智，在用人上有此兩失，千古而發人深省。

第四，用刑之失。街亭失守以後，諸葛亮誅了馬謖，又殺了李盛，廢了黃襲，正如蔣琬所說：「昔楚殺得臣，然後文公喜可知也。天下未定而戮智計之士，豈不惜乎！」（《三國志·馬謖傳》裴注引）習鑿齒評論說：「諸葛亮之不能兼上國也，豈不宜哉！今蜀僻陋一方，才少上國，而殺其俊傑，退收駑下之用，明法勝才，不師三敗之道，將以成業，不亦難乎！」（《三國志·馬謖傳》裴注引）習氏的評論是十分公允的。違眾用馬謖，主要責任在諸葛亮自己。再說馬謖雖然短於臨機決鬥，卻不失為一個參謀良將，原可以寬貸立功。又馬謖失街亭在戰略部署上也不能說有什麼大誤。諸葛亮的節度是讓他扼守要塞，堅壁不出。馬謖「依阻南山，不下據城」，擺出的是決戰態勢。無奈他本人只是一個書生儒將，不能上馬衝陣，所以衝不開張郃的圍攻。若是馬謖有關羽、張飛之勇，未必就要丟失街亭。可以說馬謖是志大才疏，有勇有謀而才力不繼。諸葛亮本身是一個儒將，不能上馬衝陣，故爾行動遲鈍，而又用一個儒將去打先鋒，失計之甚。追究責任，殺一馬謖

己「裁之失中」，況又濫殺李盛，連坐黃龔乎！劉備殺蔣琬，諸葛亮說情寬貸終得用其才，而彭羕、廖立、李嚴等卻藉法以廢，終身禁錮，何親之於彼而疏之於此也。

諸葛亮雖有上述四個方面之失，但不能否定他是三國時最傑出的人物之一。正如王夫之在《讀通鑑論》中所說，諸葛亮雖將略為短，而治國治軍實為少有之奇才。其言曰：「軍不治而唯公治之，民不理而唯公理之，政不平而唯公平之，財不足而唯公足之。」對任何一個偉大的歷史人物都不能求全責備，但也不應為尊者為賢者諱其所短。「浪淘盡千古風流人物」，今日評說諸葛亮之失，不過是引出歷史的教訓。諸葛亮最大之失是過於自恃，不能集思廣益以補自己之短。〈出師表〉所薦賢才郭攸之、費禕、董允、向寵、陳震、張裔、蔣琬等七人，除張裔一人為蜀中人士外，餘皆為追隨諸葛亮的荊州士人。諸葛亮斤斤於親己之賢才，不能不說氣度有些褊狹。這些賢才都是二流人物。像魏延、馬超、彭羕、廖立等一流大才人物，諸葛亮未盡其用。「堯雖賢，興事業不成，得禹而九州寧。且欲興聖統，唯在擇任將相哉！唯在擇任將相哉！」諸葛亮以一人之智掩一州之才，以個人之力抗天下之士，焉能不敗！大約人之情性，在專制政體下，己有所短則忌人之長，是否如此，值得心理學家們研究。以諸葛亮之智，加之以鞠躬盡瘁之德，尚不能盡小國人士之才，這確實是夠發人深省的歷史教訓。這根源何在，非本文研析所能勝任，謹提出這一問題以待賢者。

卷第七十三

魏紀五

起旃蒙單閼（乙卯　西元二三五年），盡彊圉大荒落（丁巳　西元二三七年），凡三年。

【題解】本卷記事起西元二三五年，迄西元二三七年，凡三年。當魏明帝青龍三年到青龍五年。青龍五年又改元景初元年。本卷所載，三國鼎峙，平靜無大事，著重記述曹魏政治。魏明帝曹叡，耽於女色，好內寵，又好土木工程，大建陵寢和宮室。明帝又多疑，用法嚴急。明帝報復生母甄后之死，逼死郭太后。這些表現了明帝不明不仁的一面。但明帝剛毅果決，大事不糊塗，掌控朝政，奸邪不入，理事大臣多忠良之士，政治穩定，無內爭內訌，優於吳、蜀。明帝納諫不足，但能優容大臣。陳羣、蔣濟、辛毗、楊阜、高堂隆、王肅、衛覬、董尋、張茂、杜恕、傅嘏等群臣進諫，多有補益。本卷大段採摘曹魏大臣諫章，明帝君臣風采，可見一斑。蜀楊儀冤殺魏延而驕，自己亦不得善終。吳諸葛恪鎮撫山越，獨出心裁，成績卓著。

烈祖明皇帝中之下

青龍三年（乙卯　西元二三五年）

春，正月戊子❶，以大將軍司馬懿為太尉❷。○丁巳❸，皇太后郭氏殂。帝數問甄后死狀❹於太后，由是太后以憂殂。

漢楊儀既殺魏延，自以為有大功，宜代諸葛亮秉政。而亮平生密指，以儀狷狹❺，意在蔣琬。儀至成都，拜中軍師❻，無所統領，從容❼而已。初，儀事昭烈帝為尚書，琬時為尚書郎❽。後雖俱為丞相參軍、長史，儀每從行，當其勞劇，自謂年宦先琬，才能踰之，於是怨憤形于聲色，歎咤之音發於五內❾。時人畏其言語不節，莫敢從也。惟後軍師費禕往慰省之，儀對禕恨望，前後云云❿。又語禕曰：「往者丞相亡沒之際，吾若舉軍以就魏氏，處世寧當落度⓫如此邪！令人追悔，不可復及！」禕密表其言。漢主廢儀為民，徙漢嘉郡⓬。儀至徙所，復上書誹謗，辭指激切。遂下郡收儀，儀自殺。

三月庚寅⓭，葬文德皇后⓮。

夏，四月，漢主以蔣琬為大將軍、錄尚書事⓯，後軍師[1]費禕代琬為尚書令。

【章旨】以上為第一段，寫蜀漢丞相長史楊儀之死。楊儀與魏延爭權，殺魏延，自己亦不得善終。

【注釋】❶戊子　正月初八日。❷太尉　三公之一，但東漢時三公在大將軍下，此時太尉卻在大將軍上。❸丁巳　正月辛巳朔，無丁巳。應為二月丁巳。❹甄后死狀　甄后臨終時的情形。甄后死於魏文帝黃初二年（西元二二一年）六月。❺狷狹

謂器量狹隘。❻中軍師 官名，蜀漢所置，參謀軍事之官。❼從容 安逸悠閒。❽尚書郎 官名，由尚書所統領，曹魏時置二十五曹尚書郎，各主一曹。❾五內 五臟之內，猶言內心深處。❿云云 猶言如此如此。⓫落度 失意。⓬漢嘉郡 治所陽嘉縣，在今四川蘆山縣。⓭庚寅 三月十一日。⓮文德皇后 即郭太后。郭后謚為德，稱文德皇后。⓯錄尚書事 官名。東漢以來，政歸尚書，錄尚書事即總攬朝政。錄，總領之意。

【校記】①後軍師 原無此三字。據章鈺校，甲十六行本、乙十一行本皆有此三字，今據補。按，《三國志・蜀書・費禕傳》云：「亮卒，禕為後軍師。頃之，代蔣琬為尚書令。」

【語譯】烈祖明皇帝中之下

青龍三年（乙卯 西元二三五年）

春，正月初八日戊子，魏國任命大將軍司馬懿為太尉。〇二月丁巳日，魏國皇太后郭氏去世。魏明帝屢次向郭太后詢問甄皇后臨終時的情形，因此郭太后憂懼而死。

蜀漢楊儀殺死魏延後，自以為有大功，應當接替諸葛亮執掌朝政。但諸葛亮生前已有密旨，認為楊儀器量狹隘，意中人是蔣琬。楊儀回到成都，擢升為中軍師，但不統率部隊，只是安逸悠閒而已。當初，楊儀奉事昭烈帝劉備時為尚書，蔣琬那時任尚書郎。後來儘管都擔任丞相參軍、長史，但楊儀每次都跟隨丞相出行，擔當勞累繁巨的任務，自認為官資比蔣琬老，才能超過蔣琬，於是怨恨憤怒，表現在言語神色上，歎氣怨憤之聲發自肺腑。當時的人擔心他說話不節制，沒有人敢和他來往。只有後軍師費禕去看望安慰他，楊儀對費禕發洩忿恨怨望情緒，前後說了不少怨言。又對費禕說：「先前丞相去世的時候，我如果率軍投奔魏國，處境哪能這樣落魄失意呢！令人追悔莫及，不能再有那種機會了！」費禕祕密舉報楊儀的話。蜀漢後主罷黜楊儀為平民，流放到漢嘉郡。楊儀到了流放地，又上書誹謗朝政，言辭激烈尖銳。於是朝廷命令郡府逮捕楊儀，楊儀自殺。

三月十一日庚寅，魏國安葬文德皇后郭氏。

夏，四月，蜀漢後主任命蔣琬為大將軍、錄尚書事，後軍師費禕代替蔣琬為尚書令。

帝好土功❶，既作許昌宮，又治洛陽宮，起昭陽太極殿❷，築總章觀，高十餘丈，力役不已，農桑失業。司空陳羣上疏曰：「昔禹承唐、虞之盛，猶卑宮室❸而惡衣服❹。況今喪亂之後，人民至少，比漢文、景之時，不過[1]一大郡❺。加以邊境有事，將士勞苦，若有水旱之患，國家之深憂也。昔劉備自成都至白水❻，多作傳舍❼，興費人役，太祖知其疲民也。今中國勞力❽，亦吳、蜀之所願。此安危之機❾也，惟陛下慮之。」帝答曰：「王業、宮室，亦宜並立，滅賊之後，但當罷❿守禦耳，豈可復興役邪！是固君之職，蕭何之大略⓫也。」羣曰：「昔漢祖惟與項羽爭天下，羽已滅，宮室燒焚，是以蕭何建武庫、太倉，皆是要急，然高祖猶非其壯麗⓬。今二虜未平，誠不宜與古同也。夫人之所欲，莫不有辭，況乃天王，莫之敢違。前欲壞武庫，謂不可不壞也；後欲置之，謂不可不置也。若必作之，固非臣下辭言所屈，若少留神，卓然⓭回意，亦非臣下之所及也。漢明帝欲起德陽殿，鍾離意諫，即用其言，後乃復作之。殿成，謂羣臣曰：『鍾離尚書在，不得成此殿⓮也。』夫王者豈憚一人[2]？蓋為百姓也。今臣曾不能少凝聖聽⓯，不及意遠矣。」帝乃為之少有減省。

帝耽于內寵，婦官⓰秩石⓱擬百官之數⓲，自貴人以下至掖庭灑掃者[3]，凡數

千人，選女子知書可付信者六人，以為女尚書，使典省外奏事，處當⑲畫可⑳。廷尉高柔上疏曰：「昔漢文惜十家之資，不營小臺之娛；去病慮匈奴之害，不遑㉑治第之事。況今所損者非惟百金之費，所憂者非徒北狄之患乎！可粗成見㉒所營立，以充朝宴之儀，乞罷作者，使得就農；二方㉓平定，復可徐興。周禮，天子后妃以下百二十人㉔，嬪嬙㉕之儀，既已盛矣；竊聞後庭之數，或復過之，聖嗣不昌，殆能由此。臣愚以為可妙簡淑媛㉖，以備內官之數，其餘盡遣還家，且以育精養神，專靜為寶。如此，則螽斯㉗之徵可庶而致矣。」帝報曰：「輒[4]克昌言㉘，他復以聞。」

是時獵法嚴峻，殺禁地鹿者身死，財產沒官。有能覺告者，厚加賞賜。柔復上疏曰：「中間以來，百姓供給眾役，親田者㉙既減，加頃復有獵禁，羣鹿犯暴，殘食生苗，處處為害，所傷不貲㉚[5]，民雖障防，力不能禦。至如滎陽㉛左右，周數百里，歲略不收。方今天下生財者甚少，而麋鹿之損者甚多，卒有兵戎之役，凶年之災，將無以待之。惟陛下寬放民間，使得捕鹿，遂除其禁，則眾庶永濟，莫不悅豫㉜矣。」

帝又欲平北芒㉝，令於其上作臺觀，望見孟津㉞。衛尉辛毗諫曰：「天地之

性，高高下下。今而反之，既非其理，加以損費人功，民不堪役。且若九河盈溢，洪水為害，而丘陵皆夷，將何以禦之！」帝乃止。

少府楊阜上疏曰：「陛下奉武皇帝開拓之大業，守文皇帝克終之元緒[35]，誠宜思齊往古聖賢之善治，總觀季世[36]放蕩之惡政。曩使桓、靈不廢高祖之法度，文、景之恭儉，太祖雖有神武，於何所施，而陛下何由處斯尊哉！今吳、蜀未定，軍旅在外，諸所繕治，惟陛下務從約節。」帝優詔答之。

阜復上疏曰：「堯尚茅茨[37]而萬國安其居，禹卑宮室而天下樂其業。及至殷、周，或堂崇[38]三尺，度[39]以九筵[40]耳。桀作璇室[41]象廊[42]，紂為傾宮鹿臺[43]，以喪其社稷；楚靈以築章華[44]而身受禍；秦始皇作阿房[45]，二世而滅。夫不度萬民之力以從耳目之欲，未有不亡者也。陛下當以堯、舜、禹、湯、文、武為法則，夏桀、殷紂、楚靈、秦皇為深誡，而乃自暇[46]自逸，惟宮臺是飾，必有顛覆危亡之禍矣。君作元首，臣為股肱，存亡一體，得失同之。臣雖駑怯，敢忘爭臣[47]之義！言不切至，不足以感悟陛下；陛下不察臣言，恐皇祖、烈考之祚墜于地。使臣身死有補萬一，則死之日猶生之年也，謹叩棺[48]沐浴，伏俟重誅！」奏御[49]，帝感其忠言，手筆詔答。

帝嘗著帽[50]，被[51]縹綾[52]半袖[53]。阜問帝曰：「此於禮何法服[54]也？」帝默然不答。自是不法服不以見阜。

阜又上疏欲省宮人[55]諸不見幸者，乃召御府吏問後宮人數。吏守舊令，對曰：「禁密，不得宣露。」阜怒，杖吏一百，數[56]之曰：「國家不與九卿為密，反與小吏為密乎！」帝愈嚴憚之。

散騎常侍[57]蔣濟上疏曰：「昔句踐養胎以待用[58]，昭王恤病以雪仇[59]，故能以弱燕服彊齊，羸越滅勁吳。今二敵[60]彊盛，當身[61]不除，百世之責也。以陛下聖明神武之略，舍其緩者，專心討賊，臣以為無難矣。」

中書侍郎[62]東萊王基[63]上疏曰：「臣聞古人以水喻民曰：『水所以載舟，亦所以覆舟[64]。』顏淵曰：『東野子[65]之御，馬力盡矣，而求進不已，殆將敗矣。』今事役勞苦，男女離曠，願陛下深察東野之敝，留意舟水之喻，息奔駟於未盡，節力役於未困。昔漢有天下，至孝文時唯有同姓諸侯，而賈誼憂之[66]曰：『置火積薪之下而寢其上，因謂之安。』今寇賊未殄，猛將擁兵，檢之則無以應敵，久之則難以遺後，當盛明之世，不務以除患，若子孫不競[67]，社稷之憂也。使賈誼復起，必深切於曩時矣。」帝皆不聽。

殿中監[68]督役，擅收蘭臺令史[69]，右僕射[70]衛臻奏按[71]之。詔曰：「殿舍不成，吾所留心，卿推[72]之，何也？」臻曰：「古制侵官[73]之法，非惡[74]其勤事也，誠以所益者小，所墮者大也。臣每察校事[75]，類皆如此。若又縱之，懼羣司將遂越職，以至陵夷[76]矣。」

尚書涿郡孫禮[77]固請罷役，帝詔曰：「欽納讜言[78]。」促遣民作。監作者復奏留一月，有所成訖[79]。禮徑至作所，不復重奏，稱詔罷民，帝奇其意而不責。帝雖不能盡用羣臣直諫之言，然皆優容[80]之。

秋，七月，洛陽崇華殿災。帝問侍中領太史令[81]泰山高堂隆[82]曰：「此何咎也？於禮寧有祈禳[83]之義乎？」對曰：「易傳[84]曰：『上不儉，下不節，孽火燒其室。』又曰：『君高其臺，天火為災。』此人君務飾宮室，不知百姓空竭，故天應之以旱，火從高殿起也。」詔問隆：「吾聞漢武之[6]時柏梁[85]災，而大起宮殿以厭之，其義云何？」對曰：「夷越之巫所為，非聖賢之明訓也。五行志[86]曰：『柏梁災，其後有江充巫蠱事[87]。』如志之言，越巫建章無所厭也。今宜罷散民役。宮室之制，務從約節，清掃所災之處，不敢於此有所立作，則萐莆[88]、嘉禾[89]必生此地。若乃疲民之力，竭民之財，非所以致符瑞[90]而懷遠人也。」

八月庚午[91]，立皇子芳為齊王，詢為秦王。帝無子，養二王為子，宮省事祕，莫有知其所由來者。或云芳，任城王楷[92]之子也。◯丁巳[93]，帝還洛陽。

詔復立崇華殿，更名曰九龍[94]。通引穀水過九龍殿前，為玉井[95]綺欄[96]，蟾蜍[97]含受，神龍吐出。使博士扶風馬鈞[98]作司南車[99]，水轉百戲[100]。

陵霄闕始構，有鵲巢其上。帝以問高堂隆，對曰：「詩曰[101]：『惟鵲有巢，惟鳩居之。』今興宮室，起陵霄闕，而鵲巢之，此宮未成身不得居之象也。天意若曰，宮室未成，將有他姓制御之。斯乃上天之戒也。夫天道無親，惟與[102]善人，太戊、武丁[103]覩災悚[7]懼，故天降之福。今若罷休[8]百役，增崇德政，則三王[104]可四，五帝[105]可六，豈惟商宗轉禍為福而已哉！」帝為之動容[106]。

帝性嚴急，其督脩宮室有稽限[107]者，帝親召問，言猶在口，身首已分。散騎常侍領祕書監王肅上疏曰：「今宮室未就，見作者三四萬人。九龍[108]可以安聖體，其內足以列六宮；惟泰極[109]已前，功夫尚大。願陛下取常食稟[110]之士，非急要者之用，選其丁壯，擇留萬人，使一期而更之。咸知息代有日，則莫不悅以即事，勞而不怨矣。計一歲有三百六十萬夫，亦不為少。當一歲成者，聽且三年。分遣其餘，使皆即農，無窮之計也。夫信之於民，國家大寶也。前車駕當幸洛陽，發

民為營[111]，有司命以營成而罷。既成，又利其功力，不以時遣。有司徒營[112]目前之利，不顧經國之體。臣愚以為自今已後，儻復使民，宜明其令，使必如期。以次有事，寧使[9]更發[113]，無或失信。凡陛下臨時之所行刑，皆有罪之吏、宜死之人也。然眾庶不知，謂為倉卒。故願陛下下之於吏而暴其罪[10]，鈞[114]其死也，無使汙于宮掖而為遠近所疑。且人命至重，難生易殺，氣絕而不續者也，是以聖賢重之。昔漢文帝欲殺犯蹕[115]者，廷尉張釋之曰：『方其時，上使誅之則已，今下廷尉，廷尉，天下之平，不可傾也。』臣以為大失其義，非忠臣所宜陳也。廷尉者，天子之吏也，猶不可以失平，而天子之身反可以惑謬乎！斯重於為己而輕於為君，不忠之甚者[11]也，不可不察。」

中山恭王袞疾病，令官屬曰：「男子不死於婦人之手[116]，亟以時營[12]東堂。」堂成，輿疾往居之。又令世子曰：「汝幼為人君，知樂不知苦，必將以驕奢為失者也。兄弟有不良之行，當造厀[117]諫之；諫之不從，流涕喻之；喻之不改，乃白其母；猶不改，當以奏聞，并辭國土。與其守寵罹禍，不若貧賤全身也。此亦謂大罪惡耳，其微過細故，當掩覆之。」冬，十月己酉[118]，袞卒。

十一月丁酉[119]，帝行如許昌。

是歲，幽州刺史王雄使勇士韓龍刺殺鮮卑軻比能，自是種落離散，互相侵伐，彊者遠遁，弱者請服，邊陲遂安。

張掖柳谷口(120)水溢涌，寶石負圖，狀象靈龜，立于川西，有石馬七及鳳凰、麒麟、白虎、犧牛、璜(121)玦(122)、八卦、列宿(123)、孛彗(124)之象；又有文曰「大討曹」。詔書班(125)天下，以為嘉瑞。任(126)令于綽連齎(127)以問鉅鹿張臶(128)，臶密謂綽曰：「夫神以知來，不追既[13]往，祥兆先見而後廢興從之。今漢已久亡，魏已得之，何所追興祥兆乎！此石，當今之變異，而將來之符瑞也。」

帝使人以馬易珠璣(129)、翡翠(130)、玳瑁(131)於吳。吳主曰：「此皆孤所不用，而可以得馬，孤何愛焉！」盡[14]以與之。

【章　旨】以上為第二段，寫魏明帝耽於內寵，好建宮室，曹魏多位大臣切諫，皆不聽，但亦優容處之。

【注　釋】❶土功　土木建築工程。❷太極殿　上法太極，在洛陽南宮，為漢崇德殿舊址。❸卑宮室　謂簡陋的宮室。❹惡衣服　謂粗劣的衣服。《論語・泰伯》載孔子說：禹「惡衣服而致美乎黻冕（祭祀禮服），卑宮室而盡力乎溝洫（溝渠）」。❺大郡　漢代，汝南為大郡，漢平帝元始之初，汝南郡有四十六萬一千五百八十七戶，二百五十九萬六千一百四十八人。見《漢書・地理志》。❻白水　指白水關。關在白水縣，縣治在今四川青川縣東北。❼傳舍　古時供來往行人休息住宿的處所。《三國志・蜀書・先主傳》注引《典略》謂劉備以魏延鎮漢中，「起館舍，築亭障，從成都至白水關四百餘區」。❽勞力　勞費人力。❾機　關鍵。❿罷　通「疲」。⓫蕭何之大略　此比擬蕭何建未央宮事。⓬高祖猶非其壯麗　蕭何建未央宮成，漢高祖劉邦看後，認為太壯麗，非常生氣地對蕭何說：「天下匈匈，勞苦數歲，成敗未可知，是何治宮室過度也！」見《漢書・高

帝紀》。⑬卓然　特異；異乎尋常。⑭不得成此殿　此事見《後漢書・鍾離意傳》。⑮少凝聖聽　謂稍微使皇帝的聽聞留意於此。凝，停留。⑯婦官　宮內女官。⑰秩石　官吏的職位與品級。⑱擬百官之數　謂比擬朝官的職位、品級。《三國志・后妃傳》說：魏明帝太和中，「命貴嬪、夫人位次皇后，爵無所視（比照）；淑妃位視相國，爵比諸侯王；淑媛位視御史大夫，爵比縣公；昭儀比縣侯；昭華比鄉侯；修容比亭侯；脩儀比關內侯；倢伃視中二千石；容華視真二千石；美人比二千石；良人視千石」。自貴嬪、夫人、淑妃、淑媛、昭儀、昭華、修容、脩儀、倢伃、容華、美人，至良人，共十二級。⑲處當　依其所當進行處理。⑳畫可　簽署從其所奏。㉑不遑　顧不得；沒有功夫。㉒見　「現」的本字。㉓二方　指蜀漢與孫吳。㉔后妃以下百二十人　指皇后以下有三夫人、九嬪、二十七世婦、八十一御妻，共為一百二十人。㉕嬪嬙　宮內女官名。㉖淑媛　善良美女。㉗螽斯　本蟲名，此指《詩經・周南》之〈螽斯〉篇。此詩用螽斯比喻后妃子孫之眾多。㉘輒克昌言　總能直言不諱。昌言，無隱的直言。㉙親田者　耕種田地的人。㉚不貲　不可計量。㉛滎陽　縣名，縣治在今河南滎陽東北。㉜悅豫　喜樂。㉝北芒　山名。在當時洛陽城北。㉞孟津　關名，在今河南孟津南。㉟文皇帝克終之元緒　謂文帝能完成武帝之志，受漢禪而開創了曹魏天下之端緒。㊱季世　末世。㊲茅茨　茅草屋頂。《韓非子・五蠹》說：「堯之王天下也，茅茨不翦（不修剪整齊），采椽不斲（採來之木為椽，不刮削雕飾）。」㊳崇　高。㊴度　限度。㊵筵　鋪地之席。此指筵席。㊶璇室　美玉裝飾之室。㊷象廊　象牙裝飾的走廊。㊸鹿臺　周圍三里，高千尺，在當時朝歌城中。見《史記・殷本紀》之《集解》。㊹章華　臺名，楚靈王所建。國人因苦於徭役，後來諸公子為亂，國人皆拋棄靈王。靈王只得獨自逃入山中，飢餓而死。見《史記・楚世家》。㊺阿房　宮殿名，故址在今陝西長安西。㊻暇　悠閒。㊼爭臣　即諍臣，直言敢諫之臣。爭，通「諍」。㊽叩棺　手撫棺材，謂準備死去。㊾御　奉進御覽。㊿帽　帽非禮冠，只能在居室中戴用。(51)被　通「披」。穿著。(52)縹綾　絲織品。青白色的絲綢叫縹，一種很薄有彩紋的絲綢稱綾。(53)半袖　短袖。(54)法服　禮服。(55)省宮人　裁減宮女。(56)數　責備。(57)散騎常侍　官名，魏文帝所置，備顧問，掌規諫。(58)句踐養胎以待用　春秋時，越王句踐被吳國打敗求和後，便採取一系列發展生產、繁殖人口的措施，規定年老的不能嫁娶年輕的；女子十七歲不嫁，男子二十不娶，其父母要受處罰；將要分娩的人，公家派醫生護理，生兒子，公家給二壺酒，一條狗；生女兒，公家給二壺酒，一條小豬；一胎生三子，公家派給乳母；一胎生二子，公家給予口糧。見《國語・越語》。(59)昭王恤病以雪仇　齊湣王破燕國後，燕人立太子平為燕昭王。燕昭王便禮賢下士，弔死問孤，與百姓同甘苦，燕國因而富強，終破齊國。見《史記・燕召公世家》。(60)二敵　指吳、蜀。(61)當身　謂當魏明帝在世之時。(62)中書侍郎　即魏文帝時所置的通事郎，為中書監、令之副，佐典尚書奏書。(63)王基　字伯輿，東萊曲城

（今山東煙臺東北）人，魏文帝黃初中為郎中，後為祕書郎。魏明帝時為中書侍郎，後官至征東將軍、都督揚州諸軍事，封東武侯。傳見《三國志》卷二十七。(64)水所以載舟二句　以上之語為《孔子家語》所載孔子之言。(65)東野子　魯國善駕馬者。魯定公曾問顏淵東野子是否善駕馬，顏淵回答說東野子是善駕馬，但其馬可能跑失。魯定公還不大相信。數日後東野子的馬果然掙斷韁繩跑了。魯定公就問顏淵怎麼能夠預料得到，顏淵說：「以前舜善於使用民力，不使民力用盡，所以沒有逃走的人民；造父善於用馬，不使馬力用盡，所以沒有跑失的馬。現在東野子駕馬，馬力已經用到最大限度了，但他還不斷地使馬快跑，所以我知道馬可能跑失。」見《荀子·哀公》。(66)賈誼憂之　賈誼之言見其所上〈治安策〉，載《漢書·賈誼傳》。(67)不競　不強；不爭氣。(68)殿中監　因此時營造宮室，故設此官以監造。與唐時殿中監不同。(69)蘭臺令史　官名，御史臺之屬官。漢魏稱御史臺為蘭臺。(70)右僕射　官名，僕射為尚書令之副。曹魏置左、右僕射，令缺，則左為省主。(71)按　審查。(72)推追究。(73)侵官　越犯他官的職守。(74)惡　憎恨。(75)校事　曹操執政時，置校事，負責暗中監視百官的言語行動，魏沿置。(76)陵夷　衰落。此指越權者陵辱上司，使上司權威衰落。(77)孫禮　字德達，涿郡容城（今河北容城西北）人，初為山陽、陽平等郡太守，又為尚書。齊王芳初，為大將軍曹爽長史，後又為荊州刺史、冀州牧，最後官至司空，封大利亭侯。傳見《三國志》卷二十四。(78)讜言　正直之言。(79)成訖　謂想將殿舍建築完工。(80)優容　寬容。(81)太史令　官名，屬太常，掌天文曆算。高堂隆以侍中兼領此職。(82)高堂隆　字升平，泰山平陽（今山東鄒縣）人，魏明帝時，為給事中、博士、駙馬都尉，又為侍中、太史令，多次上疏直諫，皆切中時弊。後官至光祿勳。傳見《三國志》卷二十五。(83)祈禳　祈求福祥、除去災變的祭祀。(84)易傳　此《易傳》指漢代京房《易傳》。(85)柏梁　臺名，漢武帝太初元年柏梁臺遭火災，漢武帝聽信越巫人之說，修建建章宮以厭之。事見《漢書·武帝紀》及注引文穎說。(86)五行志　指《漢書·五行志》。(87)江充巫蠱事　蠱是一種毒蟲。古代稱巫師使用邪術加禍於人為巫蠱。漢武帝後期，女巫出入宮中，教宮人埋木偶祭祀以免災。當時太子劉據與武帝信任的江充有矛盾，江充恐太子繼位後於己不利，便趁武帝病時，說巫蠱在作祟。武帝命江充追查，江充因在宮中掘地搜查，誣稱在太子宮中掘得不少木偶，太子畏懼，起兵斬殺江充，自己也兵敗自殺。事見《漢書·江充傳》與〈戾太子傳〉。(88)蓮莆　草名，一種祥瑞之草。據傳，堯時生於庖廚，去暑而涼。(89)嘉禾　生長得特別茁壯的稻禾，古人認為是祥瑞的象徵。(90)符瑞　祥瑞的徵兆。猶言吉兆。(91)庚午　八月二十四日。(92)任城王楷　為任城王曹彰之子。(93)丁巳　八月十一日。(94)更名曰九龍　《三國志·魏書·高堂隆傳》載，魏明帝下詔重建崇華殿，適逢郡國出現九龍，故改名曰九龍殿。(95)玉井　井的美稱。(96)綺欄　雕飾華麗的井欄。(97)蟾蜍　即癩蝦蟆。此為石製的蟾蜍。(98)馬鈞　扶風（郡治在今陝西興平東南）人，魏明帝時為博士，是很有成就

的發明家，當時人稱他為「天下之名巧」。他曾改進織綾機、水翻車，造指南車，改進連弩與發石車，都大大提高了功效。事見《三國志・魏書・方技傳》注引傅玄序。99司南車　即指南車。100水轉百戲　此為馬鈞用木製作，用水為動力的轉動木偶戲。其中有舞女舞蹈、人擊鼓吹簫、拋丸擲劍、緣繩倒立；又有百官行署、舂磨鬥雞等等。101詩曰　此詩見《詩經・鵲巢》。102與　贊成；支持。103太戊武丁　皆殷商王。太戊即殷中宗，即位後有祥桑與穀共生於朝，太戊畏懼而行德政，祥桑便枯死消失。武丁即殷高宗，武丁曾祭祀成湯，次日有野雞飛到鼎耳上鳴叫，武丁畏懼，也推行德政，殷商因而強盛。事俱見《史記・殷本紀》。104三王　指夏禹、商湯、周文王。105五帝　指伏羲、神農、黃帝、堯、舜。106動容　謂內心有所感動而表露於面容。107稽限　延誤期限。108九龍　九龍殿。109泰極　太極殿。110食稟　指由國家供給食物。111營　營壘。112徒營　只營求。113更發　謂重新徵發其他民力。114鈞　通「均」。同等。115犯蹕　冒犯皇帝車駕。116男子不死於婦人之手　《禮記・喪大記》之言。117造厀　到面前。118己酉　十月初三。119丁酉　十一月二十二日。120柳谷口　在當時張掖郡刪丹縣，縣治在今甘肅山丹。121璜　玉璧之半。122玦　開缺口的玉環。123列宿　眾星宿。124孛彗　彗星。125班　頒布。126任　縣名，縣治在今河北任縣東南。127連齎　謂連同帶著詔書及發下的石圖。128張臶　字子明，學識廣博，終身不為官。事見《三國志》卷十一。129珠璣　珠寶。不圓的珠叫璣。130翡翠　鳥名，其羽有藍、綠、赤、棕等色，或作裝飾品。131玳瑁　動物名，似龜，背面甲片呈褐色和淡黃色的花紋，可作裝飾品或藥物。

【校記】1不過　此下原有「漢」字。據章鈺校，甲十六行本、乙十一行本皆無此字，張瑛《通鑑校勘記》同，今據刪。2人　據章鈺校，甲十六行本、乙十一行本皆作「臣」。3者　原無此字。據章鈺校，甲十六行本、乙十一行本、孔天胤本皆有此字，今據補。4輒　據章鈺校，此字上乙十一行本有「卿」字。5貲　原作「訾」。據章鈺校，甲十六行本、乙十一行本皆作「貲」，二字通，今從甲十六行本。6之　據章鈺校，甲十六行本、乙十一行本皆無此字。7悚　據章鈺校，甲十六行本、乙十一行本皆作「竦」，二字通。8罷休　據章鈺校，甲十六行本、乙十一行本二字皆互乙。9使　據章鈺校，甲十六行本、乙十一行本皆作「復」。10而暴其罪　原無此四字。據章鈺校，甲十六行本、乙十一行本、孔天胤本皆有此四字，張敦仁《通鑑刊本識誤》、張瑛《通鑑校勘記》同，今據補。11者　據章鈺校，甲十六行本、乙十一行本皆無此字。12營　據章鈺校，甲十六行本、乙十一行本皆作「成」。13既　據章鈺校，甲十六行本、乙十一行本皆作「已」。14盡　據章鈺校，甲十六行本、乙十一行本皆作「皆」。

【語 譯】魏明帝喜好土木工程，已經修造了許昌宮，又興建洛陽宮，建起昭陽太極殿，修築了總章觀，高達十餘丈，百姓勞役不止，農桑荒廢。司空陳羣上奏說：「從前大禹繼承唐堯、虞舜的盛世，尚且住低矮的房屋，穿粗製的衣服。何況現在是天下大亂之後，百姓人數極少，與漢文帝、景帝時相比，不過是一個大郡的人口。加上邊境有戰事，將士勞苦，如果有水災旱災之禍，就成了國家深重的憂患。從前劉備時從成都到白水關，中間修建了許多賓館驛站，徵發耗費人力，太祖知道此舉使民眾疲困。如今中原勞費民力，也正是吳、蜀所企盼的。這是國家安危的關鍵，請陛下考慮。」魏明帝回答說：「帝王大業和宮室建築，應當同時並舉，等到消滅敵人之後，只能疲於守禦罷了，哪裡還能大興土木之役！興建土木工程，本來是你司空的職責，如同蕭何當年修建未央宮的大手筆。」陳羣說：「當初漢高祖只與項羽爭天下，項羽已經消滅，宮室都被燒毀，因而蕭何修建武庫、太倉，都是緊要的急務，但高祖還批評宮殿修得雄偉華麗。現在兩大敵人尚未討平，實在不應與古代相同。人想要做某事，沒有找不到託辭的，何況是天下之主，沒人敢違抗。先想毀壞武庫，就說不能不毀壞；後來想修建，又說不能不修建。如果一定要建造宮殿，本來就不是臣下的言辭所能說服；如果陛下稍微留心歷史教訓，異乎尋常地心回意轉，也不是臣下能做到的。漢明帝想興建德陽殿，鍾離意勸阻，就採納了他的意見，以後卻又興建。宮殿修成，漢明帝對群臣說：『鍾離尚書要在的話，就不能建成此殿了。』帝王難道是懼怕一個人嗎？因為是為了百姓。現在我卻不能使聖上聽聞稍稍留意於此，我比鍾離意差遠了。」魏明帝這才因此稍微有所減省。

魏明帝沉迷後宮嬪妃，宮內女官的官職俸祿比擬朝廷百官，從貴人以下到後宮灑掃者，共有數千人。選拔女子中識字可以信任的六人，任命為女尚書，命她們處理外朝百官上奏的文書，作出肯定或否定的處理。廷尉高柔上奏說：「從前漢文帝珍惜十戶百姓的資財，不修建一座小小的觀臺，霍去病憂慮匈奴的危害，顧不上修建個人的府第。何況現在所耗費的資財不止百金之數，所憂慮的也不僅是北方狄人的侵擾啊！可以粗略完成已經動工修建的宮殿，用來朝見和宴會之儀，請放歸參加營建的百姓，使他們回去從事農業；蜀、吳平定之後，才可再逐漸興建。按《周禮》規定，天子的后妃以下為一百二十人，嬪妃按禮儀規定人數，已經

夠多了；臣聽說現在後宮的人數，甚或超過了規定，聖天子的後嗣之所以不興旺，大概就是這個原因。臣愚昧地認為，可精選賢淑的美女備足後宮女官的數目，其餘的人全部遣送回家，並以此來涵養聖王的精神，以專心寧靜作為養身之寶。如此，〈螽斯〉所表現的子孫興旺的情形就差不多能實現了。」魏明帝批覆說：「你總能直言不諱，其他的意見也奏上來。」

這時狩獵的法律十分嚴厲，殺死皇家禁苑一隻鹿的人，本人處死，財產沒入官府。有能發覺舉報的人，厚加賞賜。高柔又上疏說：「近年以來，百姓供給各種勞役，種田的人已經減少，加之最近又有禁獵的法令，群鹿肆虐，啃食禾苗，到處為害，損壞的莊稼不可計數，百姓雖設障防護，但憑他們的力量不能抵禦。以致滎陽一帶，周圍數百里，一年大致沒有收成。現在天下生產財富的人很少，但遭麋鹿的損壞卻很多，如果突發戰事，或遭凶年災荒，便沒有糧錢來應付。希望陛下放寬民間的禁令，讓他們可以捕鹿，進而廢除禁令，那麼民眾可以永遠得到救濟，沒有人不高興的。」

魏明帝又想削平北芒山，下令在原基址上建造臺觀，能夠眺望孟津。衛尉辛毗諫阻說：「大自然是天然形成的，地形有高有低，如今反其道而行之，違背自然規律，再加上耗費人力，百姓不堪忍受這種勞役。而且如果眾多河流水漲溢出，洪水為害，丘陵都被夷平，將靠什麼阻擋洪水！」魏明帝這才作罷。

少府楊阜上疏說：「陛下承繼武皇帝開拓的大業，固守文皇帝實現武帝遺志而受禪的帝位，實在應考慮比肩往古聖賢帝王的善政，統觀各朝末代帝王放蕩的惡政。從前假使漢桓帝、漢靈帝不廢棄漢高祖的法度，不廢棄漢文帝、漢景帝的勤敬儉約，太祖即便有神武之才，到哪裡去施展，而陛下又怎麼能安處此尊位呢！如今吳、蜀尚未平定，軍隊仍在外作戰，各處營建，請陛下務必從儉節約。」魏明帝以好言好語下詔答覆楊阜。

楊阜又上疏說：「堯崇尚茅屋而天下萬國得以安居，禹的宮室低矮而天下百姓樂業。等到了殷、周時，有的廳堂高僅三尺，寬度能容下九桌筵席就行了。夏桀建造用玉石裝飾的宮殿，用象牙裝飾的走廊，紂王建造傾宮和鹿臺，因此而亡國；楚靈王因築章華臺而招致殺身之禍；秦始皇修建阿房宮，到第二代就滅亡了。

不考慮萬民的承受力而放縱自己耳目之欲，沒有不滅亡的。陛下應當以堯、舜、禹、湯、文王、武王為準則，以夏桀、殷紂、楚靈王、秦始皇為深刻的警戒，卻反而自我逸樂，一味修飾宮殿臺閣，必定招致顛覆亡國的大禍。君主是元首，大臣是股肱，存亡一體，同擔得失。臣雖然無能懦怯，怎敢忘記諍諫的道義！話說得不激切，不足以感悟陛下；陛下不省察我的進言，恐怕皇祖、先輩創下的帝業墜落於地。假若臣因諫而死有萬分之一的補益，那麼臣死之日就是臣的再生之年，謹手撫棺木，沐浴更衣，爬伏在地，等候被誅殺！」奏章呈上明帝御覽後，被他的忠言感動，親筆寫詔書回覆楊阜。

魏明帝曾頭戴布帽，披著縹綾做的短袖上衣。楊阜問明帝：「這種穿戴是什麼禮服？」魏明帝沉默不語。從此不穿朝服不見楊阜。

楊阜又上疏想裁減後宮中不被寵幸的宮女，因而召來後宮的官吏查問後宮的人數。官吏遵守舊的法令，回答說：「這是宮禁的機密，不可洩露。」楊阜大怒，打了官吏一百棍，責罵他說：「國家不讓九卿保守祕密，反倒讓小吏保守祕密嗎！」魏明帝就更加忌憚楊阜。

散騎常侍蔣濟上疏說：「從前越王句踐鼓勵百姓保養胎兒，以待胎兒長大為國效力，燕昭王撫恤百姓的病痛，意在報仇雪恨，所以能以弱小的燕國征服了強大的齊國，能以羸弱的越國消滅強勁的吳國。現今吳蜀兩個敵人強盛，如果陛下不在身存之時除掉他們，有失歷史的責任。以陛下聖明神武的才略，捨棄那些不緊要的事務，專心討伐敵賊，臣認為沒有什麼困難。」

中書侍郎東萊人王基上疏說：「臣聽說古人用水以喻民眾，這樣說：『水是用來載舟的，也可以顛覆舟船。』顏淵說：『東野子駕車，馬的力氣已用盡，還策馬不停地前進，恐怕要壞事的。』現在戰事和勞役十分辛苦，男女長期分離，希望陛下深深借鑑東野子的過失，留意舟與水的比喻，讓奔跑的馬在體力沒有耗盡時休息，在人民尚未困乏之時節約人力。從前漢朝統治天下，到孝文時只有同姓的諸侯王，賈誼仍十分擔憂地說：『將火放在柴堆下面，而自己睡在上面，還說很安全。』如今敵賊尚未消滅，國內的猛將一個個手握重兵，約束他們便無法應付敵人，但長期使猛將手握重兵，就難以向後世子孫交代。正當國家鼎盛開明之世，

不全力除去禍患，倘若子孫不爭氣，那就成了國家的憂患。假若賈誼復生，一定比當時更加深切感憤。」魏明帝對這些意見一概不聽從。

督促勞役的官員殿中監，擅自逮捕蘭臺令史，右僕射衛臻上奏要審查他。魏明帝下詔說：「宮殿尚未建成，我正關注此事，你要追究他，為什麼？」衛臻說：「古代制度中有侵犯他官職權的法律，不是懲罰他的勤懇，實在是因為這樣帶來的好處少，而毀壞性更大。我時常督察校事的工作，情況大體都是這樣。假若又放縱他們，擔心各部門將因此而超越職權，以致陵辱上司的情況發生。」

尚書涿郡人孫禮堅決請求停止營建工程，魏明帝下詔說：「採納你的正直之言。」敦促遣散民工。監工的官員又上奏請求再留一個月，以建造完工。孫禮逕自來到工地，不再上奏皇帝，宣稱有詔命罷歸民工。魏明帝對他的用意感到驚奇，但並沒有責怪。魏明帝儘管不能完全採納群臣的直諫之言，但都寬容對待。

秋，七月，洛陽崇華殿發生火災。魏明帝問侍中兼太史令泰山人高堂隆說：「這是什麼過錯帶來的災禍？在禮法上有沒有祈禱消災的辦法呢？」高堂隆回答說：「《京房易傳》裡講：『高層人士不儉約，低層的人不節省，罪孽之火就燒毀他們的房子。』又說：『君主高築樓臺，天火就會造成災害。』這是因為君主一心裝飾宮殿，不知百姓財空力竭，因而上天以旱災作為報應，天火從最高的大殿燒起來。」魏明帝又下詔問高堂隆：「我聽說漢武帝時柏梁臺發生火災，而以大修宮殿來鎮壓它，這是什麼道理呢？」高堂隆回答說：「那是夷越巫師所為，不是聖賢的明訓。《漢書・五行志》說：『柏梁臺火災，之後發生了江充巫蠱事件。』如〈五行志〉所說，夷越巫師建議修築建章宮也沒能鎮住災害。現在應當停止勞役遣散民工。宮殿的標準，務必節約從簡，把燒毀的崇華殿清掃乾淨，不能在此廢墟上建立宮殿，這樣瑞草、嘉禾就會從此處長出。若仍然疲勞民力，竭盡百姓的資財，這不是招致祥瑞和懷柔遠方百姓的辦法。」

八月二十四日庚午，魏明帝立皇子曹芳為齊王，曹詢為秦王。魏明帝沒有兒子，就收養了齊王、秦王為兒子，後宮的事情隱祕，沒有人知道這二人的來路。有人說曹芳是任城王曹楷的兒子。〇十一日丁巳，魏明帝回到洛陽。

魏明帝下詔重建崇華殿，改名為九龍殿。挖通穀水，引水通過九龍殿前，又在殿前修了玉井綺欄，由石刻蟾蜍吸進河水，經石刻神龍之口吐出。命博士扶風人馬鈞作指南車和水轉百戲。

陵霄闕剛開始構建，有鵲雀在上邊築巢。魏明帝就此詢問高堂隆，高堂隆回答說：「《詩經》上說：『鵲雀築窩，鳩鳥居住。』現在興建宮室，修築陵霄闕，有鵲雀在上面築巢，這是宮殿修不成而自身不能居住的徵兆。天意好像是說，宮室還沒修成，將有外姓人來控制。這是上天的警戒。上天不講親情，只支持善人，殷王太戊、武丁目睹災禍而恐懼，因而上天降福給他們。現今如果停止各種勞役，崇尚德政，那麼聖賢的三王可以由三而四，聖明的五帝可以由五而六，哪能只有商王可以轉禍為福呢！」魏明帝因此而改變臉色。

魏明帝性格嚴厲急躁，監造宮室的官員延誤工期的，魏明帝親自召來責問，話未說完，已經身首兩分。散騎常侍兼祕書監王肅上疏說：「如今宮室尚未建成，現服勞役的便有三四萬人。九龍殿足以供聖體安居，殿內足以排列六宮后妃；只是泰極殿早已修建，還有很大工程量。希望陛下調派長年食用國家糧餉目前沒有緊急任務的士兵，選留其中的強壯者一萬人，讓他們勞作一期就更換。他們都知道休息替代有期限，就沒有人不願從事，對勞作就不會怨恨了。共計一年有三百六十萬個人次，也不算少。計劃一年可完工的，姑且聽憑三年內完成。遣歸其餘的人，使他們都回去務農，這才是長久之計。信用對於人民來說，是國家的法寶。先前皇上要巡幸洛陽，就調發民工修建營壘，有關部門命令營壘修成解散民工。然而修成之後，又貪圖民工帶來的功利，不按時遣返。有關部門只營求眼前的利益，不顧及治國的體統。臣認為自今以後，如果再徵用民夫，應宣明法令，讓民工一定如期返回。民夫遣返後又有役事，寧可再次徵發，不可失去信用。凡是陛下要臨時行刑，受刑的人都是有罪的人，應該處死。但是民眾不知情，認為是事出倉促。所以希望陛下把這些罪犯交給有關官吏，暴露他們的罪行，同樣是死，不要玷汙宮廷名聲而受遠近人們的懷疑。況且人命關天，殺死人容易，讓人復活很難，氣一斷就接續不上了，因而聖賢對此非常慎重。當年漢文帝想殺冒犯車駕的人，廷尉張釋之說：『在現場，皇上若把他殺死也就算了，現在將罪犯交給廷尉，廷尉是天下用法公平的標準，不可有所傾向。』我認為這話太沒道理，不是忠臣應該講的。廷尉，是天子的官吏，尚且不能失去公平，而

天子自身反而可以胡作非為嗎！這是看重自身的要求，輕視君主的作為，是最不忠的人，不能不認真地省察。」

中山恭王曹袞病重，命令下屬官吏：「男子不死在婦人手上，緊急按時營建東堂。」東堂建成後，即抱病乘車前往居住。又命長子說：「你年幼就成了國王，只知道享樂不知道艱苦，必定會因驕奢而犯過失。兄弟若有不良行為，應當到面前勸阻；勸阻而不聽從，就流淚開導他；開導而不改正，才稟告他的母親；若仍不改正，應當奏明聖上，並辭掉自己的封邑。與其固守恩寵而遭受禍患，不如貧賤而保全自身。這是指大罪惡而言，至於那些細微的過失，就該加以遮掩。」冬，十月初三日己酉，曹袞去世。

十一月二十二日丁酉，魏明帝巡幸前往許昌。

這一年，幽州刺史王雄派勇士韓龍刺殺了鮮卑首領軻比能，從此，鮮卑部落離散，互相攻伐，強的部落遠遠逃走，弱的部落請求降服，邊境於是得以安寧。

張掖郡的柳谷口水滿湧出，有塊寶石，上有圖案，形狀如同一隻靈龜，立於河西，上有石馬七匹和鳳凰、麒麟、白虎、犧牛、璜玦、八卦、各種星宿、彗星的圖像；還有文字為「大討曹」。魏國用詔書頒布天下，認為這是祥瑞。任縣縣令于綽連帶詔書和圖案去詢問鉅鹿人張臶，張臶祕密地對于綽說：「神可以預知未來，不追究已往的事，祥瑞先出現，之後王朝的興廢隨之而來。如今漢朝早已滅亡，魏國已經得了天下，哪能是追示魏國興起的先兆呢！這塊石頭，是當前發生的變異，而預示將來的祥瑞。」

魏明帝派人到吳國用馬匹交易珍珠、翡翠、玳瑁。吳主孫權說：「這些東西都是我不用的，又可以得到馬匹，我有什麼可吝惜的！」把這些東西全都交付魏國。

四年（丙辰　西元二三六年）

春，吳人鑄大錢❶，一當五百。

三月，吳張昭卒，年八十一。昭容貌矜嚴❷，有威風，吳主以下，舉邦憚之。

夏，四月，漢主至湔❸，登觀阪❹，觀汶水❺之流，旬日❻而還。

武都❼氐王[1]苻健請降於漢，其弟不從，將四百戶來降。

五月乙卯❽，樂平定侯董昭卒。

冬，十月己卯❾，帝還洛陽宮。

甲申❿，有星孛于大辰⓫，又孛于東方。高堂隆上疏曰：「凡帝王徙都立邑，皆先定天地⓬、社稷之位，敬恭以奉之。將營宮室，則宗廟為先，廄庫為次，居室為後。今圜丘、方澤、南北郊⓭、明堂⓮、社稷⓯神位未定，宗廟之制又未如禮，而崇飾居室，士民失業。外人咸云宮人之用與軍國之費略齊，民不堪命，皆有怨怒。書曰⓰：『天聰明自我民聰明⓱，天明畏自我民明威⓲。』言天之賞罰隨民言，順民心也。夫采椽、卑宮，唐、虞、大禹之所以垂皇風也；玉臺、瓊室，夏癸⓳、商辛⓴之所以犯昊天㉑也。今宮室過盛，天彗章灼㉒，斯乃慈父懇切之訓。當崇孝子祗聳㉓之禮，不宜有忽，以重天怒。」隆數切諫，帝頗不悅。侍中盧毓進曰：「臣聞君明則臣直，古之聖王惟恐不聞其過，此乃臣等所以不及隆也。」帝乃解。毓，植之子也。

十二月癸巳㉔，潁陰靖侯陳羣卒。羣前後數陳得失，每上封事㉕，輒削其草，時人及其子弟莫能知也。論者或譏羣居位拱默㉖，正始㉗中，詔撰羣臣上書以為名臣奏議，朝士乃見羣諫事，皆歎息焉。

袁子㉘論曰：「或云：『少府楊阜豈非忠臣哉？見人主之非則勃然觸之，與人言未嘗不道㉙。』答曰：『夫仁者愛人，施之君謂之忠，施於親謂之孝。今為人臣，見人主失道，力[2]詆其非而播揚其惡，可謂直士，未為忠臣也。故司空陳羣則不然，談論終日，未嘗言人主之非，書數十上，外人不知。君子謂羣於是乎長者㉚矣。』」

乙未㉛，帝行如許昌。

詔公卿舉才德兼備者各一人，司馬懿以兗州㉜刺史太原王昶㉝應選。昶為人謹厚，名其兄子曰默，曰沈，名其子曰渾，曰深，為書戒之曰：「吾以四者為名，欲使汝曹顧名思義，不敢違越也。夫物速成則疾亡，晚就而[3]善終。朝華㉞之草，夕而零落，松柏之茂，隆寒不衰，是以君子戒於闕黨㉟也。夫能屈以為伸，讓以為得，弱以為彊，鮮不遂㊱矣。夫毀譽者，愛惡之原而禍福之機㊲也。孔子曰：『吾之於人，誰毀誰譽㊳？』以聖人之德猶尚如此，況庸庸之徒而輕毀譽哉！人

或毀己，當退而求之於身。若己有可毀之行，則彼言當矣；若己無可毀之行，則彼言妄矣。當則無怨於彼，妄則無害於身，又何反報焉！諺曰：『救寒莫如重裘，止謗莫如自脩。』斯言信矣。」

【章旨】以上為第三段，寫曹魏大臣，直諫事君，有如楊阜；忠諫事君，有如陳羣；醇謹做人，有如王昶。

【注釋】❶大錢　錢面有「大泉五百」四字，直徑一寸三分，重十二銖。❷矜嚴　端莊嚴肅。❸湔　縣名，蜀漢所置，縣治在今四川灌縣。❹觀阪　崖名，即今四川灌縣西門外臨岷江的一座懸崖，俗稱鬥雞臺。崖頂有一小坪，在此可觀看都江堰全景。❺汶水　即岷江。❻旬日　十天。十天為旬。❼武都　郡名，治所下辨，在今甘肅成縣西。❽乙卯　五月十三日。❾己卯　十月十日。❿甲申　十月十五日。⓫大辰　星次名，即蒼龍七宿中之第三宿。⓬天地　指祭天的圜丘（圓形高壇）和祭地的方澤（方水池）。⓭郊　帝王在郊外祭祀天地。南郊祭天，北郊祭地。⓮明堂　古代帝王宣明政教之處所。凡朝會、祭祀、慶賞、教學等大典皆在此舉行。後世帝王宮室增多，另在近郊東南建明堂以存古制。⓯社稷　社，土神。稷，穀神。古代帝王必立社稷之壇以祭祀。⓰書曰　此說見《尚書・皋陶謨》。⓱天聰明自我民聰明　此句謂上天的聰明來源於民眾的聰明。⓲天明畏自我民明威　此句謂上天之賞罰來自人民之好惡。明畏，猶言賞罰。明謂賞善，畏謂罰惡。明威同「明畏」。⓳夏癸　即夏桀王。⓴商辛　即商紂王。㉑昊天　蒼天。㉒章灼　彰明顯著。㉓祗聳　恭敬而驚懼。㉔癸巳　十二月二十四日。㉕封事　密封的奏章。㉖拱默　拱手默然。㉗正始　少帝曹芳的年號。㉘袁子　名準字孝尼，魏晉時人，長於儒學，著述多種。事見《三國志・魏書・袁渙傳》注引《袁氏世紀》。㉙道　言說。㉚長者　忠厚謹慎之人。㉛乙未　十二月二十六日。㉜兗州　漢武帝所置十三刺史部之一，魏時治所廩丘縣（在今山東鄆城西），轄陳留、東郡、濟陰、任城、東平、濟北、泰山等郡。㉝王昶　字文舒，太原晉陽（今山西太原西南）人，魏文帝時為兗州刺史。後官至司空，封京陵侯。傳見《三國志》卷二十七。按，王昶誡子姪，其子姪並不忠孝。後曹髦討司馬昭，王沈為侍中，背叛曹氏向司馬師通風報信。晉武帝滅吳，王渾為安東將軍，與龍驤將軍王濬爭功。㉞朝華　早上開花。㉟闕黨　春秋時地名，即孔子所居之地。《論語・憲問》記載：闕黨的一個

少年來見孔子，有人問：「這個少年是求上進的人嗎？」孔子說：「這不是個肯上進的人，只是個急於求成的人。」㊱遂成功。㊲機　關鍵。㊳吾之於人二句　孔子語。《論語・衛靈公》孔子說：「我對於別人，詆毀了誰？稱讚了誰？假如我有所稱讚，一定是曾經試用過的人。」孔子不隨便毀譽人，認為做到這一點，就是正直的人。

【校　記】①王　原無此字。據章鈺校，甲十六行本、乙十一行本皆有此字，張敦仁《通鑑刊本識誤》、張瑛《通鑑校勘記》同，今據補。②力　據章鈺校，甲十六行本、乙十一行本皆作「直」。③而　據章鈺校，甲十六行本、乙十一行本皆作「則」，張瑛《通鑑校勘記》同。

【語　譯】四年（丙辰　西元二三六年）

春，吳國鑄造大錢，一枚大錢當五百枚小錢的價值。

三月，吳國張昭去世，年八十一。張昭容貌端莊嚴肅，有威嚴，吳主以下，全國人都害怕他。

夏，四月，蜀漢後主劉禪到達湔縣，登上觀阪崖，考察汶水的水道，十天後才返回。

武都郡的氐族首領苻健請求降服蜀漢，他的弟弟不聽從，率領四百戶來投降魏國。

五月十三日乙卯，魏國樂平定侯董昭去世。

冬，十月初十日己卯，魏明帝返回洛陽宮。

十月十五日甲申，孛星出現在大辰星區，又出現在東方天空。高堂隆上疏說：「凡是帝王遷都建城，都要先確定祭祀天地和社稷的位置，恭敬地奉祀天地社稷之神。要建造宮殿，先要建造宗廟，馬廄倉庫為其次，最後才考慮居住的宮室。現在圜丘、方澤、南北郊、明堂、社稷神位還沒有確定，宗廟的規格又不合乎禮制，卻高規格修建居住的宮室，士民因此而荒廢本業。社會上都說宮人的費用與軍國開支大略相等，百姓不堪忍受役使，都有怨恨和憤怒情緒。《尚書》說：『上天的聰明來自民眾的聰明，上天的賞罰來自民眾的好惡。』這是指上天的賞罰順從百姓的言論，順應百姓的心意。至於不加修飾的椽子、低矮的宮室，是唐堯、虞舜、大禹所以能流傳其皇王作風的緣由；修築玉臺、瓊室，是夏桀、商紂所以觸犯上天的原因。如今宮室過多，天上彗星彰顯，這就是慈父般的上天懇切的訓誡。應當推崇孝子敬懼的禮節，不應有所忽略，以致加重上天

的憤怒。」高堂隆多次懇切諫阻，魏明帝很不高興。侍中盧毓進言說：「我聽說君主開明則臣子正直，古代的聖王只擔心聽不到自己的過錯，這就是臣等趕不上高堂隆的地方。」魏明帝的怒氣這才消解。盧毓，是盧植的兒子。

十二月二十四日癸巳，魏國潁陰靖侯陳羣去世。陳羣前後多次上奏陳述朝政的得失，每次密封上奏，總是銷毀草稿，當時的人及其子弟都不知道上奏的內容。議論朝政的人有譏刺陳羣佔據高位拱手默然，正始年間，皇帝下詔命令編撰群臣的奏疏為《名臣奏議》，朝廷官員才看到陳羣進諫的奏章，都為之讚歎。

袁宏評論說：「有人說：『少府楊阜難道不是忠臣嗎？他看到君主的過錯就毅然犯顏直諫，與人談話也未嘗不提及。』回答是：『仁者愛人，用到君主身上就叫做忠，用到雙親身上就叫做孝。現今作為人臣，發現君主的言行不合道義，就極力批評君主的錯誤而宣揚君主的惡行，這可以叫做正直之士，還不算忠臣。已故的司空陳羣就不這樣，他和人談論一整天，從未說起君主的過失，陳羣幾十次上奏章，外人卻不知道。君子認為陳羣在這一方面真是個長者。』」

十二月二十六日乙未，魏明帝到達許昌。

魏明帝下詔要公卿每人舉薦一名才德兼備的人，司馬懿推舉兗州刺史太原人王昶應選。王昶為人謹慎厚道，為他哥哥的兒子起名為王默、王沈，為自己的兒子起名叫王渾、王深，並寫信告誡他們說：「我用這四個字起名，是想讓你們顧名思義，不敢違反超越命名的含義。事物速成就會迅速消亡，晚成的就會善終。早晨開花的花草，到黃昏就零落了，松柏茂盛，隆冬嚴寒也不衰敗，所以君子應以闕黨童子為戒。那些能以屈為伸，以讓為得，以弱為強的人，很少有不成功的。詆毀和讚譽，是喜愛厭惡的根源和禍福的關鍵。孔子說：『我對於人，詆毀過誰，讚譽過誰？』聖人的道德尚且如此，何況庸庸之輩而輕率地詆毀或讚譽呢！他人或許詆毀自己，應當退而省察自身。自己如果有可詆毀的行為，那麼他人的話就是對的；如果自己沒有可以詆毀的行為，那麼他人的話就是胡說。他人的話說得恰當，就不該怨恨他；他人胡說，也無損於自身，又何必反過來報復呢！諺語說：『禦寒沒有比厚皮衣更好的，止謗沒有比提高自我修養更好的辦法。』這真是實在

話。」

景初元年（丁巳　西元二三七年）

春，正月壬辰❶，山茌縣❷言黃龍❸見。高堂隆以為：「魏得土德，故其瑞黃龍見。宜改正朔❹，易服色，以神明其政，變民耳目。」帝從其議。〇三月，下詔改元，以是月為孟夏四月，服色尚黃，犧牲用白，從地正❺也。更名太和曆曰景初曆。

五月己巳❻，帝還洛陽。〇己丑❼，大赦。

六月戊申❽，京都地震。〇己亥❾，以尚書令陳矯為司徒，左僕射衛臻為司空。

有司奏以武皇帝為魏太祖，文皇帝為魏高祖，帝為魏烈祖。三祖之廟，萬世不毀❿。

孫盛論曰：「夫謚⓫以表行，廟⓬以存容。未有當年而逆制祖宗，未終而豫自尊顯，魏之羣司⓭於是乎失正矣。」

秋，七月丁卯⓮，東鄉貞侯[1]陳矯卒。

公孫淵數對國中賓客出惡言，帝欲討之，以荊州刺史河東[2]毌丘儉⑮為幽州刺史。儉上疏曰：「陛下即位以來，未有可書。吳、蜀恃險，未可卒平，聊⑯可以此方無用之士克定遼東。」光祿大夫衛臻曰：「儉所陳皆戰國細術，非王者之事也。吳頻歲稱兵⑰，寇亂邊境，而猶按甲養士，未果致討者，誠以百姓疲勞故也。淵生長海表，相承三世⑱，外撫戎夷，內脩戰射，而儉欲以偏軍長驅，朝至夕卷，知其妄矣。」帝不聽，使儉帥諸軍及鮮卑、烏桓屯遼東南界，璽書徵淵。淵遂發兵反，逆儉於遼隧⑲。會天雨十餘日，遼水大漲，儉與戰不利，引軍還右北平⑳。淵因自立為燕王，改元紹漢，置百官，遣使假鮮卑單于璽，封拜邊民，誘呼鮮卑以侵擾北方。

漢張后殂。

九月，冀、兗、徐、豫大水。

西平郭夫人㉑有寵於帝，毛后㉒愛弛。帝游後園，曲宴㉓極樂。郭夫人請延皇后，帝不[3]許，因禁左右使不得宣。后知之，明日，謂帝曰：「昨日游宴北園，樂乎？」帝以左右泄之，所殺十餘人。庚辰㉔，賜后死，然猶加諡曰悼。癸丑㉕，葬愍陵，遷其弟曾為散騎常侍。

冬，十月，帝用高堂隆之議，營洛陽南委粟山為圜丘。詔曰：「昔漢氏之初，承秦滅學之後，採摭㉖殘缺，以備郊祀，四百餘年，廢無禘禮㉗。曹氏世系出自有虞，今祀皇皇帝天於圜丘，以始祖虞舜配；祭皇皇后地於方丘㉘，以舜妃伊氏配；祀皇天之神於南郊，以武帝配；祭皇地之祇於北郊，以武宣皇后配。」

廬江主簿呂習密使人請兵於吳，欲開門為內應。吳主使衛將軍全琮督前將軍朱桓等赴之，既至，事露，吳軍還。

諸葛恪至丹陽，移書四部㉙屬城長吏，令各保其疆界，明立部伍㉚，其從化平民，悉令屯居。乃內㉛諸將，羅㉜兵幽阻，但繕藩籬，不與交鋒，俟[4]其穀稼將熟，輒縱兵芟刈㉝，使無遺種。舊穀既盡，新穀不收，平民屯居，略無所入。於是山民飢窮，漸出降首，恪乃復敕下曰：「山民去惡從化，皆當撫慰，徙出外縣，不得嫌疑，有所拘執。」臼陽㉞長胡伉得降民周遺，遺舊惡民，困迫暫出，伉縛送言府。恪以伉違教，遂斬以徇。民聞伉坐執人被戮，知官惟欲出之而已，於是老幼相攜而出，歲期人數，皆如本規㉟。恪自領萬人，餘分給諸將。吳主嘉其功，拜恪威北將軍㊱，封都鄉侯，徙屯廬江皖口㊲。

【章　旨】以上為第四段，寫魏明帝改元頒新曆，建圜丘，寵郭后，以及首次發兵征公孫淵受挫。寫吳諸葛恪討山越，卓有成效。

【注　釋】❶壬辰　正月己亥朔，無壬辰。當作二月壬辰，即二月二十四日。❷山茌縣　縣治在今山東長清東北。❸黃龍　黃色之龍，古人視為瑞獸。帝王得土德，土色黃，則黃龍出現。《史記・封禪書》即云黃帝得土德，黃龍出現。❹正朔　正為一年之第一月，朔為一月之第一天。曆法須首先確定正朔，故古人以正朔稱曆法。❺地正　《三統曆》說，夏正建寅為人統，商正建丑為地統，周正建子為天統。此地正，就是依殷商的曆法，以建丑為正，即以十二月為歲首。❻己巳　五月初二日。自此用《景初曆》。❼己丑　五月二十二日。❽戊申　六月十二日。❾己亥　六月初三日。❿萬世不毀　宗廟之制，天子立七廟，即供奉七位祖宗，某一祖宗過了七代，因親盡則毀，他的靈位就要被撤除。只有開國的太祖、高祖或有大功的太宗，則萬世不毀。魏明帝曹叡無子，擔心自己死後，靈位被撤除，於是在生時自己擬謚為烈祖，規定萬世不毀。⓫謚　古代帝王、貴族、大臣死後，依據他的一生行為，擬定一個評價的稱號叫謚。善行美謚，惡行惡謚，用意有告誡作用。事實上惡行被隱諱，多為美謚。魏明帝生時自己給自己擬美謚是違禮行為，故孫盛予以批評。⓬廟　宗廟。因宗廟供奉祖宗塑像、靈位，故曰「廟以存容」。⓭羣司　眾官。孫盛為尊者諱，他不批評魏明帝而說成是曹魏群臣失正。⓮丁卯　七月初二日。⓯毌丘儉　字仲恭，河東聞喜（今山西聞喜）人，魏明帝時曾為荊、幽二州刺史。齊王正始中，為鎮東將軍、都督揚州諸軍事。後在揚州起兵反對司馬氏，兵敗被殺。傳見《三國志》卷二十八。⓰聊　暫且。⓱稱兵　舉兵；興兵。⓲三世　指公孫度、康、淵三世。⓳遼隧　縣名，縣治在今遼寧海城西。⓴右北平　郡名，治所土垠，在今河北豐潤東。㉑郭夫人　西平郡（治所在今青海西寧）人，本河右大族，黃初中西平郡反，被擄入宮。魏明帝即位後拜為夫人，後為皇后。齊王時為皇太后，稱永寧宮。傳見《三國志》卷五。㉒毛后　黃初中選入太子宮，魏明帝即位後立為皇后，後被賜死。傳見《三國志》卷五。㉓曲宴　便宴。㉔庚辰　九月十六日。㉕癸丑　九月甲子朔，無癸丑。當依《三國志・魏書・明帝紀》作十月癸丑，即十月十九日。㉖採摭　採拾。㉗禘禮　禘禮祭祖宗，這裡指祭天之禮。㉘方丘　祭地之壇，在方澤中。方澤本為祭地之處，但水中不能設祭，故在澤中為壇以祭祀。㉙四部　當依《三國志・吳書・諸葛恪傳》作「四郡」，即指吳郡、會稽、新都、鄱陽四郡。此四郡皆與丹陽郡鄰接。㉚部伍　部隊的防務。㉛內　通「納」。納入；進入。㉜羅　分布。㉝芟刈　收割。㉞臼陽　當為縣名，今地未詳。《三國志集解》引胡三省曰：「臼陽既置長，必以為縣，其地當在丹陽郡，而今無所考。」又引錢大昕曰：「丹陽郡

無臼縣，恐有訛字。」又引吳增儀曰：「〈漢志〉無臼陽，疑漢末孫氏立。」㉟本規　原來的預期。據《三國志・諸葛恪傳》，在此前諸葛恪曾預言「三年可得甲士四萬」。㊱威北將軍　官名，孫吳所置雜號將軍。㊲皖口　皖水入長江之處，在今安徽懷寧西之皖口鎮。

【校　記】①東鄉貞侯　原作「東鄉貞公」。據章鈺校，甲十六行本、乙十一行本皆作「東鄉貞侯」，張瑛《通鑑校勘記》同，今據改。按，《三國志・魏書・陳矯傳》載，明帝即位，陳矯進爵為東鄉侯，食邑六百戶，卒謚貞侯。②河東　原無此二字。據章鈺校，甲十六行本、乙十一行本皆有此二字，張敦仁《通鑑刊本識誤》同，今據補。③不　據章鈺校，甲十六行本、乙十一行本、孔天胤本皆作「弗」。④俟　據章鈺校，甲十六行本、乙十一行本皆作「候」。

【語　譯】景初元年（丁巳　西元二三七年）

春，正月壬辰日，山茌縣奏報說黃龍現身。高堂隆認為：「魏為土德，因而吉祥物黃龍現身。應該改變正朔，更換服裝的顏色，以神明的指示來推行國政，使民眾的耳目為之一新。」魏明帝採納他的建議。〇三月，下詔改變年號，以三月為孟夏四月，服裝的顏色崇尚黃色，祭祀的牲畜用白色，按照殷曆設置正月。又將《太和曆》更名為《景初曆》。

五月初二日己巳，魏明帝回到洛陽。〇二十二日己丑，魏國大赦天下。

六月十二日戊申，京都洛陽地震。〇初三日己亥，魏國任命尚書令陳矯為司徒、左僕射衛臻為司空。

魏國有關官吏奏請尊奉武皇帝為魏太祖，尊奉文皇帝為魏高祖，尊奉魏明帝為魏烈祖。這三祖的宗廟，萬代不許毀壞。

孫盛評論說：「謚號用來顯示生前的行為，宗廟用來保存帝王的容貌。從沒有在位的當時違反祖宗制度，自己還沒有死就預先尊顯自己，魏國的群臣們在這個問題上喪失了正直之道。」

秋，七月初二日丁卯，魏國東鄉貞侯陳矯去世。

公孫淵多次在國內賓客面前口出惡言，魏明帝想討伐他，任命荊州刺史河東毌丘儉為幽州刺史。毌丘儉上疏說：「陛下即位以來，沒有什麼可以記載的大事，吳、蜀兩國依仗地勢險要，難以很快平定，暫且可用

幽州當前沒有征伐任務的士卒平定遼東。」光祿大夫衛臻說：「毌丘儉所陳述的都是戰國人玩弄的小把戲，並非王者所行之事。吳國連年興兵，侵擾我國邊境，而我國仍然按兵不動休養將士。沒有果斷討伐，實在是由於百姓疲勞的緣故。公孫淵生長在海外，三代相繼為首領，對外安撫戎夷，在內整修戰備，而毌丘儉想用一支非主力之師長驅直入，聲稱早上到達晚上就席捲敵國，可見他在胡說。」魏明帝不聽，讓毌丘儉率領所屬各軍以及鮮卑、烏桓之兵屯駐在遼東南界。然後魏明帝用加蓋御印詔書徵召公孫淵入朝。公孫淵於是發兵反叛，在遼隧迎戰毌丘儉。適逢下了十幾天雨，遼水暴漲，毌丘儉與公孫淵作戰失利，率軍退回右北平。公孫淵乘勢自立為燕王，改年號為紹漢，設置文武百官，派使者授與鮮卑單于官印，封拜邊民為官，誘使鮮卑侵犯魏國北部地區。

蜀漢的張皇后去世。

九月，冀州、兗州、徐州、豫州發生水災。

西平人郭夫人受到魏明帝寵愛，毛皇后失寵。魏明帝到後花園遊玩，設宴極盡歡樂。郭夫人請求邀請毛皇后，魏明帝不答應，還禁止左右侍從不許將此事宣揚出去。毛皇后知道了這件事，第二天，對魏明帝說：「昨天遊宴北園，快樂嗎？」魏明帝認為左右侍從洩露了消息，殺了十多人。九月十六日庚辰，賜毛皇后自殺，還加了一個諡號為「悼」。癸丑日，把毛皇后葬在愍陵。又把毛皇后的弟弟毛曾降為散騎常侍。

冬，十月，魏明帝採納高堂隆的建議，營建洛陽南邊的委粟山為祭天的圜丘。下詔說：「從前漢朝初年，正當秦代滅絕學術以後，搜集殘缺的典籍，才略備祭祀天地的禮儀，後來四百多年，荒廢了祭祀天地的禮制。曹氏的世系出自有虞氏，現今在圜丘祭祀皇皇帝天，以始祖虞舜陪祭；在方丘祭祀皇皇后地，以舜的妃子伊氏陪祭；在京城南郊祭祀皇天之神，以魏武帝陪祭；在北郊祭祀皇地之神，以武宣皇后陪祭。」

廬江郡的主簿呂習祕密派人到吳國請求出兵，他打算打開城門做內應。吳主孫權派衛將軍全琮帶領前將軍朱桓等人前往，到達廬江之後，事情洩露，吳國軍隊撤回。

吳國諸葛恪到丹陽上任，發公文給與丹陽相鄰的四郡各縣的長官，命令他們各自保衛轄區的疆界，明確

規定各部隊的防區，讓已經歸順的山民全部聚居一處。然後諸葛恪派各位將領進入深山險阻之地，布下軍隊，只修繕籬笆柵欄防禦工事，不與山民交戰，等到當地莊稼將要成熟，就縱兵收割，不留一粒種子。山越把以前的糧食吃完了，新熟的糧食收不到，百姓都聚居在一起，山民要搶糧也無處下手。因而山民飢餓困窮，逐漸出山投降。諸葛恪於是又命令部下說：「山民只要放棄罪惡行徑，接受教化，都應當加以安撫，遷到山外的縣邑，不可懷疑他們，隨便拘捕。」臼陽縣縣長胡伉抓到投降山民周遺，周遺本是個惡人，因困迫暫時從深山出來，胡伉將他捆送到郡府並加稟報。諸葛恪因胡伉違犯教令，便斬首示眾。山民聽說胡伉因抓人而被斬，知道官府不過是想要他們出山罷了，因此老幼相扶出山。一年過後，統計人數，與預期的一樣。諸葛恪自己率領一萬甲士，其餘的分給各位將領。吳主孫權嘉獎諸葛恪的功勞，擢升他為威北將軍，封為都鄉侯，遷往廬江皖口駐紮。

是歲，徙長安鍾簴❶、橐佗❷、銅人❸、承露盤❹於洛陽。盤折，聲聞數十里。銅人重，不可致，留于霸城❺。大發銅鑄銅人二，號曰翁仲❻，列坐於司馬門❼外。又鑄黃龍、鳳皇各一，龍高四丈，鳳高三丈餘，置內殿前。起土山於芳林園西北陬❽，使公卿羣僚皆負土，樹松、竹、雜木、善草於其上，捕山禽雜獸置其中。司徒軍議掾❾董尋上疏諫曰：「臣聞古之直士，盡言於國，不避死亡。故周昌❿比高祖於桀、紂，劉輔⓫譬趙后於人婢，天生忠直，雖白刃沸湯，往而不顧者，誠為時主愛惜天下也。建安以來，野戰死亡，或門殫戶盡，雖有存者，遺孤老弱。

若今宮室狹小，當廣大之，猶宜隨時，不妨農務；況乃作無益之物，黃龍、鳳皇、九龍、承露盤，此皆聖明之所不興也，其功三倍於殿舍。陛下既尊羣臣，顯以冠冕，被以文繡，載以華輿，所以異於小人，而使穿方⑫舉土，面目垢黑⑬，沾體塗足[1]，衣冠了鳥⑭，毀國之光，以崇無益，甚非謂也。孔子曰：『君使臣以禮，臣事君以忠。』⑮無忠無禮，國何以立！臣知言出必死，而臣自比於牛之一毛，生既無益，死亦何損！秉筆流涕，心與世辭。臣有八子，臣死之後，累陛下矣！」將奏，沐浴以待命。帝曰：「董尋不畏死邪！」主者奏收尋，有詔勿問。

高堂隆上疏曰：「今世[2]之小人好說秦、漢之奢靡以蕩聖心，求取亡國不度之器⑯，勞役費損以傷德政，非所以興禮樂之和，保神明之休⑰也。」帝不聽。

隆又上疏曰：「昔洪水滔天二十二載⑱，堯、舜君臣南面⑲而已。今無若時之急，而使公卿大夫並與廝徒⑳共供事役，聞之四夷，非嘉聲也，垂之竹帛，非令名也。今吳、蜀二賊，非徒白地㉑小虜㉒，聚邑之寇㉓，乃僭號稱帝，欲與中國爭衡㉔。今若有人來告：『權、禪並脩德政，輕省租賦，動咨耆賢，事遵禮度。』陛下聞之，豈不惕然㉕惡其如此，以為難卒討滅而為國憂乎！若使告者曰：『彼二賊並為無道，崇侈無度，役其士民，重其賦斂，下不堪命，吁嗟日甚。』陛下

聞之，豈不幸彼疲敝而取之不難乎！苟如此，則可易心而度，事義之數㉖亦不遠矣。亡國之主自謂不亡，然後至於亡；賢聖之君自謂亡，然後至於不亡。今天下彫敝，民無儋石㉗之儲，國無終年之蓄，外有彊敵，六軍暴邊，內興土功，州郡騷動，若有寇警，則臣懼版築之士不能投命虜庭矣。又，將吏奉祿，稍見折減，方之於昔，五分居一，諸受休者又絕稟賜，不應輸者今皆出半，此為官入兼多於舊，其所出與參㉘少於昔。而度支㉙經用㉚，更每不足，牛肉小賦㉛，前後相繼。反而推之，凡此諸費，必有所在㉜。且夫祿賜穀帛，人主所以惠養吏民而為之司命㉝者也，若今有廢，是奪其命矣。既得之而又失之，此生怨之府也。」帝覽之，謂中書監、令㉞曰：「觀隆此奏，使朕懼哉！」

尚書衛覬上疏曰：「今議者多好悅耳，其言政治，則比陛下於堯、舜；其言征伐，則比二虜於狸㉟鼠。臣以為不然。四海之內，分而為三，羣士陳力，各為其主，是與六國分治無以為異也。當今千里無煙，遺民困苦，陛下不善留意，將遂凋敝，難可復振。武皇帝之時，後宮食不過一肉，衣不用錦繡，茵蓐㊱不緣飾，器物無丹漆，用能平定天下，遺福子孫，此皆陛下之所覽也。當今之務，宜君臣上下，計校府庫，量入為出，猶恐不及；而工役不輟，侈靡日崇，帑藏㊲日竭。

昔漢武信神仙之道，謂當得雲表之露㊳以餐玉屑，故立仙掌以承高露。陛下通明，每所非笑。漢武有求於露而猶尚見非，陛下無求於露而空設之，不益於好而糜費功夫，誠皆聖慮所宜裁制也。」

時有詔錄㊴奪㊵士女㊶前已嫁為吏民妻者，還以配士，聽以生口㊷自贖，又簡選其有姿首㊸者內之掖庭㊹。太子舍人沛國張茂上書諫曰：「陛下，天之子也，百姓吏民，亦陛下子也。今奪彼以與此，亦無以異於奪兄之妻妻㊺弟也，於父母之恩偏矣。又，詔書聽[3]得以生口年紀、顏色與妻相當者自代，故富者則傾家盡產，貧者舉假貸貫㊻，貴買生口以贖其妻。縣官以配士為名而實內之掖庭，其醜惡乃出與士。得婦者未必喜，而失妻者必有憂，或窮或愁，皆不得志。夫君有天下而不得萬姓之懽心者，鮮不危殆。且軍師在外數十萬人，一日之費非徒千金，舉天下之賦以奉此役，猶將不給，況復有掖[4]庭非員㊼無錄㊽之女，椒房㊾母后之家，賞賜橫與，內外交引，其費半軍㊿。昔漢武帝掘地為海[51]，封土為山[52]，賴是時天下為一，莫敢與爭者耳。自衰亂以來，四五十載，馬不捨鞍，士不釋甲，彊寇在疆，圖危魏室。陛下不戰戰業業[53]，念崇節約，而乃奢靡是務，中尚方[54]作玩弄之物，後園建承露之盤，斯誠快耳目之觀，然亦足以騁寇讎之心矣。惜乎，

舍堯、舜之節儉，而為漢武帝之侈事，臣竊為陛下不取也。」帝不聽。

高堂隆疾篤，口占(55)上疏曰：「曾子有言曰：『人之將死，其言也善。』(56)臣寢疾有增無損，常恐奄忽(57)，忠款不昭，臣之丹誠，願陛下少垂省覽！臣觀三代之有天下，聖賢相承，歷數百載，尺土莫非其有，一民莫非其臣。然癸、辛(58)之徒，縱心極欲，皇天震怒，宗國為墟，紂梟白旗(59)，桀放鳴條(60)，天子之尊，湯、武有之，豈伊異人？皆明王之胄也。黃初之際，天兆(61)其戒，異類之鳥，育長燕巢(62)，口爪胸赤，此魏室之大異也。宜防鷹揚(63)之臣於蕭牆(64)之內，可選諸王使君國典兵，往往棋跱(65)，鎮撫皇畿，翼亮(66)帝室。夫皇天無親，惟德是輔(67)。民詠德政，則延期過曆；下有怨歎，則輟錄(68)授能。由此觀之，天下乃天下之天下，非獨陛下之天下也！」帝手詔深慰勞之。未幾而卒。

陳壽評曰：「高堂隆學業修明，志存匡君，因變陳戒，發於懇誠，忠矣哉！及至必改正朔，俾(69)魏祖虞，所謂意過其通(70)者歟！」

【章　旨】以上為第五段，寫曹魏大臣董尋、高堂隆、張茂直諫魏明帝奢侈淫靡，高堂隆切諫最稱意帝心，得到史家好評。

【注　釋】❶簴　懸鐘之架，飾有獸形。❷橐佗　即駱駝。銅所鑄造。　❸銅人　即秦始皇所鑄十二銅人，董卓銷毀鑄錢後尚

存二尊，魏明帝所徙者即此二尊。❹承露盤　漢武帝曾建通天臺，臺上鑄銅人擎盤以承甘露，稱承露盤。❺霸城　縣名，魏改漢霸陵為霸城，縣治在今陝西西安東北。❻翁仲　秦將，姓阮，秦始皇統一六國後，命翁仲守臨洮，其聲威震動匈奴。翁仲死後，秦始皇便鑄翁仲像置於咸陽宮司馬門外。魏明帝又仿效鑄造。❼司馬門　皇宮外門。❽陬　隅；角落。❾司徒軍議掾　官名，漢公府無此官，曹魏始置，司徒之屬吏。❿周昌　漢高祖劉邦時為御史大夫。周昌曾進宮奏事，遇到劉邦擁抱戚夫人，便折回，劉邦追上抓住周昌，問：「我何如主也？」周昌說：「陛下即桀、紂之主也。」劉邦大笑。事見《漢書・周昌傳》。⓫劉輔　漢成帝時為諫大夫。成帝將立趙飛燕為皇后，劉輔上書諫阻，書中稱趙飛燕為「卑賤之子」。成帝遂收劉輔下獄。事見《漢書・劉輔傳》。⓬穿方　挖土。⓭垢黑　又髒又黑。⓮了鳥　衣冠破敗之貌。⓯孔子曰三句　語見《論語・八佾》。⓰不度之器　不合法度之器。指長安的鐘簴、橐佗、銅人、承露盤等。⓱休　美善；喜慶。⓲二十二載　堯、舜時洪水氾濫，命鯀治水，九年未成；又命禹治水，十三年乃成，共為二十二年。⓳南面　古代以坐北朝南為尊位，天子諸侯見群臣，或卿大夫見僚屬，皆南面而坐，故後世又以南面代稱帝王或大臣的統治。⓴廝徒　作粗雜活的僕隸。㉑白地　指沙漠。其地不生草木，多為白沙，故稱白地。㉒小虜　指烏桓、鮮卑。㉓聚邑之寇　聚集城邑的敵寇。㉔爭衡　謂在爭鬥中較量高低勝負。㉕惕然　戒懼地。㉖事義之數　事物之理。㉗儋石　儋，通「甔」。口小腹大的瓦器，可容一石（十斗），故稱儋石。㉘參　通「三」。此指三分。㉙度支　規劃計算。㉚經用　經常費用。㉛牛肉小賦　此指臨時增加的牛肉賦稅。㉜所在　指諸費用於興建宮室等。㉝司命　主宰生命。謂穀帛是人生命賴以維持之物。㉞中書監令　中書監與中書令均為中書省長官，皆三品，掌草擬、發布詔書，典奏事，位處機密。㉟貍　動物名，似狐而小的一種小動物。㊱茵蓐　坐席；坐褥。㊲帑藏　國庫。㊳雲表之露　雲層以上的露水，即所謂甘露。傳說甘露加玉屑飲用，可以延年益壽。㊴錄　記載；登記。㊵奪　奪取。㊶士女　猶女士。㊷生口　此指奴婢。㊸姿首　謂姿容美麗。㊹掖庭　後宮。㊺妻　此句第二個「妻」字作動詞用，指以女嫁人。㊻舉假貸貰　借貸債務。㊼非員　謂員額以外的人員。㊽無錄　謂宮中籍簿中無名者。㊾椒房　皇后所居的宮室。㊿其費半軍　謂其費用佔軍費的一半。(51)掘地為海　指開昆明池。(52)封土為山　指造三神山與漸臺。(53)戰戰業業　猶言戰戰兢兢，恐懼謹慎的樣子。(54)中尚方　宮中官署名，屬少府，主製作皇室兵器及玩好器物。(55)口占　謂口述使人記錄。(56)曾子有言曰三句　此言見《論語・泰伯》。(57)奄忽　突然而死。(58)癸辛　夏癸桀、商辛紂。(59)紂梟白旗　周武王滅商進入朝歌後，紂自殺，武王仍斬紂首懸於大白旗以示眾。(60)桀放鳴條　商湯敗桀於鳴條（今山西運城安邑北），又將桀放逐到南方。(61)兆　指事情發生前的徵候或跡象。(62)異類之鳥二句　《晉書・五行志》說：魏文帝黃初元年，未央宮中燕子巢裡孵化出鷹，口和爪都

是赤色。63鷹揚　鷹之飛揚。本喻威武雄才，這裡謂飛揚跋扈。64蕭牆　本為古代宮室中用以分隔內外的當門小牆，後世常以蕭牆指內部或內部隱禍。65棋跱　謂如同棋子分布成相持之勢。66翼亮　輔佐光大。67皇天無親二句　此語為《左傳》僖公五年宮之奇引《周書》之言，偽古文《尚書》採入〈蔡仲之命〉。68錄　指圖錄、圖讖。即漢代人所說的王者受符命之書。69俾　使。70意過其通　謂高堂隆的旨意超出了他的通識之外了。

【校　記】1沾體塗足　原無此四字。據章鈺校，甲十六行本、乙十一行本、孔天胤本皆有此四字，張瑛《通鑑校勘記》同，今據補。2世　據章鈺校，甲十六行本、乙十一行本皆無此字。3聽　原無此字。據章鈺校，甲十六行本、乙十一行本皆有此字，今據補。4掖　據章鈺校，甲十六行本、乙十一行本皆作「宮」。

【語　譯】這一年，魏國把設置在長安的大鐘和鐘架、銅駱駝、銅人、接甘露的銅盤運往洛陽。銅盤折斷，聲傳幾十里。銅人太重，無法運到，留在霸城。魏明帝又大舉徵發民間的銅器鑄成兩個銅人，稱為「翁仲」，排列在洛陽皇宮司馬門外。又鑄造黃龍、鳳凰各一，龍高四丈，鳳高三丈多，安置在宮內大殿之前。在芳林園西北角堆起土山，命令公卿群臣都背土堆山，在土山上種植松樹、竹子、各種樹木與名貴花草，又捕捉山禽和各種野獸放在土山樹林中。司徒府的軍議掾董尋上疏勸諫說：「臣聽說古代的直諫之士，為國家盡其所言，不畏懼死亡。所以漢代的周昌把漢高祖比做夏桀、殷紂，劉輔把趙飛燕比做婢女，天生的忠誠直率，即使前面有利刃和沸騰的開水，也往前而不回頭，這實在是替當時的君主愛惜他的天下。建安年間以來，連年野戰，百姓死亡，有的全家死光，縱然有生存的，也是孤寡老弱。假若現在皇宮狹小，應當加以擴大，還應順應農時，不妨害農業生產；何況是製作無用之物，黃龍、鳳凰、九龍宮、承露盤，這都是聖明的帝王所不會興作的，製造這些東西的工費是修建宮殿的三倍。陛下既然尊重群臣，讓他們頭戴官帽，身穿繡衣，乘坐華美的車子，用這些以區別小民百姓，而現在卻又讓他們去挖土運土，臉上又髒又黑，身上腳上沾滿泥土，衣帽破爛，毀壞國家聲譽，而崇尚無益的東西，實在沒有道理。孔子說：『君主按禮儀來使用大臣，大臣用忠誠來奉事君主。』沒有忠誠，沒有禮儀，國家憑什麼立足於世！臣知道話一說出必被殺頭，但臣自比牛身上的一根毛，生既然對國家無益，死也對國家無損！手握筆而眼流淚，心與人世告別。臣有八個兒子，臣死之後，

要勞累陛下了！」在上奏之前，沐浴乾淨來等待皇帝的命令。魏明帝問：「董尋不怕死嗎！」主事的人奏請逮捕董尋，明帝下詔不予追究。

高堂隆上疏說：「如今的小人喜歡議論秦、漢皇帝的奢侈豪華，用來搖動皇上的心，求取不合法度的亡國器物，勞民傷財來損害德治，這不是用來興盛禮樂的和美，保護神明美善的做法。」魏明帝不聽從。

高堂隆又上疏說：「上古時洪水滔天歷時二十二年，堯、舜君臣只是面南安坐罷了。如今沒有那時那麼危急，卻派公卿大夫和那些苦役一起服勞役，傳到四夷那裡，不會取得好名聲，流傳在史書上，也不是好聲譽。現在吳、蜀二賊，非止不是沙漠上小小的胡虜，聚集城邑的敵寇，而是非法稱帝，想和中國爭奪天下。現在如果有人來報告說：『孫權、劉禪都推行德政，減輕租賦，行動要諮詢老人和賢人，行事遵從禮儀法度。』陛下聽到這消息，難道不是警懼而厭惡他們這樣做，認為難以很快討伐消滅他們，而為國家憂慮嗎！如果報告人說：『那吳、蜀兩賊都在做無道之事，奢侈無度，役使其士民，加重賦斂，下層百姓不堪忍受，嗟歎怨恨日甚一日。』陛下聽了，難道不是慶幸他們疲弊不堪而容易攻取嗎！假若是這樣，就可以換位思考，這樣距事物之理就不遠了。亡國的君主自以為不會亡，然後終於滅亡；賢聖的君主自以為會滅亡，然而後來終於沒有亡國。現在天下殘破民生凋敝，百姓沒有一擔糧食的積蓄，國家沒有一年的儲備，外有強敵，朝廷大軍長期駐守在邊境，國內卻大興土木，州郡騷動不安，如果有敵寇侵邊的警報，我擔心建築宮殿的士兵不能到敵境去拼命殺敵了。另外，將吏的俸祿，逐漸被減少，與從前相比，只有五分之一，那些享受國家供應而退休的人，斷絕了供應，不應交納賦租的人，如今都要交納一半，這樣國家收入超過了從前一倍多，而官府的支出又比從前少了三分之一。可是國家規劃的經費，更是每每不足，甚至徵收牛肉稅，這種事不斷發生。反過來推想，徵收了這麼多的稅，一定有它的去處。而且俸祿賞賜給官員的是穀米、絹帛，是帝王恩養官民用以保命的東西，若現在廢除了俸祿，等於要他們的命。已經得到的卻又失去，這是招致怨恨的根源。」魏明帝看罷，對中書監、中書令說：「看了高堂隆的這道奏疏，讓我警懼啊！」

尚書衛覬上疏說：「如今議政的人大多喜歡講好聽的話，他們談論政治，就將陛下比做堯、舜；他們談

論征伐，就將吳、蜀二虜比做狐狸老鼠。臣認為不是這樣。四海之內，分為三方，群士效力，各為其主，這同六國分治沒有什麼不同。如今千里無人煙，遺存的民眾困苦，陛下若不好好留心撫恤，終將凋零疲敝，很難再振興。武皇帝的時候，後宮每頓飯不過一個肉菜，衣服不用錦繡，坐褥不加修飾，器物不塗朱砂油漆，因而能平定天下，福遺子孫，這都是陛下所看到的。當今的要務，應該是君臣上下一致，計算府庫的收藏，量入為出，這還怕不夠用；然而卻工役不停，奢侈之風日甚一日，國庫日益枯竭。當年漢武帝相信神仙道術，認為必須用雲端的露水調和玉粉可以長生，因而建立銅鑄仙人手掌承接上天降下的甘露。陛下賢明，常對此加以嘲笑。漢武帝有求於甘露尚且受到指責，陛下不祈求甘露卻白白地設立銅人，沒有任何益處卻耗費財力人力，這些實在是聖上應認真考慮，加以裁撤的。」

當時魏明帝下詔令登記強取已經嫁給官吏和百姓的女士，改嫁給士兵，但允許夫家可以用奴婢來贖回，又從中挑選有姿色的送入後宮。太子舍人沛國人張茂上書勸諫說：「陛下，是上天的兒子，百姓吏民，是陛下的兒子。如今奪取他們的妻子嫁給別人，這無異於奪取兄長的妻子嫁給弟弟，父母的愛子之心就有了偏私。此外，詔書允許可用年紀、容貌與妻子相當的奴僕代替，因而富家就會傾家蕩產，貧家就會借貸債務，高價買奴僕來贖回自己的妻子。官家以許配士兵為名而實際上將她們收進後宮，其中醜陋的才拿出來配給士兵。得到老婆的人未必高興，而失去妻子的人必會憂傷，有人窮困，有人憂愁，都不遂心。君主據有天下而得不到萬民的歡心滿意，很少不陷入危機的。況且大軍在外作戰的有幾十萬人，一天的消費不止千金，把全國的賦稅都用來供應此項軍役，還不夠用，何況後宮又增添那麼多簿籍無名員額以外的宮女，再加上給皇后嬪妃以及皇太后等家族的肆意賞賜，內外相加，開支相當於軍費的一半。昔日漢武帝挖地造湖，堆土為山，所幸當時天下一統，沒有人敢與他爭奪天下。從東漢衰敗戰亂以來，四五十年，馬不卸鞍，兵不解甲，強敵在邊境，圖謀危害魏國。陛下不戰戰兢兢，提倡節約，卻專心追求奢侈靡麗，在中尚方署製造賞玩之物，在後花園裡修鑄承露銅盤，這的確能使耳目愉快，但也足以助長敵寇仇我之心。可惜呀，捨棄堯、舜的節儉，而仿效漢武帝的奢侈之事，臣認為陛下這麼做不足取。」魏明帝不聽從。

高堂隆病重，口述上疏說：「曾子曾說：『人之將死，其言也善。』臣的病情有增無減，只怕突然死去，忠誠之心得不到表白，臣的赤誠，希望陛下稍加垂憐理解！臣觀察夏商周三代統治天下，聖君賢臣前後相承，經歷幾百年，天下寸土之地，都歸他們所有，每一個百姓都是他們的臣民，但是夏桀、殷紂之流，縱心極欲，使皇天震怒，國土變為廢墟，紂王的頭懸在白旗上示眾，夏桀被流放到鳴條，天子的尊嚴，被商湯、周武王奪去了，難道夏桀、殷紂是與眾不同的異類嗎？他們都是聖明帝王的後裔。黃初年間，天降徵兆以示警戒，異類的鳥，生在燕巢中，嘴爪胸都是紅色，這預示魏國將有重大異常之事。應當嚴防囂張跋扈的野心大臣，在內部發難，應選擇諸侯王，讓他們在封國內掌管軍隊，像棋子一樣相持在全國各地，鎮守京都地區，輔佐光大皇室。上天不講親情，只輔助有德的人。百姓歌頌德政，就能延長國家的期限超過原有的曆數；下民有怨歎，上天就收回國家政權另外授給有才能的人。如此看來，天下是天下人的天下，不單單是陛下的天下！」魏明帝親筆寫詔書深情慰問。不久高堂隆就去世了。

陳壽評論說：「高堂隆學識通達，志在匡扶君主，依據種種變異陳說警戒，發自內心的懇切至誠，真是忠誠啊！至於他建議明帝必須改正朔，讓魏國以虞舜為始祖，這就是他的意旨超出他的通識之外了！」

帝深疾浮華❶之士，詔吏部尚書盧毓曰：「選舉莫取有名，名如畫地作餅，不可啖❷也。」毓對曰：「名不足以致異人，而可以得常士。常士畏教慕善，然後有名，非所當疾也。愚臣既不足以識異人，又主者正以循名按常為職，但當有以驗其後耳。古者敷奏以言，明試以功❸。今考績之法廢，而以毀譽相進退，故真偽渾雜，虛實相蒙。」帝納其言。詔散騎常侍劉卲作考課法❹。卲作都官考課

法七十二條，又作說略❺一篇，詔下百官議。

司隸校尉崔林曰：「按周官考課，其文備矣。自康王以下，遂以陵夷❻，此即考課之法存乎其人也。及漢之季，其失豈在乎佐吏之職不密哉！方今軍旅或猥或卒❼，增減無常，固難一矣。且萬目❽不張，舉其綱❾，眾毛不整，振其領❿。皋陶仕虞，伊尹臣殷，不仁者遠⓫。若大臣能任其職，式是百辟⓬，則孰敢不肅，烏⓭在考課哉！」

黃門侍郎杜恕曰：「明試以功，三載考績[1]，誠帝王之盛制也。然歷六代⓮而考績之法不著，關⓯七聖⓰而課試之文不垂，臣誠以為其法可粗依，其詳難備舉故也。語曰：『世有亂人而無亂法。』若使法可專任，則唐、虞可不須稷、契⓱之佐，殷、周無貴伊、呂⓲之輔矣。今奏考功者，陳周、漢之云為⓳，綴⓴京房㉑之本旨，可謂明考課之要矣。於以崇揖讓之風，興濟濟㉒之治，臣以為未盡善也。其欲使州郡考士，必由四科㉓，皆有事效，然後察舉，試辟公府，為親民長吏，轉以功次補郡守者，或就增秩賜爵，此最考課之急務也。臣以為便當顯其身，用其言，使具為課州郡之法，法具施行，立必信之賞，施必行之罰。至於公卿及內職大臣，亦當俱以其職考課之。古之三公，坐而論道㉔；內職大臣，納言補闕，

無善不紀，無過不舉。且天下至大，萬機至眾，誠非一明所能偏照。故君為元首，臣作股肱，明其一體相須而成也。是以古人稱㉕廊廟之材，非一木之支[2]，帝王之業，非一士之略。由是言之，焉有大臣守職辦課可以致雍熙㉖者哉！誠使容身保位，無放退之辜㉗，而盡節在公，抱見疑之勢，公義不脩而私議成俗，雖仲尼為課，猶不能盡一才，又況於世俗之人乎！」

司空掾北地傅嘏㉘曰：「夫建官均職，清理民物，所以立本也。循名責[3]實，糾勵成規，所以治末也。本綱㉙未舉而造制末程㉚，國略㉛不崇而考課是先，懼不足以料㉜賢愚之分，精幽明之理也。」議久之不決，事竟不行。

【章　旨】以上為第六段，寫曹魏大臣討論考績之法，意見紛紛，終於沒有施行。

【注　釋】❶浮華　虛浮不實。❷啖　吃。❸敷奏以言二句　此語見《尚書‧舜典》。意思是說諸侯向天子陳述自己的見解，然後天子考察其真實功績。❹考課法　考察官吏治績之法。❺說略　內容為說明《考課法》之大略。❻陵夷　廢弛；廢替。❼或猥或卒　謂或失之濫用，或失之倉卒。❽目　網的孔眼。❾綱　提網的繩。❿領　指裘衣的領。⓫不仁者遠　沒有仁德的人離開遠走。語見《論語‧顏淵》子夏說。⓬式是百辟　「式」即榜樣，「百辟」指百官。《詩經‧烝民》：「王命仲山甫，式是百辟。」⓭烏　哪裡；怎麼。⓮六代　指唐、虞、夏、商、周、漢六代。⓯關　經過。⓰七聖　指唐堯、虞舜、夏禹、商湯、周文王、周武王及周公七人。⓱稷契　即后稷與契。后稷在堯、舜時為農官。契助禹治水有功，舜命為司徒。⓲伊呂　伊尹與呂尚。伊尹助商湯，呂尚助周文王、武王。⓳云為　說法與做法。⓴綴　連結。㉑京房　西漢經學家，撰有考功課吏法。㉒濟濟　禮儀興盛的樣子。㉓四科　指漢順帝時黃瓊補充左雄選舉人才之科目，朝廷遂定為四科，即儒學、文吏、孝悌

及能從政者。㉔古之三公二句　《周禮・冬官考工記》云：「坐而論道，謂之三公。」㉕古人稱　語見《漢書》卷四十三班固贊：「語曰：『廊廟之材非一木之枝，帝王之功非一士之略。』」顏師古注：「此語本出《慎子》。」㉖雍熙　和諧歡樂的樣子。㉗辜　罪。㉘傅嘏　（西元二〇九—二五五年）字蘭石，北地泥陽（今甘肅寧縣東南）人，魏明帝時為司空掾，二少帝時為尚書、守尚書僕射，封陽鄉侯。傳見《三國志》卷二十一。㉙本綱　指為政的根本原則。㉚末程　指細小的規章程式。㉛國略　經國方略。㉜料　估量。

【校　記】①三載考績　據章鈺校，甲十六行本、乙十一行本皆作「三考黜陟」。②支　據章鈺校，甲十六行本、乙十一行本、孔天胤本皆作「枝」，二字同。③責　據章鈺校，甲十六行本、乙十一行本、孔天胤本皆作「考」。

【語　譯】魏明帝非常憎恨華而不實的人，下詔給吏部尚書盧毓說：「選官不要任用有名聲的人，名聲就像是在地上畫餅，是不能吃的。」盧毓回答說：「只看名聲不足以得到奇異的人才，但可以得到正常的人才。正常的人才敬畏教令而嚮慕善行，然後才會有名聲，這樣的人不該被憎恨。臣雖然不足以識別奇異的人才，而主管的工作正是根據名聲按正常情況委官任職，但應當在任職之後有辦法考察他的能力。古代的臣子是先用言談來陳述他的見解，然後用實際功效來檢驗。如今考核成績的制度被廢除，而根據人們的批評和讚譽來決定進退，所以真假混雜，虛實互相掩蓋。」魏明帝採納了盧毓的意見。下詔令散騎常侍劉卲制定考核官吏的制度。劉卲制定了《都官考課法》七十二條，又寫了〈說略〉一篇，詔令交付百官討論。

司隸校尉崔林說：「考察《周官》的考核之法，條文十分詳盡。從周康王以後，逐漸廢弛，這說明考核之法全看主管的人是否執行。到了漢代末年，考核之法的廢弛難道是官吏的職責不夠嚴密嗎！現今的軍事活動，或是過多過濫，或是倉促徵發，增減無常，原本就很難統一。而且，就像魚網，萬目不張，就要提舉其綱，又如同皮衣，眾毛不整齊，應抖動衣領。皋陶在虞舜時做官，伊尹在殷朝為臣，不仁之人就躲得遠遠的。如果大臣能勝任他的職務，給百官作出榜樣，那麼誰敢不肅然從事，哪裡在於考核之法呢！」

黃門侍郎杜恕說：「明確地用效績來考核官吏，三年一次考績，這的確是帝王的重要制度。但是經歷了唐、虞、夏、商、周、漢六個朝代之後，考績之法不見著錄，經歷了七位聖主之後，考績之法的文字沒有記

載，臣真的認為考績之法大體可以依據，它的細則卻不夠完備。俗話說：『世上只有亂人而沒有亂法。』假若法令能單獨治理國家，那麼唐堯、虞舜便可以不靠稷、契的輔佐，殷、周就不必重視伊尹、呂望的輔弼了。現在奏請施行考績的人，引述周、漢二代的所說所為，接續京房考績之法的基本內容，可以說已經抓住了考績法的要點。但在推崇揖讓之風，振興禮儀興盛的政治方面，臣認為還未達到盡善盡美的地步。如果要想使州郡考核地方官員，必須從儒學、文吏、孝悌、從政四種科目來考察，四科都有實際功效，然後加以舉薦，召入公府中加以試用，擔任直接管理民眾的官長，繼而根據功績依次補充為郡守，或者給他們提高官級，賜給爵位，這是實行考績最為緊要的事務。臣認為對這些官員，就應該讓他們顯貴，採納他們的意見，讓他們具體擬訂考績州郡官員的法規，法規具備了就要切實執行。依照法規，樹立有功必賞的誠信，施行有過必懲的處罰。至於公卿及宮中的大臣，也應該一律根據他們的職位來加以考核。古代的三公，坐在朝廷討論治國之道；宮廷大臣，進言彌補帝王的缺失。君王的善行沒有不給予記錄的，君王的過錯沒有不加以糾舉的。況且天下極為廣大，政務繁劇，實在不是一個人的智慧所能照顧周全的。所以把君主比做頭腦，把臣子比做四肢，表明君臣一體相輔相成。所以古人說廊廟的棟樑之材，絕不是一根木頭能支撐起來的，帝王的大業，絕不能靠某一官員的謀略。由此說來，哪有只靠大臣盡職進行考核就可致天下和諧歡樂的呢！如果大臣只用心於安身保位，不擔憂因罪而被放逐，而那些為公事而盡節的大臣卻受到懷疑，公道不建立，私議就漸成風俗，即使讓孔子來進行考核，尚且不能發揮一個普通人才的作用，又何況是由世俗之人進行考核呢！」

司空掾北地人傅嘏說：「設置官職分擔職責，處理民事，這是立國的根本。依照官位職責來考察他的實效，根據規章來進行糾舉或激勵，這是治國的末節。根本大綱沒有抓住，卻製造細枝末節的法規，治國的大計不被重視，卻以考核為先，恐怕不足以區別賢能和愚昧，也不能明辨是非之理。」意見長久不能統一，考核的事終於未能實行。

臣光曰：「為治之要，莫先於用人，而知人之道，聖賢所難也。是故求之於毀譽，則愛憎競進而善惡渾殽；考之於功狀❶，則巧詐橫生而真偽相冒。要之，其本在於至公至明而已矣。為人上者至公至明，則羣下之能否，焯然❷形於目中，無所復逃矣。苟為不公不明，則考課之法，適足[1]為曲私欺罔之資也。

「何以言之？公明者，心也，功狀者，迹也。己之心不能治，而以考人之迹，不亦難乎！為人上者誠能不以親疏貴賤異其心，喜怒好惡亂其志，欲知治經之士，則視其記覽博洽❸，講論精通，斯為善治經矣；欲知治獄之士，則視其曲盡情偽❹，無所冤抑，斯為善治獄矣；欲知治財之士，則視其倉庫盈實，百姓富給，斯為善治財矣；欲知治兵之士，則視其戰勝攻取，敵人畏服，斯為善治兵矣。至於百官，莫不皆然。雖詢謀於人而決之在己，雖考求於迹而察之在心，研覈其實而斟酌其宜，至精至微，不可以口述，不可以書傳也，安得豫為之法而悉委有司哉！

「或者親貴雖不能而任職，疏賤雖賢才而見遺。所喜所好者敗官而不去，所怒所惡者有功而不錄。詢謀於人，則毀譽相半而不能決，考求其迹，則文具實亡而不能察。雖復為之善法，繁其條目，謹其簿書，安能得其真哉！

「或曰：人君之治，大者天下，小者一國，內外之官以千萬數，考察黜陟❺，安得不委有司而獨任其事哉？曰：非謂其然也。凡為人上者，不特人君而已，太守居一郡之上，刺史居一州之上，九卿居屬官之上，三公居百執事之上，皆用此道以考察黜陟在下之人，為人君者亦用此道以考察黜陟公卿、刺史[2]、太守，奚煩勞之有哉❻！

「或曰：考績之法，唐、虞所為，京房、劉卲述而修之耳，烏❼可廢哉？曰：唐、虞之官，其居位也久，其受任也專，其立法也寬，其責成也遠。是故鯀之治水，九載績用弗成，然後治其罪❽；禹之治水，九州攸❾同，四隩既宅❿，然後賞其功⓫；非若京房、劉卲之法，校其米鹽之課，責其日夕之效也。事固有名同而實異者，不可不察也。考績非可行於唐、虞而不可行於漢、魏，由京房、劉卲不得其本而奔趨其末故也。」

【章旨】以上為第七段，為司馬光的評議。司馬光只主張賢人治國，反對考課條例，是把人治置於法治之上的典型代表。

【注釋】❶功狀　記錄官吏功績的行狀。❷焯然　明顯地。❸博洽　廣博。❹曲盡情偽　深入細緻地辨別真假。❺黜陟　官位的升降。降官稱黜，升官稱陟。❻奚煩勞之有哉　哪有什麼煩勞呀。奚，何；哪。❼烏　怎麼。❽治其罪　唐堯時洪水

氾濫，命鯀治水，經九年而無成效。舜繼堯位後，誅鯀於羽山。事見《史記・夏本紀》。❾攸　是。❿四隩既宅　謂四方之宅可以居住。隩，可定居之地。⓫賞其功　鯀治水失敗後，舜又命鯀子禹治水，禹經過十三年，三過家門而不入，終於治理了洪水，舜遂賜禹玄圭以賞其功。事見《史記・夏本紀》。

【校　記】①足　據章鈺校，此字下甲十六行本、乙十一行本皆有「以」字。②刺史　原無此二字。據章鈺校，甲十六行本、乙十一行本皆有此二字，今據補。

【語　譯】司馬光說：「治理國家的關鍵，沒有比用人更為首要的了。而瞭解人才的方法，聖賢也感到困難。所以只好依據詆毀和讚譽來判斷，這就會使愛憎競相呈現，而使善惡混淆；如果只考核業績，就會巧詐橫生，真偽混雜。總之，最根本的是要至公至明。居於上位的人能至公至明，那麼眾下屬是否賢能，便會明明白白看在眼裡，沒有人可以逃過。如果在上位的人不公不明，那麼考核之法，適足成為徇私欺騙的工具。

「為什麼這樣說呢？公正與光明磊落，是發自內心的，業績與功效，是外在的表現。自己的心術不端正，而去考核別人的行跡，不是很難嗎！作為人的上司真能做到不因親疏貴賤而改變自己的心志，不因喜怒好惡而亂了方寸，想要瞭解誰是研治經學之人，就看他記憶和閱覽的廣博，講論經義也很精通，這就是善治經學的人了。想要瞭解誰是辦案之人，只要他深入細緻地辨別真偽，沒有造成冤案，這就是善於辦案的人了；想要瞭解誰是理財之人，只要他能使倉庫充盈，百姓富足，這就是善於理財的人了；想要瞭解能帶兵打仗的人，只要他能戰必勝攻必取，敵人畏服，這就是善於用兵的人了。推之於文武百官，莫不如此。雖然是諮詢他人的意見，決定權在自己；雖然是考核官員的事跡，但明察在心。探討考核實情，斟酌採取適當的措施，這是至精至微的心理認識，不能用口來傳述，不能用書面記載，怎麼能預先制定一套法規而一切委任有關部門去辦理呢！

「有的人因為關係親密身分顯貴，即使無能也委任官職，對疏遠貧賤的人，即使是賢才也要被遺棄。當權者所喜好的欣賞的人，雖然敗壞了職事也不罷免，而自己疾恨厭惡的人，雖然有功績也不錄用。諮詢別人的意見，稱讚他和詆毀他的人各佔一半，而做不出決定，考察他人的行跡，雖有文字記述，實際已經消亡，

而無法考察。即使再制定完善的法規，條目再細，記錄謹慎，又怎能得到真相呢！

「有人說：君主的治理，大而整個天下，小而一個國家，朝廷內外的百官成千上萬，考察升降，怎麼能不委託有關部門去辦，而由君主一個人來做呢？臣的回答：不是這樣的。凡是居於上位的人，不只是君王罷了，太守位居一郡人之上，刺史位居一州人之上，九卿位居屬官之上，三公位居百官之上，都以這種辦法來考察升降下屬官員，作為君主也用這種辦法考察升降公卿、刺史、太守，還有什麼煩勞困難呢！

「有人說：考核的法規，是唐堯、虞舜設計出來的，京房、劉卲承繼並加以補充而已，怎能廢除呢？臣的回答是：唐堯、虞舜的官員，在位時間長久，授予他專斷的權力，當時的立法是寬鬆的，而責成的期限又訂得很寬緩。因而鯀治理洪水，九年之後沒有成效，然後才治他的罪；大禹治理洪水，九州之地全都治理好，四方邊遠地區的土地都可以安居了，然後才獎賞他的功勞；不像京房、劉卲的辦法，考核官員米鹽收稅，責成官員旦夕之間就作出成效。事情本來就有名同實異的，不可不省察。考績的辦法並非只能在唐堯、虞舜時期實行而不能在漢、魏時期實行，這是因為京房、劉卲不能抓住考績的根本而僅在細微末節上下功夫的緣故。」

初，右僕射衛臻典選舉，中護軍❶蔣濟遺臻書曰：「漢祖❷[1]遇亡虜❸為上將，周武拔漁父❹為太師。布衣廝養，可登王公，何必守文，試而後用。」臻曰：「不然。子欲同牧野❺於成、康❻，喻斷蛇❼於文、景❽，好不經❾之舉，開拔奇之津❿，將使天下馳騁而起矣。」

盧毓論人及選舉，皆先性行⓫而後言才，黃門郎馮翊李豐⓬嘗以問毓，毓曰：「才所以為善也，故大才成大善，小才成小善。今稱之有才而不能為善，是才不

中器也。」豐服其言。

【章　旨】以上為第八段，寫任用人才是破格提拔還是正常提升，是以德為先還是以才為先，仍然紛爭不決。

【注　釋】❶中護軍　官名，主武官選舉，隸屬領軍。蔣濟已從中護軍遷官護軍將軍，此書中護軍，是因為此處在追述舊時事。❷漢祖　漢高祖劉邦。❸亡虜　指韓信。韓信初屬項羽，項羽不能用，遂逃亡歸劉邦。劉邦又不能重用，韓信再次逃亡。被蕭何追回後，劉邦便任他為大將。事見《史記・淮陰侯列傳》。❹漁父　指呂尚。呂尚釣於渭濱，遇周文王，文王立以為師，周武王又以他為太師。事見《史記・齊太公世家》。❺牧野　周武王與殷商最後決戰之地。❻成康　周成王、康王。❼斷蛇　指劉邦斬蛇起兵事。❽文景　漢文帝、景帝。這兩句話的意思是說蔣濟想把開創時的策略措施用於太平之世。❾不經　不常。❿津　津要。比喻關鍵、要害。⓫性行　秉性與品行。⓬李豐　字安國，馮翊（治所在今陝西大荔）人，善於識別人物，青年時即有聲譽。魏明帝時為黃門郎、給事中。齊王嘉平中為中書令，因與皇后父張緝謀除司馬氏，被司馬氏所殺。事詳見《三國志・魏書・夏侯玄傳》及注引《魏略》。

【校　記】1漢祖　原作「漢主」。據章鈺校，甲十六行本、乙十一行本皆作「漢祖」，今據改。

【語　譯】當初，右僕射衛臻主管選拔官員，中護軍蔣濟致書衛臻說：「漢高祖重用逃亡的韓信為上將，周武王提拔漁父為太師。平民奴僕，可以登上王公的高位，何必死守條文，先試用，後委任呢。」衛臻說：「不對。你想把牧野之戰與周成王、康王時期混同，把漢高祖斬蛇起兵與漢文帝、漢景帝時期相比，喜好不正常的提拔，大開提拔奇才之路，這將使天下人馳逐而起了。」

盧毓評論人才以及選官之法時，都是以性格品行為先而後才談論他的才能。黃門郎馮翊人李豐曾經為此事問盧毓，盧毓回答說：「才能是用來做善事的，所以大才能完成大善事，小才能完成小善事。現在說一個人有才能卻不能做善事，這樣的才能就是不成器。」李豐很佩服他的話。

【研　析】景初元年（西元二三七年），魏明帝欲行考課之法，交付大臣廷議，紛爭未果。司馬光發表長篇評論，支持反對一方，不贊同考課之法，如何評價，這是本卷的研析要點。

在專制政體下的考課之法，懲獎升降條例，也只是統治者的意志表現，但它總是一個標準，管理部門有法可依。正如魏吏部尚書盧毓所說：「依法循名責實，雖然得不到奇異的人才，但可以得到正常的人才。」司隸校尉崔林認為：「即使有好的考課之法，如果執行的人不稱職，也沒有好效果。」於是崔林把考課之法比作魚網之目、皮衣之毛，把執行的人比作魚網之綱、皮衣之領，綱舉才能目張，提領才能衣整毛順。因此得出結論，人比法更重要。崔林的這個比喻是邏輯混亂。人與法是兩個東西，人有意志，一偏心就只是個人意志，法是標準，眾人共守，它是約束個人意志的。如果強行按崔林的比喻，應該說法是綱、是衣領，人是目、是毛。因為法是眾人的意志，即便是統治者制定的法，也是一個階級的意志，也有制約個人意志的一面。用今天的話說，就是法治與人治的關係，是法比人大，還是人比法大。在這裡，執法的個人就是職位和官長，也就是法比官大，還是官比法大。官比法大，憲法也可以踐踏，法比官大，個人意志必須受到約束。司馬光完全站在崔林的立場，把政治的好壞，把公正廉明完全寄託在上位的個人，說用人的得失和升降，完全是在上位的人的個人心智活動，不可以說，不可以記錄成為條文準則，徹頭徹尾為人治辯護，是完全不可取的。

卷第七十四

魏紀六

起著雍敦牂（戊午　西元二三八年），盡旃蒙赤奮若（乙丑　西元二四五年），凡八年。

【題解】本卷記事起西元二三八年，迄西元二四五年，凡八年。當魏明帝景初二年到齊王芳正始六年。這一時期，三國鼎立，各自忙於內政，三方除西元二四一年，孫權趁曹魏齊王曹芳幼主新立，出兵四路北伐之外，沒有大的戰事。此役也是孫權在位最後一次的北伐，很快失敗，表明北方優勢已大大超過南方。曹魏的方針是休養生息，蓄積國力，待機統一吳蜀，吳蜀力弱，志在保守，所以三方總體平靜，吳蜀政治開始走下坡。孫權設校事官，實行特務恐怖統治，呂壹事件，又加上魯王孫霸爭太子之位所造成的政治動盪，使吳國大傷元氣。孫權已進入晚期，昏聵糊塗已佔上風。但孫權尚能及時醒悟，善待功臣之後，使吳國得以繼續綿延。蜀相蔣琬厚道，而防魏戰略，從漢中退守涪縣，實為錯誤，蜀國走下坡，已不能逆轉。曹魏司馬懿平定遼東，建立大功，政治上亦得勢，與曹爽共受明帝遺詔輔政，進入了中樞。曹爽自身平庸，又信用群小，專權自恣，伐蜀失敗，損毀權威，為他的最終失敗埋下禍根。司馬懿入朝輔政，魏國的一顆政治明星，閃亮登場。

烈祖明皇帝下

景初二年（戊午　西元二三八年）

春，正月，帝召司馬懿於長安，使將兵四萬討遼東❶。議臣或以為四萬兵多，役費難供。帝曰：「四千里征伐，雖云用奇，亦當任力，不當稍計❷役費也。」帝謂懿曰：「公孫淵將何計以待君？」對曰：「淵棄城豫走，上計也；據遼東❸拒大軍，其次也；坐守襄平❹，此成禽耳。」帝曰：「然則三者何出？」對曰：「唯明智能審量彼我，乃豫有所割棄。此既非淵所及，又謂今往孤遠❺，不能支久，必先拒遼水，後守襄平也。」帝曰：「還往幾日？」對曰：「往百日，攻百日，還百日，以六十日為休息，如此，一年足矣。」

公孫淵聞之，復遣使稱臣，求救於吳。吳人欲戮其使，羊衜❻曰：「不可，是肆匹夫之怒而捐霸王之計也，不如因而厚之，遣奇兵潛往以要❼其成。若魏伐不克，而我軍遠赴，是恩結遐夷，義形❽萬里。若兵連不解，首尾離隔，則我虜其傍郡，驅略而歸，亦足以致天之罰，報雪曩事矣。」吳主曰：「善！」乃大勒兵謂淵使曰：「請俟後問❾，當從簡書❿，必與弟⓫同休戚。」又曰：「司馬懿所向無前，深為弟憂之。」

帝問於護軍將軍⓬蔣濟曰：「孫權其救遼東乎？」濟曰：「彼知官⓭備已固，

利不可得，深入則非力所及，淺入則勞而無獲。權雖子弟在危，猶將不動，況異域之人，兼以往者之辱⑭乎！今所以外揚此聲者，譎⑮其行人⑯，疑之於我，我之不克，冀其折節⑰事己耳。然沓渚⑱之間，去淵尚遠，若大軍相守，事不速決，則權之淺規⑲，或得輕兵掩襲，未可測也。」

帝問吏部尚書盧毓誰可為司徒者，毓薦處士⑳管寧。帝不能用，更問其次，對曰：「敦篤至行㉑，則太中大夫韓暨；亮直清方㉒，則司隸校尉崔林；貞固純粹㉓，則太常常林。」二月癸卯㉔，以韓暨為司徒。

漢主立皇后張氏，前后之妹也。立王貴人子璿為皇太子，瑤為安定王。

大司農㉕河南孟光㉖問太子讀書及情性好尚於祕書郎㉗郤正㉘，正曰：「奉親虔恭，夙夜匪懈，有古世子㉙之風。接待羣僚，舉動出於仁恕。」光曰：「如君所道，皆家戶所有耳。吾今所問，欲知其權略智謀何如也。」正曰：「世子之道，在於承志㉚竭歡㉛，既不得妄有施為。智謀藏於胸懷，權略應時而發，此之有無，焉可豫知也。」光知正慎宜㉜，不為放談㉝，乃曰：「吾好直言，無所回避。今天下未定，智意為先，智意自然，不可力強致也。儲君讀書，寧當倣吾等竭力博識以待訪問，如博士探策㉞講試以求爵位邪！當務其急者。」正深謂光言為然。

正，儉之孫也。

吳人鑄當千大錢㉟。

夏，四月庚子㊱，南鄉恭侯韓暨卒。○庚戌㊲，大赦。

六月，司馬懿軍至遼東，公孫淵使大將軍卑衍、楊祚將步騎數萬屯遼隧㊳，圍塹二十餘里。諸將欲擊之，懿曰：「賊所以堅壁，欲老吾兵也。今攻之，正墮其計。且賊大眾在此，其巢窟空虛，直指襄平，破之必矣。」乃多張旗幟，欲出其南，衍等盡銳趣之。懿潛濟水，出其北，直趣㊴襄平。衍等恐，引兵夜走。諸軍進至首山㊵，淵復使衍等逆戰，懿擊，大破之，遂進圍襄平。

秋，七月，大霖雨㊶，遼水暴漲，運船自遼口㊷徑至城下。雨月餘不止，平地水數尺。三軍恐，欲移營，懿令軍中：「敢有言徙者斬！」都督令史㊸張靜犯令，斬之，軍中乃定。賊恃水，樵牧自若。諸將欲取之，懿皆不聽。司馬陳珪曰：「昔攻上庸，八部俱[1]進，晝夜不息，故能一旬之半，拔堅城，斬孟達。今者遠來而更安緩，愚竊惑焉。」懿曰：「孟達眾少而食支一年，將士四倍於達而糧不淹月㊹，以一月圖一年，安可不速！以四擊一，正令㊺失半而克，猶當為之，是以不計死傷，與糧競也。今賊眾我寡，賊飢我飽，水雨乃爾㊻，功力不設，雖當

促之，亦何所為！自發京師，不憂賊攻，但恐賊走。今賊糧垂盡而圍落未合，掠其牛馬，抄其樵采，此故驅之走也。夫兵者詭道，善因事變。賊憑眾恃雨，故雖飢困，未肯束手[47]，當示無能以安之。取小利以驚之，非計也。」

朝廷聞師遇雨，咸欲罷兵。帝曰：「司馬懿臨危制變，禽淵可計日待也。」

雨霽[48]，懿乃合圍，作土山地道，楯櫓鉤衝[49]，晝夜攻之，矢石如雨。淵窘急，糧盡，人相食，死者甚多，其將楊祚等降。

八月，淵使相國王建、御史大夫柳甫請解圍卻兵[50]，當君臣面縛。懿命斬之，檄告淵曰：「楚、鄭列國，而鄭伯[51]猶肉袒[52]牽羊迎之。孤天子上公[53]，而建等欲孤解圍退舍[54]，豈得禮邪！二人老耄[55]，傳言失指[56]，已相為斬之。若意有未已，可更遣年少有明決者來！」淵復遣侍中衛演乞克日送任[57]，懿謂演曰：「軍事大要有五：能戰當戰，不能戰當守，不能守當走，餘二事，但[2]有降與死耳。汝不肯面縛，此為決就死也，不須送任！」

壬午[58]，襄平潰，淵與子脩將數百騎突圍東南走，大兵急擊之，斬淵父子於梁水[59]之上。懿既入城，誅其公卿以下及兵民七千餘人，築為京觀[60]。遼東、帶方[61]、樂浪[62]、玄菟[63]四郡皆平。

淵之將反也，將軍綸直、賈範等苦諫，淵皆殺之。懿乃封直等之墓，顯其遺嗣，釋淵叔父恭之囚。中國人欲還舊鄉者，恣聽之。遂班師。

初，淵兄晃為恭任子在洛陽，先淵未反時[3]數陳其變，欲令國家討淵。及淵謀逆，帝不忍市斬，欲就獄殺之。廷尉高柔上疏曰：「臣竊聞晃先數自歸，陳淵禍萌，雖為凶族，原心可恕。夫仲尼亮司馬牛(64)之憂，祁奚(65)明叔向之過，在昔之美義也。臣以為晃信有言，宜貸其死；苟自無言，便當市斬。今進不赦其命，退不彰其罪，閉著囹圄，使自引分(66)，四方觀國，或疑此舉也。」帝不聽，竟遣使齎金屑飲(67)晃及其妻子，賜以棺衣，殯斂於宅。

【章　旨】以上為第一段，寫魏明帝遣司馬懿平定遼東，滅公孫淵。

【注　釋】❶討遼東　指討伐公孫淵。❷稍計　斤斤計較。❸遼東　胡三省注云應作「遼水」。《三國志・魏書・明帝紀》注引干寶《晉紀》即作「遼水」。❹襄平　縣名，遼東郡與公孫淵的治所，在今遼寧遼陽。❺孤遠　謂孤軍遠征。❻衜　古「道」字。❼要　通「徼」。脅迫。❽形　表現；顯示。❾問　通「聞」。告知。❿簡書　告急文書。古代，國有危難，須向外求救援，而又來不及連簡為冊，遂書寫於一片竹簡上，故稱簡書，相當於後世的羽書。⓫弟　指公孫淵。公孫淵自稱燕王，求與吳國為兄弟之國，孫權遂稱他為弟。⓬護軍將軍　官名，主武官選舉，隸屬領軍。資重者稱護軍將軍，資輕者稱中護軍。⓭官　魏、晉人稱皇帝為官或官家。⓮往者之辱　指公孫淵斬殺吳使張彌、許晏，戲弄孫權。⓯譎　欺騙。⓰行人　使者。⓱折節　降低身分，屈從於人。⓲沓渚　即遼東沓氏縣，在今遼寧遼陽東南。因沓氏縣西南臨海渚（島），故又稱沓渚。⓳淺規　膚淺謀略。⓴處士　指未做官的知識分子。㉑敦篤至行　敦厚誠實，德行極高。㉒亮直清方　忠誠正直，清廉公正。㉓貞固純粹

堅貞純正。㉔癸卯　二月十一日。㉕大司農　官名，列卿之一，掌租稅錢穀及財政收支。㉖孟光　字孝裕，河南洛陽人。漢獻帝初年即入蜀，劉備時為議郎，掌制度。後主即位後，為長樂少府、大司農等，後被免官。傳見《三國志》卷四十二。㉗祕書郎　官名，屬祕書令，掌校圖書。㉘郤正　字令先，河南偃師（今河南偃師）人，祖父儉於漢靈帝末為益州刺史，子孫遂留蜀。郤正博學多識，尤善文章。蜀漢時官至祕書令。蜀亡後，隨劉禪到了洛陽。傳見《三國志》卷四十二。㉙世子　國君或諸王的嫡子。㉚承志　謂世子繼承君父之志。㉛竭歡　謂世子以自己之孝順，使君父歡快無憾。㉜慎宜　謂語言謹慎適宜。㉝放談　隨意妄談。㉞探策　即射策。漢代取士的一種方式。由主試者出題在簡策上，並將簡策列置案上，應試者便隨意取答，然後由主試者定其優劣。㉟大錢　一當一千錢，直徑一寸四分，重十六銖。㊱庚子　四月初九。㊲庚戌　四月十九日。㊳遼隧　縣名，縣治在今遼寧海城西。㊴趣　趨向；奔赴。㊵首山　在襄平西南。㊶大霖雨　連綿大雨。㊷遼口　遼水之渡口。㊸都督令史　官名，曹魏之制，諸公帶兵者置都督令史一人。㊹淹月　滯留一月。謂所有的糧食不夠一月之用。㊺正令　即使之詞。正，真也。㊻爾　如此。㊼束手　束縛雙手；束手就擒。㊽雨霽　雨停。㊾楯櫓鉤衝　四種攻戰之具。楯，盾牌，護身之兵器。櫓，樓車，用以探察城中情況。鉤，鉤梯，用以鉤引上城。衝，衝車，用以衝城。㊿解圍卻兵　公孫淵請求司馬懿撤圍退兵，接受投降。51鄭伯　指鄭襄公。《左傳》宣公十二年載：「楚子（莊王）圍鄭，……克之。入自皇門（鄭城門），至於逵路（四通八達之大路），鄭伯肉袒牽羊以逆（迎）。」52肉袒　脫去上衣，裸露肢體，表示恐懼。在古代，肉袒牽羊表示臣服。53上公　漢代太尉為三公之一。曹魏有時以太尉、大司馬、大將軍為上公。54舍　軍行三十里為一舍。55耄　昏憒。56傳言失指　謂王建、柳甫二人傳錯了旨意。此乃司馬懿不接受公孫淵之降，婉拒的辭令。57任　任子；質子。58壬午　《景初曆》八月（《四分曆》七月）庚寅朔，無壬午，疑為九月壬午，即九月二十三日。59梁水　即大梁水，亦即今遼寧太子河，流經遼陽，入遼河。60京觀　古代戰爭，勝利者為了炫耀武功，便搜集敵方屍體堆積起來，再封上土成為高冢，稱為京觀或京丘。61帶方　郡名，治所帶方縣，在今朝鮮黃海道鳳山郡土城內。62樂浪　郡名，治所朝鮮縣，在今朝鮮平壤西南一里餘之土城洞。63玄菟　郡名，治所高句驪，在今遼寧瀋陽城東。64司馬牛　春秋時宋國惡人司馬桓魋之弟，又是孔子的學生（此點有學者懷疑），司馬牛曾憂愁地說：「人皆有兄弟（謂好兄弟），我獨亡（無）。」孔子寬慰他。事見《論語・顏淵》。65祁奚　春秋時晉國大夫。晉平公時，范宣子執政，曾驅逐下卿欒盈，並殺欒盈之黨羽箕遺、羊舌虎等十人，又因禁羊舌虎之兄羊舌肸、叔向等。祁奚遂向范宣子陳述父子不相及、兄弟不相同的道理，以明叔向無罪過，叔向因而得釋。見《左傳》襄公二十一年。66引分　即引決、自殺。67飲　給人飲。

【校 記】①俱 據章鈺校，甲十六行本、乙十一行本、孔天胤本皆作「並」。②但 據章鈺校，甲十六行本、乙十一行本、孔天胤本皆作「惟」。③時 據章鈺校，甲十六行本、乙十一行本皆無此字。

【語 譯】烈祖明皇帝下

景初二年（戊午 西元二三八年）

春，正月，魏明帝把司馬懿從長安召回，派他領兵四萬討伐遼東。議事大臣有人認為四萬兵太多了，軍費難以供應。魏明帝說：「到四千里之外征伐，儘管是用奇兵，卻也應該憑實力，不應當斤斤計較軍費。」魏明帝對司馬懿說：「公孫淵將會用什麼辦法對付你？」司馬懿回答說：「公孫淵若棄城事先逃走，這是上策；若憑藉遼東抗拒大軍，是次一等的策略；若坐守襄平，就要被我軍擒獲。」魏明帝說：「那麼三者中公孫淵會採取哪一種呢？」司馬懿回答說：「只有明智的人能夠審度敵我雙方的力量，才能事先有所捨棄，這並不是公孫淵的智力所及。他又認為我軍是孤軍深入，不能持久，一定先在遼水抵抗，然後退守襄平。」魏明帝說：「來回需要多少時間？」司馬懿回答說：「去一百天，攻一百天，回程一百天，用六十天的時間休整，這樣，一年的時間就足夠了。」

公孫淵得到消息，趕緊又派使者稱臣向吳國求救。吳國人想殺掉他的使者，羊衜說：「不行，這樣做只是發洩匹夫之恨而捨棄了稱王稱霸的大計，不如藉機厚待來使，派奇兵祕密前去脅迫公孫淵歸附。如果魏軍討伐不能取勝，而我軍遠行前去，這就有恩於遠方的夷人，正義體現在萬里之外。如果他們打得難解難分，公孫淵就會顧頭顧不了尾，而我們就可劫擄遼東的邊陲郡縣，驅趕百姓搶掠物資而歸，這也足以執行上天的懲罰，報雪昔日之仇恨。」吳主孫權說：「好！」於是大肆整飭軍隊，對公孫淵的使者說：「請回去等候消息，一定遵從告急文書的要求，和老弟同甘苦共患難。」又說：「司馬懿所向無敵，我深為老弟擔憂。」

魏明帝問護軍將軍蔣濟說：「孫權他會救援遼東嗎？」蔣濟說：「孫權知道我國的防備已很堅固，不可能漁利，援軍深入我國，孫權沒這個力量，侵入不深則勞而無獲。孫權即使是兒子、兄弟處於危險之中，也

不會出動軍隊，何況是異國的人，加之先前曾受過公孫淵的羞辱呢！現今孫權之所以向外聲揚出兵相救的消息，只是為了欺騙公孫淵的使者，而使我國產生疑惑，我國若果不能戰勝公孫淵，孫權就希望公孫淵改變態度心悅誠服地侍奉自己罷了。可是沓渚距離公孫淵還很遠，如果我國大軍駐守在沓渚，不速戰速決，那麼憑孫權的膚淺謀略，可能派輕兵偷襲我國，就不可預測了。」

魏明帝問吏部尚書盧毓誰可勝任司徒，盧毓舉薦隱士管寧。魏明帝不能任用，又問其次有什麼人，盧毓回答說：「敦厚誠實而德行極其高尚的人，就數太中大夫韓暨；忠誠正直清廉公正的人，要數司隸校尉崔林；堅貞純正的人，則數太常常林。」二月十一日癸卯，任命韓暨為司徒。

漢主劉禪冊封張氏為皇后，張氏是前皇后的妹妹，立王貴人的兒子劉璿為皇太子，劉瑤為安定王。

大司農河南人孟光向祕書郎郤正詢問太子劉璿讀書的情況和性情愛好，郤正說：「太子奉養雙親虔誠恭敬，從早到晚不敢懈怠，有古代世子的風範。接待下屬百官，一舉一動都出於仁愛和寬厚。」孟光說：「如您所說，每家每戶都有這樣的德行，我現在所問的，想瞭解太子的權略智謀怎麼樣。」郤正說：「世子的職責，在於繼承君父之志，竭力使君父歡快，也就是不能妄自行動。智謀隱藏在胸中，權略靠臨時發揮，智謀權略的有無，怎可預先知道。」孟光知道郤正說話謹慎適宜，不隨意妄談，於是說：「我喜歡直話直說，無所迴避。如今天下未定，智略應首先考慮，智略是人天然具有的，不是勉強用力能學到的。太子讀書，怎麼能像我們一樣竭力博覽群書以等待諮詢，或者像博士射策一樣，用講述求得俸祿爵位呢！太子應當專心學習最急迫的知識。」郤正深深地認為孟光的說法是對的。郤正，是郤儉的孫子。

吳國鑄造以一當千的大錢。

夏，四月初九日庚子，魏國南鄉恭侯韓暨逝世。〇十九日庚戌，魏國大赦天下。

六月，司馬懿進軍到遼東，公孫淵派大將軍卑衍、楊祚率領步、騎兵數萬人屯守在遼隧，周圍挖掘壕溝長達二十多里。魏軍各位將領想攻打遼隧，司馬懿說：「賊軍之所以堅壁固守，是想使我軍精疲力盡。如今去進攻，正好中了奸計。況且賊人的大軍開到這裡，他的老巢必然空虛，我們直搗襄平，必定能破敵。」於

是多樹旗幟，偽裝成向遼隧南面進軍的樣子，卑衍等人率領全部精銳奔赴，司馬懿率軍暗中渡過遼水，出現在遼隧之北，直奔襄平。卑衍等人驚恐，率軍連夜退走。魏國各部隊挺進到首山，公孫淵又派卑衍等人迎戰，司馬懿率軍出擊，大敗卑衍，於是進軍包圍襄平城。

秋，七月，大雨連綿不斷，遼水暴漲，運輸船從遼河口可直接開到襄平城下。大雨下了一個多月不停，平地積水好幾尺深。魏國各部隊都很恐慌，打算轉移營地，司馬懿下令全軍：「敢有主張遷移者斬！」都督令史張靜違犯了這條軍令，立即斬首，軍隊這才安定下來。敵軍憑藉水勢，像往常一樣出城打柴放牧。魏軍各將領想獲取打柴放牧的人，司馬懿不准許。司馬陳珪說：「從前進攻上庸，軍隊分為八路，齊頭並進，晝夜不停，因此能在十天之內，攻拔堅固的城池，斬了孟達。現在遠道而來行動卻更加遲緩，我實在感到迷惑不解。」司馬懿說：「孟達的兵眾少而軍食可支持一年，我軍將士四倍於孟達，但糧食支持不了一個月，用一個月兵食圖謀一年的兵食，怎能不速戰速決！以四擊一，即使是部隊損失一半而能取勝，也要去攻，之所以不顧傷亡，因為是在與敵人競爭軍糧支撐的時間。如今賊兵多我軍少，賊兵飢餓我軍飽，雨水又是這種形勢，兵力無法展開，雖然應當快攻，又能有什麼作為呢！從京師出發時，就不擔心賊軍來攻，只擔心賊軍逃走。現在賊軍糧食將要吃盡，而包圍圈尚未合攏，搶奪他們的牛馬，抓捕他們的打柴放牧人員，這不是故意趕他們逃走嗎？用兵是一種詭詐行為，要善於按形勢而應變。敵人憑藉兵多又依恃大雨，因此雖然飢困，還不肯束手就擒，所以我們要裝出無能的樣子來使他們安心。只貪圖小利而驚擾敵人，不是好計策。」

朝廷聽說大軍遭遇大雨，大臣們都想收兵。魏明帝說：「司馬懿能夠臨危權變，擒獲公孫淵指日可待。」大雨終於停止，司馬懿才合圍襄平，堆起土山，挖掘地道，讓士兵利用盾牌、高樓車、帶鉤子的雲梯和衝城的衝車等器械，晝夜攻城，羽箭石塊像雨點一般落下。公孫淵窘迫，糧也吃完，開始人吃人，死亡的人很多，他的大將楊祚等人投降。

八月，公孫淵派相國王建、御史大夫柳甫來，請求解圍退兵，君臣反綁雙手當面投降。司馬懿下令殺了王建、柳甫，發布檄文通告公孫淵說：「楚國和鄭國都是同等的諸侯國，而鄭伯尚且在戰敗時脫光上衣牽著

羊迎接楚王。我是天子的上公，而王建等人竟然想要我解圍退軍三十里，這難道合乎禮節嗎！這兩人老糊塗了，傳錯了意旨，已經替你斬了他們。如果還有未盡之意，可再派年輕而明白事理能做決斷的人來！」公孫淵又派侍中衛演前來請求定時間送人質，司馬懿對衛演說：「用兵之要有五點：能戰則戰，不能戰則守，不能守則退走，剩下的兩條，只有投降與戰死。你不肯倒綁雙手來降，這就是決心要赴死了。不需要送人質！」

壬午日，襄平全線潰敗，公孫淵和兒子公孫脩率領幾百名騎兵突圍向東南方向逃竄，大軍緊急追擊，在梁水岸邊殺死公孫淵父子。司馬懿進入襄平城之後，誅殺公卿以下大小官員和軍人百姓共七千多人，堆屍封土，築成京觀。於是遼東、帶方、樂浪、玄菟四郡全部平定。

公孫淵將要反叛時，他的將軍綸直、賈範等人苦苦勸阻，公孫淵將他們全都殺死。司馬懿把綸直等人的墳墓封土加高，並任命他們的子孫做顯官，又將公孫淵的叔父囚徒公孫恭釋放。中原人願意返回故鄉的，聽憑自主決定。於是班師回朝。

起初，公孫淵的哥哥公孫晃作為公孫恭的人質身處洛陽，在公孫淵未反叛之前，公孫晃多次向魏陳說公孫淵將要反叛，想讓魏國討伐公孫淵。等到公孫淵反叛時，魏明帝不忍心在鬧市上斬殺公孫晃，想派人到監獄殺死他。廷尉高柔上疏說：「臣聽說公孫晃先前多次主動歸順朝廷，陳說公孫淵有反叛的苗頭，他雖然是兇犯公孫淵的親族，體諒他的本心可加寬恕。孔子能體諒司馬牛的憂愁，祁奚能說明叔向沒有罪過，這都是當時的美言義行。臣認為公孫晃若真的事先有所揭發，就應寬恕他的死罪；如果他沒有揭發，應在鬧市斬首示眾。現在寬大卻不赦他一命，嚴懲又不彰顯他的罪行，關閉在牢獄中，讓他自殺，四方關注我國的人，或許要懷疑這種做法了。」魏明帝不聽從，最終派使者帶著拌有金屑的酒強使公孫晃和妻子兒女喝下，又賞賜給棺材壽衣，在公孫晃的住宅內收殮入棺。

九月，吳改元赤烏❶。○吳步夫人卒。

初，吳主為討虜將軍，在吳，娶吳郡徐氏❷。太子登所生庶賤，吳主令徐氏母養之。徐氏妒，故無寵。及吳主西徙❸，徐氏留處吳。而臨淮步夫人寵冠後庭，吳主欲立為皇后，而羣臣議在徐氏，吳主依違❹者十餘年。會步氏卒，羣臣奏追贈皇后印綬，徐氏竟廢，卒於吳。

吳主使中書郎呂壹典校諸官府及州郡文書，壹因此漸作威福，深文巧詆，排陷無辜，毀短大臣，纖介必聞。太子登數諫，吳主不聽，羣臣莫敢復言，皆畏之側目❺。

壹誣白故江夏太守刁嘉謗訕國政，吳主怒，收嘉，繫獄驗問。時同坐人皆畏怖[1]壹，並言聞之。侍中北海是儀❻獨云無聞，遂見窮詰累日，詔旨轉厲，羣臣為之屏息❼。儀曰：「今刀鋸已在臣頸，臣何敢為嘉隱諱，自取夷滅，為不忠之鬼！顧以聞知當有本末❽。」據實答問，辭不傾移，吳主遂舍之，嘉亦得免。

上大將軍陸遜、太常潘濬憂壹亂國，每言之，輒流涕。壹白丞相顧雍過失，吳主怒，詰責雍。黃門侍郎謝厷❾語次問壹：「顧公事何如？」壹曰：「不能佳。」厷又問：「若此公免退，誰當代之？」壹未答。厷曰：「得無潘太常得之乎？」壹良久[2]曰：「君語近之也。」厷曰：「潘太常常切齒於君，但道無因❿耳。今

日代顧公，恐明日便擊君⑪矣！」壹大懼，遂解散雍事。潘濬求朝，詣建業，欲盡辭極諫。至，聞太子登已數言之而不見從，濬乃大請百寮，欲因會手刃殺壹，以身當之⑫，為國除患。壹密聞知，稱疾不行。

西陵督⑬步騭上疏曰：「顧雍、陸遜、潘濬，志在竭誠，寢食不寧，念欲安國利民，建久長之計，可謂心膂股肱社稷之臣矣。宜各委任，不使他官監其所司，課其殿最⑭。此三臣思慮不到則已，豈敢欺負⑮所天⑯乎！」

左將軍朱據部曲應受三萬緡⑰，工⑱王遂詐而受之。壹疑據實取，考問主者⑲，死於杖下。據哀其無辜，厚棺斂之。壹又表據吏為據隱，故厚其殯。吳主數責問據，據無以自明，藉草⑳待罪。數日，典軍吏劉助覺，言王遂所取。吳主大感悟[3]，曰：「朱據見枉，況吏民乎！」乃窮治壹罪，賞助百萬。

丞相雍至廷尉斷獄，壹以囚見。雍和顏色問其辭狀，臨出，又謂壹曰：「君意得無欲有所道㉑乎？」壹叩頭無言。時尚書郎懷敘面詈㉒辱壹，雍責敘曰：「官有正法，何至於此！」有司奏壹大辟㉓，或以為宜加焚裂㉔，用彰元惡。吳主以訪中書令會稽闞澤㉕，澤曰：「盛明之世，不宜復有此刑。」吳主從之。

壹既伏誅，吳主使中書郎袁禮告謝諸大將，因問時事所當損益。禮還，復有

詔責諸葛瑾、步騭、朱然、呂岱等曰：「袁禮還云：『與子瑜㉖、子山㉗、義封㉘、定公㉙相見，並咨以時事當有所先後㉚，各自以不掌民事，不肯便有所陳，悉推之伯言、承明㉛。伯言、承明見禮，泣涕懇惻㉜，辭旨辛苦㉝，至乃懷執危怖，有不自安之心。』聞之悵然，深自刻怪㉞。何者？夫惟聖人能無過行，明者能自見耳。人之舉厝㉟，何能悉中！獨當己有以傷拒眾意，忽不自覺，故諸君有嫌難耳。不爾㊱，何緣乃至於此乎？與諸君從事，自少至長，髮有二色㊲，以謂表裏足以明露，公私分計足用相保，義雖君臣，恩猶骨肉，榮福喜戚，相與共之。忠不匿情，智無遺計，事統是非㊳，諸君豈得從容㊴而已哉！同船濟水，將誰與易！齊桓有善，管子未嘗不歎，有過未嘗不諫，諫而不得，終諫不止。今孤自省無桓公之德，而諸君諫諍未出於口，仍執嫌難。以此言之，孤於齊桓良優，未知諸君於管子何如耳！」

【章　旨】以上為第二段，寫孫權設置校事官，實行特務高壓統治，導致滿朝人人自危，閉口不言。

【注　釋】❶赤烏　紅色羽毛的烏鴉。因赤烏飛集於吳國金鑾殿前，吳王孫權改年號嘉禾為赤烏。❷徐氏　與步夫人皆有傳，見《三國志》卷五十。❸西徙　指孫權從吳縣西徙都於武昌。❹依違　遲疑不決。❺側目　謂不敢正視。❻是儀　字子羽，北海營陵（今山東昌樂東南）人，東漢末避亂至江東，孫權統事之初，專典機密，後為侍中、偏將軍、尚書僕射等。傳見《三國志》卷六十二。❼屏息　暫停呼吸，形容畏懼的樣子。❽本末　指事情的來龍去脈。❾厷　同「宏」。❿道無因　謂潘濬

想舉奏呂壹的罪行，但沒機會。⓫擊君　因丞相有舉奏百官罪過的職責，故可打擊呂壹。⓬以身當之　謂以自己承當殺人之罪。⓭西陵督　西陵，縣名，縣治在今湖北宜昌東南。此地為吳國的西大門，故特置都督鎮守。⓮殿最　猶言優劣。⓯欺負　欺騙辜負。⓰天　指國君。⓱緡　穿錢用的繩子叫緡。此指成串的錢。⓲工　工匠。⓳主者　指朱據主管錢的軍吏。⓴藉草　坐在鋪草的地上。㉑道　言說。㉒詈　罵。㉓大辟　死刑。㉔焚裂　焚燒與車裂。焚燒，活活燒死人，是王莽所創造的死刑。車裂，分屍，秦朝的酷刑。㉕闞澤　（？—西元二四三年）字德潤，會稽山陰（今浙江紹興）人，初為吳國錢唐長、郴縣令，後為尚書、中書令、太子太傅等。擅長儒學，兼通曆數，常釋疑解難，為孫權所重。傳見《三國志》卷五十三。㉖子瑜　諸葛瑾字子瑜。㉗子山　步騭字子山。㉘義封　朱然字義封。㉙定公　呂岱字定公。㉚時事當有所先後　謂當時之事應當先做什麼，後辦什麼。㉛伯言承明　陸遜字伯言，潘濬字承明。㉜懇惻　誠懇痛切。㉝辛苦　辛酸委屈。㉞刻怪　責怪。㉟舉厝　舉動。厝，通「措」。㊱爾　如此。㊲二色　謂黑白二色，即頭髮斑白。㊳事統是非　謂君臣之職責在於對是非的決定。㊴從容　悠閒安逸。

【校　記】[1]畏怖　據章鈺校，甲十六行本、乙十一行本、孔天胤本二字皆互乙。[2]良久　原無此二字。據章鈺校，甲十六行本、乙十一行本、孔天胤本皆有此二字，張瑛《通鑑校勘記》同，今據補。[3]悟　據章鈺校，甲十六行本、乙十一行本皆作「寤」，二字同。

【語　譯】九月，吳國改年號嘉禾為赤烏。〇吳主孫權的步夫人去世。

當初，吳主孫權擔任討虜將軍，駐守在吳郡，娶吳郡徐氏的女兒為妻。因太子孫登的生母出身微賤，孫權命徐氏做孫登的養母。徐氏妒嫉，所以不受寵愛。等到孫權將都城西遷到武昌，讓徐氏留居吳郡。而臨淮人步夫人在後宮中極受寵愛，孫權就想立步夫人為皇后，但群臣主張立徐氏為皇后，孫權因此猶豫不決十幾年。這時步夫人去世，大臣們奏請追授步夫人皇后印綬。徐氏竟然被廢黜，死在吳郡。

吳主孫權讓中書郎呂壹主管校理各衙門及各州郡上奏的文書，呂壹因此日漸作威作福，牽強附會地以法律條文羅織罪狀進行詆毀，排擠陷害無辜的人，誹謗攻擊大臣，瑣碎小事也要報告吳主。太子孫登多次勸諫孫權，孫權不聽從。群臣沒人敢再進言，都懼怕呂壹，不敢正眼看他。

呂壹誣陷原江夏太守刁嘉誹謗朝政，吳主發怒，逮捕刁嘉，關進監獄進行拷問。當時受牽連得罪的人全懼怕呂壹，都說聽到過刁嘉誹謗的話。侍中北海人是儀單單說沒有聽到，於是是儀連日被窮追責問，孫權下詔更為嚴厲，群臣大氣也不敢出。是儀說：「如今刀鋸已架在臣的脖子上，臣哪敢替刁嘉隱瞞，自取滅族之禍，成為不忠之鬼！但說聽說過應有事情的來龍去脈。」是儀據實回答審問，口供絲毫不改，吳主於是放了他，刁嘉也得以免罪。

吳國的上大將軍陸遜、太常潘濬擔心呂壹禍亂國家，每次談到此事，總是流淚不止。呂壹向吳主揭發丞相顧雍的過錯，吳主大怒，責問顧雍。黃門侍郎謝厷在閒談中問呂壹：「顧公的事怎麼樣了？」呂壹說：「不會有好結局。」謝厷又問：「如果此公被罷免摒退，誰可代替他？」呂壹沒有回答。謝厷說：「莫非潘太常會得到這一職位？」呂壹過了好久才說：「你的話近乎事實。」謝厷說：「潘太常經常對你切齒痛恨，只是找不到整你的機會。潘太常如果今天取代了顧公，恐怕明天就會痛擊你了！」呂壹大為驚慌，於是化解了顧雍的事。潘濬要求進京朝見，前往建業，打算窮盡說辭向孫權進諫。到建業之後，聽說太子孫登已經多次進言，孫權並不聽從。潘濬因而大規模宴請百官，想趁機在宴會上親手殺死呂壹，而由自己承擔殺人之罪，為國家剷除禍害。呂壹祕密得到這一消息，託病不去赴宴。

西陵督步騭上疏說：「顧雍、陸遜、潘濬，志在竭盡忠誠，寢食不安，心想安國利民，貢獻長治久安的計策，可說是國家的心腹和棟樑大臣。應當各委以要職，不讓其他官員監督他們主管的事，考核他們孰優孰劣。這三位大臣考慮不周是會有的，豈敢欺騙辜負天子呢！」

左將軍朱據的部屬應領取三萬串錢，工匠王遂詐冒領取了這些錢。呂壹懷疑錢實際到了朱據之手，就拷問主管此事的官吏，並將他拷打至死。朱據哀憐該官無罪而死，就用厚棺木安葬了他。呂壹又上表揭發朱據的屬吏是在替朱據隱瞞，因此朱據才為他厚葬。孫權多次責問朱據，朱據無法表白自己，只好坐在鋪草的地上等待定罪。過了幾天，典軍吏劉助發現了事實真相，說錢被王遂冒領了。孫權大為感悟，說：「連朱據都被冤枉了，何況小吏和百姓呢！」於是徹底查處呂壹的罪惡，賞給劉助一百萬錢。

丞相顧雍到廷尉府斷案，呂壹以囚犯身分來見。顧雍和顏悅色地詢問呂壹供辭和案情，臨走時又對呂壹說：「你內心莫非不想有所言語嗎？」呂壹磕頭不語。這時尚書郎懷敘當面辱罵呂壹，顧雍責備懷敘說：「國家有嚴正的法律，何必這樣！」有關部門奏請處呂壹死刑，有人認為應該大火燒死或者車裂分屍，以彰明元兇的罪惡。吳主為此向中書令會稽人闞澤諮詢，闞澤說：「在聖明時代，不應再有這種酷刑。」吳主聽從了這個意見。

呂壹伏罪被處死之後，吳主派中書郎袁禮向各高級將領道歉，同時徵詢對當時的國事應如何改進的意見。袁禮返回以後，孫權又下詔書責備諸葛瑾、步騭、朱然、呂岱等人說：「袁禮回來說：『和諸葛子瑜、步子山、朱義封、呂定公相見，並諮詢國事應以何事為先何事為後，但各位都以不掌民事為藉口，不肯有所陳述，都將此事推到陸伯言、潘承明身上。陸伯言、潘承明見到袁禮，哭泣流涕懇切悲惻，詞意十分辛酸委屈，甚至滿懷恐懼，內心十分不安。』我聽到之後，內心惆悵，深深地自責。為什麼呢？只有聖人才沒有錯誤行為，而明智的人能發現自己的過失。人的舉措，哪能都正確！我偏偏自以為是傷害拒絕了眾人的好意，由於疏忽而不能自我覺察，所以各位才有所顧忌不敢開口。不然的話，怎能發展到這個地步呢？我與各位共事，從小到大，頭髮斑白了，自認為外表內心都足能開誠布公，以公私情分來說，足以互相保護，名義上雖然是君臣關係，感情上都像骨肉之親，榮耀福祿、歡樂悲傷，我們共同擔當。忠誠就不應當隱瞞實情，明智就不該保留謀略，君臣的職責是對是非的決策，各位怎能悠閒地袖手旁觀呢！同乘一條船過河，我還能同誰去商議呢！齊桓公有了善行，管仲未嘗不讚歎，有了過錯，未嘗不勸諫，勸諫而不能改正，就勸諫不停。如今我反省自己沒有齊桓公的品德，而各位卻沒有開口勸諫，仍然保持顧忌為難的態度。如此說來，我實際上優於齊桓公，不知道各位比管仲怎麼樣！」

冬，十一月壬午❶，以司空衛臻為司徒，司隸校尉崔林為司空。

十二月，漢蔣琬出屯漢中。○乙丑❷，帝不豫❸。○辛巳❹，立郭夫人為皇后。

初，太祖為魏公，以贊❺令劉放、參軍事孫資皆為祕書郎。文帝即位，更名[1]祕書曰中書，以放為監，資為令，遂掌機密。帝即位，尤見寵任，皆加侍中、光祿大夫，封本縣侯❻。是時帝親覽萬機，數興軍旅，腹心之任，皆二人管之。每有大事，朝臣會議，常令決其是非，擇而行之。中護軍蔣濟上疏曰：「臣聞大臣太重者國危，左右太親者身蔽，古之至戒也。往者大臣秉事，外內扇動；陛下卓然自覽萬機，莫不祗肅❼。夫大臣非不忠也，然威權在下，則眾心慢上，勢之常也。陛下既已察之於大臣，願無忘之於左右，左右忠正遠慮，未必賢於大臣，至於便辟❽取合，或能工❾之。今外所言，輒云『中書』，雖使恭慎，不敢外交，但有此名，猶惑世俗。況實握事要，日在目前。儻因疲倦❿之間，有所割制⓫，眾臣見其能推移於事，即亦因時而向之。一有此端，私招朋援，臧否⓬毀譽，必有所與，功負⓭賞罰，必有所易⓮，直道而上者或壅⓯，曲附左右者反達，因微而入，緣形而出，意所狎信⓰，不復猜覺。此宜聖智所當早聞，外以經意⓱，則形際自見⓲。或恐朝臣畏言不合而受左右之怨，莫適⓳以聞。臣竊亮⓴陛下潛神默思，公聽並觀，若事有未盡於理而物有未周於用，將改曲易調，遠與黃、唐㉑角功㉒，

近昭武、文之績，豈牽近習而已哉！然人君不可悉任天下之事，必當有所付。若委之一臣，自非周公旦之忠，管夷吾㉓之公，則有弄權敗官之敝。當今柱石之士雖少，至於行稱一州，智效一官，忠信竭命，各奉其職，可並驅策，不使聖明之朝有專吏㉔之名也。」帝不聽。

及寢疾，深念後事，乃以武帝子燕王宇㉕為大將軍，與領軍將軍㉖夏侯獻、武衛將軍㉗曹爽㉘、屯騎校尉曹肇㉙、驍騎將軍秦朗等對輔政。爽，真之子。肇，休之子也。帝少與燕王宇善，故以後事屬之。

劉放、孫資久典機任，獻、肇心內不平。殿中有雞棲樹㉚，二人相謂曰：「此亦久矣，其能復幾！」放、資懼有後害，陰圖間之。燕王性恭良㉛，陳誠固辭。帝引放、資入臥內，問曰：「燕王正爾為㉜？」對曰：「燕王實自知不堪大任故耳。」帝曰：「誰可任者？」時惟曹爽獨在帝[2]側，放、資因薦爽，且言宜召司馬懿與相參。帝曰：「爽堪其事不㉝？」爽流汗不能對。放躡其足，耳之㉞曰：「臣以死奉社稷。」帝從放、資言，欲用爽、懿。既而中變，敕停前命。放、資復入見說帝，帝又從之。放曰：「宜為手詔。」帝曰：「我困篤，不能。」放即上牀，執帝手強作之，遂齎出，大言曰：「有詔免燕王宇等官，不得停省中。」

皆流涕而出。○甲申㉟，以曹爽為大將軍。帝嫌爽才弱，復拜尚書孫禮為大將軍長史以佐之。

是時，司馬懿在汲㊱，帝令給使㊲辟邪齎手詔召之。先是，燕王為帝畫計，以為關中事重，宜遣懿便道自軹關㊳西還長安，事已施行。懿斯須得二詔，前後相違，疑京師有變，乃疾驅入朝。

【章旨】以上為第三段，寫魏明帝不聽蔣濟勸諫，專寵劉放、孫資，終受其挾制，違心詔命曹爽、司馬懿輔政。

【注釋】❶壬午　十一月二十四日。❷乙丑　十二月初八日。❸不豫　皇帝生病的諱稱。❹辛巳　十二月二十四日。❺贊　又作「酇」。縣名，縣治在今河南永城西南。❻封本縣侯　劉放封方城侯，孫資封中都侯。❼祇肅　恭敬而嚴肅。❽便辟　逢迎諂媚。❾工　精通。❿疲倦　指皇帝疲倦。⓫割制　猶言專斷。⓬臧否　褒貶。⓭功負　功罪；功過。⓮所易　謂當賞不賞，當罰不罰。⓯壅　堵塞；滯留。⓰狎信　親近信任。⓱經意　留心；注意。⓲形際自見　猶言原形畢露。⓳莫適　模棱兩可。《論語・里仁》：「子曰：君子之於天下也，無適也，無莫也，義之與比。」⓴亮　明察；明白。㉑黃唐　黃帝、唐堯。㉒角功　比功。㉓管夷吾　管仲。㉔專吏　專權之吏。此指劉放、孫資。㉕宇　曹宇，字彭祖，曹操之子。太和六年封燕王。傳見《三國志》卷二十。㉖領軍將軍　官名，掌中壘、五校，武衛等營禁兵。㉗武衛將軍　官名，主管武衛營禁兵。㉘曹爽　字昭伯，曹真之長子。年少時與魏明帝甚親密。受魏明帝遺詔輔政後，與司馬懿不和，後被司馬懿所殺。傳見《三國志》卷九。㉙曹肇　字長思，曹休之子。事見《三國志・魏書・曹休傳》。㉚雞棲樹　殿中養公雞以報曉，雞棲息於樹上，因稱雞棲樹。㉛恭良　謙恭善良。㉜正爾為　此句意謂燕王這麼做是真心嗎。正，真也。㉝不　同「否」。㉞耳之　耳語。㉟甲申　十二月二十七日。㊱汲　縣名，縣治在今河南衛輝西南。㊲給使　供差遣的內侍。㊳軹關　關名，在今河南濟源西北。

【校記】①名　據章鈺校，甲十六行本、乙十一行本皆作「命」。②帝　原無此字。據章鈺校，甲十六行本、乙十一行本、孔天胤本皆有此字，今據補。

【語譯】冬，十一月二十四日壬午，魏國任命司空衛臻為司徒，任命司隸校尉崔林為司空。

十二月，蜀漢蔣琬出兵屯駐漢中。○初八日乙丑，魏明帝患病。○二十四日辛巳，魏明帝冊立郭夫人為皇后。

當初，魏太祖曹操為魏公時，任命贊縣縣令劉放、參軍事孫資都為祕書郎。魏文帝即位後，把祕書省改名為中書省，任命劉放為祕書監，孫資為祕書令，於是二人掌管了機密事務。魏明帝即位後，這兩人格外受到寵信，都加官侍中、光祿大夫，封為本縣的縣級侯爵。這時魏明帝親自處理萬機事務，多次興兵征戰，核心的機密事務，都由二人掌管。每逢有重大事務，朝臣們聚會議事，常常由這兩個人裁定是非，選擇施行。中護軍蔣濟上疏說：「臣聽說大臣權勢太重，國家便很危險，皇帝身邊的人太受親信，皇帝本人就會受到蒙蔽，這是自古以來至關重要的鑑戒。從前大臣專權，朝廷內外騷動不安；陛下斷然親理朝政，大臣們無不恭敬而嚴肅。大臣並非不忠誠，但威權落在臣下手中，那麼大眾的心裡對皇上就會怠慢，這是世事的常態。陛下既然已經覺察大臣把持大權的弊端，希望也別忘記左右親信的人，左右親信的忠誠與深謀遠慮，未必超過大臣，至於逢迎諂媚，迎合討好，他們更為精通。現在宮外的人一開口說話，總是說『中書如何如何』，縱然陛下身邊的人恭順謹慎，不敢與宮外的人員交結，但是『中書』有了這樣的名氣，就能讓世俗之人感到迷茫，更何況他們實際掌握國事的機要，每天侍奉在陛下眼前。倘若他們趁陛下疲倦的時候，專斷朝政，大臣們見他們能左右皇上的決定，也就會趁機傾向他們。一旦開了這個頭，私自拉幫結派，褒貶毀譽，就必然會發生，對於功過賞罰，就必然會被顛倒，於是堅持走正路以求上進的人也許被堵塞，而巴結逢迎陛下左右的人反而暢通無阻，借助細微的機會鑽進去，借助有利形勢使出手段，陛下對他們親近信任，不再警覺防備。這種情況，應該是聖上的智慮已經察覺，只要對他們的外在表現留心觀察，他們就會原形畢現。有人擔心朝臣們害

怕說話不合他們的心意而受他們的怨恨報復，所以大臣們對陛下說些模稜兩可的話。臣私下明白陛下聖心自會深思默想，能公正地聽取觀察各種意見，如果事情有不合理而人物有未能恰當任用的話，陛下將會改弦易轍，遠可與黃帝、唐堯比試功績，近可光大武帝、文帝的業績，豈能被身邊的親信牽著鼻子走呢！但是君主不可能一個人處理天下的全部事務，必當將事務交付其他人辦理。但如果只交付給一個大臣，而這個人又沒有周公旦的忠誠、管夷吾的公正，就會有弄權敗職的弊端。如今堪稱柱石的人才雖然很少，但也有人品行受到一州稱譽，智慧能力能勝任某個職務，對陛下忠信效命，各盡其職，這些人都可供陛下驅使，不讓聖明之朝有官吏專權的惡名。」魏明帝不聽從。

等到魏明帝病重時，他對身後之事深為憂慮，就任命武帝的兒子燕王曹宇為大將軍，和領軍將軍夏侯獻、武衛將軍曹爽、屯騎校尉曹肇、驍騎將軍秦朗等人共同輔佐朝政。曹爽，是曹真的兒子。曹肇，是曹休的兒子。魏明帝從小與燕王曹宇友善，因此把後事託付給他。

劉放、孫資長期掌管國家機要，夏侯獻、曹肇內心憤憤不平。宮中有雞棲於樹上，夏侯獻和曹肇相互藉機說事：「公雞佔據這棵樹已經很久了，看牠還能佔多久！」劉放、孫資怕留下後患，就暗中計劃離間魏明帝對夏侯獻和曹肇二人的信任。燕王曹宇性情謙恭善良，對魏明帝的任命，誠心誠意地堅辭。魏明帝便召劉放、孫資兩人進入臥房內，問道：「燕王這麼作是真心的嗎？」二人回答說：「燕王確實自知不能勝任這個重任，故而才如此。」魏明帝說：「誰可擔當這一重任？」當時只有曹爽一人在明帝旁邊，劉放、孫資便乘機推薦曹爽，並且說應召回司馬懿和曹爽共同參政。明帝說：「曹爽能勝任這一職事嗎？」曹爽汗流滿面不能回答。劉放踩曹爽的腳，附在他耳邊說：「臣誓死為國。」明帝聽從劉放、孫資的話，打算任用曹爽、司馬懿。不久又變了卦，下令停止前面的任命。劉放、孫資又入見勸說明帝，明帝又聽從了他們。劉放說：「應寫份手詔。」明帝說：「我困倦已極，不能握筆。」劉放就上了床，抓住明帝的手強行書寫，於是將手詔帶到外面，大聲說：「有詔免去燕王曹宇等人的官職，不可停留在宮中。」曹宇等人都流淚而出。〇十二月二十七日甲申，任命曹爽為大將軍。明帝嫌曹爽才力弱，又任命尚書孫禮為大將軍長史以佐助曹爽。

此時，司馬懿在汲縣，明帝命令給使辟邪持手詔召回他。在此以前，燕王為明帝出謀劃策，認為關中的事務十分重要，應命司馬懿走小路從軹關西返長安，事情已經實施。司馬懿短時間內收到兩道詔書，前後內容相反，他懷疑京師發生了變故，就急忙策馬回京。

三年（己未　西元二三九年）

春，正月，懿至，入見，帝執其手曰：「吾以後事屬❶君，君與曹爽輔少子。死乃可忍❷，吾忍死待君，得相見，無所復恨矣！」乃召齊、秦二王以示懿，別指齊王芳謂懿曰：「此是也，君諦❸視之，勿誤也。」又教齊王令前抱懿頸，懿頓首流涕。是日，立齊王為皇太子。帝尋殂。

帝沈毅❹明敏，任心而行，料簡❺功能，屏絕浮偽。行師動眾，論決大事，謀臣將相，咸服帝之大略。性特彊識❻，雖左右小臣，官簿性行，名跡所履，及其父兄子弟，一經耳目，終不遺忘。

孫盛論曰：「聞之長老，魏明帝天姿秀出，立髮垂地❼，口吃少言，而沈毅好斷。初，諸公受遺輔導，帝皆以方任❽處之，政自己出。優禮大臣，開容善直，雖犯顏極諫，無所摧戮，其君人之量如此之[1]偉也。然不思建德垂風，不固維城之基❾，至使大權偏據❿，社稷無衛，悲夫！」

太子即位，年八歲，大赦。尊皇后曰皇太后，加曹爽、司馬懿侍中，假節鉞，都督中外諸軍[11]，錄尚書事[12]。諸所興作宮室之役，皆以遺詔[13]罷之。

爽、懿各領兵三千人更[14]宿殿內。爽以懿年位素高，常父事之，每事諮訪，不敢專行。

初，并州刺史東平畢軌及鄧颺[15]、李勝[16]、何晏[17]、丁謐[18]皆有才名，而急於富貴，趨時附勢。明帝惡其浮華，皆抑而不用。曹爽素與親善，及輔政，驟加引擢，以為腹心。晏，進之孫。謐，斐之子也。晏等咸共推戴爽，以為重權不可委之於人。丁謐為爽畫策，使爽白天子發詔，轉司馬懿為太傅[19]，外以名號尊之，內欲令尚書奏事，先來由己，得制其輕重也。爽從之。

二月丁丑[20]，以司馬懿為太傅，以爽弟羲為中領軍，訓為武衛將軍，彥為散騎常侍、侍講[21]，其餘諸弟皆以列侯侍從，出入禁闥，貴寵莫盛焉。

爽事太傅，禮貌雖存，而諸所興造，希復由之。爽徙吏部尚書盧毓為僕射，而以何晏代之，以鄧颺、丁謐為尚書，畢軌為司隸校尉。晏等依勢用事，附會者升進，違忤者罷退，內外望風，莫敢忤旨。黃門侍郎傅嘏謂爽弟羲曰：「何平叔外靜而內躁，銛巧[22]好利，不念務本，吾恐必先惑子兄弟，仁人將遠而朝政廢矣。」

晏等遂與嘏不平，因微事免嘏官。又出㉓盧毓為廷尉，畢軌又[2]枉奏毓免官，眾論多訟之，乃復以為光祿勳。孫禮亮直㉔不撓，爽心不便，出為揚州刺史。

三月，以征東將軍滿寵為太尉。

【章　旨】以上為第四段，寫魏明帝託孤，曹爽排斥大臣和司馬懿，擅權專政。

【注　釋】❶屬　同「囑」。託付。❷忍　勉強接受。❸諦　仔細。❹沈毅　深沉而剛毅。❺料簡　識別選拔。❻彊識　記憶力好，過目不忘。❼立髮垂地　指魏明帝有一頭好髮，站立可以垂地。❽方任　地方之任。此指命曹休鎮淮南、曹真鎮關中、司馬懿屯宛。❾不固維城之基　不去鞏固宗室諸王的立國基礎。此指明帝猜忌宗室。《詩經・板》有「宗子維城」之說，故以維城稱宗子。❿偏據　旁落。⓫假節鉞二句　魏晉南北朝時期的最高武職，掌全國軍事大權，總統中外諸軍。皇帝賜給代行皇帝權力的符節和大斧，具有誅殺之權，稱為假節鉞。假，賜與。⓬錄尚書事　魏晉南北朝時期的最高文職，總攬朝政大權，凡權臣每兼此職。⓭以遺詔　謂用遺詔之名。實無罷興作宮室之遺詔。⓮更　輪流。⓯鄧颺　字玄茂，魏明帝時曾為尚書郎、中書郎等。曹爽輔政後為侍中、尚書。後被司馬懿所殺。⓰李勝　字公昭，曹爽輔政後為洛陽令、河南尹，將為荊州刺史，被司馬懿所殺。⓱何晏　字平叔，何進之孫，其母被曹操納為妾，故何晏長於宮中，又娶公主。曹爽輔政後為尚書，主選舉。後被司馬懿所殺。⓲丁謐　字彥靖，丁斐之子。魏明帝時為度支郎中，曹爽輔政後，為尚書。後被司馬懿所殺。以上諸人事皆見《三國志・魏書・曹爽傳》及注引《魏略》。⓳太傅　官名，漢魏曾設置，位在三公上，為上公，無實職，不常設。⓴丁丑　二月二十一日。㉑侍講　官名，為皇帝講說典籍。㉒銛巧　取巧。㉓出　尚書僕射為內朝官，列卿為外朝官，廷尉為列卿之一，故云「出」。㉔亮直　忠誠耿直。

【校　記】[1]之　原作「其」。據章鈺校，甲十六行本、乙十一行本、孔天胤本皆作「之」，今據改。[2]又　據章鈺校，甲十六行本、乙十一行本皆作「復」。

【語　譯】三年（己未　西元二三九年）

春，正月，司馬懿到達京師洛陽，入宮朝見魏明帝，明帝拉著他的手說：「我將後事託付給你，你與曹爽輔佐幼子。死也是可以接受的，我忍死等著你，能夠相見，再也沒有遺憾了！」於是召來齊王、秦王指示給司馬懿看，另外又指著齊王曹芳對司馬懿說：「就是他，你仔細看清楚，不要認錯了。」又讓齊王曹芳上前摟住司馬懿的脖子，司馬懿磕頭流淚。當天，立齊王為皇太子。明帝不一會兒就死了。

魏明帝性格深沉剛毅、聰慧敏捷，按自己心意行事，識別選拔有功勞、有能力的人，摒除浮華虛偽的人。調動軍隊出兵作戰，討論裁決大事，謀臣和將相都佩服明帝的雄才大略。他天生記憶力特別強，即使是身邊的小臣，不論是他們的歷官、性格、品行，還是名聲、行為和所做的事，以及他們的父、兄、子弟，只要眼見或耳聞一次，終生不忘。

孫盛評論說：「從老輩人那裡聽說，魏明帝天生姿質優秀超過常人，站立時頭髮可垂到地面，有口吃，很少說話，但深沉剛毅，善於決斷。當初，各公卿接受魏文帝的遺詔輔佐明帝，明帝把他們安排為地方大吏，國家政事由自己裁決。他優禮大臣，能寬容善良正直的人，儘管大臣對他當面衝撞冒犯，極力勸諫，他也不加折辱誅殺，他君臨天下容人之量是如此偉大。但他沒有想樹立長遠的恩德而留下好的風尚，不去鞏固皇室至親的立國基礎，以致大權旁落，國家沒有人捍衛，可悲啊！」

魏國太子曹芳即位稱帝，時年八歲；宣布大赦。尊奉皇后為皇太后，給曹爽、司馬懿加官侍中，授予他們象徵天子權力的符節和斧鉞，總領京都及地方各軍，兼管尚書省的事務。各項已經興建的宮殿建築工程，都以明帝遺詔的名義下令停罷。

曹爽、司馬懿各領三千名兵士輪流在宮內值夜守衛。曹爽因司馬懿的年資、職位一向比自己高，平常像對父親一樣侍奉司馬懿，每件事都諮詢司馬懿的意見，不敢獨斷專行。

當初，并州刺史東平人畢軌和鄧颺、李勝、何晏、丁謐都因才幹聞名，但都急於追求富貴，趨炎附勢，依附權勢。明帝憎惡他們的浮華作風，都貶抑不加任用。曹爽一向和他們關係親密，等到曹爽輔政，對他們驟然提拔，當做心腹。何晏，是何進的孫子。丁謐，是丁斐的兒子。何晏等人都共同擁戴曹爽，認為大權不

能交付他人。丁謐替曹爽出謀劃策，讓曹爽稟告天子發布詔書，將司馬懿改任為太傅，表面上用太傅的名號尊崇他，實際想讓尚書省奏事時先稟報曹爽，以此控制實權。曹爽聽從了這個意見。

二月二十一日丁丑，任命司馬懿為太傅，任命曹爽的弟弟曹羲為中領軍，曹訓為武衛將軍，曹彥為散騎常侍、侍講，其餘諸弟都以列侯身分侍從天子，出入宮廷，尊貴恩寵沒人比得上他們。

曹爽對待太傅司馬懿，禮貌雖存，但各種事物的興立，很少再請示太傅。曹爽將吏部尚書盧毓調任為僕射，而任何晏代盧毓為吏部尚書，任命鄧颺、丁謐為尚書，畢軌為司隸校尉。何晏等人仗勢專權，依附他們的人就提升，違背他們意志的人就罷免，朝廷內外的官員都見風使舵，沒人敢違抗他們的意旨。黃門侍郎傅嘏對曹爽的弟弟曹羲說：「何平叔外表文靜而內心急躁，好追逐利益而手段精巧，不想從仁德根本上努力，我擔心他一定先迷惑你們兄弟，使仁人遠避而朝政就荒廢了。」何晏等人因此與傅嘏關係失衡，藉小事罷免了傅嘏的官職。又把盧毓調出宮廷擔任廷尉，畢軌又誣奏而將盧毓免官，遭到眾人議論非難，便又任命盧毓為光祿勳。孫禮忠誠耿直不屈不撓，曹爽心感不快，就將孫禮調出朝廷外任揚州刺史。

三月，魏任命征東將軍滿寵為太尉。

夏，四月，吳督軍使者❶羊衜擊遼東守將，俘人民而去。

漢蔣琬為大司馬❷，東曹掾犍為楊戲❸素性簡略❹，琬與言論，時不應答。或謂琬曰：「公與戲言而不應，其慢甚矣！」琬曰：「人心不同，各如其面。面從後言❺，古人所誡❻。戲欲贊吾是邪，則非其本心；欲反吾言，則顯吾之非，是以默然，是戲之快也。」又督農❼楊敏嘗毀琬曰：「作事憒憒❽，誠不及前人。」

或以白琬，主者❾請推❿治敏，琬曰：「吾實不如前人，無可推也。」主者乞問其憒憒之狀，琬曰：「苟其不如，則事不理，事不理，則憒憒矣。」後敏坐事繫獄，眾人猶懼其必死。琬心無適莫⓫，敏得免重罪。

秋，七月，帝始親臨朝。

八月，大赦。

冬，十月，吳太常潘濬卒。吳主以鎮南將軍呂岱代濬，與陸遜共領荊州文書。岱時年已八十，體素精勤，躬親王事，與遜同心協規，有善相讓，南土稱之。

十二月，吳將廖式殺臨賀⓬太守嚴綱等，自稱平南將軍，攻零陵、桂陽，搖動交州諸郡，眾數萬人。呂岱自表輒行，星夜兼路。吳主遣使追拜交州牧，及遣諸將唐咨等絡繹相繼，攻討一年，破之，斬式及其支黨，郡縣悉平。岱復還武昌。

吳都鄉侯周胤⓭將兵千人屯公安⓮，有罪，徙廬陵，諸葛瑾、步騭為之請。吳主曰：「昔胤年少，初無⓯功勞，橫受精兵，爵以侯將⓰，蓋念公瑾以及於胤也。而胤恃此，酗淫⓱自恣，前後告諭，曾無悛改。孤於公瑾，義猶二君⓲，樂胤成就，豈有已哉！迫胤罪惡，未宜便還，且欲苦之，使自知耳。以公瑾之子，而二君在中間，苟使能改，亦何患乎！」

瑜兄子偏將軍峻卒，全琮請使峻子護領其兵。吳主曰：「昔走曹操，拓有荊州，皆是公瑾，常不忘之。初聞峻亡，仍欲用護。聞護性行危險，用之適為作禍，故更止之。孤念公瑾，豈有已哉！」

十二月，詔復以建寅之月為正。

【章旨】以上為第五段，寫蔣琬的厚道，以及孫權善待功臣之後的苦心。

【注釋】❶督軍使者　官名，臨時派出督統軍隊的官職。❷大司馬　官名，蜀漢亦並置太尉與大司馬，而大司馬為上公。❸楊戲　字文然，犍為武陽（今四川彭山縣東北）人，少即知名，為諸葛亮所知。曾為尚書右選部郎、梓潼太守、射聲校尉等職。著有〈季漢輔臣贊〉，讚頌蜀漢君臣。傳見《三國志》卷四十五。❹簡略　傲慢懶散。《三國志》本傳作「簡情省略」。❺面從後言　謂當面順從，背後毀謗反對。❻古人所誡　《尚書・益稷》載舜誡禹說：「汝無面從，退有後言。」❼督農　官名，蜀漢所置，是供應軍糧之官。❽憒憒　昏憒糊塗。❾主者　指督察百官的主事官員。❿推　追究。⓫適莫　謂無成見，既可這樣，又可那樣。⓬臨賀　郡名，孫吳所置，治所臨賀縣，在今廣西賀縣西南。⓭周胤　周瑜次子。事見《三國志・吳書・周瑜傳》。⓮公安　縣名，縣治在今湖北公安東北。⓯初無　全無；都無。⓰爵以侯將　謂既封侯爵，又為統兵將領。⓱酗淫　酗酒淫亂。⓲二君　指諸葛瑾、步騭。

【語譯】夏，四月，吳國督軍使者羊衜襲擊魏國的遼東守將，俘虜當地百姓後離去。

蜀漢蔣琬擔任大司馬，東曹掾犍為人楊戲生性一向傲慢不拘小節，蔣琬和他談話，時常愛答不理。有人對蔣琬說：「公與楊戲談話而他不回答，太傲慢了！」蔣琬說：「人心各不相同，猶如各有各的面孔一樣。當面順從轉過身就加詆毀，古人引以為戒。楊戲若想贊同我的意見，並非他的本心；倘若反對我的話，則又顯露了我的過失，因此他才沉默不語，這正是楊戲的爽快之處啊。」此外督農楊敏曾經詆毀蔣琬說：「做事

昏憒糊塗，實在趕不上他的前任。」又有人向蔣琬報告此事，主事的官吏請求追究處理楊敏，蔣琬說：「我真的不如前任，不可追究處理。」主事官請問蔣琬昏憒糊塗的具體情況。蔣琬說：「如果不如前任，那麼政事就治理不好，政事治理不好，便是昏憒糊塗了。」後來楊敏因事被關進監獄，大家都擔心楊敏必死。蔣琬對楊敏卻沒有成見，楊敏得以免除重罪。

秋，七月，魏國皇帝曹芳開始親臨朝政。

八月，魏國大赦天下。

冬，十月，吳國太常潘濬去世。吳主用鎮南將軍呂岱接替潘濬，和陸遜一起掌管荊州的文書往來。呂岱這年已八十歲，體格一向健康，勤勞政務，親自處理國事，和陸遜同心協力，有成績彼此推讓，南方的人都稱讚他們。

十二月，吳國將領廖式殺死臨賀太守嚴綱等人，自封為平南將軍，進攻零陵、桂陽等地，以致交州各郡大為震盪，廖式有部眾數萬人。呂岱自己上表請纓，立即出發，星夜兼程。吳主派使者在後追趕，任命呂岱為交州牧，又派將領唐咨等人陸續增援呂岱，進攻討伐了一年，打敗叛軍，斬殺廖式及各地支黨，各個郡縣全部平定。呂岱又返回武昌。

吳國都鄉侯周胤率兵一千人駐守公安縣，犯了罪，被流放到廬陵，諸葛瑾、步騭替他求情。吳主說：「先前周胤年輕，完全沒有功勞，平白無故就讓他統率精兵，還封侯拜將，這是懷念周公瑾的功勞才對他如此。但周胤依仗這一點，酗酒淫亂，自我放縱，前前後後多次告誡他，但他從不悔改。我對於周公瑾，在情誼上和對待您二位一樣，希望周胤能有所成就，難道這種心意會中止嗎！但是周胤的罪行太重，不宜立即讓他回任，並且想讓他吃點苦頭，讓他自知其罪。周胤作為公瑾的兒子，又有您二位在中間說情，若他能悔改，還有什麼可擔心的呢！」

周瑜哥哥的兒子偏將軍周峻不幸去世，全琮請求讓周峻的兒子周護統領周峻的部隊。吳主說：「當初趕走曹操，開拓荊州為國土，都是公瑾的功勞，一直不能忘記。剛聽說周峻去世的時候，便想仍任用周護。但

是聽說周護的性情品行兇暴險惡，任用他正好使他闖禍，因此又改變了這個想法。我懷念公瑾，哪有中止的時候呢！」

十二月，魏國下詔仍以建寅之月為正月。

邵陵厲公❶上

正始元年（庚申　西元二四〇年）

春，旱。

越巂❷蠻夷數叛漢，殺太守。是後太守不敢之郡，寄治安定縣❸，去郡八百餘里。漢主以巴西張嶷❹為越巂太守，嶷招慰新附，誅討彊猾，蠻夷畏服，郡界悉平，復還舊治❺。

冬，吳饑。

【章旨】以上為第六段，是年無大事，史僅載魏國春旱，吳饑荒，蜀平定越巂郡之亂。

【注釋】❶邵陵厲公　（西元二三二—二七四年）名芳，字蘭卿。魏明帝無子，養以為子，但當時之人已不知其所由來。即帝位後為權臣所控制，西元二三九—二五四年在位，後被司馬氏廢為齊王。晉代魏後，降為邵陵縣公，死後謚為厲（《謚法》：殺戮無辜曰厲）。紀見《三國志》卷四。❷越巂　郡名，治所邛都，在今四川西昌東南。❸安定縣　此據《三國志・蜀書・張嶷傳》，而《華陽國志》作「安上縣」，當從。安上縣為蜀漢所置，但《晉書》、《宋書》等地志未載。有人認為在今四川屏山縣，又有人認為在今四川峨邊。❹張嶷　字伯岐，巴西南充（今四川南部縣）人，初為縣、州屬吏，後為越巂太守十五年。

在郡甚有威惠，深得漢民與少數民族之擁護。傳見《三國志》卷四十三。❺舊治　越巂郡的舊治所在邛都縣，在今四川西昌。

【語　譯】邵陵厲公上

正始元年（庚申　西元二四〇年）

春天，魏國發生旱災。

越巂族多次背叛蜀漢，殺死太守。此後太守不敢到郡治上任，把治所僑寄在安定縣，距原郡治八百多里。漢主劉禪任命巴西人張嶷為越巂太守，張嶷招降安撫新近歸附的百姓，誅殺討伐豪強頑固，少數民族畏懼而降服，郡內全部平定，於是又把治所遷回原來的地方。

冬天，吳國發生饑荒。

二年（辛酉　西元二四一年）

春，吳人將伐魏。零陵太守殷札言於吳主曰：「今天棄曹氏，喪誅❶累見，虎爭之際而幼童涖事❷。陛下身自御戎，取亂侮亡，宜滌荊、揚之地❸，舉彊羸❹之數，使彊者執戟，羸者轉運。西命益州❺，軍于隴右，授諸葛瑾、朱然大眾，直指襄陽，陸遜、朱桓別征壽春，大駕入淮陽❻，歷青、徐。襄陽、壽春困於受敵，長安以西，務禦蜀軍，許、洛之眾，勢必分離，掎角❼並進，民必內應。將帥對向，或失便宜，一軍敗績，則三軍離心；便當秣馬❽脂車❾，陵蹈城邑，乘勝逐北，以定華夏。若不悉軍動眾，循前輕舉，則不足大用，易於屢退，民疲威

消，時往力竭，非上策也。」吳主不能用。

夏，四月，吳全琮略淮南⑩，決芍陂⑪，諸葛恪攻六安⑫，朱然圍樊，諸葛瑾攻柤中⑬。征東將軍王淩、揚州刺史孫禮與全琮戰於芍陂，琮敗走。荊州刺史胡質⑭以輕兵救樊，或曰：「賊盛，不可迫。」質曰：「樊城卑兵少，故當進軍為之外援；不然，危矣。」遂勒兵臨圍，城中乃安。

五月，吳太子登卒。

吳兵猶在荊州，太傅懿曰：「柤中民夷十萬，隔在水南，流離無主；樊城被攻，歷月不解。此危事也，請自討之。」六月，太傅懿督諸軍救樊。吳軍聞之，夜遁，追至三州口⑮，大獲而還。

閏月，吳大將軍諸葛瑾卒。瑾長子[1]恪先已封侯，吳主以恪弟融襲爵，攝兵業⑯，駐公安。

漢大司馬蔣琬以諸葛亮數出秦川⑰，道險，運糧難，卒無成功，乃多作舟船，欲乘漢、沔東下，襲魏興⑱、上庸⑲。會舊疾連動，未時得行。漢人咸以為事有不捷，還路甚難，非長策也。漢主遣尚書令費禕、中監軍⑳姜維等喻指㉑。琬乃上言：「今魏跨帶九州，根蒂滋蔓，平除未易。若東西㉒并力，首尾掎角，雖未

能速得如志，且當分裂蠶食，先摧其支黨。然吳期㉓二三㉔，連不克果㉕。輒與費禕等議，以涼州胡塞之要，進退有資，且羌、胡乃心思漢如渴，宜以姜維為涼州刺史。若維征行，御制河右㉖，臣當帥軍為維鎮繼。今涪㉗水陸四通，惟急是應，若東西有虞，赴之不難，請徙屯涪。」漢主從之。

朝廷欲廣田畜穀於揚、豫之間，使尚書郎汝南鄧艾㉘行陳㉙、項㉚以東至壽春。艾以為：「昔太祖破黃巾，因為屯田，積穀許都以制四方。今三隅已定，事在淮南，每大軍出征，運兵過半，功費巨億。陳、蔡㉛之間，土下㉜田良，可省許昌左右諸稻田，并水㉝東下，令淮北屯[2]二萬人，淮南三萬人，什二分休㉞，常有四萬人且田且守；益開河渠以增溉灌，通漕運。計除眾費，歲完五百萬斛以為軍資，六、七年間，可積三[3]千萬斛於淮上，此則十萬之眾五年食也。以此乘㉟吳，無不克矣。」太傅懿善之。是歲，始開廣㊱漕渠，每東南有事，大興軍眾，汎舟而下，達于江、淮，資食有餘[4]而無水害。

管寧卒。寧名行高潔，人望之者，邈然若不可及，即之熙熙㊲和易。能因事導人於善，人無不化服。及卒，天下知與不知，聞之[5]無不嗟歎。

【章　旨】以上為第七段，寫吳蜀勞師動眾北伐，毫無建樹，魏國卻養蓄力量，待機消滅吳蜀。

【注　釋】❶喪誅　謂國君受天誅而死。此指文帝、明帝相繼死亡。❷涖事　臨事，謂臨朝治事。❸滌荊揚之地　謂全部調動吳國的百姓。因吳國全境共三州，荊、揚、交，荊、揚二州為主要地區。滌，清掃。❹羸　瘦弱。❺益州　指蜀漢。❻淮陽　指淮水以北之地。❼掎角　本謂互相牽制，此指互相配合之勢。❽秣馬　餵飽馬。❾脂車　給車軸加油脂使之滑潤。❿淮南　郡名，曹魏時治所壽春，在今安徽壽縣。⓫芍陂　在今安徽壽縣南，因淠水經白芍亭東與附近諸水積而成湖，故名。宋元以後漸湮沒，今安豐塘為其殘存部分。⓬六安　縣名，縣治在今安徽六安北。⓭相中　地名，在今湖北宜城西。⓮胡質（？—西元二五〇年）字文德，楚國壽春（今安徽壽縣）人，曹操執政時曾為丞相屬。魏文帝時為常山太守。後官至荊州刺史、振威將軍。傳見《三國志》卷二十七。⓯三州口　地名，在當時襄陽東北清水入漢水處。襄陽在今湖北襄樊。⓰攝兵業　謂代其父領兵之業。攝，攝代；代理。⓱秦川　指關中。關中古為秦地，又為平川沃野，故稱秦川。⓲魏興　郡名，治所西城，在今陝西安康西北。⓳上庸　郡名，治所上庸縣，在今湖北竹山縣東南。⓴中監軍　官名，蜀漢置中監軍、前監軍、後監軍、右監軍，位在軍師下。㉑喻指　同「喻旨」。說明旨意。㉒東西　指孫吳與蜀漢。㉓期　邀約；約會。㉔二三　二三次；三番兩次。㉕克果　有結果。㉖河右　又稱河西，指今甘肅、青海兩省黃河以西之地。㉗涪　縣名，縣治在今四川綿陽東。㉘鄧艾　（西元一九七—二六四年）字士載，本義陽棘陽（今河南新野東北）人，曹操破荊州，始徙居汝南，為人養牛。後為典農功曹，為司馬懿重視，召辟為掾屬，又為尚書郎。後為征西將軍，封鄧侯，奉命與鍾會等征蜀，破蜀後，因鍾會等人的誣陷而被殺。傳見《三國志》卷二十八。㉙陳　縣名，縣治在今河南淮陽。㉚項　縣名，縣治在今河南項城東北。㉛蔡　指上蔡縣，縣治在今河南上蔡西南。㉜土下　地勢低下，易於澆灌。㉝水　指汝水、潁水、蒗蕩渠水、渦水等。諸水皆經陳、蔡間東流入淮。㉞什二分休　十分之二的人輪番休息。㉟乘　乘機進攻。㊱開廣　開深拓寬。㊲熙熙　溫和歡樂的樣子。

【校　記】①長子　原誤作「太子」。據章鈺校，甲十六行本、乙十一行本、孔天胤本皆作「長子」，今據校正。②屯　原無此字。據章鈺校，甲十六行本、乙十一行本、孔天胤本皆有此字，張敦仁《通鑑刊本識誤》同，今據補。按，《三國志·魏書·鄧艾傳》有「屯」字。③三　原作「二」。據章鈺校，甲十六行本、乙十一行本、孔天胤本皆作「三」，熊羅宿《胡刻資治通鑑校字記》同，今據改。按，《三國志·魏書·鄧艾傳》亦作「三」。④餘　據章鈺校，甲十六行本、乙十一行本、孔天胤本皆作「儲」。⑤聞之　原無此二字。據章鈺校，甲十六行本、乙十一行本、孔天胤本皆有此二字，張敦仁《通鑑刊本識誤》同，

今據補。

【語　譯】二年（辛酉　西元二四一年）

春，吳國將要進攻魏國。零陵太守殷札對吳主說：「如今上天拋棄了曹氏，國君接連出現遭受天誅。當此猛虎相爭之時，魏國卻讓幼童治理國家。陛下親自統率軍隊，攻取昏亂的敵國，侮辱即將滅亡的敵人，應當發動荊州、揚州地區強弱勞力，讓強壯者手持武器去作戰，讓力弱者運輸糧草。命令西邊的蜀漢，駐軍隴右，調給諸葛瑾、朱然主力大軍，直指襄陽，讓陸遜、朱桓另外出征壽春，陛下大駕進入淮水以北，經略青州、徐州地區。魏國的襄陽、壽春，四面被圍而困窘，西方長安以西則要全力抵抗蜀軍，魏國許昌、洛陽的軍隊，勢必分散到東西二方，我軍各路互相配合，齊頭並進，魏國百姓必然從內部響應。雙方將帥對陣，敵人有一處失誤，有一支部隊戰敗，那麼三軍將士就會離心離德；我軍則應餵飽戰馬，為車加油，踏平城邑，乘勝追擊敗退的敵軍，藉此平定華夏。如果不調發全國的兵眾，還像從前那樣只是輕微舉動，就不足以起大作用，而容易節節敗退，這樣就會使百姓疲勞而國威消亡，隨著時間的流逝而耗盡國力，不是好策略。」吳主孫權沒有採納。

夏，四月，吳國全琮攻掠淮南地區，掘開芍陂堤壩，諸葛恪進攻六安，朱然包圍樊城，諸葛瑾進攻柤中。魏國征東將軍王淩、揚州刺史孫禮與全琮在芍陂交戰，全琮戰敗逃走。魏國荊州刺史胡質率領輕裝軍隊救援樊城，有人說：「賊軍勢盛，不可逼近。」胡質說：「樊城城牆低矮，守兵又少，所以應進軍做他們的外援；不然的話，樊城就危險了。」胡質於是率軍逼近樊城的敵軍包圍圈，城中這才安定下來。

五月，吳國的太子孫登去世。

吳國軍隊還在荊州，太傅司馬懿說：「柤中的漢民和夷人有十萬人，如今被隔離在河南，流離失所，沒有頭領；樊城受圍攻，一個多月還未解圍。這是很危急的事，我請求親自率兵討伐。」六月，太傅司馬懿督率各軍救援樊城。吳軍得知這個消息，連夜逃走，魏軍追到三州口，取得巨大收穫，勝利班師。

閏六月，吳國大將軍諸葛瑾去世。諸葛瑾的長子諸葛恪在此以前已被封為侯爵，吳主命諸葛恪的弟弟諸葛融承襲諸葛瑾的爵位，攝理兵事，駐守在公安縣。

蜀漢的大司馬蔣琬鑑於諸葛亮多次出兵秦川，因道路險阻，運糧困難，終未成功，因此大造舟船，打算沿著漢水、沔水東下，襲擊魏國的魏興、上庸。正趕上蔣琬的舊病連連發作，沒有能夠及時行動，蜀漢人都認為按蔣琬的計畫行動若不成功，退軍的道路十分艱難，不是好的策略。漢主劉禪派尚書令費禕、中監軍姜維等人去見蔣琬，說明想法。蔣琬因此上疏說：「現在魏國地跨九州，根基不斷鞏固，要想剷除它並不容易。如果東西合力，首尾呼應，雖然不能很快達到目的，總能分裂魏地逐步蠶食，先摧毀它的邊陲支黨，但與吳國三番兩次約定行動計畫，卻接連沒有結果。臣就和費禕等人商議，認為涼州胡人地區是重要的邊塞，進退都有依托，而且當地的羌人、胡人，思念漢朝如飢似渴，應當任命姜維為涼州刺史，如果姜維出征，控制河西地區，臣就率軍做姜維的後繼。現今涪縣水陸四通八達，可以應付危急，如果蜀與吳有意外危機，從這裡赴難就不困難，請求將大軍移至涪縣駐紮。」漢主劉禪聽從了這個建議。

魏國朝廷想在揚州、豫州之間推廣屯田積蓄糧食，於是，命尚書郎汝南人鄧艾徇行陳縣、項縣以東前往壽春。鄧艾認為：「當年太祖打敗黃巾軍，乘機進行屯田，在許昌積蓄糧食以控制四方。如今西、北、東三面都已平定，只有淮河以南還有戰事，每次大軍出征，運糧的士兵超過半數，耗用軍費以億萬計。陳縣、蔡縣之間，地勢低下是水稻良田，可以省去許昌附近各處稻田用水，使各條水流順著汝、潁等河東下灌溉，命令在淮河之北屯駐的二萬人，在淮河之南屯駐的三萬人，按十分之二分班輪休，這樣就經常有四萬人一邊種田一邊防守；還要增開河渠加強灌溉能力，又可通漕運。計算起來除掉各種費用，每年可上交五百萬斛糧食作為軍需，六、七年間，在淮河地區可蓄積三千萬斛糧食，這足夠十萬軍隊五年的軍糧。用來進攻吳國，沒有不勝利的。」太傅司馬懿認為很好。這一年，開始挖深拓寬漕渠，每次東南發生戰事，大舉出兵，泛舟而下，直達長江、淮河，糧食有餘而沒有水害。

管寧去世。管寧名高行潔，人們都仰望他，好像遠不可及，若接近他，和悅平易。他能順事引導人們向

善，人們無不感化信服。到他逝世時，天下無論認識和不認識他的，聽到了沒人不悲傷歎息。

三年（壬戌　西元二四二年）

春，正月，漢姜維率偏軍❶自漢中還住涪。○吳主立其子和❷為太子，大赦。

三月，昌邑景侯滿寵卒。

秋，七月乙酉❸，以領軍將軍蔣濟為太尉。

吳主遣將軍聶友❹、校尉陸凱❺將兵三萬擊儋耳❻、珠崖❼。

八月，吳主封子霸❽為魯王❾。霸，和母弟也，寵愛崇特，與和無殊。尚書僕射是儀領魯王傅，上疏諫曰：「臣竊以為魯王天挺懿德，兼資文武。當今之宜，宜鎮四方，為國藩輔，宣揚德美，廣耀威靈。乃國家之良規，海內所瞻望。且二宮❿宜有降殺⓫，以正上下之序，明教化之本。」書三、四上，吳主不聽。

【章旨】以上為第八段，寫吳主孫權，既立孫和為太子，又封愛子孫霸為魯王，二子並貴，為孫霸爭太子位張本。

【注釋】❶偏軍　即偏師，全軍的一部分，有別於主力軍。當時蜀漢軍隊主力由蔣琬統領，姜維所統僅為一部分軍隊。❷和　孫和，字子孝，好學善射，精識聰敏。後被全公主譖毀，廢為南陽王。孫峻執政後又被賜死。傳見《三國志》卷五十九。❸乙酉　七月十九日。❹聶友　字文悌，後為丹陽太守。事見《三國志・吳書・諸葛恪傳》及裴注引《吳錄》。❺陸凱　字敬風，

吳郡吳縣（今江蘇蘇州）人，陸遜之族孫。孫權時曾為儋耳太守、綏遠將軍等。孫晧時官至左丞相。傳見《三國志》卷六十一。❻儋耳　郡名，漢武帝時置，治所在今海南儋州西北。❼珠崖　郡名，治所徐聞，在今廣東徐聞西。❽霸　孫霸，字子威，後與太子孫和不睦，太子被廢，霸亦被賜死。傳見《三國志》卷五十九。❾魯王　魯地不在吳國境內，此當為遙封。❿二宮　指太子孫和與魯王孫霸。⓫降殺　差別；等差。

【語譯】三年（壬戌　西元二四二年）

春，正月，漢將姜維率領偏軍從漢中返回涪縣駐守。○吳主封他兒子孫和為太子，大赦天下。

三月，魏國昌邑景侯滿寵去世。

秋，七月十九日乙酉，魏國任命領軍將軍蔣濟為太尉。

吳主派將軍聶友、校尉陸凱率兵三萬進攻儋耳郡、珠崖郡。

八月，吳主封兒子孫霸為魯王。孫霸，是孫和的同母弟弟，特別受到寵愛，與孫和沒有差別。尚書僕射是儀兼任魯王的師傅之官，上疏勸諫說：「臣認為魯王有天生美德，文武兼備。現在合適的安排，應派魯王鎮守四方邊境，作為國家的屏藩，廣傳美德，向天下炫耀我皇的威靈。這才是國家的良謀善策，也是舉國人士所企盼的。況且太子與親王二者在待遇上應該有等級之別，以擺正上下的秩序，彰顯教化的根本。」奏書上了三、四次，吳主不聽從。

四年（癸亥　西元二四三年）

春，正月，帝加元服❶。○吳諸葛恪襲六安，掩其人民而去。

夏，四月，立皇后甄氏，大赦。后，文昭皇后兄儼之孫也。

五月朔，日有食之，既❷。

冬，十月，漢蔣琬自漢中還住涪，疾益甚。以漢中太守王平為前監軍、鎮北大將軍，督漢中。

十一月，漢主以尚書令費禕為大將軍、錄尚書事。○吳丞相顧雍卒。

吳諸葛恪遠遣諜人❸觀相徑要，欲圖壽春。太傅懿將兵入舒❹，欲以攻恪，吳主徙恪屯於柴桑❺。

步騭、朱然各上疏於吳主曰：「自蜀還者，咸言蜀欲背盟，與魏交通，多作舟船，繕治城郭。又，蔣琬守漢中，聞司馬懿南向，不出兵乘虛以掎角之，反委漢中，還近成都。事已彰灼❻，無所復疑，宜為之備。」吳主答曰：「吾待蜀不薄，聘享盟誓，無所負之，何以致此！司馬懿前來入舒，旬日便退，蜀在萬里，何知緩急而便出兵乎！昔魏欲入漢川，此間始嚴❼，亦未舉動❽，會聞魏還而止；蜀寧可復以此有疑邪！人言苦不可信，朕為諸君破家保之。」

征東將軍、都督揚、豫❾諸軍事王昶上言：「地有常險，守無常勢。今屯宛去襄陽三百餘里，有急不足相赴。」遂徙屯新野❿。

宗室曹冏⓫上書曰：「古之王者，必建同姓以明親親⓬，必樹異姓以明賢賢⓭。親親之道專用，則其漸也微弱；賢賢之道偏任，則其敝也劫奪⓮。先聖知其然也，

故博求親疏而並用之，故能保其社稷，歷紀長久。今魏尊尊之法⑮雖明，親親之道未備，或任而不重，或釋而不任。臣竊惟⑯此，寢不安席，謹撰合⑰所聞，論其成敗曰：昔夏、商、周歷世數十，而秦二世而亡，何則？三代之君與天下共其民⑱，故天下同其憂；秦王獨制其民，故傾危而莫救也。秦觀周之敝，以為小弱見奪，於是廢五等之爵⑲，立郡縣之官，內無宗子⑳以自毗輔㉑，外無諸侯以為藩衛，譬猶芟刈㉒股肱㉓，獨任胸腹，觀者為之寒心，而始皇晏然自以為子孫帝王萬世之業也，豈不悖哉！故漢祖奮㉔三尺之劍，驅烏合[1]之眾，五年之中，遂成帝業。何則？伐深根者難為功，摧枯朽者易為力，理勢然也。漢監秦之失，封殖子弟。及諸呂擅權，圖危劉氏，而天下所以不傾動者，徒以諸侯彊大，盤石膠固㉕故[2]也。然高祖封建，地過古制，故賈誼以為㉖欲天下之治安，莫若眾建諸侯而少其力，文帝不從。至於孝景，猥㉗用鼂錯之計㉘，削黜諸侯，遂有七國之患。蓋兆發高帝，釁㉙鍾㉚文、景，由寬之過制，急之不漸故也。所謂㉛『末大必折㉜，尾大難掉㉝』，尾同於體，猶或不從，況乎非體之尾，其可掉哉！武帝從主父㉞之策，下推恩之令，自是之後，遂以陵夷，子孫微弱，衣食租稅，不預政事。至于哀、平，王氏秉權，假周公之事㉟而為田常㊱之亂，宗室王[3]侯，或乃為之符命㊲，

頌莽恩德，豈不哀哉！由斯言之，非宗子獨忠孝於惠、文之間而叛逆於哀、平之際也，徒權輕勢弱，不能有定耳。賴光武皇帝挺不世之姿，擒王莽於已成，紹漢嗣於既絕，斯豈非宗子之力也！而曾不監秦之失策，襲周之舊制，至於桓、靈，閹宦用事，君孤立於上，臣弄權於下，由是天下鼎沸，姦宄㊳並爭，宗廟焚為灰燼，宮室變為榛藪㊴。

「太祖皇帝龍飛鳳翔，掃除凶逆。大魏之興，于今二十有四年矣，觀五代㊵之存亡而不用其長策，覩前車之傾覆而不改於轍迹。子弟王空虛之地㊶，君有不使之民㊷；宗室竄於閭閻，不聞邦國之政，權均匹夫，勢齊凡庶。內無深根不拔之固，外無盤石宗盟㊸之助，非所以安社稷，為萬世之業也。且今之州牧、郡守，古之方伯、諸侯，皆跨有千里之土，兼軍武之任，或比國數人，或兄弟並據。而宗室子弟曾無一人間廁㊹其間，與相維制，非所以彊榦弱枝，備萬一之虞㊺也。今之用賢，或超為名都之主，或為偏師之帥。而宗室有文者必限小縣之宰，有武者必置[4]百人之上㊻，非所以勸進賢能、褒異宗室之禮也。語曰：『百足㊼之蟲，至死不僵㊽。』以其扶之者眾也。此言雖小，可以譬大。是以聖王安不忘危，存不忘亡，故天下有變而無傾危之患矣。」冏冀以此論感悟曹爽，爽不能用。

【章　旨】以上為第九段，寫魏國宗室曹冏上奏，要求輔政的曹爽封宗室，加重皇族親戚的權力以輔翼魏朝，曹爽沒有聽從。

【注　釋】❶元服　冠；帽子。❷既　日蝕盡；日全蝕。❸諜人　間諜人員。❹舒　縣名，縣治在今安徽廬江縣西南。當時在魏、吳交界處，成為空曠之地。❺柴桑　縣名，縣治在今江西九江市西南。❻彰灼　明白顯著。❼嚴　整裝。❽未舉動　謂軍隊整裝還未出動。❾揚豫　《三國志・魏書・王昶傳》作「荊、豫」。當是。❿新野　縣名，縣治在今河南新野。⓫曹冏　字元首，少帝曹芳之族祖，作〈六代論〉，欲感悟曹爽，曹爽不能採納。曾為弘農太守。事見《昭明文選》李善注引《魏氏春秋》。⓬親親　和睦親族。⓭賢賢　尊重賢才。⓮劫奪　謂劫奪君權。⓯尊尊之法　即尊重賢才之法。⓰惟　思慮。⓱撰合　猶撮合、總結。⓲與天下共其民　謂封建諸侯，天子與諸侯共治其民。如此，天子與諸侯利益一致，患難同憂。⓳五等之爵　公、侯、伯、子、男五等爵位。⓴宗子　指皇室成員。《詩經・大雅・生民・板》：「宗子維城，無俾城壞。」此宗子為王之嫡子。㉑毗輔　輔助。㉒芟刈　割除。㉓股肱　大腿和胳膊。㉔奮　奮舉。㉕膠固　堅固。㉖賈誼以為　賈誼之說見其所上〈治安策〉，載《漢書・賈誼傳》。㉗猥　苟且。㉘鼂錯之計　漢景帝時鼂錯為御史大夫，建議逐步削奪諸侯封地，以鞏固中央集權，得到漢景帝的採納，吳楚七國遂藉誅鼂錯為名起兵反叛。事見《漢書・鼂錯傳》。㉙釁　釁隙；矛盾。㉚鍾　聚集。㉛所謂　所謂之語為《左傳》昭公十一年申無宇對楚靈王之言。㉜末大必折　謂樹梢大於樹幹，遇風必折斷。末，樹梢。㉝尾大難掉　謂牛馬之尾太大就難以擺動。掉，擺動。㉞主父　主父偃。漢武帝時為中大夫，建議削弱諸侯勢力，使諸侯王推恩分其地與諸子為侯。漢武帝採納後下「推恩令」，從此王國封地逐漸縮小，名存實亡。事見《漢書・主父偃傳》。㉟假周公之事　王莽藉周公輔佐成王之名而篡漢。㊱田常　即田成子，春秋時齊國大臣。於西元前四八一年殺死齊簡公，擁立齊平公，自任齊相，遂專齊政。事見《史記・齊世家》。㊲符命　古代文體之一種。即述說祥瑞徵兆為帝王歌功頌德的文章。㊳姦宄　為非作歹的人。㊴榛藪　草木叢生之地。㊵五代　指夏、商、周、秦、漢五代。㊶空虛之地　謂只有封國之名，而無王侯的實權。㊷不使之民　不能使喚的民眾。㊸宗盟　謂同姓諸侯盟會。㊹廁　通「側」。置。㊺虞　憂患。㊻百人之上　指百夫長，軍隊下層小官。㊼百足　蟲名，又名馬陸，馬蚿。長一寸左右，體如圓管，有很多環節和腿足，切斷後仍能蠕動不倒。㊽僵　倒。

【校　記】①合　據章鈺校，甲十六行本、乙十一行本、孔天胤本皆作「集」。②故　原無此字。據章鈺校，甲十六行本、

乙十一行本、孔天胤本皆有此字，張敦仁《通鑑刊本識誤》同，今據補。③王　原作「諸」。據章鈺校，甲十六行本、乙十一行本、孔天胤本皆作「王」，張敦仁《通鑑刊本識誤》同，今據改。④置　據章鈺校，甲十六行本、乙十一行本皆作「致」。

【語　譯】四年（癸亥　西元二四三年）

春，正月，魏國皇帝舉行冠禮。○吳國諸葛恪襲擊六安，劫掠當地百姓而去。

夏，四月，魏國皇帝冊立甄氏為皇后，宣布大赦。甄皇后，是文昭皇后哥哥甄儼的孫女。

五月初一日，發生日蝕，是日全蝕。

冬，十月，蜀漢蔣琬從漢中回駐涪縣，疾病更重。任命漢中太守王平為前監軍、鎮北大將軍，督理漢中軍務。

十一月，漢後主任命尚書令費禕為大將軍、錄尚書事。○吳國丞相顧雍去世。

吳國諸葛恪派間諜深入魏國偵察路徑和險要之處，打算進攻壽春。魏國太傅司馬懿率兵進駐舒縣，想攻擊諸葛恪，吳主把諸葛恪調駐柴桑。

吳國步騭、朱然各自向吳主上疏說：「從蜀國回來的人，都說蜀國想背叛盟約，與魏國結交，大量製造舟船，修繕城牆。此外，蔣琬駐守漢中，聽說司馬懿率兵南下，不出兵乘魏空虛與我國配合，反而放棄漢中，返回靠近成都的涪縣。事情已經明顯，沒有懷疑之處，應當有所防備。」吳主回答說：「我待蜀國不薄，無論聘訪宴享還是盟誓，沒有對不起它的地方，哪裡會到這種地步！司馬懿前來進入舒縣，不過十天就退走了，蜀國在萬里之外，怎麼能知道這裡情況緊急就立即出兵呢！先前魏國打算進入漢川，我國也只是整裝待發，並未有所動作，正巧得知魏兵撤退，我們也就按兵不動；對待蜀國，難道還能因這種情況懷疑他們嗎！人們的傳言很不可信，我用身家性命向諸君擔保，蜀國不會背盟。」

魏國征東將軍，都督揚州、豫州諸軍事王昶上奏說：「地形有平常險要之分，防守也沒有一成不變的形勢。現今我駐軍宛城，距離襄陽三百多里，一旦襄陽發生緊急情況，來不及救援。」於是移駐新野。

魏國宗室曹冏上奏說：「古代的君王，一定要封同姓的諸侯，以此表明對親族的親近和睦，一定要封異姓的諸侯，以此表明對賢人的尊重。若一味專用親族，政權就會逐漸走向衰弱；若一味偏任賢人，就會產生篡權的弊端。先聖深知這一道理，所以廣求親疏一併加以任用，所以能保住他的政權，且能經歷很久的年代。現今魏國尊重賢才的措施雖然彰明，但提拔親族的措施尚未完備，親族中的人有的雖被任用，但沒有委以重任，有的則棄而不用。臣私下思考這個問題，睡覺也不安穩，謹總述自己所見所聞，評說成敗的原因。當年夏、商、周三代都傳位數十代，而秦朝僅僅兩代人就滅亡了，為什麼呢？夏、商、周三代的君主與天下諸侯共同統治民眾，所以天下諸侯與君主一起分擔憂愁；秦王一人統治他的百姓，所以傾覆危亡而無人來挽救。秦朝認識到周朝的弊病，認為弱小諸侯終會被強大諸侯吞併，因此廢除了五等爵位制，設立郡縣官長，在朝內沒有宗室輔助天子，在朝外沒有諸侯作為護衛，這好比砍掉自己的四肢，只用胸腹，旁觀的人都感到寒心，但秦始皇卻安然得意，自以為可以把帝位傳給子孫萬代，豈不是荒謬！所以漢高祖揮動三尺之劍，驅馳烏合之眾，五年的時間，便成就帝業。為什麼呢？挖斷根深的大樹難以成功，而摧枯拉朽就不費力氣，這是事理和形勢形成的。漢代以秦代的失誤為鑑戒，分立子弟為諸侯。到呂氏家族專權時，圖謀危害劉氏王朝，但劉家天下並未因此而傾覆動搖，只因為諸侯強大，如同磐石一樣堅固的緣故。但漢高祖分封的諸侯，其國土超過了古代的制度，所以賈誼認為要想使天下長治久安，沒有比多封諸侯而削弱他們的力量更好的辦法，可是漢文帝不聽從。到漢景帝時，輕信鼂錯的主意，削黜諸侯，於是造成七國之亂。這場禍亂的苗頭出現在漢高祖時，而矛盾集中在文、景之時，其原因就在於最初制度過寬，後來又削奪過急。所謂『樹梢粗大樹幹必定折斷，尾巴大了難擺動』，若尾巴與身體一樣粗大，尚且不聽使喚，何況不屬於自己的尾巴，豈能擺動它！漢武帝聽從主父偃的策略，實行『推恩令』，自此之後，諸侯國終於衰敗，他們的子孫越來越微弱，只靠封地的租稅生活，不再參與政事。到了漢哀帝、平帝時代，王氏把持了大權，假借周公輔成王之名而行田常篡齊之事，而宗室王侯中，有人竟然替王莽編造符命歌功頌德，豈不可悲！如此說來，並不是宗室子弟只在惠帝、文帝時代盡忠盡孝，而到了哀帝、平帝時代就叛逆作亂，只是因為權輕勢弱，沒有定力罷了。幸賴光武皇帝

以稀世的才能，在王莽篡國已成之時將他擒獲，在漢代統緒已經斷絕之時又繼承下來，這難道不是靠宗室的力量嗎！但此後未曾以秦朝的失策為鑑戒，採用周代的舊制，到了漢桓帝、靈帝時，宦官把持大權，天子被孤立在上邊，大臣在下邊弄權，因此造成天下大亂，奸邪之人一起爭鬥，皇家宗廟焚為灰燼，宮室變成了草木叢生之地。

「魏太祖龍飛鳳舞而起，掃除了凶逆。大魏的興起，到現在已經二十四年了，考察夏、商、周、秦、漢五代的存亡卻不採用他們的善策，看到前車的傾覆卻不改車跡。宗室子弟被封在空虛之地，君王有不能支使的民眾；宗室流落在民間，不能參與國家的政治；權力與匹夫相同，勢力與庶民相當。君王內部沒有根深蒂固的基礎，外部沒有如磐石一樣的宗族同盟的幫助，這不是安定國家，建萬世之業的好策略。況且如今的州牧和郡守，就是古代的一方大吏或強大諸侯，都跨有千里的土地，並且兼任武職，有的一家之中有好幾人擔任州郡的長官，有的是兄弟並肩任職。但宗室子弟卻不曾有一人側身其中，和他們相互牽制，這不是強幹弱枝、以防備萬一事變的舉措。現今任用賢才，有的越級成為名城的長官，有的成為偏師的主帥。而宗室中有文才的人非要限定只能當小縣的縣長，有武略的人只能當個百夫長，這不是用來鼓勵賢能、褒獎宗室的制度。俗話說：『百足之蟲，至死不僵。』這是因為扶助牠的腿腳眾多的緣故。這話所說的事情微小，但可用來比喻國家大事。因此聖明的君王安不忘危，存不忘亡，所以天下雖有變亂但並無傾覆危亡之禍。」曹冏希望用這一論說感悟曹爽，但曹爽沒有採納。

五年（甲子　西元二四四年）

春，正月，吳主以上大將軍陸遜為丞相，其州牧❶、都護❷、領武昌事如故。

征西將軍、都督雍、涼諸軍事夏侯玄，大將軍爽之姑子也。玄辟李勝為長史，

勝及尚書鄧颺欲令爽立威名於天下，勸使伐蜀，太傅懿止之，不能得。

三月，爽西至長安，發卒十餘萬人，與玄自駱口❸[1]入漢中。

漢中守兵不滿三萬，諸將皆恐，欲守城不出，以待涪兵❹。王平曰：「漢中去涪垂❺千里，賊若得關❻，便為深禍。今宜先遣劉護軍❼據興勢❽，平為後拒。若賊分向黃金❾，平帥千人下自臨之，比爾間❿涪軍亦至，此計之上也。」諸將皆疑，惟護軍劉敏與平意同，遂帥所領據興勢，多張旗幟，彌亙⓫百餘里。

閏月，漢主遣大將軍費禕督諸軍救漢中。將行，光祿大夫來敏⓬詣禕別，求共圍棋。于時羽檄交至，人馬擐甲，嚴駕已訖，禕與敏對戲，色無厭倦。敏曰：「向⓭聊⓮觀試君耳。君信可人⓯，必能辦⓰[2]賊者也。」

夏，四月丙辰朔，日有食之。

大將軍爽兵距興勢不得進，關中及氐、羌轉輸不能供，牛馬騾驢多死，民夷號泣道路，涪軍及費禕兵繼至。參軍楊偉為爽陳形勢，宜急還，不然，將敗。鄧颺、李勝與偉爭於爽前。偉曰：「颺、勝將敗國家事，可斬也！」爽不悅。

太傅懿與夏侯玄書曰：「春秋責大德重。昔武皇帝再入漢中，幾至大敗，君所知也。今興勢至險，蜀已先據，若進不獲戰，退見邀絕⓱，覆軍必矣，將何以

任其責！」玄懼，言於爽。五月，引軍還。費禕進據三嶺⑱以截爽。爽爭險苦戰，僅乃得過，失亡甚眾，關中為之虛耗。

秋，八月，秦王詢卒。

冬，十二月，安陽孝侯崔林卒。

是歲，漢大司馬琬以病固讓州職於大將軍禕，漢主乃以禕為益州刺史，以侍中董允守尚書令，為禕之副。

時戰[3]國⑲多事，公務煩猥⑳。禕為尚書令，識悟過人，每省讀文書，舉目暫視，已究其意旨，其速數倍於人，終亦不忘。常以朝晡㉑聽事㉒，其間接納賓客，飲食嬉戲，加之博弈㉓，每盡人之歡，事亦不廢。及董允代禕，欲斅㉔禕之所行，旬日之中，事多愆滯㉕。允乃歎曰：「人才力相遠若此，非吾之所及也！」乃聽事終日而猶有不暇焉。

【章　旨】以上為第十段，寫曹爽伐蜀遭敗績。

【注　釋】❶州牧　陸遜以前為荊州牧。❷都護　官名，統內外軍事。吳置左、右都護，陸遜以前為右都護。❸駱口　即駱谷口。駱谷為秦嶺的一條谷道，全長四百多里，北口在陝西周至西南，南口在洋縣北。此處指北口。❹涪兵　自蔣琬駐屯涪縣後，蜀漢之重兵即在涪縣。❺垂　將近。❻關　指關城，又名張魯城，亦即陽平關，在今陝西勉縣西北白馬城。❼劉護軍　即劉敏，當時為左護軍。❽興勢　山名，在今陝西洋縣北。❾黃金　即黃金戍，在今陝西洋縣東北。❿比爾間　等到那時。

⑪彌亙　連綿不斷。⑫來敏　字敬達，義陽新野人，漢末入蜀，劉備得益州後，為典學校尉。後主劉禪時，因言語不慎，數次被貶削，後為執慎將軍，意思是使他慎言。傳見《三國志》卷四十二。⑬向　先前。⑭聊　只不過。⑮可人　讓人滿意的人。⑯辨　通「辦」。戰勝。⑰邀絕　阻截隔絕；切斷。⑱三嶺　指秦嶺駱谷道中的三嶺，即沈嶺、衙嶺、分水嶺。⑲戰國　謂國家常有戰爭。⑳煩猥　煩雜。㉑晡　申時，即下午三點至五點。㉒聽事　處理政事。㉓博弈　玩六博，下圍棋。㉔斆　學；效法。㉕愆滯　積壓被耽誤。

【校　記】①駱口　據章鈺校，甲十六行本、乙十一行本皆作「駱谷」。②辨　據章鈺校，甲十六行本、乙十一行本、孔天胤本皆作「辦」。③戰　嚴衍《通鑑補》改作「軍」，當是。

【語　譯】五年（甲子　西元二四四年）

春，正月，吳主任命上大將軍陸遜為丞相，他擔任的荊州刺史、右都護及兼任武昌長官等職務仍照舊不變。

魏國征西將軍、都督雍州、涼州諸軍事夏侯玄，是大將軍曹爽姑姑的兒子。夏侯玄徵召李勝為長史，李勝和尚書鄧颺想讓曹爽在天下樹立威名，於是鼓動曹爽伐蜀，太傅司馬懿阻止，但沒有成功。

三月，曹爽西到長安，發兵十餘萬人，與夏侯玄一起從駱口進入漢中。

漢中守兵不足三萬，各位將領都十分恐懼，只想守城不出，以等待涪縣的救兵。王平說：「漢中距涪縣將近一千里，賊軍如果佔領了關城，就會成為大禍。現在應該先派劉護軍佔據興勢山，我作他的後援。如果賊軍分兵向黃金戍進發，我率一千人下山親自去迎戰，等到那時，涪縣的援軍也就趕到了，這是最好的策略。」各位將領都表示懷疑，只有護軍劉敏和王平意見相同，於是率領自己的部隊進駐興勢山，廣樹旗幟，綿延一百多里。

閏三月，漢後主派大將軍費禕統率各軍救援漢中。臨出發時，光祿大夫來敏前來為費禕送別，要求一同下盤圍棋。此時加急文書接連送到，軍人穿上鎧甲，戰馬備好雕鞍，整裝待發，費禕卻與來敏對弈，臉上毫無厭倦之意。來敏說：「前面只不過是試試你罷了。你確實是讓人滿意合適的人選，此去必定能打敗賊軍。」

夏，四月初一日丙辰，發生日蝕。

大將軍曹爽的部眾被興勢山阻隔不能前進，關中和氐族、羌族轉運的軍糧供應不上，牛馬驢騾多被累死，漢人和氐人、羌人在路上哭泣，涪縣的蜀軍和費禕的救兵相繼趕到。參軍楊偉為曹爽分析形勢，認為應該馬上撤軍，不然的話，將要失敗。鄧颺、李勝與楊偉在曹爽面前爭論，楊偉說：「鄧颺、李勝將要敗壞國家的大事，應該斬首！」曹爽聽了很不高興。

太傅司馬懿給夏侯玄寫信說：「《春秋》認為，所負責任大則所受的恩德也重。當年武皇帝兩次進入漢中，幾乎大敗，這是你所知道的。現在興勢山至為險要，蜀兵已搶先佔守，如果我軍前進蜀軍不出來交戰，退路又被截斷，定會全軍覆沒，你將如何負這個責任！」夏侯玄很害怕，告訴了曹爽。五月，曹爽率軍退還。費禕前進佔領三嶺攔截曹爽。曹爽爭奪險要，經過苦戰，僅僅能夠通過，但散失死亡的士兵很多，關中地區因此被削弱。

秋，八月，魏國秦王曹詢去世。

冬，十二月，魏國的安陽孝侯崔林去世。

這一年，蜀漢的大司馬蔣琬因病堅持要把益州刺史的職務讓給大將軍費禕，漢後主於是任命費禕為益州刺史，任命侍中董允代理尚書令，作為費禕的副手。

此時國家正因戰爭陷入多事之秋，公務繁瑣雜亂。費禕擔任尚書令時，記憶力和理解力都超過常人，每次閱讀文書，抬眼瓢一下，就已明白主要的意思，速度比別人快好多倍，而且始終不會忘記。每天常常從早飯到晚飯時處理政務，其間還接待賓客，飲食遊戲，加上下棋，能使每人盡歡，公事也沒有荒廢。等到董允代替費禕，想效法費禕的做法，只有十來天的時間，很多公事積壓耽誤。董允於是感歎說：「人的才能相差如此之遠，並非我所能趕得上的！」於是整日處理公務還覺得時間不夠用。

六年（乙丑　西元二四五年）

春，正月，以票騎將軍趙儼為司空。

吳太子和與魯王同宮，禮秩❶如一，羣臣多以為言。吳主乃命分宮別僚❷，二子由是有隙。

衛將軍全琮遣其子寄事魯王，以書告丞相陸遜，遜報曰：「子弟苟有才，不憂不用，不宜私出❸以要榮利；若其不佳，終為取禍。且聞二宮勢敵，必有彼此，此古人之厚忌也。」寄果阿附魯王，輕為交搆❹。遜書與琮曰：「卿不師日磾❺而宿留❻阿寄，終為足下家門[1]致禍矣。」琮既不納[2]遜言，更以致隙。

魯王曲意交結當時名士。偏將軍朱績以膽力稱，王自至其廨❼，就之坐，欲與結好。績下地住立，辭而不當。績，然之子也。

於是自侍御、賓客，造為二端，仇黨疑貳，滋延大臣，舉國中分。吳主聞之，假❽以精學，禁斷賓客往來。督軍使者羊衜上疏曰：「聞明詔省奪二宮備衛，抑絕賓客，使四方禮敬不復得通，遠近悚然❾，大小失望。或謂二宮不遵典式❿，就如所嫌，猶宜[3]補察，密加斟酌，不使遠近得容異言。臣懼積疑成謗，久將宣流。而西北二隅⓫，去國不遠，將謂二宮有不順之愆，不審陛下何以解之！」

吳主長女魯班⑫適左護軍全琮，少女小虎適驃騎將軍朱據。全公主與太子母王夫人有隙，吳主欲立王夫人為后，公主阻之。恐太子立怨己，心不自安，數譖毀太子。吳主寢疾，遣太子禱於長沙桓王⑬廟。太子妃叔父張休居近廟，邀太子過所居。全公主使人覘視⑭，因言「太子不在廟中，專就妃家計議」；又言「王夫人見上寢疾，有喜色」。吳主由是發怒，夫人以憂死，太子寵益衰。

魯王之黨楊竺、全寄、吳安、孫奇等共譖毀太子，吳主惑焉。陸遜上疏諫曰：「太子正統，宜有盤[4]石之固，魯王藩臣，當使寵秩有差，彼此得所，上下獲安。」書三四上，辭情危切⑮，又欲詣都，口陳嫡庶之義。吳主不悅。

太常顧譚，遜之甥也，亦上疏曰：「臣聞有國有家者，必明嫡庶之端，異尊卑之禮，使高下有差，等級踰邈⑯。如此，則骨肉之恩全，覬覦⑰之望絕。昔賈誼陳治安之計⑱，論諸侯之勢，以為勢重雖親，必有逆節之累⑲；勢輕雖疏，必有保全之祚[5]。故淮南⑳親弟，不終饗國㉑，失之於勢重也；吳芮㉒疏臣，傳祚長沙，得之於勢輕也。昔漢文帝使慎夫人與皇后同席，袁盎退夫人之位，帝有怒色。及盎辨上下之義㉓，陳人彘㉔之戒，帝既悅懌㉕，夫人亦悟。今臣所陳，非有所偏，誠欲以安太子而便魯王也。」由是魯王與譚有隙。

芍陂之役㉖，譚弟承及張休皆有功，全琮子端、緒與之爭功，譖承、休於吳主，吳主徙譚、承、休於交州，又追賜休死。

太子太傅吾粲㉗請使魯王出鎮夏口，出楊竺等不得令在京師；又數以消息語陸遜。魯王與楊竺共譖之。吳主怒，收粲下獄，誅。數遣中使責問陸遜，遜憤恚㉘而卒。其子抗㉙為建武校尉，代領遜眾，送葬東還㉚。吳主以楊竺所白遜二十事問抗，抗事事條答，吳主意乃稍解。

【章旨】以上為第十一段，寫吳主孫權不聽大臣勸諫，偏愛魯王，嫡庶平禮，導致舉國中分，漸成禍端。

【注釋】❶禮秩　禮儀等級。❷別僚　分別置官屬。❸私出　私自派出。❹交搆　相互構陷。指全寄為魯王孫霸虛造事態與太子孫和互相構陷。❺日磾　即西漢時的金日磾。本匈奴休屠王之子。昆邪王殺休屠王降漢後，日磾被沒入宮養馬，受到漢武帝的賞識，被任命為侍中、駙馬都尉、光祿大夫。日磾之子為漢武帝弄兒，常在漢武帝左右。弄兒長大後，行為不檢點，曾在殿下與宮女戲玩，日磾看見後，認為弄兒淫亂，便殺了弄兒。事見《漢書・金日磾傳》。❻宿留　包容庇護。❼廨　官署。❽假　假託；藉口。❾悚然　恐懼的樣子。❿典式　準則。⓫西北二隅　指蜀、魏二國。⓬魯班　即全公主，與小虎皆步夫人所生。⓭長沙桓王　即孫策。孫權稱帝後追諡孫策為長沙桓王，並立廟於建業。⓮覘視　偷偷察看。⓯辭情危切　謂上書之言辭切直而不諱。⓰踰邈　拉開距離。邈，遙遠。⓱覬覦　非分的希望。⓲賈誼陳治安之計　指西漢文帝時賈誼上奏〈治安策〉，其中指出諸侯勢力過大，如同大腿膨脹得像腰一樣粗，身體無法動彈，這種情況叫尾大不掉。事見《漢書・賈誼傳》。⓳累　憂患。⓴淮南　指漢高帝少子劉長。漢高帝時劉長封為淮南王，至漢文帝即位後，劉長以為自與文帝同為高帝子，最親密，便傲慢放縱，不遵法制，甚至不用漢法，自作法令。當時薄太后、太子及諸大臣都畏懼他。後劉長又支使人謀反，並

與閩越、匈奴聯絡，事情暴露後，被削王爵，流放蜀郡嚴道，途中自殺。事見《漢書・淮南厲王傳》。㉑不終饗國　不能最終享有封國。㉒吳芮　秦末起兵反秦，項羽勢盛時，立為衡山王。後吳芮追隨劉邦，劉邦稱帝後即封他為長沙王。後又以吳芮忠心，特著於令，其子孫皆累世相傳為長沙王。事見《漢書・吳芮傳》。㉓盎辨上下之義　袁盎對漢文帝說：「臣聞尊卑有序則上下和，今陛下既已立后，慎夫人乃妾，妾主豈可以同坐哉！且陛下幸之，則厚賜之。陛下所以為慎夫人，適所以禍之也。獨不見人豕乎？」事見《漢書・爰盎傳》。㉔人彘　指西漢呂太后殘害戚夫人事件。漢高帝時寵愛戚夫人及其子趙王如意，至惠帝即位後，呂后遂毒死趙王如意，又因戚夫人，並砍去其手腳，稱為「人彘」。事見《漢書・外戚呂后傳》。㉕懌　歡喜。㉖芍陂之役　指魏正始二年、吳赤烏四年（西元二四一年），孫權四路北伐。衛將軍全琮略淮南，與魏將王淩、孫禮戰於芍陂；威北將軍諸葛恪攻六安，車騎將軍朱然圍樊，大將軍諸葛瑾攻柤中。此役是孫權在位最後一次大舉北伐，諸路皆無功而還。㉗吾粲　字孔休，吳郡烏程（今浙江吳興南）人，初為山陰令、會稽太守，後官至太子太傅。傳見《三國志》卷五十七。㉘恚　怒恨。㉙抗　陸抗，字幼節，孫策之外孫。孫權時官至征北將軍。孫皓即位後，為鎮軍大將軍、都護等，後官至大司馬。傳見《三國志》卷五十八。㉚東還　陸遜卒於荊州，從荊州還吳安葬，故稱東還。

【校　記】①家門　據章鈺校，甲十六行本、乙十一行本、孔天胤本皆作「門戶」。②納　原作「答」。據章鈺校，甲十六行本、乙十一行本、孔天胤本皆作「納」，張瑛《通鑑校勘記》同，今據改。③宜　原作「且」。據章鈺校，甲十六行本、乙十一行本、孔天胤本皆作「宜」，今據改。④盤　據章鈺校，甲十六行本作「磐」，二字同。⑤祚　據章鈺校，甲十六行本作「福」。

【語　譯】六年（乙丑　西元二四五年）

春，正月，魏國任命票騎將軍趙儼為司空。

吳國太子孫和與魯王孫霸同住一處宮殿，禮儀等級相同，群臣對此多有議論。吳主於是命令二人分住二宮，也分別設立各自的官屬，孫和與孫霸由此產生隔閡。

衛將軍全琮派他兒子全寄侍奉魯王孫霸，寫信向丞相陸遜通告這件事。陸遜回信說：「子弟如果有才能，不必擔心不被任用，不應私自派出以求名利；如果他表現不好，最終會招災惹禍。況且聽說太子與魯王已成敵對之勢，你兒子不為此即為彼，這樣做是古人最為忌諱的。」全寄果然依附魯王，輕率地使魯王與太子交

相構陷。陸遜又寫信對全琮說：「你不學金日磾而包容庇護阿寄，最終會給你家門招禍的。」全琮不但不接受，反而因此產生矛盾。

魯王孫霸用盡心機來結交當時的知名人士。偏將軍朱績以膽力著稱，魯王親自到他的官署，湊近他坐下，想與他結交。朱績從座位上下來站立在一旁，推辭不敢當。朱績，是朱然的兒子。

於是太子與魯王手下的侍從和賓客，分為兩大派，各自結成敵對的黨與相互猜疑，漫延到大臣中間，全國分為兩大派。吳主得知此事，藉口太子和魯王要精心學習，禁止賓客來往。督軍使者羊衜上疏說：「臣得知英明的詔書命令削奪太子和魯王二宮的警衛士兵，禁絕賓客，使得各地人士對太子和魯王的敬意不再暢通，使遠近的人們恐懼，老少都為之失望。有人說太子和魯王不守規矩，就算是懷疑的那樣，也應採取補救措施，詳細斟酌，不應當讓遠近的人士有異常言論。臣擔心積疑成謗，時間長了也一定會流傳出去。而西邊蜀國、北邊魏國，距離我國不遠，它們會認為太子與魯王有不順從的過錯，不知陛下對此如何解釋！」

吳主的長女孫魯班嫁給左護軍全琮，小女孫小虎嫁給驃騎將軍朱據。全公主與太子的生母王夫人有矛盾，吳主打算將王夫人立為皇后，全公主竭力阻止。她又擔心太子即位後忌恨自己，內心不能自安，屢次在吳主面前詆毀太子。吳主因病臥床，派太子到長沙桓王廟祈禱，太子妃的叔父張休家在桓王廟附近，於是邀太子到家作客。全公主派人偷偷察看，趁機對吳主說「太子不在廟裡，專門到妃子家議事」；又說「王夫人看到皇上臥病，面有喜色」。吳主為此發怒，王夫人憂懼而死，對太子的寵愛日益減弱。

魯王的黨與楊竺、全寄、吳安、孫奇等人共同詆毀太子，吳主受到迷惑。陸遜上疏勸諫說：「太子是嫡系正統，應當有磐石之固的地位，魯王是藩國臣子，寵愛和禮遇應當有所差別，使其各得其所，上下才能安定。」疏奏上了三、四次，情辭切直，又打算親往京都，當面口述關於嫡子、庶子的道理。吳主很不高興。

太常顧譚，是陸遜的外甥，也上疏說：「臣聽說有國有家的人，必須明確嫡子與庶子的界限，尊卑的禮制要有不同，讓高低有差別，等級要拉開距離。只有這樣才能保全骨肉之間的恩情，斷絕非分的希望。從前賈誼陳述〈治安策〉，討論諸侯國的形勢，他認為諸侯的權勢如果太重，儘管血緣再親，也一定會發生叛逆的

憂患；權勢較輕，關係雖然疏遠，也一定能使封國保全。所以淮南王劉長雖是漢文帝的親弟弟，也最終不能享有封國，這是失之於權勢太重。長沙王吳芮是關係疏遠的臣子，卻能將長沙王位一代代地承傳下去，這是得益於權勢太輕。從前漢文帝讓慎夫人與皇后坐在一張席子上，袁盎則將慎夫人的位置撤了下來，文帝面有怒色。等到袁盎辨明了上下尊卑的道理，陳述了當年戚夫人成為人豬的歷史教訓，文帝也就轉怒為喜了，慎夫人也省悟了。如今臣的上奏，並非有所偏心，實在是想安穩太子之位而使魯王也得到保全。」從此魯王與顧譚有了矛盾。

芍陂之戰，顧譚的弟弟顧承和張休都有功勞；全琮的兒子全端、全緒與顧承、張休爭功，因此全端、全緒在吳主前詆毀顧承、張休，吳主就把顧譚、顧承、張休流放到交州，又半路追賜張休自殺。

太子太傅吾粲請求派魯王出京鎮守夏口，調出楊竺等人，不許他們在京師；又多次將消息報告陸遜。魯王和楊竺共同詆毀吾粲。吳主發怒，逮捕吾粲入獄，處死。多次派宮廷使者責問陸遜，陸遜憤懣而死。他兒子陸抗任建武校尉，代陸遜掌管陸遜的部眾，送陸遜的靈柩東歸故鄉。吳主用楊竺所揭發陸遜的二十件事責問陸抗，陸抗事事逐條回答，吳主這才稍稍消了點兒氣。

夏，六月，都鄉穆侯趙儼卒。

秋，七月，吳將軍馬茂謀殺吳主及大臣以應魏，事泄，并黨與皆族[1]誅。

八月，以太常高柔為司空。◯漢甘太后❶殂。

吳主遣校尉陳勳將屯田及作士❷三萬人鑿句容❸中道，自小其❹至雲陽❺西城，通會市❻，作邸閣❼。

冬，十一月，漢大司馬琬卒。

十二月，漢費禕至漢中，行圍守❽。○漢尚書令董允卒，以尚書呂乂❾為尚書令。

董允秉心公亮❿，獻可替否⓫，備盡忠益，漢主甚嚴憚之。宦人黃皓便僻佞慧⓬，漢主愛之。允上則正色規主，下則數責於皓。皓畏允，不敢為非，終允之世，皓位不過黃門丞⓭。

費禕以選曹郎汝南陳祗⓮代允為侍中。祗矜厲有威容，多技藝，挾智數，故禕以為賢，越次⓯而用之。祗與皓相表裏，皓始預政，累遷至中常侍⓰，操弄威柄⓱，終以覆國。自陳祗有寵，而漢主追怨董允日深，謂為自輕⓲，由祗阿意迎合而皓浸潤構間⓳故也。

【章旨】以上為第十二段，寫吳國大規模修建交通。蜀後主昏庸，宦官黃皓專權。

【注釋】❶甘太后　甘太后為後主劉禪之母，據《三國志・蜀書・甘皇后傳》，甘氏在荊州時已卒，葬於南郡，「章武二年（西元二二二年）追諡皇思夫人，遷葬於蜀」。此「甘太后」當作「吳太后」，《三國志》正謂吳太后卒於此年。❷作士　即修建工程的士兵。❸句容　縣名，縣治在今江蘇句容。❹小其　地名，在句容縣。❺雲陽　縣名，縣治在今江蘇丹陽。按，陳勳所鑿句容中道，即後來所稱的破崗瀆，為六朝時期的重要運河。❻會市　商貿市場。❼邸閣　屯積糧食、物資的倉庫。❽圍守　魏延鎮漢中時，派兵加強諸圍的防禦守衛能力，稱為圍守，即亭障哨所。❾呂乂　字季陽，初為新都、緜竹令，又為巴

西、漢中、廣漢、蜀郡太守，最後為尚書、尚書令。傳見《三國志》卷三十九。⑩公亮　公正光明。⑪獻可替否　進獻可行者，除去不可行者。⑫便僻佞慧　逢迎諂媚，奸詐機巧。⑬黃門丞　官名，黃門令之佐，以宦官擔任，侍從皇帝。⑭陳祗　字奉宗，官至侍中、守尚書令。傳見《三國志》卷三十九。⑮越次　破格提升；超越等級晉職。⑯中常侍　東漢以宦官為之，隸少府，掌侍奉天子左右，從入內宮，顧問應對。原秩千石，後增秩比二千石。⑰操弄威柄　操弄權柄。⑱自輕　謂董允輕視自己。⑲浸潤搆間　漸進讒言，製造嫌隙。

【校　記】①族　原作「伏」。據章鈺校，甲十六行本、乙十一行本、孔天胤本皆作「族」，今據改。按，《三國志・吳書・吳主傳》云：「秋七月，將軍馬茂等圖逆，夷三族。」裴松之注引《吳歷》亦云馬茂等「皆族之」。

【語　譯】夏，六月，魏國都鄉穆侯趙儼去世。

秋，七月，吳國將軍馬茂謀劃殺害吳主孫權和大臣，響應魏國，事情敗露，馬茂和他的同黨都遭誅滅。

八月，魏國任命太常高柔為司空。〇蜀漢甘太后逝世。

吳主孫權派校尉陳勳率領屯田士兵和工程兵三萬人開鑿句容山路，從小其直通到雲陽西城，連通商貿市場，修建儲糧倉庫。

冬，十一月，蜀漢大司馬蔣琬去世。

十二月，蜀漢費禕到漢中，巡視亭障哨所。〇蜀漢尚書令董允去世，任命尚書呂乂為尚書令。

董允心地公正光明，進獻可行之計，摒除不可行之事，都極盡忠誠，蜀漢後主劉禪很敬畏他。宦官黃皓逢迎獻媚，奸詐機巧，劉禪非常喜歡他。董允上對後主嚴肅規勸，下對黃皓多次責備。黃皓懼怕董允，不敢為非作歹，直到董允去世，黃皓的官位沒超過黃門丞。

費禕任命選曹郎汝南人陳祗接替董允為侍中。陳祗為人莊嚴有威容，多才多藝，頗有智謀，所以費禕認為陳祗是賢才，越級提拔任用他。陳祗與黃皓內外勾結，黃皓開始干預政事，多次升遷直到中常侍，操弄權柄，終於使蜀國滅亡。從陳祗受寵以後，後主劉禪對董允追恨日益加深，認為董允輕視自己，這都是由於陳祗曲意迎合，黃皓逐漸從中挑撥離間造成的。

【研 析】本卷研析，評述兩個問題，一是如何評價魏明帝，二是後期孫權昏瞶，如何評價他的一生。

先說魏明帝曹叡。

明帝外禦吳蜀，內修政治，發展和鞏固了北方的優勢。明帝優禮已廢君主漢獻帝。青龍二年（西元二三四年），故漢獻帝山陽公薨，明帝素服舉哀，遣特使持節典護喪事。又約法省禁，減輕肉刑，下詔主管部門修改法律，減少死罪的條目。

明帝不是完人，他生活奢侈，愛好華麗，大修宮殿，妨害農時，但明帝能寬待諫臣，不妄誅一人。因此，他的過失也能得到及時的改正。

明帝曹叡即位，時年二十三歲，是一個涉世不深的青年。他的兩位對手，一是蜀相諸葛亮，四十一歲；二是吳主孫權，四十歲。諸葛亮和孫權，起於亂世，身經百戰，而且又是三國時代最頂尖的政治家，又是曹叡的前輩，閱歷豐富，他們聯手攻魏，攜手北進，給了魏明帝很大的壓力。由於曹叡把握住了魏國的優勢，堅持了「防禦拒敵，西守東攻」的正確戰略，加上個人的英明果決，挫敗了吳蜀的進攻，說他是一代明主，一點也不過分。

再看孫權後期的昏瞶糊塗，如何評價他的一生。

孫權後期和他的前期相比，判若兩人，可以說歷史上有兩個孫權。孫權於西元二〇〇年承父兄之業，至西元二五二年病逝，在位五十三年，在中國歷史上是歷位長久的君主之一。西元二二九年孫權稱帝，孫權的前期與後期，大體以此年為分界，稱帝前積極進取，志在靖難一統中國，稱帝後志意已滿，立足於偏安自保，日漸昏瞶，吳國就開始逐漸走下坡。本卷記載的呂壹事件與魯王爭太子事件，以及上卷孫權封王公孫淵事件，是晚年昏瞶的標誌性大事。

孫權即位，好大喜功，封王公孫淵就是這一心理的反映。呂壹事件，是孫權寵信奸佞，猜疑心理的反映。孫權即位後，設立校事、察戰兩個職位，用來監視文武百官。呂壹為中書校事時，濫相糾舉，使「無罪無辜，橫受大刑」，而孫權卻十分寵信他。丞相顧雍無故被舉罪，遭到軟禁；江夏太守刁嘉被誣陷，幾乎受誅。太子

孫登屢次勸諫，孫權不聽。大將軍陸遜見呂壹「竊弄權柄，擅作威福」，無人可禁止，與太常潘濬「同心憂之，言至流涕」（〈陸遜傳〉）。驃騎將軍步騭多次上書，揭露呂壹罪行，希望孫權改變「雖有大臣，復不信任」的狀況，信用顧雍、陸遜、潘濬等忠貞股肱之臣（〈步騭傳〉）。而孫權置若罔聞。潘濬見孫權如此不聽忠言，意想藉宴會襲殺呂壹。孫權寵信奸人呂壹的程度，致使東吳群臣無法忍受。後來呂壹雖因陷害左將軍朱據，事情敗露被殺，但校事之官仍然不廢。

呂壹被處死後，孫權也引咎自責，承認過失，還派中書郎袁禮去向大臣們徵求對時政的意見，但大臣們不再暢所欲言了。諸葛瑾、步騭、朱然、呂岱推說不掌民事，緘口不言。而陸遜、潘濬「懷執危怖，有不自安之心」，也不願說什麼。孫權得知，下詔責備他們，替自己辯護。孫權後期的剛愎自用和日益發展的猜忌心，使東吳前期那種君臣和睦、上下同心的局面一去不復返了。

孫權寵魯王孫霸，廢立太子，造成舉國中分。西元二二一年，孫權為吳王，即立長子孫登為王太子。稱帝後，又以登為皇太子。孫登不幸於赤烏五年（西元二四二年）夭亡。其時次子孫慮早亡，便立第三子孫和為皇太子，以第四子孫霸為魯王。孫權偏寵魯王，使他與太子同居一宮，享受同等禮遇。後因大臣上言，「以為太子、國王上下有序，禮秩宜異」（〈孫和傳〉裴注引殷基《通語》）。於是，孫權使二子分宮，各置僚屬。

孫霸覬覦太子之位，便拉幫結黨，發展勢力。驃騎將軍步騭、鎮南將軍呂岱、大司馬全琮、左將軍呂據、中書令孫弘等陰附魯王，譖毀太子。丞相陸遜、大將軍諸葛恪、太常顧譚、驃騎將軍朱據、會稽太守滕胤、大都督施績、尚書丁密等奉禮而行，尊事太子。中朝外朝官僚將軍大臣舉國中分，形成擁嫡和擁庶兩派。孫霸謀奪太子位的野心日益暴露，陸遜、顧譚及太子太傅吾粲等擁嫡派數陳嫡庶之義，理不可奪。而孫權聽信擁庶派全寄、楊竺的讒言，流放顧譚，誅殺吾粲。

慶父不死，魯難未已。太子之事伴隨孫權整個的後期政治。由於太子之事愈演愈烈，孫權看到「子弟不睦，臣子分部，將有袁氏之敗」，十分擔心。赤烏九年（西元二四六年），他不分是非曲直，幽閉太子孫和。擁嫡派朱據、屈晃、陳正、陳象等人上書固諫不止，孫權大怒「族誅正、象，據、晃牽入殿，杖一百」（〈孫

和傳〉）。陸遜因數次上書陳述嫡庶之分，孫權也派宦官去指責，致使陸遜憂憤成疾而死。赤烏十三年，孫權廢除太子孫和，群臣紛紛勸諫。孫權又誅殺或流放進諫的朝臣大將數十人，「眾咸冤之」。同時，他又下令孫霸自殺，並且以結黨誣陷孫和的罪名，誅殺了擁庶的全寄、吳安、孫奇、楊竺等人。這一事件，使得吳國一大批文臣武將先後遭到貶官、流放或誅殺。從此，國勢衰微，一蹶不振。

廢除孫和後，孫權立少子孫亮為太子。不到兩年，孫權就患病死了，孫亮即位，年僅十歲。

回頭看，前期孫權，毫無疑問是三國時期屈指可數的英傑人物之一。孫權十九歲就繼承父兄之業，在艱難環境中成長為一名卓越而老練的政治家，傑出而能幹的外交謀略家，在內政、外交、軍事、經濟各個方面都有卓越的建樹，不僅是三國時期第一流的政治家，而且在中國歷史發展的長河中，也是屈指可數有作為的帝王之一。推進三國鼎立，孫權是至關重要的人物，起了主要作用。孫權聰明仁智，冠蓋當世；舉賢任能，勝於曹劉；雄略征伐，稍遜魏武；立國江南，功著千秋。漢末群雄紛爭，只有曹操、劉備、孫權三人建成了功業，說明他們三人都是那個時代的一流英雄。如將三人作比較，恰如他們建國的區域大小一樣，孫權應是居於第二位的人物，他的功績遜於曹操，大於劉備。

但是，思想界歷來認為孫權是一個「保江東，觀成敗」，滿足於「限江自保」的偏安之主，是一個次等的英雄，這是不符歷史實際的。三國鼎立，南北對峙的主線是魏吳而不是魏蜀。舊時史家，以及《三國演義》歷史小說，受正統思想局限，突出魏蜀對峙，把吳國放在配角地位，把孫權放在劉備之後，這個案應按歷史本來面目把它翻過來。孫權之所以不能統一天下，並非是「保江東，觀成敗」，而是「保江東，圖王業」，但未達目的，諸葛亮就說，孫權不是一個「志望已滿」、「利在鼎足」的人，而是「智力不侔，故限江自保」。又說：「權之不能越江，猶魏賊之不能渡漢，非力有餘而利不取也。」諸葛亮的分析是很有道理的，下面再作具體闡述。孫權不能統一天下，舉其大端，有以下六個方面的原因。其一，孫權所處天時、地利、人和均為劣勢，不足以滅蜀併魏。其二，東吳名將過早凋零。東吳開國的文臣武將，約四十人全部在孫權生前早早謝世。周瑜、魯肅、呂蒙三位大將，文武兼資，他們制定了東吳政權的立國方針，偏偏最早辭世。東吳十二員

虎將程普、黃蓋、韓當、蔣欽、周泰、陳武、董襲、甘寧、凌統、徐盛、潘璋、丁奉，有十人凋落在孫權稱帝之前。孫策的突然早夭，幾乎使孫氏集團瓦解。孫權的大批謀臣驍將的過早謝世，使得東吳爭雄天下的實力大大衰落。其三，爭奪荊州，吳雖得實利，但也削弱了同盟，增強了曹魏，從逐鹿中原角度看，可以說是戰略失策。其四，孫權短於臨陣突敵，戰功不著，直接影響他爭天下的進程。其五，孫權稱帝驕逸，晚年昏聵。孫權稱帝後，從明智走向昏聵，甚至暴虐。孫權稱帝前建都武昌，是一種前進的姿態；稱帝後建都建業，實際意味著限江自保。晚年的孫權更是忠奸不分，逼死陸遜，殺害吾粲、朱據等股肱大臣，使吳國政治出現了空前的危機，朝臣人人自危，邊將外叛，種下了亡國之禍，何談統一。其六，曹魏重點防吳，孫權無隙可乘，不能建立奇功。魏文帝曹丕三次大舉伐吳，兩次臨江，雖無功而還，其戰略計畫先吳後蜀，十分明顯。西元二三四年，吳蜀聯合北伐，魏明帝西守東進，他親自出征孫權，孫權聞風而退。在曹魏嚴密設防下，無論孫權，還是陸遜，出師皆無功，更不用說其他諸將。

綜上所述，孫權不能統一天下，因受歷史條件局限，有著多種原因，並非志存偏安。曹操、劉備、孫權都沒能完成統一大業，而是各自創立了鼎足三分的國家。三國時代的開國之主，功業如此，評價人物要按實際的功業做比較，不能苛之於彼，寬之於此，按功業的實際比較，三國的一流英雄，一曹操、二孫權、三劉備，三人並列及其順序，是不可移易的。